Casebook
de Processo Coletivo

Casebook de Processo Coletivo

ESTUDOS DE PROCESSO A PARTIR DE CASOS

Volume 2: Técnicas extrajudiciais de tutela coletiva e temas especiais

2020

Coordenadores
**Edilson Vitorelli
Hermes Zaneti Jr.**

ALMEDINA

CASEBOOK DE PROCESSO COLETIVO
ESTUDOS DE PROCESSO A PARTIR DE CASOS
VOLUME 2: TÉCNICAS EXTRAJUDICIAIS DE TUTELA COLETIVA E TEMAS ESPECIAIS
© Almedina, 2020

COORDENAÇÃO: Edilson Vitorelli e Hermes Zaneti Junior
DIRETOR ALMEDINA BRASIL: Rodrigo Mentz
EDITORA JURÍDICA: Manuella Santos de Castro
EDITOR DE DESENVOLVIMENTO: Aurélio Cesar Nogueira
ASSISTENTES EDITORIAIS: Isabela Leite e Larissa Nogueira
DIAGRAMAÇÃO: Almedina
DESIGN DE CAPA: Roberta Bassanetto

ISBN: 9786556271309
Dezembro, 2020

Dados Internacionais de Catalogação na Publicação (CIP)
(Câmara Brasileira do Livro, SP, Brasil)

Casebook de processo coletivo: estudos de processo a partir de casos:
volume 2: técnicas extrajudiciais de tutela coletiva e
temas especiais / coordenação Edilson Vitorelli,
Hermes Zaneti Junior. – 1. ed. – São Paulo: Almedina, 2020.

ISBN 978-65-5627-130-9

1. Direito 2. Estudo de casos 3. Processo coletivo – Jurisprudência – Brasil
4. Tutela jurisdicional – Brasil I. Vitorelli, Edilson. II. Zaneti Junior, Hermes.

20-46164   CDD-347.921

Índices para catálogo sistemático:

1. Processo coletivo: Direito Processual Civil 347.921

Aline Graziele Benitez – Bibliotecária – CRB-1/3129

Universidade Católica de Brasília – UCB
Reitor: *Prof. Dr. Ricardo Pereira Calegari*
Pró-Reitora Acadêmica: *Prof.ª Dr.ª Regina Helena Giannotti*
Pró-Reitor de Administração: *Prof. Me. Edson Cortez Souza*
Diretor de Pós-Graduação, Identidade e Missão: *Prof. Dr. Ir. Lúcio Gomes Dantas*
Coordenador do Programa de Pós Graduação em Direito: *Prof. Dr. Maurício Dalri Timm do Valle*
Editor-Chefe do Convênio de Publicações: *Prof. Dr. Marcos Aurélio Pereira Valadão*

Este livro segue as regras do novo Acordo Ortográfico da Língua Portuguesa (1990).

Todos os direitos reservados. Nenhuma parte deste livro, protegido por copyright, pode ser reproduzida, armazenada ou transmitida de alguma forma ou por algum meio, seja eletrônico ou mecânico, inclusive fotocópia, gravação ou qualquer sistema de armazenagem de informações, sem a permissão expressa e por escrito da editora.

EDITORA: Almedina Brasil
Rua José Maria Lisboa, 860, Conj. 131 e 132, Jardim Paulista | 01423-001 São Paulo | Brasil
editora@almedina.com.br
www.almedina.com.br

SOBRE OS COORDENADORES

Edilson Vitorelli

Pós-doutor em Direito pela Universidade Federal da Bahia, com estudos no *Max Planck Institute for Procedural Law* (Luxembourg). Doutor em Direito pela Universidade Federal do Paraná. Visiting scholar na *Stanford Law School*. Visiting researcher na *Harvard Law School*. Mestre em Direito pela Universidade Federal de Minas Gerais. Professor na Universidade Presbiteriana Mackenzie. Professor na graduação e no mestrado da Universidade Católica de Brasília. Professor e orientador pedagógico na Escola Superior do Ministério Público da União. Procurador da República. É o único autor brasileiro vencedor do prêmio Mauro Cappelletti, concedido a cada quatro anos, pela *International Association of Procedural Law*, ao melhor livro sobre processo no mundo.

Hermes Zaneti Jr.

Professor Adjunto de Direito Processual Civil na Universidade Federal do Espírito Santo (UFES). Doutor em Teoria e Filosofia do Direito pela *Università degli Studi di Roma Tre* (UNIROMA3). Doutor em Direito Processual pela Universidade Federal do Rio Grande do Sul (UFRGS). Pós-doutorado pela *Università degli Studi di Torino* (UNITO). Promotor de Justiça no Estado do Espírito Santo. Endereço eletrônico: hermeszanetijr@gmail.com.

SOBRE OS AUTORES

Ana Flávia França Faria

Mestranda pela Faculdade de Direito da UFMG. Pesquisadora do Programa Universitário de Apoio às Relações de Trabalho e à Administração da Justiça (PRUNART). Especialista em Direito Processual pela PUC Minas e em Direito Constitucional pela Universidade Cândido Mendes (UCAM). Advogada.

Bruno Gomes Borges da Fonseca

Pós-doutorado em Direito pela UFES. Pós-doutorando em Direito pela Pontifícia Universidade Católica de Minas Gerais (PUC-MG). Doutor e Mestre em Direitos e Garantias Fundamentais pela Faculdade de Direito de Vitória (FDV). Especialista em Direito Constitucional pela UFES. Procurador do Trabalho na 17ª Região. Professor de Direito do Trabalho da graduação da FDV. Professor de direito material e processual do trabalho da pós-graduação da FDV. Professor permanente da Especialização em Direitos Humanos e Trabalho da Escola Superior do Ministério Público da União (ESMPU). Líder de Grupo de Pesquisa Sociedade e Trabalho da ESMPU. Professor colaborador do Programa de Mestrado em Gestão Pública da UFES. Ex-Procurador do Estado do Espírito Santo. Ex-Advogado.

Cesar Henrique Kluge

Mestrando em Direito pela Universidade Católica de Brasília (UCB). Pós-graduado em Direitos Humanos e Trabalho pela Escola Superior do Ministério Público da União (2016). Pós-graduado em Processo Civil pela Escola Paulista da Magistratura (2007). Procurador do Trabalho.

Cláudio João Medeiros Miyagawa Freire
Promotor de Justiça do Ministério Público do Distrito Federal e Territórios, lotado no Grupo de Atuação Especial de Combate ao Crime Organizado – GAECO. Mestrando em Direito pela Universidade Católica de Brasília – UCB. Pós-graduado pela Fundação Escola Superior do Ministério Público do Distrito Federal e Territórios.

Christovão de Moura Varotto Júnior
Mestrando em Direito pela Universidade Católica de Brasília– UCB. Pós-graduado em Direito Público pela Faculdade Estácio de Sá. Promotor de Justiça do Ministério Público do Distrito Federal e Territórios

Fabiano Mendes Rocha Pelloso
Mestrando em Direito pela Universidade Católica de Brasília. Especialista em Direito Processual Civil pela Universidade Federal de Santa Catarina. Promotor de Justiça no Ministério Público do Distrito Federal e Territórios

Fernanda Brito Pereira
Procuradora do Ministério Público do Trabalho. Mestranda em Direito pela Universidade Católica de Brasília. Mestre em Educação pela Universidade Federal de Minas Gerais.

Jorge Mauricio Porto Klanovicz
Procurador da República. Mestrando em Direito pela Universidade Católica de Brasília.

Luana Cabral Mendes Gontijo
Graduada em Direito na Faculdade de Direito de Vitória (FDV). Mestranda em Direito Processual pelo Programa de Pós-Graduação em Direito Processual da Universidade Federal do Estados do Espírito Santo. Pós-graduanda em Direito Processual Civil pela Faculdade de Direito de Vitória (FDV). Advogada.

Luana Steffens

Mestranda em Direito na área Teoria Geral da Jurisdição e Processo pela Pontifícia Universidade Católica do Rio Grande do Sul (PUCRS). Pós-graduada em Direito Tributário pelo Instituto Brasileiro de Estudos Tributários e pela Escola Superior da Magistratura do Rio Grande do Sul – AJURIS. MBA em Direito Empresarial pela Fundação Getúlio Vargas – FGV. Graduada em Direito pela PUCRS. Ex-assessora de Desembargador do Tribunal de Justiça do Estado do Rio Grande do Sul. Membro da Comissão Especial de Direito Tributário da OAB/RS (2017/2018 e 2019/2021). Advogada.

Luís Roberto Cavalieri Duarte

Defensor Público do Distrito Federal. Mestrando em Direito pela Universidade Católica de Brasília.

Luiz Felipe Carvalho Silva

Procurador do Ministério Público Militar. Mestrando em Direito pela Universidade Católica de Brasília.

Tatiana Mascarenhas Karninke

Mestre em Direito Processual na Universidade Federal do Espírito Santo (UFES). Professora Voluntária (NPJ/UFES). Professora da pós-graduação de FDCI (Direito do Trabalho e Previdenciário). Associada à Associação Brasileira de Direito Processual (ABDPRO). Membro do Instituto Brasileiro de Direito de Família (IBDFAM). Associada à Sociedade Brasileira de Estudos do Oitocentos (SEO). Advogada.

Tereza Cristina Sorice Baracho Thibau

Graduação em Pedagogia e Direto. Doutorado em Direito e Processo Coletivo e Mestrado em Direito Constitucional pela Faculdade de Direito da UFMG. Professora Associada IV lecionando Direito Processual Civil e Práticas dialógicas na graduação, e Direito e Processo Coletivo na pós-graduação da Faculdade de Direito da UFMG. Pesquisadora do Programa Universitário de Apoio às Relações de Trabalho e à Administração da Justiça (PRUNART). Mediadora voluntária no Centro Judiciário de Solução de Conflitos e Cidadania (Cejusc-BH). Diretora-Editora da Revista da Faculdade de Direito da UFMG.

Thaís Costa Teixeira Viana

Doutoranda e Mestre em Direito pela Universidade Federal de Minas Gerais (UFMG). Professora nos cursos de Graduação em Direito da Faculdade de Direito Milton Campos (FDMC) e do Centro Universitário Estácio de Belo Horizonte. Pesquisadora do Programa Universitário de Apoio às Relações de Trabalho e à Administração da Justiça (PRUNART-UFMG), onde exerce a coordenação discente do Grupo de Estudos "Litigiosidade Repetitiva, Ações Coletivas e Administração da Justiça". Advogada.

Valesca de Morais do Monte

Mestranda em Direito pela Universidade Católica de Brasília (UCB). Graduada em Direito pela Universidade de Brasília (UnB). Pós-graduada em Direito Processual pela Universidade de Brasília (UNB). Pós-graduada em Direito pela Fundação Escola Superior do Ministério Público do Distrito Federal e Territórios. Procuradora do Trabalho.

APRESENTAÇÃO

A tradição da prática, do ensino e da pesquisa jurídica, no Brasil, é teórico--dedutiva. Tanto o aplicador, quanto o pesquisador e o estudante partem da teoria, da análise abstrata do fenômeno normativo, para construir soluções de problemas hipotéticos. Pode ser que esses problemas ocorram e, se ocorrerem, a doutrina terá como contribuir para a sua solução. Se não ocorrerem, tudo o que se escreveu será discussão de sexo dos anjos. Pesquisas, que serão citadas por outras pesquisas, que serão citadas por outras pesquisas, mas nunca sairão das estantes das bibliotecas. *Law in books*, não *law in action*.

Essa é uma das muitas diferenças históricas entre os países originários de sistemas de *Civil Law* e os países originários de sistemas de *Common Law*. Na tradição inglesa, a casuística sempre foi o centro da atividade prática dos juízes e, por derivação, a produção de conhecimento acabou enfocando um método indutivo, no qual os casos problemáticos são o foco da pesquisa, que se expande para, a partir deles, elaborar conclusões gerais. Assim, enquanto nós usualmente pensamos na sequência teoria – norma – caso solução ou, quando há norma posta, norma – teoria – caso – solução, o *Common Law* usualmente produz conhecimento jurídico na sequência caso – solução – norma – teoria.

Este livro constitui uma tentativa de reduzir a distância entre esses dois mundos, trazendo para o contexto do direito brasileiro o estudo típico dos *casebooks* britânicos e norte-americanos. A proposta é estudar os principais institutos do processo coletivo a partir de casos. São os problemas, vividos na realidade, que despertam os debates teóricos, os quais, posteriormente, auxiliam na compreensão da sua solução e, com isso, na definição do que deve ser o Direito. Este segundo volume é dedicado às técnicas extrajudiciais de tutela coletiva, bem como a quatro temas especiais: o processo coletivo no âmbito internacional, a tutela do patrimônio público, o processo estrutural e a representatividade adequada. No Volume 1 desta obra o leitor poderá encontrar os temas ligados ao processo coletivo no âmbito judicial.

A relevância dos casos selecionados, como se poderá vislumbrar, é representativa de alguns dos mais significativos problemas enfrentados no país. Desde grandes desastres a questões trabalhistas e de combate à corrupção, nada escapou aos mais de 30 autores que representam algumas das mais tradicionais escolas de Direito do país: a Universidade Católica de Brasília, que lidera o projeto ao lado da Universidade Federal do Espírito Santo, a Pontifícia Universidade Católica do Rio Grande do Sul, a Universidade Federal de Minas Gerais, a Universidade Federal do Paraná e a Universidade Presbiteriana Mackenzie. Juntas, essas universidades representam os mais relevantes e inovadores programas e projetos de pesquisa em Direito atualmente em andamento no Brasil.

Com isso, propõe-se retirar o debate do processo coletivo de seu ambiente usual de discussões sobre legitimidade, competência ou coisa julgada, para tornar-se uma construção das soluções para alguns problemas públicos que, como veremos, são altamente relevantes e pertinentes. Ao mesmo tempo em que são realizados estudos empíricos, que registram casos de relevância nacional, aprofunda-se o referencial teórico, na busca de soluções.

Se o processo é uma ferramenta para resolver problemas, então parece natural que seu estudo seja mais produtivo no contexto dos problemas que ele espera resolver. Esperamos que essa nova proposta metodológica supra o vazio da literatura nacional, estabelecendo as bases para um debate acerca de como produzir e aplicar o conhecimento jurídico no país.

EDILSON VITORELLI
HERMES ZANETI JR.

SUMÁRIO

I
TUTELA COLETIVA EXTRAJUDICIAL E CONSENSUAL

1. Resgate a infância: o litígio coletivo alusivo ao trabalho precoce
e o seu enfrentamento por meio do Termo de Ajuste de Conduta
Fernanda Brito Pereira, Edilson Vitorelli — 19

2. Atuação investigativa no Ministério Público do Trabalho:
o valor das provas colhidas no inquérito civil
Valesca de Morais do Monte — 53

3. Transação em ações coletivas: o caso das condições
carcerárias do Distrito Federal
Luís Roberto Cavalieri Duarte — 79

4. Entre promessas e realidade: a tutela coletiva integral
e o desafio da transparência na atuação da Fundação Renova
Luana Cabral Mendes Gontijo — 117

5. Consenso e Compromisso de Ajustamento de Conduta:
a celebração do Termo de Ajustamento de Conduta para
o acertamento de ato ímprobo
Tereza Cristina Sorice Baracho Thibau, Ana Flávia França Faria — 139

CASEBOOK DE PROCESSO COLETIVO

II
REPRESENTATIVIDADE ADEQUADA

6. O controle da representação adequada de interesses:
    o caso do incêndio da boate Kiss
    Christovão de Moura Varotto Júnior   159

7. Algumas reflexões acerca da representatividade adequada
    na celebração do compromisso de ajustamento de conduta
    a partir do desastre do Rio Doce
    Bruno Gomes Borges da Fonseca, Hermes Zaneti Jr.   201

8. O IRDR 40/2016, do Colegiado Recursal dos Juizados
    Especiais do Espírito Santo e a (in)adequada representação
    de interesses (desastre do Rio Doce)
    Tatiana Mascarenhas Karninke   233

III
O PROCESSO COLETIVO NA TUTELA
DO PATRIMÔNIO PÚBLICO

9. O *Grand Prix* de Fórmula Indy: técnicas judiciais
    e extrajudiciais de tutela coletiva do patrimônio público
    em caráter preventivo
    Cláudio João Medeiros Miyagawa Freire   273

10. Análise de Dados e a Tutela do Patrimônio Público pelo
    Ministério Público: uma construção à luz das constatações
    na coleta de provas por meio do uso da Tecnologia
    da Informação e as reflexões do caso Operação *Research*
    Luiz Felipe Carvalho Silva   319

11. O processo coletivo como mecanismo de modificação
    de comportamentos: o caso da gestão financeira
    do Distrito Federal
    Fabiano Mendes Rocha Pelloso   345

SUMÁRIO

IV
PROCESSO COLETIVO
NO CONTEXTO INTERNACIONAL

12. O processo estrutural no âmbito do sistema interamericano
Reflexões a partir do caso Cuscul Pivaral e outros vs. Guatemala
Cesar Henrique Kluge, Edilson Vitorelli　　　　　373

13. A implementação de reformas estruturais em "procesos
de seguimiento": notas à luz da *Sentencia* T-025 de 2004
da Corte Constitucional Colombiana
Thaís Costa Teixeira Viana　　　　　411

V
PROCESSO COLETIVO ESTRUTURAL

14. Direitos territoriais indígenas, estado de coisas inconstitucional
e processo estrutural
Jorge Maurício Porto Klanovicz　　　　　437

15. Litígios estruturais: uma análise sobre o litígio das creches
e pré-escolas do Município de São Paulo
Luana Steffens　　　　　453

16. Inquéritos civis, termos de ajustamento de conduta
e recomendações estruturais: o caso do atraso na análise
de benefícios previdenciários
Edilson Vitorelli　　　　　487

I

TUTELA COLETIVA EXTRAJUDICIAL E CONSENSUAL

1. Resgate a infância: o litígio coletivo alusivo ao trabalho precoce e o seu enfrentamento por meio do Termo de Ajuste de Conduta

Fernanda Brito Pereira
Edilson Vitorelli

Introdução: apontamentos sobre o projeto Resgate a infância
O Ministério Público do Trabalho (MPT)[1] tem como uma de suas funções institucionais, também consistente em um de seus objetivos estratégicos,[2] o enfrentamento do trabalho precoce.[3] Entende-se por trabalho precoce: (a) qualquer trabalho realizado antes dos dezesseis anos, salvo na condição de aprendiz, a partir dos quatorze anos, bem como (b) o trabalho realizado por qualquer pessoa com menos de dezoito

---

[1] Ramo do Ministério Público da União (MPU) que tem por missão defender a ordem jurídica, o regime democrático e os interesses sociais e individuais indisponíveis para a efetivação dos direitos fundamentais trabalhistas, conforme previsto nos arts. 127 e 128 da Constituição da República de 1988 (CR/1988), e art. 5º, I, da Portaria nº 2.121, de 18 de dezembro de 2018, da Procuradoria-Geral do Trabalho (PGT).

[2] Art. 129, III, da CR/1988, c/c art. 83, V, da Lei Complementar (LC) nº 75, de 20 de maio de 1993, e art. 6º, I, da Portaria nº 2.121, de 18 de dezembro de 2018, da PGT.

[3] O significado do adjetivo INFANTIL é "relativo ou apropriado à infância" (*DICIONÁRIO Michaelis*. Disponível em: http://michaelis.uol.com.br/busca?id=EZzGk. Acesso em: 16 set. 2019). Acredita-se que, em razão da condição de pessoa em fase especial de desenvolvimento, nenhum trabalho seja apropriado à criança ou ao adolescente antes dos dezesseis anos, salvo na condição de aprendiz, a partir dos quatorze anos. Por essa razão, a expressão 'trabalho infantil' será evitada, para não se valer de um conceito com conotação naturalmente positiva para indicar uma prática nefasta.

anos em período noturno, em locais e/ou atividades perigosos, insalubres, penosos, ou que prejudiquem ou atentem contra a sua saúde, segurança, moral, formação e desenvolvimento, ou nas piores formas de trabalho infantil.[4]

Trata-se de um fenômeno complexo que decorre, entre outras causas, das desproteções sociais de que são vítimas as crianças e adolescentes pobres e extremamente pobres; da consciência espraiada no senso comum que naturaliza e torna invisível essa prática no mundo capitalista e consumista; e da conivência da família, da sociedade e do Estado[5] que, por suas omissões, favorecem ou, ao menos, aceitam o trabalho precoce.

As proibições que recaem sobre o trabalho de pessoas com menos de dezoito anos são, na verdade, formas de materialização no ordenamento jurídico pátrio da doutrina internacional da proteção integral da infância e da adolescência, constituída no século XX. Tendo como supedâneo a Declaração Universal dos Direitos Humanos (1948), a Declaração Universal dos Direitos da Criança (1959) e a Convenção sobre os Direitos da Criança (1989),[6] a doutrina das Nações Unidas de proteção integral foi incorporada no *caput* do art. 227, da Carta Magna brasileira, e no Estatuto da Criança e do Adolescente. Ela reconhece as crianças e os adolescentes como sujeitos de direitos e pessoas em fase especial de desenvolvimento. Exatamente por estarem em fase especial de desenvolvimento, eles são vulneráveis[7] e, portanto, não possuem completa aptidão para a plena

---

[4] CR/1988, art. 7º, inciso XXXIII, e 227, §3º, III, c/c arts. 403, 404 e 405, da Consolidação das Leis do Trabalho (CLT), no art. 67 do Estatuto da Criança e do Adolescente (ECA), e Decreto nº 6.481, de 12 de junho de 2008.

[5] Contraditoriamente, é dever solidário da família, da sociedade e do Estado garantir às crianças e aos adolescentes proteção integral e prioridade absoluta no atendimento de suas necessidades, dando concretude aos seus direitos, em razão do disposto no art. 227, da CR/1988 e no ECA.

[6] Todos eles ratificados pelo Brasil.

[7] Vulnerabilidade classificada como intrínseca por SANTOS, Danielle Maria Espezim dos; VERONESE, Josiane Rose Petry. A proteção integral e o enfrentamento de vulnerabilidades infantoadolescentes. *Revista de Direito*, Viçosa, v. 10, n. 02, p. 109-157, 2018, p. 110; 143-145), e que, em sociedades que convivem com a pobreza e desigualdade estruturais, como a brasileira, soma-se à vulnerabilidade social e econômica, entre outras, tais como "barreiras de cor, de gênero" (p. 112; 146-148).

consecução e tutela, por si sós, dos direitos de que são titulares (sujeitos). Assim sendo, eles devem gozar de proteção especial da família, da sociedade e do Estado.

Somado a isso, diversos instrumentos internacionais impõem aos Estados-Nação a obrigação de promover ações concretas para acabar com o trabalho precoce. Cita-se, exemplificativamente, as Convenções nº 138[8] e 182,[9] da OIT e a agenda 2030 para o desenvolvimento sustentável, da Organização das Nações Unidas (ONU),[10] instrumentos dos quais o Brasil é signatário.

Para o cumprimento eficiente da sua função de combater o trabalho precoce, em novembro do ano 2000, o MPT criou a Coordenadoria Nacional de Combate à Exploração do Trabalho da Criança e do Adolescente (COORDINFÂNCIA) com o objetivo de promover, supervisionar e coordenar ações contra as variadas formas de exploração do trabalho de crianças e adolescentes.[11] A estruturação da Coordenadoria permitiu que a atuação dos Membros daquele ramo do Ministério Público fosse mais uniforme e coerente, indo ao encontro dos princípios da unidade e indivisibilidade

---

[8] Adotada em Genebra, em 26 de junho de 1973, promulgada no Brasil em 15 de fevereiro de 2002 e em vigor desde 28 de junho de 2002, conforme consolidado no art. 2º, LXX, do Decreto nº 10.088, de 5 de novembro de 2019. Prevê no seu no artigo 1º que: "Artigo 1. Todo Membro, para o qual vigore a presente Convenção, compromete-se a seguir uma política nacional que assegure a abolição efetiva do trabalho de crianças e eleve, progressivamente, a idade mínima de admissão ao emprego ou ao trabalho a um nível que torne possível aos menores o seu desenvolvimento físico e mental mais completo".

[9] Concluída em Genebra, em 17 de junho de 1993, e aprovada pelo Decreto Legislativo nº 246, de 28 de junho de 2001, conforme consolidado no art. 2º, LXVIII, do Decreto nº 10.088, de 5 de novembro de 2019. Prevê no seu no artigo 1º que: "Todo Estado-membro que ratificar a presente Convenção deverá adotar medidas imediatas e eficazes que garantam a proibição e a eliminação das piores formas de trabalho infantil em caráter de urgência".

[10] "Objetivo 8. Promover o crescimento econômico sustentado, inclusivo e sustentável, emprego pleno e produtivo e trabalho decente para todos. [...] Meta 8.7 Tomar medidas imediatas e eficazes para erradicar o trabalho forçado, acabar com a escravidão moderna e o tráfico de pessoas, e assegurar a proibição e eliminação das piores formas de trabalho infantil, incluindo recrutamento e utilização de crianças-soldado, e até 2025 acabar com o trabalho infantil em todas as suas formas" (ORGANIZAÇÃO DAS NAÇÕES UNIDAS. *Agenda 2030 para o desenvolvimento sustentável*. Disponível em: https://nacoesunidas.org/pos2015/agenda2030/. Acesso em: 02 jul. 2019).

[11] Portaria nº 299, de 10 de novembro de 2000, da PGT.

que informam a Instituição.[12] Atualmente, a Coordenadoria possui representação em todas as unidades regionais do MPT.[13]

Em 2016, diversas das ações de combate ao trabalho precoce exitosamente implementadas ao longo dos anos pelos membros do MPT foram reunidas e sistematizadas no **projeto nacional** intitulado **Resgate a infância**.[14] O projeto possui três eixos fundamentais de atuação simultânea, imprescindíveis para a concretização da proteção integral da infância e da adolescência, a saber: educação, aprendizagem e políticas públicas. A implementação do projeto é centrada no diálogo e na articulação social, mas não afasta a atuação repressiva do MPT,[15] caso necessária.

1. Eixo educação

No eixo educação, o MPT busca a sensibilização e a capacitação de professores das redes municipais a respeito da temática do trabalho precoce, para que ela seja tratada como conteúdo de ensino em sala de aula com os alunos, preferencialmente do ensino fundamental. Em regra, os Municípios são convidados a participar gratuitamente de oficina(s) de capacitação e sensibilização promovidas pelo MPT e recebem material didático pertinente ao 'combate ao trabalho infantil' e à 'aprendizagem profissional'. Esse material, editado pelo próprio Ministério Público, consiste em cadernos de orientação pedagógica, revistas em quadrinhos, jogos e cartazes para serem usados em sala de aula. Após a capacitação, os representantes dos Municípios que dela participaram, sejam os próprios professores, sejam outros agentes escolares (como pedagogos, diretores, coordenadores de ensino, por exemplo) voltam para o seu território e agem como multiplicadores do conhecimento apreendido para os demais professores da rede escolar.

---

[12] Sem prejuízo à preservação da independência funcional, também arrolada como princípio institucional do Ministério Público no art. 127, §1º, da CR/1988.

[13] A estrutura no MPT consiste em uma unidade de lotação e administração geral, a saber, a Procuradoria-Geral do Trabalho (PGT), em Brasília/DF, e em 24 unidades de lotação e administração regionais, a saber, as Procuradorias Regionais do Trabalho (PRTs) localizadas, em regra, nos Estados e no Distrito Federal. Há, ainda, 100 unidades de lotação municipal, a saber, as Procuradorias do Trabalho nos Municípios (PTMs).

[14] Projeto instituído pela Portaria nº 659, de 25 de outubro de 2016, da PGT.

[15] Tudo com fulcro nos art. 6º, 7º e 8º c/c arts. 83 e 84, da LC nº 75/1993.

1. RESGATE A INFÂNCIA

A culminância da capacitação ocorre com o 'Prêmio MPT na escola', que consiste na seleção e premiação dos melhores trabalhos escolares de cunho literário, artístico e cultural feitos por alunos das escolas cujos professores foram capacitados sobre a temática do trabalho precoce e que trabalharam os conceitos em sala de aula. A seleção é feita anualmente no nível municipal (pelo próprio Município), estadual (pela COORDINFÂNCIA regional) e nacional (COORDINFÂNCIA).

1.1. Eixo aprendizagem

No eixo aprendizagem, o Ministério Público do Trabalho visa ao efetivo cumprimento da cota de aprendizagem prevista no art. 428 e seguintes da CLT, e que consiste em política pública social de enfrentamento do trabalho precoce, emancipatória e inclusiva. Para tanto, os Procuradores do Trabalho buscam sensibilizar os empregadores acerca da importância do instituto, realizando audiências públicas, seminários, e expedindo recomendações[16] sobre a temática, bem como promovendo a Semana nacional da aprendizagem, em parceria com a Justiça do Trabalho e a Superintendência Regional do Trabalho locais.

Há, também, articulação com outros atores sociais visando ampliar as oportunidades de inclusão de adolescentes e jovens no mercado formal de trabalho, via aprendizagem profissional.[17] Por fim, os membros do

---

[16] Não só para as empresas, mas também para o Estado e Municípios, para que adequem seus editais de licitação de modo a somente contratar empresas cumpridoras da cota de aprendizagem a que estão obrigadas e que incluam na planilha de custos do certame a previsão da contratação de aprendizes. A título exemplificativo, registra-se a expedição de recomendação nesse sentido para o Estado de Minas Gerais, firmada conjuntamente pelo MPT e o Ministério Público de Contas de Minas Gerais, em fevereiro de 2019.

[17] Experiência de articulação para essa finalidade no Estado de Minas Gerais levou à celebração, em 22/08/2019, do Termo de Cooperação Técnica nº 82/2019 entre o Governo Federal, por meio da Superintendência Regional do Trabalho em Minas Gerais (SRT/MG), o Estado de Minas Gerais, por intermédio das Secretarias de Estado de Justiça e Segurança Pública e de Desenvolvimento Social, o Município de Belo Horizonte, por meio das Secretarias Municipais de Assistência Social, Segurança Alimentar e Cidadania e de Desenvolvimento Econômico, o Tribunal Regional do Trabalho da 3ª Região, o Ministério Público do Trabalho em Minas Gerais, o Tribunal de Justiça do Estado de Minas Gerais, o Ministério Público do Estado de Minas Gerais, o Serviço Nacional de Aprendizagem Comercial e o Serviço Nacional de Aprendizagem Industrial, para implementação do Programa de Incentivo à Aprendizagem de Minas Gerais – Descubra!.

CASEBOOK DE PROCESSO COLETIVO

MPT instauram inquéritos civis e propõem ações civis públicas em face de empregadores que não cumprem a cota de aprendizagem a que estão obrigados.

O cumprimento da referida cota se dá quando as empresas (excluídas as micro e as empresas de pequeno porte) empregam e matriculam em cursos formais de aprendizagem aprendizes, com idade entre quatorze e vinte e quatro anos, em número corresponde entre 5 e 15% do número de empregados existentes em cada estabelecimento, cujas funções demandam formação profissional.[18] A aprendizagem se concretiza, pois, por meio da celebração de contrato especial de emprego,[19] que prevê em favor do aprendiz formação técnico-profissional metódica, com etapas práticas (realizadas na própria empresa) e teóricas (realizadas em entidade qualificadora[20]).

Em regra, três sujeitos fazem parte dessa relação empregatícia,[21] a saber, o empegado aprendiz, a empresa empregadora e a entidade qualificadora.[22]

---

[18] A Classificação Brasileira de Ocupações (CBO), aprovada pela Portaria nº 397, de 09 de outubro de 2002, do extinto Ministério do Trabalho e Emprego, atual Ministério da Economia, define as atividades que demandam formação profissional.

[19] Para ser válido, o contrato precisa ser formal, ou seja, celebrado por escrito e com anotação em CTPS; ter prazo determinado, de até 2 anos (exceto para o aprendiz com deficiência); o adolescente ou jovem precisa estar matriculado e frequentar a escola, caso ainda não tenha concluído o ensino médio; há jornada especial de trabalho e garantia de salário mínimo hora, entre outras especificidades, regulamentadas atualmente pelo Decreto nº 9.579, de 22 de novembro de 2018.

[20] Conforme previsto na CLT e no Decreto regulamentador acima indicado, são entidades qualificadoras: os Serviços Nacionais de Aprendizagem Industrial (Senai), Comercial (Senac), Rural (Senar), do Transporte (Senat) e do Cooperativismo (Sescoop); as escolas técnicas e agrotécnicas de educação; e as entidades sem fins lucrativos que tenham por objetivos a assistência ao adolescente e à educação profissional, registradas no Conselho Municipal dos Direitos da Criança e do Adolescente (CMDCA) e cadastradas junto às SRT.

[21] Ordinariamente a relação de emprego é bilateral, vez que estabelecida entre empregado e empregador.

[22] Quando a parte prática da aprendizagem não pode ser realizada na própria empresa que está cumprindo a sua cota, pelo fato das suas condições de trabalho – notadamente o seu meio ambiente de trabalho –, não serem adequados para o recebimento de aprendizes entre quatorze e dezoito anos, público prioritário da política pública em questão, é possível que ela seja realizada em outro local (que não a própria empresa), por meio da implementação da chamada cota social, conforme previsto no art. 53 c/c art. 66, ambos do Decreto nº 9.579, de 22 de novembro de 2018.

1. RESGATE A INFÂNCIA

A aprendizagem é uma oportunidade para as empresas qualificarem mão de obra que pode ser por elas mesmas aproveitadas ao final do processo. E, para os adolescentes, é uma forma de ingresso protegido no mercado de trabalho, em razão da presença da entidade formadora na relação de emprego. É, portanto, uma alternativa prevista na legislação trabalhista para enfrentar o trabalho precoce e concretizar o direito fundamental[23] dos adolescentes à profissionalização.

1.2. Eixo políticas públicas

No eixo políticas públicas, o MPT atua para que os Municípios[24] assumam formalmente o compromisso de implementar políticas públicas para prevenir e erradicar o trabalho precoce, bem como para promover o trabalho protegido de adolescentes no seu território, por meio da aprendizagem profissional. Ou seja, busca-se que ações governamentais sejam programadas e executadas com o intuito de concretizar o direito fundamental social ao não trabalho de crianças e adolescentes até os quatorze anos, e de profissionalização dos adolescentes, a partir da referida idade.[25] Com esse intuito, os Municípios são chamados a celebrar compromisso de ajustamento de conduta[26] perante o MPT, contendo obrigações consideradas absolutamente imprescindíveis e elementares para o enfrentamento do fenômeno em questão.

No MPT em Minas Gerais (PRT3) a implementação do projeto Resgate a infância fez parte da agenda estratégica regional, do biênio

---

[23] A partir da perspectiva de Robert Alexy, entende-se por direitos fundamentais os valores e fins considerados de tal relevância para uma dada sociedade, previstos em normas estabelecidas diretamente pela Constituição ou em normas atribuídas (fundamentadas em direitos fundamentais), e que, portanto, devem ser perseguidos pelo respectivo Estado, organizações e indivíduos (ALEXY, Robert. *Teoria dos direitos fundamentais*. Tradução de Virgílio Afonso da Silva. São Paulo: Malheiros, 2008, p. 85-144).

[24] O ECA prevê a municipalização como diretriz da política de atendimento do público infantoadolescente (art. 88, I). O Município assume, pois, protagonismo na materialização dos direitos e no oferecimento de programas e serviços às crianças e aos adolescentes, devendo se adaptar para prestá-los, sendo, por isso, o ente federado acionado pelo MPT.

[25] A distinção entre crianças e adolescentes, bem como a proibição de trabalho em razão da idade serão oportunamente pontuadas neste texto.

[26] Ordinariamente identificado como Termo de Ajuste de Conduta (TAC).

2017/2019.[27] Por essa razão, especificamente em relação ao eixo políticas públicas, foram selecionados sessenta e cinco Municípios mineiros para atuação prioritária,[28] observados os seguintes requisitos, cumulados ou não: (a) adesão do Município ao cofinanciamento federal específico para implementação das Ações Estratégicas do Programa de Erradicação do Trabalho Infantil (PETI),[29] (b) alto índice de trabalho infantil no Município identificado pelo Instituto Brasileiro de Geografia e Estatística (IBGE) com base no censo demográfico realizado em 2010, e consolidado no diagnóstico intersetorial municipal elaborado em parceria entre a Organização Internacional do Trabalho (OIT) e o Ministério do Desenvolvimento Social e Agrário,[30] (c) estrutura das unidades de lotação da PRT3, de modo a difundir a atuação por todo o Estado de Minas Gerais,[31] (d) existência de procedimentos já em tramitação na sede da PRT3 sobre a execução de políticas públicas.

---

[27] Trata-se da iniciativa finalística número 03, prevista na Portaria nº 143 de 03 de julho de 2017, da PRT3.

[28] São eles: Acaiaca, Água Boa, Alfenas, Andradas, Araçuaí, Araguari, Belo Horizonte, Belo Vale, Betim, Brumadinho, Campo Belo, Capelinha, Caratinga, Catas Altas, Congonhas, Conselheiro Lafaiete, Contagem, Curvelo, Diamantina, Diogo Vasconcelos, Dores de Campos, Esmeraldas, Espera Feliz, Francisco Sá, Frutal, Governador Valadares, Guanhães, Ibirité, Ipatinga, Itabirito, Itamarandiba, Itaverava, Ituiutaba, Juiz de Fora, Lagoa da Prata, Manhuaçu, Mariana, Minas Novas, Moeda, Muriaé, Mutum, Nova Lima, Nova Serrana, Ouro Branco, Ouro Preto, Pará de Minas, Patrocínio, Passos, Patos de Minas, Piranga, Poços de Caldas, Ribeirão das Neves, Rio Acima, Rio Pardo, Sabará, Santa Bárbara, Santa Luzia, São João da Ponte, São Sebastião do Paraíso, Serro, Sete Lagoas, Teófilo Otoni, Ubá, Uberaba, Uberlândia.

[29] De acordo com o art. 24-C da Lei nº 8.742/1993, incluído pela Lei nº 12.435/2011, o PETI possui caráter intersetorial e atualmente integra a Política Nacional de Assistência Social. Ele foi instituído em 1996 e redesenhado em 2013.

[30] ORGANIZAÇÃO INTERNACIONAL DO TRABALHO E MINISTÉRIO DO DESENVOLVIMENTO SOCIAL E AGRÁRIO. *Diagnóstico intersetorial dos Municípios brasileiros*. Disponível em: http://www.bsb.ilo.org/dimbr/. Acesso em 16 set. 2019. Foi elaborado o diagnóstico de todos os Municípios brasileiros.

[31] A PRT3 possui uma sede, localizada em Belo Horizonte, capital do Estado de Minas Gerais, e dez PTMs nos Municípios de Divinópolis, Coronel Fabriciano, Governador Valadares, Juiz de Fora, Montes Claros, Patos de Minas, Teófilo Otoni, Uberlândia, Varginha e Pouso Alegre. Há, atualmente, sessenta e dois Membros lotados no Estado, sendo trinta e dois na sede da PRT3 e trinta nas PTMs. Cada um dos Membros oficiantes junto às PTMs atua ou atuou no eixo políticas públicas em face de, ao menos, um Município da sua circunscrição,

Os objetivos do presente artigo são, para além dessa sucinta apresentação do projeto Resgate a infância, caracterizar o trabalho precoce como um litígio coletivo, e analisar especificamente os Termos de Ajuste de Conduta (TACs) propostos aos Municípios mineiros – e já firmados por alguns deles[32] – no âmbito do eixo políticas públicas. Com esses propósitos, serão ainda sopesadas algumas questões normativas e doutrinárias que circundam o próprio instituto do TAC, em especial: sua aptidão para a solução de litígios coletivos, notadamente envolvendo o trabalho precoce; sua natureza jurídica; o conteúdo das obrigações neles constantes; a necessidade (ou não) de previsão de prazo de sua vigência e de sanção para o caso de descumprimento do pactuado; as consequências para o descumprimento das obrigações neles previstas e para a sua não celebração. Passa-se, então, à análise pretendida.

2. Os litígios coletivos

Os litígios coletivos – também identificados como litígios transindividuais ou de massa – são conflitos de interesses juridicamente relevantes que transcendem a esfera particular dos indivíduos e envolvem vários sujeitos na sua condição de grupo. A identificação do grupo de pessoas atingidas (passível ou não de divisão em subgrupos) feita a partir de distintos conceitos de sociedade, e em razão da complexidade e conflituosidade inerente à própria demanda em questão, permite a classificação de tais litígios como global, local ou irradiado, de acordo com a tipologia proposta por Edilson Vitorelli.[33] Por pertinente, transcreve-se:

e a COORDINFÂNCIA regional, juntamente com a gerência da agenda estratégica, atua ou atuou em face dos Municípios da base territorial da sede da PRT3.

[32] Trinta e sete Municípios até o mês de julho de 2020, a saber, Acaiaca, Água Boa, Alfenas, Andradas, Belo Vale, Betim, Brumadinho, Campo Belo, Capelinha, Catas Altas, Congonhas, Conselheiro Lafaiete, Contagem, Diamantina, Diogo Vasconcelos, Espera Feliz, Francisco Sá, Frutal, Governador Valadares, Itabirito, Itaverava, Mariana, Moeda, Mutum, Nova Lima, Ouro Branco, Ouro Preto, Pará de Minas, Passos, Patos de Minas, Piranga, Rio Acima, Rio Pardo de Minas, Santa Bárbara, São João da Ponte, São Sebastião do Paraíso, Serro.

[33] VITORELLI, Edilson. *O devido processo legal coletivo*: dos direitos aos litígios coletivos. 2. ed. São Paulo: Revista dos Tribunais, 2019.

[...] a sociedade como estrutura é a que titulariza direitos que são lesados de modo pouco significativo do ponto de vista de cada um dos indivíduos que a compõem, ainda que, do ponto de vista global, a lesão seja juridicamente relevante. Em regra, pode ser difícil identificar com precisão quem são os membros do grupo e, mesmo que não seja, essa identificação é, em regra, pouco relevante, já que seu interesse individual em jogo é reduzido. Como eles são pouco afetados, não estão suficientemente interessados em intervir nos rumos de um eventual processo, por isso se diz que tal litígio tem baixa conflituosidade entre os membros do grupo. Os litígios que apresentam essas características são denominados litígios coletivos globais. Em outras palavras, **litígios coletivos globais são aqueles que afetam a sociedade de modo geral, mas que repercutem minimamente sobre os direitos dos indivíduos que a compõem. Apresentam baixa conflituosidade, tendo em vista o pouco interesse dos indivíduos em buscar soluções para o problema coletivo.**

Em oposição a esse primeiro conceito está o de **litígio coletivo local, que é aquele em que o litígio, embora coletivo, atinge pessoas determinadas, em intensidade significativa, capaz de alterar aspectos relevantes de suas vidas. Essas pessoas, todavia, compartilham algum tipo de laço de solidariedade social (sociedade como solidariedade), que as faz pertencentes a uma comunidade que se diferencia dos demais segmentos sociais.** É o caso de lesões graves, causadas a direitos de grupos indígenas, minorias étnicas, trabalhadores de determinada empresa etc. No litígio local, a conflituosidade é moderada, uma vez que, ao mesmo tempo em [*sic*] que as pessoas querem opinar sobre a resolução do litígio, interessando-se pelas atividades que são desenvolvidas ao longo de um eventual processo e, provavelmente, discordando entre si acerca delas, a identidade de perspectivas sociais, dada pelo pertencimento à mesma comunidade, fornece um elemento de união, que impede que as divergências entre essas pessoas, embora existentes – nenhum grupo social é uniforme – sejam elevadas o bastante para ofuscar o objetivo comum.

Finalmente, o terceiro tipo se refere aos **litígios coletivos irradiados**. Essa categoria representa a situação em que **as lesões são relevantes para a sociedade envolvida, mas ela atinge, de modo diverso e variado, diferentes subgrupos que estão envolvidos no litígio, sendo que entre eles não há uma perspectiva social comum, qualquer vínculo de solidariedade. A sociedade que titulariza esses direitos é fluida, mutável e**

de difícil delimitação, motivo pela qual se identifica com a sociedade como criação.[34] (grifos acrescidos)

Essa classificação supera a tradicional vinculação dos litígios coletivos como aqueles que envolvem direitos e/ou interesses difusos, coletivos e individuais homogêneos, conforme conceituação constante no art. 81, do Código de Defesa do Consumidor (CDC). Via de consequência, suplanta, também, a insuficiência conceitual inerente à classificação da regra mencionada no que se refere à identificação dos titulares do direito. Ela permite, por isso, uma avaliação mais adequada das soluções, judiciais ou extrajudiciais, empregadas para tratá-los. Daí a pertinência de sua utilização no presente texto.

2.1. Que tipo de litígio coletivo é o trabalho precoce?

Com base na classificação acima reproduzida, tem-se que o trabalho precoce é, em princípio, um litígio coletivo local. Isso porque, apesar das diferenças reveladas na análise de cada caso concreto – afetas ao sujeito que trabalha, às suas condições socioeconômicas e de trabalho –, há um vínculo de solidariedade social entre todas as crianças e os adolescentes que trabalham. Referido vínculo – mesmo que estabelecido entre pessoas estranhas entre si – é apto a caracterizá-los como membros de um grupo, formado por crianças e adolescentes em situação de trabalho.

Em outras palavras, trata-se de um grupo constituído por sujeitos que têm o direito fundamental ao não trabalho violado. Essa violação os atinge de um modo muito mais intenso do que impacta ao restante da sociedade. De fato, os riscos e as consequências – físicas, psíquicas, morais, sexuais e/ou sociais – decorrentes do trabalho precoce são relevantes e graves para os sujeitos diretamente atingidos, e que compõem o grupo que é a ele submetido. Há, certamente, consequências danosas para suas famílias, para toda a sociedade, e para o Estado – não só no plano nacional, mas também internacional. Porém são lesões menos intensas e, em alguns casos, ignoradas inclusivamente de forma intencional.

---

[34] VITORELLI, Edilson. Levando os conceitos a sério: processo estrutural, processo coletivo, processo estratégico e suas diferenças. *Revista de Processo*, São Paulo, v. 284/2018, p. 333-369, out. 2018, p. 336.

Nesse cenário, conclui-se que o direito (litigioso) decorrente da lesão, ainda que atinja uma coletividade de pessoas, pertence às vítimas do trabalho precoce, e não à sociedade como um todo. O interesse do grupo titular do direito – no caso, as crianças e os adolescentes – deve, pois, servir como o centro de gravidade na busca da solução do litígio. E, para promovê-lo, será imperioso concretizar o direito material litigioso, qual seja, o direito fundamental ao não trabalho.

Apesar desta perspectiva de existência de um interesse comum aos integrantes do grupo, ela não é homogênea. No contexto da teoria dos litígios coletivos, impõe-se analisá-la sob o prisma da conflituosidade. Conforme ensina Vitorelli, trata-se de

> [...] um elemento que deve ser avaliado a partir da uniformidade das posições dos integrantes da sociedade em relação ao litígio. Grupos não são unívocos e não existem independentemente de seus integrantes. Logo, quando eles são envolvidos em um litígio, é possível que seus integrantes tenham opiniões distintas sobre o caso. Essas divergências podem decorrer de vários fatores, inerentes aos próprios indivíduos, como diferenças culturais, sociais, econômicas, ideológicas, mas também pode decorrer de como o litígio os afeta. De modo geral, quanto menor for a uniformidade do impacto da lesão sobre as pessoas, ou seja, quanto mais variado for o modo como forem atingidos pela lesão, maior será a conflituosidade. Como as pessoas tendem a preferir soluções que favoreçam suas próprias situações, a diversidade de impactos fará com que elas passem a divergir entre si acerca de qual o resultado desejável do litígio.[35]

Em princípio, em decorrência das próprias normas proibitivas, poder-se-ia considerar que a conflituosidade inerente ao trabalho precoce é baixa. Contudo, crianças e adolescentes – premidos por suas necessidades econômicas, familiares, sociais etc., e inaptos a avaliar, em sua completude, os riscos e as consequências do trabalho precoce – trabalham e/ou têm interesse em trabalhar. Alguns, inclusive, já incutiram o trabalho como fator positivo e indispensável às suas vidas e sobrevivência, e consideram a proibição ou ausência de trabalho como seu

---

[35] VITORELLI, Edilson. *O devido processo legal coletivo*: dos direitos aos litígios coletivos. 2. ed. São Paulo: Revista dos Tribunais, 2019, p. 77.

verdadeiro problema.[36] Outros obtêm, até mesmo, autorização judicial para trabalhar.[37]

As divergências internas ao grupo podem ser mais facilmente visualizadas em situações em que há possíveis interpretações acerca das regras que incidem sobre a matéria, como ocorre com o trabalho artístico (de artistas, *youtubers*, cantores etc.). Elas também se revelam, com mais clareza – mesmo que não albergadas pelo ordenamento jurídico –, nos trabalhos que despertam o desejo de ser realizado, como exemplificativamente o trabalho desportivo (atletas, em particular de futebol) ou de gandula, em grandes eventos desportivos. Há os que, independentemente da idade, os almejam, centrando seus esforços em obtê-los.

Assim sendo, para além de verificar, no caso concreto, se a prestação do trabalho possui esteio normativo ou se está, de forma excepcional, autorizada judicialmente, é necessário conferir sua verdadeira conformidade com o melhor interesse do grupo, ainda que esse interesse conflite

---

[36] A esse respeito, sugere-se a leitura da pesquisa de REZENDE, Simone Beatriz Assis de. *Aprendizagem profissional para adolescentes em cumprimento de medidas socioeducativas com restrição de liberdade*: desenvolvimento humano e reintegração social. 2019. 367f. Tese. (Doutorado em Desenvolvimento Local) – Universidade Católica Dom Bosco, Campo Grande, Mato Grosso do Sul, 2019. Destaca-se a coleta de dados a partir de entrevistas feitas com adolescentes usuários do sistema socioeducativo, notadamente no que respeita as suas experiências de trabalho e expectativas com relação à aprendizagem profissional.

[37] Autorização restrita para o trabalho artístico. A concessão de autorização judicial para permitir a realização de qualquer outra modalidade de trabalho por crianças e adolescentes não tem respaldo constitucional. A esse respeito, transcreve-se a Orientação nº 1, da COORDINFÂNCIA: "Autorizações Judiciais para o Trabalho antes da idade mínima. Invalidade por vício de inconstitucionalidade. Inaplicabilidade dos arts. 405 e 406 da CLT. Inaplicabilidade do art. 149 da CLT como autorização para o trabalho de crianças e adolescentes. I – Salvo na hipótese do art.8º, item I da Convenção n. 138 da OIT, as autorizações para o trabalho antes da idade mínima carecem de respaldo constitucional e legal. A regra constitucional insculpida no art. 7º, inciso XXIII, que dispõe sobre a idade mínima para o trabalho é peremptória, exigindo aplicação imediata. II – As disposições contidas nos arts. 405 e 406 da CLT não mais subsistem na Ordem Jurídica, uma vez que não foram recepcionadas pela Ordem Constitucional de 1988, a qual elevou à dignidade de princípio constitucional os postulados da proteção integral e prioridade absoluta (art. 227), proibindo qualquer trabalho para menores de 16 anos, salvo na condição de aprendiz, a partir dos14. III – A autorização a que se refere o art. 149, inciso II, do Estatuto da Criança e do Adolescente, não envolve trabalho, mas a simples participação de criança e de adolescente em espetáculo público e seu ensaio e em certame de beleza".

CASEBOOK DE PROCESSO COLETIVO

com a sua vontade. É oportuno, inclusive, promover o diálogo qualificado com o grupo, para esclarecer o conflito.

Mesmo havendo divergências, elas caracterizarão uma conflituosidade apenas média: elevada, de um lado, em virtude de incidir de modo significativo na vida dos membros do grupo; baixa, de outro, já que o vínculo de solidariedade entre eles (todos são vítimas do mesmo litígio) é mais forte do que as diferenças.

Vale registrar, em relação às pessoas externas ao grupo – como familiares, professores e políticos –, que sua opinião acerca da solução do litígio, quando comparada com o interesse dos sujeitos submetidos ao trabalho precoce, deve ser reputada irrelevante. É que o direito em questão – clássica e equivocadamente definido como difuso[38] –, tem titular determinado: o grupo ou, mais precisamente, os seus membros. E a opinião de qualquer indivíduo externo ao grupo a seu respeito não deve ser considerada em detrimento dos interesses do próprio grupo.

Ainda que algumas pessoas tenham opiniões diferentes quanto ao trabalho precoce – e defendam ou aceitem que crianças e adolescentes trabalhem, que considerem válido sacrificar a infância ou a adolescência para a preservação de um outro bem jurídico ou social (tais como, a manutenção dos vínculos familiares[39]), que se beneficiem desse trabalho (familiares, empregadores etc.) –, essas opiniões são irrelevantes e devem ser desconsideradas. Elas violam o ordenamento jurídico pátrio, os tratados internacionais e, ainda, advêm de pessoas cuja posição, relativamente ao litígio, é externa ao grupo.

A irrelevância não impede, entretanto, que essas opiniões gerem efeitos. Por um lado, elas podem implicar na tentativa de desmantelamento do sistema normativo de proteção, quando oriundas de pessoas que possuem atribuição, por exemplo, para propor leis e promover alterações normativas.

---

[38] Assim entendidos, para efeitos do CDC, "os transindividuais, de natureza indivisível, de que sejam titulares pessoas indeterminadas e ligadas por circunstâncias de fato" (art. 81, parágrafo único, I).

[39] Sobre esse aspecto, recomenda-se a leitura da obra de Walter Ernesto Ude Marques (MARQUES, Walter Ernesto Ude. *Infâncias (pre)ocupadas*: trabalho infantil, família e identidade. Brasília: Plano, 2001. 279p), que analisa as contradições decorrentes do trabalho precoce, como fenômeno que sacrifica a infância, mas preserva a família, e que impacta na formação da identidade de todos os membros das famílias que recorrem a esse tipo de trabalho como estratégia de sobrevivência mínima.

Por outro, elas podem permitir ou contribuir para a permanência da situação de violação de direito. Suponha-se que integrantes da rede de proteção – como promotores de justiça, conselheiros tutelares, servidores da assistência social municipal – nutram essas opiniões. Notadamente quando crianças e adolescentes estão submetidos a múltiplas violências, não raro, o trabalho precoce é aceito como solução para uma ou algumas delas, e não como uma violação em si. O integrante da rede de proteção que deveria atuar para erradicá-lo acaba por aceitá-lo ou promovê-lo, revelando uma visão reducionista do problema.

2.1.1. Litígio coletivo estrutural

Apesar de ter uma conflituosidade média, o litígio local relativo ao trabalho precoce tem complexidade alta.

> Complexidade é um elemento que deriva das múltiplas possibilidades de tutela de um direito. Um litígio será complexo quando se puder conceber variadas formas de tutela da violação, as quais não são necessariamente equivalentes em termos fáticos, mas são igualmente possíveis juridicamente. [...] Quanto mais variados forem os aspectos da lesão e as possibilidades de tutela, maior será o grau de complexidade do litígio.[40]

Isso porque, o enfrentamento do trabalho precoce não é, do ponto de vista fático, simples de ser efetivado. A obtenção da solução do problema – que consiste na sua erradicação – está além da resposta dada pelo ordenamento jurídico pátrio, que é a proibição. Implementar essa proibição ou, em outros termos, concretizar o direito fundamental ao não trabalho impõe a adoção de medidas de diversas ordens, que o edificam e lhe dão suporte, notadamente consistentes em políticas públicas – a serem permanentemente revistas e aprimoradas –, e que competem a diferentes atores e políticas que compõem o sistema de garantia de direitos.

De fato, aproximando-se do fenômeno do trabalho precoce, constata-se que ele atinge, de modo diverso, crianças e adolescentes submetidos a proibições laborais diferentes em razão da idade, que trabalham por motivos variados, e que se encontram em condições e situações distintas

---

[40] VITORELLI, Edilson. *O devido processo legal coletivo*: dos direitos aos litígios coletivos. 2. ed. São Paulo: Revista dos Tribunais, 2019, p. 77.

CASEBOOK DE PROCESSO COLETIVO

de labor, desenvolvendo atividades múltiplas, e sujeitos a violações e vulnerabilidades em graus dessemelhantes.

No que respeita à idade, o direito fundamental de crianças e adolescentes ao não trabalho decorre da vedação da realização de qualquer trabalho por crianças, assim consideradas pessoas até doze anos de idade incompletos. Em relação aos adolescentes, pessoas entre doze e dezoito anos,[41] a vedação é total para aqueles com treze e quatorze anos incompletos e há restrição para o trabalho entre quatorze e dezesseis anos, que somente pode ocorrer na condição de aprendiz. A partir dos dezesseis anos, o adolescente pode trabalhar. Contudo, não em qualquer trabalho ou em qualquer condição. Isso porque há a proibição do trabalho por qualquer pessoa com menos de dezoito anos em período noturno, em locais e/ou atividades perigosos, insalubres, penosos, ou que prejudiquem ou atentem contra a sua saúde, segurança, moral, formação e desenvolvimento, ou nas piores formas de trabalho infantil para qualquer pessoa com menos de dezoito anos.[42]

Somado a isso, as crianças e os adolescentes laboram por razões diferentes. Há os que trabalham para obter o seu próprio sustento ou o de suas famílias, e os que trabalham para auxiliar nesse sustento – com repercussão, inclusive, na manutenção dos vínculos familiares –; outros trabalham para ter acesso a bens de consumo variados; alguns trabalham para obter sucesso, fortuna, entre diversos outros intuitos.

As situações em que ocorre o trabalho precoce são inesgotáveis. Ele pode se dar: por conta própria, subordinada (em favor de terceiros, familiares ou não) ou forçada; de forma contínua, sazonal ou episódica; na área urbana ou rural; em estabelecimentos privados, espaços e vias públicas, ou em ambiente virtual; em atividade de natureza produtiva, voluntária, assistencial, doméstica, sob regime de economia familiar, de subsistência, artesanal, artística, desportiva, lícita ou ilícita etc.[43] Em suma, crianças e

---

[41] No plano internacional, todas as pessoas com menos de dezoito anos são consideradas criança (art. 1º, Convenção sobre os Direitos da Criança, adotada pela ONU, em 20 de novembro de 1989). No Brasil, a distinção etária entre crianças e adolescentes se encontra no art. 2º do ECA, e será observada no presente estudo por permitir uma melhor aproximação do fenômeno do trabalho precoce.

[42] Os dispositivos legais proibitivos se encontram nas regras arroladas na nota de rodapé nº 3.

[43] O perfil das principais ocorrências de trabalho infantil está sintetizado em MEDEIROS NETO, Xisto; MARQUES, Rafael Dias. *Manual de atuação do Ministério Público na Prevenção*

34

adolescentes são explorados como empregados domésticos, babás, vendedores ambulantes, flanelinhas, engraxates, carregadores de compras de supermercados ou de feiras, catadores de papéis, latinhas ou de lixões, *youtubers*, cantores (até mesmo em programas de televisão), jogadores de futebol, gandulas, artistas de novelas, aviõezinhos do tráfico de drogas, ajudantes em padarias ou na construção civil, mecânicos, prostitutas etc. Várias dessas atividades, inclusive, estão arroladas na Convenção nº 182, da OIT, como caracterizadoras das piores formas de trabalho infantil.

Por fim, o trabalho pode ou não ser remunerado. O fato de a criança ou o adolescente não receber salário ou outra contraprestação pelos serviços por ele prestados, por si só, não descaracteriza a situação de trabalho por ele vivenciada. Enfatiza-se: o que abaliza o trabalho como precoce é fato dele ser realizado por pessoa que ainda não atingiu a idade legal permitida para o trabalho (crianças e adolescentes até os quatorze anos) ou prestado fora das condições legalmente permitidas para o trabalho do adolescente.

O trabalho precoce não raro descortina uma realidade de múltiplas violências contra a criança e o adolescente, que se consolidam na forma de negligência, discriminação, exploração, crueldade e opressão.[44] Essas outras violências, tal como o trabalho, maculam a integridade física, psicológica, moral e/ou sexual e a convivência social, da comunidade infantoadolescente, quando não lhes causa a morte.[45]

Mesmo nos casos em que não se configura uma situação de violência específica para além da decorrente do trabalho, muitas crianças e

---

e Erradicação do Trabalho Infantil. Conselho Nacional do Ministério Público. Brasília: CNMP, 2013, p. 12-16.

[44] Usando-se, aqui, os tipos de violência arrolados nos arts. 227, da CR/1988 e 5º do ECA.

[45] Entre 2007 e 2018, aproximadamente duzentas crianças e adolescentes morreram, e trezentos mil, quatrocentos e sessenta e nove sofreram acidente de trabalho grave enquanto trabalhavam; de 2003 a 2018, novecentos e cinquenta e nove adolescentes foram resgatados em condições análogas às de escravo, por estarem privados de sua liberdade em razão do trabalho. Esses dados estatísticos foram extraídos dos observatórios digitais de saúde e segurança do trabalho e de trabalho escravo, respectivamente, desenvolvidos pelo MPT, em parceria com a OIT. ORGANIZAÇÃO INTERNACIONAL DO TRABALHO E MINISTÉRIO PÚBLICO DO TRABALHO. *Observatórios digitais.* Disponível em: plataforma https://smartlabbr.org/. Acesso em 16 set. 2019. Trata-se de "Iniciativa *SmartLab* Promoção do Trabalho Decente Guiada por Dados".

CASEBOOK DE PROCESSO COLETIVO

adolescentes se encontram em acentuada vulnerabilidade, afora aquela inerente à condição de pessoas em fase especial de desenvolvimento. É que, por vezes, eles pertencem a famílias com vínculos fragilizados, possuem condições precárias de moradia e alimentação, estão em defasagem escolar (caracterizada pela distorção da correlação entre a idade e o ano letivo cursado), não acessam serviços básicos de saúde, nem mesmo odontológica, nem de cultura, lazer ou esporte, dentre outros, em absoluta vulnerabilidade socioeconômica, o que os coloca em um cenário de violência iminente.[46]

Todos esses fatores – idade, razão pela qual trabalha, condições e situação de labor, atividade desenvolvida, outras violações e vulnerabilidades – demonstram a complexidade que envolve o fenômeno do trabalho precoce e impõem a adoção de políticas públicas voltadas especificamente para o seu enfrentamento. Enfatiza-se: a superação da condição de trabalhador demandará, para cada sujeito real, a concretização de proteções sociais variadas, que atendam às suas peculiaridades e necessidades, e viabilizem o exercício da sua cidadania. Em razão do princípio da descentralização político-administrativa e, mais especificamente, da municipalização do atendimento,[47] ela vindicará o funcionamento adequado da estrutura burocrática pública, em particular, municipal, na implementação de ações, no oferecimento de programas e serviços que alterem as condições concretas de vida e sobrevivência de cada criança e adolescente específico, materializando o seu direito ao não trabalho, e na promoção da conscientização social.

Quando visualizado sob essa perspectiva, o litígio relativo ao trabalho precoce torna-se um litígio estrutural. Mais uma vez, transcreve-se:

> Litígios estruturais são litígios coletivos decorrentes do modo como uma estrutura burocrática, usualmente, de natureza pública, opera. O funcionamento da estrutura é que causa, permite ou perpetua a violação que dá origem ao litígio coletivo. Processos estruturais são processos coletivos que pretendem reorganizar essa estrutura, para fazer cessar a violação.[48]

---

[46] A respeito das vulnerabilidades intrínseca e socioeconômica, ver nota de rodapé nº 8.

[47] Previstos, respectivamente, no art. 227, §7º, da CR/1988 e no art. 88, I, do ECA.

[48] VITORELLI, Edilson. *O devido processo legal coletivo*: dos direitos aos litígios coletivos. 2. ed. São Paulo: Revista dos Tribunais, 2019, p. 540.

1. RESGATE A INFÂNCIA

Essa classificação, tal como revelada por Vitorelli,[49] aplica-se com naturalidade aos litígios irradiados. Mas é perfeitamente aplicável ao litígio coletivo local, por ora em estudo. Vale pontuar que se trata de um litígio estrutural, de tipo centrípeto, porque o peso do grupo central, as vítimas, é mais pronunciado do que o peso dos grupos periféricos. No entanto, quando o que se pretende é implementar políticas públicas, que envolvem recursos escassos, em que pese a prioridade absoluta que paira sobre os direitos infanto-juvenis, não se leva em conta apenas a perspectiva do grupo central.

Neste contexto, pode-se afirmar que o problema do trabalho precoce caracteriza um litígio coletivo local, mas que se consubstancia em um litígio estrutural. As respostas que o seu enfretamento requer são complexas e variadas, dependem do contexto individual e social em questão, e impõem para a sua obtenção a participação ativa da família, da sociedade e do Estado. Elas demandam, em suma, a atuação eficaz e eficiente do sistema de garantia de direitos, visando à concretude da dignidade, o exercício da cidadania e a emancipação da comunidade infantoadolescente.

Pontuado o conflito coletivo ora objeto de análise, passa-se à apreciação do TAC como meio existente e necessário para solucioná-lo de forma coletiva ou, ao menos, afrontá-lo. Cumpre, antes, registrar que diante da constatação individual do trabalho da criança ou do adolescente, o Ministério Público do Trabalho também atua repressivamente em face do empregador ou da cadeia econômica – quando existente ou passível de identificação – para impedir tanto que ele mantenha sua conduta danosa em relação ao empregado identificado, como que reincida na exploração do trabalho precoce. Tal atuação repressiva, que enfrenta a situação individual identificada, e que é relevante, não é o foco da atuação da COORDINFÂNCIA, por não ter, em regra, o condão de produzir impacto social efetivo.

---

[49] VITORELLI, Edilson. *O devido processo legal coletivo*: dos direitos aos litígios coletivos. 2. ed. São Paulo: Revista dos Tribunais, 2019, p. 538.

3. A literatura sobre o tema

3.1. O enfrentamento do litígio coletivo alusivo ao trabalho precoce por meio do Termo de Ajuste de Conduta

A solução dos conflitos coletivos pressupõe a utilização dos mecanismos de tutela coletiva disponíveis no ordenamento jurídico existente no local em que se pretende que o conflito seja resolvido.[50] No caso brasileiro, há previsão expressa de meios por intermédio dos quais é possível buscar a solução dos litígios coletivos, judicial ou extrajudicialmente. Vários doutrinadores reconhecem, inclusive, a existência de um microssistema de direito processual coletivo brasileiro.[51]

Um dos mecanismos previsto na legislação pátria para a solução extrajudicial de conflitos coletivos é o Termo de Ajuste de Conduta. Ele foi inserido na ordem jurídica brasileira com a promulgação do ECA, em 13 de julho de 1990. O artigo 211 do referido Estatuto previu a possibilidade de os órgãos públicos legitimados tomarem dos interessados compromisso de ajustamento de sua conduta às exigências legais para a promoção, defesa e controle dos direitos e interesses das crianças e adolescentes, constantes em seu texto. Ainda, atribuiu ao Termo firmado eficácia de título executivo extrajudicial. Percebe-se, até pela origem do instituto, sua vocação para tratar das questões referentes à infância e à adolescência, o que abarca o litígio coletivo alusivo ao trabalho precoce.

Meses após a publicação do ECA, o Código de Defesa do Consumidor inseriu o TAC na Lei da Ação Civil Pública (LACP),[52] acrescendo ao artigo 5º da referida regra o §6º. O compromisso de ajustamento de conduta foi, então, previsto de forma genérica como instrumento apto para solucionar litígios coletivos, em substituição ao processo judicial coletivo, geralmente de conhecimento. Trata-se, pois, de uma alternativa à judicialização da

---

[50] Nem todo ordenamento jurídico prevê mecanismos de tutela coletiva ou que abarquem todas as áreas do Direito. Nesses casos, em regra, cada um dos interessados – ou lesados por determinada conduta – utiliza os mecanismos de tutela individual para buscar a solução ou a reparação da sua situação específica.

[51] O microssistema processual coletivo brasileiro é constituído pela Lei da Ação Popular (Lei nº 4.717/1965), pela LACP (de 1985), pela CR/1988 e pelo CDC (de 1990), além de outras regras setoriais e/ou especiais. Apesar de ser consideravelmente amplo, ele não abarca todos os litígios coletivos, haja vista, por exemplo, as exceções contidas no parágrafo único, do art. 1º, da LACP.

[52] Lei nº 7.347, de 24 de julho de 1985.

demanda, eis que o Termo supre a necessidade de propositura de ação civil pública (ACP) a ser manejada com o objetivo de obter a condenação judicial da parte no cumprimento das obrigações nele constantes.

Além de reduzir o número de demandas levadas ao Judiciário, já enormemente assoberbado no País,[53] o TAC viabiliza a efetividade da tutela jurídica pretendida. É que, por resultar da autocomposição das partes, há mais probabilidade de cumprimento de suas obrigações por aqueles que as negociaram. E mais: a celebração do Termo normalmente é alcançada em menor espaço de tempo do que o provimento judicial. Ou seja, obtém-se o TAC de forma mais célere do que se alcança uma sentença – que não necessariamente será de procedência –, e ainda estará sujeita a recursos.

3.1.1. A natureza jurídica do TAC

A Resolução nº 179, de 26 de julho de 2017, do Conselho Nacional do Ministério Público (CNMP), disciplina a tomada do TAC pelo Ministério Público. Ela o define, já em seu artigo 1º, como negócio jurídico que visa à adequação da conduta do compromissado às exigências legais e constitucionais. E no parágrafo 1º do referido artigo veda expressamente que o MP faça concessões que impliquem renúncia aos direitos coletivos tutelados por meio do TAC, por não ser o titular dos direitos ajustados. Já os doutrinadores rechaçam a possibilidade de renúncia em razão da indisponibilidade que circunda os próprios direitos transindividuais. Entende-se, contudo, que o permissivo legal existente no art. 5º, §6º, da LACP retira o caráter de indisponibilidade absoluta de tais direitos.

A regra do art. 1º, §1º, da Resolução acima indicada permite a negociação em relação à interpretação do direito e à especificação das obrigações – tempo, modo e lugar de seu cumprimento. Em rigor, a própria permissão prevista pode levar à renúncia em tese vedada. Exemplificativamente, ao se conceder prazo para que haja a adequação da conduta à lei, consente-se, a contrário senso, com o não cumprimento da legislação durante o

---

[53] O que pode ser constatado pela consulta aos dados estatísticos apresentados anualmente, desde 2004, pelo Conselho Nacional de Justiça, em CONSELHO NACIONAL DE JUSTIÇA. *Justiça em Números 2019*. Disponível em: https://www.cnj.jus.br › arquivo › 2019/08 › justica_em_numeros20190919. Acesso em: 03 jan. 2020. Em relação ao relatório de 2019, os dados se encontram no capítulo 4.

prazo estipulado. Ou, no mínimo, não se impõe à parte consequência jurídica pelo descumprimento da regra.

A existência de concessões recíprocas – notadamente a possibilidade de o *Parquet* fazer concessões para a celebração do TAC – indica se tratar de negócio jurídico bilateral, ou seja, de transação. Mas, quando celebrado entre órgão público legitimado e particular, trata-se de transação híbrida,[54] eis que o compromisso deve observar a principiologia do direito público (em especial, os princípios da legalidade, impessoalidade, moralidade, publicidade, eficiência, proporcionalidade e acesso à justiça) e do direito privado (a saber, solidariedade, autonomia privada, livre-iniciativa, imputação civil dos danos, função social dos institutos de direito privado e do contrato e lealdade). A esse respeito, transcreve-se:

> [...], o agir da administração pública deve estar conformado aos limites principiológicos constitucionais da administração, positivados no art. 37, *caput*, da CF, bem como aos princípios contidos no sistema constitucional, como os da razoabilidade e da proporcionalidade, de modo a observar, no agir do administrado, o exercício, limitado ao interesse público, dos princípios da livre-iniciativa e da autonomia privada.
>
> Ao particular, por sua vez, incidem diretamente os princípios da teoria geral do direito privado em sua atividade, que devem ser por ele respeitados para que possa agir no sentido de propor os termos para a celebração do ajustamento de conduta.
>
> Portanto, ao celebrar o ajustamento de conduta, as partes devem buscar a observância exata a esses princípios, sob pena de o desequilíbrio dos interesses levar ou ao totalitarismo estatal ou à prevalência dos interesses particulares sobre os coletivos.[55]

Assim como a principiologia é diferente, as concessões a serem feitas pelas partes também serão desiguais. O MP se comprometerá, por exemplo, a não propor a ação judicial que seria cabível para discutir as

---

[54] Classificação proposta por NERY, Ana Luiza. *Teoria Geral do Termo de Ajustamento de Conduta*. 3. ed. São Paulo: Revista dos Tribunais, 2018, p. 186, cuja obra se sugere, por todos, para o aprofundamento sobre o tema.

[55] NERY, Ana Luiza. *Teoria Geral do Termo de Ajustamento de Conduta*. 3. ed. São Paulo: Revista dos Tribunais, 2018, p. 134.

obrigações constantes no TAC caso sua celebração não se concretizasse, e a respeitar os prazos eventualmente concedidos e constantes no Termo. Já o particular observará as obrigações de fazer, não fazer e/ou pagar que lhe forem atribuídas para adequar a sua conduta à lei, ou para reparar os danos já concretizados em decorrência dessa não observância.

Cumpre registrar que o MP pode tomar o compromisso de órgãos públicos – União, Estados, Distrito Federal e Municípios –, também legitimados à tomada do TAC. Nesse caso, ambas as partes observarão ordinariamente na celebração do Termo os princípios do direito público. É exatamente o que ocorre no bojo do projeto Resgate a infância – Eixo políticas públicas, quando o Ministério Público do Trabalho propõe aos Municípios que se comprometam formalmente a enfrentar o litígio coletivo alusivo ao trabalho precoce existente em seu território. A disposição dos Municípios em negociar tende a ser elevada – e gerar a celebração do TAC, ao invés da propositura da ação civil pública correlata –, fazendo assim com que ele cumpra com a sua própria missão. O conteúdo das obrigações constantes nos TACs propostos é o que se abordará na sequência.

4. A teoria na prática: as obrigações constantes nos TACs propostos pelo MPT no âmbito do projeto Resgate a infância – Eixo políticas públicas

A atuação do *Parquet* ora em análise busca tutelar diretamente o direito fundamental de crianças e adolescentes até os dezesseis anos ao não trabalho, salvo na condição de aprendiz, a partir dos quatorze anos. Consequentemente, ele potencializa a concretização de outros direitos fundamentais próprios destes sujeitos (mas, frise-se, não os concretiza), quais sejam, a vida, a saúde, a alimentação, a educação, o esporte, o lazer, a cultura, a dignidade, o respeito, a liberdade e a convivência familiar e comunitária, e, em especial, a profissionalização.[56] É que o estar ocupado com o trabalho, independentemente de qualquer outra circunstância, obsta ou, no mínimo, põe em risco a concretude dos direitos acima listados. Exemplificando: o cansaço ou o exaurimento decorrente do trabalho leva a criança a se tornar infrequente ou a se evadir da escola. Mas, antes disso, mesmo no período em que ela comparece à escola, é

---

[56] Direitos arrolados nos arts. 227 da CR/1988 e 4º do ECA.

CASEBOOK DE PROCESSO COLETIVO

notório que o trabalho compromete a sua disposição e capacidade de aprender.

E isso não é tudo. O direito ao não trabalho, isoladamente, não materializa em prol da comunidade infantoadolescente o pleno desenvolvimento físico, mental, moral, espiritual e social.[57] É que muitas vezes a família ou a sociedade a que eles pertencem não podem lhes oferecer as condições necessárias para tanto. Daí o imperativo de se viabilizar para esses sujeitos, seja qual for a sua situação social, o acesso a políticas públicas que, reconhecendo sua condição de pessoas em fase especial de desenvolvimento, efetivem não só o não trabalho, como também o acesso a diversos programas e serviços que materializam outros direitos próprios da infância e adolescência.

Para tanto, na implementação do projeto Resgate a infância – Eixo políticas públicas, os Municípios são chamados a celebrar TACs que contêm obrigações consistentes, em síntese, em: (a) capacitar os profissionais do sistema de garantia dos direitos da criança e do adolescente (SGDCA) acerca da temática do trabalho precoce; (b) elaborar diagnóstico sobre o trabalho precoce no seu território; (c) implementar ações de busca ativa voltadas para a identificação e o resgate de crianças e adolescentes em situação de trabalho precoce; (d) impedir o trabalho desses sujeitos em lixões, caso existentes no Município; (e) acompanhar as famílias das crianças e dos adolescentes identificados em situação de trabalho precoce, e atendê-los por meio de aparato social, consistente em Centros de Referência da Assistência Sociais (CRAS), inclusive especializados (CREAS), programas bolsa família, mais educação, escola em tempo integral e/ou aprendizagem profissional; (f) cadastrar as crianças e os adolescentes identificados em situação de trabalho precoce para efeito de inclusão em programas sociais do Município e cadastro no Cadúnico do Governo Federal, com vistas à inserção no serviço de convivência e fortalecimento de vínculo (SCFV), ou em programas de profissionalização específicos do Governo Federal, Estadual ou Municipal, mantidos com essa finalidade; (g) designar gestor para o gerenciamento das ações estratégicas do PETI; (h) elaborar agenda intersetorial sobre a temática entre os órgãos integrantes do SGDCA, que contemple a elaboração de fluxo de atendimento específico para situações de trabalho precoce;

---

[57] Citando-se, aqui, os tipos de desenvolvimento previstos no art. 3º do ECA.

(i) implementar o projeto Resgaste a infância – Eixo educação; (j) oferecer diária e regularmente atividades esportivas, culturais, lúdicas, de convivência e/ou de reforço no contraturno escolar; (k) promover campanhas de conscientização da população em geral sobre a temática do trabalho precoce; (l) adequar seus editais de licitação de modo a somente contratar empresas cumpridoras da cota de aprendizagem a que estão obrigadas e que incluam na planilha de custos do certame a previsão da contratação de aprendizes; (m) elaborar política pública de combate (prevenção e erradicação) ao trabalho precoce e de promoção do trabalho regular do adolescente; (n) atualizar os canais de comunicação do Município e indicar os endereços, telefones e respectivos serviços oferecidos pela rede socioassistencial municipal; (o) manter ativa e atualizada a conta bancária do Fundo da Infância e Adolescência (FIA).

Tais obrigações se alinham aos cinco eixos estruturantes das ações estratégicas do PETI, quais sejam, (1) informação e mobilização, (2) identificação, (3) proteção, (4) defesa e responsabilização e (5) monitoramento. De fato, no âmbito do Sistema Único de Assistência Social (SUAS), o redesenho do PETI compreende transferências de renda, trabalho social com famílias e oferta de serviços para crianças e adolescentes que se encontram em situação de trabalho, nos termos do art. 24-C da Lei nº 8.742/1993. Daí se evidencia a consonância dos eixos estruturantes com as ações propostas nos TACs em análise e, via de consequência, a pertinência das obrigações neles constantes.

4.1. Prazo de vigência dos TACs e multa pelo descumprimento de suas obrigações

Não há qualquer imposição legal para que os Termos de Ajustamento de Conduta possuam cláusula prevendo o prazo de sua vigência. Alguns doutrinadores defendem a necessidade dessa previsão, para que o compromissado não se sujeite indeterminadamente às obrigações e multas pactuadas.[58] Na verdade, tem-se que tal previsão contraria o caráter inibitório da tutela pretendida, notadamente quando se está diante de obrigações de trato sucessivo, como são, por natureza, as de cunho

---

[58] É o caso de NERY, Ana Luiza. *Teoria Geral do Termo de Ajustamento de Conduta*. 3. ed. São Paulo: Revista dos Tribunais, 2018.

trabalhista.[59] Somado a isso, a tutela inibitória alcançada judicialmente – e que a celebração do TAC substitui – não possui prazo de vigência, não havendo, também por esse motivo, razão para tal imposição no TAC.

Ademais, em regra, os Termos firmados para a implementação do projeto Resgate a infância não possuem cláusula prevendo multa para o caso de descumprimento de suas obrigações. Isso se dá por duas razões: a primeira decorre do próprio escopo do projeto, que se centra no diálogo e na articulação social, deixando a atuação repressiva em plano secundário. O intuito primordial do MPT é que os Municípios assumam as obrigações de fazer arroladas no TAC. Ao sistematizar as ações a serem implementadas, o MPT auxilia os Municípios no enfrentamento do trabalho precoce, indicando o que é minimamente imprescindível para concretizar os direitos fundamentais ao não trabalho e à profissionalização, e o modo como fazê-lo.[60]

A segunda é que o acompanhamento do cumprimento das obrigações pactuadas é feito de forma mais próxima, em curtos períodos, para possibilitar a correção de eventuais distorções ou impedir a simples inércia municipal antes de se caracterizar o total descumprimento de alguma cláusula. Assim, ainda que o Município preste conta em datas predefinidas, o MPT requisita informações sobre as ações que eles estão paulatinamente implementando com o intuito de cumprir as obrigações constantes nas cláusulas do TAC.

Dos motivos expostos, constata-se que a não previsão de multa está em consonância com o disposto no art. 4º, da já citada Resolução nº 179/2017, do CNMP. Tal dispositivo permite que, em casos excepcionais e devidamente fundamentados, a previsão de multa seja fixada judicialmente, se necessária à execução do compromisso. Nesta oportunidade, para além de requerer a condenação do Município no cumprimento da(s) obrigação(ões)

---

[59] A propósito dos TACs firmados perante o MPT, sugere-se a obra de FERREIRA, Cristiane Aneolito. *Termo de Ajuste de Conduta celebrado perante o Ministério Público do Trabalho*. 2011. 204f. Dissertação (Mestrado em Direito) – Universidade de São Paulo. São Paulo, 2011.

[60] Iniciativa interessante nesse sentido foi a realização de *workshop*, no ano de 2019, para que os próprios Municípios apresentassem uns aos outros como cumpriram cada uma das cláusulas dos TACs firmados, auxiliando reciprocamente aqueles que tiveram dificuldades no cumprimento.

de fazer já prevista(s) no instrumento e descumprida(s), o MPT ainda requererá ao Juízo que fixe multa em função de seu descumprimento.

A necessidade de execução do Termo será tratada no próximo subitem.

4.2. O que acontece se as obrigações pactuadas no TAC forem descumpridas?

É possível que alguns dos TACs ora em análise sejam descumpridos – senão em relação a todas as suas cláusulas, em relação a algumas das obrigações nelas previstas. Caso isso aconteça, o MPT terá que executar judicialmente o compromisso firmado. Por se tratar de título executivo extrajudicial,[61] será proposta a ação de execução competente, o que, hipoteticamente, viabiliza a rápida e efetiva execução das obrigações neles pactuadas.

Em tese, é possível que a ação de execução seja proposta por qualquer dos colegitimados à celebração do TAC. Isso porque o Termo repercute na esfera jurídica das partes que o celebraram, na dos titulares do direito por meio dele tutelado e, também, na dos demais legitimados à celebração do TAC. Esses últimos não necessitarão celebrar um outro Termo para tratar das mesmas obrigações já pactuadas por determinadas partes. Basta que o colegitimado execute o TAC que já foi firmado, caso as obrigações não estejam sendo cumpridas e, obviamente, não esteja sendo – ou não tenha sido – executado por quem o firmou – a quem compete, precipuamente, fiscalizar o seu cumprimento, conforme previsto no art. 9º, da Resolução nº 179/2017, do CNMP.

A Resolução Conjunta nº 2, de 2012, do CNMP e CNJ, instituiu os cadastros nacionais de informações de ações coletivas, inquéritos e TACs, para coordenar e publicizar as atividades relacionadas à tutela dos direitos transindividuais, não só para sociedade, mas também para os colegitimados. Evita-se, com a informação, a prática de atos repetidos e desnecessários por diferentes legitimados, haja vista que a atuação deles é disjuntiva e concorrente.

Cumpre pontuar, contudo, que a celebração de TAC por um dos legitimados – o MPT, por exemplo – não impede que outro Termo, mais vantajoso, seja lavrado por qualquer outro colegitimado, conforme expressa previsão contida no art. 6º, §1º, do Decreto Federal nº 2.181/1997.

---

[61] Conforme previsto no §6º do art. 5º da LACP.

Para além do descumprimento das obrigações pactuadas, há também Município que se recusa a celebrar o TAC proposto pelo MPT. A consequência para tanto é o que se abordará a seguir.

5. A consequência para a não celebração do TAC

O MPT tem se deparado com algumas recusas à celebração dos TACs propostos no bojo do projeto Resgate a infância – Eixo políticas públicas. O fundamento para tanto é que não há trabalho precoce no território do Município ou que o referido ente federado já implementa as obrigações constantes no TAC.

O primeiro argumento é afastado pela constatação da adesão do Município ao cofinanciamento federal específico para implementação das ações estratégicas do PETI, observados os critérios seletivos fixados nas Resoluções nº 08/2013 e 10/2014, do Conselho Nacional de Assistência Social. A adesão pressupõe o reconhecimento por parte do próprio Município da necessidade premente de planejamento e execução de políticas públicas municipais para enfrentar o trabalho precoce no seu território. Outra possibilidade para afastá-lo é consultar o índice de trabalho infantil no Município identificado pelo IBGE e consolidado no diagnóstico intersetorial municipal, elaborado pela OIT e MDSA.[62]

Já para verificar a veracidade do segundo argumento utilizado, o MPT inspeciona os equipamentos da rede socioassistencial do Município, em especial Conselhos Tutelares, CRAS, CREAS e CMDCA. O intuito é verificar a estrutura física e de pessoal, o fluxo de atendimento formalmente institucionalizado para enfrentar os casos de trabalho precoce existentes e os serviços oferecidos pelos equipamentos. Somado a isso, é investigada a ocorrência (ou não) de efetiva articulação entre os integrantes da rede de proteção municipal em favor da realização de ações em prol da infância e adolescência, bem como a existência de dotação orçamentária municipal específica para tanto. É possível, também, facultar aos Municípios a apresentação de documentos ou de informações ou requisitá-los.

Após as inspeções e, se for o caso, a análise dos documentos e informações prestadas, o MPT propõe a ação civil pública pertinente, buscando

---

[62] A respeito, ver nota de rodapé nº 31.

a condenação judicial do Município nas obrigações constantes no TAC.[63] Nesse caso, tendo em vista as colocações já feitas acerca das obrigações em questão, não há dúvida que a Ação Civil Pública se consubstancia em um processo estrutural e de interesse público.[64] De fato,

> Processos estruturais são demandas judiciais nas quais se busca reestruturar uma instituição pública ou privada cujo comportamento causa, fomenta ou viabiliza um litígio estrutural. Essa reestruturação envolve a elaboração de um plano de longo prazo para alteração do funcionamento da instituição e sua implementação, mediante providências sucessivas e incrementais, que garantam que os resultados visados sejam alcançados, sem provocar efeitos colaterais indesejados ou minimizando-os. A implementação desse plano se dá por intermédio de uma execução estrutural, na qual suas etapas são cumpridas, avaliadas e reavaliadas continuamente, do ponto de vista dos avanços que proporcionam. O juiz atua como um fator de reequilíbrio da disputa de poder entre os subgrupos que integram a sociedade que protagoniza o litígio;
>
> Processo civil de interesse público é o processo no qual se pretende a transformação da esfera público-governamental, para obter o reconhecimento de um direito ou a adoção de uma conduta estatal, em favor não apenas das partes, mas de toda a sociedade. [...] processos estruturais podem ser de interesse público, [...]. O que caracteriza o processo de interesse público é a busca da implementação ou da extensão de um direito que vem sendo negado pelo Estado.[65]

A ação é proposta pelo MPT perante a Justiça do Trabalho, haja vista que o *Parquet* laboral exerce suas atribuições junto aos Órgãos da referida Justiça especializada.[66] A Quinta Turma do Tribunal Superior do

---

[63] Dos sessenta e cinco Municípios mineiros selecionados para atuação prioritária, até julho de 2020 foi proposta ACP apenas em face do Município de Patrocínio, em trâmite junto à Vara do Trabalho de Patrocínio, autuada sob o número 0010312-82.2020.5.03.0080.

[64] Classificação também proposta por VITORELLI, Edilson. Levando os conceitos a sério: processo estrutural, processo coletivo, processo estratégico e suas diferenças. *Revista de Processo*, São Paulo, v. 284/2018, p. 333-369, out. 2018.

[65] *Idem.*

[66] Conforme previsto no *caput* do art. 83 da LC nº 75/1993.

CASEBOOK DE PROCESSO COLETIVO

Trabalho, contudo, proferiu decisão recente,[67] entendendo que a ação proposta pelo MPT, no caso específico em face do Município de Recife/PE, deveria ser apreciada e julgada pela Justiça Estadual, por envolver política social, e não relação de trabalho propriamente dita. Entende-se equivocada a decisão, eis que todas as obrigações constantes nas ACPs – assim como nos TACs firmados – são afetas à temática do trabalho precoce e, portanto, envolvem relações de trabalho *lato sensu*.[68]

Conclusões

O Ministério Público do Trabalho em Minas Gerais tem proposto e firmado compromisso de ajustamento de conduta com Municípios mineiros previamente selecionados, visando à adoção de políticas públicas para prevenir e erradicar o trabalho precoce, bem como para promover o trabalho protegido de adolescentes em seus territórios, por meio da aprendizagem profissional. Trata-se da implementação, em Minas Gerais, do projeto nacional do MPT Resgate a infância – Eixo políticas públicas.

O trabalho precoce se caracteriza como um litígio coletivo local, eis que envolve crianças e adolescentes considerados como membros de um grupo – de vítimas de violação do direito fundamental ao não trabalho. Ele naturaliza a violência contra a comunidade infantoadolescente e mantém ciclos de opressão e pobreza, com consequências maléficas diretas para os sujeitos atingidos e, ainda que indiretamente ou em menor intensidade, para suas famílias, e para toda a sociedade – não só no plano nacional, mas também internacional.

As pessoas com menos de dezoito anos são submetidas a proibições laborais diferentes em razão da idade, trabalham por motivos variados, em condições, situações e atividades distintas, sujeitas a violações e vulnerabilidades em graus dessemelhantes. Apesar dessas diferenças, há um vínculo de solidariedade social entre eles.

A complexidade que envolve o fenômeno do trabalho precoce, quando visto sob a perspectiva causal da insuficiência de políticas públicas para evitar a sua ocorrência, impõe a adoção de várias ações governamentais

---

[67] Aos 09.09.2019, nos autos do processo 44-21.2013.5.06.0018 (RR), sob a relatoria do Ministro Breno Medeiros. Ao ajuizar a ação, o MPT pediu que o município cumprisse as políticas públicas relacionadas ao PETI. 5ª Turma do TST. J. 09.09.2019.

[68] O que atrai a aplicação do art. 114, I, da CR/1988.

programadas, voltadas especificamente para o seu enfrentamento, o que demonstra que o litígio em questão também se consubstancia em um litígio estrutural. É que a sua superação depende da concretização de proteções sociais variadas e do funcionamento adequado da estrutura burocrática pública, notadamente municipal, no oferecimento de programas e serviços que afastem crianças e adolescentes do trabalho.

Neste contexto, o MPT propõe aos Municípios a celebração de TAC cujas obrigações, todas afetas à temática do trabalho precoce e alinhadas aos eixos estruturantes das ações estratégicas do PETI, consistem na capacitação e efetiva articulação dos profissionais da rede de proteção local; na institucionalização de fluxo de atendimento; no diagnóstico da situação municipal; na identificação e no resgate de crianças e adolescentes em situação de trabalho precoce, bem como no atendimento de suas famílias; na conscientização da população em geral sobre a temática, na promoção da aprendizagem profissional e de outros direitos fundamentais desses sujeitos.

A celebração do TAC prevendo a adoção dessas obrigações, consistentes em ações imprescindíveis para prevenir e erradicar o trabalho precoce, reduzir as desigualdades e desproteções sociais e promover a profissionalização de adolescentes e a concretude de outros direitos próprios da infância, é importante instrumento de solução do litígio coletivo local e estrutural alusivo ao trabalho precoce.

Apenas a existência de leis garantistas dos direitos das crianças e os adolescentes não é suficiente para concretizar seu direito fundamental ao não trabalho. A despeito da vedação constitucional e legal,[69] há no País 2,4 milhões de crianças e adolescentes de 5 a 17 anos em situação de trabalho, segundo resultado da pesquisa nacional por amostra de domicílios (PNAD) de 2016, realizada pelo IBGE.[70] Como já pontuado, isso decorre de diversas causas, algumas delas diretamente combatidas por meio das obrigações constantes no TAC.

---

[69] Contida na CR/1988, art. 7º, inciso XXXIII, na CLT, no ECA, na Lista TIP, entre outros.
[70] Em 2017 foi divulgado o resultado de nova PNAD, mas que não computou os casos de trabalho infanto-juvenil para o consumo próprio. Entende-se que esse recorte mascara os dados indicativos do trabalho precoce, razão pela qual pauta-se pelos dados contidos em MINISTÉRIO DO PLANEJAMENTO, DESENVOLVIMENTO E GESTÃO. Pesquisa Nacional por Amostra de Domicílios: síntese de Indicadores 2015. Rio de Janeiro: IBGE, 2016.

Ao implementar o projeto Resgate a infância, o MPT, instituição promotora do trabalho digno e do desenvolvimento socialmente sustentável, realiza seu mister constitucional, contribuindo para a promoção de uma sociedade mais justa e igualitária, em especial para o respeito dos direitos assegurados a crianças e adolescentes e concretização da proteção integral em prol desses sujeitos.

Referências

ALEXY, Robert. *Teoria dos direitos fundamentais*. Tradução de Virgílio Afonso da Silva. São Paulo: Malheiros, 2008.

CONSELHO NACIONAL DE JUSTIÇA. *Justiça em Números 2019*. Disponível em: https://www.cnj.jus.br › arquivo › 2019/08 › justica_em_numeros20190919. Acesso em: 03 jan. 2020.

FERREIRA, Cristiane Aneolito. *Termo de Ajuste de Conduta celebrado perante o Ministério Público do Trabalho*. 2011. 204f. Dissertação (Mestrado em Direito) – Universidade de São Paulo. São Paulo, 2011.

INFANTIL. *In*: *DICIONÁRIO Michaelis*. Disponível em: http://michaelis.uol.com.br/busca?id=EZzGk. Acesso em: 16 set. 2019.

MARQUES, Walter Ernesto Ude. *Infâncias (pre)ocupadas*: trabalho infantil, família e identidade. Brasília: Plano, 2001. 279p

MEDEIROS NETO, Xisto; MARQUES, Rafael Dias. *Manual de atuação do Ministério Público na Prevenção e Erradicação do Trabalho Infantil*. Conselho Nacional do Ministério Público. Brasília: CNMP, 2013.

MINISTÉRIO DO PLANEJAMENTO, DESENVOLVIMENTO E GESTÃO. *Pesquisa Nacional por Amostra de Domicílios*: síntese de Indicadores 2015. Rio de Janeiro: IBGE, 2016.

NERY, Ana Luiza. *Teoria Geral do Termo de Ajustamento de Conduta*. 3. ed. São Paulo: Revista dos Tribunais, 2018.

ORGANIZAÇÃO DAS NAÇÕES UNIDAS. *Agenda 2030 para o desenvolvimento sustentável*. Disponível em: https://nacoesunidas.org/pos2015/agenda2030/. Acesso em: 02 jul. 2019.

ORGANIZAÇÃO INTERNACIONAL DO TRABALHO E MINISTÉRIO DO DESENVOLVIMENTO SOCIAL E AGRÁRIO. *Diagnóstico intersetorial dos Municípios brasileiros*. Disponível em: http://www.bsb.ilo.org/dimbr/. Acesso em 16 set. 2019.

ORGANIZAÇÃO INTERNACIONAL DO TRABALHO E MINISTÉRIO PÚBLICO DO TRABALHO. *Observatórios digitais*. Disponível em: plataforma https://smartlabbr.org/. Acesso em 16 set. 2019.

SANTOS, Danielle Maria Espezim dos; VERONESE, Josiane Rose Petry. A proteção integral e o enfrentamento de vulnerabilidades infantoadolescentes. *Revista de Direito*, Viçosa, v. 10, n. 02, p. 109-157, 2018.

REZENDE, Simone Beatriz Assis de. *Aprendizagem profissional para adolescentes em cumprimento de medidas socioeducativas com restrição de liberdade*: desenvolvimento humano e reintegração social. 2019. 367f. Tese. (Doutorado em Desenvolvimento Local) – Universidade Católica Dom Bosco, Campo Grande, Mato Grosso do Sul, 2019.

VITORELLI, Edilson. Levando os conceitos a sério: processo estrutural, processo coletivo, processo estratégico e suas diferenças. *Revista de Processo*, São Paulo, v. 284/2018, p. 333-369, out. 2018.

VITORELLI, Edilson. *O devido processo legal coletivo*: dos direitos aos litígios coletivos. 2. ed. São Paulo: Revista dos Tribunais, 2019.

2. Atuação investigativa no Ministério Público do Trabalho: o valor das provas colhidas no inquérito civil

Valesca de Morais do Monte

Introdução

As provas produzidas no âmbito do inquérito civil possuem *status* qualificado e são dotadas de carga de veracidade e idoneidade, uma vez que produzidas por órgão da estrutura do Estado – Ministério Público – incumbido da defesa da ordem jurídica e do regime democrático (art. 127 da CF).

O presente artigo tem como finalidade analisar caso concreto relativo à investigação presidida pelo Ministério Público do Trabalho, cujo objeto foi a violação ao princípio constitucional da dignidade da pessoa humana mediante assédio moral organizacional contra professoras de uma instituição privada de ensino.

Buscar-se-á demonstrar que a adoção, pelo Poder Judiciário, de postura tradicional de valoração das provas produzidas no âmbito do inquérito civil importa em inegável prejuízo quando se está no universo das demandas coletivas. Igualar o valor jurídico do material probatório ofertado pelo Ministério Público àquele produzido unilateralmente por um particular em demanda individual importa em inegável prejuízo ao princípio da máxima efetividade do processo coletivo.

Para alcançar esse objetivo, a análise crítica será abordada no presente estudo da seguinte forma: inicialmente será relatada, de modo pormenorizado, a atuação investigativa do Ministério Público do Trabalho (MPT) no caso concreto, que diz respeito à denúncia de assédio moral organizacional em desfavor de uma escola tradicional integrante de congregação religiosa[1]. Serão objetivamente destacados os atos procedimentais produzidos em sede administrativa, principalmente as provas documental e testemunhal colhidas em fase anterior à celebração de Termo de Compromisso de Ajustamento de Conduta e, também, aquelas produzidas após notícia de descumprimento do título executivo extrajudicial.

Posteriormente, será destacada a importância do papel do Ministério Público e o indissolúvel vínculo, no ordenamento estabelecido em 1988, entre a sua missão institucional e o compromisso da Constituição com a proteção dos direitos fundamentais.

Na sequência, serão abordados o conceito e as principais característica do inquérito civil, procedimento administrativo oficial previsto em lei e na própria Constituição, bem como o posicionamento doutrinário e jurisprudencial acerca do sistema de valoração da prova produzida no procedimento investigatório pelo Ministério Público.

O contraponto da teoria na prática será elaborado com o principal objetivo de contribuir para a reflexão sobre um tema tão relevante que é a necessária adoção, pelo Judiciário, de uma postura moderna e compatível com os fins sociais e a efetividade do processo coletivo.

1. O litígio coletivo. Estudo de caso: investigação do Ministério Público do Trabalho em denúncia de assédio moral organizacional em instituição privada de ensino

O Ministério Público do Trabalho (MPT) recebeu representação acerca da conduta de uma renomada instituição privada de ensino integrante de uma congregação religiosa. O objeto da denúncia era a prática de assédio moral organizacional em desfavor de coordenadoras de ensino, orientadoras educacionais, professoras e uma capelã, mediante a adoção de comportamento incompatível com o ambiente escolar profissional por parte da direção da escola e, posteriormente, por seu próprio presidente.

A representação narrava, com detalhes, as atitudes humilhantes, desrespeitosas e ofensivas dirigidas ao grupo de aproximadamente 20 trabalhadoras ao longo de 9 meses. Sinteticamente, as vítimas do assédio moral possuíam alguns pontos em comum: muitos anos de prestação de

[1] Inquérito Civil n. 000939.2015.10.000/3-07

serviços, intensa devoção religiosa, gênero feminino, subordinação direta à direção e à presidência da instituição de ensino.

A denúncia apresentada ao Ministério Público apontava como assediadores a diretora, que exercia a função há mais de vinte anos, e o presidente da escola, contratado há menos de um ano.

Quanto ao comportamento reprovável por parte da diretora da escola, registre-se que o mesmo se consubstanciava em ofender e humilhar as suas subordinadas com atitudes de franca conotação sexual e/ou utilização de palavras de baixo calão. As denunciantes narraram que no último ano a diretora mudou radicalmente sua postura e passou a adotar comportamento sempre eivado de excesso de intimidade, incompatível com o ambiente laboral.

O comportamento assediador ofensivo, opressor e humilhante da diretora da escola, que já perdurava, repita-se, por mais de um ano, consistia especificamente em ofender professoras, coordenadoras, orientadoras educacionais e capelã mediante a utilização de palavras jocosas e humilhantes ("jumentas", "passadas", "burras", "retardadas", "gostosas").

Além disso, a notícia de fato narrava que a diretora frequentemente brincava de puxar e desabotoar os sutiãs de algumas professoras, passar a mão em suas nádegas, falar em voz alta que as peles das trabalhadoras estavam bonitas, em franca alusão à prática de atividade sexual. As atitudes reprováveis e incompatíveis com o ambiente laboral eram realizadas na presença de várias outras pessoas, incluindo pais e alunos da instituição, o que aumentava exponencialmente a humilhação e o constrangimento vivenciados.

Com a contratação de um novo presidente para a instituição de ensino, o ambiente de trabalho, que estava péssimo, ficou ainda pior: ameaças constantes de demissão, precarização das condições de trabalho, palavras de baixo calão proferidas nas reuniões coletivas, comentários com franca conotação sexual.

A narrativa do grupo de profissionais dizia que durante as reuniões da coordenação de ensino, o presidente costumava se dirigir a algumas professoras com piadas sexistas, misóginas e maliciosas. Tal comportamento era presenciado por todos que participavam das reuniões ao longo de mais de oito meses, tendo algumas dessas pessoas manifestado expressamente o desconforto e o repúdio à postura adotada pelo referido presidente da escola. Relataram as denunciantes, todavia, que ainda assim

CASEBOOK DE PROCESSO COLETIVO

o assediador prosseguia com seu comportamento contrário ao ambiente de trabalho hígido e equilibrado.

A denúncia registrou, ainda, que diante de tais atos humilhantes, desrespeitosos e ofensivos, um grupo de professoras optou por encaminhar uma carta coletiva à instância máxima da mantenedora da instituição de ensino narrando os fatos que vinham acontecendo. O objetivo foi, naquele momento, tentar reverter positivamente o ambiente de trabalho no colégio em que lecionavam há anos.

Referida tentativa, contudo, ao invés de melhorar a situação, apenas piorou. Segundo o relato contido na notícia de fato encaminhada ao MPT, a partir da elaboração desta carta iniciou-se na escola "uma verdadeira caça às bruxas", com muitos professores receosos em perder seus empregos caso dissessem de quem partiu a iniciativa do encaminhamento da carta aos superiores hierárquicos da instituição.

O presidente da instituição passou a adotar, após o envio da carta, condutas consistentes em ameaçar de demissão aquelas profissionais que insistissem em comunicar a alta cúpula da instituição religiosa de ensino. Tais ameaças eram consubstanciadas em gritos, xingamentos, utilização de palavras de baixo calão com evidente conotação sexual.

Importante ressaltar que o sindicato representativo da categoria profissional foi comunicado de todo o ocorrido, desde o início dos comportamentos assediadores, tendo optado por orientar o grupo de professoras a apresentar denúncia perante o Ministério Público do Trabalho.

1.1. A condução do inquérito civil pelo Ministério Público do Trabalho diante do caso concreto de assédio moral organizacional

Diante da gravidade dos fatos narrados, que consistiam em tese em violação ao princípio constitucional da dignidade da pessoa humana, e com o escopo de melhor apurar a veracidade e a extensão da lesão noticiada, o Ministério Público do Trabalho (MPT) instaurou inquérito civil.

Ato contínuo, notificou-se o representante legal da instituição de ensino denunciada para apresentação de manifestação escrita, bem como os documentos pertinentes para os esclarecimentos dos fatos alegados.

Notificou-se, ainda, o representante legal do sindicato profissional para que informasse ao MPT se teve conhecimento dos graves fatos noticiados e, em caso positivo, que mencionasse as providências adotadas na defesa da categoria que representa.

A manifestação escrita apresentada pelo colégio nos autos do inquérito civil não negou exatamente os comportamentos denunciados, com riqueza de informações, ao Ministério Público. Com efeito, a defesa priorizou a tese de ausência de intenção em humilhar, ofender ou oprimir, negou genericamente a violação à dignidade do trabalhador, bem como reforçou o poder diretivo do empregador em demitir seu quadro pessoal a qualquer tempo, ainda que no curso do ano letivo.

A instituição de ensino alegou, na etapa investigatória, que a diretora acusada de assédio moral já exercia a função de direção há mais de 20 anos, sem nenhuma reclamação formal ou mesmo outra denúncia qualquer, e que sua atitude talvez tivesse sido mal interpretada pelas suas subordinadas. Quanto ao presidente da mantenedora, registrou a defesa que jamais houve de sua parte intenção em desrespeitar as professoras, coordenadoras e capelã, e que sua formação acadêmica em engenharia civil talvez tivesse diminuído sua capacidade de interlocução nos parâmetros que as profissionais da área de educação gostariam. Em síntese, a defesa resumiu os comportamentos de seus representantes da direção e da presidência a atos isolados sem a capacidade de caracterizar lesão coletiva apta a justificar a tutela do Ministério Público do Trabalho.

Já a prova documental apresentada pela escola cingiu-se à juntada de atas de reuniões com a equipe escolar no último ano, sem menção às ofensas alegadas, bem como indicação expressa de 5 testemunhas que poderiam comprovar a tese de ausência de assédio moral organizacional.

O representante legal do sindicato da categoria profissional apresentou manifestação escrita afirmando que os fatos narrados na denúncia eram verídicos e que o ambiente de trabalho na escola havia se agravado após a formalização da denúncia apresentada ao MPT.

Ao longo de três meses, a procuradora do trabalho responsável pela condução do inquérito civil colheu o depoimento de 25 testemunhas (professores, coordenadoras, orientadoras educacionais, capelã). Importante registrar que essas testemunhas foram indicadas pelas denunciantes, bem como escolhidas aleatoriamente pelo MPT a partir do quadro de pessoal da instituição de ensino. Além disso, foram colhidos os depoimentos da diretora da escola e do presidente da mantenedora, acompanhados dos advogados da instituição de ensino.

Os depoimentos tomados na Procuradoria Regional do Trabalho foram especialmente difíceis para os próprios depoentes, uma vez que o tema

CASEBOOK DE PROCESSO COLETIVO

central dizia respeito à violação do princípio da dignidade da pessoa humana mediante o cometimento de assédio moral organizacional.

De se destacar que as vítimas eram profissionais altamente qualificadas, exclusivamente do gênero feminino, com alto grau de envolvimento religioso. Em comum, o fato de não conseguirem mais integrar um ambiente de trabalho permeado por condutas abusivas, de natureza psicológica, de forma repetitiva e prolongada no tempo.

Acrescente-se, ainda, que os depoimentos das testemunhas, em sua grande maioria, foram prestados com alta carga emocional, constantes interrupções durante o curso do interrogatório para checagem de pressão arterial, bem como pausas regulares para que as testemunhas pudessem tomar água, concentrarem-se, manterem-se calmas e prosseguirem em seus depoimentos.

A narrativa comum em todas as falas das testemunhas: o território de medo e humilhação no ambiente de trabalho em razão das condutas abusivas e reprováveis manifestadas por palavras, gestos e atos que trouxeram danos psíquicos a um grupo de professoras.

O sólido teor dos depoimentos demonstrou o inequívoco caráter multiofensivo das condutas abusivas, com franca violação aos direitos fundamentais da dignidade da pessoa humana, da intimidade e do tratamento não discriminatório.

Importante acrescentar que o MPT recebeu, no curso das investigações, outras três notícias de fatos alertando para a piora do ambiente de trabalho após o início das investigações pelo MPT. Além disso, foram juntados aos autos do inquérito civil dois acordos judiciais celebrados em reclamações trabalhistas de professoras que foram demitidas no curso do ano letivo e durante as investigações em desfavor da instituição de ensino.

Diante da farta prova documental e testemunhal produzida no bojo do inquérito civil, o MPT formou seu convencimento motivado da caracterização do assédio moral organizacional mediante a conduta moral abusiva, de natureza psicológica, em desfavor das trabalhadoras da escola. Com a finalidade de adequar a conduta da escola de ensino às exigências legais e constitucionais, assegurando a tutela ampla e efetiva dos direitos transindividuais, o MPT ofertou a possibilidade de solução extrajudicial mediante a assinatura de Termo de Compromisso de Ajustamento de Conduta – TAC.

2. ATUAÇÃO INVESTIGATIVA NO MINISTÉRIO PÚBLICO DO TRABALHO

Os representantes legais da escola, após solicitação de prazo para melhor análise das cláusulas estipuladas pelo MPT, concordaram com a celebração de acordo extrajudicial nos exatos termos propostos pelo *Parquet* trabalhista.

Registre-se que o teor das obrigações constantes no TAC estava em conformidade com o ordenamento jurídico, guardando plena compatibilidade com os postulados e princípios aplicáveis ao caso concreto. Por importante, reitere-se que as referidas obrigações eram absolutamente necessárias à promoção da tutela (preventiva, corretiva e reparatória) dos interesses e direitos de natureza transindividual, cuja defesa constitui dever do Ministério Público.

A primeira cláusula constante do TAC diz respeito à obrigação de a escola abster-se, por qualquer de seus representantes, diretores, presidentes, administradores, coordenadores, orientadores ou quaisquer outras pessoas que ostentasse poder hierárquico, de utilizar palavras vexatórias ou humilhantes contra seus empregados, diretos ou terceirizados, na admissão ou no curso do contrato de trabalho, especialmente as que consistam em pressão psicológica, ameaça, coação, intimidação, discriminação, perseguição, autoridade excessiva, conduta abusiva e constrangedora, bem como assédio moral por intermédio de palavras agressivas, de baixo calão ou outro comportamento que atente contra o decoro, a honra e a dignidade do trabalhador.

A segunda cláusula prevê a obrigatoriedade de abstenção de atos de retaliação aos empregados que oferecessem denúncia contra a escola perante o sindicato representativo da categoria profissional, Ministério Público do Trabalho, Superintendência Regional do Trabalho ou outro canal independente para recebimento de denúncias. Por retaliação, será considerada a demissão do empregado, perda/decréscimo de sua função ou cargo e/ou isolamento das atividades desempenhadas que, diante das provas produzidas, tenham relação com a denúncia levada a efeito pelo empregado perante os órgãos acima mencionados.

A cláusula terceira estipula a necessidade de realização anual, pelo período de 5 anos, de palestra ou curso de formação, com carga mínima de 2 horas, a ser ministrado dentro da jornada de trabalho, orientado por profissional habilitado, sobre o tema assédio moral. Referidas palestras deverão ser ministradas com a presença de representante indicado pelo sindicato representativo da categoria profissional.

A quarta cláusula do TAC prevê a obrigatoriedade de instalação de comissão integrada por representantes da empresa e dos empregados de forma paritária, com poderes para recepção de denúncias de assédio moral, instrução do procedimento e expedição de relatório conclusivo acerca dos fatos, garantindo-se o contraditório e a ampla defesa do denunciado.

A quinta cláusula estipula a necessária publicidade do teor do TAC, com a ampla divulgação do seu teor em local visível de seu estabelecimento.

A sexta cláusula prevista no TAC prevê a necessidade de notificação da instituição de ensino na hipótese de notícia de descumprimento do ajuste assumido perante o MPT. O objetivo da referida cláusula é proporcional ampla possibilidade de esclarecimentos dos fatos, com apresentação de eventual prova escrita, documental, oral ou a que a escola entender conveniente para sua ampla defesa. Apenas na hipótese de o MPT, após análise detida do conjunto probatório produzido pelas partes, não aceitar a justificativa apresentada, é que se promoverá a competente ação de execução do Termo de Compromisso de Ajustamento de Conduta.

As demais cláusulas previstas estipulam a multa em caso de descumprimento das cláusulas previstas, a reversão dos valores relativos às multas, a extensão dos efeitos do ajuste, bem como o seu prazo de vigência.

Seis meses após a celebração do Termo de Compromisso, o Sindicato representativa da categoria profissional noticiou a demissão de uma das coordenadoras que prestaram depoimento perante o MPT. Na mesma data, a própria empregada demitida peticionou ao parquet relatando o descumprimento do TAC em razão de sua dispensa "vexatória e arbitrária", uma vez que levada a curso durante sua licença maternidade. Alegou a professora que foi surpreendida pelo comunicado de sua demissão na aula de natação de seu filho recém-nascido, em frente aos pais dos amigos de seu bebê.

Em observância a uma das cláusulas constantes do TAC, o representante do colégio foi convocado para audiência na sede da Procuradoria Regional do Trabalho a fim de apresentar documentos e os esclarecimentos oportunos sobre a notícia de descumprimento do Termo de compromisso de ajuste de conduta.

Na oportunidade, o colégio alegou que havia decidido pela substituição da profissional não por retaliação, mas sim em razão do seu livre poder diretivo na condução do seu empreendimento econômico. Acrescentou, ainda, que a entrega do aviso prévio à ex-empregada havia se dado na academia de natação de seu filho recém-nascido porque ela havia trocado de endereço residencial. Por fim, indicou uma testemunha, seu gerente administrativo, que poderia atestar sua versão de ausência de retaliação na demissão de testemunha ouvida no inquérito civil instaurado no MPT.

Diante da manifestação da instituição de ensino, foram notificadas para prestar novos depoimentos na Procuradoria Regional do Trabalho as nove testemunhas indicadas pelas autoras da notícia de descumprimento do TAC, bem como aquela única apontada pela própria escola.

Os depoimentos prestados na Procuradoria, com o objetivo de aferir a veracidade da denúncia de descumprimento do TAC, foram igualmente tensos e com alta carga emocional. O medo da perda do emprego era ainda mais evidente nos depoimentos de todas as trabalhadoras ouvidas no Ministério Público do Trabalho, assim como a frustração, a humilhação e o opressão de integrarem um ambiente de trabalho doente e perverso.

A única testemunha arrolada pela escola, seu gerente administrativo, cingiu-se a afirmar o desconhecimento dos fatos, focando na genérica narrativa de elogios a sua empregadora.

Importante destacar que a escola, sempre representada por seus advogados, também colacionou aos autos do inquérito civil todos os documentos que entendeu adequados a sua defesa, tais como atas de reuniões, rescisões contratuais e lista de presença dos professores. Não houve um único indeferimento, pelo MPT, dos requerimentos de juntada de documentos pela escola investigada.Em síntese, a prova documental acostada pela escola aos autos da investigação não dizia respeito diretamente aos fatos que teriam gerado o descumprimento do Termo de Compromisso de Ajustamento de Conduta.

Esgotadas as diligências investigativas, e embasado pelo livre convencimento motivado do descumprimento do TAC celebrado, o MPT ajuizou ação de execução do título executivo extrajudicial requerendo o pagamento das multas expressamente estipuladas nas cláusulas do Termo, sob pena de penhora dos bens.

O Juízo da execução determinou a penhora do bem indicado, dada a alegação de insuficiência de recursos financeiros para o pagamento das multas indicadas nas cláusulas infringidas no TAC.

CASEBOOK DE PROCESSO COLETIVO

Ato contínuo, a instituição de ensino ajuizou embargos à execução alegando, em síntese, ausência de contraditório na condução do inquérito civil e indicando uma única testemunha (gerente administrativo) que já havia sido ouvida pelo Ministério Público. No particular, é fundamental aduzir que a insurgência da instituição de ensino cingiu-se à aplicação pura e simples da tese de ausência de contraditório no bojo do inquérito civil, não tendo refutado diretamente os fatos dos quais estava sendo acusada.

Na defesa apresentada nos autos judiciais, o MPT elencou todos os atos produzidos no âmbito do procedimento investigatório, exaltando a ampla participação da escola investigada nos atos procedimentais mais relevantes produzidos no inquérito civil. O *Parquet* indicou, ainda, rol de três testemunhas, porém requereu ao Juízo a dispensa dos seus depoimentos para evitar a revitimização das trabalhadoras vítimas de assédio moral organizacional.

O MPT ressaltou, em seu requerimento ao Juízo da execução, que a dramática carga emocional experimentada nos depoimentos prestados na Procuradoria, antes e depois da celebração do TAC, não deveria ser revivida pelas vítimas e trabalhadoras. Salientou-se, ainda, que a posição de órgão de Estado ostentada pelo Ministério Público, com garantias constitucionais inquestionáveis, irradiava presunção de veracidade aos depoimentos prestados extrajudicialmente sob a presidência do *Parquet* trabalhista, mormente porque não refutados diretamente os fatos investigados.

O Juízo de primeiro grau, no entanto, adotou postura tradicional quanto ao sistema de valoração probatória. Em sucinto despacho, considerou que as provas produzidas no inquérito civil, em tese, não obedecem ao contraditório, ante sua natureza jurídica inquisitorial. Determinou, assim, data para audiência de instrução a fim de proceder à oitiva das testemunhas indicadas pelo MPT e pela instituição de ensino.

Na data agendada para a audiência judicial de instrução, novamente compareceram as principais testemunhas já ouvidas no MPT, tendo as mesmas renovado, *ipsis litteris* e com carga emocional ainda maior, o exato teor dos depoimentos prestados na Procuradoria Regional do Trabalho.

Até o momento em que se concluiu a redação do presente artigo (janeiro de 2020), o processo ainda aguardava julgamento pelo Juízo de primeiro grau.

2. O Ministério Público na Constituição de 1988. O Inquérito Civil e suas características. A valoração da prova obtida no Inquérito Civil

2.1. O Ministério Público na Constituição de 1988

Ao contrário das Constituições anteriores do Brasil, a Constituição de 1988 expressamente conceituou o Ministério Público como "instituição permanente, essencial à função jurisdicional do Estado, incumbindo-lhe a defesa da ordem jurídica, do regime democrático e dos interesses sociais e individuais indisponíveis" (CF, art. 127), tendo sua atuação pautada nos princípios da unidade, da indivisibilidade e da independência funcional.

Entre as funções institucionais do membro do Ministério Público está a de "promover o inquérito civil e a ação civil pública, par a proteção do interesse público e social, do meio ambiente e de outros interesses difusos e coletivos" (art. 129, III).[2]

No que diz respeito à previsão legal, a Lei Complementar nº 75/93 (Lei Orgânica do Ministério Público da União), em seu art. 6º, inciso VII, "d", estabeleceu a legitimidade do Ministério Público da União para ajuizamento da ação civil pública. O artigo 6º, inciso VII, "d", da LC 75/93 atribuiu ao *Parquet* a incumbência de promover a ação civil pública para a defesa de outros interesses individuais indisponíveis, homogêneos, sociais, difusos e coletivos.

Quanto ao Ministério Público do Trabalho, o art. 83, inciso III, conferiu a atribuição de propor ação civil pública no âmbito da Justiça do Trabalho para defesa de interesses coletivos, quando desrespeitados os direitos sociais constitucionalmente garantidos. Registre-se que art. 84, II, da Lei Complementar 75/93 estipulou a incumbência de "instaurar inquérito civil e outros procedimentos administrativos, sempre que cabíveis, para assegurar a observância dos direitos sociais dos trabalhadores".

A análise do arcabouço constitucional e legal reforça a posição estrutural de relevância do Ministério Público. Segundo Hugo Nigro Mazzilli, o Ministério Público, a partir da Constituição de 1988, seria o "quarto" Poder da República:

---

[2] Registre-se que antes o inquérito civil fora previsto pela Lei da Ação Civil Pública (Lei 7.347/85), nos termos do seu art. 8ª, § 1º: "(...) O Ministério Público poderá instaurar, sob sua presidência, inquérito civil, ou requisitar, de qualquer organismo público ou particular, certidões, informações, exames ou perícias, no prazo que assinalar, o qual não poderá ser inferior a 10 (dez) dias".

CASEBOOK DE PROCESSO COLETIVO

A opção do constituinte de 1988 foi, sem dúvida, conferir um elevado status constitucional ao Ministério Público, quase erigindo-o a um quarto Poder: desvinculou a instituição dos Capítulos do Poder Legislativo, do Poder Executivo e do Poder Judiciário (Título IV, Cap. IV, Seção I); fê-lo instituição permanente, essencial à prestação jurisdicional do Estado, incumbindo-lhe a defesa da ordem jurídica, dos interesses sociais e individuais indisponíveis e a do próprio regime democrático (art. 127); cometeu à instituição zelar pelo efetivo respeito dos Poderes Públicos e dos serviços de relevância pública aos direitos assegurados na Constituição, promovendo as medidas necessárias à sua garantia (art. 129, II); conferiu a seus agentes total desvinculação do funcionalismo comum, não só na garantia de escolha de seu chefe, como para a independência de atuação (arts. 127, § 1º, e 128 e parágrafos); concedeu à instituição autonomia funcional e administrativa com possibilidade de prover diretamente seus cargos (art. 127, §§ 1º e 2º); conferiu-lhe iniciativa do processo legislativo, bem como da proposta orçamentária (arts. 61, 127, §§ 2º e 3º, 128, § 5º); assegurou a seus membros as mesmas garantias dos magistrados (art. 128, § 5º, I), elencando-lhes vedações similares (art. 128, § 5º, II) e impondo-lhes os mesmos requisitos de ingresso na carreira (arts. 93, I e 129, § 3º) e a mesma forma de promoção e aposentadoria (art. 93, II e VI e 129, § 4º); conferiu-lhe privatividade na promoção da ação penal pública, ou seja, uma parcela direta da soberania do Estado (art. 129, I); elevou à condição de crime de responsabilidade os atos do presidente da República que atentem 'contra o livre exercício do Poder Legislativo, do Poder Judiciário, do Ministério Público e dos Poderes constitucionais das unidades da Federação' (art. 85, II); assegurou ao procurador-geral da República, par a par com os chefes de Poder, julgamento nos crimes de responsabilidade pelo Senado Federal (art. 52, I e II).[3]

Inegavelmente, portanto, o Ministério Público possui instrumentos para efetivar a tutela coletiva judicial e extrajudicial e desempenhar a transformação social exigida pela sociedade, sendo sua capacidade de resolução imprescindível para a consecução do seu mister constitucional.

A Constituição da República de 1988 marca a afirmação institucional do Ministério Público como órgão essencial à ordem jurídica e à

---

[3] MAZZILLI, Hugo Nigro. *O Ministério Público na Constituição de 1988*. São Paulo: Saraiva, 1989, pp. 43-44.

democracia. Como se sabe, a Constituição estipulou um sistema de justiça dividido em várias instituições, como forma de assegurar a observância dos direitos fundamentais. E, nesse complexo institucional, o Ministério Público ocupa papel central.

Tal circunstância é ressaltada, com evidente propriedade, por Maria Tereza Sadek, ao se referir ao contexto da promulgação da Constituição vigente:

> No nascente arranjo institucional resplandece o Ministério Público. Para a efetivação dos direitos, mais uma vez, desponta o Ministério Público. Nenhuma outra instituição ganhou ou conquistou tão nova configuração. Nenhum outro momento da história nacional registrou tal extensão dos direitos constitutivos da cidadania.[4]

É importante reiterar a natureza da opção realizada pelo Constituinte de 1987/1988. Não se trata apenas de uma questão de desenho institucional, ou de simples divisão de atribuições entre órgãos e poderes do Estado. A inovação constitucional vai além disso, porque há um indissolúvel vínculo, no ordenamento estabelecido em 1988, entre a missão institucional do Ministério Público e o compromisso da Constituição com a proteção dos direitos fundamentais.

A Constituição de 1988 estabeleceu uma noção ampla de cidadania. O rol de direitos previstos no texto constitucional extrapola o catálogo clássico das liberdades individuais. A cidadania, portanto, se exerce de modo multifacetário, plural e complexo. Os direitos metaindividuais se inserem nessa nova dimensão dos direitos fundamentais. Isso fez com que o Ministério Público, assim como outras instituições, passasse a exercer suas atribuições em campos até então inexplorados, que envolvem o combate às chamadas macrolesões, cuja tutela, por definição, exige formas procedimentais inovadoras.

Esse protagonismo foi assim resumido, em reflexão conclusiva, por Maria Tereza Sadek:

---

[4] SADEK, Maria Tereza. Ministério Público: a construção de uma nova instituição. In: RUBEN, George Oliven. RIDENTI, Marcelo. BRANDÃO, Gildo Marçal (orgs.). *A Constituição de 1988 na vida brasileira*. São Paulo: Hucitec e Anpocs, 2008, p. 110.

CASEBOOK DE PROCESSO COLETIVO

Promotores e procuradores da República, promotores e procuradores estaduais passaram a ocupar lugar de destaque no cenário nacional, estadual e municipal. Poucas vezes – se alguma – presenciou-se, em tão curto espaço de tempo, uma instituição sair da obscuridade alçando-se para o centro dos refletores. Quer atuando nos limites de suas atribuições legais, quer promovendo atividades fora do gabinete, os integrantes do Ministério Público vêm construindo uma nova identidade e se credenciado como interlocutores nas mais diversas áreas. Assim, o Ministério Público tem lugar reservado em qualquer balanço da democracia inaugurada em 1988[5]

Fica claro, portanto, pela argumentação desenvolvida até aqui, que a Constituição de 1988 pode ser considerada inovadora no que diz respeito à tutela dos interesses metaindividuais. E em relação ao mundo do trabalho? Em que medida o ordenamento constitucional vigente representou uma nova forma de tratamento da tutela coletiva voltada aos trabalhadores?

Também nesse campo as transformações são impactantes. O mundo do trabalho é cada dia mais complexo e diversificado. Novas modalidades de organização da força de trabalho, novos tipos de contratos, novas estratégias adotadas por atores sociais que acarretam violações a direitos sociais. Diante desse quadro, foi necessário dotar o Ministério Público do Trabalho de instrumentos aptos a promover a defesa dos interesses metaindividuais no campo das relações laborais. Daí a importância da ação civil pública e do inquérito civil. Observe-se, em relação ao tema, a reflexão de Guadalupe Louro Turos Couto:

> No âmbito trabalhista, as ações civis públicas têm importante papel na educação democrática e de ressonância das aspirações e expectativas da maioria coletivizada ou indeterminada de trabalhadores. Nesse diapasão, servem como exemplos da importância das ações coletivas as propostas pelo Ministério Público do Trabalho, criadas com o objetivo de erradicar questões demandadas pela precarização dos direitos sociais e trabalhistas comum na intermediação de mão-de-obra por cooperativas fraudulentas; trabalho forçado e degradante; trabalho de crianças e adolescentes; terceirização irregular dos cargos e empregos públicos em evidente burla ao concurso público; utilização de empregados travestidos de pessoas jurídicas; discriminação sofrida por mulheres, negros, portadores de HIV, de

---

[5] SADEK, Maria Tereza. Ministério Público: a construção de uma nova instituição, p. 124.

deficiência, entre outras. Diante desse quadro, a tutela coletiva assume o relevante papel de prevenir e inibir que tais lesões se repitam e, ao mesmo tempo, abre caminho para a satisfação dos direitos fundamentais, evitando o abarrotamento do Judiciário[6]

Segundo Rodrigo de Lacerda Carelli, o "berço das ações coletivas no direito processual brasileiro se deu em seu campo mais fértil, que é a Justiça do Trabalho", sendo da própria natureza dos conflitos que surgem a sua resolução de forma coletiva. Aduz que são as ações coletivas, tanto aquelas ajuizadas pelo MPT como pelos sindicatos, que têm o poder efetivo de efetivar os direitos fundamentais previstos do trabalho previstos na Constituição Federal e na legislação infraconstitucional.[7]

2.2. O Inquérito civil: conceito e principais características

O inquérito civil é um instrumento de formalização dos atos de investigação presidido exclusivamente Ministério Público. Pode ser conceituado como um procedimento administrativo que busca reunir informações e elementos fático-jurídicos para eventual ajuizamento da ação civil pública.

Importante registrar que o inquérito civil não é processo, sequer é obrigatório como etapa prévia ao ajuizamento da ação civil pública, não sendo necessário o contraditório. Hugo Nigro Mazilli destaca que:

> O inquérito civil não é processo administrativo e, sim, mero procedimento/ nele não há uma acusação nem nele se aplicam sanções; nele não se criam direitos (...); nele não se limitam, nem se restringem, nem se cassam direitos. Em suma, no inquérito civil não se decidem interesses; não se aplicam penalidades; ele serve apenas para colher elementos ou informações com o fim de formar-se a convicção do órgão do Ministério Público para eventual propositura ou não das ações a seu cargo.

---

[6] COUTO, Guadalupe Louro Turos. O processo coletivo como instrumento de transformação da realidade social dos trabalhadores e o código brasileiro de processos coletivos. In: CORDEIRO, Juliana Vignoli. CAIXETA, Sebastião Vieira (coord.). *O processo como instrumento de realização dos direitos fundamentais*. São Paulo: LTr/ANPT, 2007, p. 105.

[7] CARELLI, Rodrigo de Lacerda. As ações coletivas e o combate às terceirizações ilícitas. In: RIBEIRO JUNIOR, José Hortêncio. CORDEIRO, Juliana Vignoli. FAVA, Marcos Neves. CAIXETA, Sebastião Vieira (orgs). *Ação Coletiva na visão de juízes e procuradores do trabalho.* São Paulo: LTr, 2006, pp. 208-210.

CASEBOOK DE PROCESSO COLETIVO

Adotando entendimento similar, Egon Bockmann Moreira *et alii* afirmam que "O inquérito civil é *procedimento administrativo*, inquisitorial, de atribuição privativa do Ministério Público, destinado a coligir as provas necessárias e suficientes à formação da respectiva convicção"[8]. Como acrescentam os mesmos autores, as funções do inquérito são relevantes: (1) possibilitar que o integrante do Ministério Público forme sua convicção acerca do fato investigado; (2) permitir que o responsável pelo ato ilícito investigado forme igualmente sua convicção, o que poderá conduzir à correção de sua conduta nos próprios autos do inquérito civil; (3) servir como instrumento para coleta de provas que poderão ser úteis ao futuro julgamento da causa, na hipótese de judicialização.

A respeito dessa terceira função, um determinado aspecto merece atenção. Segundo a jurisprudência do Superior Tribunal de Justiça, é lícito e viável que uma ação penal possa ter início com base em material probatório colhido em inquérito civil, como se observa pelo teor do seguinte precedente:

> (...) conforme vem decidindo esta Corte, não se vislumbra ilegalidade na instauração da ação penal consubstanciada em inquérito civil presidido por promotor de justiça, ainda que a autoridade investigada detenha foro especial por prerrogativa de função, desde que este seja respeitado, no momento da propositura da ação penal, pela autoridade com atribuições para tanto. Precedentes.[9]

O STJ também considera válida a adoção de prova obtida em ação penal para a finalidade de instruir inquérito civil:

> AGRAVO REGIMENTAL NO RECURSO EM MANDADO DE SEGURANÇA. VIOLAÇÃO DO PRINCÍPIO DA COLEGIALIDADE. NÃO OCORRÊNCIA. PROCESSO PENAL. PROVA PRODUZIDA EM AÇÃO PENAL EMPRESTADA PARA INSTRUÇÃO DE INQUÉRITO POLICIAL CIVIL. POSSIBILIDADE. DIREITO LÍQUIDO E CERTO VIOLADO. INEXISTÊNCIA. RECURSO A QUE SE NEGA PROVIMENTO.

---

[8] MOREIRA, Egon Bockmann. BAGATIN, Andreia Cristina. ARENHART, Sérgio Cruz. FERRARO, Marcella Pereira. *Comentários à Lei de Ação Civil Pública – revisitada, artigo por artigo, à luz do Novo CPC e temas atuais*. São Paulo: Revista dos Tribunais, 2016, p. 410.

[9] STJ, HC 307.017-PB, Rel. Min. Sebastião Reis Júnior, 6ª Turma, DJE 25.05.2015.

2. ATUAÇÃO INVESTIGATIVA NO MINISTÉRIO PÚBLICO DO TRABALHO

(...)

2. A autorização de compartilhamento de prova obtida em ação penal para fins de instrução de inquérito civil público que investiga os mesmos fatos não importa em ofensa a direito líquido e certo do investigado.

3. Agravo regimental a que se nega provimento.[10]

Esses precedentes revelam a abertura da jurisprudência para a validação e compartilhamento, na via judicial, de provas colhidas pelo Ministério Público na instrução do inquérito civil.

Sobre a natureza do procedimento administrativo, cabe notar que a Resolução nº 23 do Conselho Nacional do Ministério Público, que trata do inquérito civil, em seu art. 1º ressalta expressamente a natureza unilateral e facultativa do instituto, bem como a dispensabilidade do procedimento[11]. No mesmo sentido, o art. 1º da Resolução nº 69 do Conselho Superior do Ministério Público do Trabalho, que trata do inquérito civil, especificamente na seara trabalhista.

No curso do inquérito civil, o membro do Ministério Público poderá, nos termos do art. 8º, da Lei Complementar n. 75/93, notificar testemunhas, requisitar informações, exames, perícias, realizar inspeções e diligências investigatórias, requisitar auxílio de força policial, ter acesso a bancos de dados, expedir notificações e intimações, ter livre acesso a qualquer local público ou privado.[12]

---

[10] STJ, AgRg no MS 44.825-MT, Rel. Min. Maria Thereza de Assis Moura, 6ª Turma, DJE 24.03.2014.

[11] Art. 1º O inquérito civil, de natureza unilateral e facultativa, será instaurado para apurar fato que possa autorizar a tutela dos interesses ou direitos a cargo do Ministério Público nos termos da legislação aplicável, servindo como preparação para o exercício das atribuições inerentes às suas funções institucionais. Parágrafo único. O inquérito civil não é condição de procedibilidade para o ajuizamento das ações a cargo do Ministério Público, nem para a realização das demais medidas (Conselho Nacional do Ministério Público – Resolução nº 23, de 17 setembro de 2007).

[12] Art. 8º. Para o exercício de suas atribuições, o Ministério Público da União poderá, nos procedimentos de sua competência: I – notificar testemunhas e requisitar a sua condução coercitiva, no caso de ausência injustificada; II – requisitar informações, exames, perícias e documentos de autoridades da Administração Pública direta ou indireta; III – requisitar da Administração Pública serviços temporários de seus servidores e meios materiais necessários para a realização de atividades específicas; IV – requisitar informações e documentos a entidades privadas.

O inquérito civil tem como objetivo a coleta de provas para eventual formação de convencimento do membro do Ministério Público, sendo etapa preparatória para ação civil pública. Mas a prova ali colhida também deve ser absorvida nos processos coletivos, principalmente quando garantido o livre exercício dos direitos subjetivos públicos da publicidade, participação, vista dos documentos, representação por advogado etc. Também no inquérito civil tais direitos subjetivos são vigentes e eficazes.

No tópico seguinte, abordar-se-á, com mais vagar, o tema da valoração da prova produzida no inquérito civil.

2.3. A valoração da prova produzida no inquérito civil

Dadas as principais características do procedimento administrativo investigatório, inegável que a prova colhida no bojo do inquérito civil desfruta de *status* qualificado, ainda que inequívoca sua natureza inquisitorial que não condiciona a instauração formal do contraditório.

Estando as provas produzidas no âmbito do inquérito civil sob a condução do Ministério Público, órgão da estrutura do Estado, a presunção de legitimidade e verossimilhança é consequência inarredável.

Conforme ressalta Xisto Tiago de Medeiros Neto, as provas produzidas no âmbito do inquérito civil:

> Não poderiam se equiparar, dessa maneira, com as provas elaboradas unilateralmente pelo particular, que é parte interessada e parcial, titular do direito material, em sede de uma demanda individual. Aponte-se, também, como fator de corroboração do valor probante dos elementos coligidos no inquérito civil e em outros procedimentos de investigação, a garantia da submissão dos atos praticados pelo membro do Ministério Público, nesse mister, ao controle jurisdicional, pela via do mandado de segurança e do habeas corpus. Tem-se, pois, mesmo diante da ausência do contraditório naqueles procedimentos, assegurada à parte investigada a correção judicial de eventual abuso ou ilegalidade perpetrada, o que confere ainda mais legitimidade aos procedimentos. Aliás, não é despiciendo lembrar que os atos praticados pelo Parquet nessa atuação investigatória guardam, por sua natureza administrativa, conformação com os limitesimpostos pelo ordenamento jurídico e também com os princípios constitucionais da moralidade, da impessoalidade, da publicidade (com a possibilidade de restrição motivada, em face de exigência do interesse público), da eficiência

2. ATUAÇÃO INVESTIGATIVA NO MINISTÉRIO PÚBLICO DO TRABALHO

e da razoabilidade, o que erige como ponto de contenção à discricionariedade das iniciativas, em garantia da legalidade dos objetivos almejados pela investigação"[13]

Nesse sentido, Nelson Nery Júnior afirma ser "salutar que o MP faculte aos interessados a possibilidade de se manifestarem no IC [inquérito civil], juntando documentos, pareceres técnicos, fornecendo informações etc"[14].

No que tange à valoração da prova produzida no âmbito do inquérito civil, registre-se ser consenso jurisprudencial o valor probatório relativo (presunção *juris tantum*) de validade e veracidade a ela atribuído.

O Superior Tribunal de Justiça possui sólida jurisprudência no sentido de que a prova colhida no inquérito civil inquisitorialmente não se afasta por mera negativa, apesar de possuir valor probatório relativo, podendo ser afastada pela contraprova de hierarquia superior, ou seja, aquela produzida em respeito ao contraditório, *verbis*:

> Processo Civil. Ação Civil Pública. Inquérito Civil: Valor Probatório. 1. O inquérito civil público é procedimento facultativo que visa colher elementos probatórios e informações para o ajuizamento de ação civil pública. 2. As provas colhidas no inquérito têm valor probatório relativo, porque colhidas sem a observância do contraditório, mas só devem ser afastadas quando há contraprova de hierarquia superior, ou seja, produzida sob a vigilância do contraditório. 3. A prova colhida inquisitorialmente não se afasta por mera negativa, cabendo ao juiz, no seu livre convencimento, sopesá-las, observando as regras processuais pertinentes à distribuição do ônus da prova. 4. Recurso especial provido.[15]

---

[13] MEDEIROS NETO, Xisto Tiago. A fase probatória na Ação Coletiva Trabalhista. In: RIBEIRO JUNIOR, José Hortêncio. CORDEIRO, Juliana Vignoli. FAVA, Marcos Neves. CAIXETA, Sebastião Vieira (orgs). *Ação Civil Coletiva na visão de juízes e procuradores do trabalho.* São Paulo. LTr, 2006, pp. 275-276.

[14] Prossegue, então, o autor: "Prova recolhida no IC, se para sua realização não tiver havido participação dos interessados, precisa ser refeita ou contrastada em juízo, em obediência ao princípio constitucional do contraditório". *Apud* GRINOVER, Ada Pellegrini. Inquérito civil: contraditório e "prova inequívoca" para fins de antecipação de tutela. *Espaço Jurídico*, v. 12, n. 2, Joaçaba, jul./dez. 2011, pp. 322-323.

[15] STJ, Rel. Min. Eliana Calmon, REsp 849.841-MG, 2ª T., DJE 11.09.2007.

CASEBOOK DE PROCESSO COLETIVO

Inegavelmente a construção jurisprudencial tem como base todos os aspectos relativos à natureza, características e particularidades do procedimento administrativo investigatório, tais como sua natureza inquisitiva, publicidade, formalidade, exclusividade do MP e facultatividade.[16]

Já se aceitou, no âmbito do processo coletivo, a utilização dos depoimentos colhidos no inquérito, até mesmo sem a participação ampla do investigado: "O depoimento prestado em inquérito civil, mandado juntar aos autos para que sobre ele as partes se manifestem, atendendo, assim, aos princípios do contraditório e da ampla defesa, é perfeitamente válido como meio de prova, porque equivalente à prestada em juízo"[17]

O Superior Tribunal de Justiça decidiu que a prova produzida no inquérito civil não precisa ser repetida em juízo, senão quando impugnada pela outra parte e entender o julgador que tem pertinência a impugnação (REsp 476.660-MG, 2ª T., Rel. Min. Eliana Calmon, DJE 04.03.2003; REsp 849.841-MG, 2ª T., Rel. Min. Eliana Calmon, DJE 11.09.2007).

Conforme preceitua Xisto Tiago de Medeiros Neto:

> Sem dúvida, a natureza coletiva do conflito conduzido ao Poder Judiciário e a expressão socioeconômica – e até mesmo política – que alcançará a sua solução, modulam e condicionam o agir judicial em sede probatória, vindo a ampliar o espaço dos seus movimentos e iniciativas necessárias à formação de um convencimento que traduza os reclamos de uma Justiça voltada à realização de direitos fundamentais sociais, o que se dá, por excelência, nas

---

[16] Quanto ao tema, sintetiza Xisto Tiago de Medeiros Neto: "Pode-se elencar, como síntese das características básicas de tal instrumento investigatório: (a) a titularidade exclusiva do Ministério Público; (b) a instauração facultativa; (c) a distribuição adequada, com respeito ao princípio do promotor natural; (d) a forma escrita, pois não comporta a mera manifestação oral, havendo de obedecer assim a um princípio de documentação; (e) a formalidade restrita (...); (f) a inquisitividade, por não obrigar o estabelecimento do contraditório nem seus atos; (g) a publicidade mitigada, diante da possibilidade de imposição de sigilo na investigação; (h) a auto-executoriedade, consideradas as iniciativas de ofício adotadas pelo membro do Ministério Público e o poder de requisição conferido legalmente". MEDEIROS NETO, Xisto Tiago. A prova na ação civil pública trabalhista. In: SANTOS, Élisson Miessa. CORREIA, Henrique (orgs). *Estudos Aprofundados MPT*. Salvador: JusPodium, 2012, pp. 568-569.

[17] TRT 5ª Região, ED 0018440.1998.5.05.0441, 1ª Turma, Rel. Des. Marama Carneiro, DJ 1º.10.2007.

2. ATUAÇÃO INVESTIGATIVA NO MINISTÉRIO PÚBLICO DO TRABALHO

demandas que tratam sobre direitos atinentes a grupos, classes ou categorias de trabalhadores.[18]

3. Investigação do MPT no caso concreto de assédio moral organizado praticado por instituição de ensino: a teoria na prática. Sistema tradicional de valoração da prova x Qualificação da prova produzida pelo MPT no âmbito do inquérito civil

A magnitude do papel reservado ao Ministério Público pela Constituição de 1988 deixa evidente sua condição especialíssima de guardião do ordenamento jurídico. Quando o MP ajuíza uma ação de índole coletiva é inquestionavelmente uma parte *sui generis*. E, mesmo sendo parte, visa à defesa desinteressada do interesse público, assim como dos interesses privados que guardem relevância para a sociedade.

No caso concreto abordado no presente artigo, a grave denúncia de assédio moral organizacional no ambiente profissional escolar foi objeto de ampla investigação pelo Ministério Público. Possibilitou-se, no curso de toda a instrução probatória produzida no inquérito civil, a garantia dos direitos subjetivos públicos da parte investigada. Os depoimentos colhidos no curso das investigações revelaram abalo psíquico inquestionável e de grandes proporções ante a conduta abusiva adotada pela escola ao longo de mais de um ano.

Após ampla investigação, portanto, e com a finalidade de adequar a conduta da escola às exigências legais e constitucionais, assegurando a tutela ampla e efetiva dos direitos transindividuais, o MPT ofertou a possibilidade de solução extrajudicial mediante a assinatura de Termo de Compromisso de Ajustamento de Conduta – TAC.

O teor das obrigações constantes no referido TAC celebrado no caso em estudo, repita-se, guardaram plena compatibilidade com os postulados e princípios aplicáveis: cláusulas preventivas ou inibitórias, reparatórias e sancionatórias.

De se destacar que a empresa investigada concordou com os termos propostos pelo MPT, e tal fato se deu inegavelmente porque admitiu a robustez da prova colhida em seu desfavor nos autos do inquérito civil. Reitere-se, ainda, que as referidas obrigações eram absolutamente necessárias à promoção da tutela (preventiva, corretiva e reparatória) dos

---

[18] MEDEIROS NETO, Xisto Tiago. A fase probatória na Ação Coletiva Trabalhista, p. 267.

interesses e direitos de natureza transindividual, cuja defesa constitui dever do Ministério Público.

Transcorridos poucos meses após a celebração do título executivo extrajudicial (TAC), foi apresentada nova denúncia em desfavor da escola compromissária, agora consistente no descumprimento do acordo firmado perante o MPT. A partir daí, mais uma fase de investigação foi iniciada no bojo do inquérito civil, então com o objetivo de aferir a veracidade do alegado descumprimento do TAC. Após o convencimento do membro do MPT, procedeu-se ao necessário ajuizamento de Ação de execução de título executivo extrajudicial para cobrança das multas estabelecidas.

Delimitadas tais premissas fáticas, observe-se que, embora não haja a obrigatoriedade do contraditório na fase do procedimento administrativo investigatório, pois não há tecnicamente acusação nem sanções, no caso analisado neste artigo o MPT conferiu à parte investigada ampla possibilidade de manifestação durante todo o curso da investigação, na fase anterior à celebração do TAC, bem como na fase posterior, quando recebida a notícia de seu descumprimento.

Em razão dos amplos poderes e liberdade na condução da investigação, o MPT optou por não indeferir nenhum requerimento de produção probatória pela instituição de ensino investigada. Os documentos e as manifestações escritas foram devidamente anexados aos autos do inquérito civil, assim como ouvidas todas as testemunhas por ela indicadas.

Acrescente-se que a escola investigada sempre esteve representada por seus advogados, que se fizeram presentes na fase instrutória de forma ampla e irrestrita. Ainda que não tenham participado das audiências administrativas de tomada de depoimentos das testemunhas, os termos de depoimento foram disponibilizados ao final para conhecimento irrestrito e eventual impugnação, o que não foi feito pela investigada em nenhum momento.

Cumpre ressaltar que os depoimentos prestados perante o MPT foram coletados sob o compromisso legal de expressão da verdade, e com o reforço das cominações previstas no artigo 342 do Código Penal, sujeitando o depoente à prática de falso testemunho. Inegavelmente, tal particularidade confere maior credibilidade às afirmações feitas na instância administrativa. Ademais, todos os termos de depoimento das testemunhas foram produzidos por membro do Ministério Público com a presença de servidor ocupante de cargo público, para o qual foi aprovado por meio de concurso, na forma estabelecida pela Constituição, detentor de fé pública.

Ainda que não tenha havido, em termos formais, o contraditório processual propriamente dito, possui inequívoca credibilidade a prova produzida em inquérito civil que permitiu ampla participação dos advogados no curso da instrução probatória do procedimento investigatório.

No caso em análise, o fato de ter o magistrado ignorado o valor especial das provas produzidas no inquérito civil e determinado nova oitiva das testemunhas vítimas de assédio moral organizacional produziu as seguintes consequências: a) diminuição da atuação levado a efeito pelo MPT no inquérito civil; b) desconsideração da significação social da natureza coletiva do direito objeto da tutela requerida; c) sujeição das vítimas ao fenômeno reprovável da revitimização, ensejando nova exposição moral com sofrimento prolongado.

Não se defende, no presente artigo, que o Poder Judiciário deva conferir valor absoluto e inquestionável às provas produzidas no bojo do inquérito civil durante a instrução processual propriamente dita. As normas processuais vigentes impedem tal desiderato. Todavia, tratar a prova produzida pelo MPT sem a presunção relativa de veracidade, igualando-a às provas produzidas pelas partes em geral, importa em minimizar os ditames atribuídos ao processo de natureza coletiva.

Na área trabalhista, no qual se debate a defesa de direitos sociais fundamentais que devem ser garantidos pelo Estado, e dada a assimetria econômica entre trabalhador e empregador, ainda mais se deve evitar o sistema tradicional de valoração da prova.

No caso em estudo o MPT defendia o grupo de trabalhadores que, em última instância, foi violado em seu direito fundamental à dignidade humana. Em jogo estavam o pânico de perda do emprego, a exposição dos fatos dramáticos sofridos pelas trabalhadoras, profissionais religiosas que foram expostas a piadas de cunho sexual, sexistas e misóginas.

O membro do Ministério Público do Trabalho tem a convicção de que, em regra, a principal prova a ser produzida nas investigações de assédio moral é a testemunhal. Documentos, perícias, inspeções não são hábeis a formar pleno convencimento motivado do membro do Ministério Público quando o objeto investigado é a adoção, pela empresa, de comportamentos humilhantes, vexatórios e opressivos em desfavor do trabalhador.

CASEBOOK DE PROCESSO COLETIVO

Negar o aproveitamento das provas testemunhais produzidas pelo MPT (termos de depoimento) significou, no caso concreto, negar o valor intrínseco dos elementos de convicção firmados a partir do conjunto probatório produzido na investigação.

Inequivocamente, a postura tradicional do Juízo de primeiro grau, ao não dispensar os depoimentos das vítimas do assédio moral organizacional na instrução dos embargos à execução opostos pela investigada, merece análise crítica à luz da literatura jurídica mais moderna que rege a matéria. O devido processo legal previsto na Constituição Federal deve ser sopesado com os demais postulados constitucionais em jogo no processo de índole coletiva.

Conclusões

A Constituição de 1988 conferiu ao Ministério Público o status de instituição permanente, essencial à função jurisdicional do Estado, incumbindo-lhe a defesa da ordem jurídica, do regime democrático e dos interesses sociais e individuais indisponíveis (Constituição da República, art. 127).

A missão instituição do Ministério Público é a defesa da própria sociedade, a manutenção do Estado Democrático de Direito, da cidadania e dos seus corolários: a prevalência da ordem jurídica, do regime democrático e dos interesses sociais e individuais indisponíveis.

As provas produzidas pelo Ministério Público na fase do procedimento investigatório devem ser valoradas de forma diferenciada em relação àquela produzida por particular na defesa dos seus interesses meramente individuais. Na seara do processo coletivo, o magistrado deve adotar postura condizente com a urgência que a tutela coletiva de direitos fundamentais requer.

A partir da experiência vivida no caso concreto aqui analisado, percebe-se, antes de tudo, que a noção de direitos fundamentais precisa ser compreendida em sua acepção mais abrangente. Atores nos processos judiciais e administrativos, como testemunhas convocadas para prestarem seu depoimento, são titulares de direitos. Estar à disposição do Juízo não significa abrir mão de liberdades e garantias.

Exatamente por isso, a Constituição da República de 1988 estabeleceu um complexo institucional destinado a combater as lesões ao ordenamento jurídico, o que significa dizer que os procedimentos administrativos

2. ATUAÇÃO INVESTIGATIVA NO MINISTÉRIO PÚBLICO DO TRABALHO

realizados no âmbito das instituições que compõem o sistema de justiça possuem dimensão constitucional. A possibilidade de aceitação, pelo Judiciário, de provas colhidas em tais procedimentos é algo que decorre do próprio desenho institucional que embasa a Constituição vigente.

Isso se torna ainda mais relevante quando indivíduos e/ou grupos vulneráveis são submetidos a situações que envolvem potenciais violações a direitos fundamentais ligados à dignidade da pessoa humana. Assim devem ser interpretadas as decisões judiciais, citadas acima, que gradativamente começam a pronunciar de forma mais ampla a validade, em Juízo, do material probatório colhido pelo Ministério Público em sua atividade investigativa.

Como afirmado, de modo incisivo, por José Joaquim Gomes Canotilho em evento destinado à discussão do papel da magistratura trabalhista, "um juiz do trabalho é, antes de tudo, um juiz da Constituição"[19].

Referências

CANOTILHO, José Joaquim Gomes. *Dizer a norma nas questões de trabalho*. Conferência proferida no V CONAMAT – Congresso Nacional dos Magistrados do Trabalho, Porto Alegre, 12 de maio de 1994.

CARELLI, Rodrigo de Lacerda. As ações coletivas e o combate às terceirizações ilícitas. In: RIBEIRO JUNIOR, José Hortêncio. CORDEIRO, Juliana Vignoli. FAVA, Marcos Neves. CAIXETA, Sebastião Vieira (orgs). *Ação Coletiva na visão de juízes e procuradores do trabalho*. São Paulo: LTr, 2006.

COUTO, Guadalupe Louro Turos. O processo coletivo como instrumento de transformação da realidade social dos trabalhadores e o código brasileiro de processos coletivos. In: CORDEIRO, Juliana Vignoli. CAIXETA, Sebastião Vieira (coord.). *O processo como instrumento de realização dos direitos fundamentais*. São Paulo: LTr/ANPT, 2007.

GRINOVER, Ada Pellegrini. Inquérito civil: contraditório e "prova inequívoca" para fins de antecipação de tutela. *Espaço Jurídico*, v. 12, n. 2, Joaçaba, jul./dez. 2011.

MAZZILLI, Hugo Nigro. *O Ministério Público na Constituição de 1988*. São Paulo: Saraiva, 1989.

---

[19] CANOTILHO, José Joaquim Gomes. *Dizer a norma nas questões de trabalho*. Conferência proferida no V CONAMAT – Congresso Nacional dos Magistrados do Trabalho, Porto Alegre, 12 de maio de 1994.

CASEBOOK DE PROCESSO COLETIVO

MEDEIROS NETO, Xisto Tiago. A fase probatória na Ação Coletiva Trabalhista. In: RIBEIRO JUNIOR, José Hortêncio. CORDEIRO, Juliana Vignoli. FAVA, Marcos Neves. CAIXETA, Sebastião Vieira (orgs). *Ação Civil Coletiva na visão de juízes e procuradores do trabalho.* São Paulo. LTr, 2006.

MEDEIROS NETO, Xisto Tiago. A prova na ação civil pública trabalhista. In: SANTOS, Élisson Miessa. CORREIA, Henrique (orgs). *Estudos Aprofundados MPT.* Salvador: JusPodium, 2012.

MOREIRA, Egon Bockmann. BAGATIN, Andreia Cristina. ARENHART, Sérgio Cruz. FERRARO, Marcella Pereira. *Comentários à Lei de Ação Civil Pública – revisitada, artigo por artigo, à luz do Novo CPC e temas atuais.* São Paulo: Revista dos Tribunais, 2016.

SADEK, Maria Tereza. Ministério Público: a construção de uma nova instituição. In: RUBEN, George Oliven. RIDENTI, Marcelo. BRANDÃO, Gildo Marçal (orgs.). *A Constituição de 1988 na vida brasileira.* São Paulo: Hucitec e Anpocs, 2008.

3. Transação em ações coletivas: o caso das condições carcerárias do Distrito Federal

Luís Roberto Cavalieri Duarte

Introdução

Nos últimos anos, operadores do direito por todo o mundo vêm tentando buscar novos mecanismos para resolver conflitos. Após o fim dos períodos de vingança, o modo de resolução surgido foi a adjudicação das contendas pelo Poder Judiciário, sendo esse, como cediço, o fórum mais comum para se resolver celeumas, estabelecendo-se, inclusive, ao longo do tempo, formas de facilitação de acesso aos meios judiciais, como gratuidade de justiça, lei de juizados especiais (Lei nº 9.099/95), entre outros institutos.

Com a atual situação da Justiça brasileira, dada a facilidade de ingresso no Poder Judiciário para satisfação dos direitos, os órgãos enfrentam uma grande carga de demanda, que, por muitas vezes, não conseguem resolver, especificamente quando diante de casos complexos, de difíceis soluções, que exigem grandes esforços dos envolvidos. Diante disso, buscam-se novos caminhos para se tentar desafogar o Poder Judiciário e, ao mesmo tempo, promover a efetiva justiça. Entre outras medidas, já se visualizam algumas formas de composição amigável, por meio de negociação do próprio direito pelos envolvidos para se resolver o conflito, como alternativa de se promover uma justiça célere, incluindo os direitos metaindividuais. Merece relevo também que exigir metas ao Judiciário, por vezes, para promover a rápida solução dos conflitos, ao que parece, não representa a melhor forma de satisfação do direito. Daí, decorre o grande avanço do sistema multiportas, com a implementação de câmaras de mediação, juízos arbitrais, audiências de conciliação, com possibilidade

CASEBOOK DE PROCESSO COLETIVO

de transacionar o direito, inclusive o de caráter coletivo, mostrando-se com grande relevância no mundo jurídico por conferir medidas profícuas para resolver o litígio.

Para se demonstrar a dificuldade de resolução de conflitos coletivos, o presente trabalho traz um caso concreto para elucidar a problemática da negociação de direitos considerados indisponíveis por meio de representantes. De igual forma, busca identificar o fórum mais adequado para se promover a resolução do conflito e os legitimados para se discutir direitos alheios, considerando o modelo adotado no Brasil para justa solução do conflito individual.

É certo que o sistema de Justiça no Brasil se mostra importante e com novas ideias para resolver os casos postos a julgamento de forma rápida. A criação do processo eletrônico é uma das inovações para agilizar os trâmites e os procedimentos, além de diminuir os custos e gastos dos processos. No âmbito normativo, nos últimos tempos, visualizam-se boas implementações para se desafogar parte do sistema judicial, consoante se depreende dos institutos inseridos no atual Código de Processo Civil e algumas leis especiais, fulcrado sob o prisma da negociação dos direitos em litígios. Contudo, é necessário fazer mais. Imperiosa a devida aplicação em todos os ramos do direito, bem como definir quais são os direitos que prescindem da via judicial, para se buscar esta via somente quando for primordial a participação do julgador no determinado caso, sem demérito à Instituição.

Assim, vejamos o caso concreto a seguir relatado, para discutir novas práxis de enfrentamento dos conflitos e, desde logo, acreditando-se que a transação é uma boa forma de se resolver litígios que envolvam os direitos das pessoas, incluindo direitos metaindividuais. Para tanto, importante definir os critérios que, tanto o direito privado quanto o direito público possuem, para estabelecer o rol de direitos considerados como indisponíveis, de modo a proibir a negociação por parte de seus titulares, que impacta inclusive para se findar os conflitos existentes no âmbito judicial. O presente trabalho, portanto, visa apresentar um caso concreto para, a partir dele, apresentar possibilidades de negociar direitos, mitigar os considerados indisponíveis e apresentar alguns mecanismos já utilizados, com fim de se estabelecer novos rumos à Justiça brasileira, diante de alguns problemas notoriamente existentes e similar ao que passa a relatar.

1. Relato da Ação Civil Pública de tutela coletiva dos encarcerados do Distrito Federal

Em 03 de abril de 2017, a Defensoria Pública do Distrito Federal protocolizou ação civil pública contra o Distrito Federal, sob número 0702921-69.2017.8.07.0018, com trâmite perante a 2ª Vara de Fazenda Pública do Tribunal de Justiça do Distrito Federal e Territórios, visando, especificamente, indenização por danos coletivos e individuais homogêneos, em razão da superlotação do sistema penitenciário do Distrito Federal, sob o fundamento de não fornecer as condições mínimas para o cumprimento adequado e digno da privação da liberdade. Em razão disso, pleiteou a condenação do Distrito Federal a uma indenização de R$1.000.000,00 (um milhão de reais) para compensar um dano coletivo, bem como à indenização por danos morais individuais para cada preso submetido à superlotação carcerária e em honorários sucumbenciais em favor da Defensoria Pública do Distrito Federal.

Conforme consta na petição inicial proposta pelo Núcleo de Defesa dos Direitos Humanos e do Núcleo de Execução Penal da Defensoria Pública do Distrito Federal, a demanda "tem por objeto principal resguardar a dignidade da pessoa humana e a integridade física e moral dos detentos em situação de superlotação no Sistema Prisional do Distrito Federal", afirmando ainda "que o Brasil vive o caos da superlotação que, ao invés de proporcionar a ressocialização após o cumprimento da pena, incita o crime no estabelecimento prisional e rebeliões, gerando insegurança aos agentes penitenciários e à sociedade", tendo como acórdão paradigma a decisão emanada pelo Supremo Tribunal Federal, no julgamento do RE 580.252, de repercussão geral, quando condenou o Estado de Mato Grosso a indenizar seus encarcerados por danos morais *in re ipsa*, em razão da superlotação que fere a dignidade da pessoa humana.

Ao tempo da propositura da ação civil pública, o Distrito Federal encarcerava 15.190 pessoas, em um total de 7.376 vagas no sistema prisional, que, segundo os fundamentos da exordial, gerava extrema angústia aos detentos e restrições ainda maiores que determinadas por lei. No bojo da inicial, apresentou-se o seguinte quadro ilustrativo, com dados relativos a 01/07/2016:

Estabelecimento	Vagas	Lotação
CDP	1.646	3.426
PDF-I	1.584	3.744
PDF-II	1.464	3.650
CIR	793	2.219
CPP	1.200	1.497
PFDF	542	750

Com essas informações, a ação foi protocolada perante à Vara de Fazenda Pública do Distrito Federal, ao argumento de ser o local onde ocorreu o dano, bem como por haver expressa previsão legal da competência para processar feitos contra o Distrito Federal (art. 26, I, Lei 11.697/08), com o fim de implementação de política pública por meio de ações positivas e reparatórias por parte do Ente da Federação.

Consta ainda na inicial que, em caso de inércia do Poder Judiciário do Distrito Federal em apurar as violações apontadas, a parte autora sinalizou a possibilidade de se deslocar o feito para a Justiça Federal, com base no art. 109, §5º, da Constituição Federal, bem como de uma denúncia perante à Comissão/Corte Interamericana de Direitos Humanos, consoante art. 44 e seguintes do Pacto de São José da Costa Rica.

Citada, a parte ré, por meio da Procuradoria do Distrito Federal, contestou afirmando que a superlotação é um problema estrutural em todo o Brasil e em vários outros países, tratando-se de uma questão generalizada, complexa e de causas variadas e difusas, imputáveis inclusive à Defensoria Pública e ao Poder Judiciário, cuja solução exige responsabilidade e cooperação de todos os órgãos públicos envolvidos e também a sociedade civil, e não por medidas simplistas que agravam o problema, como o caso dessa ação.

Na peça defensiva, aduziu-se que, em caso de condenação por danos morais individuais, no valor de R$ 2.000,00 (dois mil reais) a cada um dos 55 mil presos que passaram pelas unidades prisionais nos últimos cinco anos, a contar da protocolização dessa peça, chega-se a prováveis R$110.000.000,00 (cento e dez milhões de reais) de indenizações, como resultado prático da ação, gerando proporções ainda mais nefastos ao Distrito Federal e a perpetuação de um ciclo vicioso. Com esses argumentos, denota-se a preocupação da Ré com as consequências de eventual condenação. Em razão disso, a parte ré requereu também a falta de interesse de agir da Defensoria Pública, nos moldes do art. 17, do CPC, pois o provimento judicial pretendido não será capaz de proporcionar melhorias na situação fática.

Além do alegado consequencialismo, a peça defensiva afirmou a incompetência da Vara de Fazenda Pública, pleiteando o declínio da ação para a Vara de Execuções Penais do TJDFT, por deter a atribuição de fiscalizar e zelar pelo adequado cumprimento da pena, nos moldes do art. 15 do Provimento Geral da Corregedoria aplicado aos Juízes e ofícios Judiciais, art. 66, da Lei 7.210/84 e art. 23 da Lei de Organização Judiciária do TJDFT, ou para a Justiça Federal, por afirmar que a União deteria interesse na causa. Ainda na peça defensiva, aduziu-se que a via eleita era inadequada para se buscar indenização por danos morais individuais homogêneos, porquanto os direitos eventualmente violados seriam heterogêneos, já que nem todos os presos encontravam-se em celas lotadas, como aqueles que estavam separados por algum motivo específico, o que demandaria o levantamento específico de cada caso concreto. Portanto, afirmou que não se tratava de violação de direito individual homogêneo, mas heterogêneo, não se admitindo, com isso, a prolação de sentença condicional para apuração futura. Ademais, asseverou que não havia dano a interesse jurídico fundamental de caráter extrapatrimonial *in re ipsa*, pois seria necessário analisar e demonstrar as condições degradantes de cada situação, caso existente. Num longo discurso, a parte ré apresentou argumentos de inexistência de degradação do ser humano no cárcere do Distrito Federal, bem como a existência de uma certa tolerância sobre a superlotação carcerária, de modo a retirar a ilicitude do ato.

Interessante relatar que a peça contestatória reconhece a superlotação, em razão da omissão culposa, mas inapta a gera responsabilização civil, bem como afirmou que, em caso de eventual condenação da parte ré, esta regressará contra a União, em razão da sua corresponsabilidade por falha do Poder Judiciário e do Ministério Público, mantidos por ela.

Além do exposto, importante destacar a proposta lançada, em sede de contestação perante à Vara Fazendária, de, ao invés de condenação em dinheiro em caso de reconhecimento da pretensão autoral, que repare os danos morais por meio de remição de pena, sendo que a cada três a sete dias de pena cumprida, fosse remido um dia na pena, por ser uma consequência mais apropriada para o caso.

CASEBOOK DE PROCESSO COLETIVO

Ao fim, pediu, em caso de condenação por danos coletivos, que o valor fosse revertido em favor do sistema prisional e pela improcedência do pedido de honorários para a Defensoria Pública, por ser ente público do Distrito Federal, de modo a haver confusão entre credor e devedor, nos moldes da sumula 421 do STJ, que preconiza "Os honorários advocatícios não são devidos à Defensoria Pública quando ela atua contra a pessoa jurídica de direito público à qual pertença."

Em seguida, o Ministério Público do Distrito Federal manifestou-se contrariamente ao pleito de indenização por danos morais individuais, seguindo o entendimento da parte ré, mas pelo reconhecimento dos danos morais coletivos, como pleiteado na exordial.

A parte autora, em réplica, refutou todos os argumentos do réu e reiterou os termos da peça inicial.

Em seguida, sobreveio a sentença, porquanto o magistrado afirmou que comportava julgamento antecipado, diante das questões de direito e das provas documentais carreadas ao processo, dispensando nova produção probatória. Nela, reconheceu a competência da Vara de Fazenda Pública. Rejeitou as preliminares de inépcia da inicial, de inadequação da via e de falta de interesse processual, por entender que o mérito da ação corresponderia a direito coletivo, tutelável por meio de ação civil pública, que protege direitos genuinamente coletivos e direitos acidentalmente coletivos, já que a situação jurídica isomórfica é de origem comum. Para o juiz, a tese de configuração de danos morais individuais a cada preso submetido a situação de "superlotação carcerária amolda-se a hipótese de violação a direitos individuais homogêneos, pois decorrentes de origem comum, vale dizer, de situação jurídica isomórfica (qual seja, a superlotação carcerária)". Destacou, entre outros, que "o estado de coisas inconstitucional do sistema penitenciário distrital se amolda a situação violadora de interesses difusos (de toda a coletividade)".

A sentença reconheceu que a pretensão de indenização por danos morais individuais não se volta à tutela de direitos genuinamente coletivos, mas apenas acidentalmente coletivos (direitos individuais homogêneos). Portanto, o objeto da ação coletiva abarca o núcleo de homogeneidade dos direitos individuais. Contudo, reconheceu que a superlotação carcerária, por si só, não comprova os danos morais individuais alegados, o que impõe a improcedência do pedido de indenização por danos morais individuais, uma vez que demandaria uma análise de cada preso, isoladamente.

3. TRANSAÇÃO EM AÇÕES COLETIVAS

Assim, julgou parcialmente procedentes os pedidos e condenou o Distrito Federal ao pagamento de R$ 1.000.000,00 (um milhão de reais) a título de danos morais coletivos, a ser destinado ao Fundo Penitenciário do Distrito Federal e julgou improcedente o pedido de indenização por danos morais individuais a todos os presos em situação de superlotação carcerária, por falta de comprovação, bem como improcedente o pedido de pagamento de honorários advocatícios à Defensoria Pública do Distrito Federal, consoante súmula 421, do STJ.

Ambas as partes recorreram ao E. Tribunal de Justiça do Distrito Federal e Territórios, reiterando os termos de suas manifestações naquilo em que não obtiveram êxito.

Em breve palavras, a Defensoria Pública do Distrito Federal alegou *error in procedendo,* consubstanciado no julgamento antecipado da lide, por não ter havido a instrução dos danos individuais homogêneos. Requereu que os autos fossem remetidos ao Juízo de origem para a complementação da instrução processual neste desiderato. No mérito, recorreu quanto à possibilidade de responsabilização do Distrito Federal pelos danos morais individuais e ao cabimento de condenação do ente distrital em arcar com os honorários advocatícios sucumbenciais decorrentes.

O Distrito Federal, entre outros argumentos, reiterou a inexistência de dano e as consequências diretas do acolhimento da pretensão autoral para o erário. Reiterou a incompetência absoluta do Juízo da Fazenda Pública, pleiteando a remessa dos autos à Vara de Execução ou, em caso de reconhecimento de litisconsórcio necessário entre o ente federativo demandado e a União, com a consequente remessa do feito à Justiça Federal.

Em segunda instância, o Ministério Público do Distrito Federal e Territórios manifestou-se contrário ao recurso do Distrito Federal e parcialmente procedente quanto ao recurso de apelação da Defensoria Pública para, neste caso, reforma a r. sentença e condenar o Apelado em honorários em favor da Defensoria Pública.

Em seguida, o relator, Desembargador Alfeu Machado, abriu vista para a Defensoria Pública do Distrito Federal para se manifestar acerca da proposta de remição aos presos, realizada pelo Distrito Federal, em sede de Apelação, no seguinte despacho, que convém colacionar na íntegra:

DESPACHO

Vistos, etc.

Analisando detidamente os presentes autos eletrônicos, denota-se que o DISTRITO FEDERAL, no bojo de suas contrarrazões recursais (ID 3446780), além de delinear argumentos em desfavor da pretensão recursal contrária, postulou pedido subsidiário consistente em superação do precedente emanado do Pretório Excelso (RE 580.252, de modo especial) que serviu de alicerce e reforço de argumentação ao entendimento pronunciado pelo Juízo de origem na sentença recorrida por ambas as partes.

O Ente Distrital, no aludido petitório, *"propõe que, de logo, no presente caso concreto, seja a sentença proferida na linha da tese vencida proposta pelo Ministro Luís Roberto Barroso, no sentido de que a reparação dos danos morais seja efetivada preferencialmente por meio da remição de 1 dia de pena por cada 3 a 7 dias de pena cumprida em condições atentatórias à dignidade humana, a ser postulada perante o Juízo da Execução Penal, remanescendo o direito ao ressarcimento dos danos morais em pecúnia apenas para aqueles que já tiverem cumprido integralmente a pena."* (ID 3446780 – Págs. 21/23).

Dada a complexidade da causa e, sobretudo, os efeitos jurídicos possivelmente dela decorrentes, considerando ainda o necessário respeito à participação isonômica, dialética e influente das partes na construção do provimento jurisdicional, efetivado por meio do contraditório na dimensão dinâmica e material (CPC/2015, arts. 7º, 8º, 9º e 10), DETERMINO A INTIMAÇÃO DA DEFENSORIA PÚBLICA DO DISTRITO FEDERAL (AUTORA DA AÇÃO) PARA, QUERENDO, SE MANIFESTAR SOBRE O PEDIDO DE *OVERRULING* REQUESTADO PELA PARTE ADVERSA, NO PRAZO RAZOÁVEL DE 15 (QUINZE) DIAS, RESPEITADAS AS PRERROGATIVAS PROCESSUAIS QUE LHE FORAM CONFERIDAS PELA LEI DE REGÊNCIA.

Após, voltem os autos conclusos para apreciação.

INTIME-SE.

Brasília, 02 de agosto de 2018.

Desembargador ALFEU MACHADO

Relator

Quanto a esse despacho, a Defensoria Pública do Distrito Federal assim se manifestou:

A DEFENSORIA PÚBLICA DO DISTRITO FEDERAL, em atenção ao despacho proferido por V. Exa, vem se manifestar sobre a proposta do DISTRITO FEDERAL que, "propõe que, de logo, no presente caso concreto seja a sentença proferida na linha da tese vencida proposta pelo Ministro Luis Roberto Barroso, no sentido de que "a reparação dos danos morais seja efetivada, preferencialmente, por meio da remição de 1 dia de pena por cada 3 a 7 dias de pena cumprida em condições atentatórias à dignidade humana, a ser postulada perante o Juízo da Execução Penal, remanescendo o direito ao ressarcimento dos danos morais em pecúnia, apenas para aqueles que já tiverem cumprido integralmente a pena." Como ficou esclarecido pelos Ilustres Ministros do Supremo Tribunal Federal no julgamento do RE 580252/MS, diversas dificuldades surgiriam para a aplicação ao caso concreto da tese vencida do ilustre Ministro Luis Roberto Barroso, no sentido de que "a reparação dos danos morais seja efetivada preferencialmente por meio da remição de 1 dia de pena por cada 3 a 7 dias de pena cumprida em condições atentatórias à dignidade humana, a ser postulada perante o Juízo da Execução Penal, remanescendo o direito ao ressarcimento dos danos morais em pecúnia apenas para aqueles que já tiverem cumprido integralmente a pena". A primeira delas seria no sentido de que a remição da pena não traria qualquer benefício prático aqueles condenados a penas cuja soma ultrapassasse 30 anos ou mais, já que para estes seria mínima a redução prática no valor total da pena final a ser cumprida.

A segunda é no sentido de que a demanda de responsabilidade civil decorrente de dano moral é uma demanda cível, de competência do juiz cível e, por esse motivo, não poderia ter uma consequência penal como a remição da pena, executada na Vara de Execuções Penais, não havendo previsão legislativa que trate da questão. A terceira questão que se coloca é que haveria um dano de natureza civil com uma reparação de natureza penal consistente na remição da pena, o que seria incompatível. Por fim, a reparação pecuniária imposta ao Estado se constitui numa forma mais eficiente de motivá-lo a resolver o problema carcerário. Ante o exposto é que a solução proposta pelo Distrito Federal no presente caso, conforme sugerida pelo ilustre Ministro Luis Roberto Barroso não foi adotada pelo C STF no julgamento do RE 580252 e, pelos mesmos fundamentos, não deverá ser adotada no presente julgamento, principalmente ante a dificuldade de sua exequibilidade, e por não encontrar previsão legislativa que a ampare. Brasília-DF, 22 de agosto de 2018.

Após essas manifestações, o E. Relator abriu nova vista às partes para se manifestar sobre a inadequação da via eleita, para garantir o princípio da não-surpresa, a dialeticidade e a isonomia, pois, nesse particular, o Distrito Federal manifestou-se no sentido de que a Defensoria Pública não poderia se valer como substituto processual para pleitear direitos individuais heterogêneos, enquanto a Defensoria Pública manifestou-se afirmando a ação civil pública proposta trata-se de demanda para tutela coletiva e para tutela individual homogênea.

Ato contínuo, o E. Relator designou sessão de julgamento para 27 de março de 2019.

Em julgamento, o N. Relator Des. Alfeu Machado acolheu a preliminar de inadequação da ação coletiva para postular danos morais individuais, em decorrência do caráter heterogêneo e divisível dos direitos defendidos, rejeitou as demais defesas indiretas ventiladas pelas partes e negou provimento à apelação da Defensoria Pública do Distrito Federal.

O Des. Carlos Rodrigues, 1º Vogal, acompanhou integralmente o voto do Relator.

Noutro sentido, o Des. José Divino, Relator designado e 2º Vogal, abriu a divergência e julgou totalmente procedente a apelação do Distrito Federal, fundamentando no consequencialismo da sentença proferida. Em seu voto, realizou as seguintes indagações, cuja transcrição do trecho mostra-se importante:

> O que seria possível realizar com um milhão de reais, valor da indenização arbitrada? Construir novas penitenciárias? Reformar as existentes?Qual é a garantia que o montante arbitrado na condenação se destinará a efetivas melhorias nas condições de encarceramento? De outro lado, o que se faria com um milhão de reais destinados à saúde pública? Cujos profissionais, cotidianamente, despendem recursos próprios para adquirir materiais básicos, como seringas, cateteres, medicação?

Com isso, deu provimento ao apelo do Distrito Federal e julgou improcedentes os pedidos contidos na inicial.

Os Desembargadores Vera Andrighi, 3º Vogal, e Esdras Neves, 4º Vogal, seguiram a divergência, restando a seguinte ementa do julgado:

DIREITO PROCESSUAL CIVIL, CIVIL E ADMINISTRATIVO. DANOS MORAIS. SUPERLOTAÇÃO CARCERÁRIA. INCOMPETÊNCIA ABSOLUTA DO JUÍZO DAS VARAS DA FAZENDA PÚBLICA. INÉPCIA DA INICIAL. AUSÊNCIA DE INTERESSE DE AGIR. INADEQUAÇÃO DA AÇÃO COLETIVA PARA PLEITEAR O PAGAMENTO DE DANOS INDIVIDUAIS HETEROGÊNEOS. OCORRÊNCIA DE LITISCONSÓRCIO NECESSÁRIO ENTRE O DISTRITO FEDERAL E A UNIÃO. PRELIMINARES REJEITADAS. RE N.º 580.252/MT. EXEGESE. DANO MORAL COLETIVO. REQUISITOS. NÃO CONFIGURAÇÃO.

I – O fato de o STF ter reconhecido, no julgamento da ADPF 347, a configuração do chamado "estado de coisas inconstitucional" relativamente ao sistema penitenciário brasileiro, não autoriza, de maneira automática, a existência de uma presunção absoluta de que todos os encarcerados nos diversos estabelecimentos prisionais brasileiros estão em condições indignas.

II – Tal impressão é reforçada pela ênfase conferida pela Suprema Corte, por ocasião do julgamento do RE n.º 580.252/MT, à necessidade de se avaliar cada caso concreto com muito critério, de forma a se verificar se, além da superlotação, o preso também se encontra em situação evidentemente indigna, que viole, de maneira patente, a sua existência, exigindo-se, assim, não só que se alegue, mas que se comprove a ocorrência da submissão às condições aviltantes.

III – Nesse contexto, seria, no mínimo, contraditório admitir a existência de um dano moral coletivo pela mera presunção de que a situação vivenciada por absolutamente todos os indivíduos que estão detidos nos estabelecimentos prisionais do Distrito Federal é tão precária a ponto de violar patentemente sua dignidade e, de maneira reflexa, causar profunda perplexidade social.

IV – No julgamento do REsp n.º 1.502.967/RS, o Superior Tribunal de Justiça fixou o entendimento de que o dano moral coletivo somente ficará caracterizado se ocorrer uma lesão a valores fundamentais da sociedade e se essa vulneração ocorrer de forma injusta e intolerável, o que não ocorre na espécie.

V – Ademais, deve-se resguardar o erário com o dispêndio de numerário que, sabidamente, não se prestará nem para solucionar, ainda que parcialmente, os problemas verificados e – tampouco – para minorar o sofrimento de quem se encontra detido, evitando-se, com isso, agravar a situação de escassez de recursos, retirando aporte indispensável para áreas fundamentais da sociedade.

VI – Deu-se provimento ao recurso do réu. Prejudicado o recurso da autora.

Em 10 de maio de 2019, a Defensoria Pública do Distrito Federal protocolou Recurso Especial e Recurso Extraordinário, alegando violação à lei federal e à Constituição Federal, quanto ao alegado dano coletivo e individual existentes, bem como quanto ao reconhecimento dos honorários em favor da Instituição. Contudo, o Recurso especial não foi admitido e o Extraordinário sobrestado, pelos seguintes fundamentos:

...

O recurso especial não deve ser admitido em relação à suposta afronta aos artigos 43, 186 e 927, todos do Código Civil. Isso porque, a turma julgadora, após detida análise do contexto fático-probatório dos autos, assentou que *"Como se percebe, o magistrado sentenciante apresenta a ideia de que não são todos os detentos – indistintamente – que estão a sofrer violações tão graves a ponto de se colocar em dúvida sua existência digna e que, portanto, não são todos que devem fazer jus – de forma automática – a indenização por danos morais suportados em função da suposta situação degradante experimentada. (...) Nesse contexto, seria, no mínimo, contraditório admitir a existência de um dano moral coletivo pela mera presunção de que a situação vivenciada por absolutamente todos os indivíduos que estão detidos nos estabelecimentos prisionais do Distrito Federal é tão precária a ponto de violar patentemente sua dignidade e, de maneira reflexa, causar profunda perplexidade social"* (ID 8100687).

Infirmar fundamento dessa natureza, como pretende a recorrente, é providência que encontra óbice no enunciado 7 da Súmula do STJ.

Também não merece seguimento o apelo especial quanto à mencionada contrariedade à Lei 7.210/84, porquanto o Superior Tribunal de Justiça tem entendimento consolidado no sentido de que *"a alegação genérica de ofensa à lei caracteriza deficiência de fundamentação, em conformidade com o enunciado sumular n. 284 do STF."* (AgInt no AREsp 1418633/SP, Rel. Ministro LUIS FELIPE SALOMÃO, DJe 28/5/2019).

No tocante ao indicado malferimento ao artigo 37, §6º, da Constituição Federal, não se mostra possível sua apreciação porque, *"O exame de dispositivos constitucionais, mesmo que de maneira reflexa, não é admissível em Recurso Especial, pois a competência é exclusiva do Supremo Tribunal Federal, conforme dispõe o art. 102, III, do permissivo constitucional."* (REsp 1722551/RO, Rel. Ministro HERMAN BENJAMIN, DJe 29/5/2019).

Com relação à possibilidade de fixação de honorários sucumbenciais a favor da recorrente, o Superior Tribunal de Justiça, na oportunidade do julgamento do REsp 1.199.715 (tema 433), concluiu que *"Os honorários advocatícios não são devidos à Defensoria Pública quando ela atua contra a pessoa jurídica de direito público à qual pertença" (Súmula 421/STJ).*

Assim, estando o acórdão recorrido em consonância com o referido paradigma, quanto a esse aspecto, nego seguimento ao recurso especial, nos termos do artigo 1.030, inciso I, alínea "b", do Código de Processo Civil/2015.

Quanto ao recurso extraordinário, o Supremo Tribunal Federal reconheceu a existência de repercussão geral do tema referente ao pagamento de honorários à Defensoria Pública, em litígio com ente público ao qual vinculada (RE 1.140.005/RJ – Tema 1002, Relator Ministro ROBERTO BARROSO, DJ-e de 10/8/2018), mesma matéria debatida nestes autos, de modo que o presente apelo deverá ser sobrestado, aguardando o pronunciamento de mérito do referido paradigma, para posterior aplicação do rito previsto no artigo 1.040 do Código de Processo Civil.

Ante o exposto, INADMITO o recurso especial e determino o SOBRESTAMENTO do recurso extraordinário.

Publique-se.

Desembargador ROMÃO C. OLIVEIRA

Presidente do Tribunal de Justiça do Distrito Federal e Territórios

Ao ser intimada dessa decisão, a Defensoria Pública do Distrito Federal apresentou agravo no Recurso Especial, em 16 de julho de 2019, tendo o Distrito Federal contrarrazoado em 06 de setembro de 2019, sendo remetido ao Superior Tribunal de Justiça em 09 de setembro de 2019.

No STJ, a Ministra Assusete Magalhães, em voto monocrático, suscitou a súmula 7 do mesmo Tribunal, conheceu o agravo para não conhecer o Recurso Especial, tendo a Defensoria Pública sido intimada dessa decisão em 04 de novembro de 2019.

Esse interessante relato do processo nos chama atenção quanto ao detalhe acerca da possibilidade de se negociar a liberdade, nos moldes como aqui apresentados, especialmente a partir do momento em que o Distrito Federal apresenta a proposta de remição como forma de compensar os danos, no bojo de uma ação civil e com tramitação em Vara Fazendária. Assim, o presente trabalho irá destrinchar esses detalhes para melhor compreensão da problemática enfrentada na forma a seguir.

2. Fundamentos para a transação de direitos

A Constituição da República Federativa do Brasil, entre outros diplomas legais, garante a todos os brasileiros e aos estrangeiros residentes no país, dentre outros, a inviolabilidade da liberdade, em seu artigo 5º, constituindo uma garantia ao cidadão contra os abusos decorrentes de atos de outrem, incluindo do próprio Estado, bem como do próprio titular do direito. Assim, tem-se, como garantia constitucional, atribuindo-se o dever de todos observarem, entre outros direitos e garantias, a liberdade do cidadão e a sua autonomia de vontade.

Essa proteção à liberdade garante ao titular desse direito usufruí-lo como lhe bem convier, dentro de seus limites, determinado pela esfera de outrem ou por vedação legal específica. Assim, pode-se realizar quaisquer atos no exercício do direito à liberdade, desde que não atinjam terceiros e não sejam vedados em lei.

É cediço que se pode negociar direitos patrimoniais disponíveis, ou seja, em regra, tudo que esteja na órbita privada e com algum valor ou significado. Noutro sentido, por óbvio, não se pode negociar bens indisponíveis. É certo que não há uma definição ou classificação firmada sobre quais direitos seriam indisponíveis. A indisponibilidade do direito é conceituado com fulcro na intervenção estatal na liberdade da pessoa humana, ao restringir ou proibir a renúncia, alienação e transmissão do direito, justificado pelo interesse público ou social. Daí, para se atribuir o que é ou não de interesse púbico ou social, decorre de uma complexidade de fatores incidentes, como social, político, religioso, regional, jurídico, econômico, que torna extremamente difícil, por vezes, subjetivo e volátil classificar e reunir quais são os direitos indisponíveis. De forma clara, Ana Luiza Nery ensina que

> Direito disponível é o alienável, transmissível, renunciável, transacionável. A disponibilidade significa que o titular do direito pode dele dispor, alienando-o;transmitindo-o por atos *inter vivos* ou *causa mortis*; pode, também, renunciar ao direito; bem como o titular pode, ainda, transigir sobre seu direito.Sob a perspectiva de direito privado, podem-se considerar indisponíveis os direitos sobreos quais seu titular não pode, livremente, transferir, autolimitar ou cancelar, sendo indisponíveis, ainda, os direitos subjetivos públicos.A indisponibilidade refere-se à impossibilidade de comercializar, transmitir ou renunciar direitos livremente, mas, em alguns casos, caberia

3. TRANSAÇÃO EM AÇÕES COLETIVAS

a renúncia ao conteúdo material ou parcial dos mesmos direitos, ou o seu comércio, sempre que não viole a moral, a lei ou a ordem pública.Nesse contexto, a autonomia privada do titular sofreria restrição, porque ele estaria impedido de exercer plenamente os efeitos naturais da incidência desse princípio.(NERY, 2017).

Nesse sentido, Elton Venturi afirma que

Apesar de inexistir expressa conceituação legal no ordenamento brasileiro a respeito da locução "direitos indisponíveis", pode-se dizer que existe uma compreensão generalizada no sentido de se tratar de uma especial categoria de direitos cujo interesse público de efetiva proteção torna irrenunciáveis, inalienáveis e intransmissíveis por parte de seus próprios titulares.

A marca da indisponibilidade, assim, revelaria uma legítima opção intervencionista do Estado no campo das liberdades individuais e sociais no sentido de, paradoxalmente, por via de vedações ou restrições do exercício de certos direitos ou interesses, protegê-los contra lesões ou ameaças provenientes de seus próprios titulares ou de terceiros.(VENTURI, 2016).

A liberdade de exercício do direito de dispor é a fundamentação importante para a efetiva e válida transação, mas, como é sabido, sofre limitação contra o seu uso exacerbado, tendo como parâmetro o direito de outrem, bem como o interesse público, limitadores do usufruto do direito à liberdade. Assim, pode-se, em regra, fazer tudo aquilo que não atinja terceiros – pois nosso direito vai até onde encontrar o direito de outrem –, e desde que não atinja interesse público. Com o positivismo, o interesse público limitador da liberdade veio por meio de regras expressas, não bastando o freio moral. Assim, tem-se a liberdade de negociar sobre todos os direitos passíveis de transação, representado por meio de renúncia e alienação, por exemplo. Logo, fácil é conceituar o que vem a ser direito indisponível como sendo aquele não passível de transação (renunciar, alienar, negociar), por pertencer a outrem ou por haver norma que veda expressamente, por ser de interesse público. Em sentido inverso, então, afirma-se ser possível a negociação de bens disponíveis. Esses conceitos, como se pode notar, é a possibilidade ou não de se utilizar da liberdade

CASEBOOK DE PROCESSO COLETIVO

para promoção de atos relevantes. Contudo, difícil é classificar quais são os direitos de interesse público impassíveis de transação, que, por sua justificação, restringem o uso da autonomia de vontade.

A questão da indisponibilidade do direito sofre reflexos nos atos que ocorrem diuturnamente na sociedade. No plano material, existem direitos indisponíveis que atingem o consentimento e o objeto (bem) do direito, tornando-os inviáveis à solução amistosa do litígio, isto é, não são considerados como válidos para a transação. A vida humana, por exemplo, é um bem de extrema relevância nos diversos aspectos (jurídico, religioso, moral, econômico etc). Por sua natureza, classificam-na como indisponível. Portanto, em tese, irrenunciável. O direito penal incrimina a eutanásia como homicídio piedoso (art. 121, §1º, do CP), por exemplo. Ainda assim, traz-se grande discussões acadêmicas dentro dos estudos do biodireito e da bioética, com o fim de, diante dessa situação, o titular do direito poder ou não dispor da sua própria vida, como ocorre em alguns países. O mesmo ocorre com o suicídio, repudiado moralmente. Essas questões postas a título de exemplo são apenas algumas das muitas situações de grande repercussão acerca da disposição material dos direitos que refletem nos atos humanos, que ainda são tidos como indisponíveis. O caso aqui relatado também tem como objeto de transação a liberdade do encarcerado no Distrito Federal e seu consentimento para a transação.

Frisa-se ainda que o aspecto material da (in)disposição do direito também se espraia no campo procedimental em algumas ordens, como, por exemplo, na legitimidade e a capacidade daquele que negocia, no local onde se negocia, no intermediador do negócio, na forma como se realiza os negócios e, principalmente, a quem interessa e/ou repercute. Repisa-se que a indisponibilidade do direito reflete na proibição do exercício da liberdade de se resolver o conflito, abdicando-se de determinado direito, por ser indisponível. A título de exemplo, no campo dos direitos difusos ou coletivos, o representante da classe negocia direitos de terceiros, por vezes, em locais em que o representado sequer tem conhecimento da negociação de seu direito, que pode ocorrer, inclusive, na presença de árbitros extrajudiciais, como ocorre diante de Juízos arbitrais quando envolvem conflitos metaindividuais, se assim se admitir a resolução de litígios. Nesse mesmo sentido, Elton Venturi leciona que

3. TRANSAÇÃO EM AÇÕES COLETIVAS

É evidente que uma compreensão mais ou menos liberal que se possa adotar a respeito do significado dos direitos indisponíveis depende de uma multiplicidade de fatores econômicos, sociais, político-ideológicos e, é claro, jurídicos. Entretanto, se não parece possível apontar para um estático e correto conceito a respeito da indisponibilidade dos direitos, direcionar-se sua interpretação pragmaticamente, no objetivo de projetar melhores resultados quanto à sua efetiva proteção, certamente é tarefa que desafia prestação da Justiça no século XXI.

A marca da indisponibilidade dos direitos gera relevantes efeitos materiais, com consequentes afetações no campo do direito processual. Somente a partir da definição da natureza jurídica dos direitos torna-se possível determinar-se os possíveis fóruns resolutivos de conflitos (judicial ou extrajudicial), bem como o cabimento e os limites mais ou menos abrangente de eventuais soluções consensuais (dentre as quais, a transação) (VENTURI, 2016).

Desse modo, a indisponibilidade do direito repercute especificamente na autonomia de vontade do seu titular, de modo a proibi-lo de transacioná-lo, com fundamento no interesse público, delimitando os atores e os locais de resolução do conflito. Contudo, há de se ver que essa fundamentação recebe alta carga de abstração a gerar flutuação dos direitos em conflito e, a depender de quando, onde, quem e como, pode-se resolver das formas mais convenientes e oportunas. Portanto, necessário se faz buscar entender como classificar os direitos para, quando em conflito, estabelecer locais, meios e modos mais justos para a composição.

No caso da ação civil apresentada, visualiza-se, no aspecto material, que a remição e consequente diminuição da privação da liberdade foi proposta como forma de compensar o dano causado pela superlotação penitenciária, como forma de tutela equivalente ao monetário. No aspecto formal, a proposta de remição realizada no Juízo Cível, caso aceitada, seria exequível no âmbito do Juízo da Execução Penal? A Defensoria Pública estaria legitimada a aceitar a proposta que versasse sobre direito à liberdade alheia, ainda que beneficie o titular? Qual órgão ministerial teria atribuição para se manifestar naquele feito? O que oficia perante a Vara Fazendária ou perante à execução penal?

Essas indagações serão enfrentadas mais adiante, quando, após discutir-se a possibilidade ou não da transação do direito à liberdade,

CASEBOOK DE PROCESSO COLETIVO

admitir-se ou não a mitigação da classificação desse direito considerado como indisponível, para fins de tratativas.

3. Classificação dos direitos em conflitos para fins de transação. Fundamentos materiais para classificação do direito

Transação é o ato de negociar havendo renúncias recíprocas das partes envolvidas no conflito. Apesar de haver divergência quanto a essa nomenclatura, alguns doutrinadores, entre eles, Ana Luiza Nery, distinguem transação da negociação, pois nessa uma das partes pode não renunciar a nenhum direito. A importância dessa distinção nesse momento se faz presente quando da possibilidade ou não de se renunciar aos direitos, além de se poder aliená-lo, de forma onerosa ou gratuita. Deixa-se claro que, no presente trabalho, a palavra negociação está em sentido genérico, abrangendo, inclusive, a transação.

No caso relatado, a partir da proposta de remição, tem-se a transação da compensação dos danos à dignidade da pessoa humana por meio de dinheiro pela forma de obtenção mais rápida da liberdade, pelo estado inconstitucional das coisas. É obvio que o dinheiro é direito patrimonial transacionável. Por outro lado, a liberdade sofre essa limitação, por ser, em tese, de interesse público.

A ideia posta para a indisponibilidade do direito está circunscrita na parcela de intromissão do Estado na esfera da liberdade do titular daquele direito e em sua autonomia de vontade. A negociação do direito fundamenta-se na observância da autonomia da vontade, que garante ao titular a possibilidade de alienar ou renunciar aos direitos classificados como disponíveis e, em contraposição, proibindo ou limitando a liberdade de negociação dos direitos considerados indisponíveis. Por isso, mostra-se importante buscar as formas de classificação do direito para efeitos de transação, com vista a prestar a melhor solução aos conflitos eventualmente existentes.

Nesta seara, insta salientar, então, quais critérios definem o interesse público para fundamentar a atuação estatal na esfera do direito, tanto público quanto privado, pois ainda pesa a ideia de que os direitos indisponíveis são inalienáveis ou irrenunciáveis.

Antes, contudo, de estabelecer os critérios de classificação dos direitos, é importante ressaltar que, em que pese a nomenclatura utilizada por alguns doutrinadores,entre eles Venturi, no sentido de nominar a

3. TRANSAÇÃO EM AÇÕES COLETIVAS

existência de direitos disponíveis, direitos absolutamente indisponíveis e direitos relativamente indisponíveis (direitos indisponíveis transacionáveis) para estabelecer os critérios para negociação, apesar de compreender a tripartição da classificação ofertada por brilhantes doutrinadores, no presente estudo visualiza-se apenas a existência de direitos disponíveis ou direitos indisponíveis, pois, ou se admite ou não a transação dos direitos, classificando-se assim como disponíveis ou indisponíveis.

É certo que se tem uma enorme abstração da classificação do que vem a ser direitos ou bens indisponíveis, caracterizando-os como flutuantes, no sentido de serem assim adjetivados a luz da conveniência e oportunidade dos envolvidos. Não se trata de tarefa fácil aos que se inserem em um determinado conflito, que para uns seria indisponível e, para outros, disponível. O dinamismo ou a para rigidez à negociação do direito considerado indisponível pode se apresentar em uma simples justificação para a resolução, que certamente poderá faltar justeza no ato decisório ou de negociação, tornando essa em uma mera imposição. Embora compreensível, ao nosso sentir, com a devida vênia, foi assim a manifestação de recusa da remição por parte da Defensoria Pública no caso relatado.

Na linha da rigidez do direito indisponível, *v.g.,* indaga-se: Como negociar a liberdade? Para alguns, impossível. O Defensoria Pública não poderia, ao argumento de se tratar de direito indisponível, por interesse público, social e difuso. Logo, qualquer negociação não passa de uma mera imposição, transacionando apenas no que tange a forma e o prazo para cumprimento das obrigações impostas ao infrator, que no caso é o Estado (ao se reconhecer a superlotação como causa do dano). Logo, não se pode negociar a liberdade no caso apresentado. Deve-se melhor organizar o sistema prisional, por óbvio.

Visualiza-se que a proibição da disposição de certos direitos, com fundamento no interesse público, é um desafio a cada dia, sendo certo que a plena liberdade ou total proibição do seu uso não se mostra profícuo para o desenvolvimento social e político e para a resolução justa de um conflito. A investigação da fundamentação da proibição da disposição para a classificação de determinados direitos como indisponíveis recai naquilo que é de interesse público, que, na verdade, encontra sua justificação em princípios gerais, porquanto o conceito daquilo que é de interesse público mostra-se bastante abstrato e repousa nas circunstâncias fáticas, temporais e locais para se determinar quais direitos são transacionáveis.

CASEBOOK DE PROCESSO COLETIVO

A título de ilustração e para melhor compreensão, justificado por interesse público, em razão da superlotação carcerária, instituíram os Juizados Especiais Criminais, por meio da Lei 9.099/95, prevendo a possibilidade de se negociar a liberdade, por meio das medidas despenalizantes, em detrimento do processo de persecução penal, quando preenchidos certos requisitos. Situação, portanto, baseada em um juízo de conveniência e oportunidade, ligada aos aspectos fáticos incidentes à época – e que ainda estão presentes –, de modo a mitigar a alegação da indisponibilidade de se negociar a liberdade.

Nesse sentido, visualiza-se o caso acima. Sabe-se que o sistema prisional não é objeto prioritário para implementação e melhoramento por parte das políticas. O encarceramento ainda é o meio utilizado para contenção da violência e que os detentos não têm preferência quando diante do sistema educacional e de saúde que Estado brasileiro apresenta. Tais argumentos foram lançados pelo Procurador do Distrito Federal e pelos Desembargadores, em seus respectivos manifestos.A retórica é norteada por aquilo que se deseja em um determinado espaço e tempo adequado, fulcrada em valores fundamentais de uma sociedade e que são flutuantes, mas baseadas num juízo de ponderação. Por isso, que algumas conquistas são revisadas ao longo do tempo em vista da constante mutação social e aparecimento de novos fatos, o que torna mais difícil a classificação de qual direito passa a ser disponível ou não para o seu titular. Quer dizer, um direito considerado como indisponível hoje, pode não ser amanhã, exatamente por conta dos valores que se modificaram em determinada circunstância a pesar sobre a autonomia de vontade da parte afetada.

Os argumentos para se fundamentar uma decisão podem partir das consequências, como visto no julgamento do TJDFT, ou na causa de pedir, como visto no julgamento do juiz sentenciante de primeira instância, o que justifica uma posição favorável ou não ao pleito de uma das partes, quando diante de uma situação conflituosa.

Ainda é possível visualizar o argumento abstrato do "interesse público" a justificar a utilização do meio mais rápido e eficaz de resolução, como ocorreu, p.ex., com a manifestação da Defensoria Pública, ao recusar a remição. Decerto, o interesse público se sobrepõe quando, em jogo, encontram-se direitos individuais, resolvendo com maior claridade acerca da indisponibilidade do direito. A complexidade emerge, então,

3. TRANSAÇÃO EM AÇÕES COLETIVAS

quando se está diante de direitos coletivos ou difusos para se resolver consensualmente e, ao mesmo instante, invocar-se o interesse público como fator proibitivo.

Dessa feita, para se classificar um direito com disponível ou não deve-se considerar valores fundamentais postos para dar solução ao conflito, decorrendo cristalinamente deste entendimento o princípio da proporcionalidade como vetor principal para se definir o que pode ou não ser transacionável, analisável quando um caso estiver posto a julgamento dos operadores. A ponderação de valores para classificar o direito, sob o prisma da proporcionalidade, veda toda e qualquer proibição do uso da liberdade, ao tempo em que impede o seu uso ilimitado, além de estabelecer quais direitos são necessários e adequados para se compor o litígio pela forma negociável. Ou seja, deve-se considerar quatro vetores: necessidade (no sentido de transacionar direitos como forma de justa composição), adequação (no sentido de se ter o apropriado foro, legitimidade adequada do representante e o bem valorado e tutelado pelo interesse público), proibição do excesso (no sentido de impor limite a autonomia de vontade) e vedação da proteção insuficiente (no sentido de limitar a invasão estatal na liberdade). Por certo, esses vetores devem ser analisados caso a caso. Nessa linha de raciocínio, Elton Venturi aponta que

> É preciso compreender que muito embora os direitos indisponíveis, em regra, não comportem alienação (e, portanto, transação), não se pode afastar aprioristicamente a possibilidade de, por via de um juízo de ponderação a respeito de proporcionalidade e de razoabilidade, admitir processos de negociação nos conflitos a seu respeito, na medida em que isto se revele, concretamente, mais vantajoso à sua própria proteção ou concretização. (VENTURI, 2016).

Ao se estabelecer a possibilidade de negociação de direitos e definir a sua disponibilidade, a doutrina discute se há necessidade ou não de o direito ser exclusivamente patrimonial. Em outros termos, para ser disponível, o direito pode ser patrimonial ou extrapatrimonial? Comumente, encontra-se a expressa previsão de que apenas bens patrimoniais podem ser objeto de negociação. Nesse sentido, tem-se o art. 841, do Código Civil Brasileiro, ao afirmar que "só quanto a direitos patrimoniais de caráter privado se permite a transação".

Direito patrimonial é aquele passível de conversão em pecúnia, de valoração, de reparação, de compensação. É certo que nem todo direito patrimonial pode ser transmitido, em razão do caráter personalíssimo que o envolve, como ocorre com o direito real de uso, por exemplo.

Noutro sentido, extrapatrimonial é o complexo de direitos morais ou existenciais de uma pessoa que não possui valor patrimonial, como o nome, a vida, a liberdade, a intimidade etc. O direito extrapatrimonial protege interesse de ordem moral. Em regra, esses direitos não podem ser objetos de negociação, em razão da ausência de valoração. Quanto custa a liberdade da pessoa? O Estado, no geral, proíbe toda e qualquer conduta que viole esses direitos, estabelecendo, inclusive, crimes. Entretanto, quando quantificado em valor patrimonial, o direito extrapatrimonial ingressa na ordem dos direitos disponíveis para se negociar. Nessa lógica, por exemplo, a liberdade é inegociável, por excelência, contudo, quando do advento de um dano, passível de uma valoração a título de compensação, tem-se a ideia da negociabilidade. Esse valor, emergido do direito extrapatrimonial que é passível de negociação. Ana Luiza Nery esclarece que

> Direito patrimonial a que se refere o comando legal é o que tem por objetivo um bem que esteja em comércio ou que possa ser apropriado ou alienado, de modo que o objeto da transação é, em princípio, toda relação jurídica que seja *res dubia*, podendo recair sobre relações reais, obrigacionais, familiares ou acessórias. A doutrina manifesta-se de maneira firme no sentido de apontar as matérias intransigíveis. De forma igualmente enérgica, os autores defendem a possibilidade de transação sobre os aspectos patrimoniais dos direitos, inclusive os decorrentes de direitos indisponíveis. (NERY, 2017).

Dito isso, visualiza-se que o critério da patrimonialidade mostra-se importante para classificar os direitos como passíveis de transação, porquanto mostra-se perceptível a sua circulação, que dispensa, inclusive, a adjudicação do judiciário para resolver conflitos que envolvam direitos disponíveis. Por outro lado, direitos indisponíveis, quando em conflito, exige a intervenção judicial para a resolução. No plano formal, a resolução dos conflitos envolvendo direitos indisponíveis cinge-se exclusivamente pela via judicial, sem possibilidade de negociação, por meio de imposição de comando sentencial. Noutro giro, os direitos patrimoniais disponíveis podem ser transacionados por seus titulares, havendo consenso

3. TRANSAÇÃO EM AÇÕES COLETIVAS

jurisprudencial, doutrinário e legal da possibilidade de sua negociação em sede extrajudicial. A transação desses direitos patrimoniais disponíveis pode ocorrer em diversos locais, abrangendo as formas judiciais e extrajudiciais admitidos no Direito, com possibilidade de uso, inclusive, dos meios alternativos de resolução do conflito (conciliação, mediação, arbitragem).

Contudo, é importante ressaltar haver a possibilidade de se negociar sobre direitos extrapatrimoniais, como, por exemplo, sobre a liberdade do indivíduo, sem que isso envolva qualquer valor pecuniário. Atualmente, nos acordos de não-persecução penal têm-se admitido a negociação da liberdade ambulatorial, como forma de composição efetiva do litígio criminal.

Portanto, justificável é ampliação dos direitos disponíveis para evitar as imposições judiciais, que, por vezes, tardam ou são contrários aos interesses dos titulares dos direitos ou de seus representantes. Como já dito, a ampliação é justificada pela rápida solução do conflito, voltada para os próprios envolvidos na contenda, permitida quando o próprio direito pode ser objeto de transação. Dessa feita, a classificação dos direitos como disponíveis mostra-se salutar para se buscar a justiça efetiva no caso concreto, quando diante do litígio. Não é tarefa fácil, pois mostra-se de grande subjetividade e seletividade, segundo os padrões de proporcionalidade e outros fatores sociais incidentes em cada espécie de conflito.

Portanto, é de suma importância estabelecer os direitos passíveis de negociação, mitigando-se a gama dos indisponíveis, para se estabelecer as formas de rápida e justa solução do conflito e legitimar as pessoas envolvidas para transacionarem acerca do litígio, por vezes, sem que haja necessidade de intervenção judicial, não por desprezo ao Poder Judiciário, mas por garantir e proteger a autonomia de vontade e a liberdade dos indivíduos, emancipando-os frente ao Estado-juiz e, ao mesmo tempo, dando a esse melhores condições para se resolver os conflitos, cuja adjudicação judicial se mostra a única via de resolução.

Quando se tratar de direito individual, não há qualquer imbróglio para a resolução do conflito. As normas incidentes amparam cristalinamente aqueles indivíduos, cujos direitos encontram-se violados. Assim, se o detento "X" não tiver alimentação suficiente ou encontrar-se numa cela escura, lotada, fria e úmida, sem os recursos necessários para combater esses fatores, basta promover as ações competentes para solucionar o

CASEBOOK DE PROCESSO COLETIVO

caso. Sabemos que isso não fácil ou mesmo acessível, mas só a título de ilustração.

No âmbito dos direitos transindividuais é que se tem a questão mais complexa acerca da disposição dos direitos, especialmente dos direitos difusos, por não saber quem está com seus direitos violados. É certo, diante de enorme dano causado na população carcerária, ser possível a negociação da reparação, considerando toda a extensão do dano já ocorrido, à luz da proporcionalidade e razoabilidade, como forma de reprovação e prevenção dos atos ilícitos.

De todo modo, para se definir quais direitos podem ser negociados (disponíveis), é importante considerá-los à luz da proporcionalidade, especificamente, diante do caso concreto. Não há como ser peremptório para estabelecer a relação dos que devem ser indisponíveis, sob pena de suprimir a possibilidade de melhor resolução do litígio. É óbvio que o princípio da proporcionalidade pode ser aventado para se justificar qualquer coisa, em razão de sua própria abstração e subjetividade. Contudo, nada impede que haja o devido controle de sua utilização por outras vias (controle formal ou informal) do direito.

No caso relatado, tem-se a negociação da liberdade, por meio de remição de pena, daqueles que estão encarcerados de forma degradante. Há de se pensar que não há possibilidade de se negociar a liberdade, quando existente o dano causado pela péssima situação carcerária, em caso de direito difuso, pois nem todos os estabelecimentos prisionais causam esse tipo de dano no indivíduo. Portanto, deve-se investigar cada caso específico, daí não emergindo o dano *in re ipsa*.

Quanto à existência do dano coletivo é facilmente identificável quando, na hipótese, tem-se vários encarcerados em condição subumana e degradante, proveniente do mesmo fato indivisível. Tem-se, assim, a possibilidade de se identificar os lesados e compensá-los, quando do reconhecimento da existência do dano. Naquela ação, a representante do MPDFT apresentou fotos de algumas celas, mostrando os presos em situação degradante. Trata-se de direito genuinamente coletivo. Aquele detento que tiver sendo tratado indignamente pelo Estado, pelas péssimas condições do cárcere, merece ser reparado pelos danos causados, assim como qualquer outro cidadão.

Noutra linha de argumentação, quanto à impossibilidade de se admitir a remição, em razão da péssima condição carcerária, por falta

3. TRANSAÇÃO EM AÇÕES COLETIVAS

de amparo legal, em suma, não merece acolhida, por ter, no passado, ocorrido a mesma situação quanto à remição pelos estudos. Antes da Lei 12.433/11, que estabeleceu as regras legais para a concessão da remição pelos estudos, os Tribunais admitiam-na com fulcro na súmula 341, do STJ, por ser fator de ressocialização. Portanto, mesmo sem lei, a remição por estudos era admitida. Logo, sob esse mesmo fundamento, é possível afirmar que pode-se admitir a remição, em razão da superlotação carcerária, especialmente por não haver previsão legal de sua proibição e por ser fator de ressocialização, quando esse instituto, em sua medida, impede construção da degradação humana em todas as vertentes que a prisão proporciona.

Dessa forma, a problemática que cinge o caso relatado está na forma de se compensar o dano reconhecido. Para o relator no TJDFT e juiz, a causa (dano) leva à consequência lógica da reparação civil (compensação). Para o segundo vogal, que reconhece o estado inconstitucional do cárcere, deve se levar em conta as consequências da decisão, frente a outros fatores. No caso relatado, nenhuma solução se pôs de forma justa, pois, no fim das contas, o Distrito Federal permanece tratando indignamente e não toma nenhuma posição para melhorar o sistema prisional e os presos continuam subjugados num sistema altamente tóxico, que não recupera o ser humano. Assim, de lado a lado, as decisões se mostraram injustas, inclusive a que destinou R\$1.000.000,00 (um milhão de reais) para o fundo penitenciário do Distrito Federal, invadido a esfera administrativa dos recursos públicos. *Ad argumentatum tantum*, convém também afirmar o vacilo da parte autoral em não exigir a obrigação de fazer por parte do Distrito Federal, com o fim de cessar o estado inconstitucional que se encontra.

Daí, não sendo o ideal, mas dentro do que se tem, a remição coletiva de pena mostra-se salutar para que o Estado busque resolver os problemas do encarceramento e, ao mesmo tempo, dê um tratamento isonômico entre os presos que possuem tratamento digno para com aqueles degradados. Realiza-se, dessa maneira, uma análise proporcional para se dar um tratamento razoável ao grande problema existente, que sabe que irá se perpetuar.

Portanto, diante do caso apresentado, é possível afirmar a viabilidade de negociação da liberdade alheia, justificada pela situação fática que se visualiza, a luz da proporcionalidade e razoabilidade dos interesses em jogo.

CASEBOOK DE PROCESSO COLETIVO

4. Aspectos formais de resolução de conflitos dos titulares dos diretos disponíveis

Como visto, o caso da ação civil pública relatada envolve o direito civil, o processual civil, o direito administrativo, o direito penal e a execução penal. Rechaçando-se a possibilidade de melhoria do sistema prisional, por falta de implementação de política pública carcerária, a possibilidade de se indenizar os presos lesados, por falta de verba pública para tal mister, e idealizando, por enquanto, a remição, como forma de se abrandar o sofrimento exacerbado do cárcere, tem-se a dificuldade de se estabelecera representação e o fórum mais adequados para a resolução do conflito.

Estabelecidos os critérios de classificação do direito, que, na essência, permeia a proporcionalidade do caso concreto, passa-se a perquirir a quem pertence, com a finalidade voltada a se firmar os locais apropriados para a resolução desse litígio e estabelecer os representantes para atuar nos feitos.

É cediço que os direitos podem ser classificados, segundo a sua titularidade, em direitos individuais, direitos coletivos e direitos difusos. De forma lacônica, o direito individual é aquele que pertence a uma pessoa determinada, divisível. O direito coletivo, por sua vez, é aquele pertence a um grupo de pessoas determináveis, transindividuais e indivisíveis. Por fim, os direitos difusos pertencem ao grupo de pessoas não determináveis, mas que estão unidas por razões fáticas.

Ao se buscar definir a titularidade do direito, tem-se a definição relativa dos locais propícios para a resolução do litígio, quando existente. Os litígios de direitos individuais disponíveis podem ser solucionados de várias formas e em diversos locais. A começar com a autotutela, quando realizada de acordo com a lei, quando o apenado reivindica melhoria diretamente e de forma legal ou regulamentar. Além disso, as demais formas extrajudiciais de solução consensual, como arbitragem, negociação privada, transação etc., mostram-se salutares para a solução de algum problema, quando as partes envolvidas tiverem a plena consciência da vantagem e vontade de se buscar as soluções extrajudiciais, primando e garantindo a autonomia de vontade. Por óbvio, desde que materialmente o direito possa ser negociado. Soluções judiciais, por fim, também resolvem os conflitos individuais. Aliás, esse ainda é o fórum mais usado para se resolver as contendas, ainda quando possível resolvê-las fora dele. Na seara judicial, cada vez mais, tenta-se buscar mecanismos de resolução mais

3. TRANSAÇÃO EM AÇÕES COLETIVAS

eficientes para a justa e rápida solução, como ocorre com as audiências de conciliação e de mediação, quando direitos disponíveis estiverem em jogo. Somente, em não havendo possibilidade e interesse de se resolver amigavelmente, é que se tem o comando declaratório, mandamental, condenatório ou constitutivo, emanado de uma sentença judicial.

A dificuldade surge a partir dos direitos coletivos e difusos. Para resolver essa complexidade, imperioso, ao se deparar com a violação desses direitos, observar algumas leis específicas e incidentes no caso concreto para estabelecer os legitimados a atuarem na resolução, como ocorre com a lei de Ação Civil Pública (Lei 7.347/85), por exemplo. Assim, os legitimados, após reconhecerem quais desses direitos metaindividuais são passíveis de transação, tem-se a visão dos locais em que se podem resolver os litígios. Ou seja, ao se estabelecer, diante do caso concreto, segundo os critérios da proporcionalidade e da razoabilidade, quais direitos transindividuais possam ser transacionados, tem-se a definição dos fóruns e das formas de resolução por parte da pessoa legitimada a agir, representando o grupo de pessoas atingidas pela conduta danosa.

Em caso de dano causado pelas péssimas condições do cárcere, tem-se visto a atuação judicial e extrajudicial de entidades ou instituições para compor o litígio. Ministério Público e Defensoria Pública podem atuar diretamente nas tratativas, visando resolver o mais rápido possível aquele dano, por meio dos diversos instrumentos instituídos pelos ramos do Direito. Utiliza-se de termos de ajustamento de condutas ou compromissos ou ações judiciais para tanto. Entretanto, muitas vezes, os ajustes realizados cingem-se apenas quanto a forma, o prazo e a punição pelo descumprimento, não abdicando da reparação integral do direito material, sob a alegada indisponibilidade do direito. Por óbvio, o fato de a liberdade carregar a pecha da indisponibilidade, justifica o discurso rígido para não se negociar. Entretanto, como visto acima, os envolvidos na negociação devem analisar a razoabilidade desse discurso para se mitigar ou não aquela rigidez e autorizar a transacionar a liberdade, renunciando, inclusive, determinadas ações, para salvaguardar outras que possam ser mais vantajosas. No âmbito dos direitos sociais esse pensamento também é de possível aplicação.

É preciso ainda reconhecer que, por conta da extensão do dano coletivo ou difuso, nem todas as pessoas atingidas terão direito à reparação ou compensação dos danos, pois nem todos os recursos a serem aportados cobrirão toda a extensão do dano, sendo necessário, lógico, razoável e proporcional filtrar e estabelecer o melhor plano de reparação, de compensação ou de proibição de continuação do dano. Diante dessa análise, é plenamente possível prever que ações extrajudiciais devem ser usadas para a contenção de litígio que envolva direito difuso ou coletivo.

Por conta disso, câmaras de arbitragem, termos de compromissos podem ser usados, sem intervenção judicial. No plano consumerista, o PROCON e o INMETRO, p.ex., trabalhamde forma extrajudicial na resolução de conflitos difusos e coletivos, ao atuar na prevenção de danos ou após a sua ocorrência. Como exemplo no direito comparado, no Direito Espanhol, o decreto 231/08 instituiu um fórum especializado e extrajudicial na resolução de conflitos envolvendo um ou mais consumidores de produtos e serviços, de forma individual ou coletiva, por meio de uma associação instituída para representar o consumidor nos juízos arbitrais. A criação de entidade específica para a resolução de litígios na Espanha, envolvendo direitos do consumidor, tem-se apresentado de forma muito salutar, porquanto os consumidores podem procurar diretamente a associação criada para tal fim em busca da resolução amistosa do conflito envolvendo a pessoa fornecedora do produto ou serviço. (VERBICARO, 2017)

As ações extrajudiciais, por meio de compromissos ou arbitragem, envolvendo direitos coletivos ou difusos, podem ser usadas – e assim devem ser estimuladas – para se evitar longos tempos e grandes custos processuais. Atualmente, o direito norte-americano visualiza que medidas extrajudiciais de resolução do conflito tornam mais céleres e, principalmente, menos custosos para os envolvidos. Para a empresa fornecedora de produtos e serviços, quando envolve direito do consumidor, por exemplo, por compreender que a imagem da atividade é abalada com longos processos judiciais, estimula-se a arbitragem. Igualmente, a partir de decisões da Suprema Corte Americana em 2011, as *class actions* tem-se se apresentado de forma contrária aos consumidores, em razão da ausência de consentimento por parte dos representados. Por conta disso, a arbitragem tem sido a ferramenta para resolução rápida e pacífica dos conflitos. Já é de se ver, nos EUA, inclusive, o pleito de consumidor individual junto a grandes empresas para a composição do conflito por meio de arbitragem. (STRONG, 2019)

A dificuldade de se encontrar a melhor forma de solução está, na verdade, nas intenções dos envolvidos. Caso queiram resolver, a arbitragem é um meio muito salutar e expedito para a resolução do conflito. Cabe lembrar que a Administração Pública no Brasil pode se valer desse mecanismo, consoante se extrai da lei de arbitragem, sendo necessário estabelecer, de forma proporcional, quais são os direitos patrimoniais disponíveis da Administração Pública. A lei 13.129/15 autorizou o uso de arbitragem para a resolução de conflito envolvendo direitos patrimoniais públicos, embora não mencionando quais esses seriam. Portanto, outra forma de se resolver o problema do sistema prisional pode ser pela via arbitral. Segundo a atual redação ao art. 1º da Lei nº 9.307, de 23 de setembro de 1996:

> Art. 1º As pessoas capazes de contratar poderão valer-se da arbitragem para dirimir litígios relativos a **direitos patrimoniais disponíveis**.
> § 1º A administração pública direta e indireta poderá utilizar-se da arbitragem para dirimir conflitos relativos a **direitos patrimoniais disponíveis**.
> § 2º A autoridade ou o órgão competente da administração pública direta para a **celebração de convenção de arbitragem** é a mesma para a realização de acordos ou transações.
> (Grifo nosso)

Vê-se, portanto, que há direitos da administração pública de cunho patrimonial classificados como disponíveis, com o fim de conferir rápida solução aos conflitos eventualmente decorrentes. A questão é: Quais direitos? Ao autorizar a arbitragem, em seu bojo, depreende-se também que autorizou a transação, que, a seu turno, pode representar renúncia, alienação e transmissão de direitos públicos. Por certo, oportunidade e conveniência nortearam o legislador para autorizar a arbitragem quando emergirem conflitos dessa natureza, que também deve orientar os operadores que comporão esses conflitos, quando existentes, quando, na verdade, os direitos da Administração Pública são indisponíveis, por excelência. Logo, abriu-se a oportunidade de se transacionar, por meio de arbitragem os direitos da administração pública, mitigando-se o rol dos direitos indisponíveis.

Com base no caso em apreço, visualiza-se outra situação, qual seja, a possibilidade de arbitragem entre os envolvidos (Defensoria Pública,

Ministério Público e Distrito Federal), com o fim de compor, por meio de uma sentença arbitral, as obrigações decorrentes do encarceramento, como melhorias das instalações e da alimentação. Trata-se de direito patrimonial disponível e subsumida à hipótese descrita no artigo 1º da Lei de arbitragem. Por isso, visualiza-se ser possível levar à arbitragem assuntos relacionados à melhoria do sistema prisional. Assim, caso o Distrito Federal reconhecesse o dano causado e passível de resolução por meio de implementação de melhorias do sistema prisional, a arbitragem pode ser um meio profícuo para esse desiderato.

Outra situação é a compensação dos danos, decorrentes da super-lotação carcerária, ser objeto de arbitragem. Ao reconhecer o dano e a possibilidade de compensá-lo por meio valores monetários, por se tratar de direitos patrimoniais disponíveis, tem-se a arbitragem como meio possível para isso. Importante destacar que levar o conflito à arbitragem, imperiosa é a existência de consentimento dos titulares para a resolução pacífica, caso contrário restar-se-á a busca da determinação por comando judicial. O consentimento é facilmente obtido quando se tratar de direito individual ou direito coletivo em conflito, na forma escrita, dada por cada detentor do direito violado. Para isso, basta o representante colher anuência expressa de cada pessoa presa. A dificuldade está na obtenção do consentimento dos direitos difusos. Nos direitos coletivos, é possível exigir dos representado o consentimento expresso, por serem identificáveis os seus titulares. Por conta disso, a resolução dos conflitos extrajudiciais e amigáveis na Espanha, que envolve consumidores, só atinge aqueles que anuíram expressamente às tratativas, embora outros consumidores possam eventualmente ser beneficiados. Buscar o consentimento do titular do direito coletivo exige expressa concordância aos representantes para atingir a órbitas dos direitos em conflito.

Por conta da ausência da expressa anuência dos titulares, é que tornam os direitos difusos mais difíceis de solução extrajudicial. É sabido que alguns órgãos estatais detêm esse consentimento e legitimidade por meio de leis, que conferem poderes para negociar. O Ministério Público, por exemplo, detém mecanismo extrajudicial para agir em nome da socie-dade, contando, implicitamente, com esse consentimento. Ao negociar, por meio de TACs, tem-se uma rápida solução buscada, considerando os fatores socais e proporcionalidade, para se negociar. O Promotor de Justiça deve agir para buscar a satisfação social, ainda que não consiga

3. TRANSAÇÃO EM AÇÕES COLETIVAS

agradar a todos. A dificuldade que terá ao agir, de acordo com suas atribuições, é saber como renunciar a direitos. Embora tenha a sua liberdade de atuação, justificada pela independência funcional, encontra barreiras no plano material dos direitos difusos. (VENTURI, 2016).

A título de exemplo de arbitragem de direitos que envolve a administração pública, aduz que, para garantir o equilíbrio financeiro dos contratos e a continuidade dos serviços, é possível a arbitragem nessas hipóteses. *Segundo Micheline Forte, no âmbito do direito administrativo, há alguns direitos "indisponíveis" que são passíveis de autocomposição ou heterocomposição. Aduz que*

> A Lei nº 13.448, de 5 de junho de 2017, fruto da conversão da medida provisória 752, de 24 de novembro de 2016, que cuida da regulamentação da prorrogação antecipada e a relicitação de contratos de parceria nos setores rodoviário, ferroviário e aeroportuário, tratou, também da possibilidade jurídica da resolução de conflitos, por meio da arbitragem, em questões que se relacionam diretamente com o Poder Público. Observa-se que a legislação passou a acompanhar a prática da administração pública quando da celebração de contratos, e estabeleceu a previsão de cláusulas de arbitragem como mecanismos para a solução de conflitos. Há ainda, parcela de intérpretes e aplicadores do Direito que tem considerado que a Administração Pública não deve participar de procedimentos arbitrais. A origem desse posicionamento está totalmente equivocada na ideia ultrapassada de que, em decorrência do princípio da indisponibilidade do interesse público, interesses tutelados pela administração não se adequariam, em absoluto, com esse sistema de jurisdição não estatal.

Outro exemplo está no âmbito da seguridade social, pois questão tormentosa é a busca da resolução dos conflitos entre os segurados para com a União, de forma mais rápida possível, vez que o litígio geralmente cinge-se sobre proventos de aposentadoria (verba alimentar) de pessoa idosa, com reduzida expectativa de vida. Ao se deixar nas mãos do Judiciário, que deve observar os ritos processuais, muitos casos certamente findarão após o beneficiário deixar de existir – *o que gera grande revolta social*. Por isso, fomenta-se a arbitragem.

Ainda, no âmbito do direito internacional, a resolução de conflitos de forma mais efetiva ocorre pela via consensual, em vista da soberania de cada país. O Poder Judiciário não consegue dar plena satisfação à resolução em casos internacionais por não poder obrigar outro Estado a se sucumbir ao império da decisão judicial de Estado alienígena. Assim, os meios extrajudiciais de negociação apresentam-se mais úteis. O caso *ABACLAT* x Argentina, cuja resolução ocorreu por meio da arbitragem, é exemplo disso, consoante relata a professora S.I. STRONG.

> Neste ponto, a comunidade jurídica internacional testemunhou várias arbitragens de investimento em larga escala, embora apenas uma – Abaclat v. República Argentina – tenha sido tecnicamente considerada arbitragem de 'massa'. A Abaclat viu 60.000 detentores de títulos italianos intentando uma única ação contra a Argentina por danos sofridos como resultado da inadimplência da Argentina em aproximadamente US $ 100 bilhões em dívida soberana em 2001 e, assim, se assemelhava a muitos processos de classe no estilo dos EUA, que também apresentam um grande número de reclamantes em situação semelhante. Embora nenhum outro tribunal de investimento tenha adotado o termo 'arbitragem em massa' para caracterizar seus procedimentos, o Abaclat foi citado com aprovação em várias outras arbitragens de investimento em larga escala. Como resultado, a decisão no Abaclat não pode ser descartada simplesmente como uma anomalia. De fato, a decisão poderia ser invocada em pelo menos uma disputa de investimento em larga escala que está atualmente pendente. (STRONG, 2019)

Logo, a função regulatória do Estado nos direitos em litígio deve ser aprimorada na prática para se ter a efetiva Justiça, em todas as áreas do Direito, para se dar em locais mais apropriados. É sabido que isso vem ocorrendo e se transformando por meio de alterações legais, jurisprudenciais e doutrinários. Entretanto, deve-se fazer mais. As instituições não conseguem absorver toda a demanda advinda de conflitos envolvendo direitos individuais, coletivos ou difusos, disponíveis ou não. Acredita-se que o Poder Judiciário deve se adstringir às contendas de direitos indisponíveis e, o menos possível, aos direitos disponíveis, para, assim, apresentar-se uma verdadeira justiça.

Ao se estabelecer quais direitos são disponíveis para a transação, em qualquer senda do Direito, importante buscar quais modalidades efetivas existem para compor litígios que envolvam os direitos.

No caso em relato, é possível visualizar a aplicação da lei de arbitragem para resolver o litígio. De um lado, a Defensoria Pública, com expressa autorização dos detentos, e, de outro, o Distrito Federal, com participação efetiva do Ministério Público, para transigirem acerca da solução ao dano, caso reconhecido pelas partes, desde que os direitos sejam transacionáveis.

Contudo, por envolver o Direito Punitivo Estatal e, portanto, indisponível, não se pode admitir, no âmbito da arbitragem, a concessão de remição penal. Por óbvio, trata-se de uma questão que envolve o discurso da inafastabilidade da jurisdição, daí porque compreensível o posicionamento contrário à arbitragem. Em assim sendo, estabelece-se a adjudicação compulsória do Judiciário para a resolução desse conflito.

Em caso de se buscar exclusivamente a remição em casos de dano coletivo, por se tratar de matéria afeta à responsabilidade civil, mas com consequência na execução penal, discute-se acerca da competência do juízo: se da Vara de Execução Penal ou da Fazendária, uma vez que é possível pensar que a ação deve ser proposta contra o Distrito Federal, por conta de sua conduta danosa, mas, ao mesmo tempo, concedendo-se remição, instituto execucional penal, e com o cumprimento no âmbito da Vara de Execução Penal.

Nessa situação, caso haja consenso na resolução do caso, visualiza-se a possibilidade de se admitir um termo de acordo firmado entre a Defensoria Pública, Procuradoria do Distrito Federal e Ministério Público perante a Vara de Execução Penal para homologação ou não do acordo, a fim de conferir a remição aos presos lesados.

Em caso de litígio, não se pode pensar em uma ação civil pública a ser proposta perante à Fazenda Pública, com participação do Ministério Público, para se buscar a compensação dos danos por meio da remição, ao invés de dinheiro, numa hipótese análoga à dação em pagamento, com base na alegação de que a ação contra o Distrito Federal deve ser proposta no juízo fazendário, segundo a Lei de Organização Judiciária do TJDFT (art. 26, inciso I , Lei 11.697/08). Visualiza-se como correto um pedido individual ou coletivo diretamente na Vara de Execução Penal, visando à concessão de remição penal, com fundamento no estado inconstitucional das coisas, por meio dos legitimados. Isto porque, a remição é um instituto da execução penal, cujo fundamento do pedido (causa de pedir) cinge-se na degradante situação carcerária, ao passo que o pedido (remição) é o que se conferirá ou não a depender de cada entendimento. Caso fosse deferido pelo Juízo da Fazenda, com a execução do título judicial perante à Vara de Execução Penal, ocasionaria uma possível superposição

CASEBOOK DE PROCESSO COLETIVO

de juízos, além de não haver qualquer prejuízo ao erário público, o que retira o interesse do Distrito Federal na causa.

Não é tarefa fácil, como bem aduziu o n. Procurador do DF em suas peças processuais apresentadas no bojo da ação civil pública descrita. Exige esforço de todos os envolvidos. Assim, depreende-se que, em termos normativos, a legislação brasileira já apresenta muitas soluções para se buscar a resolução dos conflitos, bastando os operadores e os titulares do direito entenderem que essa se mostra, aparentemente, a melhor via a ser buscada, em vista da falência da política do incentivo à litigiosidade. Por outro lado, alguns fatores ainda corroboram para isso, especificamente diante da facilidade de se justificar o que vem a ser direitos indisponíveis numa falsa premissa de menor esforço ou, especificamente, por questão nitidamente econômica, já que pode ser mais vantajoso para a parte lesada buscar uma pretensão de valor maior, em caso de condenação, bem como por parte do representante no interesse de se buscar honorários sucumbenciais.

Portanto, a sociedade tem que começar a compreender que a melhor Justiça a ser feita, no caso concreto, é aquela exercida de forma consensual, pois, em que pese as renúncias havidas não contentarem os titulares, percebe-se que a imposição judicial pode se mostrar mais nefasto ainda para os envolvidos. Não é raro encontrar litigantes vencedores permanecerem com o dissabor do dano e nada receber, surtindo enorme efeito de impunidade pelo dano causado à sociedade, apto a gerar um sentimento de injustiça no seio da comunidade, em virtude da morosidade, além da própria intenção do agente causador do dano. Por vezes, é melhor receber pouco do que nada, sem esquecer a reprovação e a prevenção dos atos lesivos.

Conclusões

Do exposto, depreende-se não ser tema de fácil aplicação prática, em vista de várias circunstâncias aqui apresentadas. Para se chegar a composição amigável dos conflitos envolvendo direitos considerados indisponíveis, tem-se que, de fato, mitigar o rol desses direitos, com a finalidade voltada para se prestar a efetiva tutela do direito, seja ele individual, coletivo ou difuso.

Na concepção apresentada neste ensaio, depreende-se que o direito é disponível quando transacionável, sendo assim estabelecido à luz da proporcionalidade do caso concreto, ao passo que indisponível é aquele direito impassível de negociação. É sabido que alguns doutrinadores apresentam a nomenclatura de direitos indisponíveis transacionáveis, entretanto, ousou-se divergir para simplificar em direitos que podem ou não ser negociados, bastando, no caso concreto, analisar a situação a luz da proporcionalidade. Não é tarefa fácil ao operador do direito classificar quais se enquadram nos direitos disponíveis, pois, para se realizar essa classificação, há uma multiplicidade de fatores incidentes que permeiam o titular ou o bem e, dessarte, justificar a aplicação de meios alternativos de resolução da contenda.

O caso relatado acima demonstra claramente que a transação mostrava-se mais salutar a todos os envolvidos, uma vez que os presos continuam no dissabor do cárcere nefasto; o Distrito Federal continua com sua conduta lesiva à dignidade humana, enquanto todos aguardam o longo processo que se desenvolve no Judiciário e na política.

O Brasil já possui meios legais para se adotar uma política de resolução consensual dos conflitos, especialmente na seara extrajudicial, com o fim de desafogar o Poder Judiciário, para que este possa promover melhor a Justiça nos conflitos dos direitos indisponíveis. A eleição dos meios consensuais se mostra mais profícua, merecendo um alargamento dos mecanismos de solução pacífica dos litígios, em todos os ramos do direito.

O caso concreto apresentado delimita também os legitimados, os locais e os instrumentos para a composição amigável, judicial ou extrajudicial, dos direitos considerados disponíveis. Em se tratando de conflitos de direitos difusos, a tarefa mostra-se árdua para os representantes, ante a falta de consentimento expresso para resolver litígios metaindividuais. Por isso, a justificativa para a composição extrajudicial, sob o prisma da proporcionalidade e razoabilidade, deve ser bem realizada e abalizada, visando estabelecer a melhor forma de resolução da contenda.

Os fóruns adequados para a solução consensual, bem como os legitimados a adotarem os mecanismos de resolução amigável, devem ser buscar no caso concreto a sua fundamentação de atuação e a possibilidade de se estabelecer os direitos passíveis de transação, de modo a autorizar renúncias de parte a parte. Merece ainda buscar uma ampliação no rol dos direitos disponíveis, no sentido de se autorizar a negociação, como forma de melhor solução, conferindo efetividade sólida e justeza da composição.

Dessa feita, sem pretensão de esgotar o tema, a ideia desse artigo cingiu-se na possibilidade de se autorizar a transação de direitos, quando diante de conflito, ampliando o rol ao máximo possível, desde que não retire desproporcionalmente o controle formal do Poder Judiciário, a considerar passíveis de transação, portanto, disponíveis a seus titulares, a luz de um caso concreto que ainda tramita no judiciário brasileiro.

Referências

CÓDIGO CIVIL. http://www.planalto.gov.br/ccivil_03/leis/2002/l10406.htm. Acesso 19/12/2019

NERY, Ana Luiza. *Notas sobre a Arbitragem Coletiva no Brasil*. Revista de Arbitragem e Mediação | vol. 53/2017 | p. 103 – 127 | Abr – Jun / 2017

STRONG, S.I..Collective Redress Arbitration in the European Union. Legal Studies Research Paper Series Research Paper No. 2019-09 in International Arbitration and EU Law (Edward Elgar Publishing Ltd, anticipated 2020)

VENTURI, Elton. *Transação de Direitos Indisponíveis?* Revista de Processo | vol. 251/2016 | p. 391 – 426 | Jan / 2016

VERBICARO, Dennis. *A arbitragem coletiva de consumo na Espanha através da atuação qualificada das associações representativas de defesa do consumidor e sua possível e salutar influência no direito consumerista brasileiro*. Revista de Arbitragem e Mediação | vol. 53/2017 | p. 77 – 101 | Abr – Jun / 2017.

VITORELLI, Edilson. *O Devido Processo Legal Coletivo*: Representação, Participação e Efetividade da Tutela Jurisdicional. Tese apresentada à Faculdade de Direito da Universidade Federal do Paraná, como requisito parcial para a obtenção do título de Doutor em Direito. Área de Concentração: Relações Sociais. Linha de Pesquisa: Direito, Tutela e Efetividade. Orientador: Prof. Dr. Luiz Guilherme Marinoni.

VITORELLI, Edilson. *O Devido Processo Legal Coletivo*: Representação, Participação e Efetividade da Tutela Jurisdicional. Tese apresentada à Faculdade de Direito da Universidade Federal do Paraná, como requisito parcial para a obtenção do título de Doutor em Direito. Área de Concentração: Relações Sociais. Linha de Pesquisa: Direito, Tutela e Efetividade. Orientador: Prof. Dr. Luiz Guilherme Marinoni.

https://www.migalhas.com.br/dePeso/16,MI296623,81042-Plea+bargain+arbitragem+e+o+fetiche+do+direito+indisponivel. Acesso 18/09/2019

https://sitecontabil.com.br/noticias/artigo.php?id=1064. Acesso 18/10/2019

https://fernandomurillo.jusbrasil.com.br/artigos/683260442/direitos-indisponiveis--e-disponiveis-o-que-sao-e-como-sao-aplicados.Acesso 28/09/2019

https://www.camesbrasil.com.br/o-mito-da-impossibilidade-de-autocomposicao-
-em-relacao-a-direitos-indisponiveis/Acesso 15/09/2019

https://jus.com.br/artigos/67681/audiencia-de-conciliacao-para-direitos-publicos-
-e-indisponiveis Acesso 15/09/2019

https://www.conjur.com.br/2016-abr-02/gustavo-garcia-indisponibilidade-direitos-
-trabalhistas-lei Acesso 15/09/2019

4. Entre promessas e realidade: a tutela coletiva integral e o desafio da transparência na atuação da Fundação Renova

Luana Cabral Mendes Gontijo

Introdução

Em 5 de novembro de 2015, o rompimento da barragem de rejeitos de mineração localizada em Fundão, no Estado de Minas Gerais, ensejou (e ainda continua a ensejar) grande impacto ambiental à flora e à fauna regionais, além de ter ocasionado afetações socioeconômicas importantes com a destruição de habitações de centenas de famílias, falta de abastecimento de água de municípios inteiros, destruição da fonte de subsistência de grupos de indivíduos etc. Como resposta, foi criada a Fundação Renova, a qual consiste em entidade de direito privado com capital financeiro oriundo da iniciativa privada e objetivo primordial voltado a implementar medidas de reparação socioeconômica e socioambiental dos danos advindos do desastre (FUNDAÇÃO RENOVA, 2016).

A criação da Fundação Renova consistiu na adoção do modelo norte-americano da *claim resolution facility*, apresentada como instrumento adequado para a resolução de conflitos coletivos lato senso diante da ineficiência e inaptidão do Poder Judiciário para lidar com as controvérsias coletivas. O modelo prometeu vantagens que perpassam a adaptação do procedimento às peculiaridades do litígio, a redução dos custos de transação e a eficiência na pacificação do conflito.

Ocorre que, ainda que sob a égide do direito privado, o escopo primordial da Fundação Renova está atrelado ao interesse público, o que

CASEBOOK DE PROCESSO COLETIVO

chama, para si, o compromisso com a transparência no desenvolvimento de suas atividades. É neste ponto que este estudo se debruça: o dever de transparência nas *claim resolution facilitiies* e, em especial, na Fundação Renova. Verificar-se-á que, apesar da resistência ao compromisso de transparência, ela é essencial para o sucesso da *claim resolution facility*, pois determinante ao reconhecimento da legitimidade de suas decisões perante a sociedade e as instituições e, consequentemente, da sua adequação para o tratamento de conflitos coletivos.

1. Uma breve compreensão do caso do desastre do Rio Doce

Segundo Lacaz, Porto e Pinheiro (2017), desde que foram criadas as atividades de mineração no Brasil, no século XVII, ocorreram eventos trágicos relativos a essa atividade que ocasionaram mortes e, também, destruição ambiental. Dentre os mais recentes, os autores citam os ocorridos nos anos de: 1986 (rompimento da barragem do grupo Itaminas, em Itabirito, Minas Gerais); 2001 (barragem da mineração Rio Verde, em Nova Lima, Minas Gerais); 2003 (barragem da Indústria Cataguases de Papel em Minas Gerais);2007 (barragem da mineradora Rio Pomba Cataguases e; 2008 (barragem da Companhia Siderúrgica Nacional).

Ainda como assinalado por esses autores, a mais grave "tragédia ocupacional-ambiental" ocorreu em 5 de novembro de 2015, quando a barragem de rejeitos de mineração, controlada pela empresa Samarco Minerações S/A, em empreendimento junto com a Vale S/A e a BHP Billiton Minerações S/A, rompeu-se no município de Fundão, no estado de Minas Gerais, lançando "cerca de 34 milhões de m^3 de rejeitos de minério, o equivalente a quatorze mil piscinas olímpicas", diretamente no meio-ambiente (LOPES, 2016, p. 3). Esse caso ficou conhecido como o maior desastre ambiental ocorrido em território brasileiro.

Segundo o "Laudo Técnico Preliminar: Impactos ambientais decorrentes do desastre envolvendo o rompimento da barragem de Fundão, em Mariana, Minas Gerais", desenvolvido pelo Instituto Brasileiro de Meio Ambiente e Recursos Renováveis (Ibama) em novembro de 2015, o vazamento de rejeitos ensejou "impactos agudos de contexto regional, entendidos como adestruição direta de ecossistemas, prejuízos à fauna, flora e socioeconômicos, que afetaram oequilíbrio da Bacia Hidrográfica do rio Doce,com desestruturação da resiliência do sistema" (BRASIL, 2015, p. 2).

4. ENTRE PROMESSAS E REALIDADE

O referido laudo aponta como impactos comprovadamente decorrentes do derramamento de rejeitos de mineração (BRASIL, 2015, p. 4-5):

> desalojamento de populações; devastação de localidades e consequente desagregação de vínculos sociais das comunidades; destruição de estruturas públicas e privadas (edificações, pontes, ruas etc); destruição de áreas agrícolas e pastos, com perdas de receitas econômicas; interrupção da geração de energia elétrica pelas hidrelétricas atingidas (Candonga, Aimorés e Mascarenhas); destruição de áreas de preservação permanente e vegetação nativa da Mata Atlântica; mortandade de biodiversidade aquática e fauna terrestre; assoreamento de cursos d'água, interrupção do abastecimento de água; interrupção da pesca por tempo indeterminado; interrupção do turismo; perda e fragmentação de habitats; destruição ou enfraquecimento dos serviços ambientais dos ecossistemas; alteração dos padrões de qualidade da água doce, salobra e salgada; sensação de perigo e desamparo da população.

Essa amostra de impactos percebidos poucas semanas depois do colapso da barragem evidencia que o evento danoso (desastre) afetou, de formas e em intensidade diferentes, os interesses de diversas pessoas e grupos de pessoas, enquadrando-se como litígio de difusão irradiada na concepção formulada por Edilson Vitorelli em sua obra "O devido processo legal coletivo: dos direitos aos litígios coletivos".

Consoante Vitorelli (2019, p. 88), litígios de difusão irradiada são aqueles em que os danos se distribuem "de maneira distinta, qualitativa e quantitativamente, entre os integrantes da sociedade", o que "faz com que suas visões acerca da solução desejável sejam divergentes e, não raramente, antagônicas". Trata-se, portanto, de situações de alta conflituosidade, pois não se verifica uniformidade no modo em que o indivíduo e o grupo de indivíduos são atingidos pelo evento danoso, e de alta complexidade pela possibilidade de se vislumbrar juridicamente mais de uma via na tutela das violações advindas do evento (VITORELLI, 2019, p. 77).

Em face de tais características, Vitorelli (2019, p. 536) defende que os litígios de difusão irradiada, por conseguinte também aqueles advindos do desastre do Rio Doce não são adequadamente tratados pela via

CASEBOOK DE PROCESSO COLETIVO

judicial. Partindo dessa premissa, o termo de transação e ajustamento de conduta (TTAC) firmado entre a União e os Estados de Minas Gerais e do Espírito Santo, dentre outras entidades, com as empresas responsáveis pelo rompimento da barragem de rejeitos, parece consistir em resposta adequada ao tratamento do litígio, pois previu a instituição da Fundação Renova em precedência à interpelação judicial, cujo objetivo precípuo é implementar medidas de reparação socioeconômica e socioambiental dos danos relacionados ao desastre.

A Fundação Renova foi instituída como entidade não governamental e sem fins lucrativos, com autonomia administrativa, patrimonial, financeira e operacional em relação às suas instituidoras (FUNDAÇÃO RENOVA, 2016, p. 1). O modelo adotado se pautou no instituto norte-americano das *claim resolution facilities*, pelo qual a responsabilidade do *repeat-player* é pressuposta, restando à entidade instituída conhecer sobre questões residuais não resolvidas pelo acordo ou decisão (MCGOVERN, 2005, p. 1362). Portanto, a responsabilidade das instituidoras da Fundação Renova é declarada a partir do termo de ajustamento firmado, tendo elas o encargo de destinar recursos para a implementação dos programas a serem geridos e executados no âmbito da Fundação com intuito de reparar os danos advindos do desastre.

A Fundação Renova constitui entidade de direito privado com capital financeiro oriundo da iniciativa privada, mas cujo escopo central é de caráter eminentemente público. Desse modo, ela funciona como verdadeira ponte que liga o interesse público ao privado, a fim de garantir que a tutela dos direitos seja justa, tempestiva e efetiva mediante o emprego de estrutura de gestão especializada que se propõe autônoma, imparcial e independente. Diante disso, o artigo 7º, parágrafo 3º, do seu Estatuto (2016, p. 3), atribui-lhe o dever de observar princípios de Administração Pública, tais como legalidade, transparência, razoabilidade, impessoalidade, moralidade, publicidade, economicidade e eficiência.

Ocorre que, tão logo criada, a Fundação Renova recebeu críticas ferrenhas que colocavam em xeque a sua aptidão de atender às necessidades e interesses dos indivíduos e grupos atingidos. As principais ponderações voltaram-se à inexistência de mecanismos de ampla participação democrática das comunidades atingidas na formulação de seus programas, a fim de aproximá-los dos direitos coletivos em pauta e à inobservância do dever de transparência na elaboração das cláusulas do TTAC, que foram apresentadas sem debate anterior com os grupos interessados (MILANEZ, B.; PINTO, R. G, 2016, p. 3-4).

Conforme registrado no Parecer nº 279/2018/SPPEA, elaborado por peritos do Ministério Público Federal e do Ministério Público de Minas Gerais (BRASIL, 2017, p. 7), os principais interessados e atingidos foram tratados como meros destinatários dos programas que seriam articulados "pelos administradores públicos e especialistas em meio ambiente e aspectos socioeconômicos".

Para encarar a falta de transparência e participação democrática, em um processo de reestruturação do TTAC, foi firmado o denominado TAC-Governança, que buscou "conferir maior protagonismo aos atingidos na gestão e no acompanhamento das ações de reparação, além de aprimorar o controle sobre os programas e a fundação que as executa, conferindo maior transparência, inclusão, *accountability*, eficiência e efetividade" (MILANEZ, B.; PINTO, R. G., 2016, p. 8). O teor do TAC-Governança se volta à ênfase na participação democrática a partir da criação de comissões dos atingidos amparadas por assessorias técnicas, bem como do Fórum dos Observadores, com objetivo de "acompanhar os trabalhos e analisar os resultados dos diagnósticos e das avaliações realizados pelos *experts* do Ministério Público e acompanhar os trabalhos da Fundação" (FUNDAÇÃO RENOVA, 2018, p. 10).

Associado à ampliação do diálogo com os grupos atingidos, é enfatizado o dever de transparência a partir da determinação de que documentos relacionados à gestão e à formulação de programas, bem como sobre a destinação de recursos financeiros da Fundação Renova sejam de acesso público, o que é feito, sobretudo, por meio da sua disponibilização no sítio eletrônico da Fundação. Porém, mesmo após o ajuste do TAC-Governança, ainda há dúvida sobre a eficácia dos mecanismos de transparência adotados e, no tocante às informações disponibilizadas, questiona-se se são suficientemente claras e precisas de modo a possibilitar o controle e a fiscalização da atuação da Fundação.

Conforme Losekann e Milanez (2018, p. 41-42), o TAC-Governança "não é claro e nem rigoroso no sentido de permitir um desenho institucional simples (com atores e funções claras)". Isso enseja dificuldades no entendimento pelos destinatários sobre quais os procedimentos adequados e quais órgãos buscar, o que impacta diretamente no controle da atividade

CASEBOOK DE PROCESSO COLETIVO

da Fundação em razão da obscuridade das normas de funcionamento do sistema implementado.

Em notícia veiculada em meados de 2019 no sítio eletrônico do Governo do Estado do Espírito Santo, afirma-se que o Portal da Transparência da Fundação Renova deve passar por avaliação a fim de que sejam sugeridas melhorias, já que as informações disponibilizadas não se mostram detalhadas o bastante. Veja que o rompimento da barragem ocorreu no ano de 2015 e, ainda em 2019, discute-se a adequação dos mecanismos empregados para garantir a transparência da gestão da Fundação Renova, fato que torna minimamente questionável o seu potencial de servir como instrumento adequado à pacificação do conflito.

A despeito das críticas que continuam a existir em torno do modelo adotado para sua instituição e da adequação dos mecanismos de implementação de medidas de reparação socioambientais e socioeconômicas, de acordo com informação constante do seu sítio eletrônico (FUNDAÇÃO RENOVA, 2020), a Fundação Renova destinou R$ 8,17 bilhões para ações de reparação e compensação dos danos advindos do desastre, o que evidencia que ela continua sendo a principal via de reparação no caso.

2. Generalidades sobre o modelo das *claim resolution facilities*

Tendo em vista que a Fundação Renova foi criada em um movimento de importação do modelo alienígena das *claim resolution facilities*, torna-se imperiosa a compreensão teórica do instituto. Conforme Cabral e Zaneti Júnior (2019, p. 449), *claim resolution facility*, também denominada de entidade de infraestrutura específica para resolução de conflitos coletivos, consiste em entidades "criadas para processar, resolver ou executar medidas para satisfazer situações jurídicas coletivas que afetam um ou mais grupos de pessoas, que judicialmente seriam tratadas como milhares de casos individuais, casos repetitivos ou ações coletivas".

Nos Estados Unidos, as *claim resolution facilities* foram criadas no contexto da responsabilidade civil em danos massificados, com objetivo precípuo de padronizar as indenizações ofertadas às vítimas a partir da desvinculação do ressarcimento à análise efetiva do dano sofrido (MCGOVERN, 2005, p. 1362). Frente ao grande número de demandas, a infraestrutura é montada para oferecer resposta rápida às partes envolvidas.

O primeiro caso de criação de uma *claim resolution facility* nos Estados Unidos foi a *Asbestos Claims Facility* no ano de 1985. Na ocasião, foi firmado acordo entre produtores e seguradoras para solucionar as demandas em massa que surgiam com fundamento nos danos causados pelo amianto. Para tanto, foi desenvolvida uma infraestrutura para administrar e providenciar a avaliação, acordo e pagamento ou a defesa de todas as demandas indenizatórias relativas ao amianto, interpostas em face de produtores e seguradoras (FITZPATRICK, 1990, p. 13-14).

Em suma, a ideia-base da *claim resolution facility* se firma no pressuposto de que há dever de indenizar por parte do litigante habitual, sendo papel da entidade tratar questões residuais não resolvidas na sentença ou acordo (MCGOVERN, 2005, p. 1362).Portanto, além da atividade executiva, cabe à entidade exercer juízo de conhecimento sobre as consequências do evento que lhe deu origem, a fim de assegurar a efetividade e a adequação das medidas empregadas.

Não obstante a *claim resolution facility* tenha sido idealizada em sua origem para colaborar com a resolução eficiente de danos de massa, não há óbice à ampliação de suas funções para além da reparação pecuniária individual. Desse modo, uma vez que a acepção da *claim resolution facility* se volta à criação de uma infraestrutura especializada, é plenamente compatível que ela seja pensada para atingir os mais diferentes escopos. A título de exemplo, Cabral e Zaneti Jr. (2019, p. 453) assinalam a possibilidade de desenvolvimento de uma infraestrutura responsável por produção concentrada de provas atinente a um certo evento danoso com o fito de reduzir custos e otimizar a instrução processual. Note ainda que a própria Fundação Renova, criada em decorrência do desastre do Rio Doce, foge da concepção inicial voltada à resolução de conflitos massificados, de forma que abrange, em seus 42 programas, múltiplas medidas de reparação socioeconômica e socioambiental, incluídas a reparação pecuniária dos indivíduos e de grupos atingidos e a implementação de projetos de recuperação ambiental (FUNDAÇÃO RENOVA, 2020).

Ademais, a *claim resolution facility* pode ser criada para atender uma finalidade específica, ou mesmo decorrer de atribuição de funções a uma entidade ou órgão preexistente, o que é feito mediante lei, ato administrativo, decisão judicial, convenção processual ou atos conjugados (CABRAL; ZANETI JR, 2019, p. 455-456). No caso da Fundação Renova, sua criação decorreu de acordo realizado em termo de transação e ajustamento de

CASEBOOK DE PROCESSO COLETIVO

conduta (convenção) firmado pela União e Estados de Minas Gerais e Espírito Santo com as empresas responsáveis.

No tocante à adequação procedimental da *claim resolution facility* aos litígios, parece essencial que o seu *design* contenha primordialmente: regras de elegibilidade para identificação dos atingidos e das circunscrições territoriais beneficiadas pelos programas e medidas adotadas; regras de processamento pelas quais é definido, de antemão, o procedimento administrativo para execução dos programas e os mecanismos de diálogo com os grupos atingidos; regras de valoração do *quantum* indenizatório para fins de estipular o patamar indenizatório e; estipulação da origem dos recursos financeiros a partir do apontamento dos responsáveis pelo financiamento dos programas desenvolvidos e a periodicidade e proporcionalidade de contribuição de cada responsável.

É relevante registrar que, em situações em que há uniformidade na forma que os indivíduos são atingidos pelo evento danoso, ou na expressão empregada por Edilson Vitorelli (2019, p. 77), em litígios caracterizados pela baixa conflituosidade, é mais comum que seja definido padrão indenizatório único a todos os atingidos. Por outro lado, em litígios de alta conflituosidade, a tendência é o emprego de níveis indenizatórios (faixa de indenização) baseados na densidade probatória e na gravidade do dano. Importante caso que ilustra a adoção de faixas indenizatórias é o denominado *Dalkon Shield Claimants Trust*, cuja criação buscou proporcionar reparação às vítimas acometidas por danos decorrentes do uso de dispositivo intrauterino. Em razão da imensa variação da gravidade dos danos acometidos às vítimas, optou-se por um *design* que definia faixas indenizatórias, as quais estipulavam que quanto mais elevado o valor indenizatório perquirido, maior deveria ser a gravidade do dano alegado e, também, a exigência de material probatório (FEINBERG, 1990, p. 110-112).

Outrossim, a estipulação de regra que determine a renegociação de questões nucleares da *claim resolution facility* quando aquelas inicialmente ajustadas não mais atenderem aos escopos enunciados se mostra crucial, pois comumente eventos danosos de grande monta repercutem *ad futuro*, com a manifestação posterior de violações não conhecidas a princípio, o que enseja o prolongamento da atividade da entidade no tempo, de modo que se faz imperiosa a adaptação dos procedimentos. Nesse passo, essa regra serve como mecanismo que visa a facilitar a repactuação dos termos da *facility* para que continue a servir aos seus objetivos institucionais, contudo é preciso esclarecer que ela não é essencial para tanto, podendo haver flexibilização dos procedimentos independentemente de disposição expressa nesse sentido.

No caso da *Asbestos Claims Facility*, a inexistência de flexibilidade para modificação das regras foi um dos fatores que contribuiu para a sua extinção, porque o modelo implementado já não atendia aos interesses das partes envolvidas e a modificação não se apresentou viável no contexto da época (FITZPATRICK, 1990, p. 15).

Dessa forma, o *design* adequado da *claim resolution facility* é de suma importância para o alcance dos objetivos propostos, pois é justamente a "customização do sistema [que] permite que as necessidades únicas de cada caso concreto sejam atendidas com eficiência e evita gastos de recursos, tempo, energia emocional e perda de oportunidade" (FALECK, 2009, p. 8).

2.1. Vantagens da implementação do modelo de *claim resolution facility*

É fato notório no Brasil que o Poder Judiciário não tem sido capaz de responder tempestiva e efetivamente às milhares de demandas que lhe são propostas anualmente, sendo alvo de uma crise de eficiência. Portanto, não é de hoje que o congestionamento judicial tem atraído discussões sobre a implementação de outros métodos para tratamento dos conflitos (MADUREIRA, 2017, p. 86-87). Ocorre que, para além do argumento da morosidade judicial, outros fatores contribuem para o congestionamento do Judiciário, dentre eles se destaca a inadequação dos métodos utilizados (MAZZEI; CHAGAS, 2017, p. 116-117).

Conforme assinala Mazzei e Chagas (2017, p. 123-126), quando o método empregado não se mostra adequado à resolução de determinado conflito, as partes tendem a não se conformar com o resultado desfavorável, resistindo ao máximo cumprir com a obrigação imposta. A contrário senso, quando o método empregado é adequado, há o aumento da aceitabilidade pelas partes da resposta, ainda que desfavorável, por oferecer-lhes certo senso de justiça.

No âmbito dos litígios coletivos, a problemática da inadequação de métodos é ainda mais destacada, visto que, grosso modo, as regras do processo judicial são precipuamente pensadas tendo por base direitos individuais e, portanto, intrinsecamente inadequadas ao tratamento de conflitos de índole coletiva. Diante desse cenário, as *claim resolution facilities* ganham espaço justamente porque suas regras e procedimentos são desenhados especificamente para atender às peculiaridades do conflito, por conseguinte visam garantir o instrumento mais apto a oferecer resposta justa, efetiva e tempestiva às partes.

Outrossim, o estabelecimento anterior da responsabilidade dos agentes transgressores evita trâmites estritamente voltados à sua comprovação e contribui para que os esforços sejam eminentemente direcionados à pacificação do conflito. Desse modo, não se travam discussões subjetivistas que ensejam a demora do procedimento, pelo contrário busca-se incorporar critérios de aferição objetiva dedicados a proporcionar a reparação eficiente das partes prejudicadas.

Outra barreira que se rompe a partir da implementação de uma *claim resolution facility* é o problema de respostas intempestivas e inefetivas. A inefetividade da medida é vislumbrada quando a decisão que reconhece o direito ao bem da vida não é suficiente para ensejar a concretização do direito no mundo real. Nessa hipótese, cabe ao jurisdicionado acionar novamente à Justiça para que se iniciem os tramites executivos, os quais não raro demoram três vezes mais que a fase de conhecimento, já reconhecidamente lenta (BRASIL, 2017). Em razão dessa demora na entrega do bem pelo Poder Judiciário, é comum que a medida seja intempestiva por não mais se mostrar útil ao jurisdicionado.

No âmbito de uma *claim resolution facility*, essa sequência de fatos que implica na inefetividade e intempestividade da medida não tem lugar, pois o modelo sugere o emprego do mais desembaraçado procedimento possível para a entrega do bem da vida, não se cogitando a possibilidade de a parte ter que se submeter a mais de um procedimento para tanto. Tudo isso porque a *facility* não firma compromissos com burocracias legalistas, mas apenas com as bases constitucionais que pretendem a concretização da justiça a partir do oferecimento de respostas passíveis de ensejar a pacificação social.

Na toada da busca pela efetivação dos direitos, a *claim resolution facility* também se apresenta como método mais apto do que o Poder Judiciário. Não raramente a resolução de litígios coletivos lato senso exige o emprego de conhecimentos e técnicas especializadas estranhos às especialidades integrantes no quadro pessoal efetivo do Judiciário, isso implica na necessidade de designação de profissionais especializados como peritos e *amicus curiae* em cada processo e, consequentemente, na concessão de prazos que impactam a sua duração razoável. Em oposição, uma *facility*, com foco específico nos litígios a serem tratados, pode de antemão garantir a inclusão desses profissionais em sua infraestrutura, seja a partir da contratação direta, seja pela sua terceirização. Desse modo, quando bem desenhada, a *claim resolution facility* constituirá entidade altamente qualificada no campo do conhecimento e das técnicas pertinentes à implementação das medidas para resolução do conflito.

Em acréscimo à falta de especialização adequada para o manejo das tutelas de direitos coletivos, a interpelação judicial se apresenta ainda extremamente custosa ao indivíduo e às instituições, pois lhes impõe o pagamento de taxas judiciárias, despesas e honorários advocatícios, este último decorrente da imprescindibilidade de representação técnica perante a Justiça que, apesar de constituir garantia constitucional, não deixa de ensejar incremento ao custo de transação judicial.

Do mesmo modo, a criação de uma infraestrutura especializada na resolução de litígios coletivos também possui custos elevados; no entanto, ao contrário do que ocorre no seio do processo judicial, os recursos dispendidos pela *claim resolution facility* são eminente e diretamente empregados na manutenção da infraestrutura e, por via transversa, à resolução do conflito. A supressão de etapas burocráticas inúteis para tratamento do conflito, assim como a restrição dos fatos a serem objeto de prova àqueles estritamente necessários à identificação dos direitos em foco e a simplificação da coleta probatória são exemplos de questões consideradas na formatação da *facility* que determinam a melhor canalização de recursos para solução do litígio.

No que se refere à representação técnica das partes, as *claim resolution facilities* tendem a dispensá-la, o que exclui custos com honorários advocatícios tidos como o principal encargo econômico atribuído à parte litigante. Contudo, é importante realçar, desde logo, que, apesar de impactar positivamente nos custos de transação às partes, o não oferecimento de auxílio técnico constitui verdadeiro gargalo ao cumprimento de princípios de transparência pela *facility* (MULLENIX, 2012, p. 878-879).

A redução de custos de transação impacta ainda na elevação do valor das indenizações definidas no âmbito da *facility*, pois, além de menos recursos serem dispersos em despesas burocráticas, também se verifica

CASEBOOK DE PROCESSO COLETIVO

que os agentes responsáveis se sentem mais confortáveis na disponibilização dos recursos em face da previsibilidade das repercussões econômicas relacionadas à resolução do litígio, evitando-se cenários em que sejam surpresados por condenações de alta soma em dinheiro, comuns nos processos judiciais. Por fim, também pode ser monetizada em prol dos transgressores a celeridade dos procedimentos adotados, haja vista que a assunção de responsabilidade com reparação dos danos ocasionados pelo seu empreendimento ameniza prejuízos à imagem empresarial diante da sociedade e, consequentemente, do mercado financeiro, colaborando para a retomada de seu valor competitivo, prejudicado pelo evento danoso.

Portanto, o modelo da *claim resolution facility* surge como alternativa ao modelo tradicional adjudicatório judicial, sobretudo no que se refere à fase de execução das medidas, apresentando as mais diversas vantagens aos envolvidos. Todavia, é importante que o modelo não seja cogitado como instrumento de descongestionamento da máquina judiciária, sob o risco de privilegiarmos a eficiência na tutela de direitos em detrimento da justeza das medidas adotadas. Nessa toada, é preciso enfatizar juntamente com a redução de custos e a celeridade dos procedimentos, essenciais à consecução dos direitos, a adequação do método às circunstâncias do litígio coletivo em foco para que se alcance a tutela integral, justa, efetiva e tempestiva de direitos coletivos lato senso.

2.2. O gargalo da falta de transparência do modelo de *claim resolution faciltity*

De antemão, é necessário esclarecer que, no Brasil, o dever de transparência é tradicionalmente direcionado às instituições públicas para concretização do princípio republicano disposto no artigo 1º, *caput*, da Constituição Federal brasileira. Contudo, em vista de sua finalidade institucional ser atrelada ao interesse público, é imposto à *claim resolution facility*, ainda que constituída sob a égide do regime de direito privado, o dever de observar princípios próprios da Administração Pública, com ênfase no princípio da transparência.

De acordo com Maren G. Taborda (2002, p. 258-259), a transparência possui, ao menos, três facetas: o direito de saber, o direito de controlar e o direito de o cidadão ser ator e não mero espectador da vida administrativa. O direito de saber consiste em o cidadão poder conhecer dos atos praticados pela Administração Pública em razão de serem as atividades administrativas de interesse geral. Nessa acepção, a transparência parece se confundir com o conceito de publicidade, contudo a ele não se limita, pois, aqui, o saber do cidadão não se satisfaz com uma ficção jurídica de publicização das informações em meios oficiais. O que se busca, a partir dessa noção de transparência, é que a informação seja o mais acessível possível ao cidadão, com ampla divulgação em portais de transparência e mídias jornalísticas, alcançando, de fato, o conhecimento público.

O direito de controlar, por sua vez, constitui a oportunidade de o cidadão "verificar a legalidade e a oportunidade das decisões administrativas e apreciar como o dinheiro público está sendo utilizado" (TABORDA, 2002, p. 259). Portanto, é ultrapassada a noção de saber da informação para alcançar aquela em que ela é compreendida pelo cidadão e, em seguida, é-lhe permitido realizar o seu controle com base em parâmetros de legalidade e interesse público. Por fim, o direito de o cidadão ser ator e não mero espectador se coaduna com a ideia de democracia participativa em que o indivíduo não é mero destinatário de serviços prestados pelo Estado, mas verdadeiro interessado a quem deve ser dada oportunidade de contribuir para a elaboração e a implementação das políticas públicas.

Dessa forma, a administração da *claim resolution facility* deve assegurar a transparência das informações relacionadas às suas atividades e a participação dos sujeitos envolvidos, além de possibilitar o controle e a adequação dos meios utilizados e dos resultados alcançados com os interesses manifestados pelos grupos vitimados. Segundo Cabral e Zaneti Júnior (2018, p. 451), é indispensável que a *claim resolution facility* opere com independência e imparcialidade, além de receber "acompanhamento dos órgãos públicos responsáveis e controle eventual do Poder Judiciário".

Entretanto, o que se verifica é que o modelo de *claim resolution facility* ainda apresenta grande dificuldade em cumprir o dever de transparência. A disponibilização de informações ainda se resume a dados genéricos e sem a publicização dos parâmetros empregados na formulação dos programas de reparação. Nesse sentido aponta o estudo da autora norte-americana Linda S. Mullenix (2011, p. 882-886), sobre o caso da *BP Gulf Coast Claims Facility* (GCCF), pelo qual ela constata que, apesar do enorme controle realizado pelas instituições na fase de idealização da entidade, a falta de compromisso em disponibilizar informações detalhadas sobre a atuação e os resultados alcançados na implementação dos programas de reparação foi expressiva, tendo sido mantida uma gestão que não dialogava com as vítimas.

Por sua vez, o estudioso Francis E. McGovern (2005, p. 1380-1381) afirma que, na fase de implementação de *claim resolution facilities*, a transparência é discutida em contraponto à necessidade de confidencialidade das informações. Ele registra que a observância de maior grau de transparência com a divulgação ampla de informações referentes às demandas processadas enseja o fortalecimento da legitimidade de atuação da entidade, mas, de outro lado, implica no uso de estratégias diferenciadas pelas partes que gera impactos nos padrões das indenizações, desigualando-as. Vislumbra-se, em suma, uma tensão entre o caráter privado das *claim resolution facilities* e a necessidade de observância do dever de transparência para que seja realizado o devido controle de sua atuação.

Consoante Cabral e Zaneti Júnior (2019, p. 467), a experiência norte-americana evidencia que o mais comum é que, "para o público em geral, protejam-se com sigilo informações sobre a identidade das vítimas, os valores pagos a título de indenização, os custos operacionais e as avaliações sobre a eficiência dos resultados obtidos". Portanto há preponderância da restrição da divulgação de informações sobre a atuação das *claim resolution facilities* em detrimento de uma ampla divulgação das informações geradas. Essa postura pode implicar em sonegação de informações essenciais à formação do convencimento dos beneficiários dos programas, além de interferir na qualidade da participação dos grupos interessados no desenvolvimento das atividades.

Veja que o modelo de *claim resolution facility* caracteriza-se por ser eminentemente inquisitivo no sentido que, passada a fase de discussão do desenho a ser aplicado, suas regras tornam-se rígidas e inflexíveis com o intuito de assegurar a objetividade da adoção de medidas e, via de consequência, conter a litigiosidade do procedimento. Nesse ínterim, as vítimas apenas possuem duas alternativas: aderir integralmente ao programa no formato proposto ou buscar outros meios para a resolução do conflito. Ocorre que a adesão integral de regras pré-determinadas e estanques impõe o dever de que sejam elas claras e precisas em seu conteúdo para que a tomada de decisão seja consciente e não dê margem à impugnação posterior do ajuste. Nessa toada, a estudiosa Linda S. Mullenix (2012, p. 856) afirma a necessidade de que o acesso às informações seja conjugado com a oferta de auxílio técnico, preferencialmente jurídico, para compreensão do teor das informações.

A ausência desse auxílio técnico afeta a segurança da decisão tomada pela vítima, pois poderá ser facilmente questionada em juízo, inclusive com a complementação da reparação em casos que fique demonstrado o patente favorecimento da parte transgressora. Ocorre que a rediscussão dos termos ajustados no âmbito da *claim resolution facility* sugere a fragilidade do modelo e é o primeiro passo para o seu colapso, visto que confirma o não atendimento a nenhum dos objetivos enunciados: não evita a via judicial, nem tampouco enseja a pacificação do conflito. Dessa forma, apenas por meio do cumprimento do dever de transparência, em todas as suas acepções (direito de saber, direito de controle e direito de ser ator), que o ambiente da *claim resolution facility* se torna cooperativo e confiável à adesão dos programas, reforçando o senso de legitimidade das medidas empregadas na pacificação dos conflitos coletivos e cumprindo o seu compromisso precípuo com o interesse público.

3. Fundação Renova: método adequado para tratamento de conflitos?

Em linhas gerais, é possível concluir que o desencadeamento dos fatos relacionados ao rompimento da barragem de rejeitos de mineração, localizada no município de Fundão, no Estado de Minas Gerais, confirmou, em grande medida, os pressupostos teóricos aplicáveis. Inicialmente, verifica-se que o litígio originado pelo caso caracteriza-se, na concepção formulada por Vitorelli (2019, p. 88), em litígio de difusão irradiada, por apresentar alta conflituosidade e complexidade das relações. A alta complexidade conduz à existência de mais uma alternativa juridicamente possível para a resolução do conflito e, por tal característica ser muito presente nos litígios de difusão irradiada, o autor é claro ao afirmar que a via judicial não é suficiente à tutela dos direitos decorrentes desse tipo de litígio, sobretudo em razão de sua falta de dinamicidade.

A partir disso, é confirmada a primeira premissa: adequação abstrata do método eleito para tratamento do conflito, pois esquiva-se à via tradicional adjudicatória – processo judicial. No caso, há a instituição da denominada Fundação Renova, mediante termo de transação e ajustamento de conduta (TTAC) pactuado entre a União, os Estados de Minas Gerais e do Espírito Santo, outras entidades, e as empresas responsáveis. A ideia geral foi a concentração das medidas de reparação socioambiental

CASEBOOK DE PROCESSO COLETIVO

e socioeconômica nessa infraestrutura constituída sob a égide do direito privado, a fim de oferecer resposta rápida e eficaz aos grupos atingidos.

O instituto no qual se baseou a criação da Fundação Renova foi o da *claim resolution facility*, tipicamente adotado para tratar de litígios massificados. O pressuposto central do instituto se pauta na definição da responsabilidade do litigante habitual, a fim de dirigir esforços eminentemente à pacificação do conflito. Inobstante a Fundação Renova não ter sido criada para tratamento de conflitos de massa, de modo nenhum, isso prejudicou o transporte fidedigno da concepção do instituto, pois manteve-se o seu núcleo teórico, o qual estabelece a constituição deinfraestrutura especializada na resolução de litígios decorrentes de certo evento danoso a partir da definição anterior da responsabilidade dos transgressores.

Ocorre que a transposição do ideário da *claim resolution facility* que propõe, em certa medida, o tratamento privatizado dos conflitos coletivos, veio acompanhado de gargalos muito debatidos pela literatura norte--americana. Trata-se da falta de transparência, em todas as três acepções desenvolvidas por Taborda ("direito de saber", "direito de controlar" e "direito de ser ator"), e que se evidencia como a regra na prática norte--americana e se faz presente na Fundação Renova desde a sua origem.

A princípio, o problema se caracterizou pela falta de debate amplo e anterior das cláusulas estipuladas no TTAC, em seguida voltaram-se as críticas à ausência de previsão de meios para ampla participação democrática dos atingidos no desenvolvimento dos programas de reparação, tratando-os como meros destinatários sem qualquer poder de influência naquilo que era decidido pelos especialistas e órgãos responsáveis. No ano de 2018, buscou-se realizar a reestruturação da Fundação Renova a partir da sua repactuação pelo denominado TAC-Governança, cujo escopo principal era suprir a falta de transparência da entidade. No entanto, até hoje, as principais críticas dirigidas à Fundação Renova possuem como ponto fulcral a incapacidade de dirigir suas atividades de forma transparente e que promova a participação efetiva dos grupos atingidos, questão esta que, apesar de amplamente debatida, também não foi superada e se repete nas *claim resolution facilities* norte-americanas.

O cenário de desinformação e insuficiência de participação democrática afeta drasticamente a idoneidade da Fundação Renova, por conseguinte a sua aptidão para refutar as críticas à escolha dos caminhos de reparação socioeconômica e socioambiental pela entidade. Ademais, tudo isso dificulta o controle das atividades desenvolvidas pela Fundação Renova, o que impede a análise de correspondência dos instrumentos utilizados e dos resultados alcançados com os interesses manifestados pelos grupos vitimados e, portanto, também impede a aferição na prática do implemento das vantagens econômicas e burocráticas do modelo empregado em contraposição à via tradicional, assim como o reconhecimento das respostas oferecidas pela Fundação Renova como suficientes para alcançar a tutela integral, justa, efetiva e tempestiva dos direitos coletivos em pauta, em concreção aos anseios da sociedade.

Dessa forma, verifica-se que não é possível concluir que a Fundação Renova constitui método adequado para tratamentos dos litígios decorrentes do desastre do Rio Doce, pois a inexistência de informações claras e precisas, assim como a restrição da participação dos grupos atingidos, mesmo após a repactuação pelo TAC-Governança, não permitem demonstrar a correspondência dos meios e resultados obtidos com os interesses dos grupos atingidos, ficando impossível afirmar que a tutela tem sido concedida de forma integral, em atenção à indisponibilidade advinda do interesse público a ela inerente. Em síntese, o gargalo da falta de transparência impacta de maneira global na aptidão da Fundação Renova de ser reconhecida como método adequado para resolução dos conflitos, pois coloca em que xeque a idoneidade de suas decisões perante a sociedade e as instituições.

Conclusões

O caso do rompimento da barragem de rejeitos do Rio Doce propõe a fuga da via judicial para o tratamento dos litígios dele decorrentes para buscar superar as barreiras econômicas e burocráticas tão presentes e que dificultam a tutela justa, efetiva e tempestiva dos direitos coletivos. Para tanto, atentou-se à literatura que reconhece a ampliação do leque de métodos de tratamento de conflitos, incluindo, ao lado da via judicial, também aqueles métodos que se desenvolvem fora da estrutura judiciária.

Em face da alta complexidade e conflituosidade dos litígios decorrentes do desastre do Rio Doce, optou-se por importar o modelo da *claim resolution facility* para, a partir do desenvolvimento de uma infraestrutura especializada, oferecer resposta mais rápida e efetiva à sociedade e superar a morosidade e inflexibilidade dos ritos dos processos judiciais, incompatíveis com o manejo de litígios altamente complexos. De fato, todo o ideário pregado pelo instituto norte-americano sugere que o modelo atende aos anseios sociais com superação de todos os gargalos judiciais. No entanto, se o Poder Judiciário possui obstáculos de ordem econômica e burocrática; a *claim resolution facility* e, portanto, a Fundação Renova apresenta barreiras ao controle institucional e social em razão da falta de transparência no desenvolvimento de suas atividades.

Por óbvio, a alternativa, aqui, não pode ser retornar às cortes e aos processos judiciais para tratar conflitos coletivos, pois isso significaria simplesmente optar pela via cujos gargalos são conhecidos. Os obstáculos apresentados pelo processo judicial também afetam princípios sensíveis à consecução do Estado Democrático de Direito, nem por isso descarta-se o método, pelo contrário a postura é de busca pela sua correção e melhoria. Do mesmo modo a Fundação Renova deve ser concebida como método que merece correção para superação do gargalo da falta de transparência e, também, da crise de legitimidade de suas decisões.

Nessa toada, é possível pensar em algumas propostas para suprimir ou, ao menos, amenizar o problema da falta de transparência e, consequentemente, incrementar a legitimidade de atuação da Fundação Renova. Dentre elas, a implementação de instrumentos não tradicionais de participação democráticas, com o posicionamento de representantes de grupos nos principais órgãos de gestão, decisão e controle da Fundação e, por outro lado, a redução da presença das empresas instituidoras nesses órgãos. Também é preciso fortalecer os canais de comunicação pela ouvidoria *online* e presencial e por comissões locais e regionais, além de criar mecanismos de vinculação das decisões ao panorama explicitado por aqueles que atuam *in loco*, como a obrigatoriedade de justificação expressa das decisões tomadas, inclusive a partir das medidas não adotadas.

Por fim, é essencial que sejam disponibilizados periodicamente relatórios detalhados e com linguagem clara e acessível sobre o andamento de todos os programas da Fundação Renova, com a referenciação dos documentos administrativos e técnicos de onde advêm as informações, assim como o local onde podem ser acessados na íntegra. É preciso ainda que seja promovida a classificação dos documentos e informações produzidos e armazenados no âmbito da Fundação Renova, para que seja atribuído critério objetivo para aferição do grau de publicidade, para que se tenha clareza da metodologia empregada nesse processo de divulgação ou não das informações.

Por fim, é importante registrar que a Fundação Renova não conseguiu corresponder aos anseios sociais que motivaram a sua criação, no entanto isso não lhe retira o potencial de, feitas as devidas correções, atender no futuro às demandas coletivas lato senso. Portanto, é imprescindível que os erros cometidos não sejam motivo para o sepultamento do modelo adotado pela Fundação Renova ou de qualquer outro voltado para a resolução de conflitos, sob o risco de nunca evoluirmos para a concretização máxima dos direitos.

Referências

BRASIL. *Constituição da República Federativa do Brasil*. São Paulo: Saraiva, 2013.

__. Conselho Nacional de Justiça. *Execução judicial demora três vezes mais do que o julgamento*. Publicado em: 06 set. 2017. Disponível em: <https://www.cnj.jus.br/noticias/cnj/85351-a-demora-para-executar-decisao-e-maior-do-que-o-de-julgamento-na-justica>. Acesso em: 13 jul.2019.

__. Conselho Nacional de Justiça. *Justiça em números 2017: Ano-base 2016*. Disponível em: <https://www.conjur.com.br/dl/justica-numeros-2017.pdf>. Acesso em: 13 jul.2019.

__. Instituto Brasileiro do Meio Ambiente e dos Recursos Naturais Renováveis (Ibama). *Laudo Técnico Preliminar: Impactos ambientais decorrentes do desastre envolvendo o rompimento da barragem de Fundão, em Mariana, Minas Gerais*, Publicado em nov. 2015. Disponível em <https://www.passeidireto.com/arquivo/21124833/laudo-tecnico-preliminar-do-rompimento-da-barragem-de-mariana>. Acesso em: 14 abr. 2020.

__. Ministério Público Federal. Ministério Público do Estado de Minas Gerais. *Parecer nº 279/2018/SPPEA*. Avaliação participativa da minuta do Termo de Ajustamento de Conduta sobre a Governança (TAC-Governança), do processo de reparação e recuperação dos danos decorrentes do rompimento de barragens de rejeitos das mineradoras Samarco, BHP e Vale em Mariana, Minas Gerais. Ministério Público Federal e Ministério Público do Estado de Minas Geral. *Justiça em números 2017: Ano-base 2016*. Disponível em: <https://www.conjur.com.br/dl/justica-numeros-2017.pdf>. Acesso em: 17 jul.2019.

CABRAL, Antonio do Passo; ZANETI JR, Hermes. Entidades de infraestrutura específica paraa resolução de conflitos coletivos: as claims resolution facilities e sua aplicabilidade no Brasil.*Revista de Processo*, v. 287, jan/2019, p. 445-483.

CASEBOOK DE PROCESSO COLETIVO

FALECK, D. Introdução ao Design de Sistemas de Disputas: Câmara de Indenização 3054. São Paulo: *Revista Brasileira de Arbitragem*, v. 23, 2009.

FEINBERG, Kenneth R. *The Dalkon Shield Claimants Trust*. Law and Contemporary Problems, v. 53, n. 4, 1990.

FITZPATRICK, Lawrence. *The Center for Claims Resolution*. Law and Contemporary Problems, v. 53, n. 4, 1990.

FUNDAÇÃO RENOVA. *Estatuto da Fundação Renova*. Disponível em: <https://www. fundacaorenova.org/wp-content/uploads/2016/10/estatuto-registrado.pdf>. Acesso em: 13 jul. 2019.

FUNDAÇÃO RENOVA. *Sobre o Termo de Transação e Ajustamento de Conduta (TTAC)*. Disponível em: < https://www.fundacaorenova.org/wp-content/uploads/2016/07/ttac-final-assinado-para-encaminhamento-e-uso-geral.pdf>. Acesso em: 13 jul. 2019.

FUNDAÇÃO RENOVA. *TAC Governança: entenda o que mudou*. Disponível em: < https://www.fundacaorenova.org/noticia/tac-governanca-entenda-o-que-mudou/>. Acesso em: 13 jul. 2019.

LACAZ, Francisco Antonio de Castro; PORTO, Marcelo Firpo de Sousa; PINHEIRO, Tarcísio Márcio Magalhães. Tragédias brasileiras contemporâneas: o caso do rompimento da barragem de rejeitos de Fundão/Samarco. *Revista Brasileira de Saúde Ocupacional*, v. 42, n. 9, p. 1-12, 2017.

LOPES, LUCIANO MOTTA NUNES. O rompimento da barragem de Mariana e seus impactos socioambientais. *Sinapse Múltipla*, v. 1, n. 1, 2016, p. 1-14.

LOSEKANN, Cristiana. MILANEZ, Bruno. A emenda e o soneto: notas sobre os sentidos da participação no TAC de Governança. In: *PoEMAS*. Versos: Textos para discussão: Rompimento da Barragem de Fundão – Dossiê TAC Governança, v. 2, n. 1., 2018. Disponível em: <http://www.ufjf.br/poemas/files/2017/04/RPRD-2018-Dossiê-TAC-Governança-versos.pdf >. Acesso em: 17 jul. 2019.

MADUREIRA, Claudio. *Fundamentos do Novo Processo Civil Brasileiro*: o processo civil do formalismo-valorativo. Belo Horizonte: Fórum, 2017.

MAZZEI, Rodrigo; CHAGAS, Bárbara Seccato Ruis. Métodos ou tratamentos adequados de conflitos?. In: Fernando Gonzaga Jayme, Renata Chistiana Vieira Maia, Estes Camila Gomes Norato Rezende, Helena Lanna. (Org.). *Inovações e modificações do Código de Processo Civil*: avanços, desafios e perspectivas. ed. Belo Horizonte: Del Rey, 2017, v. 1, p. 113-128.

MCGOVERN, Francis E. The What and Why of Claims Resolution Facilities. Stanford Law Review, v. 57, 2005.

MILANEZ, B.; PINTO, R. G. *Considerações sobre o Termo de Transação e de Ajustamento de Conduta firmado entre Governo Federal, Governo do Estado de Minas Gerais, Governo do Estado do Espírito Santo, Samarco Mineração S.A., Vale S. A. e BHP Billiton Brasil LTDA* (2006). Juiz de Fora: PoEMAS. Publicado em: abr. 2016. Disponível em:

<https://www.researchgate.net/publication/301219622_Consideracoes_sobre_o_Termo_de_Transacao_e_de_Ajustamento_de_Conduta_firmado_entre_Governo_Federal_Governo_do_Estado_de_Minas_Gerais_Governo_do_Estado_do_Espirito_Santo_Samarco_Mineracao_SA_Vale_S_A_e>. Acesso em: 17 jul. 2019.

MULLENIX, Linda S. Mass Tort Funds and the Election of Remedies: The Need for Informed Consent. *Review of Litigation*, n. 31, jan. 2012.

MULLENIX, Linda S. Prometheus Unbound: The BP Gulf Coast Claims Facility as a Means for Resolving Mass Tort Litigation. A Fund Too Far. *University of Texas Law Review*, Public Law Research Papern. 252, dez. 2011.

TABORDA, Maren Guimarães. O princípio da transparência e o aprofundamento dos caracteres fundamentais do direito administrativo. *Revista de Direito Administrativo*, Rio de Janeiro, v. 230, p. 251-280, out. 2002. ISSN 2238-5177. Disponível em: <http://bibliotecadigital.fgv.br/ojs/index.php/rda/article/view/46345>. Acesso em: 29 out. 2019.

VITORELLI, Edilson. *O devido processo legal coletivo: dos direitos aos litígios coletivos.* São Paulo: Revista dos Tribunais, 2ª ed., 2019.

5. Consenso e Compromisso de Ajustamento de Conduta: a celebração do Termo de Ajustamento de Conduta para o acertamento de ato ímprobo

TEREZA CRISTINA SORICE BARACHO THIBAU
ANA FLÁVIA FRANÇA FARIA

Introdução

O ordenamento jurídico brasileiro já busca há algum tempo alternativas para gerenciar o enorme acervo de processos que se encontra em trâmite no Poder Judiciário. Para alcançar esse gerenciamento, percebe-se que houve um incentivo legal à cooperação e ao diálogo entre as partes litigantes. Essa abertura dialógica no tratamento dos conflitos é capaz de estimular a consensualidade e privilegiar a aplicação de um modelo constitucional de processo, atento às necessidades do caso concreto e ao devido processo legal, tanto individual quanto coletivo.[1]

Esse cenário cooperativo e dialógico não é diferente quando se adentra ao Sistema Integrado de Tutela aos Direitos Coletivos,[2] cujo arcabouço teórico e a prática têm buscado meios consensuais para a solução dos

---

[1] Para estudo mais detalhado da consensualidade e das (des)vantagens do processo judicial para a reparação dos danos coletivos, ver o artigo "Tragédias ambiental e humana na exploração minerária: a busca por soluções coletivas negociadas", constante do livro "Direito e Processo Coletivo: diálogos interdisciplinares". (THIBAU; FARIA, 2019, p. 61-86).

[2] O Sistema Integrado de Tutela aos Direitos Coletivos tem em seu núcleo a Lei da Ação Popular (Lei 4.717/65), a Lei da Ação Civil Pública (Lei 7.347/85) e o Código de Defesa do Consumidor (Lei 8.078/90), e de modo superposto a Constituição da República Federativa do Brasil de 1988.

litígios que envolvam os direitos denominados difusos, coletivos *stricto sensu* e individuais homogêneos.[3]

O Termo de Ajustamento de Conduta (TAC)[4] é o instrumento apto a formalizar as soluções consensuais que envolvam a coletividade, estando previsto em um dos diplomas que compõe o núcleo do referido sistema, isto é, a Lei de Ação Civil Pública. Todavia, ainda é objeto de intenso debate a celebração desses acordos quando voltados aos ajustamentos que envolvam conduta ímproba.

Diante das controvérsias jurídicas e com fundamento na apresentação e análise de um caso prático discutido pelo Tribunal de Justiça do Estado de Minas Gerais (TJMG), pretende-se aclarar as disposições doutrinárias e legais sobre a celebração de TAC para o ajustamento de condutas de agentes públicos que maculem a probidade administrativa, no exercício de suas atividades de caráter público.

Para tanto, se valendo do método hipotético-dedutivo, adota-se como marco teórico a ideia defendida por Geisa de Assis Rodrigues (2011), para quem o TAC tem importante relevo na concreção do Estado Democrático de Direito, favorecendo o amplo acesso à justiça por meio da tutela coletiva, bem como a instalação do proclamado modelo constitucional de processo no ordenamento jurídico brasileiro.

---

[3] No Brasil, apesar de haver na doutrina outras abalizadas classificações, adotou-se o critério tripartite para a classificação dos direitos coletivos lato sensu, identificados como direitos difusos, coletivos em sentido estrito e direitos individuais homogêneos, definidos no artigo 81 do Código de Defesa do Consumidor, que assim dispõe:

Art. 81. A defesa dos interesses e direitos dos consumidores e das vítimas poderá ser exercida em juízo

individualmente, ou a título coletivo.

Parágrafo único. A defesa coletiva será exercida quando se tratar de:

I – interesses ou direitos difusos, assim entendidos, para efeitos deste código, os transindividuais, de natureza indivisível, de que sejam titulares pessoas indeterminadas e ligadas por circunstâncias de fato;

II – interesses ou direitos coletivos, assim entendidos, para efeitos deste código, os transindividuais, de natureza indivisível de que seja titular grupo, categoria ou classe de pessoas ligadas entre si ou com a parte contrária por uma relação jurídica base;

III – interesses ou direitos individuais homogêneos, assim entendidos os decorrentes de origem comum.

[4] O TAC está previsto no art. 5º, §6º da Lei da Ação Civil Pública (Lei nº 7.347/1985).

1. Apresentação do caso

Por meio de uma denúncia anônima chegou ao conhecimento do Ministério Público do Estado de Minas Gerais (MPMG) que um servidor público efetivo do Município de São Lourenço, o qual também era um dos vereadores da municipalidade, utilizava-se do seu horário de trabalho para realizar cursos e desenvolver atividades atinentes ao Poder Legislativo Municipal.

Instaurado o inquérito civil e promovidas as apurações necessárias, o MPMG constatou que os dias de ausência do servidor não eram descontados em sua folha de pagamento. Em outras palavras, verificou-se este agente público recebia a integralidade dos seus proventos sem que cumprisse sua carga horária de trabalho completa.

O dano causado aos cofres públicos municipais, auferidos mediante análise técnica da Central de Apoio Técnico do MPMG (CEAT-MPMG), seria equivalente a R$ 7.642,50 (sete mil, seiscentos e quarenta e dois reais e cinquenta centavos).

Segundo o MPMG, ao perceber que suas ausências não eram descontadas de seus proventos, o servidor deveria imediatamente comunicar o ocorrido ao setor de recursos humanos da municipalidade. Ao se omitir no dever de comunicação, o agente público "agiu com inobservância dos cuidados objetivo e subjetivo que lhe cabiam." (MINAS GERAIS, 2018).

Além disso, verificou-se que o município não dispunha de regulamentação sobre a possibilidade de compensação de horas, o que vedaria sua prática em razão do princípio da legalidade.

Considerando que durante as investigações o servidor reconheceu a prática culposa do ato e mostrou-se disposto a realizar acordo na esfera extrajudicial, foi celebrado TAC para a autocomposição do conflito, estabelecendo, dentre outras obrigações, o ressarcimento aos cofres públicos municipais dos valores recebidos indevidamente.[5]

---

[5] Referido TAC estabeleceu as seguintes cláusulas: "1. O compromissário se compromete a ressarcir aos cofres públicos do Município de São Lourenço, em 10 parcelas mensais, corrigidas monetariamente e vencíveis a cada dia 10 dos meses subsequentes à homologação do acordo, a quantia de R$7.642,50 (sete mil, seiscentos e quarenta e dois reais e cinquenta centavos), conforme planilhas de cálculo de atualização monetária em anexo, referentes aos valores dos dias não trabalhados no serviço público, em razão de falta, mas que não foram objeto de desconto na folha de pagamento respectiva; 2. O Compromissário,

CASEBOOK DE PROCESSO COLETIVO

Firmado o TAC, o MPMG ajuizou ação para a homologação do acordo extrajudicial, a fim de se valer da sentença homologatória como título executivo judicial. É a partir daí que emerge maior discussão a respeito do tema.

A petição inicial foi indeferida pelo juízo por ser considerada inepta, uma vez que lhe faltava pedido ou causa de pedir. Segundo a juíza que conduziu o processo, o TAC trata de suposto ato de improbidade administrativa, não havendo amparo legal para sua formalização. Isso porque o ato do MPMG foi pautado na Resolução nº 03/2017 do Conselho Superior do MPMG,[6] cuja norma não possui força vinculante perante os demais órgãos da Administração Pública.

Ainda que se afastasse a aplicação da referida Resolução, o juízo considerou que restaria para apreciação um simples acordo extrajudicial, o que também não teria respaldo legal, uma vez que o art. 17, §1º da Lei de Improbidade Administrativa vedava a transação, o acordo ou a conciliação.[7] Tal sentença foi objeto do recurso de embargos de declaração,

---

como forma de compensação pelo dano moral coletivo, deverá adquirir e doar ao GAECO de Pouso Alegre, a fim de auxiliar o combate ao crime organizado, inclusive no que toca ao patrimônio público, no prazo de 10 (dez) dias: 2.1- Duas mesas de trabalho de escritório com gavetas e cadeiras de chefia; 2.2-Um armário de aço com prateleiras; 3. O Compromissário se absterá de utilizar o sistema conhecido como "banco de horas", enquanto não houve regulamentação legal, devendo velar para que os dias não trabalhados na municipalidade sejam devidamente descontados de seus vencimentos. Para tanto o servidor deverá, por escrito, comunicar as eventuais faltas diretamente à Gerência de Recursos humanos; 4. O não cumprimento dos prazos e obrigações constantes das cláusulas do presente instrumento, seja por ação, omissão ou retardamento, implicará na imposição de multa diária no valor de R$100,00 (cem reais), por item descumprido, a qual deverá ser revertida para o Fundo Especial do Ministério Público de Minas Gerais – FUNEMP- [...]; 5. Este compromisso não inibe ou restringe, de forma alguma, as ações de controle, fiscalização e monitoramento deste órgão ministerial, ou de qualquer outro que vele pelo patrimônio público, nem limita ou impede o exercício, por eles, de suas atribuições e prerrogativas legais e regulamentares." (MINAS GERAIS, 2018).

[6] A Resolução nº 03/2017 do Conselho Superior do MPMG "regulamenta, no âmbito do Ministério Público do Estado de Minas Gerais, o Compromisso de Ajustamento de Conduta envolvendo hipóteses configuradoras de improbidade administrativa (definidas na Lei n.º 8.429, de 2 de junho de 1992)."

[7] A juíza se refere à antiga redação do art. 17, §1º da Lei de Improbidade Administrativa, que dispunha:

os quais foram rejeitados e, posteriormente, foi interposto o recurso de apelação pelo MPMG.

Não se pode descuidar que o caso narrado trata de ofensa ao direito material coletivo dos munícipes de ter uma Administração Pública que seja proba e pautada nos princípios constitucionais norteadores da atividade administrativa,[8] os quais, quando desrespeitados, implicam danos ao erário e à toda a coletividade.

A discussão que aqui se traz surge exatamente no momento em que o juízo se nega a homologar o TAC celebrado para ajustar conduta ímproba, por considerar o fato ausente de amparo legal. Entretanto, se pode questionar: será mesmo que inexistem bases doutrinária e normativa – principalmente se adentrarmos no Sistema Integrado de Tutela aos Direitos Coletivos – que fundamentem a possibilidade de uma solução adequada e consensual ao caso concreto exposto?

Antes de expor os vieses legais e teóricos, segue-se com a apresentação do caso concreto, analisando-se a posição adotada pelo TJMG no acórdão que apreciou o recurso de apelação interposto pelo MPMG.

1.1. Solução dada pelo Tribunal

Com base em uma hermenêutica histórico-evolutiva, o MPMG interpôs o recurso de apelação sob o fundamento de que o art. 17, §1º da Lei 8.429/1992, atualmente revogado, deveria ser interpretado à luz da evolução legislativa do ordenamento jurídico brasileiro, que cada vez mais busca a entrega da prestação jurisdicional em tempo razoável e de maneira satisfatória.

A fim de demonstrar essa evolução, a peça recursal ressalta que até mesmo a seara penal está aberta à consensualidade e cita o instituto da

---

Art. 17. A ação principal, que terá rito ordinário, será proposta pelo Ministério Público ou pela pessoa jurídica interessada, dentro de trinta dias da efetivação da medida cautelar. §1º É vedada a transação, acordo ou conciliação nas ações de que trata o caput. Atualmente esse dispositivo conta com outra redação, tendo em vista que foi modificado pela Lei nº 13.964/2019, o denominado "Pacote Anticrime".

[8] Os essenciais princípios constitucionais norteadores da atividade administrativa são aqueles expressos no art. 37 da Constituição da República Federativo do Brasil de 1988, quais sejam, legalidade, impessoalidade, moralidade, publicidade e eficiência. "Da conjunção dos princípios regentes da atividade estatal extrai-se o princípio da probidade" (GARCIA, 2005, p. 733).

CASEBOOK DE PROCESSO COLETIVO

colaboração premiada, o qual está expresso nas Leis de Organização Criminosa, Lavagem de Capitais, Tráfico Ilícito de Entorpecentes, dentre outras.

Além disso, a Lei de Mediação (Lei nº 13.140/2015), na seção II intitulada "Dos Conflitos Envolvendo a Administração Pública Federal Direta, suas Autarquias e Fundações", também abre a possibilidade de composição extrajudicial do conflito discutido em ação de improbidade administrativa, desde que conte com anuência expressa do juiz.[9]

Por outro lado, também não se poderia desconsiderar a validade da Resolução nº 118/2014 do Conselho Nacional do Ministério Público (CNMP)[10] e da Resolução nº 03/2017 do Conselho Superior do MPMG,[11] uma vez que integram o ordenamento jurídico pátrio e devem ser observadas, especialmente pelos membros do Ministério Público.

Ademais, ainda que o TAC seja considerado título executivo extrajudicial, alega o Ministério Público que é permitido pleitear a sua homologação, a fim de que garanta os benefícios inerentes ao título executivo judicial, reduzindo o espectro defensivo do executado. Isso porque o art. 917, VI do CPC/2015 permitiria ao devedor de título executivo extrajudicial aduzir "qualquer matéria que lhe seria lícito deduzir como defesa em processo de conhecimento."

---

[9] O art. 36, §4º da Lei nº 13.140/2015 dispõe:
Art. 36. No caso de conflitos que envolvam controvérsia jurídica entre órgãos ou entidades de direito público que integram a administração pública federal, a Advocacia-Geral da União deverá realizar composição extrajudicial do conflito, observados os procedimentos previstos em ato do Advogado-Geral da União. [...]
§ 4º Nas hipóteses em que a matéria objeto do litígio esteja sendo discutida em ação de improbidade administrativa ou sobre ela haja decisão do Tribunal de Contas da União, a conciliação de que trata o caput dependerá da anuência expressa do juiz da causa ou do Ministro Relator.
[10] A Resolução nº 118/2014 do CNMP dispões sobre a Política Nacional de Incentivo à Autocomposição no âmbito do Ministério Público
[11] A Resolução nº 03/2017 do Conselho Superior do MPMG regulamenta, no âmbito do Ministério Público do Estado de Minas Gerais, o Compromisso de Ajustamento de Conduta envolvendo hipóteses configuradoras de improbidade administrativa (definidas na Lei n.º 8.429, de 2 de junho de 1992).

5. CONSENSO E COMPROMISSO DE AJUSTAMENTO DE CONDUTA

Em acórdão proferido no dia 15 de março de 2019,[12] o TJMG fundamentou que o art. 17, §1º da Lei nº 8.429/1992,[13] foi temporariamente revogado pela Medida Provisória nº 703 de 2015, mas teve seu prazo de vigência encerrado em 29/05/2016, por meio de Ato Declaratório do Presidente da Mesa do Congresso Nacional nº 27 de 2016.

Portanto, no momento de prolação do acórdão, o referido dispositivo legal estaria em vigência, porém apenas vedaria o ajuste que fosse firmado no decorrer de uma ação de improbidade administrativa já ajuizada. Além disso, nada impediria a celebração do TAC para a defesa dos direitos difusos em geral, como também o pedido teria claro amparo na Lei de Mediação (art. 36, §4º, Lei nº 13.140/2015).

Assim, na análise do caso concreto, o TJMG entendeu que estava diante de um pedido para a homologação de um TAC, que fora celebrado extrajudicialmente. Por conseguinte, não se tratava de um acordo firmado no bojo de uma ação civil pública por ato de improbidade administrativa, o que seria vedado à época. Com base nesse entendimento exposto, o TJMG concluiu que não haveria obstáculo legal para a homologação desse ajuste extrajudicial e deu provimento ao recurso para reformar

---

[12] EMENTA: APELAÇÃO CÍVEL. PEDIDO DE HOMOLOGAÇÃO JUDICIAL DE TERMO DE AJUSTAMENTO DE CONDUTA. ART. 17, §1º, DA LEI 8.429/1992. CASO QUE NÃO SE TRATA DE AÇÃO DE IMPROBIDADE ADMINISTRATIVA. SETENÇA REFORMADA. RECURSO PROVIDO.
– Nos termos do art. 17, §1º, da Lei 8.429/1992, "É vedada a transação, acordo ou conciliação nas ações de que trata o caput".
– Conforme § 4º, do art. 36, da Lei de Mediação, "Nas hipóteses em que a matéria objeto do litígio esteja sendo discutida em ação de improbidade administrativa ou sobre ela haja decisão do Tribunal de Contas da União, a conciliação de que trata o caput dependerá da anuência expressa do juiz da causa ou do Ministro Relator."
– Considerando tratar-se o caso em comento de pedido de homologação de termo de ajustamento de conduta, e não de um pedido de homologação de acordo nos autos de uma ação por ato de improbidade administrativa, não há óbice legal para o processamento da ação.
– Recurso provido.(TJMG – Apelação Cível 1.0000.18.141085-3/001, Relator(a): Des.(a) Moacyr Lobato, 5ª CÂMARA CÍVEL, julgamento em 15/03/0019, publicação da súmula em 20/03/2019)
[13] Art. 17. A ação principal, que terá rito ordinário, será proposta pelo Ministério Público ou pela pessoa jurídica interessada, dentro de trinta dias da efetivação da medida cautelar. §1º É vedada a transação, acordo ou conciliação nas ações de que trata o caput.
Ressalta-se que esse dispositivo foi modificado pela Lei nº 13.964/2019, o denominado "Pacote Anticrime".

CASEBOOK DE PROCESSO COLETIVO

a sentença e homologar o TAC celebrado entre o MPMG e o servidor público da municipalidade.

2. O entendimento doutrinário e a legislação aplicável ao caso

O tratamento normativo conferido aos casos de Improbidade Administrativa está disciplinado pelo Sistema Integrado de Tutela aos Direitos Coletivos, cujo núcleo é formado pela Lei da Ação Popular (Lei 4.717/65), Lei da Ação Civil Pública (Lei 7.347/85), Código de Defesa do Consumidor (Lei 8.078/90) e, de modo superposto, a Constituição da República Federativa do Brasil de 1988 (CR/1988). Ressaltando-se, ainda, a aplicação subsidiária do Código de Processo Civil de 2015 (CPC/2015).[14] Dentre tantas outras legislações específicas que orbitam o núcleo desse Sistema Integrado e visam à defesa dos direitos sociais constitucionais enquanto objeto de proteção coletiva, encontra-se a Lei de Improbidade Administrativa (Lei nº 8.429/1992).

Toda a compreensão e interpretação dos referidos diplomas deverá se realizar mediante a aplicação da Teoria do Diálogo das Fontes. Desse modo, a interação entre as mencionadas legislações se dará por meio de um constante diálogo normativo,[15] formando um grande Sistema Integrado, o qual não pode ser reduzido à nomenclatura de "microssistema".[16]

A promoção da consensualidade, assim como na esfera individual, também tem sido discutida e estimulada no âmbito desse Sistema Integrado

---

[14] A aplicação subsidiária do CPC/2015 ao Sistema Integrado de Tutela Processual aos Direitos Coletivos está disciplinada no artigo 22 da Lei da Ação Popular (Lei 4.717/65), artigo 19 da Lei da Ação Civil Pública (Lei 7.347/85) e artigo 90 do Código de Defesa do Consumidor (Lei 8.078/90).

[15] Segundo a teoria do diálogo das fontes, cuja expoente no Brasil é a jurista Cláudia Limas Marques (MARQUES; BENJAMIN; BESSA, 2009), as normas não devem ser interpretadas individualmente, mas sempre de forma unitária com o conjunto que integram. Assim, o Direito deve ser interpretado como um todo, de forma sistemática e coordenada.

[16] A doutrina majoritária entende que a tutela das coletividades é efetivada por meio de um microssistema, o que reduz a grandeza e a interação das legislações que tratam da proteção dos direitos difusos, coletivos *stricto sensu* e individuais homogêneos. Leonel (2017, p.161) também reconhece a existência do Sistema Integrado de Tutela aos Direitos Coletivos no ordenamento jurídico brasileiro. Entretanto, é de se compreender que no início das primeiras discussões doutrinárias sobre o tema, por volta dos anos 1970 e 1980, esse arcabouço legislativo era bem mais reduzido.

5. CONSENSO E COMPROMISSO DE AJUSTAMENTO DE CONDUTA

de Tutela aos Direitos Coletivos, sendo o TAC o principal instrumento para a formalização desses acordos. O TAC foi inicialmente positivado pelo Estatuto da Criança e do Adolescente[17] e, posteriormente, o Código de Defesa do Consumidor acrescentou a possibilidade de sua celebração no âmbito da Lei da Ação Civil Pública.[18]

O termo de ajustamento de conduta se trata de um negócio jurídico bilateral, que tem por objetivo adequar os atos do compromissário às exigências legais, alcançando a solução do conflito coletivo e valendo como título executivo extrajudicial (DIDIER JR.; ZANETI JR., 2017, p. 325).

Estão autorizados a celebrar o TAC, em nome da coletividade tutelada, os órgãos públicos também legitimados para a propositura da Ação Civil Pública,[19] que podem convencionar obrigações de fazer, obrigações de não fazer e/ou pagamento em dinheiro, cujas cláusulas serão negociadas de forma igual ou mais abrangente do que seria eventualmente pleiteado no processo coletivo (GAVRONSKI, 2016, p. 346). Em outras palavras, entende-se que o TAC deve alcançar os mesmos resultados práticos observados em caso de procedência da ação coletiva (GAVRONSKI, 2016, p. 346).

Isso ocorre porque há indisponibilidade do direito material coletivo, que não pode ser transacionado pelo ente legitimado à sua defesa, e conforme Almeida (2003, p. 358),

> não se admite, assim, a transação substancial (ou material). Todavia, é possível a transação formal, que não signifique qualquer renúncia ao direito coletivo em questão. Assim, poderão ser pactuados a forma e o prazo de reparação do dano causado ao direito coletivo, mas desde que não signifiquem indiretamente inviabilização do próprio direito coletivo. (ALMEIDA, 2003, p. 358).

---

[17] Art. 211. Os órgãos públicos legitimados poderão tomar dos interessados compromisso de ajustamento de sua conduta às exigências legais, o qual terá eficácia de título executivo extrajudicial.

[18] O artigo 113 do Código de Defesa do Consumidor acrescentou os parágrafos quarto, quinto e sexto ao artigo 5º da Lei nº. 7.347/85.

[19] São órgãos públicos legitimados a celebrar o TAC aqueles indicados no art. 5º da Lei de Ação Civil Pública: o Ministério Público, a Defensoria Pública, a União, os Estados, os Municípios e o Distrito Federal, existindo discussão acerca da legitimidade da administração pública indireta e das associações para firmarem TAC.

CASEBOOK DE PROCESSO COLETIVO

Dessa forma, o TAC não pode resultar em disposição do direito coletivo tutelado, sendo possível apenas flexibilizar prazos, condições, modo e lugar de adimplemento das obrigações (RODRIGUES, 2011, p. 234; 281).

De acordo com o art. 14 da Resolução 23 do CNMP,[20] o TAC visa "à reparação do dano, à adequação da conduta às exigências legais ou normativa e, ainda, à compensação e/ou à indenização pelos danos que não possam ser recuperados."

Destarte, por mais que o TAC seja título executivo extrajudicial, é possível que se requeira sua homologação judicial, com base no art. 515, III do CPC/2015,[21] que permite a homologação de autocomposição extrajudicial de qualquer natureza.

2.1. O TAC e a tutela coletiva à probidade administrativa

Apesar da existência do TAC e de sua ampla utilização visando à tutela das coletividades, há intenso debate acerca da legalidade de seu uso no ajustamento de condutas ímprobas praticadas por agentes públicos. Para que se analise o tema, torna-se necessário traçar o histórico evolutivo da Lei de Improbidade Administrativa.

A Lei nº 8.429/1992 foi publicada no início da década de 1990, em um momento jurídico diverso do atualmente existente, em que não havia tantos incentivos normativos às soluções consensuais e autocompositivas. Nesse sentido, a antiga redação do art. 17, §1º da referida lei, vedava a transação, o acordo ou a conciliação nas ações civis públicas por improbidade administrativa.

Para Mazzilli (2015, p. 339) "a lei de improbidade administrativa vedou, expressamente, a transação nas ações de responsabilização civil dos agentes públicos em caso de enriquecimento ilícito" e "com maior razão, não se há de admitir transação nos inquéritos civis relacionados com a matéria" (MAZZILI, 2015, p. 339).

---

[20] Art. 14. O Ministério Público poderá firmar compromisso de ajustamento de conduta, nos casos previstos em lei, com o responsável pela ameaça ou lesão aos interesses ou direitos mencionados no artigo 1º desta Resolução, visando à reparação do dano, à adequação da conduta às exigências legais ou normativas e, ainda, à compensação e/ou à indenização pelos danos que não possam ser recuperados.

[21] Art. 515. São títulos executivos judiciais, cujo cumprimento dar-se-á de acordo com os artigos previstos neste Título: [...]
III – a decisão homologatória de autocomposição extrajudicial de qualquer natureza;

5. CONSENSO E COMPROMISSO DE AJUSTAMENTO DE CONDUTA

Essa postura conservadora era comum entre os doutrinadores que, segundo Farias e Pinho (2009, *online*), não ousavam "questionar a redação do referido art. 17, §1º, quer pela adoção de uma acomodada interpretação literal, quer pelo fundado receio de que a abertura da via consensual [...] [seria] uma inconveniente porta para outros e mais graves atos de improbidade administrativa."

Contudo, esse panorama de pouca abertura à consensualidade foi radicalmente transformado, abarcando a modificação de diversas legislações supervenientes, fazendo surgir um novo paradigma para a solução de conflitos. O Código de Processo Civil de 2015 entre o artigo 3º, incisos II e III e seu artigo 699 incluiu, de modo sistemático, inúmeras disposições referentes a esse tema.

Até mesmo o campo do direito penal implementou a possibilidade de consenso em suas disposições, a exemplo da colaboração premiada, prevista na Lei de Organização Criminosa e Lavagem de Capitais. Conforme Cabral (2016, p. 323), "vê-se o crescimento de uma 'justiça penal consensual', com reforço da autonomia da vontade que favorece a busca de resultados concertados entre os diversos sujeitos processuais."

Sendo possível negociar até mesmo no âmbito do direito penal, seria incoerente sua impossibilidade no caso de apuração de improbidade administrativa, que não raras vezes também acaba por resultar em uma ação penal.

Já no ano de 2010 o Conselho Nacional de Justiça (CNJ) expediu a Resolução nº 125 de 29 de novembro de 2010, instituindo a Política Judiciária Nacional de tratamento adequado dos conflitos de interesses no âmbito do Poder Judiciário e estabelecendo diretrizes para promoção das soluções consensuais e autocompositivas.

Posteriormente, a Resolução nº 118 de 2014 do CNMP dispôs sobre a Política Nacional de Incentivo à Autocomposição no âmbito do Ministério Público, consolidando uma atuação resolutiva do órgão.

O intenso movimento para que houvesse a possibilidade de acordos frente à situação de improbidade administrativa foi consumado pela Medida Provisória nº 703 de 2015, porém tal medida teve seu prazo de vigência encerrado em 29/05/2016, por meio de Ato Declaratório do Presidente da Mesa do Congresso Nacional nº 27 de 2016, como já indicado alhures.

A partir da publicação da Lei de Mediação (Lei nº 13.140/2015), que menciona expressamente a possibilidade de conciliação em casos de improbidade administrativa, teria ocorrido a revogação implícita do dispositivo legal que vedava o acordo na Lei nº 8.429/1992 (PEREIRA, 2018, p. 70).

Como salienta Godoy (2015, *online*), a Lei de Mediação trouxe regra específica para determinar que "nas hipóteses em que a matéria objeto do litígio esteja sendo discutida em ação de improbidade administrativa ou sobre ela haja decisão do Tribunal de Contas da União, a conciliação [...] dependerá da anuência expressa do juiz da causa ou do Ministro Relator" (GODOY, 2015, *online*).

No ano de 2017 o CNMP expediu a Resolução nº 179, que regulamentou o Compromisso de Ajustamento de Conduta no âmbito do Ministério Público e estabeleceu expressamente que o TAC é cabível "nas hipóteses configuradoras de improbidade administrativa, sem prejuízo do ressarcimento ao erário e da aplicação de uma ou algumas das sanções previstas em lei, de acordo com a conduta ou ato praticado" (art. 1º, §2º, Res. 179/2017 CNMP).

Não bastasse tal providência, a Resolução nº 179/2017 do CNMP fixou o prazo de 180 dias para que os diversos ramos do Ministério Público brasileiro promovessem as adequações necessárias em seus atos normativos. Seguindo essa orientação, o MPMG expediu a Resolução nº 03/2017 do Conselho Superior do MPMG, regulamentando a celebração de TAC nas hipóteses configuradoras de improbidade administrativa.

Observe-se: mesmo que ainda vigente a regra que vedava a realização de transação, acordo ou conciliação na improbidade administrativa, o âmbito doutrinário e a atuação prática já as permitia e, inclusive, orientava a sua aplicação.

De fato, havia uma antinomia normativa, uma vez que a literalidade da Lei de Improbidade Administrativa já não era mais compatível com o ordenamento jurídico que integrava. Não foi por outra razão que, recentemente, a Lei de Improbidade Administrativa sofreu alterações por meio da publicação da Lei nº 13.964/2019, o denominado "Pacote Anticrime".

Com a novidade legislativa, o art. 17, §1º da Lei 8.429/1992[22] passa a dispor que as ações por improbidade administrativa admitem a celebração do acordo de não persecução cível.

---

[22] Art. 17. A ação principal, que terá o rito ordinário, será proposta pelo Ministério Público ou pela pessoa jurídica interessada, dentro de trinta dias da efetivação da medida cautelar.

5. CONSENSO E COMPROMISSO DE AJUSTAMENTO DE CONDUTA

Conforme se observa, agora é permitida a celebração de acordos nos casos de improbidade administrativa, sem que se tenha estabelecido maiores especificações sobre a forma, as condições ou os limites mínimos a serem observados nesses ajustes de não persecução cível, o que se buscará aclarar.

2.2. O acordo de não persecução cível

Considerando que a alteração da Lei de Improbidade Administrativa ainda é muito recente, a uma primeira vista não haveria disposições suficientes para esclarecer a definição, a forma, as condições ou os efeitos desse "acordo de não persecução cível".

Ante a ausência de amplo desenvolvimento da matéria, inicialmente entende-se que o acordo de não persecução cível poderia ser compreendido como a autocomposição realizada com a finalidade de ajustar as condutas do agente público ímprobo às exigências legais e constitucionais, tornando dispensável o ajuizamento ou a continuidade de uma ação civil pública por improbidade administrativa.

Santos e Marques (2020, p. 303) aduzem que não existe nenhuma diferença ontológica entre o acordo de não persecução cível e o TAC (Lei nº 7.347/1985), o Termo de Leniência (Lei nº 12.846/2013) ou o Termo de Autocomposição (Lei nº 13.140/2015). Todos os ajustes seriam "negócio jurídico voluntário de resolução alternativa de conflitos civis entre o Ministério Público ou a Administração Pública com particulares acusados da prática de ilícitos." (SANTOS; MARQUES, 2020, p. 303).

Para que houvesse então uma sistematização do acordo de não persecução cível, Santos e Marques (2020, p. 305) mencionam a utilização analógica, ainda que parcial, das disposições contidas na Lei Anticorrupção, que permitem a formalização do acordo de leniência.

Apesar da interessante proposta, questiona-se a necessidade de utilização da interpretação analógica no presente caso. Isso porque o próprio Sistema Integrado de Tutela aos Direitos Coletivos, conformado pelo diálogo de suas fontes, já parece oferecer resposta satisfatória, sem que se precise recorrer a outras esferas jurídicas.

§ 1º As ações de que trata este artigo admitem a celebração de acordo de não persecução cível, nos termos desta Lei.

CASEBOOK DE PROCESSO COLETIVO

Diante da evolução legislativa anteriormente exposta, fica claro que o acordo de não persecução cível não se trata de um novo instrumento jurídico. A mencionada alteração normativa simplesmente autorizou a celebração de ajustes quando configurada violação à probidade administrativa.

Desse modo, o acordo de não persecução cível não deve ser entendido como um novo instrumento processual, mas sim como permissivo legal à celebração de acordos por meio do TAC, o qual é instituto já amplamente teorizado e utilizado para a tutela das coletividades.

Assim, a utilização do TAC como instrumento para celebração do acordo de não persecução cível encontra respaldo no diálogo das fontes existente no próprio Sistema Integrado de Tutela aos Direitos Coletivos, isto é, da conjugação do artigo 5º, §6º da Lei de Ação Civil Pública, artigo 17,§§ 1º e 10-A da Lei de Improbidade Administrativa, e artigo 36, §4º da Lei de Mediação. A adoção desse entendimento extirpa a necessidade de malabarismos hermenêuticos para a formalização do ajuste que, se realizado por meio do TAC, será caracterizado enquanto título executivo extrajudicial.

Nesse ponto em específico, concorda-se com o entendimento exposto por Andrade (2020, *online*), ao dizer que o acordo extrajudicial de não persecução cível "deverá ser formalizado num compromisso de ajustamento de conduta, nos termos do art. 5º, §6º da Lei 7.347/1985, que terá eficácia de título executivo extrajudicial" (ANDRADE, 2020, *online*).

Portanto, entende-se dispensável qualquer interpretação analógica ou que se recorra à criação de um novo instrumento processual, visto que, como se reforça aqui, a solução está no próprio Sistema Integrado de Tutela aos Direitos Coletivos.

Utilizando-se o TAC, o acordo de não persecução cível encontraria limites já sedimentados e teoria bem definida para impedir a efetivação de ajustes que eventualmente impliquem concessões ilegais ao agente ímprobo.

Ademais, o Ministério Público, por meio de suas resoluções, já disciplinou a celebração de TAC para o ajustamento de condutas ímprobas. Conforme se extrai dessas resoluções, o instrumento adequado para a formalização de tais acordos é o TAC. Além disso, o próprio caso concreto aqui analisado confirma a adequação desse instrumento, uma vez que o

TJMG homologou judicialmente um acordo formalizado via TAC, que tinha por finalidade ajustar uma conduta ímproba.

Dessa forma, ante a natureza coletiva dos direitos tutelados pela Lei de Improbidade Administrativa, os acordos de não persecução cível devem seguir a forma, as condições, os limites e os efeitos já exaustivamente delineados para o TAC, cujo instrumento jurídico-processual tem se mostrado adequado para a defesa dos direitos coletivos.

3. A teoria na prática: aplicação da literatura ao caso

O caso concreto aqui analisado foi julgado antes da alteração que expressamente permitiu a celebração de acordos nos casos de improbidade administrativa perpetradas por agentes públicos, o que não inviabilizará a sua análise.

Conforme foi descrito, o TJMG homologou um TAC que tratava do ajustamento de conduta ímproba, sob o argumento de que a legislação à época vigente vedava apenas o acordo firmado em uma ação de improbidade administrativa já ajuizada. Como o pedido do Ministério Público se restringia à homologação de um acordo extrajudicial, o referido Tribunal entendeu que não haveria óbice legal à sua procedência.

Diante da literatura exposta, percebe-se que o TJMG se esquivou de enfrentar o debate sobre eventual revogação implícita da regra que vedava a realização de acordos no caso de improbidade administrativa. Contudo, o Tribunal logrou êxito em harmonizar sua decisão com o ordenamento jurídico que, no momento da decisão, já estimulava a consensualidade e a autocomposição como métodos de solução adequada aos conflitos dessa natureza.

A partir do caso apresentado é possível observar que há uma abertura jurisdicional à celebração dos acordos envolvendo casos de improbidade administrativa, especialmente no âmbito extrajudicial. Sendo importante também reforçar que tais acordos não podem se converter em formas de amainar a responsabilização daqueles agentes públicos que apresentaram conduta ímproba no exercício de sua função pública.

Mais do que isso: o caso apresentado confirma a hipótese de que o TAC é o instrumento adequado para a formalização dos ajustes de condutas ímprobas e inclusive já era utilizado pelo Ministério Público, cuja atuação era pautada em resoluções específicas, bem como em dispositivos da Lei de Mediação.

CASEBOOK DE PROCESSO COLETIVO

Assim, entende-se finalmente que a nova redação do art. 17, §1º da Lei 8.942/1992 apenas sacramenta o que já se observava na literatura e prática jurídicas.

Conclusões

A partir da análise do caso prático apresentado, bem como da literatura jurídica existente sobre o tema, é possível concluir que:

- A Lei de Improbidade Administrativa compõe o Sistema Integrado de Tutela aos Direitos Coletivos vigente no país, cuja aplicação se fundamenta por um constante diálogo das fontes normativas pertinentes;
- Existe fundamentação doutrinária e legal que autorizam a formalização de acordos para o ajustamento de condutas ímprobas perpetradas por agentes públicos, seja no âmbito judicial ou extrajudicial;
- As exposições doutrinárias se mostraram mais amplas do que a fundamentação trazida pelo Tribunal que exarou a decisão do caso prático em comento, o qual deixou de debater a possibilidade legal de se firmarem acordos em caso de improbidade administrativa, se limitando a uma interpretação literal da norma;
- Apesar de esse Tribunal não ter enfrentado o tema central do debate, logrou êxito em compatibilizar sua decisão com o novo paradigma de promoção à consensualidade e autocomposição voltadas à solução dos conflitos;
- A nova redação do artigo da Lei de Improbidade Administrativa, que permite a realização do acordo de não persecução cível, apenas ratifica a possibilidade de ajuste já verificada na doutrina e prática jurídicas;
- Entende-se que o denominado "acordo de não persecução cível" não é um novo instrumento jurídico-processual e nem carece de malabarismos hermenêuticos para sua teorização;
- Considerando o caso concreto apresentado e o diálogo de fontes inerente ao Sistema Integrado de Tutela aos Direitos Coletivos, bem como considerando a conjugação dos dispositivos constantes no artigo 5º, §6º da Lei de Ação Civil Pública, artigo 17, §§ 1º e 10-A da Lei de Improbidade Administrativa e artigo 36, §4º da Lei

de Mediação, ainda acompanhados das resoluções expedidas pelo Ministério Público; é possível afirmar que o TAC é o instrumento apto a formalizar o acordo de não persecução cível;

- Por fim, esclarece-se que para a sua validade, o acordo de não persecução cível deve seguir a forma, as condições, os limites e os efeitos já exaustivamente delineados para os TACs que objetivam a defesa dos direitos coletivos transindividuais afetados por ato de improbidade administrativa.

Referências

ALMEIDA, Gregório Assagra de. *Direito processual coletivo brasileiro*: um novo ramo do direito processual (princípios, regras interpretativas e a problemática da sua interpretação e aplicação). São Paulo: Saraiva, 2003.

ANDRADE, Landolfo. Acordo de não persecução cível: primeiras reflexões. *Gen jurídico.* 05 mar 2020. Disponível em: http://genjuridico.com.br/2020/03/05/acordo-de-nao-persecucao-civel/. Acesso em: 22 abr. 2020.

CABRAL, Antônio do Passo. As convenções processuais e o termo de ajustamento de conduta. In: ZANETI JÚNIOR, Hermes (Coord.). *Repercussões do novo CPC*: processo coletivo. Salvador. Juspodivm, 2016. p. 319-332.

DIDIER JR., Fredie; ZANETI JR., Hermes. *Curso de Direito Processual Civil: processo coletivo.* v.4. 11. ed. Salvador: Editora Jus Podivm, 2017.

FARIAS, Bianca Oliveira de; PINHO, Humberto Dalla Bernardina de. *Apontamentos sobre o compromisso de ajustamento de conduta na Lei de Improbidade Administrativa e no Projeto de Lei da Ação Civil Pública.* 2009. Disponível em: https://ambitojuridico.com.br/cadernos/direito-processual-civil/apontamentos-sobre-o-compromisso--de-ajustamento-de-conduta-na-lei-de-improbidade-administrativa-e-no-projeto--de-lei-da-acao-civil-publica/. Acesso em: 22 abr. 2020.

GARCIA, Emerson. Improbidade Administrativa. *Revista dos Tribunais*, São Paulo, v. 833, p. 711-741, mar. 2005.

GAVRONSKI, Alexandre Amaral. Autocomposição no novo CPC e nas Ações Coletivas. In: ZANETI JR., Hermes (Coord.). *Repercussões do novo CPC – processo coletivo.* Salvador: Jus Podivm, 2016. p. 333-361.

GODOY, Luciano de Souza. Acordo e mediação na ação de improbidade administrativa. *Jota.* 2015. Disponível em: https://www.jota.info/opiniao-e-analise/artigos/acordo-e-mediacao-na-acao-de-improbidade-administrativa-03082015. Acesso em: 22 abr. 2020.

LEONEL, Ricardo de Barros. *Manual de processo coletivo.* 4. ed. rev. ampl. e atual. de acordo com o Código de Processo Civil/2015. São Paulo: Malheiros, 2017.

CASEBOOK DE PROCESSO COLETIVO

MARQUES, Claudia Lima; BENJAMIN, Antonio Herman V.; BESSA, Leonardo Roscoe. *Manual de direito do consumidor*. 2. ed. rev., atual. e ampl. São Paulo: Revista dos Tribunais, 2009.

MAZZILLI, Hugo Nigro. *O inquérito civil*. 4. ed. São Paulo: Saraiva, 2015.

MINAS GERAIS. Tribunal de Justiça. 1ª Vara Cível da Comarca de São Lourenço. Ação de Homologação de Transação Extrajudicial n. 5001516-35.2018.8.13.0637. Distribuída em: 08 ago. 2018.

PEREIRA, Leydomar Nunes. Composição no âmbito da improbidade adminustrativa: implementação no Ministério Público do Ceará. *Revista Acadêmica Escola Superior do Ministério Público do Ceará*. 2018. p. 61-75. Disponível em: http://www.mpce. mp.br/wp-content/uploads/2018/12/ARTIGO-4.pdf. Acesso em: 22 abr. 2020.

RODRIGUES, Geisa de Assis. *Ação Civil Pública e Termo de Ajustamento de Conduta*: teoria e prática. 3. ed. Rio de Janeiro: Forense, 2011.

SANTOS, Christiano Jorge; MARQUES, Silvio Antonio. "Pacote Anticrime" (Lei 13.964/2019) e acordo de não persecução cível na fase pré-processual: entre o dogmatismo e o pragmatismo. *Revista de Processo*. São Paulo, v. 303, p. 291-315, maio 2020.

THIBAU, Tereza Cristina Sorice Baracho; FARIA, Ana Flávia França. Tragédias ambiental e humana na exploração minerária: a busca por soluções coletivas negociadas. In: THIBAU, Tereza Cristina Sorice Baracho; ALVARENGA, Samuel (Orgs.). *Direito e processo coletivo*: diálogos interdisciplinares. v. 1. Belo Horizonte: Vorto, 2019. p. 61-86.

II

REPRESENTATIVIDADE ADEQUADA

6. O controle da representação adequada de interesses: o caso do incêndio da boate Kiss

Christovão de Moura Varotto Júnior

Introdução

A dinâmica da sociedade moderna evidenciou a existência de conflitos sociais complexos, distintos daqueles circunscritos a esfera individual e patrimonial, para os quais o modelo processual tradicional se revelou insatisfatório.

Sendo o processo o instrumento estatal para o exercício da função jurisdicional, o processo civil teve que se ajustar à essa nova realidade e romper com noções, conceitos e institutos processuais clássicos como meio de viabilizar uma efetiva e adequada tutela dos direitos coletivos[1]. Nesse cenário, a legitimidade ativa, tradicionalmente ligada à titularidade do direito material passa a necessitar de uma nova base teórica.

Se, por um lado, o sistema de tutela coletiva torne impraticável a presença de todos os titulares dos direitos transindividuais em juízo, de outro, é indispensável assegurar mecanismos para o efetivo "acesso à justiça" a todos aqueles cuja esfera jurídica poderá ser afetada pelo resultado da demanda.

Ao contrário de países como os EUA, o ordenamento pátrio atribui a legitimidade ativa para o exercício das ações coletivas a entes expressamente arrolados em lei, o que conduziu ao entendimento da existência

---

[1] Neste capítulo sempre referenciada em sentido amplo, abrangendo a tutela processual das três espécies ou categorias de direitos dispostos no artigo 81, parágrafo único, do Código de Defesa do Consumidor, ou seja, difusos, coletivos e individuais homogêneos

CASEBOOK DE PROCESSO COLETIVO

de uma presunção absoluta da legitimidade de tais entidades, excluindo qualquer possibilidade de exame concreto.

Contudo, o devido processo legal[2] e o dever de proteção suficiente da coletividade ausente demandam que, para além da simples legitimação abstrata, haja a efetiva e concreta demonstração, por parte do sujeito que se coloca como representante da coletividade, de que realmente ele atua em nome desta.

Nesse cenário, o exame da representação adequada surge como um pilar do processo coletivo, na medida em que garante àqueles represen-tados pelos legitimados o compromisso com a tutela de seus interesses (até como forma de justificar sua vinculação ao resultado do processo coletivo)[3], além de inibir a utilização desvirtuada da autorização legal para o exercício de demandas coletivas.

Critérios como a competência, a honestidade, histórico na proteção de interesses coletivos, a capacidade financeira, bem como a conexão com a coletividade representada devem ser levados em consideração pelo magistrado no momento da admissibilidade da peça inicial, bem como ao longo de todo o processo coletivo, evitando o abuso e o descompasso da tutela jurisdicional com os reais interesses da coletividade titular do direito violado

Assim, pautado pelo caso paradigma (Apelação Cível, Nº 70056964463, TJRS), o texto tem como objetivo refletir como a integração entre as noções de legitimidade legal e controle judicial da representação ade-quada (idealizando um modelo de condução responsável do processo),

---

[2] Com igual posicionamento, GIDI, Antonio. *Las acciones colectivas y la tutela de los derechos difusos, colectivos e individuales en Brasil. Un modelo para países de derecho civil.* Trad. Lucio Cabrera Acevedo. México: UNAM, 2004. p. 79-80. Nas palavras do autor "En consecuencia, aunque la legislación de la acción colectiva brasileña no aborda este tema, y aun no sea la opinión general entre los juristas brasileños, yo sugiero que una representación incompetente de los derechos del grupo por un representante debe ser considerada como una violación al debido procso legal garantizado por la Constitución brasileña."

[3] "Existe una conexión directa y elemental entre el instituto de la cosa juzgada y el de la representación adecuada, que indica que la eficacia de la primera se extenderá a todos los miembros de la clase, aun ausentes en el proceso colectivo, siempre que sus derechos hayan sido defendidos en una forma tal que ellos no pudieran haberlo hecho mejor de haberse presentado" (BENINI, Giorgio A. *La representatividad adecuada en los procesos colectivos. Aspectos procesales y constitucionales.* In: SALGADO, José M. (Coord.). Procesos colectivos y acciones de clase. Buenos Aires: Cathedra Jurídica, 2014. p. 232).

contribuem para a uma devida, adequada e legítima tutela jurisdicional do direito material coletivo.

1. O litígio coletivo

O presente capítulo terá como base um litígio coletivo amplamente conhecido: "o caso do incêndio da Boate Kiss".A ementa do caso proposto tem a seguinte redação:

> APELAÇÃO CÍVEL. RESPONSABILIDADE CIVIL. AÇÃO CIVIL PÚBLICA. INCÊNDIO EM BOATE. ILEGITIMIDADE ATIVA DE ASSOCIAÇÃO. OCORRÊNCIA. APLICAÇÃO DO INSTITUTO DA REPRESENTAÇÃO ADEQUADA. Verificado nos autos a ausência de qualquer relação entre os atingidos pelo evento danoso e a associação que propôs a presente ação civil pública, a qual, inclusive, possui sede na cidade de São Paulo, sendo distante da região onde ocorrido o fato descrito na exordial, o que vai de encontro ao interesse da coletividade, mostra-se manifestamente inadequada a representação pela referida pessoa jurídica em relação às vítimas, motivo pelo qual deve ser mantido o juízo terminativo prolatado. Lições doutrinárias. APELAÇÃO DESPROVIDA. (Apelação Cível, Nº 70056964463, Décima Câmara Cível, Tribunal de Justiça do RS, Relator: Paulo Roberto Lessa Franz, Julgado em: 28-11-2013).

Como conhecido, um incêndio ocorrido na madrugada do dia 27.01.2013, nas dependências do empreendimento comercial denominado *Santo Entretenimentos Ltda. ME,* (nome fantasia *"Boate Kiss"*), no município de Santa Maria/RS, resultou na morte de 241 pessoas, deixando, ainda, 623 feridos[4],

2. O processo

Sendo um evidente caso de acidente de consumo, a Defensoria Pública do Estado do Rio Grande do Sul, apresentou demanda em face do município de Santa Maria, do estado do Rio Grande do Sul, da "Boate Kiss" e de

---

[4] Dados extraídos do artigo: AÇÃO COLETIVA DA DEFENSORIA PÚBLICA: ACIDENTE DE CONSUMO NO INCÊNDIO DA BOATE KISS Revista de Direito do Consumidor | vol. 87/2013 | p. 429 – 499 | Maio – Jun / 2013 DTR\2013\6441

CASEBOOK DE PROCESSO COLETIVO

seus sócios-proprietários. Tal ação englobou, além das pretensões das vítimas diretas, os interesses de todos aqueles considerados vítimas do evento[5].

Durante o trâmite da ação proposta pela Defensoria Pública, a ANECOL[6], ajuizou Ação Civil Pública contra os mesmos requeridos, buscando, em síntese, "a indenização para os atingidos pelo incêndio na 'Boate Kiss'".

Distribuída ao Juízo da 1ª Vara Cível Especializada em Fazenda Pública da Comarca de Santa Maria/RS, deu-se cumprimento ao disposto no artigo 94 do CDC, com a publicação de editais no Diário Oficial e em jornais de grande circulação, como forma de garantir a ampla publicidade da ação e cientificar os titulares do direito atingido para que, querendo, ingressassem no feito.

Transcorrido o prazo fixado nas publicações, não houve pedido de habilitação.

Nesse contexto, foi proferida sentença extinguindo a ação, reconhecendo (através do controle da representatividade adequada) a ilegitimidade da associação no caso concreto.

Inconformada, a ANECOL apelou, argumentando ter legitimidade para ajuizar a ação civil pública tratada

pois há tal previsão em seu estatuto, nos moldes dos incisos I e II do artigo 3º. Asseverou que mesmo que algumas famílias tenham se revoltado com a propositura da ação pela demandante, tal fato não é óbice para o trâmite dessa demanda, motivo pelo qual deve ser reformado o juízo terminativo. Discorreu acerca da aplicação do princípio da inafastabilidade da jurisdição, o que está sendo violado pela sentença objurgada buscar a tutela dos direitos individuais homogêneos e que a decisão recorrida se afastava dos interesses da coletividade.

---

[5] Pretensão de tutela de direitos individuais homogêneos. O interesse individual homogêneo pode ser definido como "um direito individual acidentalmente coletivo." (MOREIRA, José Carlos Barbosa. *Tutela jurisdicional dos interesses coletivos e difusos*. In Temas de Direito Processual Civil. 3ª série. São Paulo: Saraiva, 1984. p. 195-197).

[6] ASSOCIAÇÃO NACIONAL PARA EXIGÊNCIA DE CUMPRIMENTO DAS OBRIGAÇÕES LEGAIS

6. O CONTROLE DA REPRESENTAÇÃO ADEQUADA DE INTERESSES

Entretanto, o Tribunal, de forma unânime, negou provimento ao recurso, mantendo incólume a sentença e seus fundamentos.[7]

3. A literatura sobre o tema
3.1. Considerações iniciais
3.1.1. O devido processo legal coletivo

A sociedade moderna, de relações despersonalizadas e violações em massa, expôs a necessidade de tutela jurídica a direitos[8] para os quais os princípios e institutos do processo civil clássico não se mostravam satisfatórios.

A inaptidão do direito processual clássico, de conteúdo individualista e patrimonialista, para tutelar os direitos e interesses[9] envolvidos nesses conflitos, aliada ao movimento de acesso à justiça[10] impulsionaram a formatação de um novo modelo de processo, bem mais aderente à realidade fática e ao direito material envolvido[11].

---

[7] Que serão tratados em tópico específico (A teoria na prática)

[8] Não se fala, propriamente, de "surgimento" desses direitos, mas de mecanismos processuais para sua tutela. "O meio ambiente, o consumidor (...), o patrimônio cultural e outros interesses metaindividuais sempre existiram. O que não havia, isso sim, eram instrumentos processuais adequados, para que as suas tutelas fossem deduzidas em juízo" (cf. José Marcelo Menezes Vigliar, Tutela jurisdicional coletiva, São Paulo, Atlas, 1998, pp. 16/17). No mesmo sentido: "É que, ao mesmo tempo em que a tutela normativa desses interesses sob o viés atualmente concebido constitui fenômeno recente, a sua existência no mundo fático não possui o mesmo atributo. Com efeito, a situação, em si, não é nova. O que se alterou foi o espectro de preocupação do jurista, fazendo com que essa dimensão dos interesses também se inserisse em seu campo de visão. (ARENHART; OSNA. *Curso de processo civil coletivo*. São Paulo: RT, 2019, Edição do Kindle)

[9] A conceituação de forma abrangente "direitos e interesses" revela a preocupação do legislador em evitar que os direitos fossem entendidos como meros interesses e, por essa razão, não passíveis de tutela jurisdicional.

[10] CAPPELLETTI, Mauro; GARTH, Bryant. *Acesso à Justiça*. Tradução Ellen Gracie Northfleet. Porto Alegre: Fabris, 1988

[11] "Reconhecer as categorias dos direitos metaindividuais é reconhecer que o processo não trata de valores e interesses individuais. E que, por isso, impõe outra racionalidade aos sujeitos processuais e a aplicação de princípios que são próprios da dimensão coletiva em que esses valores se inserem" (ARENHART; OSNA. *Curso de processo civil coletivo*. São Paulo: RT, 2019, Edição do Kindle)

CASEBOOK DE PROCESSO COLETIVO

Uma vez que o processo deve servir como instrumento para a realização do direito material, os litígios coletivos demandaram (e ainda demandam) uma revisão da mentalidade[12] tradicional do processo civil na tarefa de elaborar as bases de um modelo adequado à nova realidade. Surge o desafio de reconstruir as categorias do processo coletivo, agora com os olhos voltados ao litígio concretamente verificado, de modo que sejam balizadas a partir das necessidades particulares da realidade do conflito existente[13].

Nesse giro metodológico, os princípios, institutos, os direitos e as garantias fundamentais processuais, portanto, não podem ser mais pensados somente em vista dos sujeitos processuais envolvidos. Exigem uma ampla consideração, sobretudo daqueles que fazem parte da coletividade titular do direito material[14]. É a partir desse giro conceitual que se torna possível compreender o direito processual coletivo, extraindo-se as premissas necessárias para sua efetividade e legitimidade[15].

Nesse cenário, conceitos como legitimidade ativa, participação, representação, coisa julgada, devem ser revisitados como meio de possibilitar a efetiva tutela do direito através do processo coletivo.

No presente capítulo, voltaremos atenção ao exame da representação adequada e de conceitos que lhe são próximos, como legitimidade ativa e processos representativos.

---

[12] "O efetivo implemento de novas categorias e institutos deve fazer-se em paralelo a uma mudança de mentalidade" (MANCUSO, Rodolfo de Camargo. *Jurisdição coletiva e coisa julgada*. 3. ed. São Paulo: Revista dos Tribunais, 2012, p. 298-299)

[13] "É chegada a hora da doutrina brasileira deixar de se deter sobre o exercício, tão interessante quanto inútil, de tentar classificar as pretensões coletivas em três categorias abstratas que não são capazes de explicar a realidade. Em uma ampla guinada metodológica, é preciso partir do litígio, analisar suas características e a elas dar consequências jurídicas. VITORELLI, Edilson. *Litígios estruturais: decisão e implementação de mudanças socialmente relevantes pela via processual*. In:VITORELLI, Edilson (Org.). Manual de Direitos Difusos. 2ª ed. Salvador: Editora JusPodivm, 2019, p.1603.

[14] ARENHART; OSNA, op. cit. nota 11

[15] Para um estudo aprofundado do tema, recomenda-se a obra do professor Edilson Vitorelli. VITORELLI, Edilson. *O devido processo legal coletivo: dos direitos aos litígios coletivos*. 2.ed. São Paulo: Revista dos Tribunais, 2019

3.1.2. Legitimidade ativa[16]

No campo da legitimação, a doutrina especializada logo notou que o instituto, nos moldes do processo civil tradicional, não seria capaz de atender às peculiaridades da tutela coletiva. E, esse forçoso afastamento do padrão individualista de verificação da legitimidade[17,] tornou-se uma das questões mais complexas do processo coletivo.

[16] Embora não seja desconhecida a existência de discussão sobre o tema, entendemos que o conceito de representatividade se relaciona com a legitimidade, pois, sem aquela, o autor não age, legitimamente, em nome dos membros do grupo. "Hoje, na jurisprudência, começa a perseverar o controle judicial da adequada legitimação, seguindo a tendência dos ordenamentos modernos de acompanhar, pelo juiz, a adequada representação das partes envolvidas. Portanto, correta a doutrina ao afirmar que a legitimação no Brasil não se limita ao legislador, ocorrendo também o controle ope judicis" DIDIER Jr.; ZANETI Jr., *Curso de direito processual civil*: Processo Coletivo. v.4.: Salvador: JusPODIVM, 2013, p. 338-339; COSTA, Susana Henriques da. *O controle judicial da representatividade adequada: uma análise dos sistemas norte-americano e brasileiro*, in As Grandes Transformações do Processo Civil Brasileiro: homenagem ao Professor Kazuo Watanabe (org. Carlos Alberto de Salles), São Paulo, Quartier Latin, 2009.

No âmbito jurisprudencial, igualmente, o Superior Tribunal de Justiça tem analisado a legitimidade ativa nas ações coletivas à luz da representação adequada, "No que tange à titularidade da ação coletiva, prevalece a teoria da representação adequada proveniente das class actions norte-americanas, em face da qual a verificação da legitimidade ativa passa pela aferição das condições que façam do legitimado um representante adequado para buscar a tutela jurisdicional do interesse pretendido em demanda coletiva." (AgRg nos EDcl nos EDcl no REsp 1150424/SP, Rel. Ministro OLINDO MENEZES, 1 Turma, julgado em 10/11/2015, DJe 24/11/2015). No mesmo sentido, REsp 1091756/MG, Rel. Ministro MARCO BUZZI, Rel. p/ Acórdão Ministro MARCO AURÉLIO BELLIZZE, SEGUNDA SEÇÃO, julgado em 13/12/2017, DJe 05/02/2018

[17] Sendo sua natureza jurídica um dos temas mais debatidos pela doutrina brasileira nos últimos anos. A clássica divisão (ordinária e extraordinária) apresenta grande dificuldade de aplicação no processo coletivo. Em que pese a ausência de consenso, o presente capítulo adotará o entendimento prevalecente em âmbito jurisprudencial, no sentido da legitimação extraordinária, por substituição processual (autônoma, concorrente e disjuntiva) pois "autoriza-se um ente a defender, em juízo, situação jurídica de que é titular um grupo ou uma coletividade. Não há coincidência entre o legitimado e o titular da situação jurídica discutida" (DIDIER JR, Freddie; ZANETI JR, Hermes. op. cit., p. 205, nota 16). Para aprofundamento sobre o tema: NUNES, Rizzato. *Comentários ao Código de Defesa do Consumidor*, 4ª ed. São Paulo: Saraiva, 2009; ZAVASCKI, Teori Albino. *Processo Coletivo Tutela de Direitos Coletivos e Tutela Coletiva de Direitos*. 5ª ed. rev., atual. e ampl. São Paulo: RT, 2011.

Com efeito, para o processo civil tradicional, a análise da legitimidade encontra-se diretamente ligada à titularidade do direito material pretendido em juízo. Conforme lição de Frederico Marques

> a legitimação para agir (*legitimatio ad causam* diz respeito à titularidade ativa e passiva da ação. É a pertinência subjetiva da ação [...] a ação somente pode ser proposta por aquele que é titular do interesse que se afirma prevalente na pretensão, e contra aquele cujo interesse se exige que fique subordinado ao do autor. [...] Só os titulares dos interesses em conflito têm o direito de obter uma decisão sobre a pretensão levada a juízo através da ação. São eles portanto os únicos legitimados a conseguir os efeitos jurídicos decorrentes do direito de ação[18].

Fácil constatar a inviabilidade da simples transposição dessa fórmula para as hipóteses coletivas[19], seja em função da premissa de que os direitos transindividuais pertencem "a todos e, ao mesmo tempo, a ninguém"[20], seja pela impraticabilidade "da presença em juízo de todos os seus titulares"[21]

Diante desse cenário, nosso ordenamento jurídico optou por instituir um regime próprio de legitimidade, com a atribuição por meio da lei. Nesse contexto, o legislador depositou confiança no espírito cívico das associações e na vocação republicana dos entes públicos enquanto fatores para "garantir a fidelidade do representante aos interesses dos

---

[18] MARQUES, José Frederico. *Instituições de direito processual civil*. 3 ed. Rio de Janeiro: Forense, 1966. v. 3. p. 41.

[19] "Sendo dessubstantivados os interesses metaindividuais, o poder de representá-los judicialmente aparece desvinculado da "titularidade da pretensão", vindo outorgado a certos órgãos credenciados pelo legislador (CDC, art. 82; Lei 7.347/85, art. 5º), ou mesmo pelo constituinte (art. 102, § 3º)")MANCUSO, Rodolfo de Camargo. *Jurisdição coletiva e coisa julgada: teoria geral das ações coletivas*. 2. ed. São Paulo: Revista dos Tribunais, 2007, p. 106

[20] VITORELLI, Edilson. *O devido processo legal coletivo: dos direitos aos litígios coletivos*. 2.ed. São Paulo: Revista dos Tribunais, 2019.

[21] Sumariamente descrita a perspectiva segundo a qual se afere a legitimação ativa no processo civil individual, salta aos olhos a dificuldade de se enquadrá-la em matéria de proteção jurisdicional dos direitos metaindividuais, seja em função da inviabilidade de se atribuir a titularidade da pretensão material deduzida, com exclusividade, a quem quer que seja, seja diante da impraticabilidade da presença de todos os seus titulares (VENTURI, Elton. *Processo Civil Coletivo*. São Paulo, Malheiros, 2006, p. 164.).

6. O CONTROLE DA REPRESENTAÇÃO ADEQUADA DE INTERESSES

representados, tanto no aspecto da definição desses interesses, quanto na atuação orientada para sua concretização[22]."

Assim, a depender do procedimento tratado, o microssistema processual coletivo atribui legitimidade a certas instituições públicas e privadas (ação civil pública, nos termos dos artigos 5°, da LACP e 82, do CDC), ao cidadão (na ação popular), ou, ainda, a alguns sujeitos especificamente designados (mandado de segurança coletivo)[23].

Se, por um lado, a criação de um rol taxativo de legitimados viabilizou a tutela jurisdicional dos direitos coletivos, por outro, fez surgir a preocupação em relação a "qualidade" dessa tutela. Particularmente, despontam questionamentos sobre a aptidão do legitimado coletivo em representar a coletividade, seus interesses e perspectivas quanto ao litígio coletivo em juízo. Conforme aponta Gidi[24]

> é princípio básico do direito processual civil coletivo que o processo não pode prosseguir, nem há formação de coisa julgada, sem que haja uma adequada representação dos interesses em jogo. Trata-se de uma regra fundamental, sem a qual, o sistema processual civil coletivo não poderá funcionar adequadamente

Assim, estabelecido o modelo de legitimação adotado pelo sistema processual coletivo brasileiro (rol legal de legitimados, inexistindo relação de predominância ou subordinação entre eles), instala-se a principal controvérsia sobre o tema. Será o controle legal suficiente para certificar a representatividade adequada do legitimado ativo? A mera autorização legal é bastante para repelir os abusos, evitar a propositura de ações coletivas temerárias ou com objetivos escusos? Em outros termos, será possível (ou, mais que isso, necessária) uma fiscalização judicial acerca da idoneidade da representação no caso concreto? Ao esclarecimento dessas questões, dedicaremos os próximos tópicos.

---

[22] VITORELLI, Ibdem p.240

[23] DIDIER JR., Fredie; ZANETI JR., Hermes. *Curso de direito processual civil*: Processo Coletivo. v.4.: Salvador: JusPODIVM, 2017, p. 191

[24] GIDI, Antônio. *Rumo a um Código de Processo Civil Coletivo*. Rio de Janeiro: Forense, 2008. p. 77. Igualmente, apontando a centralidade da representação adequada para compreensão e respostas sobre temas como coisa julgada, acordos coletivos, LEONEL, Ricardo de Barros. *Manual do processo coletivo*. São Paulo: Ed. RT, 2002. p. 168-169.

3.1.3. O representante nas ações coletivas[25]

Como visto, o legislador brasileiro definiu um rol de legitimados para o exercício das ações coletivas. Porém, o rompimento com o modelo de legitimação ordinária do processo civil trouxe incertezas quanto ao respeito ao devido processo legal para com a coletividade ausente. De fato, pensar que indivíduos que não figuram pessoalmente no processo restarão vinculados pelo seu resultado, contraria o senso básico que orienta o processo civil tradicional.

Contudo, se para a lógica tradicional do processo civil a autoridade e a capacidade de vinculação do processo encontram-se relacionada à possibilidade de participação individual[26] em juízo, no plano coletivo, o foco do direito assegurado pela cláusula *due process* é deslocado para a representação, ou, de forma mais precisa, a suficiência dessa representação[27]. Na linha preconizada por Owen Fiss

> o que a Constituição garante não é o direito de participação, mas o que chamarei de 'direito de representação': não 'um dia na corte', mas o direito à representação adequada de interesses. Consoante o direito de representação,

---

[25] O termo representação, neste trabalho, é utilizado para designar a atuação de alguém em lugar de outrem, e não no sentido técnico do processo individual, de alguém que pleiteia, em nome alheio, direito alheio. No âmbito do processo coletivo, é preciso refletir sobre um conceito de representação que vá além, ou seja, que regule a conduta e as expectativas dos envolvidos, e não que meramente afirme que o papel do representante é atuar pelos ausentes. É esse sentido utilizado quando se trata de adequação da representação ou representatividade adequada

[26] Como leciona Vitorelli (O devido processo legal coletivo: dos direitos aos litígios coletivos. 2.ed. São Paulo: Revista dos Tribunais, 2019, p. 210), "A participação, vista como um instrumento, será sempre meio para alcançar um fim e só será valiosa até o limite no qual contribua para esse fim. Se o fim a ser alcançado for o mais tradicionalmente referido, qual seja, a realização de direitos materiais, não há indícios convincentes de que a participação – pelo menos a participação individual – seja necessária para tal finalidade"

[27] "A pedra-angular se torna outra: a suficiência dessa representação [...] Em resumo, é impositivo que as garantias processuais, no plano coletivo, apresentem configuração um pouco diferente da tradicional, e que aflore com maior ênfase a sua dimensão política. Torna-se mais relevante oferecer ao interesse protegido as garantias processuais fundamentais – acesso à Justiça, tempestividade, efetividade, contraditório e ampla defesa etc. – do que propriamente entregá-las aos sujeitos processuais que gerem a relação processual." (ARENHART; OSNA. *Curso de processo civil coletivo*. São Paulo: RT, 2019, Edição do Kindle.)

6. O CONTROLE DA REPRESENTAÇÃO ADEQUADA DE INTERESSES

nenhum indivíduo pode ser obrigado por uma decisão judicial a menos que seus interesses estejam adequadamente representados no processo[28]

Portanto, a noção de representação adequada é intrínseca ao próprio conceito das ações representativas. Não por outro motivo o controle da atuação dos legitimados e o exame da adequada representação apresentam-se como questões centrais do processo coletivo, possuindo consequências na admissão, prosseguimento, trâmite e eficácia do processo.

3.2. Legitimidade, representação adequada e controle judicial

Amparada pela inexistência de permissivo legal, inicialmente a doutrina pátria inclinou-se no sentido da impossibilidade do controle judicial, pois a lei já teria se encarregado de, previamente, avaliar a capacidade dos entes que legitimou para conduzir as ações coletivas, de forma que, no sistema coletivo brasileiro, o controle da legitimidade processual seria realizado, exclusivamente, *ope legis*.

Nesse sentido, autores como Arruda Alvim, Dinamarco e Elton Venturi[29] afirmam que não há espaço para uma aferição *ope judicis*, vez que o direito brasileiro trabalha com o controle *ope legis*, ou em outros termos, a legitimação conferida pelo legislador é suficiente para deduzir que o legitimado possui condições adequadas para representar os interesses dos titulares ausentes.

Justificam ser desnecessária maiores preocupações quanto ao representante adequado, pois, além da presença do Ministério Público no processo, como o regramento do processo coletivo brasileiro adota a coisa

---

[28] "what the Constitution guarantees is not a right of participation, but rather what I will call a "right of representation": not a day in court but the right to have one's interest adequately represented. The right of representation provides that no individual can be bound by an adjudication unless his or her interest is adequately represented in the proceeding" (FISS, Owen. *The allure of individualism.* In: Iowa Law Review, vol. 78, 1993, p. p. 970).

[29] ALVIM, Arruda et al. *Código do Consumidor Comentado* – vol. 8. 2 ed. rev. e ampl. São Paulo: Editora Revista dos Tribunais, 1995. p. 381-382 VENTURI, Elton. Processo Civil Coletivo: a tutela jurisdicional dos direitos difusos, coletivos e individuais homogêneos no Brasil. Perspectivas de um Código Brasileiro de Processos Coletivos. São Paulo: Editora Malheiros, 2007. p. 220-225. DINAMARCO, Pedro da Silva. *Ação civil pública.* São Paulo: Saraiva, 2001, p. 201/202. ("Dessa forma, entre nós não existe um verdadeiro requisito da representatividade adequada para que os legitimados possam ajuizar uma ação civil pública...");

CASEBOOK DE PROCESSO COLETIVO

julgada *secundum eventum litis* e *in utilibus*, a coletividade ausente nunca restaria prejudicado.

Em sentido oposto, apregoando uma postura mais ativa do juiz na condução do processo[30], sobretudo para a garantia de correta efetivação da cláusula do devido processo legal[31], outra parcela da doutrina pátria[32] entende que a verificação, pelo juiz, da representação adequada "não é proibida, mas antes é recomendada pelo sistema, de *lege lata*"[33-34], pois

[30] Para Susana Henriques da Costa "o reconhecimento de poderes ao juiz para a verificação da representatividade adequada do legitimado no caso concreto é o entendimento que melhor se coaduna com a tendência moderna de ampliação dos poderes do magistrado no processo e único que garante a efetividade da tutela jurisdicional coletiva. Embora o legislador já tenha realizado a primeira escolha, ao dispor sobre os legitimados à propositura da ação civil pública, é necessária a existência de um controle específico, posterior e voltado às circunstâncias do caso concreto." (Comentários à Lei de Ação Civil Pública e Lei de Ação Popular Editora Quartier Latin, São Paulo, 2006, p. 390/391)

[31] BRANT, João Paulo Alvarenga. *O controle judicial da representação adequada no processo coletivo. Coleção Direitos fundamentais e acesso à justiça no estado constitucional de direito em crise.* Belo Horizonte: Editora D'Plácido, 2019, p. 25

[32] Nesse sentido podem ser lembrados: COSTA, Susana Henrique da. O processo coletivo na tutela do patrimônio público e da moralidade administra-tiva. São Paulo: Quartier Latin, 2009, p. 188-198. FERRARESI, Eurico. Ação Popular, Ação Civil Pública e Mandado de Segurança Coletivo: Instrumentos Processuais Coletivos. Rio de Janeiro: Forense, 2009, p. 118, ALMEIDA, Gregório Assagra de. Manual das Ações Constitucionais. Belo Horizonte: Del Rey, 2007, p.117-126. GIDI, Antonio. A Class Action como instrumento de tutela coletiva de direitos: as ações coletivas em uma perspectiva comparada. São Paulo: Revista dos Tribunais, 2007, p. 134-135. GOMES JR., Luiz Manoel. Curso de Direito Processual Civil Coletivo. 2' ed. São Paulo: SRS, 2008, p. 145. GRINOVER, Ada Pellegrini. Novas questões sobre a legitimação e a coisa julgada nas ações coletivas. O processo – estudos e pareceres. São Paulo: DPJ, 2006, p. 213-214. ROQUE, André Vasconcelos. Class Actions. Ações coletivas nos Estados Unidos:o que podemos aprender com eles? Salvador: Juspodivm, 2013, p. 118-131. DIDIER JR., Fredie; ZANETI JR., Hermes. *Curso de direito processual civil: Processo Coletivo.* v.4.: Salvador: JusPODIVM, 2017, p. 220.

[33] GIDI, Antônio. A class action como instrumento de tutela coletiva dos direitos: as ações coletivas em uma perspectiva comparada. São Paulo: Ed. Revista dos Tribunais, 2007, p. 133. Também no sentido da possibilidade de controle da atuação adequada do representante, CERQUEIRA, Marcelo Malheiros. O controle judicial da atuação adequada no processo coletivo e a desnecessária extensão da coisa julgada secundum eventum litis. In: Revista Brasileira de Direito Processual, vol. 66, 2009, p. 21-46.

[34] Na mesma direção, como resultado de uma interpretação sistemática, Lenza discorre que "se é possível reconhecer representatividade adequada nas hipóteses de associação que não preencha o requisito da pré-constituição ânua [art. 82, § 1º, do CDC], no mesmo sentido,

6. O CONTROLE DA REPRESENTAÇÃO ADEQUADA DE INTERESSES

não é razoável imaginar que uma entidade, pela simples circunstância de estar autorizada em tese para a condução de processo coletivo, possa propor qualquer demanda coletiva, pouco importa quais são as suas peculiaridades. É preciso verificar se o legitimado coletivo reúne atributos que o tornem representante adequado para a melhor condução de determinado processo coletivo, devendo essa adequação ser examinada pelo magistrado de acordo com critérios gerais, mas sempre à luz da situação jurídica litigiosa deduzida em juízo.[35]

Destacam, ainda, que a ausência de disposição expressa no microssistema coletivo não deve ser compreendida como proibição ao exame judicial da adequada representação dos interesses, eis que "o Código do Consumidor e a Ação Civil Pública se inserem em um contexto maior, que é a Constituição brasileira e o devido processo legal"[36]

Apesar de não estar expressamente previsto em lei, o juiz brasileiro não somente pode, como tem o dever de avaliar a adequada representação dos interesses do grupo em juízo. Se o juiz detectar a eventual inadequação do representante, em qualquer momento do processo, deverá proporcionar prazo e oportunidade para que o autor inadequado seja substituído por outro, adequado. Caso contrário, o processo deve ser extinto sem julgamento do mérito. Se o juiz, inadvertidamente, atingir o mérito da causa, a sentença coletiva não fará coisa julgada material e a mesma ação coletiva poderá ser reproposta por qualquer legitimado.[37]

---

seguindo a coerência que decorre do sistema, poder-se-á declarar a falta de capacidade de representação da classe para as situações em que o autor coletivo, muito embora se enquadre nos requisitos legais, mostra-se inidôneo para o ajuizamento da ação" (LENZA, Pedro. Teoria Geral da Ação Civil Pública. 3. ed. São Paulo: Revista dos Tribunais, 2008, p. 188).

[35] DIDIER Jr., Fredie; ZANETI Jr., Hermes. Curso de Direito Processual Civil, V.4 – Processo Coletivo. 2. ed. Salvador: JusPodivm, 2007, p. 211

[36] "Portanto, em verdade, pouco importa que a lei infraconstitucional brasileira não preveja expressamente que o juiz deva controlar a adequação do representante. Não se trata aqui de uma questão meramente processual, mas constitucional." (GIDI, Antônio. A class action como instrumento de tutela coletiva dos direitos: as ações coletivas em uma perspectiva comparada. São Paulo: Ed. Revista dos Tribunais, 2007, p. 133-134)

[37] GIDI, Antonio. A representação adequada nas ações coletivas brasileiras: uma proposta. Revista de Processo, São Paulo, vol. 108, p. 61-70, out. 2002.

CASEBOOK DE PROCESSO COLETIVO

No mesmo sentido, para Toscan[38] de fato não existe, em nosso sistema processual civil, impedimento ao controle judicial da representação adequada, sendo inerente aos conceitos de "ações representativas" e de "devido processo legal", além de atuar como instrumento de proteção aos membros da coletividade, que, "a despeito de serem os titulares da situação jurídica litigiosa, são alheios à relação jurídica processual."

De fato, a mera autorização legal, em abstrato, para que certos entes demandem a tutela de direitos coletivos, é insuficiente para que seja assegurada uma adequada proteção dos interesses dos titulares do direito vindicado em juízo. Por consequência, cumpre ao magistrado, no caso concreto, certificar a presença da adequada representação dos titulares ausentes, de forma que a previsão de legitimados pela lei[39], de forma prévia, abstrata e geral, não basta para garantir que os grupos ausentes terão seus interesses adequadamente defendidos e o processo conduzido de forma diligente. Não por outra razão, Mancuso[40], acentua a "representação adequada do portador judicial" como um dos componentes do binômio legitimante do sistema coletivo.

Logo, a legitimação legal abstrata é um ponto inicial, firmando uma presunção de legitimidade[41], cabendo sua ratificação ser realizada frente

---

[38] TOSCAN, Anissara. *Contraditório e representação adequada nas ações coletivas.* In: Revista de processo, v. 40, n. 240, p. 191-220, fev., p. 191. Ada Com efeito, a cláusula da "representatividade adequada" tem fundamento constitucional e pretende exatamente conciliar as garantias do devido processo legal com as ações coletivas, cujas decisões sejam vinculativas para toda a categoria. (GRINOVER, A. P. As garantias constitucionais do processo nas ações coletivas Revista de Processo, vol. 43/1986, p. 19 – 30, 1986, p. 25).

[39] DIDIER JR., Fredie; ZANETI JR *Curso de direito processual civil:* Processo Coletivo. v.4.: Salvador: JusPODIVM, 2017 apresentam raciocínio distinguindo os momentos de controle *ope legis e ope judicis* da representação adequada. O primeiro, decorrente da previsão legal, trata da capacidade para estar em juízo, também denominada capacidade processual (ope legis), sendo que a legitimidade ad causam deve ser aferida com base na situação litigiosa afirmada (ope judicis)

[40] A relevância social do interesse é o outro elemento constituinte do citado binômio. (MANCUSO, Rodolfo de Camargo. Jurisdição Coletiva e Coisa Julgada. 3ªEd. São Paulo: RT, 2012, p. 408

[41] ALMEIDA, Gregório Assagra de. *Direito processual coletivo brasileiro: um novo ramo do direito processual.* São Paulo: Saraiva, 2003

6. O CONTROLE DA REPRESENTAÇÃO ADEQUADA DE INTERESSES

ao caso concreto[42]. O princípio[43] da representação adequada[44] tem por objetivo permitir o exercício do controle judicial da legitimidade a fim de que seja verificada, no caso concreto, "a adequação da atuação daquele que, no plano abstrato (previsão legal), é o legitimado coletivo"[45]. Recorrendo aos ensinamentos de Didier e Zaneti.

É preciso verificar, a bem de garantir a adequada tutela destes importantes direitos, se o legitimado coletivo reúne os atributos que o tornem representante adequado para a melhor condução de determinado processo coletivo, devendo essa adequação ser examinada pelo magistrado de acordo com critérios gerais, preferivelmente previamente estabelecidos ou indicados em rol exemplificativo, mas sempre à luz da situação jurídica litigiosa

---

[42] "Para que se saiba se aparte é legítima, é preciso investigar o objeto litigioso do processo, a situação concretamente deduzida pela demanda. Não se pode examinar a legitimidade a priori, independentemente da situação concreta que foi submetida ao Judiciário. Não existe parte em tese legítima; a parte só é ou não legítima após o confronto com a situação concreta submetida ao Judiciário." DIDIER JR., Fredie; ZANETI JR. op. cit., p. 220, nota 32.

Na jurisprudência: "é possível ao juízo, de ofício, reconhecer a inidoneidade de associação regularmente constituída para propositura de ação coletiva, isto é, afastar, no caso concreto, a presunção legal de legitimação adequada das associações" (excerto extraído do voto do Ministro Luis Felipe Salomao, relator do REsp 1.213.614 – RJ)

[43] BASTOS, Fabrício. *Curso de processo coletivo*. Indaituba: Editora Foco, 2018.

Na mesma linha, Flávia Fornaciari afirma não vislumbrar "justificativa plausível para que qualquer legislação que verse sobre direitos coletivos não coloque a representatividade adequada dentre os princípios dos processos voltados a sua defesa, porque ele é intrínseco ao próprio conceito das ações representativas" (FORNACIARI, Flávia Hellmeister Clito. Representatividade adequada nos processos coletivos. Tese de doutorado orientada pela professora Ada Pellegrini Grinover, apresentada à Faculdade de Direito da USP. São Paulo: Faculdade de Direito da USP, 2010. p. 52.)

[44] Cumpre registrar a advertência de Antonio Gidi: "Ao contrário do que ficou convencionado na doutrina brasileira, a melhor tradução para a expressão norte-americana adequacy of representation é 'representação adequada' e não 'representatividade adequada'. (...) Trata-se de vício antigo, vindo desde o Projeto Bierrenbach, que se utilizava da expressão 'representatividade adequada'. Esse erro de tradução e de perspectiva tem causado mal-entendidos e equívocos na doutrina brasileira, como, por exemplo, identificar a 'representatividade' adequada com a pertinência temática, pré-constituição ou outros elementos" (GIDI, Antonio. Rumo a um Código de Processo Civil Coletivo: a codificação das ações coletivas no Brasil. Rio de Janeiro: Forense, 2008, p. 112-113).

[45] BASTOS, Fabrício. op. cit., p. 189, nota 38.

CASEBOOK DE PROCESSO COLETIVO

deduzida em juízo. Todos os critérios para a aferição da representatividade adequada devem ser examinados a partir do conteúdo da demanda coletiva[46].

Por certo, o simples enquadramento na previsão legal não cria uma comunhão, uma sintonia entre o ente (abstratamente legitimado) e as vontades, interesses ou perspectivas econômicas, ideológicas ou culturais da coletividade titular do direito (difuso, coletivo ou individual homogêneo),

A prática[47] tem demonstrado que a mera previsão abstrata não fornece garantia segura de que o legitimado possua enérgico compromisso com o direito que pretende ver tutelado ou mesmo conhecimento técnico suficiente para realizar sua efetiva defesa.

À luz dessa perspectiva, a presunção de legitimidade adequada dos titulares da ação civil pública não se reveste de caráter absoluto, podendo ser ilidida sempre que as circunstâncias do caso suscitem dúvidas sobre a idoneidade do ente coletivo para figurar no pólo ativo da ação. Isso porque, em alguns casos, o ente legalmente previsto como titular da ação civil pública pode carecer de legitimidade para sua propositura. Ainda que, em tese, a legitimidade coletiva prevista na lei esteja coerente com a ordem constitucional, pode ocorrer que, aplicada à hipótese específica, não se verifique a dita harmonia.[48]

Como pontuado anteriormente, a concretização do devido processo coletivo exige atenção às peculiaridades do litígio coletivo. Considerar determinado ente legitimado e apto a conduzir uma ação coletiva tão somente por constar da previsão legal, não parece condizer com a intenção

---

[46] DIDIER JR, Fredie; ZANETI JR, Hermes. Curso de Direito Processual Civil. 4 ed. Salvador: Juspodivm, 2009, p. 205, v. 4

[47] Em algumas hipóteses, porém, a realidade tem demonstrado sintomas de que a legitimação coletiva não se presta ao fundamento que lhe deu causa, seja em virtude de sua utilização indevida ou abusiva por alguns legitimados, seja face à inaptidão para a persecução de determinados interesses. DIDIER JÚNIOR, Fredie; MOUTA, José Henrique; MAZZEI, Rodrigo (Coords.). Tutela jurisdicional coletiva: 2ª série. Salvador: Juspodivm, 2012, p. 173-174

[48] Ibid. p.173-174

6. O CONTROLE DA REPRESENTAÇÃO ADEQUADA DE INTERESSES

de uma tutela jurisdicional adequada, pois a realidade pode revelar hipóteses específicas em que não se verifique a harmonia da atuação com a *mens legislatoris* da legitimação. Por essa razão, "a qualidade da representação não pode ser avaliada abstrata ou universalmente"[49], nem mesmo é temática restrita as ações promovidas por associações.

Explorando o tema (e sublinhando a variabilidade dos requisitos a serem examinados em relação a cada legitimado), Bastos registra[50]:

> Apesar de comumente atrelado ao controle da atuação das entidades civis (associações civis, sindicatos e entidades associativas), pode ocorrer diante da atuação de qualquer legitimado coletivo, como no caso do MP tutelando interesses individuais homogéneos, quando exige-se relevância social e indisponibilidade e da Defensoria Pública, quando se exige correlação com os interesses dos hipossuficientes

No mesmo rumo e ressaltando a conexão com o devido processo, Didier e Zaneti[51] sublinham que

> A necessidade de controle judicial da adequação do legitimado coletivo decorre da aplicação da cláusula do devido processo legal à tutela jurisdicional coletiva. Nem mesmo o Ministério Público poderia ser considerado um legitimado coletivo universal, pois também em relação à sua atuação se imporia o controle jurisdicional da sua legitimidade. O STF, na ADI n. 3.943, reconheceu que a Defensoria Pública tem legitimidade para a tutela coletiva de acordo com as suas finalidades institucionais; para a tutela dos necessitados.

Essa orientação tem prevalecido nos tribunais brasileiros[52], abrangendo todos os legitimados para o processo coletivo, conforme exemplificado nas ementas a seguir:

---

[49] VITORELLI, Edilson. O devido processo legal coletivo: dos direitos aos litígios coletivos. 2.ed. São Paulo: Revista dos Tribunais, 2019.
[50] BASTOS, Fabrício. Curso de processo coletivo. Indaiatuba: Editora Foco, 2018, p. 316.
[51] Curso de direito processual civil. Processo coletivo. 11. ed. Ed. JusPodivm. 2017, p. 202.
[52] BASTOS, Fabrício. Curso de processo coletivo. Indaiatuba: Editora Foco, 2018, p. 316. E como destacado, não se restringindo as ações coletivas propostas por associações.

PROCESSUAL CIVIL. RECURSO ESPECIAL. AÇÃO CIVIL PÚBLICA. DIREITO DO CONSUMIDOR. BANCÁRIO. COBRANÇA DE TARIFA DE RENOVAÇÃO DE CADASTRO. INTERESSES INDIVIDUAIS HOMOGÊNEOS. **LEGITIMIDADE ATIVA. MUNICÍPIO.** PERTINÊNCIA TEMÁTICA. REPRESENTAÇÃO ADEQUADA. [...] 4. A ação civil coletiva em que se defendem interesses individuais homogêneos se desdobra em duas fases: a) a primeira, caracterizada pela legitimidade extraordinária, na qual são definidos, em sentença genérica, os contornos homogêneos do direito questionado; e b) a segunda, onde impera a legitimidade ordinária, na qual são estabelecidos a titularidade do direito e o quantum debeatur, essenciais à exequibilidade da primeira sentença. 5. A qualidade moral e técnica necessária para a configuração da pertinência temática e da representatividade adequada tem íntima relação com o respeito das garantias processuais das pessoas substituídas, a legitimidade do provimento jurisdicional com eficácia ampla e a própria instrumentalização da demanda coletiva, evitando o ajuizamento de ações temerárias, sem fundamento razoável, ou propostas por motivos simplesmente políticos ou emulatórios. 6. Em relação ao Ministério Público e aos entes políticos, que tem como finalidades institucionais a proteção de valores fundamentais, como a defesa coletiva dos consumidores, não se exige pertinência temática e representatividade adequada. [...] (REsp 1509586/SC, Rel. Ministra NANCY ANDRIGHI, TERCEIRA TURMA, julgado em 15/05/2018, DJe 18/05/2018)

PROCESSUAL CIVIL. AÇÃO CIVIL PÚBLICA. EMBARGOS INFRINGENTES. **LEGITIMIDADE DA DEFENSORIA PÚBLICA PARA A PROPOSITURA DE AÇÃO CIVIL PÚBLICA. LIMITADOR CONSTITUCIONAL. DEFESA DOS NECESSITADOS.** PLANO DE SAÚDE. REAJUSTE. GRUPO DE CONSUMIDORES QUE NÃO É APTO A CONFERIR LEGITIMIDADE ÀQUELA INSTITUIÇÃO. [...] 2. Na hipótese, no tocante à legitimidade ativa da Defensoria Pública para o ajuizamento de ação civil pública, não bastou um mero exame taxativo da lei, havendo sim um controle judicial sobre **a representatividade adequada da legitimação coletiva.** Com efeito, para chegar à conclusão da existência ou não de pertinência temática entre o direito material em litígio e as atribuições constitucionais da parte autora acabou-se adentrando no terreno do mérito. 3. A Defensoria Pública, nos termos do art. 134 da CF, "é instituição essencial à função jurisdicional do Estado, incumbindo-lhe a orientação jurídica e a defesa, em

6. O CONTROLE DA REPRESENTAÇÃO ADEQUADA DE INTERESSES

todos os graus, dos necessitados, na forma do art. 5º, LXXIV". É, portanto, vocacionada pelo Estado a prestar assistência jurídica integral e gratuita aos que "comprovarem insuficiência de recursos" (CF, art. 5°, LXXIV), dando concretude a esse direito fundamental. 4. Diante das funções institucionais da Defensoria Pública, há, sob o aspecto subjetivo, limitador constitucional ao exercício de sua finalidade específica – "a defesa dos necessitados" (CF, art. 134) –, devendo os demais normativos serem interpretados à luz desse parâmetro. 5. A Defensoria Pública tem pertinência subjetiva para ajuizar ações coletivas em defesa de interesses difusos, coletivos ou individuais homogêneos, sendo que no tocante aos difusos, sua legitimidade será ampla (basta que possa beneficiar grupo de pessoas necessitadas), haja vista que o direito tutelado é pertencente a pessoas indeterminadas. No entanto, em se tratando de interesses coletivos em sentido estrito ou individuais homo-gêneos, diante de grupos determinados de lesados, a legitimação deverá ser restrita às pessoas notadamente necessitadas. 6. No caso, a Defensoria Pública propôs ação civil pública requerendo a declaração de abusividade dos aumentos de determinado plano de saúde em razão da idade. 7. Ocorre que, ao optar por contratar plano particular de saúde, parece intuitivo que não se está diante de consumidor que possa ser considerado necessitado a ponto de ser patrocinado, de forma coletiva, pela Defensoria Pública. Ao revés, trata-se de grupo que ao demonstrar capacidade para arcar com assistência de saúde privada evidencia ter condições de suportar as despesas inerentes aos serviços jurídicos de que necessita, sem prejuízo de sua subsistência, não havendo falar em necessitado. 8. Diante do microssistema processual das ações coletivas, em interpretação sistemática de seus dispositivos (art. 5°, § 3°, da Lei n. 7.347/1985 e art. 9° da Lei n. 4.717/1965), deve ser dado aproveitamento ao processo coletivo, com a substituição (sucessão) da parte tida por ilegítima para a condução da demanda. Precedentes. 9. Recurso especial provido. (REsp 1192577/RS, Rel. Ministro LUIS FELIPE SALOMÃO, QUARTA TURMA, julgado em 15/05/2014, DJe 15/08/2014)

O tema também se faz presente na jurisprudência do STF. No julgamento do RE 733.433/MG[53], o ministro Dias Toffoli, em seu voto, declarou que

---

[53] Recurso Extraordinário nº 733.433/MG. Rel. Min. Dias Toffoli, julgado em 04/11/2015 e publicado em 07/04/2016. De ressaltar que em tal julgamento restou fixada a tese de que

CASEBOOK DE PROCESSO COLETIVO

mostra-se correta a afirmação de que o sistema processual coletivo brasileiro adotou o modelo ope legis qualificado relativamente à legitimação ativa nas ações transindividuais, uma vez que não afastou o controle judicial da representatividade adequada, tendo em vista que o controle ope legis puro se mostra insuficiente para evitar abusos e ineficácias no que tange ao resguardo, principalmente, dos direitos fundamentais dos cidadãos, dos interessados.

De fato, do mesmo modo que não seria justo cercear o acesso à justiça de representantes adequados, também não se pode permitir que os direitos coletivos sejam defendidos por entes que desconheçam os reais interesses da coletividade ou que não estejam habilitados a promover sua defesa de forma satisfatória[54]. Arenhart e Osna explicitam a questão, assegurando que

> Entre judicializar alguma questão de forma errada, insuficiente ou almejando proteção não desejada pelo grupo (ou não adequada à proteção dos interesses) e deixar as coisas como estão, haverá situações evidentes em que a última alternativa é a "menos pior". Até mesmo pelos reflexos de uma ação judicial mal conduzida – em termos de tutela jurisdicional e de preclusão a novas discussões – o manejo da tutela coletiva por sujeito inadequado pode conduzir a um agravamento do problema, ao invés de sua solução[55].

Como se pode perceber, busca-se, em última análise, proteger os próprios titulares dos direitos transindividuais envolvidos, a fim de permitir que apenas instituições públicas ou associações privadas efetivamente vocacionadas à defesa do direito discutido e que realmente possuam vínculos com a causa, possam pleitear sua tutela jurisdicional. A carência

---

"a Defensoria Pública tem legitimidade para a propositura de ação civil pública que vise a promover a tutela judicial de direitos difusos e coletivos de que sejam titulares, em tese, pessoas necessitadas." Observamos, pois, um critério de analise da adequação vinculado a finalidade institucional

[54] Minimizando, assim, "o risco de colusão, incentiva uma conduta vigorosa do representante e do advogado do grupo, e assegura que se traga para o processo a visão e os reais interesses dos membros do grupo" (GIDI, Antonio. *A representação adequada nas ações coletivas brasileiras: uma proposta.* Revista de processo, São Paulo, ano 27, n.108, 2007, p. 66.)

[55] ARENHART; OSNA. Curso de processo civil coletivo. São Paulo: RT, 2019, Edição do Kindle

de vinculação e de representatividade adequada pode gerar prejuízos de grande monta aos verdadeiros titulares desses direitos, principalmente nas hipóteses em que o desempenho deficiente de suas atribuições ou a má apresentação dos fundamentos jurídicos da demanda impedir o acolhimento do pedido pelo Poder Judiciário.

Como se observa, a previsão legal abstrata é ponto de partida e não de chegada. Assim,

> a análise da legitimação coletiva (e, por consequência, da representação adequada) dar-se-ia em duas fases. Primeiramente, verifica-se se há autorização legal para que determinado ente possa substituir os titulares coletivos do direito afirmado e conduzir o processo coletivo. A seguir, o juiz faz o controle in concreto da adequação da legitimidade para aferir, sempre motivadamente, se estão presentes os elementos que asseguram a representatividade adequada dos direitos em tela[56]

Cabe ao magistrado avaliar se aquele que se apresenta tem condições para desempenhar com excelência a representação da coletividade, mediante a avaliação de requisitos não expressamente previstos na lei, como critérios de seriedade, credibilidade, prestígio, experiência, capacidades técnica e econômica para condução vigorosa na condução do processo[57].

Além da aptidão para a defesa séria e comprometida do direito coletivo, o representante, para ser adequado, deve apresentar-se em sintonia com as expectativas desta coletividade.

Isso porque, não obstante a própria noção de representação retrate certo grau de autonomia[58], o representante não atua em nome ou com

---

[56] DIDIER Jr., Fredie; ZANETI Jr., Hermes. Curso de Direito Processual Civil, V.4 – Processo Coletivo. 2. ed. Salvador: JusPodivm, 2007, p. 211

[57] GRINOVER, Ada Pellegrini; WATANABE, Kazuo; MULLENIX, Linda. Os processos coletivos nos países de civil Law e common Law. Uma análise de direito comparado. 2. ed. São Paulo:Revista dos Tribunais, 2011.

[58] O conflito entre o representante e os representados corre às expensas do primeiro: a ele cabe refletir sobre sua atuação e os motivos que o levam a dissentir do grupo e, se insistir em sua própria opinião, é dele o ônus de justificá-la perante seus constituintes. Um representante que age em desacordo com a vontade ou os interesses, implícitos ou manifestos,

CASEBOOK DE PROCESSO COLETIVO

autoridade própria, mas como instrumento para a realização dos interesses[59] do grupo representado[60], de maneira responsiva a eles. "O defeito da representação, portanto, não se dá se o representante deixa de agir exatamente como os representados agiriam, mas se perde a conexão com estes"[61].

Pelo exposto, a despeito da inexistência de consenso doutrinário e jurisprudencial quanto a aplicabilidade no modelo brasileiro de processos coletivos da noção de representação adequada, entendemos que a utilização do princípio propicia que a defesa dos direitos transindividuais[62] e as decisões sobre eles, tenham como premissa uma abordagem suficientemente adequada. Em outras palavras, o controle judicial da adequação dos legalmente legitimados para a ação coletiva tem o propósito de evitar que o mecanismo processual elaborado para proporcionar o acesso à justiça tenha resultado prático diametralmente diverso.

do grupo representado, não está necessariamente errado, mas deve ter a consciência de que essa situação é anormal. (VITORELLI, Edilson. O devido processo legal coletivo: dos direitos aos litígios coletivos. 2.ed. São Paulo: Revista dos Tribunais, 2019, p. 258).

[59] VITOREELLI (Ibid.) leciona que o objeto da representação abrange interesses, opiniões e perspectivas dos membros da coletividade titular do direito

[60] "De forma geral, o representante age em favor dos interesses dos representados, entendidos estes como vantagens para os membros do grupo, que potencializam a realização de suas metas individuais e coletivas. Isso atribui ao representante um certo grau de liberdade em relação às opiniões do grupo, mas essa liberdade é orbital: a atuação do representante orbita em torno da vontade do grupo, podendo se afastar dela mais ou menos, em favor de seus interesses, de acordo com as peculiaridades do conflito. Contudo, constitui ônus do representante a justificação, perante o grupo, desse afastamento, o qual, se reiterado, poderá comprometer a atividade representativa" (VITORELLI, Edilson. Ibid, p. 269)

[61] PITKIN, Hanna Fenichel. The concept of representation. Berkeley: University of California Press, 1984, p. 164-165.

[62] Brant salienta, inclusive, que impedir o controle concreto da adequação pode corresponder a violação do dever de proteção eficiente, em relação aos membros do grupo ausente. (BRANT, João Paulo Alvarenga. O controle judicial da representação adequada no processo coletivo. Coleção Direitos fundamentais e acesso à justiça no estado constitucional de direito em crise. Belo Horizonte: Editora D'Plácido, 2019). De fato, isso "significaria tornar impossível uma efetiva proteção jurídica daqueles direitos, exatamente na ocasião em que surgem como elementos cada vez mais essenciais para a vida civil." (CAPPELLETTI, Mauro. Formações sociais e interesses coletivos diante da justiça civil. Revista de Processo, São Paulo, v. 5, p.128-159, jan./mar. 1977. p.131.

6. O CONTROLE DA REPRESENTAÇÃO ADEQUADA DE INTERESSES

A importância da adequação da representação refere-se não só às garantias constitucionais do processo, para 'legitimar' o provimento judicial com eficácia ampla, mas também para impedir o desvirtuamento da demanda coletiva, que pode ser utilizada de forma a contrariar os interesses metaindividuais. Evita-se, v.g., o ajuizamento de ações temerárias, sem fundamento razoável, por entidades que não tenham estofo moral ou técnico para promover a defesa coletiva em juízo e proponham a ação por motivos simplesmente políticos ou emulatórios.[63]

Antes de finalizar o tópico, cumpre registrar que o controle judicial deve ser realizado com prudência e orientado pela razoabilidade, sob pena de resultar em ofensa a outros valores constitucionais[64]. Nas palavras de Didier e Zaneti[65]:

> O objetivo dos processos coletivos é ver realizada uma justiça substancial mais efetiva e célere, atendendo a finalidade do interesse público de corrigir, em nome do cidadão, até mesmo opções de políticas públicas equivocadas por parte do Estado, a exemplo da norma tributária ilegal. Para atingir esses objetivos será necessária a depuração dos conceitos de representação adequada, procurando uma identificação entre a busca dessa representação adequada e a finalidade da tutela coletiva, principalmente como meio de coibir ofensas contra o interesse público primário. A exigência da representatividade adequada não pode tornar-se uma alternativa para "sentenças processuais", vedando o enfrentamento da matéria de fundo.

3.3. Critérios de análise

Já se pontuou que a própria sistemática do processo coletivo reclama contemporização da relação entre a titularidade do direito e autorização para defendê-lo em juízo, embora a coletividade ausente (e titular do direito) continue submetida aos efeitos da decisão.

---

[63] LEONEL. *Manual do processo coletivo.* 3ª ed., São Paulo: Revista dos Tribunais, 2013, p. 170

[64] Ademais, o princípio da primazia do conhecimento do mérito veda que o apego ao formalismo seja obstáculo a viabilização da prestação jurisdicional e da própria efetivação do direito coletivo.

[65] DIDIER Jr., Fredie; ZANETI Jr., Hermes. Curso de Direito Processual Civil, V.4 – Processo Coletivo. 2. ed. Salvador: JusPodivm, 2007, p. 203

CASEBOOK DE PROCESSO COLETIVO

Sendo esse o cenário, para se alcançar um provimento jurisdicional adequado, justo e legítimo (sobretudo em relação aos titulares do direito), necessário que o processo seja dirigido por alguém com capacidade, preparo e disposição para exercer a função de interlocutor entre o processo e a coletividade.

O tema da legitimação adequada para ajuizar as demandas coletivas evoluiu, ou tende a evoluir, da determinação legal, ope legis, para a possibilidade do controle judicial, ope judicis. Não se aprovou, ainda, legislação específica, mas uma série de princípios e elementos de seu conteúdo já pode ser antevista.[66]

Nessa trilha, o primeiro passo é verificar se o pretenso autor coletivo se enquadra na relação legal de legitimados para ação coletiva. Constatada a autorização legal, passa-se à segunda etapa. Nela, o magistrado (sempre à luz da situação jurídica litigiosa[67] concreta) deverá avaliar a presença de elementos indicativos da aptidão do legitimado em conduzir[68] o processo coletivo e representar, de maneira vigorosa, os interesses da coletividade, titular do direito coletivo a ser discutido[69].

O ponto central desta segunda etapa reside, exatamente, na habilidade de equilibrar a propriedade da atuação do legitimado, frente a situação concreta, na defesa do direito e em nome do grupo, sem que isso se transforme em uma barreira desmedida a tutela coletiva[70].

---

[66] ZANETI JR., Hermes. A legitimação conglobante nas ações coletivas: a substituição processual decorrente do ordenamento jurídico. Revista Videre, v. 3, p. 101-116, 2010, p. 112

[67] "O direito fundamental ao devido processo legal compreende o direito a um procedimento adequado ao direito material e às peculiaridades do caso concreto" (MATTOS, Sérgio Luís Wetzel de. Devido processo legal e proteção de direitos. Porto Alegre: Livraria do Advogado, 2009. p. 194)

[68] Sem que esteja contrariando o ordenamento jurídico e a finalidade da tutela coletiva (ZANETI JR., Hermes. A legitimação conglobante nas ações coletivas: a substituição processual decorrente do ordenamento jurídico. Revista Videre, v. 3, p. 101-116, 2010.)

[69] O juiz, sempre motivadamente e com base no conteúdo da demanda coletiva, examina se estão presentes os elementos que asseguram a representatividade adequada dos direitos em tela (DIDIER JR., Fredie; ZANETI JR., Hermes. Curso de Direito Processual Civil Vol.4: Processo Coletivo. Salvador: Juspodivm, 2007.)

[70] Por certo, a depender do grau de complexidade da tutela jurisdicional demandada, da conflituosidade presente na coletividade e o potencial de impacto na realidade dessa

6. O CONTROLE DA REPRESENTAÇÃO ADEQUADA DE INTERESSES

Determina, pois, a administração de critérios capazes de sinalizar que determinado ente tem capacidade – tanto no plano da afinidade com os interesses defendidos como na avaliação da idoneidade técnica – para estar em juízo em defesa de determinado interesse, sem que com isso se frustre a própria justificativa de existência do processo coletivo (possibilidade de tutela do direito coletivo)[71]. Em suma, não se busca o melhor representante dentre todos os possíveis; trata-se de certificar que o autor da ação, no caso específico, é capaz de adequadamente representar a coletividade ausente.

Impõe-se, portanto, prudência no controle da representação adequada, sobretudo para preservar a intenção – hoje sedimentada na legislação processual – de privilegiar a análise do mérito sobre as questões estritamente processuais. Desde que se possa ter como suficientemente apresentado certo interesse ou certa posição sobre o problema discutido, é de se ter por satisfeito o requisito em questão. Essa prudência há de ser temperada com a relevância do impacto que a atuação coletiva poderá ter sobre o interesse objeto da proteção ou a coletividade que é representada[72].

Na ausência de diretrizes normativas expressas quanto ao momento, critério e forma de execução de tal tarefa cognitiva, é comum encontrarmos na doutrina menção a instruções derivadas das legislações estrangeiras (particularmente das *class actions*[73] do Direito norte-americano), da

---

coletividade, será exigido do magistrado maior reflexão quanto aos critérios de avaliação.

[71] Sergio Cruz Arenhart e Gustavo Osna. Curso de Processo Civil Coletivo. Edição do Kindle.

[72] Sergio Cruz Arenhart e Gustavo Osna. Curso de Processo Civil Coletivo. Edição do Kindle

[73] No sistema das class action, a representatividade adequada é observada enquanto possibilidade de assegurar vigorosa tutela dos interesses dos membros ausentes e ausência de antagonismo ou conflito de interesses com o grupo. "Class representatives and class counsel must adequately represent themembers of a class. This principle forms the foundation for the modemAmerican class action, and it determines the structure of Rule 23 of theFederal Rules of Civil Procedure and every analogous state class-action rule.,The absence of adequate representation dooms the certification of a class.The gnawing fear that class representation is inadequate-manifested through such phrases as "collusion,". 2 "conflicts of interest,'" 3 "selling out theclass,". 4 and "sweetheart deals" 5 –is an enduring criticism of class actions" (TIDMARSH, Jay. Rethinking Adequacy of Representation, 87 Tex. L. Rev. 1137)
Ainda, válido registrar que nas class actions o controle judicial é exercido em duas frentes: em relação ao representante e ao advogado. Para os objetivos deste trabalho, abordaremos

CASEBOOK DE PROCESSO COLETIVO

jurisprudência dos tribunais pátrios ou de projetos de codificação do tema[74].

Nesse prisma, observam Arenhart e Gustavo Osna[75] ser tendência nos ordenamentos alienígenas a exigência de maior contato entre o legitimado processual e o grupo representado. Mendes acrescenta que

> mais do que a quantidade de litigantes presentes, para a certificação [espécie de exame de admissibilidade nas class actions], importa a qualidade da defesa dos interesses da classe. Em relação às partes representativas, são considerados o comprometimento com a causa, a motivação e o vigor na condução do feito, o interesse em jogo, as disponibilidades de tempo e a capacidade financeira, o conhecimento do litígio, honestidade, qualidade de caráter, credibilidade e, com especial relevo, ausência de conflito de interesses[76]

Por seu turno, Didier e Zaneti[77] destacam que, dentre os vários critérios pertinentes, a jurisprudência do STF, de forma recorrente, faz referência à "pertinência temática", enquanto exigência de que haja congruência entre o objeto do litígio e o perfil institucional do legitimado coletivo,

apenas os aspectos de interesse referentes ao controle sobre o representante (legitimado). Sobre o tema: MENDES, Aluisio Gonçalves de Castro. Ações Coletivas no Direito Comparado e Nacional. São Paulo: RT, 2002; "Developments in the Law: Class Actions." Harvard Law Review, vol. 89, no. 7, 1976, pp. 1318–1644. JSTOR, www.jstor.org/stable/1340257. Accessed 27 Jan. 2020.

[74] Nessa trilha, Arenhart e Osna apontam que "os critérios antes vistos – tanto no direito norte-americano como no código modelo, como ainda os fixados pela jurisprudência dos tribunais superiores nos casos em que esse controle é admitido – parecem ser razoáveis para demonstrar o contato entre o representante e o interesse representado." (Sergio Cruz Arenhart e Gustavo Osna. Curso de Processo Civil Coletivo . Kindle.)

[75] Sergio Cruz Arenhart e Gustavo Osna. Curso de Processo Civil Coletivo. Edição do Kindle

[76] MENDES, Aluisio Gonçalves de Castro. Ações Coletivas no Direito Comparado e nacional. São Paulo: RT, 2002, p. 82.

[77] DIDIER Jr., Fredie; ZANETI Jr., Hermes. Curso de direito processual civil. Processo coletivo. 11. ed. Ed. JusPodivm. 2017, p. 202. Em igual direção, Arenhart e Osna pontuam que "as questões que embasam o filtro da 'pertinência temática' devem ser reconhecidas como aspectos inerentes ao controle de representatividade adequada."(Sergio Cruz Arenhart e Gustavo Osna. Curso de Processo Civil Coletivo. Edição do Kindle.)

6. O CONTROLE DA REPRESENTAÇÃO ADEQUADA DE INTERESSES

ou seja, a defesa do interesse posto em juízo deve fazer parte da atuação institucional do legitimado.

O Projeto do Código Brasileiro de Processos Coletivos, elaborado pelo IBDP (artigo 20) e o Código Modelo de Processos Coletivos para a Ibero-América (artigo 2º, § 2º) basicamente propõem que, na análise da representatividade adequada, o juiz considere fatores como a credibilidade, capacidade, prestígio e experiência do legitimado; seu histórico na proteção judicial e extrajudicial dos interesses ou direitos dos membros do grupo, categoria ou classe; sua conduta em outros processos coletivos; a coincidência entre os interesses dos membros do grupo, categoria ou classe e o objeto da demanda; o tempo de instituição da associação e a representatividade desta ou da pessoa física perante o grupo, categoria ou classe.

Explicitadas as fontes, podemos apontar como critérios habitualmente mencionados[78] para o exame: a) pertinência temática[79]; b) condições de ofertar uma tutela vigorosa dos interesses do grupo[80], aferida pela: b.1) experiência, seriedade, capacidade técnica e econômica do legitimado; b.2) comprometimento com os interesses do grupo, categoria ou classe (idôneo "porta-voz" dos interesses do grupo)[81].

Portanto, representatividade adequada não significa tão somente previsão em cláusula estatutária da finalidade de defesa do interesse judicializado. Muito mais que isso, envolve considerações sobre o

---

[78] Até mesmo na prática forense, conforme registra Fabrício Bastos (BASTOS, Fabrício. Curso de processo coletivo. Indaituba: Editora Foco, 2018, p. 317)

[79] "É necessária a identificação da chamada pertinência temática (perspectiva da adequada representação), vista como nexo entre os elementos concretos do litígio coletivo e a finalidade institucional do legitimado." (LEONEL, Ricardo Barros. Manual do processo coletivo. São Paulo: Revista dos Tribunais, 2011, p. 198).

[80] Sobre o ponto, Venturi afirma não ser raro o "ajuizamentos de ações coletivas por entidades que não revelam qualquer comprometimento real com a defesa de interesses meta-individuais ou, mesmo, idoneidade técnica e financeira para conduzir com êxito a demanda coletiva". (VENTURI, Elton. Processo Civil Coletivo: a tutela jurisdicional dos direitos difusos, coletivos e individuais homogêneos no Brasil. Perspectivas de um Código Brasileiro de Processos Coletivos. São Paulo: Editora Malheiros, 2007. p. 220)

[81] O representante deve possuir afinidade com os representados, de modo que sua voz repercuta, de fato, a posição daqueles que representa. (SCARPARO, Eduardo. Controle da representatividade adequada em processos coletivos no Brasil. In: Revista de Processo, vol. 208, 2012, p. 125)

CASEBOOK DE PROCESSO COLETIVO

comprometimento do autor coletivo com a causa, a sua proximidade[82] com os problemas concretos e interesses dos titulares do direito coletivo[83]. É exigência de postura diligente e enérgica, compatível com a relevância do interesse coletivo discutido[84].

A utilização dos critérios apresentados como norte[85] para a atuação jurisdicional contribui de maneira substancial para, de um lado, assegurar a defesa eficiente e tenaz dos interesses envolvidos, e de outro, limitar o campo de fundamentação da decisão, restringindo o espaço para subjetivismos e decisionismos[86].

---

[82] Não obstante inexistir limitação legal para a atuação do Ministério Público, da Defensoria Pública e das pessoas jurídicas de direito público, são reiterados os julgamentos (a exemplo do AgRgREsp 442.822-RS, rel. Min Gilson Dipp, DJ 13.10.2003, REsp 502.744-SC, rel. Min. José Arnaldo da Fonseca, DJ 25.04.2005) exigindo o vínculo entre a parte e o objeto do processo. Na doutrina, Grinover sublinha que "mesmo na atuação do Ministério Público tem aparecido casos concretos em que os interesses defendidos pelo Parquet não coincidem com os verdadeiros valores sociais da classe de cujos interesses ele se diz portador em juízo. Assim, embora não seja esta a regra geral, não é raro que alguns membros do Ministério Público, tomados de excessivo zelo, litiguem em juízo como pseudo-defensores de uma categoria cujos verdadeiros interesses podem estar em contrates com o pedido" (GRINOVER, Ada Pellegrini. Ações coletivas Ibero-Americanas: novas questões sobre a legitimação e a coisa julgada. Revista Forense, vol. 98, n. 361, Rio de Janeiro: Forense, mai-jun de 2002, p. 3/4.)

[83] Com isso, deseja-se verificar a real conexão entre o legitimado legal e o litígio coletivo, em um nível mais íntimo do que uma mera disposição temática. as razões que levam o sujeito a apresentar-se em juízo na proteção de certo interesse pode revelar se há, de fato, a relação necessária com aquele valor.

[84] VIOLIN, Jordão. Ação Coletiva Passiva. Salvador: Jus Podivm, 2008.

[85] Pois, como informa Vitorelli, até a jurisprudência americana, embora tenha definido parâmetros de adequação, não conseguiu desenvolver um critério geral para sua avaliação, restando apenas propostas acadêmicas. (VITORELLI, Edilson. O devido processo legal coletivo: dos direitos aos litígios coletivos. 2.ed. São Paulo: Revista dos Tribunais, 2019).

[86] Embora justificável o receio por parte daqueles que se opõe ao controle *ope judicis* da representação adequada (criação de restrições jurisprudenciais arbitrárias), Violin, citando Calmon de Passos relembra que: "o Direito não é o texto escrito, nem a norma que dele formalmente se infere, nem os códigos, nem as consolidações, nem as leis, nem os decretos, nem as portarias, nem os tratados e monografias. O Direito somente é enquanto processo de sua criação ou de sua aplicação no concreto da convivência humana (...). A relação entre o processo de produção do Direito e o que dele resulta como produto, seja sob a forma de enunciado, seja em termos de decisão (dizer o Direito e aplicar o Direito) não é, portanto, de caráter instrumental, meio-fim, como se dá no âmbito dos produtos do trabalho do homem, sim de natureza substancial, orgânica, integrativa, como ocorre necessariamente

6. O CONTROLE DA REPRESENTAÇÃO ADEQUADA DE INTERESSES

Inegável que o exame da representatividade adequada, por demandar um exercício cognitivo do juízo muito mais complexo, resulta em uma dilatação do curso processual. Entretanto,

> o desenvolvimento do processo coletivo não demanda unicamente uma convicção rápida e segura do juízo, mas também a participação e a criação de realidades justas e democráticas. Para se ter segurança e credibilidade em decisões vinculativas de uma coletividade um representante em patamar de excelência é indispensável[87].

Importante registrar que a análise da representatividade adequada não é questão limitada no tempo. A vigilância sobre a adequação do representante deve ser constante e exercida ao longo de todo o processo, avaliando-se a cada momento se a conduta adotada pela parte efetivamente está alinhada àquilo que seria a melhor expectativa do grupo ou do interesse protegido[88].

Ademais, informa Gomes Júnior[89] ser possível que o questionamento seja apresentado pela parte processual contrária[90]. Nesta hipótese, caberá a esta última demonstrar (ônus probatório seu) a referida falta de aptidão da entidade autora para atuar na defesa dos interesses coletivos específicos.

Se o juiz detectar a eventual inadequação do representante, em qualquer momento do processo, deverá proporcionar prazo e oportunidade para que o autor inadequado seja substituído por outro, adequado.

---

no âmbito da ação especificamente humana. O Direito é o que dele faz o processo de sua produção. Isso nos adverte de que o Direito nunca é algo dado, pronto, preestabelecido ou pré-produzido, cuja fruição é possível mediante simples utilização do já feito ou acabado. O Direito é produzido em cada ato de sua produção e subsiste com sua aplicação e somente é enquanto está sendo produzido ou aplicado". (VIOLIN, Jordão. Ação Coletiva Passiva. Salvador: Jus Podivm, 2008, p. 61)

[87] SCARPARO, Eduardo. Controle da representatividade adequada em processos coletivos no Brasil. Revista de Processo, nº 208, p.125, jun/2012

[88] Sergio Cruz Arenhart e Gustavo Osna. Curso de Processo Civil Coletivo. Kindle.

[89] GOMES JUNIOR, Luiz Manoel. Curso de direito processual civil coletivo. 2. ed. São Paulo: SRS Editora, 2008, p. 144.

[90] Uma vez que legitimidade legal fixa uma presunção de representatividade adequada. (VENTURI, Elton. Processo Civil Coletivo: a tutela jurisdicional dos direitos difusos, coletivos e individuais homogêneos no Brasil. Perspectivas de um Código Brasileiro de Processos Coletivos. São Paulo: Editora Malheiros, 2007).

CASEBOOK DE PROCESSO COLETIVO

Em síntese, uma abordagem que considere a representatividade adequada deve levar em conta vários aspectos. Em primeiro lugar, o legitimado coletivo que ajuíza a demanda. Considerando que a lei brasileira trabalha com a lógica da pertinência temática para certos legitimados, parece razoável supor que aqueles não satisfaçam esse requisito certamente devem ser considerados como "representantes inadequados" para o processo. Ultrapassado, porém, esse elemento, será importante considerar o histórico de proteção do ente – e de seu procurador – a fim de avaliar concretamente a adequação de seu comportamento àquilo que seria de se esperar para a melhor proteção possível do interesse. Nesse sentido, repita-se, poderá ser necessário avaliar a motivação da demanda, perquirindo qual é o verdadeiro objetivo do processo formado. Finalmente, será imprescindível analisar a conduta da parte ao longo do processo, de forma a ponderar se aquela situação inicial se mantém e se, durante todo o iter processual, a parte se mantém ajustada à proteção do bem jurídico que afirma tutelar. Em qualquer desses casos, verificado que um legitimado coletivo (abstratamente previsto) não tem condições de proteger adequadamente o interesse metaindividual, impõe- -se sua substituição, devendo ser excepcionalíssima a hipótese em que essa condição resulte na extinção do feito. Com tudo isso, é possível ter que a simples previsão abstrata de legitimação para uma demanda coletiva (ou para um instrumento de coletivização) é insuficiente para garantir a proteção efetiva e adequada desses direitos e, sobretudo, para que se possa impor àqueles que não participaram da demanda, efeitos que sejam indiscutíveis[91].

Por fim, certo é que a temática relativa aos critérios de análise e certificação da representatividade adequada é ainda incipiente no cenário jurídico brasileiro, sendo a pretensão do presente tópico apenas traçar linhas introdutórias para aguçar o debate.

3.4. Associações e a representação adequada

No caso particular das associações, o próprio microssistema processual coletivo condiciona sua legitimidade, ao exigir a presença de atributos que denotem a seriedade da instituição e a afinidade entre seus

---

[91] Sergio Cruz Arenhart e Gustavo Osna. Curso de Processo Civil Coletivo. Edição do Kindle.

6. O CONTROLE DA REPRESENTAÇÃO ADEQUADA DE INTERESSES

objetivos institucionais e o direito transindividual objeto do processo[92]: são eles: a) pré-constituição há pelo menos um ano;[93] (b) compatibilidade (pertinência) entre sua finalidade institucional e o objeto de defesa judicial.

Como se vê, em relação as entidades associativas, a própria lei já determina uma avaliação judicial, caso a caso, da pertinência e qualidade da sua atuação. Preenchidos os requisitos legais, presente a presunção[94] legal de legitimidade da associação.

Entretanto, como visto acima, a presunção de adequabilidade conferida pela lei aos entes é apenas relativa (juris tantum), devendo ser confirmada casuisticamente pelo julgador, visando limitar o manejo de ações temerárias, propostas por motivos políticos ou mesmo por entes despreparados ou que desconheçam os interesses da coletividade.

Referindo-se especificamente as associações civis, anota GRINOVER[95] que

> problemas práticos têm surgido pelo manejo de ações coletivas por parte de associações que, embora obedeçam aos requisitos legais, não apresentam a credibilidade, a seriedade, o conhecimento técnico-científico, a capacidade econômica, a possibilidade de produzir uma defesa processual válida, dados sensíveis esses que constituem as características de uma 'representatividade' idônea e adequada.

---

[92] ARENHART; OSNA. Curso de processo civil coletivo. São Paulo: RT, 2019, Kindle

[93] Requisito que pode ser desconsiderado pelo juiz ante o manifesto interesse social ou a relevância do bem jurídico protegido – artigo 5º, inciso V, alínea e e §4º, LACP; artigo 82, inciso IV e §1º, CDC

[94] Nesse caminho: "[...] Aponta a melhor doutrina, todavia, que o controle de representatividade adequada "ope legis", exclusivamente considerado, pode gerar distorções, pois exigir de uma associação apenas a pré-constituição e a referência em seu estatuto à proteção dos interesses que está pleiteando em juízo não garante que ela possua o vigor necessário para defender o grupo Considera-se, assim, que presunção de adequabilidade conferida pela lei aos entes legitimados é apenas relativa (juris tantum), admitindo-se que o controle judicial não se limite à aferição dos critérios objetivos supramencionados Precedente do STJ [...]" (TJSP;Apelação Cível 1013072-32.2013.8.26.0309; Relator (a): Hugo Crepaldi; 25ª Câmara de Direito Privado; Foro Central Cível – 40ª Vara Cível; j.: 11/04/2019)

[95] GRINOVER, Ada Pellegrini. *Ações Coletivas ibero-americanas: novas questões sobre a legitimação e a coisa julgada*. Revista Forense, 301, p. 3-12

CASEBOOK DE PROCESSO COLETIVO

Com igual orientação, ilustrando a questão, o Ministro do STJ Luis Felipe Salomão, relator do REsp 1213614/RJ[96] acentuou que o objetivo do legislador, ao incluir as associações no rol de legitimados para as ações coletivas, foi o de estimular o florescimento de entes da sociedade civil, que se façam ser reconhecidos pela notável atuação em determinado campo e, assim, possam usar das benesses processuais das ações coletivas. "O que não se quer é a montagem de associações de gaveta, que não tenham floresçam da sociedade civil, apenas para poder litigar em todos os campos com o benefício do artigo 18 da Lei de Ação Civil Pública.[97]"

Assim, a par da inegável importância (e prestígio) das associações para a realização dos ideais democráticos[98], a propriedade de sua atuação enquanto autêntica representante da coletividade substituída não pode ser atestada pelo simples cumprimento das exigências formais de

---

[96] Oportunidade em que o STJ firmou entendimento pela possibilidade de reconhecimento ex officio da idoneidade da associação civil autora da ação, bem como pela impossibilidade de autorização genérica no estatuto, na linha da posição do STF no RE 573.232/RJ.

[97] Em seu voto, o Ministro Luis Felipe Salomão registou particularidades concretas que indicavam tratar-se de uma associação apenas formal, "uma associação de gaveta". Apontou que a associação autora não possuía qualquer atividade conhecida ou registrada e seus sócios apresentavam o mesmo e único domicílio. O Ministro considerou, assim, que permitir uma "associação" com esse nível de aparência artificiosa possa movimentar a máquina judiciária, com isenção de custas e outros benefícios, atenta contra a dignidade da Justiça.

Em outra situação, o Tribunal de Justiça do estado de São Paulo, nos autos da Apelação Cível nº 1008272-27.2014.8.26.0405, reconheceu a ilegitimidade ativa de associação, com fundamento na ausência da representação adequada. Na ocasião, a Des. Marcia Dalla Déa Barone consignou a presença de "fortes indícios de atuação fraudulenta da referida associação, com desvirtuamento de suas finalidades, uma vez que se volta a propor demandas coletivas, cujos objetivos imediatos se voltam a beneficiar os advogados que a compõe e não os consumidores propriamente ditos, uma vez que tem se verificado que nos casos em que ela se sagra vitoriosa, são poucos os consumidores que se habilitam"

Não obstante os exemplos acima façam referência a prevenção de fraudes, alerta Gidi que não é esse o escopo principal da representação adequada. Segundo o autor, o objetivo principal é o de garantir a maior efetividade possível na proteção dos interesses transindividuais, porque uma representação inadequada prejudica os interesses do grupo e a fraude é apenas uma das formas pelas quais o prejuízo aos direitos do grupo pode ocorrer (GIDI, Antônio. A class action como instrumento de tutela coletiva dos direitos: as ações coletivas em uma perspectiva comparada. São Paulo: Ed. Revista dos Tribunais, 2007, p. 107/108).

[98] Enquanto mecanismo de fortalecimento da participação da sociedade civil na realização dos direitos fundamentais, preenchendo, por vezes, as lacunas de autuação dos órgãos estatais.

6. O CONTROLE DA REPRESENTAÇÃO ADEQUADA DE INTERESSES

pré-constituição e autorização estatutária para defesa do direito transindividual a ser tutelado.

A propósito, uma vez que o conteúdo do estatuto social é obra dos próprios associados[99] (sem ingerência do poder público), além da previsão, a amplitude das finalidades institucionais vem servindo como critério judicial para verificar a aptidão para atuação no caso concreto. Nesse sentido, entende o STJ que a reprodução literal no estatuto do disposto no artigo 5º, V, b[100] da Lei 7.347/85 não preenche o fim previsto em lei. Nos termos da jurisprudência do Tribunal[101],

> A representatividade adequada sob esse enfoque tem merecido destaque na doutrina; senão vejamos: "(...) A pertinência temática significa que as associações civis devem incluir entre seus fins institucionais a defesa dos interesses objetivados na ação civil pública ou coletiva por elas propostas, dispensada, embora, a autorização de assembleia. Em outras palavras. a pertinência temática é a adequação entre o objeto da ação e a finalidade institucional. As associações civis necessitam, portanto, ter finalidades institucionais compatíveis com a defesa do interesse transindividual que pretendam tutelar em juízo. Entretanto, essa finalidade pode ser razoavelmente genérica; não é preciso que uma associação civil seja constituída para defender em juízo especificamente aquele exato interesse controvertido na hipótese concreta. Em outras palavras, de forma correta já se entendeu, por exemplo, que uma associação civil que tenha por finalidade a defesa

---

[99] Como bem ressaltado por Leal, "o fato da associação afirmar em estatuto que vai defender os interesses da classe não oferecer nenhuma segurança de que isso realmente ocorra. Por isso, deve-se agregar exigências de efetiva atividade em prol dos interesses que a associação diz resguardar, a fim de lhe conferir legitimidade". (LEAL, Márcio Flávio Mafra. Ações Coletivas: história, teoria e prática. Porto Alegre: Sergio Antonio Fabris Editor, 1998, p. 133)

[100] Art. 5º Têm legitimidade para propor a ação principal e a ação cautelar:
[...]
V – a associação que, concomitantemente
[...]
b) inclua, entre suas finalidades institucionais, a proteção ao patrimônio público e social, ao meio ambiente, ao consumidor, à ordem econômica, à livre concorrência, aos direitos de grupos raciais, étnicos ou religiosos ou ao patrimônio artístico, estético, histórico, turístico e paisagístico.

[101] AgRg no REsp 901.936/RJ, Rel. Ministro LUIZ FUX, PRIMEIRA TURMA, julgado em 16/10/2008, DJe 16/03/2009

CASEBOOK DE PROCESSO COLETIVO

do consumidor pode propor ação coletiva em favor de participantes que tenham desistido de consórcio de veículos, não se exigindo tenha sido instituída para a defesa específica de interesses de consorciados de veículos, desistentes ou inadimplentes. Essa generalidade não pode ser, entretanto, desarrazoada, sob pena de admitirmos a criação de uma associação civil para a defesa de qualquer interesse, o que desnaturaria a exigência de representatividade adequada do grupo lesado. Devemos perquirir se o requisito de pertinência temática só se limita às associações civis, ou se também alcançaria as fundações privadas, sindicatos, corporações, ou até mesmo as entidades e os órgãos da administração pública direta ou indireta, ainda que sem personalidade jurídica. Numa interpretação mais literal, a conclusão será negativa, dada a redação do art. 5° da LACP e do art. 82, IV, do CDC. Entretanto, onde há a mesma razão, deve-se aplicar a mesma disposição. Os sindicatos e corporações congêneres estão na mesma situação que as associações civis, para o fim da defesa coletiva de grupos; as fundações privadas e até mesmo as entidades da administração pública também têm seus fins peculiares, que nem sempre se coadunam com a substituição processual de grupos, classes ou categorias de pessoas lesadas, para defesa coletiva de seus interesses."

4. A teoria na prática: aplicação da literatura ao caso

No caso em análise, a ANECOL ajuizou ação de responsabilidade pelos danos sofridos por consumidores[102] "em nome próprio e no interesse das vítimas ou seus sucessores" (art. 91, CDC).

Contudo, elementos concretos do litígio deixavam evidente a ausência de vínculo, de alinhamento entre a associação e os titulares do direito violado.

A Associação tem sede na cidade de São Paulo/SP e não possui absolutamente nenhuma relação com qualquer um dos atingidos pelo incêndio. Ademais, a inicial ingressou neste Juízo incríveis 8 dias após o ocorrido. O Inquérito Policial que apurou os fatos estava somente iniciando e as circunstâncias todas eram ainda bastante nebulosas. Tão prematura – e afastada de qualquer relação direta com o incêndio –ação gerou inclusive revolta nas

---

[102] Frise-se que, não se trata, na hipótese, de ação fundamentada no art. 5, XXI da Constituição. De forma evidente não age a associação representando os seus associados.

6. O CONTROLE DA REPRESENTAÇÃO ADEQUADA DE INTERESSES

famílias dos atingidos. Dessa forma, por óbvio não possui a autora legitimidade de fato para o ingresso com a presente.

Com efeito, ANECOL possui sede na cidade de São Paulo/SP, sem registro de filial na cidade do evento danoso[103], Santa Maria/RS. Tendo em vista que a maioria das vítimas reside naquela cidade ou em seus arredores (fato público e notório), mostra-se evidente o prejuízo ao interesse coletivo na distância existente entre o representante e os representados, havendo dificuldades, por óbvio, na comunicação entre estes, o que vai de encontro às finalidades da representação.

Como reforço, os magistrados (na linha do entendimento do Superior Tribunal de Justiça acima comentado) entenderam que os objetivos institucionais da associação eram *"desarrazoadamente genéricos"*, tornando ainda mais evidente a ilegitimidade da atuação da ANECOL em concreto. Conforme registrado na sentença,

> neste caso dos autos, a associação autora traz no seu estatuto a pretensão de defesa de praticamente todos os direitos de que se tem notícia. Basta uma leitura dos incisos I e II do Art. 3º do seu Estatuto (fls. 38-39) para se vislumbrar tal ocorrência. Ora, embora tal circunstância possa, formalmente, amparar um sem-número de ações possíveis para a tutela de toda essa vasta relação de direitos, no plano material e fático tal previsão, por demais ampla e genérica, acaba por deslegitimar a Associação quase por completo, mormente quanto se trata de direitos individuais homogêneos.

Como se observa, no caso em comento, embora tenha reconhecido a presença, por parte da associação autora dos requisitos legalmente exigidos, o Tribunal referendou o controle *ope judicis* realizado e o reconhecimento da ilegitimidade ativa da ANECOL, posto que a evidente ausência de vínculo (representação adequada) entre a associação autora e os titulares do direito resultaria, potencialmente, em uma inadequada tutela jurisdicional.

---

[103] "O fato da associação afirmar em estatuto que vai defender os interesses da classe não oferecer nenhuma segurança de que isso realmente ocorra. Por isso, deve-se agregar exigências de efetiva atividade em prol dos interesses que a associação diz resguardar, a fim de lhe conferir legitimidade" (LEAL, Márcio Flávio Mafra. Ações Coletivas: história, teoria e prática. Porto Alegre: Sergio Antonio Fabris Editor, 1998, p. 133)

CASEBOOK DE PROCESSO COLETIVO

Em seu voto, o relator reforçou que o controle judicial sobre a representação adequada dos legitimados ativo, além de ser uma tendência da legislação alienígena é exigência das sociedades de massa. Dessa forma,

> não basta que a associação apelante, a qual visa a representar os atingidos pelo incêndio, cumpra os requisitos objetivos legais para o ajuizamento da ação civil pública, cabendo ao julgador sopesar se a representação se mostra adequada aos interesses dos consumidores[104].

Embora abstratamente legitimada para a condução do processo, fatores concretos (não atendimento ao chamamento pelos editais, outra associação formada por eles) revelaram o distanciamento entre a autora e a coletividade titular do direito, a total ausência de sintonia entre a associação e os interesses que dizia idônea a tutelar.

> Para se dar a correta solução à presente demanda não deve se considerar os interesses dos réus, tampouco da associação demandante, mas sim os daqueles atingidos direta ou indiretamente pelo trágico acontecimento descrito na exordial.
>
> [...]
>
> Diante de tal panorama, aplicando-se o instituto da representação adequada, tenho que deva ser mantido o juízo terminativo prolatado, o qual está em consonância com os interesses individuais homogêneos que se busca a assegurar na presente ação.[105]

Conclusões

O desenvolvimento histórico da sociedade, com os avanços tecnológicos, incrementação de riscos e massificação das relações sociais resultou no surgimento de litígios para os quais, os mecanismos tradicionais de tutela não possuíam resposta satisfatória.

---

[104] Apelação Cível, Nº 70056964463, Décima Câmara Cível, Tribunal de Justiça do RS, Relator: Paulo Roberto Lessa Franz, Julgado em: 28-11-2013,p. 07

[105] (Apelação Cível, Nº 70056964463, Décima Câmara Cível, Tribunal de Justiça do RS, Relator: Paulo Roberto Lessa Franz, Julgado em: 28-11-2013,p. 06 e 12)

6. O CONTROLE DA REPRESENTAÇÃO ADEQUADA DE INTERESSES

Como foi possível observar, o desenvolvimento das ações coletivas exigiu o estabelecimento de novos contornos aos institutos e garantias processuais, como forma de compatibilizar a realidade fática (e a impossibilidade de atuação pessoal dos titulares do direito) com o respeito ao devido processo[106] aos titulares do direito, ausentes na relação jurídica processual. A expansão do processo coletivo, tornou a atividade representativa no âmbito jurisdicional inevitável, até porque, no mundo contemporâneo, seria ingênuo imaginar que alguém possa participar de todos os processos e decisões que o afetem[107].

Na busca por um instrumento que viabilize a tutela jurisdicional e ao mesmo tempo garanta aos titulares do direito violado um processo representativo constitucionalmente devido, questões como legitimidade ativa e adequada representação possuem posição central, pois a variar o tratamento, podem resultar em uma ampliação ou restrição da judicialização de litígios.

Nosso ordenamento, diversamente de sistemas como o norte-americano das *class actions*, optou, em princípio, pela construção legal de um rol de legitimados ativos, arrolados na própria legislação regulamentadora da ação coletiva.

Ou seja, instituiu-se um modelo no qual os entes legitimados gozariam de presunção de adequada representação, fundado num juízo abstrato, pelo legislador.

Entretanto, a prática e o amadurecimento da doutrina, revelaram que essa presunção pode ser afastada no exame do caso concreto, sobretudo em relação às ações propostas pelas associações, uma vez que ao exigir de

---

[106] O vínculo entre a representação adequada e a garantia do devido processo legal coletivo tem como raízes o julgamento pela Suprema Corte norte-americana do emblemático Hansberry vs. Lee, que os membros da classe que não ingressaram na ação coletiva e que foram inadequadamente representados poderiam questionar posteriormente o julgamento alegando que não foram adequadamente representados. Com efeito, o objetivo da representação adequada, em última análise, "nada mais é do que garantir que o resultado obtido com a tutela coletiva seja o mais próximo possível daquele que seria obtido caso os membros do grupo estivessem defendendo pessoalmente seus direitos em juízo" (GIDI, Antonio. Rumo a um Código de Processo Civil (LGL\1973\5) Coletivo – A codificação das ações coletivas no Brasil. Rio de Janeiro: Forense, 2008, p. 79.)

[107] VITORELLI, Edilson. *O devido processo legal coletivo: dos direitos aos litígios coletivos*. 2.ed. São Paulo: Revista dos Tribunais, 2019, p. 256.

uma associação apenas a pré-constituição e a referência em seu estatuto à proteção dos interesses que está pleiteando em Juízo não garante que ela possua o vigor necessário para defender o grupo.

O legislador, portanto, estabeleceu como premissa, que o legitimado ativo *ope legis*, apresenta-se, presumidamente, como representante idôneo do interesse transindividual que pretende a tutela. Trata-se, entretanto, de presunção relativa, podendo ser afastada diante de prova em sentido contrário. Tal exame de idoneidade (representação adequada) permitirá fixar a legitimidade ad causam nas ações coletivas a partir das realidades concretas da sociedade e com base em todo o ordenamento jurídico e não apenas em uma norma específica. Assim, é plenamente possível que, de modo devidamente fundamentado, "o magistrado exerça, mesmo que de ofício, o controle de idoneidade (adequação da representatividade) para aferir/afastar a legitimação ad causam"[108].

Objetiva-se, com isso, proteger os titulares dos direitos transindividuais envolvidos, a fim de permitir que apenas instituições públicas ou associações privadas efetivamente relacionadas aos direitos envolvidos e que realmente possuam vínculos com a causa envolvida possam pleitear sua tutela jurisdicional. Os riscos envolvidos no patrocínio de uma ação civil pública por alguma instituição destituída de representatividade adequada – ou seja, não vinculada especificamente e razoavelmente comprometida com os direitos transindividuais em jogo – principalmente quando envolverem direitos individuais homogêneos, como no caso.

O caso adotado no presente capítulo (AC nº 70056964463 TJRS) bem ilustra a relevância do papel assumido pelo magistrado nas ações coletivas, assegurando, em última instância, a própria legitimidade político-social do Poder Judiciário, devendo indeferir o processamento de lides temerárias ou em descompasso com os interesses da coletividade lesada. Como garantia constitucional advinda do devido processo legal coletivo, os direitos de ser citado, de ser ouvido e de apresentar defesa em juízo são substituídos por um direito de ser "citado, ouvido e defendido através de um representante. Mas não através de um representante qualquer: o grupo deve ser representado em juízo por um representante adequado."[109]

---

[108] REsp 1.213.614-RJ, Rel. Min. Luis Felipe Salomão, julgado em 1º/10/2015, DJe 26/10/2015.
[109] DIDIER Jr., Fredie; ZANETI Jr., Hermes. Curso de Direito Processual Civil, V.4 – Processo Coletivo. 2. ed. Salvador: JusPodivm, 2007, p. 204-209

A justiça da tutela jurisdicional coletiva depende da atuação do órgão jurisdicional, cabendo-lhe dosar, sem exageros, a medida exata da legitimação para agir. Se, de um lado, deve o magistrado abster-se de impor óbices meramente procedimentais aos representantes adequados dos direitos coletivos, compete-lhe, de outra face, exercer o controle da representatividade com o fito de impedir a iniciativa de entes desprovidos de capacidade para atuar em defesa do grupo. Do mesmo modo que não seria justo cercear o acesso à justiça de legitimados dotados de representatividade, também não se poderia permitir que os direitos coletivos fossem defendidos por entes que desconhecessem os reais interesses da coletividade ou que não estivessem aptos a tutelá-los de maneira satisfatória[110].

Portanto, ao contrário do que uma leitura apressada possa transparecer, o controle judicial da representatividade adequada não é mecanismo de entrave ao manejo de ações coletivas. Ao contrário, ao impedir o desvirtuamento do processo coletivo, revela-se como materialização do direito de acesso à justiça, pondo-se como um importante instrumento para garantir uma tutela coletiva adequada, justa, representativa e, finalmente, efetiva.

Referências

ARAUJO, Rodrigo Mendes de. *A Representação adequada nas ações coletivas*. Salvador: Editora Juspodivm, 2013.

ARENHART, Sergio Cruz; OSNA, Gustavo. *Curso de processo civil coletivo*. São Paulo: RT, 2019, Kindle

BRANT, João Paulo Alvarenga. *O controle judicial da representação adequada no processo coletivo*. Coleção Direitos fundamentais e acesso à justiça no estado constitucional de direito em crise. Belo Horizonte: Editora D'Plácido, 2019.

BRASIL. Superior Tribunal de Justiça. AgRg nos EDcl nos EDcl no REsp 1150424/SP, Relator Ministro Olindo Menezes, Primeira Turma, julgado em 10 de novembro de /2015, DJe Brasília, 24 de novembro de 2015

DIDIER Jr., Fredie; ZANETI Jr., Hermes. *Curso de Direito Processual Civil:* Processo Coletivo. 11ed. Salvador: JusPodivm, 2017

FISS, Owen. *The allure of individualism*. Iowa Law Review. vol. 78. 1993.

---

[110] DIDIER JÚNIOR, Fredie; MOUTA, José Henrique; MAZZEI, Rodrigo (Coords.). Tutela jurisdicional coletiva: 2ª série. Salvador: Juspodivm, 2012, p.173-174

CASEBOOK DE PROCESSO COLETIVO

FISS, Owen. *Um novo processo civil:* estudos norte-americanos sobre jurisdição, constituição e sociedade. São Paulo: RT, 2004, p.215.

GIDI, Antonio La representación adecuada en las acciones colectivas brasileñas y el avance del Código Modelo. In MacGregor, Eduardo Ferrer (orgs.). *Procesos colectivos – La tutela de los derechos difusos, colectivos e individuales en una perspectiva comparada.* México: Porrúa, 2004.

GIDI, Antonio. *A class action como instrumento de tutela coletiva dos direitos:* as ações coletivas em uma perspectiva comparada. São Paulo: RT, 2007.

GIDI, Antonio. *A representação adequada nas ações coletivas brasileiras:* uma proposta. Revista de Processo, São Paulo, vol. 108, n. 61, 2002. Disponível em: <http://www. gidi.com.br/publications/>. Acesso em: 21 nov. 2019.

GIDI, Antonio. *A representação adequada nas ações coletivas brasileiras:* uma proposta. Revista de Processo, São Paulo, vol. 108, p. 61-70, out.2002.

GIDI, Antônio. *Código de Processo Civil Coletivo:* um modelo para países de direito escrito. Revista de Processo, Vol. 111, p. 192, 2003. Disponível em: https://ssrn. com/abstract=947207 Acesso em: 21 nov. 2019.

GIDI, Antonio. *Rumo a um Código de Processo Civil* (LGL\1973\5) Coletivo – A codificação das ações coletivas no Brasil. Rio de Janeiro: Forense, 2008.

GRINOVER, A. P. *As garantias constitucionais do processo nas ações coletivas,* Revista da Faculdade de Direito, Universidade de São Paulo, 82, p. 180-197. Disponível em: https://www.revistas.usp.br/rfdusp/article/view/67100. Acesso em 5 dezembro 2019.

LENZA, Pedro. *Teoria Geral da Ação Civil Pública.* 3ª ed. São Paulo: RT, 2008.

LEONEL, Ricardo de Barros. *Manual do processo coletivo.* São Paulo: RT, 2003.

MARINONI, Luiz Guilherme. *Técnica Processual e Tutela dos Direitos.* 4ª ed. rev., ampl. e atual. São Paulo: RT, 2013.

MAZZILLI, Hugo Nigro. *A defesa dos interesses difusos em* juízo. 25ª ed. rev. ampl. e atual. São Paulo: Saraiva, 2012.

MOREIRA, José Carlos Barbosa. Tutela jurisdicional dos interesses coletivos e difusos. In *Temas de Direito Processual Civil.* 3ª série. São Paulo: Saraiva, 1984.

NERY JR., Nelson; NERY, Rosa Maria de Andrade. *Código de Processo Civil Comentado e Legislação Extravagante.* 10. ed. São Paulo: Revista dos Tribunais, 2008.

ROQUE, André Vasconcelos. *O que significa representatividade adequada?* Um estudo de Direito comparado. Revista Eletrônica de Direito Processual, Rio de Janeiro, v. 4, p.171-198, 2009. Disponível em: <http://www.epublicacoes.uerj.br/index.php/ redp/article/>. Acesso em: 13 nov. 2019.

THIBAU, Tereza Cristina Sorice Baracho. *A legitimação ativa nas ações coletivas:* um contributo para o estudo da substituição processual. 2003. 295 f. Tese (Doutorado em Direito) – Faculdade de Direito, Universidade Federal de Minas Gerais, Belo Horizonte, 2003.

TIDMARSH, Jay. *Rethinking adequacy of representation*. Texas Law Review, n. 87, p. 1136-1203, 2009. Disponível em: <https://scholarship.law.nd.edu/law_faculty_scholarship/531.Acesso em: 21 nov. 2019.

VITORELLI, Edilson. *O devido processo legal coletivo*: dos direitos aos litígios coletivos. São Paulo: Revista dos Tribunais, 2016

WOOLLEY, Patrick. *Collateral attack and the role of adequate representation in class suits for money damages*. Kansas Law Review, Lawrence, v. 58, n. 4, p. 915-977, 5dez. 2010. Disponível em: <https://kuscholarworks.ku.edu/bitstream/ _Woolley_Final.pdf>. Acesso em: 24 nov. 2019.

ZANETI JUNIOR, Hermes. A legitimação conglobante nas ações coletivas: a substituição processual decorrente do ordenamento jurídico. In: ASSIS, Araken de et al. (orgs.). *Direito civil e processo*: estudos em homenagem ao Professor Arruda Alvim. São Paulo: Revista dos Tribunais, 2007. p. 859-866.

ZAVASCKI, Teori Albino. *Processo Coletivo*: Tutela de Direitos Coletivos e Tutela Coletiva de Direitos. 5ª ed. rev., atual. e ampl. São Paulo: RT, 2011.

ZAVASCKI, Teori Albino. Reforma do processo coletivo: indispensabilidade de disciplina diferenciada para direitos individuais homogêneos e para direitos transindividuais. In: GRINOVER, Ada Pellegrini; MENDES, Aluísio Gonçalves de Castro; WATANABE, Kazuo. *Direito Processual Coletivo e o anteprojeto de Código Brasileiro de Processos Coletivos*. São Paulo: Editora Revista dos Tribunais, 2007, p. 33-38.

7. Algumas reflexões acerca da representatividade adequada na celebração do compromisso de ajustamento de conduta a partir do desastre do Rio Doce [1]

Bruno Gomes Borges da Fonseca
Hermes Zaneti Jr.

Introdução

O compromisso de ajustamento de conduta (TAC) foi introduzido no ordenamento jurídico brasileiro pelo art. 211 do Estatuto da Criança e do Adolescente (ECA). Previsão parecida, posteriormente, foi contemplada pela Lei n. 8.078/1990, cujo texto instituiu o Código de Defesa do Consumidor (CDC), com o acréscimo do §6º no art. 5º da Lei n. 7.347/1985 (LACP).

Além destes atos normativos acerca do TAC, há outras diversas previsões no ordenamento jurídico. Contudo um dos textos normativos centrais sobre o instituto se encontra na redação do art. 5º, §6º, da LACP: "Art. 5º [...] §6º. Os órgãos públicos legitimados poderão tomar dos interessados

---

[1] Artigo elaborado sob a orientação do Professor Doutor Hermes Zaneti Jr. em razão de estágio de pós-doutoramento (2018-2019) no Programa de Pós-Graduação em Direito da Universidade Federal do Estado do Espírito Santo (UFES). Este artigo também é resultado das atividades do Grupo de Pesquisa Fundamentos do Processo Civil Contemporâneo (FPCC/UFES), que possui financiamento de pesquisa para o estudo do Caso do Desastre do Rio Doce concedido pela Fundação de Amparo à Pesquisa e à Inovação do Estado do Espírito Santo (FAPES).

compromisso de ajustamento de sua conduta às exigências legais, mediante cominações, que terá eficácia de título executivo extrajudicial".

A partir deste texto e sem prejuízo de sua articulação com os demais atos normativos cujas abordagens também se refiram ao TAC de maneira específica, verifica-se que a legitimidade ativa para sua celebração foi conferida aos *órgãos públicos*. Neste cenário, na condição de problema desta pesquisa, indaga-se se haveria espaço normativo para se exigir deles a representatividade adequada. A pesquisa, como tema correlato e de maneira mais superficial, na condição de ensaio, também analisa a presença desse requisito na representação dos grupos e subgrupos afetados pela celebração deste instrumento, especialmente quando consideramos que a limitação do TAC extrajudicial não se estende ao TAC judicial, no qual a presença do Ministério Público como custos juris e a homologação pelo juiz permite aos demais legitimados a propositura do compromisso de ajustamento de conduta.

A pesquisa se cinge em analisar a possibilidade, ou não, da representatividade adequada na celebração extrajudicial do TAC ser considerada como elemento essencial. Esta questão é bastante complexa. Nas ações coletivas, ainda é bastante controvertida a exigência da representatividade adequada dos legitimados ativos. No TAC, a solução parece ser ainda mais obscura, por ser um assunto ainda carente de teorizações. Neste sentido, a nossa proposta é, antes de responder ao problema impulsionador desta pesquisa, apresentar algumas reflexões, a título ensaísta, capazes, talvez, de oportunizarem futuras pesquisas e aprofundamentos ulteriores.

O estudo de casos reais, no qual a totalidade permite articular diversos instrumentos metodológicos, como a indução, ainda que em uma perspectiva predominante jurídica, parece contribuir para aclarar esse cenário. Daí o interesse do Direito e dos juristas pelas análises de casos concretos, sobretudo os apreciados pelo sistema de justiça.

O rompimento da barragem de propriedade da *empresa* Samarco S/A, ocorrido no Município de Mariana, Estado de Minas Gerais, Brasil, em 5 de novembro de 2015 (denominado, neste estudo, como o *Caso Desastre do Rio Doce*), em razão da complexidade da situação, vem oportunizando reflexões sobre a verdade de práticas jurídicas, seja com a constatação de *novas* verdades, quer com a revisão de *antigas* verdades, em um processo reflexivo, cuja imbricação se verifica entre a realidade histórico-social e o ordenamento jurídico.

O *Caso Desastre do Rio Doce* é tido como um dos maiores desastres ambientais ocorridos no mundo, com reflexos diretos e indiretos em diversos segmentos (sociais, econômicos, políticos e jurídicos). Este caso, além da movimentação de inúmeros atores das sociedades civil e política, exigiu e exige destacada atuação do Ministério Público brasileiro e do Poder Judiciário, inclusive com o manejo de dezenas de ações coletivas e a gestão destes processos. A sua análise também parece possibilitar reflexões sobre a necessidade (ou não) do controle judicial da representatividade adequada dos legitimados ativos na celebração de TACs.

Esta pesquisa se justifica pela possibilidade de utilização indevida deste interessante e efetivo instrumento de prevenção e composição de conflitos (TAC). Hipoteticamente, é possível a ocorrência de celebração de TACs, cujo polo ativo seja composto por um *órgão público*, com vistas a frustrar a aplicação do ordenamento jurídico.

O primeiro tópico apresenta o *Caso Desastre do Rio Doce* nas partes mais apropriadas para a análise deste estudo. O segundo tópico aduz notas gerais sobre o instituto da representatividade adequada. O terceiro e derradeiro tópico faz uma abordagem introdutória sobre o TAC e, posteriormente, analisa, em um discurso ensaísta e problematizante, possibilidades e desafios de se exigir a representatividade adequada para a sua celebração.

1. Caso desastre do Rio Doce e representatividade adequada[2]

O *Caso Desastre do Rio Doce*, em razão das suas complexidade e proporções, gerou efeitos diretos e indiretos em diversos segmentos da sociedade e também em vasto espaço territorial. Em um rol meramente ilustrativo, é possível constatar que o rompimento da barragem imputou reflexos daninhos ao meio ambiente, mas outrossim em setores produtivos, como o comércio e o turismo, na Administração Pública e nas relações de trabalho.

O Direito, na condição de ciência, também sofreu impactos em razão do *Caso Desastre do Rio Doce*. Primeiro, houve mais um teste acerca da sua

---

[2] Alguns trechos deste capítulo, com algumas adaptações, foram extraídos de outro estudo ainda não publicado: FONSECA, Bruno Gomes Borges da. ZANETI JR., Hermes. *O Caso Desastre do Rio Doce: uma análise acerca da necessidade do controle judicial da representatividade adequada dos legitimados ativos nas ações civis públicas*. No prelo.

CASEBOOK DE PROCESSO COLETIVO

efetividade em uma sociedade multicultural e conflituosa cujas relações socioeconômicas vêm alcançando dinâmicas inimagináveis. Em segundo lugar, quase como um *jogo de tentativa, erro e acerto*, o Direito mostrou fragilidades, pontos positivos, necessidade de aprimoramentos e possibilidade de *aprender* com um caso extremo e com a práxis social.

A amplitude das pessoas e dos segmentos atingidos, por sua vez, criaram um ambiente favorável a inúmeras possibilidades jurídicas, desde a atuação extrajudicial do Ministério Público brasileiro até a propositura de ações civis públicas pelos entes federativos e associações de classe. O Ministério Público Federal (MPF), o Ministério Público do Trabalho (MPT), os Ministérios Públicos no Espírito Santo e em Minas Gerais (MPE), as associações de pescadores, os sindicatos profissionais, entre outros atores, propuseram ações civis públicas.

A análise de duas das principais ações civis públicas propostas em razão do *Caso Desastre do Rio Doce* parece permitir a extração de lições preliminares acerca do controle judicial da representatividade adequada da legitimidade para agir nas ações civis públicas e também no TAC.

A primeira dessas demandas é a ação civil pública de autoria da União, dos Estados do Espírito Santo e Minas Gerais e de suas autarquias(processo n. 0069758-61.2015.4.01.3400).[3] A pretensão visava, entre outros pedidos, a adoção de medidas urgentes para conter o dano ambiental, a apresentação de um plano de recuperação da bacia do Rio Doce, o atendimento dos atingidos e a constituição de um fundo privado para provisionar capital a ser manejado na reparação dos danos. A ação foi proposta precocemente em 16.11.2015 (data da autuação).

As partes, pouco tempo depois da sua propositura, no aludido processo judicial (n. 0069758-61.2015.4.01.3400), celebraram transação denominada de Termo de Transação e de Ajustamento de Conduta (T-TAC), também apelidado de TAC Total. O instrumento de composição foi subscrito pelos autores da ação civil pública e outras entidades públicas e os pretensos responsáveis pelo dano. Nas cláusulas do T-TAC

---

[3] BRASIL. *Justiça Federal de Minas Gerais*. Tribunal Regional Federal da 1ª Região. Processo n. 0069758-61.2015.4.01.3400. Disponível em: https://processual.trf1.jus.br/consultaProcessual/processo.php?proc=600175820154013800&secao=MG&pg=1&enviar=Pesquisar. Acesso em: 15 set. 2018.

foram previstas inúmeras medidas cujos valores foram definidos em 20 (vinte) bilhões de reais.

O Ministério Público brasileiro que, até então, vinha conduzindo o caso, inclusive com a propositura de ações civis públicas e a celebração de TACs, não foi autor da ação nem participou das negociações para o denominado TAC Total (muito menos o subscreveu). Além da ausência do Ministério Público brasileiro e de outras entidades com atuação relevante no caso, como as Defensorias Públicas e as associações, evidenciou-se a ausência de participação efetiva dos atingidos.

Havia também um questionamento acerca da amplitude do objeto da ação civil pública proposta pela União e pelos Estados do Espírito Santo e Minas gerais: os valores estipulados estariam provavelmente aquém do valor exigido para reparação, até porque a extensão do dano ainda estava (inclusive, está) em fase de conhecimento e apuração, o que dependeria (e depende), inclusive, de prova técnica, e as medidas reque-ridas, e depois previstas na transação, pareciam insuficientes para os fins colimados.

Outra discussão seria a falta de representatividade adequada da União e dos Estados do Espírito Santo e de Minas Gerias para proporem a men-cionada ação civil pública e também celebraram o denominado T-TAC. Estes entes federativos seriam os mais aptos para tutelarem os direitos coletivos decorrentes do *Caso Desastre do Rio Doce*? Estes entes vinham participando das negociações extrajudiciais? Vinham mantendo contato permanente com as sociedades civil e política? Vinham se reunindo com os atingidos, ou seja, as vítimas do desastre? Haveria conflitos de inte-resses entre estes entes e o grupo lesado? Seriam estes entes também responsáveis pelo dano, ainda que por omissão, e, portanto, cabível afirmar que quem está no potencial polo passivo não teria legitimidade para a propositura da ação e muito menos para a elaboração de um compromisso de ajustamento de conduta?

Até a propositura da ação civil pública pela União e pelos Estados do Espírito Santo e Minas Gerais, o caso vinha sendo conduzido pelo Ministério Público brasileiro, representado pelos ramos do MPF, do MPE e do Ministério Público do Trabalho (MPT), cujo papel era de destaque nas negociações (inclusive com celebrações de TACs), na propositura das demandas e na articulação com as sociedades civil e política. Havia também a participação da Defensoria Pública e gradativamente a inclusão de uma série de grupos da sociedade civil representados por associações que buscavam a mobilização dos atingidos e vítimas.

O Ministério Público, neste cenário, se manifestou contrário à homologação da transação e propôs ação autônoma de reclamação (processo n. 31935)[4] contra a decisão que a homologou. Obteve êxito no Superior Tribunal de Justiça (STJ), cuja decisão suspendeu a decisão liminar de homologação da transação celebrada entre Samarco, Vale e BHP Billiton, União, Estados do Espírito Santo e Minas Gerais e órgãos públicos federais e estaduais. O STJ, na decisão, expressamente, consignou:

> [...] Deveras, mesmo que não haja dúvidas a respeito da impossibilidade de o referido acordo limitar o acesso à Justiça dos indivíduos que se sentirem prejudicados com o rompimento da barragem do Fundão, o fato é que ainda devem ser respaldadas outras demandas de natureza igualmente coletivas, as quais repercutem sobre a esfera de direitos de entes federativos e entidades civis que sequer tiveram a oportunidade de participar das tratativas para a autocomposição do litígio, a exemplo dos Municípios atingidos e associações representantes dos interesses envolvidos na causa.
>
> [...]
>
> Enfatize-se, por seu turno, que há cominações no sentido de que o Estado de Minas Gerais e o do Espírito Santo indicarão representantes dos municípios para integrar o citado comitê interfederativo. No entanto, repita-se, não há indicativo de que qualquer município atingido tenha participado das negociações em comento, não obstante as obrigações que foram atribuídas a esses entes da federação no âmbito da referida avença. Nesse mesmo passo, também não está demonstrada a inclusão de membro do Ministério Público do Estado de Minas Gerais na formatação do ajuste em comento, o que indica a ausência de adequado debate para o desenlace convencionado do litígio, justamente entre aqueles atores locais mais próximos e, portanto, mais sensíveis aos efeitos da referida tragédia. Ademais, diante da extensão dos danos decorrentes do desastre ocorrido em Mariana/MG, seria rigorosamente recomendável o mais amplo debate para a solução negociada da controvérsia, por meio da realização de audiências públicas, com

---

[4] BRASIL. *Ministério Público Federal*. Reclamação n. 31935. Disponível em: http://www.mpf. mp.br/para-o-cidadao/caso-mariana/documentos/stj-suspende-acordo-da-uniao. Acesso em: 15 set. 2018.

a participação dos cidadãos, da sociedade civil organizada, da comunidade científica e dos representantes dos interesses locais envolvidos, a exemplo das autoridades municipais.

Também, posteriormente, alcançou sucesso no Tribunal Regional Federal da 1ª Região (TRF-1), mediante o julgamento de recurso de agravo da decisão homologatória, cuja decisão considerou que o seu Sistema de Conciliação do TRF-1 (que anteriormente homologou a transação) era incompetente para apreciar o caso.[5]

Contemporaneamente às impugnações por ação autônoma de reclamação e recurso de agravo da decisão homologatória, o Ministério Público propôs nova ação civil pública (processo n. 2386307.2016.4.01.3800),[6] distribuída por dependência à ação civil pública proposta anteriormente pela União e pelos Estados do Espírito Santo e Minas Gerais (processo n. 0069758-61.2015.4.01.3400).

Na petição inicial desta nova ação, houve exposição sobre a legitimidade ativa do Ministério Público (item III.2). Nesta passagem, a peça destaca a legitimidade de agir do *Parquet* reconhecida no plano constitucional e legalmente. No capítulo subsequente (item III.2.1), a exordial contemplou o título *Ilegitimidade adequada* e explorou a necessidade de harmonizar legitimidade para agir *ope legis* com a presença, no plano da realidade, da representatividade adequada para tutelar os direitos coletivos envolvidos no conflito (*ope judicis*). Em certo momento da peça constou "Não basta, portanto, a legitimação ativa, legal e abstratamente considerada; é preciso, para acolher a demanda, que se faça um juízo de adequação ou da condição do legitimado formal [...]". Houve, no particular, invocação do direito norte-americano e citação de aporte teórico, nacional e internacional, e decisões do STJ neste sentido.[7]

---

[5] BRASIL. *Ministério Público Federal*. Tribunal Regional Federal da 1ª Região. Agravo de instrumento n. 0002627-50.2016.4.01.0000/MG. Disponível em: http://www.mpf.mp.br/ para-o-cidadao/caso-mariana/documentos/decisao-trf-1-anulacao-da-homologacao. Acesso em: 20 set. 2018.

[6] Esta e outras ações propostas pelo Ministério Público Federal encontram-se em: BRASIL. *Ministério Público Federal*. Disponível em: http://www.mpf.mp.br/para-o-cidadao/caso--mariana/atuacao-do-mpf/atuacao-na-1a-instancia/acoes. Acesso em: 15 set. 2018.

[7] A petição inicial, no tópico relativo à representação adequada, citou as seguintes fontes: "arty litigation. St Paul: West Group, 2000, p. 42; EISENBERG, Theodore; MILLER,

CASEBOOK DE PROCESSO COLETIVO

Ainda neste capítulo (item III.2.1), a peça confeccionada pelo Ministério Público, agora de maneira mais enfática, ressaltou que a atuação inadequada de um substituto processual poderá comprometer o devido processo legal, o processo justo constitucional, previsto para a tutela coletiva dos direitos. No caso, a petição inicial consigna que os entes públicos, autores da ação civil pública n. 0069758-61.2015.4.01.3400, se omitiram e, em alguma medida, contribuíram para a ocorrência do evento danoso, tanto que afiguravam como réus na nova demanda. Logo, conclui a exordial: "Esse consórcio do desastre lhes retira a legitimidade em sentido constitucional e democrático, tanto propor ação coletiva [...], quanto para, eventualmente, propor-se litisconsorte[s] ativo[s]; que dirá fazer acordo".

Geoffrey P. The Role of Opt-Outs and Objectors in Class Action Litigation: Theoretical and Empirical Issues. Vanderbilt. Law Review, v. 57, n. 5, p. 1529-1567, 2004; TIDMARSH, Jay. Rethinking adequacy of representation. Texas Law Review, v. 87, p. 1137-1203, 2008; CAPPELLETTI, Mauro. The judicial process in comparative perspective. Oxford; New York: Clarendon Press, 1989, p. 305-306; COSTANTINO, Giorgio. La tutela collettiva risarcitoria: note a prima lettura dell'art. 140 bis cod. consumo. Il foro italiano, v. 131, n. 1, p. 17-18/23/24, 2008; CATALDI, Giulio. La nuova azione di classe. Consumatori, diritti e mercato, n. 3, p. 129-142, 2009; CONSOLO, Claudio; BONA, Marco; BUZZELLI, Paolo Buzzelli Obiettivo class action: l'azione collettiva risarcitoria; ao direito projetado. in GRINOVER, Ada Pellegrini e outros (coord.). Direito Processual Coletivo e anteprojeto de Código Brasileiro de Processos Coletivos. São Paulo: RT, 2007, p. 114-135, p. 11; Revista Forense, v. 361, maio-junho 2002. p. 5-6; GIDI, Antonio. A representação adequada nas ações coletivas brasileiras: uma proposta. Revista de Processo, n. 108, out-dez 2002. p. 68-69. 38 Idem, p.70; BARBOSA MOREIRA, José C. Tutela constitucional dos interesses coletivos ou difusos. In Temas de Direito Processual, 3a série. São Paulo: Saraiva, 1984, p. 204; SCARPINELLA BUENO, Cassio. As class actions norte-americanas e as ações coletivas brasileiras: pontos para uma reflexão conjunta. Revista de Processo, n. 82, abr.-jun./1996; DIDIER JR., Fredie; ZANETI JR., Hermes. Curso de Direito Processual Civil – Processo Coletivo. Vol. 4. 3ª ed. Salvador: JusPodivm, 2007, p.112; VIGLIAR, José Marcelo de M. Defendant class action brasileira: limites propostos para o 'Código de Processos Coletivos'. In GRINOVER, Ada Pellegrini et al (coord.). Direito Processual Coletivo e anteprojeto de Código Brasileiro de Processos Coletivos. São Paulo: Revista dos Tribunais, 2007, p. 318 ss; ZAVASCKI, Teori Albino. Processo Coletivo – Tutela de Direitos Coletivos e Tutela Coletiva de Direitos. 3a ed. revista, atual. e ampliada. São Paulo: Revista dos Tribunais, 2008; AgRg no REsp 901.936/RJ, Rel. Ministro LUIZ FUX, PRIMEIRA TURMA, julgado em 16/10/2008, DJe 16/03/2009); REsp 1213614/RJ, Rel. Ministro LUIS FELIPE SALOMÃO, QUARTA TURMA, julgado em 01/10/2015, DJe 26/10/2015;AgRg nos EDcl nos EDcl no REsp 1150424/SP, Rel. Ministro OLINDO MENEZES DESEMBARGADOR CONVOCADO DO TRF 1ª REGIÃO), PRIMEIRA TURMA, julgado em 10/11/2015, DJe 24/11/2015".

A nova demanda, diferentemente da primeira, apresentou um objeto mais amplo, introduziu novos réus, buscou a tutela integral e quantificou os danos em valores superiores a 155 bilhões de reais (a ação anterior, lembre-se, indicou 20 bilhões de reais), ainda que provisoriamente.

Em síntese, inicialmente, houve uma ação civil pública de autoria da União e dos Estados do Espírito Santo e Minas Gerais. Em razão desta demanda, celebrou-se uma transação, homologada pelo Juízo. O Ministério Público posicionou-se contrário a esta composição e, por reclamação, obteve a suspensão da decisão homologatória no STJ e, por recurso, cancelamento da homologação pelo TRF-1. Contemporaneamente, propôs nova ação civil pública, com objeto mais amplo do que a primeira ação, com inclusão da União, dos Estados e Municípios no polo passivo.

Traçada as linhas gerais de uma parte do *Caso Desastre do Rio Doce*, sem adentrar ao mérito das demandas e aos seus resultados, parece haver espaço para a discussão da representatividade adequada em uma tentativa de união entre teoria e práxis. Antes desse ponto, o próximo tópico fará uma abordagem acerca da representatividade adequada.

2. Algumas notas sobre a representatividade adequada[8] [9]

No plano teórico, no Brasil, inexiste consenso acerca da possibilidade do controle jurisdicional na legitimação coletiva, e essas questões, pode-se adiantar, perpassam pela necessidade de se revisitar institutos ligados a tutela de direitos coletivos e do atual estágio de compreensão da sociedade sobre estes temas.

Como alertado na introdução, a exigência da representatividade adequada[10] para a celebração do TAC é tema ainda ausente das principais discussões teóricas. Consequentemente, ao menos neste momento, utilizar-se-á, por analogia, os argumentos apresentados quando da análise da legitimidade ativa nos processos coletivos. Parece-nos que eles, em

---

[8] Esta pesquisa se absterá de enfrentar o tema alusivo à qual é a melhor nomenclatura adotada (representatividade ou representação adequada). A esse respeito: CÂNDIA, Eduardo. *Legitimidade ativa na ação civil pública*. Salvador: Editora JusPodvm. 2013. p. 254-255.

[9] O texto deste capítulo, com algumas adaptações, foi extraído de outro estudo ainda não publicado: FONSECA, Bruno Gomes Borges da; ZANETI JR., Hermes. *Op. cit.*

[10] Utilizaremos requisito, com o objetivo de nos afastarmos, por ora, da discussão de que se trata de pressuposto processual ou condição da ação.

CASEBOOK DE PROCESSO COLETIVO

linhas gerais, pelo menos em grande parte, podem ser aproveitados para analisar a aplicabilidade desse instituto no TAC.

Uma determinada posição teórica[11] considerava que, na averiguação da legitimação coletiva, à luz do ordenamento jurídico brasileiro, a previsão no texto legal é suficiente. Por efeito, no caso concreto, bastaria o juiz verificar se o autor da demanda (se for o caso, o compromitente do TAC) se encontra no rol de legitimados previsto legalmente. Na hipótese de constatar este dado, caberia considerá-lo parte legítima para propor a ação (ou celebrar o TAC, se for o caso) em virtude da presunção absoluta do prescrito. A tarefa, portanto, de definir os legitimados ativos seria do Poder Legislativo (e não do Poder Judiciário) e, com isto, a legitimação coletiva sempre seria *ope legis*.

Essa corrente partiu da premissa firmada pelos fundadores da tutela coletiva brasileira ao recusar a influência do sistema norte-americano das *class action* no que diz respeito ao controle judicial da adequada representação (como se verá adiante, no ordenamento jurídico estado-unidense há previsão expressa acerca da representatividade adequada) sob o receio de que juízes e tribunais poderiam negar a tutela coletiva baseados no argumento de falta de representatividade adequada. Esta posição teórica levada ao extremo, em última análise, permite a conclusão de que a exigência da representatividade adequada (na ação coletiva e,

---

[11] Essa posição é defendida, entre outros, por: ALMEIDA, Gregório Assagra de. *Manual das ações constitucionais*. Belo Horizonte: Del Rey, 2007. p. 34-35, 110 e 113-115; VENTURI, Elton. *Processo civil coletivo*. A tutela jurisdicional dos direitos difusos, coletivo e individuais homogêneos no Brasil. Perspectiva de um código brasileiro de processos coletivos. São Paulo: Malheiros, 2007. p. 219-227; MIRRA, Álvaro Luiz Valery. Ação civil pública em defesa do meio ambiente: a representatividade adequada dos entes intermediários legitimados para a causa. *In*: MILARÉ, Edis (Coord.). *A ação civil pública após 20 anos*: efetividade e desafios. São Paulo: Revista dos Tribunais, 2005. p. 53; GUEDES, Clarissa Diniz. A legitimidade ativa na ação civil pública e os princípios constitucionais. *In*: MAZZEI, Rodrigo; NOLASCO, Rita Dias (Org.). *Processo civil coletivo*. São Paulo: Quartier Latin, 2005. p. 124; SHIMURA, Sérgio. O papel da associação na ação civil púbica. *In*: MAZZEI, Rodrigo; NOLASCO, Rita Dias (Org.). *Processo civil coletivo*. São Paulo: Quartier Latin, 2005. p. 155; DINAMARCO, Pedro da Silva. *Ação civil pública*. São Paulo: Saraiva, 2001. p. 201; ABELHA, Marcelo. Ação civil pública. *In*: DIDIER JR., Fredie (Org.). *Ações constitucionais*. 4. ed. rev. ampl. atual. Salvador: Editora JusPodivm, 2009, p. 364-366; CÂNDIA, Eduardo. *Op. cit.* p. 283-287; LEONEL, Ricardo de Barros. *Manual do processo coletivo*. São Paulo: Revista dos Tribunais, 2002. p. 171.

7. ALGUMAS REFLEXÕES ACERCA DA REPRESENTATIVIDADE...

na linha de raciocínio aqui adotada, também no TAC) dependeria de ato normativo neste sentido.

Outra posição teórica segue caminho diferente. Sustenta a possibilidade de o ordenamento jurídico brasileiro adotar o controle jurisdicional de legitimação coletiva pelo instituto da representatividade adequada. Consequentemente, a legitimidade se repartiria em dois níveis. O primeiro decorreria do seu reconhecimento no texto normativo. Apenas os entes legalmente legitimados poderiam propor a demanda coletiva (ou, se for o caso, para propor celebração de TAC). Haveria, assim, uma espécie de autorização legal para propor a ação coletiva. Essa consignação, no entanto, não impediria que o juiz, no caso concreto, promovesse uma segunda análise da legitimidade para constatar se, efetivamente, o autor é o representante adequado, o que carrearia para o processo (para a celebração do TAC, se for o caso) o denominado controle *ope judicis*.[12]

A possibilidade do controle jurisdicional da representação adequada na legitimação coletiva, para essa posição teórica, possui, inicialmente, inspiração na experiência americana. Nesse sentido, um dos principais precedentes a respeito foi o firmado em *Hansberry v. Lee* (1940),[13] cuja ideia central foi a de que a representatividade adequada era uma maneira

---

[12] Essa segunda posição é defendida, entre outros, por: GIDI, Antonio. *A class action como instrumento de tutela coletiva dos direitos*. As ações coletivas em uma perspectiva comparada. São Paulo: Revista dos Tribunais, 2007. p. 134; DIDIER JR., Fredie; ZANETI JR., Hermes. *Curso de direito processual civil*. Processo coletivo. 12. ed. rev. atual. ampl. Salvador: Juspodivm, 2018. v. 4. p. 209-212; WATANABE, Kazuo. Disposições gerais. *In*: GRINOVER, Ada Pellegrini et al (Org.). *Código brasileiro de defesa do consumidor*: comentado pelos autores do anteprojeto. 8. ed. rev. ampl. atual. Rio de Janeiro: Forense Universitária, 2004. p. 824-826; ARAÚJO, Rodrigo Mendes de. *A representação adequada nas ações coletivas*. Salvador: Editora JusPodivm, 2013. p. 208 e 218-219; BUENO, Cássio Scarpinella. As class actions norte-americanas e as ações coletivas brasileiras: pontos para reflexão conjunta. *Revista de Processo*. São Paulo: Revista dos Tribunais, v. 82, abr-jun.1996, p. 92; LIMA FILHO, Sergio Franco. *Legitimidade ativa nas ações transindividuais*. Da representatividade adequada diante do direito processual coletivo brasileiro. Curitiba: Juruá, 2014. p. 257-262.

[13] ESTADOS UNIDOS DA AMÉRICA. *U.S. Supreme Court*. Hansberry v. Lee, 311 U.S. 32 (1940). Hansberry v. Lee. No. 29. Argued October 25, 1940. Decided November 12, 1940. 311 U.S. 32. Disponível em: https://supreme.justia.com/cases/federal/us/311/32/. Acesso em: 20 nov. 2018. Com análise acerca desse caso: MARINONI, Luiz Guilherme. *Coisa julgada sobre questão*. São Paulo: Thomson Reuters Brasil, 2018. p. 124-130; TIDMARSH, Jay. *In*: CLERMONT, Kevin N. (ed.). *Civil procedure stories*. 2. ed. New York: Foudation Press, 2008.

CASEBOOK DE PROCESSO COLETIVO

de se compatibilizar a possibilidade de manejar a *class action* e a garantia de participação do processo dos efetivamente lesados. Em outro dizer, uma decisão apenas poderia atingir pretensos litigantes que não foram partes caso fossem adequadamente representados no processo.

Essa ideia, sem ainda a formação de um juízo a respeito, como será discutido mais à frente, pode ser carreada para a celebração do TAC, sobretudo quando este instrumento prevê obrigações de natureza individual homogênea.

No plano legislativo norte-americano, a representatividade adequada é prevista no art. 23 *das Federal Rules of Civil Procedure.* Este dispositivo contempla pré-requisitos para que um ou mais membros de uma classe possam processar ou ser processados como partes representativas em nome de todos os demais membros. Exige que o legitimado ativo proteja os interesses do grupo de forma justa e adequada, ou seja, cumpra com o que se denomina de representatividade adequada.

O controle judicial da legitimação coletiva, para essa segunda corrente, deve se dar concretamente. As características do autor da demanda e da situação jurídica litigiosa deduzida em juízo, para a tomada da decisão, deverão ser consideradas. Enquanto a previsão legal acerca da legitimação para agir possui caráter de abstração, o controle *ope judicis*, com vistas à verificação da representatividade adequada, decorreria de análise concreta extraída de um caso posto. Por efeito, descaberia no controle *ope judicis* contentar-se, por exemplo, com a previsão do art. 23, I, da CF/1988, cujo texto reconheceu aos entes federados competência para zelar pelas normas constitucionais e legais, porquanto essa análise ainda permaneceria no campo da abstração. O juiz, repita-se, concretamente, deverá verificar se, naquele caso, o ente federativo é o adequado representante.[14]

Em síntese, na hipótese de se adotar essa segunda posição, ao juiz caberá apreciar a representatividade adequada em três etapas: a) identificação do autor no rol legislativo dos colegitimados ativos para propositura da demanda coletiva; b) controlar, no caso concreto, a adequação dessa legitimação; c) controlar, também concretamente, a adequada condução

---

[14] Discordamos, por essas razões, da posição de que a representatividade adequada estaria esvaziada quando do exame da legitimidade coletiva dos entes públicos. Com opinião contrária: NOYA, Felipe Silva. *Representatividade e atuação adequada nas ações coletivas.* Rio de Janeiro: Lumen Juris, 2014. p. 98.

7. ALGUMAS REFLEXÕES ACERCA DA REPRESENTATIVIDADE...

do processo pelo legitimado ativo.[15] Com isso, quer-se dizer que a representatividade adequada é sujeita a controle jurisdicional em todas as fases processuais,[16] até porque se portaria como matéria de ordem pública,[17] cujo conhecimento se daria de ofício pelo juiz.[18]

Relativamente ao TAC, caso se entenda que a representatividade adequada seja um requisito necessário, um eventual controle judicial poderá ocorrer durante as negociações para a celebração daquele instrumento ou posteriormente à sua construção, o que poderia importar na declaração de sua nulidade. O próprio Ministério Público, a título de exemplo, poderia se insurgir quanto à (ou tentativa de) celebração do TAC por outro legitimado ativo.

A observância da representação adequada, embora decorra de uma análise *endoprocessual*, ou seja, à luz do caso concreto, abstém-se, contudo, de impedir que se avalie também a conduta do autor fora do processo. É possível que a parte, em conduta ausente do processo, se afigure inadequada para representar o grupo,[19] por conta, por exemplo, de atos de desonestidade, por práticas ocorridas em outros processos ou mesmo em razão de relações obscuras com o réu. Esses conflitos, conspiradores da representatividade adequada, como visto, podem ocorrer fora dos autos e também serem atritos não jurídicos.[20]

O juiz, com o escopo de verificar a representatividade adequada na legitimação coletiva, à luz do caso concreto, segundo essa corrente, poderia analisar inúmeras questões. A título de ilustração, o Código de Processo Civil Coletivo (um modelo para países de direito escrito), formulado por Antonio Gidi, além de prever a necessidade de representatividade adequada nas ações coletivas (art. 3º, II), estatui que o juiz analisará, entre outros fatores (rol meramente exemplificativo): a) competência,

---

[15] DIDIER JR., Fredie; ZANETI JR., Hermes. *Op. cit.* 12. ed. 2018. p. 220.

[16] GIDI, Antonio. *A class action como instrumento de tutela coletiva dos direitos. Op. cit.* p. 102; MARINONI, Luiz Guilherme. *Op. cit.* p. 131.

[17] VIGLIAR, José Marcelo Menezes. Defendant class action brasileira: limites propostos para o código de processos coletivos. *In*: GRINOVER, Ada Pellegrini; MENDES, Aluisio Gonçalves de Castro; WATANABE, Kazuo. *Direito processual coletivo e o anteprojeto de código brasileiro de processos coletivos.* São Paulo: Revista dos Tribunais, 2007. p. 317.

[18] GIDI, Antonio. *A class action como instrumento de tutela coletiva dos direitos. Op. cit.*, p. 102.

[19] ARAÚJO, Rodrigo Mendes de. *Op. cit.* p. 187 e 228.

[20] GIDI, Antonio. *A class action como instrumento de tutela coletiva dos direitos. Op. cit.* p. 116.

CASEBOOK DE PROCESSO COLETIVO

honestidade, capacidade, prestígio e experiência; b) histórico na proteção judicial e extrajudicial dos interesses do grupo; c) conduta e participação no processo coletivo e em outros processos anteriores; d) capacidade financeira para prosseguir na ação coletiva; e) tempo de instituição e grau de representatividade perante o grupo (art. 3.1).

Antonio Gigi, com base no direito norte-americano, sintetiza a representatividade adequada em dois elementos principais: a) possibilidade de assegurar a vigorosa tutela dos interesses dos membros ausentes; b) ausência de antagonismo ou conflito de interesses com o grupo.[21] Estes elementos, se for o caso, podem ser importados para a análise da legitimidade ativa na celebração do TAC.

Como se vê, um requisito importante, a ser extraído do caso concreto, para caracterização da representatividade adequada, é a colocação e o grau do conflito de interesses entre o autor da demanda coletiva e os demais integrantes do(s) grupo(s) tutelado(s) e os apontados como réus. Para alguns, materializa o requisito fundamental para se definir pela existência, ou não, da representatividade adequada.[22] Haveria, nesse contexto, provavelmente, uma demanda coletiva (ou, se for o caso, um TAC) cuja pretensão seria desaprovada pelo grupo.[23]

A depender do tipo de lesão, provavelmente, existirão conflitos internos entre membros do grupo e também com o seu representante. Desde que haja um alinhamento de interesses entre o representante e os integrantes do grupo (inclusive para prováveis integrantes), esses conflitos abstêm-se de inviabilizar a demanda. Caberá ao juiz, concretamente, verificar a agudeza desse litígio. Veda-se, igualmente, que a demanda materialize um interesse pessoal do legitimado coletivo ou satisfaça os interesses do réu (ou, se for o caso, compromissário).[24]A ausência de conflitos de interesses entre as partes da demanda, por outro lado, poderá propiciar

---

[21] GIDI, Antonio. *A class action como instrumento de tutela coletiva dos direitos. Op. cit.* p. 104.

[22] LIMA FILHO, Sergio Franco. *Op. cit.* p. 225.

[23] GIDI, Antonio. *A class action como instrumento de tutela coletiva dos direitos. Op. cit.* p. 108-113.

[24] GIDI, Antonio. *A class action como instrumento de tutela coletiva dos direitos. Op. cit.* p. 108-114 e 117-118; ESTADOS UNIDOS DA AMÉRICA. *Leagle.* In re community bank of Northern Virginia mortgage lending practices litigation. Mdl n. 1674, n. 03cv0425., 05cv0688. United States District Court, W.D. Pennsylvania. July 31, 2013. Disponível em: https://www.leagle.com/decision/infdco20130801e67. Acesso em: 21 nov. 2018; ESTADOS UNIDOS DA AMÉRICA. *U.S. Supreme Court.*Amchem Products, Inc. v. Windsor, 521 U.S.

7. ALGUMAS REFLEXÕES ACERCA DA REPRESENTATIVIDADE...

lides "simuladas". A depender do grau de conflituosidade entre o representante e os integrantes do grupo e se inexistir *conflitos de interesses* entre o autor e o réu da demanda, portanto, carecerá ao processo o requisito da representatividade adequada. O problema é ainda mais grave quando há conflito de interesses internos, *entre o grupo* – e os interesses do grupo tutelados pelo direito – *e os interesses do representante do grupo*.[25]

Esse ponto é mais problemático nos direitos difusos (CDC, art. 81, parágrafo único, I), isto é, na espécie de direitos coletivos *lato sensu*, de natureza indivisível, de que sejam titulares pessoas indeterminadas e ligadas por circunstâncias de fato; ou, ainda, de acordo com a proposta de Edilson Vitorelli de uma classificação por litígios,[26] nos litígios de difusão irradiada, assim considerados aqueles nos quais a ameaça ou a lesão atinge diversas pessoas e/ou segmentos sociais, sem que eles componham uma comunidade identificada.

Os litígios de difusão irradiada podem comportar um potencial conflito com a tradicional classificação do CDC, com situações jurídicas atinentes aos direitos difusos, coletivos em sentido estrito e individuais homogêneos cumulando-se em razão dos impactos, podendo ser identificados grupos e subgrupos de atingidos. Logo, estes grupos e subgrupos serão atingidos de formas distintas e não possuem a mesma perspectiva sobre o pretenso

---

591 (1997). Disponível em: https://supreme.justia.com/cases/federal/us/521/591/. Acesso em: 21 nov. 2018.

[25] O termo aqui é compreendido no sentido estrito, conflito de interesses como contradição ou oposição entre os interesses dos membros do grupo ou do grupo em relação à atuação dos legitimados processuais ou legitimados à realização do TAC. Nesse sentido, um dos autores deste texto já afirmou em outro texto: "A possibilidade de conflito de interesses entre esse legitimado e o grupo deve ser hipótese de exclusão de sua legitimidade." DIDIER JR., Fredie; ZANETI JR., Hermes. *Curso de direito processual civil*. Processo coletivo. 14. ed. Salvador: Juspodivm, 2020. v. 4. p. 42 e, com mais detalhes e referências aos casos norte-americanos e à bibliografia (p. 242). Consultar ainda: VITORELLI, Edilson. *O devido processo legal coletivo*. 2. ed. São Paulo: Revista dos Tribunais, 2020. *E-book* (item 4.3.3). Neste texto, citamos as duas edições em razão da primeira versão deste escrito ser anterior a sua publicação. Na doutrina internacional, entendendo que não devem ser autorizadas ações de grupos individuais (casos repetitivos) ou coletivas para pessoas com potencial conflito de interesses, preferindo-se as instituições públicas ou *ombudsman* HODGES, Christopher; VOET, Stefaan. *Delivering Collective Redress, New Technologies*. Oxford: Hart, 2018. p. 312.

[26] VITORELLI, Edilson. *O devido processo legal coletivo*. São Paulo: Revista dos Tribunais, 2016. p. 85.

CASEBOOK DE PROCESSO COLETIVO

dano. Inclusive, muitas vezes, divergirão acerca do resultado e poderão se portar como partes antagônicas. Nesses casos (direitos coletivos *lato sensu*, difusos e/ou litígios de difusão irradiada), a conflituosidade interna é mais acentuada, o que exigiria do juiz verificação mais detalhada da existência de pretensões conflitantes.

Outro ponto importante diz respeito à ausência de informações do legitimado coletivo sobre o caso. A presença dessa situação outrossim poderá comprometer a existência da representatividade adequada.[27] Independentemente de aplicação desse instituto no TAC, a sua celebração exige informações mínimas, sob pena de construção de um instrumento inadequado. Os deveres de informar-se e de ser informado fazem parte essencial do dever de estímulo à autocomposição (arts. 3º, §3º, e 176, do CPC).

Essa segunda corrente, defensora da representatividade adequada no ordenamento jurídico nacional, vem se fortalecendo no plano pragmático. Há decisões importantes cujos teores parecem exigir o controle judicial *a posteriori* da presença da representatividade adequada. O STF, por exemplo, na ação direta de inconstitucionalidade (ADI) n. 3943,[28] promoveu controle da legitimidade da Defensoria Pública nas ações coletivas ao concluir que somente a possuía nas tutelas de direitos dos necessitados, o que, em certa medida, integra a ideia de controle judicial da representatividade adequada. A ideia de pertinência temática, tão divulgada pelo STF no controle de legitimidade das ADIs, para alguns,[29] também seria uma forma de se controlar, pela jurisdição, a representação adequada. Inclusive, o ministro Celso de Mello, em voto proferido na ADI n. 1157-MC,[30] considerou que a pertinência temática, como relação de congruência entre as finalidades institucionais do autor e o conteúdo

---

[27] GIDI, Antonio. *A class action como instrumento de tutela coletiva dos direitos. Op. cit.* p. 108-109.

[28] BRASIL. *Supremo Tribunal Federal.* Ação direta de inconstitucionalidade n. 3942. Disponível em: http://www.stf.jus.br/portal/peticaoInicial/verPeticaoInicial.asp?base=ADIN&s1=3943&processo=3943. Acesso em: 26 nov. 2018.

[29] Essa é posição de: DIDIER JR., Fredie; ZANETI JR., Hermes. *Op. cit.* 12. ed. 2018. p. 210. Contrário a essa posição, por considerar que a pertinência temática é inconfundível com a representatividade adequada: CÂNDIA, Eduardo. *Op. cit.* p. 256.

[30] BRASIL. *Supremo Tribunal Federal.* Ação direta de inconstitucionalidade n. 1157. Disponível em: http://www.stf.jus.br/portal/peticaoInicial/verPeticaoInicial.asp?base=ADIN&s1=1157&processo=1157. Acesso em: 26 nov. 2018.

material do texto normativo questionado, é um pressuposto qualificador da legitimidade ativa para a causa. Muito embora essas hipóteses sejam aferidas formalmente e a partir da previsão legislativa, há clara tendência ao aprofundamento deste controle à luz do caso concreto e *a posteriori*, não bastando a simples menção nos estatutos constitutivos da associação.

O STF, aliás, possui entendimento firmado no sentido que a legitimação do Ministério Público para tutela dos direitos individuais homogêneos, oriundos de direitos individuais de caráter disponível, depende da presença de relevante interesse social.[31]

A representatividade adequada, sem prejuízo da previsão expressa no ordenamento jurídico norte-americano, de propostas legislativas, como a de Antonio Gidi, e o teor de decisões judiciais a respeito, para essa posição teórica, decorreria da aplicação do princípio do devido processo legal à tutela jurisdicional coletiva.[32] Abre-se uma exceção de os membros do grupo serem ouvidos pessoalmente em juízo, e essa prática é substituída por um direito de serem ouvidos por um porta-voz coletivo,[33] o que exige controle sobre a adequada representação desse autor coletivo. Logo, inexistiria necessidade de previsão expressa acerca desse controle,

---

[31] BRASIL. *Supremo Tribunal Federal*. Recurso extraordinário n. 631.111-GO. Relator: Min. Teori Zavascki. DJe-213, 29.10.2014, publicado 30.10.2014. Disponível em: http://stf.jus.br/portal/jurisprudencia/listarJurisprudencia.asp?s1=%28RE%24%2ESCLA%2E+E+631111%2ENUME% 2E.%29+OU+%28RE%2 EACMS%2E+ADJ2+631111%2EACMS %2E%29 &base=baseAcordaos&url=http://tinyurl.com/l2 vaspb. Acesso em: 14 maio 2018.

[32] Acerca do princípio do devido processo coletivo: VITORELLI, Edilson. *Op. cit.* Com a posição de que a representatividade adequada decorre do princípio do devido processo legal: GIDI, Antonio. A representação adequada nas ações coletivas brasileiras: uma proposta. *Revista de Processo*. São Paulo: Revista dos Tribunais, ano 27, n. 108, out./dez. 2002. p. 61-70; GIDI, Antonio. *A class action como instrumento de tutela coletiva dos direitos. Op. cit.* p. 134-135; DIDIER JR., Fredie; ZANETI JR., Hermes. *Op. cit.* 12. ed. 2018. p. 210; ZANETI JR., Hermes. *Mandado de segurança coletivo*. Aspectos processuais controversos. Porto Alegre: Sergio Antonio Fabris Editor, 2001. p. 93 (na terceira edição, revista e ampliada, em co--autoria, BONOMO JÚNIOR, Aylton; ZANETI JR., Hermes. *Mandado de Segurança Individual e Coletivo*: Conforme o CPC/2015 e Precedentes Vinculantes do STF e do STJ. Salvador: Juspodivm, 2019); VIOLIN, Jordão. *Protagonismo judiciário e processo coletivo estrutural*. O controle jurisdicional de decisões políticas. Salvador: JusPodivm, 2012. p. 161; BUENO, Cássio Scarpinella. *Op. cit.*; LIMA FILHO, Sergio Franco. *Op. cit.* p. 257; ARAÚJO, Rodrigo Mendes de. *Op. cit.* p. 218-219.

[33] GIDI, Antonio. *A class action como instrumento de tutela coletiva dos direitos. Op. cit.* p. 100.

CASEBOOK DE PROCESSO COLETIVO

porquanto sua fonte normativa, na ordem jurídica nacional, estaria no art. 5º, LIV, da CF/1988.

O princípio do devido processo legal, por efeito, para ser respeitado dependeria, entre outros fatores, de uma representação adequada de autor coletivo, sob pena de inviabilizar a existência da tutela coletiva mediante ações coletivas e impossibilitar uma decisão cujos efeitos atingirão pessoas que não foram partes em um processo. A representatividade adequada, como algo decorrente do princípio do devido processo legal, visaria garantir que o resultado alcançado com a tutela coletiva seja o mais aproximado (ou *melhor*) caso o grupo estivesse, ele mesmo, na condição de parte.[34]

Revisitadas as posições teóricas acerca da representatividade adequada, e sem embargo da manutenção da sua controvertida aplicação no ordenamento jurídico nacional, faremos uma abordagem geral e superficial acerca do TAC e, numa proposta problematizante, analisaremos as possibilidades e os desafios de aplicabilidade do requisito da representatividade adequada neste instrumento.

3. Compromisso de ajustamento de conduta e reflexões, a partir do caso desastre do Rio Doce, sobre a aplicação da representatividade adequada em sua construção[35]

O TAC, como esclarecido anteriormente, foi introduzido na ordem jurídica nacional pelo art. 211 do ECA. Posteriormente, parecida previsão foi contemplada pelo CDC ao acrescer o §6º no art. 5º da LACP. Sem precedentes no direito comparado,[36] sua disciplina legal consagrou prática corrente no âmbito do Ministério Público de compor conflitos extrajudicialmente.[37] Sua matriz, entretanto, é constitucional, por derivar da cláusula de abertura consignada no art. 129, IX, da CF/1988, cujo textoautorizou

---

[34] GIDI, Antonio. *Rumo a um Código de Processo Civil Coletivo*. A codificação das ações coletivas no Brasil. Rio de Janeiro: Forense, 2008. p. 79.

[35] Alguns trechos e argumentos deste capítulo foram extraídos de: FONSECA, Bruno Gomes Borges da. *Compromisso de ajustamento de conduta*. São Paulo: LTr, 2013.

[36] RODRIGUES, Geisa de Assis. *Ação civil pública e termo de ajustamento de conduta*. Rio de Janeiro: Forense, 2002. p. 100 e 108; JELINEK, Rochelle. *Execução de compromisso de ajustamento de conduta*. Rio de Janeiro: Forense Universitária, 2010. p. 6.

[37] MAZZILLI, Hugo Nigro. Compromisso de ajustamento de conduta – análise à luz do anteprojeto do código brasileiro de processos coletivos. *In*: GRINOVER, Ada Pellegrini; MENDES, Aluisio Gonçalves de Castro; WATANABE, Kazuo (Coord.). *Direito processual*

à legislação infraconstitucional incumbir ao *Parquet* outras funções além daquelas de antemão previstas no texto constitucional.

O TAC, em síntese, é um negócio jurídico autocompositivo. A Resolução n. 179/2017 do Conselho Nacional do Ministério Público (CNMP), cujo texto regulamentou o art. 5º, §6º, da Lei n. 7.347/1985 e o disciplinou, no âmbito do Ministério Público, é expressa neste sentido (art. 1º).

Em razão da celebração do TAC, entretanto, descabe ao Ministério Público fazer concessões que impliquem renúncia aos direitos difusos, coletivos e individuais homogêneos etc. A negociação cinge-se à interpretação do direito para o caso concreto, à especificação das obrigações adequadas e necessárias, em especial o modo, tempo e lugar de cumprimento, bem como à mitigação, à compensação e à indenização dos danos que não possam ser recuperados (art. 1º, §1º, da Resolução n. 179/2017 do CNMP).

Esta diretriz, embora atualmente prevista no art. 1º, §1º, da Resolução n. 179/2017 do CNMP, o que materializa maior segurança jurídica, era reconhecida no plano teórico. Os estudos acerca dos efeitos da celebração do TAC, a rigor, consideravam-no como um instrumento cujo texto deveria se abster de renunciar direitos. Mesmo quanto a aspectos compositivos havia muitos lindes.[38] Por efeito, esta limitação aplica-se a qualquer órgão público desejante de celebrar TAC e não apenas ao Ministério Público.

Inexiste, por outro lado, um momento determinado para celebração do TAC. Poderá ser celebrado em qualquer fase da investigação, nos autos de inquérito civil ou procedimento correlato, ou no curso da ação judicial (art. 2º da Resolução n. 179/2017 do CNMP).

Formulada esta rápida apresentação sobre alguns pontos do instituto, parece o momento de refletir sobre a incidência da representatividade adequada como um dos requisitos para celebração do TAC.

A elocução *órgãos públicos*, consignada no art. 5º, §6º, da LACP, para indicar, genericamente, os legitimados para celebrarem TAC, contempla

---

coletivo e o anteprojeto de código brasileiro de processos coletivos. São Paulo: Revista dos Tribunais, 2007. p. 232.

[38] FONSECA, Bruno Gomes Borges da. *Op. cit.* p. 72-74 e 116-117. Com uma proposta de flexibilizar o que chama de falso problema da indisponibilidade: NERY, Ana Luiza. *Teoria geral do termo de ajustamento de conduta.* 3. ed. rev. atual. São Paulo: Revista dos Tribunais, 2017. p. 120-130.

CASEBOOK DE PROCESSO COLETIVO

as pessoas jurídicas de direito público, as instituições públicas (como o Ministério Público) e os órgãos públicos propriamente ditos. Neste cenário, há um universo considerável de legitimados.

Como visto, a depender do tipo de lesão, poderá ocorrer conflitos de interesses, sobretudo nos direitos difusos e nos litígios de difusão irradiada. Especialmente nestes casos, muitas vezes, os atingidos não comporão uma comunidade propriamente dita, poderão ser afetados de maneiras diferentes e, provavelmente, divergirão acerca dos resultados propostos. Haverá, por efeito, uma destacada conflituosidade interna. Nestas situações (não apenas, mas mormente nelas) haverá maior complexidade em se definir o que seria uma representação adequada.

Esse cenário, entre outros, pode ser importado para a tentativa de construção do TAC. Este instrumento cabe ser construído coletivamente ao franquear o maior número de participação possível, em um cenário discursivo e argumentativo.[39]

Nesse ponto, a proposta de Edson Vitorelli, analisada em outro contexto, encontra aderência: a participação (na construção do TAC) é o núcleo essencial do devido processo legal coletivo. Em razão desses novos litígios, na construção desse instrumento deve-se adotar um procedimento/processo *town meeting*, ou seja, criar-se um rito estrutural na qual seja possível a manifestação de diferentes grupos e subgrupos sociais atingidos, com sopesamento de seus interesses.[40]

Na construção do TAC, por corolário, o legitimado ativo, para cumprir esse princípio constitucional, deverá franquear, efetivamente e não de maneira instrumental, a participação na construção e no debate de suas previsões. Adotar, sobretudo nos litígios transindividuais de difusão irradiada, o procedimento-processo denominado *town meeting*.

Na adoção deste processo participativo, cujo mote é o franqueamento de manifestações a todos os segmentos atingidos, a representatividade adequada afigura-se como uma premissa recomendável. Decerto, em muitos casos, haverá impossibilidade material da oitiva de todos os atingidos, especialmente em danos de grande proporção. Em matérias extremamente

---

[39] Nesse sentido e em defesa da aplicação da teoria do discurso de Habermas na construção do TAC: FONSECA, Bruno Gomes Borges da. *Op. cit.* Nesta obra, o autor, a partir do referencial *habermasiano*, defendeu uma nova forma construtiva deste instrumento.

[40] VITORELLI, Edilson. *Op. cit.* 2016. p. 147-158 e 562.

7. ALGUMAS REFLEXÕES ACERCA DA REPRESENTATIVIDADE...

técnicas esta participação também poderá ser dispensada. Todavia, a par de representantes adequados, incumbidos de materializarem os interesses dos grupos e subgrupos atingidos, parece ser possível suprir esta ausência e impingir no procedimento-processo um caráter participativo, o que, em última análise, oportunizará a celebração de TACs pautados por um plano, potencialmente, mais democrático e melhor informado a respeito dos interesses em jogo.

Diante desse aporte teórico, podemos analisar a representatividade adequada na construção do TAC sob duas perspectivas: a) pela ótica do legitimado ativo; b) pela visão dos beneficiários e atingidos. Comecemos pelo primeiro.

Pode ocorrer (e isso é muito comum) de a negociação ser concentrada em um ou poucos *órgãos públicos*. Nesta situação, surge a indagação sobre a possibilidade de se exigir desse(s) legitimado(s) ativo(s) o requisito da representação adequada.

A previsão no texto normativo acerca da legitimidade ativa parece insuficiente para concluir pela legitimação de certo órgão público para celebrar TAC. Urge compatibilidade entre atribuição, competência ou destinação da pessoa jurídica, instituição ou órgão públicos em cotejo com o efetivo objeto de atuação. A legitimidade ativa para celebrar TAC somente concretizar-se-á, no caso concreto, caso seja observado referido requisito.[41] Ana Luiza de Andrade Nery, inclusive, alerta sobre a necessidade de se exigir mínima pertinência temática, porquanto a LACP (ao menos, sob o ponto de vista da literalidade) se omitiu quanto ao requisito, excetuada a exigência meramente formal para as associações.[42]

Além da qualificação de *público*, para *completar* a legitimidade ativa, necessário a presença da pertinência temática. A sua ausência seria um forte indicativo sobre a ausência da representação adequada. Órgãos do

---

[41] VIEIRA, Fernando Grella. A transação na esfera da tutela dos interesses difusos e coletivos e a posição do Ministério Público. *Revista Justitia*. São Paulo, v. 161, jan.-mar. 1993, p. 45; PROENÇA, Luis Roberto. *Inquérito civil*. Atuação investigativa do ministério público a serviço da ampliação do acesso à justiça. São Paulo: Revista dos Tribunais, 2001. p. 123-124. Com alusão a pertinência temática: RODRIGUES, Geisa de Assis. *Ação civil pública e termo de ajustamento de conduta*. Rio de Janeiro: Forense, 2002. p. 164; FONSECA, Bruno Gomes Borges da. *Op. cit.* p. 121-122.

[42] NERY, Ana Luiza de Andrade. *Compromisso de ajustamento de conduta*. Teoria e análise de casos práticos. São Paulo: Revista dos Tribunais, 2010. p. 191.

CASEBOOK DE PROCESSO COLETIVO

Poder Judiciário, ilustrativamente, por falta daquele requisito, são partes ativas ilegítimas para celebrarem TAC. Possuem, essencialmente, função de julgar e haveria incompatibilidade com a atividade de tutelar extrajudicialmente interesses metaindividuais.[43] Ainda como exemplo, descabe ao Município celebrá-lo em tema envolvente de outra municipalidade.

O Ministério Público brasileiro, como se sabe, constitucionalmente, foi repartido em ramos. Cada um possui sua área atributiva. Embora todos tenham legitimidade ativa, a pertinência temática entre o conteúdo do TAC e a atribuição serão fatores determinantes para definir a representação adequada no caso concreto, podendo inclusive ocorrer a necessidade de superposição de atuações em razão de atribuição concorrente, independentemente de a qual justiça esteja ligado o ramo do Ministério Público. Essa atuação poderá ser conjunta, compartilhada ou até mesmo em posições divergentes, caso subsista conflito entre os interesses protegidos.[44]

As zonas atributivas entre ramos do Ministério Público, em certas situações, inter-relacionam-se e têm limítrofes de difícil clareamento.

---

[43] RODRIGUES, Geisa de Assis. *Ação civil pública e termo de ajustamento de conduta. Op. cit.* p. 164.

[44] Na doutrina este tema precisa ser aprofundado. Alguns aspectos são importantes e poderiam ser destacados como área de pesquisa: a) atuação com compartilhamento de atribuições em cooperação interna aos ramos do Ministério Público brasileiro, por analogia ao art. 69 do CPC; b) atuação divergente, pelo menos no primeiro momento, diante de interesses distintos tutelados pelos ramos do Ministério Público brasileiro, a exemplo de conflitos federativos ou de entendimento entre o *Parquet* federal e o *Parquet* estadual, como, por exemplo, a tutela da orla marítima de um determinado município atribuída ao MPF e controle urbanístico atribuído ao MP estadual; c) atuação consensual em forças tarefas que apresentem diversos órgãos de execução com atribuições distintas e potencialmente antagônicas, por exemplo, meio ambiente e direito à moradia, consumidor e educação, etc. A pandemia da Covid-19, por exemplo, revelou a necessidade imperativa de atuação concertada entre diversos ramos do Ministério Público e promotores e procuradores de justiça naturais com atribuições distintas (saúde, meio ambiente e urbanismo, educação, consumidor, etc.), sendo instaurado, no âmbito do Espírito Santo, o GAP-Covid-19 e a Força Tarefa Covid-19 (https://medium.com/mpes-covid19), além do GPI, Gabinete Permanente Interinstitucional entre MPES, MPT e MPF, e no âmbito da União, em articulação com os Ministérios Públicos estaduais e o Conselho Nacional do Ministério Público, foi instituído o GIAC-Covid19. Para maiores informações consultar o site do Laprocon e do Grupo de Pesquisa Fundamentos do Processo Civil Contemporâneo na UFES (http://laprocon.ufes. br/), links sobre o Projeto: Sistema de Justiça e Covid-19.

7. ALGUMAS REFLEXÕES ACERCA DA REPRESENTATIVIDADE...

Nestas hipóteses, são comuns atuações conjuntas por ramos diversos; ou mais de um TAC por ramos distintos do *Parquet*, com o mesmo legitimado passivo, em temas similares, porém, com abordagens diversas. O combate ao trabalho infantil, por exemplo, demanda atuação do MPT e do MPE. Temas envolventes de concurso público também geram situação parecida.

A situação da Defensoria Pública é significativa. Foi definida como instituição (art. 134 da CF/1988 e art. 1º da Lei Complementar n. 80/1994). Logo, possui legitimidade ativa para celebrar TAC. Entretanto terá pertinência temática somente nos compromissos em que se evidencia a defesa de necessitados.[45] O avanço da Defensoria Pública foi gradual e contínuo, a ponto de, anteriormente a atual disciplina da instituição, Geisa de Assis Rodrigues, apontar a Defensoria Pública como parte ilegítima para celebrar TAC, por limitá-la à assistência judicial e de orientação de necessitados.[46] Hoje não parece haver dúvidas, por ser órgão público com legitimação processual garantida (art. 5º, II, LACP, com a alteração da Lei 11.448/2007), que a instituição é legítima; necessário, porém, compatibilizar seu fim institucional com o conteúdo daquele instrumento (pertinência temática).[47]

Os atingidos também devem ser representados adequadamente. Antes de chegarmos a esse ponto, parece oportuno circunscrever uma ideia sobre quem seriam os atingidos, ainda que abstratamente.

Considerando o problema da validade do discurso normativo em uma democracia, Habermas considera atingidos todos aqueles cujos interesses serão afetados pela regulamentação. Para ele, "[...] são válidas as normas de ação às quais todos os possíveis atingidos poderiam dar o seu assentimento, na qualidade de participantes de discursos racionais". Atingido, portanto, é todo aquele cujos interesses serão afetados

---

[45] NERY, Ana Luiza de Andrade. *Op. cit.* p. 175.

[46] RODRIGUES, Geisa de Assis. *Ação civil pública e termo de ajustamento de conduta. Op. cit.* p. 164.

[47] Tanto é assim que efetivamente, Geisa de Assis Rodrigues, em obra posterior, registra a Defensoria Pública como legitimada ativa para celebrar TAC, desde que na defesa dos necessitados: Reflexões sobre a atuação extrajudicial do ministério público: inquérito civil público, compromisso de ajustamento de conduta e recomendação legal. *In*: CHAVES, Cristiano; ALVES, Leonardo Barreto Moreira; ROSENVALD, Nelson. *Temas atuais do ministério público*: a atuação do parquet nos 20 anos da constituição federal. Rio de Janeiro: Lumen Juris, 2008. p. 199.

CASEBOOK DE PROCESSO COLETIVO

pelas prováveis consequências provocadas pela regulamentação de uma prática geral através de normas.[48] Para nossa hipótese, atingidos ou beneficiários são todos aqueles que forem afetados pela celebração do TAC. Pela teoria discursiva, a sociedade consubstanciar-se-ia (ou deveria se portar deste modo) em esferas propiciantes de espaços públicos, com participação dos atingidos para discussão e levantamento de temas. O Estado, como centro da esfera pública política, encarregar-se--ia de tomar decisões ao transformar o poder comunicativo em poder administrativo.[49]

Os atingidos, embora não sejam partes celebrantes do TAC, serão aqueles que sofrerão a incidência de seus efeitos. Logo, além do *órgão público* com representatividade adequada, deverão ter seus interesses defendidos por representantes adequados, capazes de abarcar o maior número de grupos e subgrupos atingidos. Somente, assim, o TAC se portaria como um instrumento democrático, de potencialização do discurso democrático como um discurso plural, em uma palavra, reforçar a *demodiversidade*.[50]

Retornemos ao Caso Desastre do Rio Doce.

A União, os Estados e os Municípios, autores da primeira ação civil pública, sob o ponto de vista da literalidade do texto normativo, eram partes legitimas para propor a demanda. Caso houvesse negativa à possibilidade de representatividade adequada, inexistiria espaço de se questionar a sua legitimação para o caso, bem como a legitimação para autocomposição. Em outro dizer, a existência da adequada representação aflora a possibilidade argumentativa de questionar a legitimidade ativa desses entes para a propositura da demanda coletiva.

Caso o Juízo, por sua vez, fizesse o controle judicial da representatividade adequada da União e dos Estados na primeira ação, provavelmente, haveria negativa quanto a esta legitimidade, o que impediria o prosseguimento

---

[48] HABERMAS, Jürgen. *Direito e democracia: entre facticidade e validade.* Tradução Flávio Beno Siebeneichler. Rio de Janeiro: Tempo Brasileiro, 2003, v. I. p. 142.

[49] REPOLÊS, Maria Fernanda Salcedo. *Habermas e a desobediência civil.* Belo Horizonte: Mandamentos, 2003. p. 24-31.

[50] SANTOS, Boaventura de Sousa; AVRITZER, Leonardo. Para Ampliar o Cânone Democrático. *In*: SANTOS, Boaventura de Sousa (Org.). *Democratizar a democracia: os caminhos da democracia participativa.* Rio de Janeiro: Civilização Brasileira, 2002. p. 39-82. (Reinventar a Emancipação Social para Novos Manifestos, 1). p. 39; ZANETI JR., Hermes. *A Constitucionalização do Processo.* 2. ed. São Paulo: Atlas, 2014. p. 130.

da demanda e a celebração do T-TAC. Dados extraídos daquele contexto permitam esta conclusão. Esta afirmação se abstém de levantar qualquer suspeita quanto à probidade e à capacidade dos entes públicos para proporem ação coletiva; não se trata deste ponto, nem se trata de controle subjetivo da atuação. Os requisitos aqui são verificados objetivamente.

Além disso, por outro lado, a maneira precoce com que se ajuizou a ação e se obteve o primeiro acordo são incompatíveis com a complexidade do caso. Esses entes públicos, na ocasião, possuíam informações incompletas. A interlocução com os grupos atingidos vinha sendo realizada pelos ramos do Ministério Público brasileiro, Defensorias Públicas, organizações não governamentais e as respectivas associações de classe. Como visto, a ausência de informações é capaz de comprometer a existência da legitimação coletiva por ser um dos elementos integrantes da representatividade adequada. Esta deficiência tende a se reproduzir na petição inicial e na celebração do TAC, com insuficiência da causa de pedir, de pedidos e de obrigações, o que de fato se verificou na primeira ação civil pública, tanto que o acordo (T-TAC) foi anulado.

Havia também um cenário conflituoso ou, no mínimo, de desconfiança, entre os grupos atingidos e os entes públicos. O senso comum retrava a ideia de que tais entes eram favoráveis que o principal réu, suposto causador da lesão, reiniciasse suas atividades produtivas, o que, para alguns, garantiria o nível de emprego, de renda e de tributos. Alguns grupos atingidos viam essa pretensa proposta como uma afronta; uma espécie de absolvição precoce do causador do dano.

Os entes públicos, autores da primeira demanda coletiva, não eram enxergados, pelos grupos lesados, como os seus representantes, ou, em outro dizer, como os seus *melhores e mais próximos representantes*, ao menos naquele momento. Entendiam (ainda que seja pelo senso comum) que, de uma maneira ou outra, poderiam ter contribuído para evitar o dano ou, ao menos, remediá-lo. O controle da conduta estatal no caso era objeto de investigação, tanto que tais entes constaram como réus na segunda ação civil pública (proposta pelo Ministério Público). Um elemento objetivo também mostra a disparidade nas atuações e a falta de informações naquele momento do caso (que em certa medida persiste até hoje), a ação da União, Estados e Municípios girava em torno de 20 bilhões de reais; a ação ajuizada pelo Ministério Público, 155 bilhões.

CASEBOOK DE PROCESSO COLETIVO

Esse cenário parece evidenciar que, para este caso concreto, a União e aos Estados carecia representatividade adequada para a propositura da demanda e, consequentemente, para a celebração do T-TAC. A segunda demanda parece sinalizar pela veracidade desta asseveração. Para tanto, entre outros pontos, basta considerar que os autores da primeira ação civil pública foram indicados como réus na segunda ação coletiva. A pretensão da segunda ação civil pública é muito mais ampla e completa do que a primeira. Os pleitos são mais numerosos e mais adequados à lesão. O valor da condenação é quase oito vezes maior do que o pleiteado na primeira demanda. Entrementes não se trata de mera aferição de valores, mas sim da constatação de que os rogos mais completos, adequados e condizentes com a situação geravam mais providências e mais custos.

Na perspectiva da metodologia indutiva e à luz das teorizações acerca da representatividade adequada, algumas das lições extraídas do *Caso Desastre do Rio Doce* parecem apontar para o acerto da posição de que a análise concreta da legitimidade para agir, inclusive quanto à celebração do TAC, é necessária e adequada normativamente.

Essa é a posição de Hermes Zaneti Jr. e Fredie Didier Jr.:[51]

> Um dos elementos que deverá ser controlado pelo juiz no momento da homologação do acordo judicial ou extrajudicial será a adequada representação das partes envolvidas, ou seja, a legitimação em concreto dos envolvidos para celebrarem o compromisso de ajustamento de conduta.
>
> Por exemplo, se o acordo versar sobre danos ambientais nos quais se discuta, para além da responsabilidade da empresa a responsabilidade do Estado e dos órgãos de fiscalização por omissão ou comissão, a representação adequada por parte do Estado pode estar prejudicada, havendo conflito de interesses, pois o acordo pode ser indevidamente antecipado para fins de salvaguardar a responsabilidade do próprio Estado em ações futuras de responsabilidade.
>
> O juiz, ademais, poderá ele mesmo atuar no processo de autocomposição, sem que se vislumbre um prejuízo a priori da sua imparcialidade. O juiz, ao atuar no processo de autocomposição, deverá observar todos os cuidados

---

[51] DIDIER JR., Fredie; ZANETI JR., Hermes. *Curso de direito processual civil*. Processo coletivo. 14. ed. rev. atual. ampl. Salvador: Juspodivm, 2020. v. 4. p. 401.

para que sejam evitados preconceitos ou que se formem pré-compreensões que resultem em sua suspeição para o julgamento. A sua participação ativa, mesmo que sugerindo soluções para o conflito, não afeta sua imparcialidade ou implica aparente parcialidade.

Especialmente em matérias de interesse público, cabe ao juiz uma maior atividade ao conduzir o processo de autocomposição. É muito importante estabelecer, nestes casos, um roteiro ou procedimento, um planejamento da autocomposição, estabelecendo as técnicas de negociação que podem ser utilizadas pelas partes e as regras para disciplinar as atividades a serem desenvolvidas (art. 166, §§ 3º e 4º, CPC). As normas fundamentais, em especial a boa-fé e a cooperação, devem ser reforçadas para o atingimento da solução adequada ao conflito.

Enfim, parece adequado, à primeira vista, cogitar-se na aplicação da representatividade adequada na construção do TAC. A sua inobservância pode gerar alguns efeitos, como a ausência de consequências para terceiros e a ausência de impedimento de que outro legitimado ativo celebre um novo TAC ou proponha uma ação coletiva. Estes relevantes temas, contudo, serão enfrentados em outro estudo, diante dos limites desta pesquisa.

Conclusões

Este artigo analisou, a partir do Caso Desastre do Rio Doce, a aplicação do instituto da representatividade adequada na celebração do TAC.

O primeiro capítulo apresentou o Caso Desastre do Rio Doce. O segundo revisitou o tema da representatividade adequada na legitimação das demandas coletivas como uma tentativa de compreender a incidência do instituto no TAC. O terceiro capítulo analisou a aplicação deste instituto na celebração do TAC.

A partir dos aparatos teóricos e práticos apresentados, concluímos que a representatividade adequada, à primeira vista, pode ser aplicada ao TAC, sobretudo no legitimado ativo e, a depender do tipo de litígio, no controle e participação pelos grupos e subgrupos atingidos.

Referências

ABELHA, Marcelo. Ação civil pública. *In*: DIDIER JR., Fredie (Org.). *Ações constitucionais*. 4. ed. rev. ampl. atual. Salvador: Editora JusPodivm, 2009. p. 327--404.

ALMEIDA, Gregório Assagra de. *Manual das ações constitucionais*. Belo Horizonte: Del Rey, 2007.

ARAÚJO, Rodrigo Mendes de. *A representação adequada nas ações coletivas*. Salvador: Editora JusPodivm, 2013.

BONOMO JÚNIOR, Aylton; ZANETI JR., Hermes. *Mandado de Segurança Individual e Coletivo*: Conforme o CPC/2015 e Precedentes Vinculantes do STF e do STJ. Salvador: Juspodivm, 2019.

BRASIL. *Justiça Federal de Minas Gerais*. Tribunal Regional Federal da 1ª Região. Processo n. 0069758-61.2015.4.01.3400. Disponível em: https://processual.trf1. jus.br/consultaProcessual/processo.php?proc=600175820154013800&secao=M G&pg=1&enviar=Pesquisar. Acesso em: 15 set. 2018.

BRASIL. *Ministério Público Federal*. Disponível em: http://www.mpf.mp.br/para-o--cidadao/caso-mariana/atuacao-do-mpf/atuacao-na-1a-instancia/acoes. Acesso em: 15 set. 2018.

BRASIL. *Ministério Público Federal*. Reclamação n. 31935. Disponível em: http://www. mpf.mp.br/para-o-cidadao/caso-mariana/documentos/stj-suspende-acordo-da--uniao. Acesso em: 15 set. 2018.

BRASIL. *Ministério Público Federal*. Tribunal Regional Federal da 1ª Região. Agravo de instrumento n. 0002627-50.2016.4.01.0000/MG. Disponível em: http://www. mpf.mp.br/para-o-cidadao/caso-mariana/documentos/decisao-trf-1-anulacao-da--homologacao. Acesso em: 20 set. 2018.

BRASIL. *Supremo Tribunal Federal*. Ação direta de inconstitucionalidade n. 1157. Disponível em: http://www.stf.jus.br/portal/peticaoInicial/verPeticaoInicial.asp ?base=ADIN&s1=1157&processo=115. Acesso em: 26 nov. 2018.

BRASIL. *Supremo Tribunal Federal*. Ação direta de inconstitucionalidade n. 3942. Disponível em: http://www.stf.jus.br/portal/peticaoInicial/verPeticaoInicial.asp ?base=ADIN&s1=3943&processo=3943. Acesso em: 26 nov. 2018.

BRASIL. *Supremo Tribunal Federal*. Recurso extraordinário n. 631.111-GO. Relator: Min. Teori Zavascki. DJe-213, 29.10.2014, publicado 30.10.2014. Disponível em: http://stf.jus.br/portal/jurisprudencia/listarJurisprudencia.asp?s1=%28RE%24% 2ESCLA%2E+E+631111%2ENUME%2E%29+OU+%28RE%2EACMS%2E+AD J2+631111%2EACMS%2E%29&base=baseAcordaos&url=http://tinyurl.com/ l2vaspb. Acesso em: 14 maio 2018.

BUENO, Cássio Scarpinella. As class actions norte-americanas e as ações coletivas brasileiras: pontos para reflexão conjunta. *Revista de Processo*. São Paulo: Revista dos Tribunais, v. 82, abr-jun.1996. p. 92-151.

CÂNDIA, Eduardo. *Legitimidade ativa na ação civil pública*. Salvador: Editora JusPodvm. 2013.

DIDIER JR., Fredie; ZANETI JR., Hermes. *Curso de direito processual civil*. Processo coletivo. 12. ed. rev. atual. ampl. Salvador: Juspodivm, 2018. v. 4.

DIDIER JR., Fredie; ZANETI JR., Hermes. *Curso de direito processual civil*. Processo coletivo. 14. ed. rev. atual. ampl. Salvador: Juspodivm, 2020. v. 4.

DINAMARCO, Pedro da Silva. *Ação civil pública*. São Paulo: Saraiva, 2001.

ESTADOS UNIDOS DA AMÉRICA. *Leagle*. In re community bank of Northern Virginia mortgage lending practices litigation. Mdl n. 1674, n. 03cv0425., 05cv0688. United States District Court, W.D. Pennsylvania. July 31, 2013. Disponível em: https://www.leagle.com/decision/infdco20130801e67. Acesso em: 21 nov. 2018.

ESTADOS UNIDOS DA AMÉRICA. *U.S. Supreme Court*. Amchem Products, Inc. v. Windsor, 521 U.S. 591 (1997). Disponível em: https://supreme.justia.com/cases/federal/us/521/591/. Acesso em: 21 nov. 2018.

ESTADOS UNIDOS DA AMÉRICA. *U.S. Supreme Court*. Hansberry v. Lee, 311 U.S. 32 (1940). Hansberry v. Lee. N. 29. Argued October 25, 1940. Decided November 12, 1940. 311 U.S. 32. Disponível em: https://supreme.justia.com/cases/federal/us/311/32/. Acesso em: 20 nov. 2018.

FONSECA, Bruno Gomes Borges da. *Compromisso de ajustamento de conduta*. São Paulo: LTr, 2013.

FONSECA, Bruno Gomes Borges da. ZANETI JR., Hermes. *O Caso Desastre do Rio Doce: uma análise acerca da necessidade do controle judicial da representatividade adequada dos legitimados ativos nas ações civis públicas*. No prelo.

GIDI, Antonio. *A class action como instrumento de tutela coletiva dos direitos*. As ações coletivas em uma perspectiva comparada. São Paulo: Revista dos Tribunais, 2007.

GIDI, Antonio. A representação adequada nas ações coletivas brasileiras: uma proposta. *Revista de Processo*. São Paulo: Revista dos Tribunais, ano 27, n. 108, out./dez. 2002.

GIDI, Antonio. *Rumo a um Código de Processo Civil Coletivo*. A codificação das ações coletivas no Brasil. Rio de Janeiro: Forense, 2008.

GUEDES, Clarissa Diniz. A legitimidade ativa na ação civil pública e os princípios constitucionais. *In*: MAZZEI, Rodrigo; NOLASCO, Rita Dias (Org.). *Processo civil coletivo*. São Paulo: Quartier Latin, 2005.

HABERMAS, Jürgen. *Direito e democracia: entre facticidade e validade*. Tradução Flávio Beno Siebeneichler. Rio de Janeiro: Tempo Brasileiro, 2003, v. I.

JELINEK, Rochelle. *Execução de compromisso de ajustamento de conduta*. Rio de Janeiro: Forense Universitária, 2010.

LEONEL, Ricardo de Barros. *Manual do processo coletivo*. São Paulo: Revista dos Tribunais, 2002.

CASEBOOK DE PROCESSO COLETIVO

LIMA FILHO, Sergio Franco. *Legitimidade ativa nas ações transindividuais*. Da representatividade adequada diante do direito processual coletivo brasileiro. Curitiba: Juruá, 2014

MARINONI, Luiz Guilherme. *Coisa julgada sobre questão*. São Paulo: Thomson Reuters Brasil, 2018

MIRRA, Álvaro Luiz Valery. Ação civil pública em defesa do meio ambiente: a representatividade adequada dos entes intermediários legitimados para a causa. *In*: MILARÉ, Edis (Coord.). *A ação civil pública após 20 anos*: efetividade e desafios. São Paulo: Revista dos Tribunais, 2005.

NERY, Ana Luiza de Andrade. *Compromisso de ajustamento de conduta*. Teoria e análise de casos práticos. São Paulo: Revista dos Tribunais, 2010.

NERY, Ana Luiza. *Teoria geral do termo de ajustamento de conduta*. 3. ed. rev. atual. São Paulo: Revista dos Tribunais, 2017.

NOYA, Felipe Silva. *Representatividade e atuação adequada nas ações coletivas*. Rio de Janeiro: Lumen Juris, 2014.

PROENÇA, Luis Roberto. *Inquérito civil*. Atuação investigativa do ministério público a serviço da ampliação do acesso à justiça. São Paulo: Revista dos Tribunais, 2001.

RODRIGUES, Geisa de Assis. *Ação civil pública e termo de ajustamento de conduta*. Rio de Janeiro: Forense, 2002.

RODRIGUES, Geisa de Assis. Reflexões sobre a atuação extrajudicial do ministério público: inquérito civil público, compromisso de ajustamento de conduta e recomendação legal. *In*: CHAVES, Cristiano; ALVES, Leonardo Barreto Moreira; ROSENVALD, Nelson (Org.). *Temas atuais do ministério público*: a atuação do parquet nos 20 anos da constituição federal. Rio de Janeiro: Lumen Juris, 2008, p. 175-221.

REPOLÊS, Maria Fernanda Salcedo. *Habermas e a desobediência civil*. Belo Horizonte: Mandamentos, 2003.

SANTOS, Boaventura de Sousa; AVRITZER, Leonardo. Para ampliar o cânone democrático. In: SANTOS, Boaventura de Sousa (Org.). *Democratizar a democracia: os caminhos da democracia participativa*. Rio de Janeiro: Civilização Brasileira, 2002. p. 39-82. (Reinventar a Emancipação Social para Novos Manifestos, 1).

SHIMURA, Sérgio. O papel da associação na ação civil púbica. *In*: MAZZEI, Rodrigo; NOLASCO, Rita Dias (Org.). *Processo civil coletivo*. São Paulo: Quartier Latin, 2005.

TIDMARSH, Jay. *In*: CLERMONT, Kevin N. (ed.). *Civil procedure stories*. 2. ed. New York: Foudation Press, 2008.

VENTURI, Elton. *Processo civil coletivo*. A tutela jurisdicional dos direitos difusos, coletivo e individuais homogêneos no Brasil. Perspectiva de um código brasileiro de processos coletivos. São Paulo: Malheiros, 2007.

VIEIRA, Fernando Grella. A transação na esfera da tutela dos interesses difusos e coletivos e a posição do Ministério Público. *Revista Justitia*. São Paulo, v. 161, jan.-mar. 1993, p. 40-53.

VIGLIAR, José Marcelo Menezes. Defendant class action brasileira: limites propostos para o código de processos coletivos. *In*: GRINOVER, Ada Pellegrini; MENDES, Aluisio Gonçalves de Castro; WATANABE, Kazuo. *Direito processual coletivo e o anteprojeto de código brasileiro de processos coletivos*. São Paulo: Revista dos Tribunais, 2007. p. 309-320.

VIOLIN, Jordão. *Protagonismo judiciário e processo coletivo estrutural*. O controle jurisdicional de decisões políticas. Salvador: JusPodivm, 2012.

VITORELLI, Edilson. *O devido processo legal coletivo*. São Paulo: Revista dos Tribunais, 2016.

VITORELLI, Edilson. *O devido processo legal coletivo*. 2. ed. São Paulo: Revista dos Tribunais, 2020. *E-book*.

WATANABE, Kazuo. Disposições gerais. *In*: GRINOVER, Ada Pellegrini *et al* (Org.). *Código brasileiro de defesa do consumidor*: comentado pelos autores do anteprojeto. 8. ed. rev. ampl. atual. Rio de Janeiro: Forense Universitária, 2004. p. 780-853.

ZANETI JR., Hermes. *A Constitucionalização do Processo*. 2. ed. São Paulo: Atlas, 2014.

ZANETI JR., Hermes. *Mandado de segurança coletivo*. Aspectos processuais controversos. Porto Alegre: Sergio Antonio Fabris Editor, 2001.

8. O IRDR 40/2016, do Colegiado Recursal dos Juizados Especiais do Espírito Santo e a (in)adequada representação de interesses (desastre do Rio Doce)

TATIANA MASCARENHAS KARNINKE

1. O desastre do Rio Doce e o litígio de difusão irradiada: do rompimento da barragem de Fundão/Mariana, o trajeto da lama de rejeitos ao oceano e a suspensão de fornecimento de água potável às cidades banhadas pelo rio

Em 05 de novembro de 2015, ocorreu um dos maiores desastres sócio ambientais do Brasil: o rompimento da barragem de rejeitos de minério de ferro de Fundão[1], situada no subdistrito de Bento Rodrigues, a 35 km (trinta e cinco quilômetros) do município de Mariana, no estado de Minas Gerais. A barragem era administrada pela Samarco Mineração S/A, cujas sócias são a empresa brasileira Vale S/A e a anglo-australiana BHP Billiton. Foram 62 milhões de m^3 (sessenta e dois milhões de metros cúbicos) de lama de rejeitos despejados[2], que durante o seu percurso atingiu vários povoados, distritos, cidades e cursos d'água: toda a bacia hidrográfica do Rio Doce e o seu ecossistema foram atingidos pelos dejetos, que teve como destino final o mar (oceano Atlântico). No Espírito Santo, os resíduos foram se deslocando até a foz do Rio Doce, impactando de forma direta e brutal alguns municípios banhados pelo rio, especialmente os

---

[1] DESASTRE ambiental de Mariana. *G1*, 2019. Disponível em: <http://g1.globo.com/minas-gerais/desastre-ambiental-em-mariana/>. Acesso em: 16 abr.2020.

[2] ACIDENTE em Mariana é o maior da História com barragem de rejeitos de mineração. *O Globo*, 2015. Disponível em: <https://oglobo.globo.com/brasil/acidente-em-mariana-o-maior-da-historia-com-barragens-de-rejeitos-18067899>. Acesso em: 20 abr.2020.

CASEBOOK DE PROCESSO COLETIVO

de Colatina e Linhares, chegando a população a ficar sem o fornecimento de água potável por vários dias.

Muito embora a tragédia tenha sido conhecida inicialmente como "Caso Samarco" ou "Caso Mariana"[3], neste artigo adotou-se a denominação "Desastre do Rio Doce"[4] por ser a expressão que mais verdadeiramente reflete o ocorrido: a uma, porque os efeitos devastadores foram sentidos além do município de Mariana, estendendo-se por toda a bacia hidrográfica do Rio Doce, impactando o meio ambiente como um todo, sofrendo até o mar com o rompimento da barragem e a duas, por ter sido um evento que se enquadra na qualificação de "desastre". Por desastre ambiental compreende-se todo evento ou eventos que atinjam toda ou parte da população de determinadas comunidades, seus subsistemas e o meio ambiente. Para Délton Winter de Carvalho:

> [...] De forma bastante ampla, os desastres são descritos como eventos que superam a capacidade local ou regional em prestar resposta ao evento. Os desastres, sob o aspecto formal, consistem em fenômenos cuja configuração depende de declarações restritas a eventos de amplitude difusa e graves consequências que são tidas como suficientes para superar as capacidades estadual e dos governos locais de atendimento ao evento. Neste sentido, ganha relevância o ato de declaração de estado de calamidade pública ou situação de emergência. Neste sentido, apesar da noção de desastres apresentar uma dimensão mais ampla, é na especificidade do desastre ambiental que esta intersecção se intensifica. Em uma delimitação mais específica, os assim chamados desastres ambientais consistem em eventos (de causa natural, humana ou mista) capazes de comprometimento de funções ambientais ou lesões a interesses humanos mediados por alguma mudança ambiental. Este é o ponto de intersecção entre o direito ambiental e o direito dos desastres.[5]

---

[3] BRASIL. Agência Nacional de Águas (ANA). *Encarte especial sobre a Bacia do Rio Doce. Rompimento da barragem em Mariana/MG.* Disponível em: <http://arquivos.ana.gov.br/RioDoce/EncarteRioDoce_22_03_2016v2.pdf>. Acesso em: 20 abr.2020.

[4] ZANETI JR. *et al.* Ações individuais no caso Rio Doce: interrupção da prescrição, suspensão da prescrição e comportamento contraditório dos litigantes no processo de autocomposição. *Revista de Processo*, v. 298/2019, p. 193- 217, Dez/2019, DTR\2019\42323.

[5] CARVALHO, Délton Winter. Bases estruturantes da política nacional de proteção e defesa civil a partir de um direito dos desastres ambientais. *Revista de Direito Ambiental*, vol. 72/2013, p. 13 – 38, Out – Dez/2013, DTR\2013\9301.

Não por acaso a Defesa Civil, por meio do Instituto de Pesquisas Especiais (INPE), inclusive, tipificou o desastre do Rio Doce como de Nível IV, que figura no topo do *ranking* dos desastres. Para esta classificação, são levados em consideração: intensidade, evolução, origem e também o prejuízo do evento catastrófico. O Desastre do Rio Doce foi classificado como de grande porte[6].

Edilson Vitorelli, em sua tese de doutoramento, reconhecendo a importância da tipologia dos direitos coletivos introduzida pelo Código de Defesa do Consumidor, que notadamente contribuiu para o desenvolvimento da tutela coletiva no Brasil, propôs uma evolução: uma nova adequação do processo coletivo em função das peculiaridades do conflito, ou do seja do tipo de litígio. Ele defende que a titularidade de um direito coletivo só pode ser caracterizada diante de uma lesão ou ameaça concreta, propondo a classificação dos litígios coletivos em litígios de difusão legal, local ou irradiada.

Dado o corte metodológico do estudo, o que interessa acerca do desastre em estudo, é o litígio é de difusão irradiada[7], que é aquele cuja lesão impacta de forma direta os interesses de muitos indivíduos ou segmentos sociais, mas eles não necessariamente integram uma mesma comunidade, não detém a perspectiva do ponto de vista social e não sofrem na mesma medida pelo litígio. Aliás, de forma expressa, Edilson Vitorelli classifica o Desastre do Rio Doce como litígio de difusão irradiada em seu artigo intitulado "De quem é o meio ambiente? Parâmetros para um modelo de tutela jurisdicional adequada à luz da teoria dos litígios coletivos", conforme se depreende abaixo:

> [...] Os litígios ambientais irradiados são as situações em que o litígio decorrente da lesão afeta diretamente os interesses de diversas pessoas ou segmentos sociais, mas essas pessoas não compõem uma comunidade, não têm a mesma perspectiva social e não serão atingidas, da mesma forma e com a mesma intensidade, pelo resultado do litígio. Isso faz com que suas visões

---

[6] BRASIL, Ministério da Ciência e da Tecnologia. Instituto de Pesquisas Espaciais (INPE). *Desastres Naturais: conceitos básicos*. Disponível em: <http://www3.inpe.br/crs/crectealc/pdf/silvia_saito.pdf>. Acesso em 20 abr.2020.

[7] VITORELLI, Edilson. *O devido processo legal coletivo: dos direitos aos litígios coletivos*, São Paulo: RT, 2016, p. 85.

acerca da solução desejável sejam divergentes e, não raramente, antagônicas. Essas situações dão ensejo a conflitos mutáveis, multipolares, opondo o grupo titular do direito não apenas ao réu, mas a si próprio.

É exatamente o caso decorrente da ruptura da barragem de rejeitos de Mariana. No epicentro do desastre, há um grupo de familiares das vítimas que foram ceifadas pela tragédia, um grupo de pessoas que ficaram desabrigadas, outro de produtores rurais que tiveram suas plantações encobertas pela lama. Há, ainda, os proprietários das terras onde ela se depositou. Ao longo do rio Doce, por onde a lama correu até o mar, foram afetados pescadores artesanais, comunidades ribeirinhas, acarretando prejuízos culturais e econômicos, bem como uma comunidade indígena, a qual, inclusive, tinha no rio um elemento religioso sagrado. Também foram atingidas, com menor intensidade, as pessoas que ficaram sem suprimento de água potável por vários dias, os empreendimentos comerciais dependentes do rio, os usuários das praias marítimas na região onde os rejeitos foram lançados. Cada um desses subgrupos foi afetado de modos e com intensidades diversas.[8]

Estabelecidas as premissas teóricas, em face do desastre, como gizado, muitas cidades tiveram seu abastecimento de água suspenso por alguns dias, sendo que quando do restabelecimento do fornecimento de água, sua qualidade não era a mesma, pois na composição de várias amostras coletadas houve um alto registro do índice de mercúrio e ferro[9]. Várias ações foram, então, ajuizadas, postulando-se, principalmente, indenização por danos morais decorrentes da falha na prestação de serviços relativos ao fornecimento e abastecimento de água contra a Samarco Mineração S/A. As ações atomizadas foram deflagradas tanto nos Juizados Especiais Cíveis quanto nas Varas Cíveis de Linhares e Colatina, sendo identificados resultados opostos: em algumas ações o pedido era julgado procedente, em outras, improcedente. Nas que o pedido era julgado procedente, havia ainda divergência quanto ao valor de dano moral indenizável.

---

[8] VITORELLI, Edilson. De quem é o meio ambiente? Parâmetros para um modelo de tutela jurisdicional adequada à luz da teoria dos litígios coletivos. *Revista de Processo Comparado*, vol. 8/2018, p.251-297, Jul-Dez/2018, DTR\2018\22730

[9] RICHTER, Bianca Mendes Pereira. Incidente de resolução de demandas repetitivas e o papel dos Juizados Especiais Cíveis no caso do acidente Mariana-Samarco. In: YARSHELL, Flávio Luiz. *Revista Brasileira da Advocacia*. São Paulo: Revista dos Tribunais, Ano 2, vol. 6, jul-set./2017, p. 143-167).

Foi neste quadro que três juízes componentes da Turma Recursal da Região Norte (3ª Região) suscitaram de ofício a instauração do incidente de resolução de demandas repetitivas (IRDR), por meio do ofício de nº 24/2016[10], protocolizado em 15 de julho de 2016, dirigido ao então Presidente da Turma de Uniformização de Jurisprudência dos Juizados Especiais do Colegiado Recursal do Espírito Santo: assim nasceu o IRDR nº 040/2016.

Contextualizado o surgimento do litígio, antes de se adentrar propriamente ao exame do processo do IRDR nº 040/2016 (e em especial neste artigo sobre a representação adequada de interesses), entendeu-se, por bem, revisitar a literatura teórica, a fim de que se possa correlacionar a teoria com a prática no incidente ora estudado.

2. Breves linhas sobre o Incidente de Resolução de Demandas Repetitivas (revisitando o arcabouço teórico)

2.1. A inserção do IRDR no ordenamento jurídico pátrio

O Poder Judiciário está com um estoque considerável alto de ações pendentes de julgamento, o que possui várias e múltiplas causas[11], cujo enfrentamento não constitui o objeto da pesquisa. Destarte, é relevante pontuar a lentidão processual, a burocratização procedimental, a ineficácia e a incapacidade de autogestão administrativa do próprio Poder Judiciária, sem falar da inadequação do método utilizado para a solução dos litígios e a ausência de uniformidade das decisões judiciais. Vários são os fatores que contribuem para a crise da Justiça.

Medidas ao aprimoramento da atividade jurisdicional podem ser identificadas pela inflação legislativa ocorrida já na década de 1990 (o que se pode atribuir à revolta da realidade contra um diploma normativo que lidava com os litígios de forma eminentemente individualista). Apesar de terem sido feitos vários remendos e enxertos ao CPC de 1973, não se conseguiu obter resultados efetivos para o sistema de Justiça. A Emenda

---

[10] ESPÍRITO SANTO. Turma de Uniformização de Interpretação de Lei dos Juizados Especiais. Incidente de Resolução de Demandas Repetitivas nº 040/2016. Processo com autos físicos, fl. 02.

[11] Por oportuno, é relevante a leitura da primeira "radiografia" do Poder Judiciário, feita pela Fundação Getúlio Vargas – São Paulo, encomendada pela Secretaria de Reforma do Judiciário do Ministério da Justiça, de 2004. Disponível em: <https://www.migalhas.com.br/arquivo_artigo/diagnostico_web.pdf>. Acesso em: 26 abr.2020.

Constitucional nº 45/2004, que elevou a *status* constitucional a duração razoável do processo, auxiliou em muito a missão, mas também não foi a solução milagrosa para os problemas enfrentados pela jurisdição, que continuava, como continua, morosa.

Nesse contexto, é que se pensou na elaboração de um novo código de processo civil, com vistas a se obter em tempo razoável tutela de mérito, justa, adequada e tempestiva. Assim, foi introduzido o incidente de resolução de demandas repetitivas (IRDR) – a princípio denominado nas proposições iniciais de incidente de coletivização – que inova o direito processual civil com a inserção de novas técnicas de solução de conflitos e uniformização da jurisprudência.

Precipuamente, o modelo possui o condão de gerir as causas repetitivas, tornando viável uma solução uniforme aos processos que versem sobre a mesma questão de direito, uniformizando-se, assim, a jurisprudência. Ao mesmo tempo em que tenta impedir a crescente litigiosidade (com a contenção de litígios), promove não só a celeridade processual, mas atenta para os princípios da segurança e isonomia jurídica.

O importante que sua finalidade precípua é de se não se conseguir conter, mas, de no mínimo, o de se conferir respostas padronizadas para a litigância repetitiva seriada. Assim, o incidente de resolução de demandas repetitivas foi introduzido de forma inédita pelo Código de Processo Civil de 2015 e seu regramento se encontra nos artigos 976 a 987, muito embora existam ao longo do código dispositivos atinentes ao IRDR.

O IRDR faz parte, ao lado dos recursos especiais e extraordinários repetitivos, do modelo de julgamento de casos repetitivos, tal qual disposto no art. 928 do CPC. A função tanto do IRDR quanto dos recursos repetitivos é gerir e decidir de forma padronizada as causas repetitivas, concedendo-lhes o Poder Judiciário tratamento prioritário, adequado e racional, *podendo*[12] se extrair desses julgamentos a formação precedentes obrigatórios.

---

[12] Afirma-se que existe a *possibilidade* de formação de precedentes com eficácia vinculante porque a doutrina não é uníssona quanto à questão. Para Didier e Cunha, por exemplo, as decisões proferidas em IRDR sempre formarão precedentes vinculantes. (DIDIER JR., Fredie e CUNHA, Leonardo Carneiro da. *Curso de direito processual civil: meios de impugnação às decisões judiciais e processo nos tribunais*, v. 3, 15. ed. reform., Salvador: JusPodivm, 2018,

Segundo Fredie Didier Jr. e Leonardo Carneiro da Cunha "eles integram o microssistema de gestão e julgamento de casos repetitivos (art. 928, CPC) e pertencem ao microssistema de formação concentrada de precedentes obrigatórios"[13]. E asseveram que esse microssistema "contém normas que determinam a ampliação da cognição e da participação, qualificando o debate para a formação do precedente, a fundamentação reforçada e a ampla publicidade"[14].

A assertiva será de fundamental importância quando for tratada no capítulo apropriado a questão da existência ou não de qualificação do debate para a formação decisão e consequentemente, fixação da tese jurídica com eficácia vinculante no IRDR nº 040/2016.

p. 690). Para Hermes Zaneti Jr, embora concorde se tratar de técnica de gestão de questões repetitivas em processos e que possuem justamente por finalidade a fixação de uma tese jurídica aplicável a todos os casos em tramitação, não concorda, por outro lado, que haverá formação de precedentes obrigatórios em relação aos casos futuros, entendendo que o IRDR neste último caso enquanto precedente normativo formalmente vinculante, poderá formar precedente, conclusão construída a partir da leitura do inciso III do art. 927 do CPC (ZANETI JR., Hermes. *O valor vinculante dos precedentes: teoria dos precedentes normativos formalmente vinculantes*, 3.ed. revista ampliada e atualizada, Salvador: JusPodivm, 2017, p. 402). Já Luiz Guilherme Marinoni diverge, não aceitando de forma alguma que o IRDR possa formar precedente, resolvendo apenas casos idênticos, impedindo a relitigação da questão repetitiva. Impera o discurso do caso concreto. Ele somente admite que haja a formação de precedentes no caso dos recursos repetitivos, pois são julgados por tribunais de vértice, tribunais com vocação para formar precedentes, excluindo-se o incidente de resolução de demandas repetitivas. (MARINONI, Luiz Guilherme. *Incidente de resolução de demandas repetitivas: decisão de questão idêntica vs precedente*, 1 ed. ebook baseada em 1 ed. impressa. Revista dos Tribunais, 2016. Disponível em: <https://proview.thomsonreuters. com/ title.html?redirect=true&titleKey=rt%2Fmonografias% 2F115238527%2Fv1.3&title Stage=F&titleAcct= ia744a597000001716092ef7103166baf#sl=0&eid= 2c86ca4252f8a7fb 1c809a1dae5310d9&eat=a-115721382&pg=&psl=e&nvgS=false>. Acesso em 21 abr.2020. Coaduna-se com o entendimento de Hermes Zaneti Jr. de que quando a tese jurídica é fixada no IRDR, ela deve ser aplicada aos processos pendentes; todavia, em se tratando de processos que ainda não foram ajuizados, e portanto, de processos futuros, a tese fixada é precedente formalmente vinculante e portanto, enquanto norma geral e concreta está vinculada ao substrato fático do caso-futuro para saber se há coincidência e equivalência entre os fundamentos determinantes (juízo de *fit*).

[13] DIDIER JR.; CUNHA. *Curso de direito processual civil: meios de impugnação às decisões judiciais e processo nos tribunais*, 2018, p. 690.

[14] DIDIER JR.; CUNHA. *Curso de direito processual civil: meios de impugnação às decisões judiciais e processo nos tribunais*, 2018, p. 690.

CASEBOOK DE PROCESSO COLETIVO

Para se entender didaticamente o instituto e até mesmo melhor como deveria ele funcionar do ponto de vista procedimental, sugere-se um roteiro do incidente de resolução de demandas repetitivas, a saber:

1.1. Primeiro passo: a formação do IRDR – possibilidade de instauração

Como o próprio nome indica, o IRDR é um incidente a outro processo, que pode ser instaurado a partir de um processo de competência originária, recursal ou até mesmo de uma remessa necessária. A afirmação parece singela, mas traz duas implicações de extrema relevância.

A *primeira* é que em não sendo ação, tampouco recurso, é incidental a outro processo, totalmente autônomo e que tem como função definir uma questão jurídica controvertida na causa primária (questão que pode ser de direito material ou processual, segundo consta do parágrafo único do art. 928 do CPC). Na oportunidade, importante ressaltar que existem dois tipos de sistema no incidente (no direito comparado): o da causa-piloto e o da causa-modelo.

No sistema da causa-piloto, o órgão judicante seleciona um caso para julgamento, fixando tese a ser aplicada nos demais. Na causa-modelo, é instaurado um incidente apenas para fixar a tese a ser seguida, não havendo o pinçamento de uma causa a ser julgada.

Não há dúvidas de que o sistema brasileiro adotou o modelo de causa-piloto[15], o que significa dizer que quando admitido o IRDR, haverá um descolamento da causa originária do incidente, ocorrendo, portanto, uma cisão cognitiva[16]. Primeiro, se julgará a questão repetitiva controvertida e

---

[15] Entendimento açambarcado pela maior parte da doutrina, como Aluisio Gonçalves de Castro Mendes, Sofia Temer, Fredie Didier, Leonardo Carneiro da Cunha, Alexandre Freitas Câmara, Antonio do Passo Cabral. Em sentido contrário (o de causa-modelo): Dierle Nunes, Luiz Henrique Camargo Volpe, por exemplo.

[16] "Há, portanto, uma cisão cognitiva – ainda que virtual e não física –, firmando-se a tese jurídica no procedimento incidental em que haverá se reproduzido o "modelo" que melhor represente a controvérsia jurídica que se repete em dezenas ou milhares de pretensões. A tese jurídica será aplicada em seguida às demandas repetitivas, por ocasião do julgamento propriamente dito da causa perante o juízo em que tramitar o processo, momento este em que será feita também a análise e julgamento das questões fáticas e das questões jurídicas não comuns pelo juízo competente, esgotando-se a análise da pretensão ou demanda propriamente dita". (MENDES, Aluisio Gonçalves de Castro e TEMER, Sofia. O incidente

depois pelo juízo onde estiver tramitando o processo subjacente a causa primária. Um detalhe muito importante, utilizado inclusive para fundamentar o caráter abstrato do incidente, é que no caso do legitimado que pugnou pela instauração do incidente desistir do IRDR ou até mesmo abandoná-lo, não haverá impedimento para o seu julgamento, assumindo a sua titularidade o Ministério Público (art. 976, § 1º e 2º do CPC)[17].

A *segunda* questão é que deve haver pendência de julgamento daquela matéria no tribunal. A doutrina majoritária[18], capitaneada por Antonio

---

de resolução de demandas repetitivas no novo cpc, *Revista de Processo*, vol. 243/2015, p. 283-331, Mai/2015).

[17] A disposição legal expressa no CPC de 2015 só veio a corroborar o entendimento que já havia sido cristalizado pelo Superior Tribunal de Justiça na égide do CPC anterior, na sistemática dos recursos repetitivos: a Corte Especial do STJ, por maioria, nos autos do QO no REsp nº 1.063.343/RS fixou o entendimento de que é inviável o acolhimento do pedido de desistência recursal quando já iniciado o julgamento de recurso especial representativo da controvérsia, na forma do art. 543-C, do então CPC. Colhe-se da ementa: "Processo civil. Questão de ordem. Incidente de Recurso Especial Repetitivo. Formulação de pedido de desistência no Recurso Especial representativo de controvérsia (art. 543-C, § 1º, do CPC). Indeferimento do pedido de desistência recursal. – É inviável o acolhimento de pedido de desistência recursal formulado quando já iniciado o procedimento de julgamento do Recurso Especial representativo da controvérsia, na forma do art. 543-C do CPC c/c Resolução n.º 08/08 do STJ. Questão de ordem acolhida para indeferir o pedido de desistência formulado em Recurso Especial processado na forma do art. 543-C do CPC c/c Resolução n.º 08/08 do STJ." (BRASIL. Superior Tribunal de Justiça. QO no REsp nº 1.063.343/RS, Julgado em 17/12/2008, Publicado no DJe de 04/06/2009. Disponível em: < https://ww2.stj.jus.br/processo/revista/ documento/mediado/?componente=ITA&sequencial= 845190&num_reg istro=200801289049&data=20090604& formato=PDF>. Acesso em 25 abr.2020)

[18] Também a jurisprudência exige o quesito de causa pendente. O Fórum Permanente de Processualistas Civis exarou o seguinte enunciado, tombado sob o nº 344: "A instauração do incidente pressupõe a existência de processo pendente no respectivo tribunal". Já o STJ ainda está vacilante sobre o tema: a sua 2ª Turma, nos autos do AREsp nº 1.470.017/SP julgou em 15/10/2019 (Disponibilizado no DJe de 18/10/2019) que o cabimento do incidente está condicionado à pendência de julgamento no tribunal de uma causa recursal ou originária (BRASIL. Superior Tribunal de Justiça. Agravo em recurso especial nº 1.470.017/ SP. Disponível em:<https://ww2.stj.jus.br/processo/pesquisa/?tipoPesquisa=tipoPesqu isaNumeroRegistro&termo=201900760156&totalRegistrosPorPagina=40&aplicacao= processos.ea>. Acesso em: 20 abr.2020). Já a 3ª Turma, nos autos do REsp nº 1.631.846/ DF, julgou em 05/11/2019 (Disponibilizado no DJe de 22/11/2019), de forma totalmente antagônica, pois admitiu a instauração de IRDR mesmo quando não existam sentenças proferidas nas controvérsias repetitivas em primeiro grau de jurisdição. BRASIL. Superior

do Passo Cabral, Alexandre Freitas Câmara, Fredie Didier Jr. e Leonardo Carneiro da Cunha, por exemplo, exige a existência de causa pendente junto ao tribunal. Explica-se: quando do processo legislativo do IRDR, o § 2º do art. 988 do substitutivo da Câmara dos Deputados previa tal exigência, mas ela foi excluída da versão final do Senado Federal, não havendo previsão expressa no CPC. Mas, mesmo com a retirada do texto normativo, a exigência permanece implícita, bastando para tanto a mera leitura do parágrafo único do art. 978 do CPC, que implica na pendência de uma causa no tribunal, sob pena de se ter uma causa-modelo e não uma causa-piloto: se não houver decisões antagônicas proferidas em primeira instância e levadas à segunda instância, o incidente assumiria caráter preventivo, o que desnaturaria o próprio instituto. Em contraponto, Sofia Temer, Luiz Guilherme Marinoni, Sérgio Cruz Arenhart, Daniel Mitidiero e Aluisio Gonçalves de Castro Mendes entendem que a regra prevista no parágrafo único do artigo 978 do CPC é apenas de prevenção.

Pontuadas estas duas implicações, nessa fase de formação do processo, o que deve ser indagado é se o IRDR preenche os requisitos mínimos para a sua instauração, a saber:

a) O IRDR foi direcionado à autoridade competente?

Segundo o *caput* do art. 977 do CPC, o ofício ou a petição devem ser dirigidas ao presidente do tribunal. Embora o enunciado normativo seja expresso ao mencionar "presidente de tribunal", por óbvio que o pedido não está limitado aos tribunais de justiça (TJ), mas também aos tribunais regionais federais (TRF) e aos tribunais regionais do trabalho (TRT). Existe polêmica quanto à sua instauração e tramitação no âmbito dos juizados especiais[19], *locu* no qual tramitou o IRDR nº 040/2016.

Tribunal de Justiça. Recurso especial nº 1.631.846/DF. Disponível em: <https://scon.stj.jus.br/SCON/ SearchBRS?b=INFJ&tipo=informativo&livre= @COD=%270661%27>. Acesso em: 20 abr.2020). Não foram opostos embargos de divergência, tendo ocorrido o trânsito em julgado em ambos os processos.

[19] Não se pode deixar de tecer algumas considerações sobre o manejo do incidente de resolução de demandas repetitivas no âmbito dos juizados especiais. É que a disposição expressa do inciso I do art. 985 do CPC determina que a fixação da tese jurídica deve ser feita pelo Tribunal de Justiça e que a decisão (tese) vincula todos os processos que contenham idêntica questão de direito e que tramitem na área de jurisdição do respectivo tribunal, alcançando também aqueles dos juizados especiais, o que significa dizer que não caberia o incidente no microssistema dos juizados, e que, portanto, incabível seria a suscitação do

b) O IRDR foi pugnado por legitimado?

Também é o *caput* do art. 977 do CPC quem elenca os legitimados para suscitarem o incidente: (i) o juiz ou o relator, por ofício; (ii) as partes (do processo subjacente), por petição; (iii) o Ministério Público e (iv) a Defensoria Pública.

c) O legitimado instruiu o ofício ou o pedido com os documentos comprobatórios?

O parágrafo único do art. 977 do CPC não deixa dúvida de que o ofício ou a petição deve ser instruída com os documentos necessários à demonstração dos pressupostos para a instauração do incidente, quais sejam: a efetiva repetição de processos que contenham controvérsia sobre a mesma questão unicamente de direito, o risco de ofensa à isonomia e à segurança jurídica, que já exista causa pendente junto ao tribunal e que a questão jurídica não tenha sido afetada em recurso especial ou extraordinário repetitivo.

IRDR perante às Turmas Recursais dos Juizados Especiais. Realmente, há muitos argumentos desfavoráveis ao cabimento do IRDR no microssistema: (i) a tese jurídica fixada pelo tribunal é aplicável e vinculativa aos processos dos juizados especiais, inclusive devendo esses processos serem suspensos se o forem os da justiça comum; (ii) se o inciso I do art. 985 do CPC é expresso ao vincular as decisões dos Tribunais de Justiça aos juizados especiais, não há como se admitir a instauração do IRDR em segunda instância dos juizados especiais (Turmas Recursais); (iii) o microssistema dos juizados especiais não comporta o recurso especial (Súmula nº 203, do STJ), apenas o recurso extraordinário (Súmula 640, do STF), quando nas sistemática do IRDR, cabe tanto o recurso especial quanto o extraordinário (art. 987, CPC) e (iv) na hipótese de algum vício, não cabe a ação rescisória, nos termos do art. 59 da Lei nº 9.099/95. Porém, o fundamento pelo qual se defende-se a possibilidade do processamento do IRDR nos juizados é o da independência funcional, uma vez que os juizados especiais não estão subordinados às decisões do Tribunal de Justiça, hierarquicamente falando e que se assim fosse permitido, haveria nítida violação ao art. 105, I, da CF. Desta forma, seria possível admitir-se o processamento do IRDR no âmbito das turmas recursais dos juizados especiais. A propósito, a Escola Nacional de Formação e Aperfeiçoamento de Magistrado – ENFAM, numa interpretação sistêmica do dispositivo em tela, acabou por permitir a instauração de Incidente de Resolução de Demandas Repetitivas – IRDR no âmbito dos Juizados dos Especiais, conforme se pode extrair do Enunciado nº 44, a seguir transcrito: "Enunciado nº 44 – Admite-se o IRDR nos juizados especiais, que deverá ser julgado por órgão colegiado de uniformização do próprio sistema". Portanto, para efeitos de análise do IRDR nº 040/2016, parte-se da premissa que a instauração dele poder-se-ia dar junto aos juizados especiais.

d) O pedido de instauração do IRDR foi feito tempestivamente?

Em tese, não há prazo para o pedido de instauração do incidente. Ajuizadas as ações originárias e havendo decisões antagônicas com recurso em trâmite junto ao tribunal, o legitimado poderá requerer a instauração do incidente. Todavia, há entendimento do Superior Tribunal de Justiça, que o pedido só é possível quando ainda houver pendência de cognição da causa recursal; no caso específico (AREsp nº 1.470.017/SP, da 2ª Turma, do STJ[20]) não foi admitida a instauração do IRDR quando já tinha ocorrido o julgamento do recurso de apelação, encontrando-se pendente apenas a apreciação dos embargos de declaração, pois o mérito do recurso já havia sido julgado e a admissão do incidente iria de encontro a sua própria função: a formação concentrada de precedente.

Se as respostas a essas perguntas forem positivas, o presidente do tribunal determinará o encaminhamento dos autos ao setor de Distribuição, a fim de que seja sorteado o feito para um dos desembargadores que atuará como relator. Após tal providência, por dicção expressa do art. 981 do CPC, o relator encaminhará o feito para inclusão em pauta, a fim de que o órgão colegiado proceda ao juízo de admissibilidade do incidente[21].

---

[20] Colhe-se da ementa do julgado, no que interessa: "[...] V – O cerne da controvérsia consiste em decidir se seria admissível a instauração do IRDR pela escolha de um caso que já tenha sido objeto de julgamento, mas cujos embargos de declaração ainda não foram julgados. Ocorre que, após o julgamento do mérito do recurso do qual se extrairia a tese jurídica, não há que se falar em pendência do caso para fins de instauração do IRDR, diante do obstáculo à formação concentrada do procedente obrigatório. VI – O cabimento do IRDR, condiciona-se à pendência de julgamento, no tribunal, de uma causa recursal ou originária. Se já encerrado o julgamento, não caberá mais a instauração do IRDR, senão em outra causa pendente; mas não naquela que já foi julgada. Nesse sentido, o Enunciado n. 344 do Fórum Permanente de Processualistas Civis [...]." (BRASIL. Superior Tribunal de Justiça. Agravo em recurso especial nº 1.470.017/SP. Disponível em:<https://ww2.stj.jus.br/ processo/pesquisa/?tipoPesquisa=tipoPesquisa NumeroRegistro&termo=2019 00760156&totalRegistros PorPagina=40&aplicacao=processos.ea>. Acesso em: 20 abr. 2020)

[21] Nessa mesma linha, o Enunciado 91 do FPPC: "Cabe ao órgão colegiado realizar a admissibilidade do incidente de resolução de demandas repetitivas, sendo vedada a decisão monocrática."

1.2. Segundo passo: a análise da admissibilidade do IRDR e a sua delimitação provisória pelo órgão colegiado

Incluído o feito em pauta, o órgão colegiado decidirá sobre a admissibilidade do IRDR. Para tanto, deverá o órgão analisar se estão presentes *cumulativamente* os requisitos para sua admissibilidade, que basicamente estão elencados no art. 976 do CPC. São eles:

a) Existe efetiva repetição de processos que contenham controvérsia sobre a mesma questão?

É necessária a existência de efetiva repetição de processos com a mesma questão ou a multiplicidade de demandas ou questões repetitivas em múltiplas demandas. A exigência é a multiplicidade, a existência de vários processos com questão de direito idêntica que ensejam e autorizem a instauração do IRDR. Mas existe um quantitativo previamente definido? Não há previsão legal de quantidade, mas devem existir efetivamente várias demandas que versem sobre a mesma questão. O Enunciado nº 87[22] do Fórum Permanente de Processualistas Civis (FPPC) não indica o quantitativo, afirma, inclusive que não se pressupõe a grande quantidade de processos, mas a simples possibilidade de quebra da isonomia e de ofensa à segurança jurídica.

b) A questão é unicamente de direito (material ou processual)?

Muito embora o CPC tenha nominado o IRDR de "incidente de resolução de demandas repetitivas" e por conta disso se possa construir o entendimento de que ele decida *demandas* repetitivas, o incidente é sobre *questões*, que podem ser de direito material ou de direito processual, conforme expressamente previsto no parágrafo único do art. 928 do CPC. Para Fredie Didier Jr., "a demanda (entendida como conteúdo da postulação) é o nome processual que recebe a pretensão processual relativa à relação jurídica substancial posta à apreciação do Poder Judiciário"[23].

---

[22] BRASIL, FPPC. Enunciado 87 (art. 976, II) A instauração do incidente de resolução de demandas repetitivas não pressupõe a existência de grande quantidade de processos versando sobre a mesma questão, mas preponderantemente o risco de quebra da isonomia e de ofensa à segurança jurídica. (Grupo: Recursos Extraordinários e Incidente de Resolução de Demandas Repetitivas).

[23] DIDIER JR., Fredie. *Curso de direito processual civil.* v. 1, 17. ed., Salvador: Juspodivm, 2015, p. 286.

CASEBOOK DE PROCESSO COLETIVO

Já a questão é qualquer ponto que enseja dúvida e controvérsia, de fato ou de direito, material ou processual, que surja no decorrer do feito. José Carlos Barbosa Moreira chama de questões "a essas dúvidas propostas pelas partes, em desacordo sobre um ponto de fato ou de direito, e àquelas que o juiz deve propor a si mesmo"[24]. Questões repetitivas que autorizam a instauração do IRDR são os pontos de direito sobre os quais recaem a controvérsia, que se repetem em vários processos. Assim, as questões de fato não abrem margem para o cabimento do IRDR.

Fredie Didier Jr. afirma que é bastante difícil distinguir questão de fato da de direito, já que toda questão tem como pressuposto a ocorrência de um fato, esclarecendo que a primeira relaciona-se com a causa de pedir ou com a hipótese descrita na norma, enquanto a segunda está ligada com as consequências jurídicas de um fato ou com a aplicação da hipótese de incidência ou ainda "[...] com a aplicação da hipótese de incidência prevista no texto normativo, com as tarefas de subsunção do fato (ou conjunto de fatos) à norma ou de concretização do texto normativo"[25].

Edilton Meireles arremata que "a questão a ser decidida, por sua vez, deve ser de direito, até porque se for fática, não se trataria da mesma questão. Os fatos podem ser semelhantes, mas não idênticos"[26]. Se o incidente servisse para resolver questão de fato, seria quase que impossível encontrar identidade nas ações, ou seja, serviria o IRDR para resolver demanda, o que desnaturaria o instituto. Assim, a doutrina já avançou quanto à existência de controvérsia sobre questão de fato: enquanto ela existir, ou seja, enquanto ainda não comprovado o fato subjacente à questão jurídica, será incabível o incidente de resolução de demandas repetitivas.

c) Há risco de ofensa à isonomia e à segurança jurídica?

Mais um requisito para a admissão do incidente: que a questão repetitiva espelhe risco à segurança jurídica e à isonomia. É o efetivo risco – e não o potencial risco – de existirem decisões antagônicas que abalem

---

[24] BARBOSA MOREIRA, José Carlos. Questões prejudiciais e questões preliminares. *Direito processual civil – ensaios e pareceres*. Rio de Janeiro: Borsoi, 1971, p. 74-75.

[25] DIDIER JR.; CUNHA, *Curso de direito processual civil: meios de impugnação às decisões judiciais e processo nos tribunais*, 2018, p. 734.

[26] MEIRELES, Edilton. Do incidente de resolução de demandas repetitivas no processo civil brasileiro. In: DIDIER JR., Fredie; CUNHA, Leonardo Carneiro da (Coords). *Julgamento de casos repetitivos*. Salvador: Editora Juspodivm, 2017, p. 67.

o crédito confiado ao Poder Judiciário. Nelson Nery e Rosa Maria de Andrade Nery prelecionam que:

> [...] ao mencionar, como requisito para a instauração do incidente, *risco de ofensa à isonomia e à segurança jurídica*, já pressupõe a existência de controvérsia; do contrário, se a questão é sempre decidida de modo uniforme, ainda que tenha potencial para a multiplicação de ações, não há razão para a instauração do incidente, pois não o que prevenir. Haveria inútil fundamentação do aparelho judiciário, apenas. Por isso, o dispositivo comentado tenha exigido que os requisitos para a instauração do incidente estivessem *simultaneamente* presentes.[27]

Assim, para cabimento do IRDR é necessária a real ocorrência de divergência ou de entendimentos conflitantes.

d) Há processo pendente no tribunal que verse sobre a mesma questão de direito?

Como gizado anteriormente (p. 8), o IRDR só pode ser suscitado se algumas demandas repetitivas já estiverem em curso no tribunal, sob pena de retirar-lhe a eficácia repressiva e dotá-lo de eficácia preventiva, o que desnaturaria o instituto. E ainda, segundo posicionamento do STJ, em sede de cognição recursal, excluída a possibilidade de sua instauração quando já houver sido julgada a causa, aguardando-se apenas a apreciação dos embargos de declaração.

e) Inexiste afetação da questão jurídica por recurso especial ou recurso extraordinário repetitivo?

Este é um requisito negativo estabelecido pelo § 4º do art. 976 do CPC, uma vez que se afetada a matéria objeto do IRDR pelo regime jurídico dos repetitivos, não há interesse processual para se instaurar o incidente. Se um dos tribunais superiores, no âmbito de sua competência, já tiver afetado recurso repetitivo, não se admite mais a instauração do IRDR sobre aquela mesma questão, otimizando-se todo o sistema, ao

---

[27] NERY JR., Nelson; NERY, Rosa Maria de Andrade. *Comentários ao código de processo civil.* São Paulo: RT, 2015, p. 1.968.

não permitir que concorram em paralelo o incidente em âmbito regional se há o procedimento em curso no âmbito nacional, que culminará na fixação da tese.

Pois bem. Se algum ou mais de um dos requisitos não forem preenchidos, o IRDR não será admitido, sendo esta decisão irrecorrível[28]. Deve ser observado, contudo, que referida decisão não faz coisa julgada material, uma vez que, nos termos do § 3º do art. 976 do CPC, é possível a nova instauração do incidente, com a satisfação do(s) requisito(s) que não havia(m) sido preenchido(s).

Se todos os requisitos forem superados, o incidente deve ser admitido pelo colegiado, *cuja decisão deve conter a identificação do objeto provisório do incidente, ou seja, qual é – mesmo que precariamente – o objeto da tese ou das teses a serem fixadas*. Segundo Sofia Temer, há uma delimitação sobre o que se trata o IRDR, com a indicação da questão jurídica, os argumentos ou teses dissonantes e os enunciados normativos da controvérsia. Para ela, "essa primeira análise tem o objetivo de preparar o Judiciário e os cidadãos (litigantes ou não) para o julgamento que está por vir"[29]. Na mesma linha, Daniel Carneiro Machado:

> Importante ressaltar, por fim, que o juízo de admissibilidade delimitará o objeto do IRDR.Com efeito, a delimitação precisa da questão de direito a ser interpretada pelo IRDR é fundamental para se evitar a ampliação da discussão e a fixação da tese vinculante sobre a matéria distinta, o que atentaria contra o contraditório substancial e burlaria o procedimento previsto em lei para legitimar a eficácia da decisão proferida.[30]

Os autos deverão ir conclusos para o relator, na forma do art. 982 do CPC.

---

[28] Nesse passo, o Enunciado nº 556, do FPPC: "(art. 981) – É irrecorrível a decisão do órgão colegiado que, em sede de juízo de admissibilidade, rejeita a instauração do incidente de resolução de demandas repetitivas, salvo o cabimento dos embargos de declaração. (Grupo: Precedentes, IRDR, Recursos Repetitivos e Assunção de competência)

[29] TEMER, Sofia. *Incidente de resolução de demandas repetitivas*. 2. ed. rev. atual. ampl. Salvador: Juspodivm, 2017, p. 121.

[30] MACHADO, Daniel Carneiro. *A (in)compatibilidade do incidente de resolução de demandas repetitivas com o modelo constitucional de processo*. Rio de Janeiro: Lumen Juris, 2017, p. 122

2.4. Terceiro passo: saneamento do feito pelo relator e a ampla divulgação e publicidade do IRDR

Após a admissão do IRDR pelo órgão colegiado, cabe ao relator a adoção de algumas providências, todas no sentido de saneamento do incidente, sendo a primeira delas a decisão de organização. Para Fredie Didier Jr. e Sofia Temer:

> A decisão de organização do incidente corresponde à formalização do que foi decidido pelo órgão colegiado no que diz respeito à admissibilidade e aos limites objetivos do incidente, notadamente quanto à definição da questão jurídica e à identificação das circunstâncias fáticas que ensejaram a controvérsia e para as quais a tese será aplicável.
>
> Mas a decisão vai além: é neste ato que o relator irá adotar as medidas para o regular processamento do incidente e para viabilizar que a definição da tese jurídica seja legítima, sob a perspectiva de oportunizar a efetiva divulgação de sua instauração e o engajamento dos sujeitos envolvidos no debate.[31]

Assim, uma das primeiras "tarefas" incumbidas ao relator é identificar de modo muito mais claro e preciso a questão controvertida que será levada a julgamento, ou seja, "trata-se, portanto de identificar qual a questão jurídica em análise, respeitando-se o que foi decidido pelo órgão colegiado no momento da admissão"[32].

Feito isso, muito embora o texto do art. 979 do CPC faça referência à mais ampla especificação e publicidade da *instauração* e *julgamento* do incidente e no caso, o incidente já tenha sido instaurado e admitido, mas ainda não o foi julgado, permitindo-se assim a abertura maior possível da democratização processual, o relator deve determinar a inclusão do processamento do IRDR no banco eletrônico do próprio tribunal e do Conselho Nacional de Justiça.

Deve, ainda, nos termos do inciso I, do art. 982, do CPC, determinar a suspensão dos processos pendentes, individuais ou coletivos, que

---

[31] DIDIER JR, Fredie e TEMER, Sofia. A decisão de organização do incidente de resolução de demandas repetitivas. In: DIDIER JR., Fredie; CUNHA, Leonardo Carneiro da (Coords). *Julgamento de casos repetitivos*. Salvador: Editora Juspodivm, 2017, p. 233.

[32] DIDIER JR; TEMER A decisão de organização do incidente de resolução de demandas repetitivas. In: DIDIER JR.; CUNHA, *Julgamento de casos repetitivos*, 2017, p. 234.

tramitam no Estado ou na região, conforme o caso, devendo proceder à comunicação dos órgãos jurisdicionais competentes (§1º do art. 982 do CPC). Entende-se que a comunicação da suspensão é primordial para que as partes possam apresentar sua insurreição, demonstrando, se for o caso, que a questão a ser decidida é distinta do seu processo[33].

Outrossim, poderá requisitar informações ao órgão no qual tramite a causa originária, tudo nos termos do inciso II do art. 982 do CPC. Deve intimar o Ministério Público para que se manifeste no prazo de 15 (quinze) dias.

Além das partes, o relator deve ouvir também não só as partes que deram origem ao incidente, mas também as partes de todos os demais processos que foram afetados e também aos interessados, seja a que título for, dentre eles os *amici curiae* (art. 138 c/c art. 983, ambos do CPC), que poderão requerer a juntada de documentos no feito e a realização de diligências necessárias para a elucidação da questão de direito. Tudo para que seja assegurada a ampla participação de qualquer parte que teve o seu processo suspenso pela admissão do IRDR, a fim de que possa se manifestar diretamente no feito. Como pontua Daniel Carneiro Machado:

> Com efeito, as partes dos processos suspensos pelo IRDR serão impactadas diretamente pelo julgamento do incidente, possuindo inquestionável interesse jurídico na definição da tese jurídica, o que lhes assegura o direito constitucional de efetiva participação para conferir legitimidade ao julgamento proferido pelo tribunal e impedir que sejam surpreendidas.[34]

Observe-se que estas condutas possuem ligação direta com a abertura, ao chamamento, à participação e à contribuição para o debate, que antecede a fixação da tese jurídica. Enfim, à necessária democratização do debate.

---

[33] Nessa linha, o Enunciado nº 348 do FPPC: "(arts. 987, 1.037, II, §§ 5º, 6º, 8º e seguintes) Os interessados serão intimados da suspensão de seus processos individuais, podendo requerer o prosseguimento ao juiz ou tribunal onde tramitarem, demonstrando a distinção entre a questão a ser decidida e aquela a ser julgada no incidente de resolução de demandas repetitivas, ou nos recursos repetitivos. (Grupo: Precedentes)".

[34] MACHADO. *A (in)compatibilidade do incidente de resolução de demandas repetitivas com o modelo constitucional de processo*, 2017, p. 127.

O relator tem o poder ainda de realizar audiências públicas para ouvir pessoas cm experiência e conhecimento na matéria. Segundo o artigo 980 do CPC, o incidente poderá ser julgado em até um ano, prazo findo o qual, cessa o sobrestamento dos processos subjacentes, a não ser que o relator decida fundamentadamente em caso contrário.

Após "instruído" o feito com a conclusão das diligências, o relator deverá pautar o incidente para julgamento, nos termos do § 2º do art. 983 do CPC.

2.5. Quarto passo: do julgador do IRDR

O julgamento do incidente observará as regras contidas no art.984 do CPC: após a exposição do objeto do IRDR pelo relator, a palavra será concedida, de forma sucessiva, ao autor e réu do processo originário, bem como ao Ministério Público para apresentação de suas razões, pelo prazo de 30 (trinta) minutos. Os demais interessados, dentre os quais os *amici curiae* também terão o prazo de 30 (trinta) minutos para se manifestarem, desde que promovam a sua inscrição com antecedência mínima de 02 (dois) dias.

De acordo com o § 1º do artigo 984, o relator poderá aumentar o prazo para sustentação dependendo do número de inscritos.

Por óbvio, o conteúdo da decisão deverá abranger a análise de todos os fundamentos atinentes à tese jurídica, favoráveis ou não.

Tendo em vista o corte metodológico do presente trabalho, não analisar-se-á os efeitos do julgamento e a possibilidade de recurso. Passa-se, então, à análise do IRDR nº 040/2016, confrontando-se na prática houve a obediência aos aspectos teóricos, em especial, se houve a representatividade adequada dos interesses.

3. Breves apontamentos sobre os aspectos processuais do IRDR Nº 040/2016: do seu nascedouro até o trânsito em julgado

3.1. Da instauração e admissão monocrática do IRDR 40/2016

Os juízes da 3ª Turma Recursal (Região Norte) utilizaram-se do novel mecanismo introduzido em nosso ordenamento jurídico pelo Código de Processo Civil de 2015 (CPC/2015): o IRDR, disciplinado em seus artigos 976 a 987, cuja abordagem teórica, no que interessa, foi feita alhures.

CASEBOOK DE PROCESSO COLETIVO

Os magistrados manifestaram a preocupação de que "julgamentos completamente antagônicos"[35] poderiam resultar em "verdadeira ofensa à isonomia e à segurança jurídica"[36], fundamentando o pedido de instauração do IRDR na existência de elevado número de ações[37] que tramitavam junto aos juizados especiais cíveis, em especial os das Comarcas de Colatina e de Linhares, que possuíam como intento a reparação civil decorrente do rompimento da barragem de rejeitos na cidade de Mariana/MG, apontando a existência de julgamentos diametralmente antagônicos, havendo risco efetivo à isonomia e à segurança jurídica. Foi requerido ao Presidente da Turma de Uniformização de Jurisprudência dos Juizados Especiais do Estado do Espírito Santo, a instauração do IRDR, objetivando, nos termos do art. 985 do CPC, a fixação de tese jurídica sobre:

> [...] a reparação civil decorrente de suposto ato ilícito praticado pela empresa SAMARCO MINERAÇÃO S.A., tendo como causa de pedir os danos advindos da falha da prestação de serviços por ela prestados, que resultou no rompimento de barragem de rejeitos na cidade de Mariana/MG.[38]

No aludido requerimento, também houve manifestação quanto à possibilidade de tramitação do IRDR no âmbito dos Juizados Especiais (sendo *defendido* que eles não estão "subordinados" às decisões proferidas pelos Tribunais de Justiça e o impedimento de tal processamento implicaria em violação à alínea "d", inciso I, do art. 105 da Constituição Federal) e quanto à competência da Turma de Uniformização (Unificação) do Colegiado Recursal para o processamento e julgamento do incidente (o

---

[35] a ESPÍRITO SANTO. Turma de Uniformização de Interpretação de Lei dos Juizados Especiais. Incidente de Resolução de Demandas Repetitivas nº 040/2016. Processo com autos físicos, fl. 02.

[36] ESPÍRITO SANTO. Turma de Uniformização de Interpretação de Lei dos Juizados Especiais. Incidente de Resolução de Demandas Repetitivas nº 040/2016. Processo com autos físicos, fl. 02.

[37] Muito embora expressamente tenham declarado o elevado número de demandas judiciais, não comprovaram nos autos a quantidade de ações judiciais em curso no âmbito dos Juizados Especiais Cíveis.

[38] ESPÍRITO SANTO. Turma de Uniformização de Interpretação de Lei dos Juizados Especiais. Incidente de Resolução de Demandas Repetitivas nº 040/2016. Processo com autos físicos, fl. 02.

8. O IRDR 40/2016, DO COLEGIADO RECURSAL DOS JUIZADOS ESPECIAIS...

raciocínio construído foi o de que se cabe à Turma de Uniformização dos Juizados Especiais no Estado do Espírito Santo, instituída por meio da Resolução de nº 54/2010, apreciar pedidos de uniformização de interpretação de lei decorrentes de divergência entre decisões proferidas por Turmas Recursais do Estado do Espírito Santo sobre questões de direito material, competiria a esta mesma turma, por analogia, dirimir divergências entre as decisões proferidas pelos juízes dos Juizados Especiais e portanto, também competiria a ela o julgamento do incidente de resolução de demandas repetitivas. Daí o requerimento ter sido dirigido ao Presidente da Turma de Unificação, como se fizesse às vezes do Presidente do Tribunal de Justiça).

Os juízes instruíram o ofício com cópia de *apenas* três sentenças proferidas – e tão somente as decisões, desprovidas de seus recursos, *ou seja, da comprovação de existência de pendência de julgamento no Colegiado Recursal*[39],

---

[39] Também não é o escopo do presente trabalho, mas também deve ser registrado que no IRDR 40/2016 não houve, na ocasião de sua suscitação, comprovação pelos magistrados da existência dos recursos inominados interpostos e em eventual processamento no Colegiado Recursal. Outrossim, restou desatendido um dos pressupostos de admissibilidade do incidente: a pendência de causa no tribunal. Doutrina, bem como jurisprudência exigem a existência de causa pendente junto ao tribunal. Explica-se: quando do processo legislativo do IRDR, o § 2º do art. 988 do substitutivo da Câmara dos Deputados previa tal exigência, mas ela foi excluída da versão final do Senado Federal, não havendo previsão expressa no CPC. Todavia, a maior parte da doutrina (Antonio do Passo Cabral, Alexandre Freitas Câmara, Fredie Didier Jr. e Leonardo Carneiro da Cunha, por exemplo) entende que mesmo com a retirada do texto normativo, a exigência permanece implícita, resultado da interpretação sistemática: se não houver decisões antagônicas proferidas em primeira instância e levadas à segunda instância, o incidente assumiria caráter preventivo, o que desnaturaria o próprio instituto. Em contraponto, outra parte da doutrina (Sofia Temer, Luiz Guilherme Marinoni, Sérgio Cruz Arenhart, Daniel Mitidiero e Aluisio Gonçalves de Castro Mendes) entende que a regra prevista no parágrafo único do artigo 978 do CPC é apenas de prevenção. O Fórum Permanente de Processualistas Civis seguiu a primeira linha, a teor do Enunciado nº 344: "A instauração do incidente pressupõe a existência de processo pendente no respectivo tribunal.". O STJ ainda está vacilante sobre o tema: a sua 2ª Turma, nos autos do AREsp nº 1.470.017/SP julgou em 15/10/2019 (Disponibilizado no DJe de 18/10/2019) que o cabimento do incidente está condicionado à pendência de julgamento no tribunal de uma causa recursal ou originária (BRASIL. Superior Tribunal de Justiça. Agravo em recurso especial nº 1.470.017/SP. Disponível em:<https://ww2. stj.jus.br/processo/pesquisa/?tipoPesquisa=tipo PesquisaNumeroRegistro&termo=201900760156& totalRegistrosPorPagina=40&aplicacao=processos.ea>. Acesso em: 20 abr.2020).

CASEBOOK DE PROCESSO COLETIVO

bem como de suas petições iniciais, estando assim "representada" a controvérsia pelos casos "paradigmas":

a) cópia da sentença do processo de nº 0017173-74.2015.8.08.0014, do 3º Juizado Especial Cível de Colatina, figurando como requerente Joel Pinheiro dos Santos e como requerida Samarco Mineração S/A, tendo como *pedido o pagamento de indenização por danos morais e causa de pedir as lesões imateriais sofridas em decorrência da contaminação do Rio Doce pela lama de rejeitos oriundos do rompimento da barragem.* Em sua fundamentação consta que a responsabilidade é de índole extracontratual, independente se o autor possuía vínculo em nome próprio com a companhia de abastecimento de água: o pedido foi julgado parcialmente procedente e a indenização por danos morais foi fixada em R$ 2.000,00 (dois mil reais);

b) cópia da sentença do processo de nº 0018292-70.2015.8.08.0014, da Vara da Fazenda Pública Municipalde Colatina, figurando como requerente Isaltino Delaqua Junior e como requeridos Samarco Mineração S/A e Sanear – Serviço Colatinense de Meio Ambiente e Saneamento Ambiental, *pugnando por indenização por dano moral por falta de água*: o pedido foi julgado improcedente, entendendo o juízo que não considerava indenizável a falta de água por breves períodos, sendo que num primeiro momento a interrupção se deu por apenas cinco dias e que a disponibilização de água potável se deu por mera liberalidade da Samarco, não existindo norma que a obrigue de fornecer água nos domicílios de forma individual e

c) cópia da sentença do processo de nº 0003683-97.2016.8.08.0030, do 2º Juizado Especial Cível de Linhares, figurando como requerente Maria José da Conceição e como requerida Samarco Mineração S/A, postulando-se *indenização por danos morais pela falta de fornecimento de água e pelo dano ambiental ocorrido com o rompimento da barragem*: o

Já a 3ª Turma, nos autos do REsp nº 1.631.846/DF, julgou em 05/11/2019 (Disponibilizado no DJe de 22/11/2019), de forma totalmente antagônica, pois admitiu a instauração de IRDR mesmo quando não existam sentenças proferidas nas controvérsias repetitivas em primeiro grau de jurisdição. BRASIL. Superior Tribunal de Justiça. Recurso especial nº 1.631.846/DF. Disponível em: <https://scon.stj.jus.br/SCON/ SearchBRS?b=INFJ&tipo=informativo &livre=@COD=%270661%27>. Acesso em: 20 abr.2020.) Não foram opostos embargos de divergência, tendo ocorrido o trânsito em julgado em ambos os processos.

8. O IRDR 40/2016, DO COLEGIADO RECURSAL DOS JUIZADOS ESPECIAIS...

pedido foi julgado procedente e a requerida condenada ao pagamento de indenização por danos morais no valor de R$ 31.520,00 (trinta e um mil, quinhentos e vinte reais).

Registre-se que no IRDR 40/2016 não houve, na ocasião de sua suscitação, que ocorreu por meio de ofício, comprovação pelos magistrados da existência dos recursos inominados interpostos e em eventual processamento no Colegiado Recursal. Assim, restou desatendido um dos pressupostos de admissibilidade para a instauração do incidente: a comprovação de pendência de causa no tribunal.

Na mesma oportunidade, os juízes requereram a suspensão da tramitação de todas as ações que versassem sobre a mesma questão que estivessem em curso nos Juizados Especiais Cíveis do Estado do Espírito Santo, nos termos do inciso I do art. 982, do CPC.

Os autos foram conclusos para o Presidente da Turma de Uniformização, que proferiu a primeira decisão do IRDR nº 40/2016, entendendo ser compatível o IRDR no âmbito dos Juizados Especiais por possuírem autonomia e independência perante o Tribunal de Justiça[40]. E mais: considerou que a ele, Desembargador nomeado Supervisor dos Juizados Especiais do Estado do Espírito Santo, caberia, nos termos do artigo 41, I, da Resolução 33/2013[41] (Regimento Interno do Colegiado Recursal), também figurar como presidente da Turma de Uniformização de Interpretação de Lei dos Juizados Especiais, competindo-lhe, portanto, o exame do pedido de instauração do IRDR, entendendo sê-lo positivo *ad referendum* do juiz relator.

Por prudência, até a regulamentação do tema, entendeu pelo cabimento, admissão, processamento e julgamento de IRDR no âmbito dos Juizados Especiais Cíveis, utilizando-se, no que coubesse, as regras procedimentais

---

[40] Destacou que não só a doutrina tem se posicionado a favor da instauração do incidente no âmbito dos Juizados Especiais, como também os Enunciados nº 21 e 44 da Escola Nacional de Formação e Aperfeiçoamento de Magistrado – ENFAM. Acentuou que também no microssistema o incidente é imprescindível como mecanismo de se propiciar a segurança jurídica e a isonomia, além de se conferir efetividade ao princípio da duração razoável do processo.

[41] Resolução nº 33, de 25 de julho de 2013: "Art. 41. A Turma de Uniformização do sistema dos Juizados Especiais do Estado do Espírito Santo será composta: I – pelo Desembargador nomeado como Supervisor dos Juizados Especiais do Estado do Espírito Santo, que será seu Presidente; [...]"

CASEBOOK DE PROCESSO COLETIVO

previstas para o Incidente de Uniformização de Interpretação de Lei, conforme previsão disposta nos artigos 41 e seguintes da Resolução de nº 33/2013, do TJES. Determinou, ainda, a redistribuição a um dos juízes componentes da Turma Recursal, advertindo ao futuro relator que observasse o previsto no inciso III do artigo 982 do CPC (intimação do Ministério Público para se manifestar sobre a intervenção no feito) e que a Coordenadoria dos Juizados Especiais deveria dar ciência da referida decisão aos juízes suscitantes.

Assim, aplicando-se por analogia as disposições contidas em norma regimental foi "admitido" o incidente, com o poder de fixar tese jurídica que seria aplicada aos processos pendentes que tramitavam junto aos Juizados Especiais, bem como aos processos futuros que lá fossem deflagrados.

Os autos foram recebidos pela Secretaria da Turma de Uniformização de Interpretação de Lei e autuados como Incidente de Resolução de Demandas Repetitivas, tombado sob o nº 040/2016 e encaminhado à Distribuição, no qual foi livremente distribuído para um dos Juízes da Turma Recursal.

Conclusos os autos, o relator ratificou a admissão outrora feita pelo Presidente da Turma de Uniformização dos Juizados Especiais, asseverando que a função do IRDR não era só "a de simplificar e agilizar o julgamento em bloco das ações e recursos seriados"[42], mas também a de minimizar julgamentos antagônicos, que ofendem a isonomia e segurança jurídica. Assinalou de forma positiva quanto ao preenchimento dos pressupostos de admissibilidade previstos no art. 976 do CPC.

Todavia, a decisão se limitou a reproduzir o texto contido no dispositivo legal[43], sendo certo que decisões de tal modelo são consideradas

---

[42] ESPÍRITO SANTO. Turma de Uniformização de Interpretação de Lei dos Juizados Especiais. Incidente de Resolução de Demandas Repetitivas nº 040/2016. Processo com autos físicos, fl. 26.

[43] Confira-se: "[...] estão presentes os pressupostos de admissibilidade do Incidente de Resolução de Demandas Repetitivas, eis que vislumbro a efetiva repetição de processos que contenham controvérsia sobre a mesma questão unicamente de direito; risco de ofensa à isonomia e à segurança jurídica; e pendência de julgamento de recurso." (ESPÍRITO SANTO. Turma de Uniformização de Interpretação de Lei dos Juizados Especiais. Incidente de Resolução de Demandas Repetitivas nº 040/2016. Processo com autos físicos, fl. 26).

desprovidas de fundamento e não fundamentadas[44]. O dever de fundamentar encontra guarida no inciso IX do art. 93, da CF/88 e agora, incisos I, II e III, do parágrafo 1º, do art. 489, do CPC.

Ainda um outro problema: segundo a dicção do art. 981 do CPC, a competência para o juízo de admissibilidade do incidente é do órgão colegiado, não podendo haver decisão monocrática de admissibilidade. Mas, na prática, o juiz relator monocraticamente determinou o sobrestamento de todos os processos os quais a questão divergente estivesse sendo discutida nos Juizados Especiais Cíveis, tanto na instância originária quanto recursal. Determinou também a intimação do Ministério Público Estadual, nos termos do art. 982, III, do CPC e das partes, entendidas por ele como a parte suscitante (os juízes componentes da Turma Recursal Norte) e uma das partes autoras de um dos processos originários (Joel Pinheiro dos Santos).

---

[44] Sobre a necessidade de fundamentação das decisões judiciais, segue lição de Carlos Frederico Pereira Bastos: "O CPC (LGL\2015\1656) previu, no § 1º do art. 489, seis hipóteses de decisões judiciais não fundamentadas, densificando, assim, a garantia fundamental relativa ao dever de fundamentação das decisões judiciais que está insculpida no art. 93, IX, da CF/1988 (LGL\1988\3). Desse modo, não se considera fundamentada qualquer decisão judicial que: "I – se limitar à indicação, à reprodução ou à paráfrase de ato normativo, sem explicar sua relação com a causa ou a questão decidida; II – empregar conceitos jurídicos indeterminados, sem explicar o motivo concreto de sua incidência no caso; III – invocar motivos que se prestariam a justificar qualquer outra decisão; IV – não enfrentar todos os argumentos deduzidos no processo capazes de, em tese, infirmar a conclusão adotada pelo julgador; V – se limitar a invocar precedente ou enunciado de súmula, sem identificar seus fundamentos determinantes nem demonstrar que o caso sob julgamento se ajusta àqueles fundamentos; VI – deixar de seguir enunciado de súmula, jurisprudência ou precedente invocado pela parte, sem demonstrar a existência de distinção no caso em julgamento ou a superação do entendimento". Como se pode perceber, há evidente intenção de valorizar o processo de concretização na interpretação e aplicação do direito, coibindo a prolação de decisões abstratas e genéricas e impondo ao órgão jurisdicional o dever de levar em consideração as circunstâncias do caso concreto, inclusive quando diante de conceitos jurídicos indeterminados e cláusulas gerais (incisos I, II e III). Também notória é a preocupação para que o ato decisório reflita o ambiente dialógico que é o processo judicial, com a observância do contraditório, exigindo do órgão jurisdicional o dever de examinar todos os argumentos deduzidos pelas partes que tenham capacidade de influenciar o resultado final (inciso IV)." (PEREIRA, Carlos Frederico Bastos. Fundamentação das decisões judiciais, consequências práticas e o art. 20 da LINDB. *Revista dos Tribunais*, vol. 1009/2019, p. 99– 20, Nov /2019, DTR\2019\41127).

Faz-se um registro importante: não se entende o porquê de procedimentalmente ter corrido o feito como se apenas fosse "representativa da controvérsia" a sentença proferida nos autos do processo de nº 0017173-74.2015.8.08.0014 (referido na alínea "a" supra da página 7), no qual foram lançados os andamentos processuais relativos ao IRDR 40/2016, o que se traduziu num equívoco, que a partir daí seria quase sempre reproduzido e gerou sérios problemas, como por exemplo, se considerar apenas como parte interessada o autor desta ação ou se considerar que matéria objeto de controvérsia envolvia apenas dano individual, ocorrendo, sob esse aspecto, um efeito dominó.

3.2. Da deficiente decisão de organização do IRDR n. 040/2016

Após a fase de admissibilidade do incidente, tendo sido o juízo positivo, deve ser instruído o feito. A instrução ser entendida como a fase preparatória para o julgamento, compreendendo-se a identificação dos possíveis interessados, o saneamento do feito e a instrução probatória, sendo, por óbvio, todas estas questões peculiares ao IRDR.

Para tanto, devem ser identificados todos os sujeitos processuais que possam de qualquer forma contribuírem para a formação da decisão. Deve ser possibilitado a todos eles que contribuam com o debate, com cognição vertical, afinal será fixada uma tese jurídica com poder vinculante.

Outrossim, após a admissão do incidente – mesmo que de forma equivocada, pois não se deu de forma colegiada – deveria ter sido conferida ampla divulgação e publicidade do incidente, com registros nos bancos de dados dos tribunais e do Conselho Nacional de Justiça, como determina o art. 979 do CPC. Todavia, o juiz relator determinou apenas a intimação do Ministério Público Estadual e das partes interessadas no incidente, assim entendidas a parte suscitante e uma das partes autoras de um dos processos originários (Joel Pinheiro dos Santos).

Nesse passo, primeiramente, deveriam ter sido os sujeitos processuais do incidente identificados. Não há no regramento do IRDR previsto no CPC rol exaustivo, mas há, pelo menos, diretrizes mínimas a serem seguidas quanto aos sujeitos que devem ser: a) os legitimados do art. 977 do CPC (o juiz ou o relator); b) o Ministério Público, cuja intervenção é obrigatória, nos termos do art. 976 do CPC; c) a oitiva das partes interessadas nos processos de origem; d) quaisquer outros interessados na demanda repetitiva objeto do incidente; e) os *amici curiae* do art. 138 do

CPC e f) a oitiva de quaisquer outras pessoas que possuam experiência e conhecimento na matéria, a teor do § 1º do art. 983, do CPC.

Todavia, como já gizado, foi determinada apenas a intimação do Ministério Público Estadual e da parte suscitante (comissão dos juízes da 3ª Turma Recursal – Região Norte) e de uma parte autora na causa-modelo (Joel Pinheiro dos Santos).

O Ministério Público Estadual encartou seu parecer às fls. 35/38 e levando em consideração apenas a sentença proferida na ação de Joel Pinheiro dos Santos, aduziu se tratar de matéria exclusivamente de natureza privada e que não havia interesse público na lide de origem, manifestando-se no sentido de não intervir no feito. Defendeu que, nos termos dos artigos 127, 129, 178, I a III, 976, III, todos do CPC, a manifestação do Ministério Público no IRDR seria prescindível, limitando-se a sua manifestação à análise do ingresso no feito.

Todavia, compartilha-se do entendimento de que mesmo se não fosse o caso de intervenção do Ministério Público por conta de matéria não prevista, caberia a ele zelar pelo devido processo legal no incidente, sendo obrigatória sua interveniência, até porque sua atuação é obrigatória em todo procedimento que possui capacidade de formar precedente: o interesse público é evidente. Aliás, dispõe taxativamente o parágrafo 2º do artigo 976 que não sendo o Ministério Público o suscitante do incidente, deveria ele intervir de forma obrigatória[45], não se entendendo dessa forma no caso.

---

[45] Nessa linha, obtempera Hermes Zaneti Jr.: "[...] a atuação efetiva como fiscal do ordenamento jurídico em todos os incidentes de resolução de demandas repetitivas e recursos especiais e extraordinários repetitivos, diante da relevância social das decisões que afetam processos individuais e coletivos que estejam tramitando (art. 985, I, CPC) e tenham ainda potencial de formar precedentes para os casos futuros (art. 985, II, CPC). O Ministério Público deve garantir o processo justo e velar pelos direitos fundamentais envolvidos, assim como pelo interesse social nesses processos. Por esta razão, o CPC previu a intervenção de forma expressa (art. 976, parágrafo 2º, e art.1.038, III, CPC).". A garantia da ordem jurídica é materializada com a atuação do Ministério Público, notadamente nos feitos em que há a possibilidade de formar precedentes normativos. Continua ainda: "A litigância serial que propõem as novas técnicas de julgamentos de litígios repetitivos completa o nosso modelo de processo coletivo, composto atualmente de duas espécies: os casos repetitivos e as ações coletivas. A atuação do Ministério Público em ambos é fundamental para a garantia dos direitos fundamentais, da ordem jurídica e dos interesses sociais, a que a instituição está vinculada a garantir." (ZANETI JR. *O ministério público e o novo processo civil*. 2018, p. 127).

CASEBOOK DE PROCESSO COLETIVO

Após devolução dos autos pelo Ministério Público, o relator determinou a inclusão do feito em pauta de julgamento, designando a secretaria o julgamento na sessão de 04 de novembro de 2016. Todavia, o próprio relator retirou o feito de pauta um dia antes da realização da sessão, uma vez que as partes interessadas (sob a sua ótica: a parte suscitante e a parte autora de uma ação subjacente) ainda não haviam sido intimadas.

De toda a sorte, o relator levou a questão da admissibilidade para julgamento pelo órgão colegiado, tendo sido admitido o IRDR, porém sem a previsão mínima e provisória das teses jurídicas a serem fixadas.

4. Do desencontro entre teoria e prática no IRDR n. 040/2016: a inadequada representatividade dos interesses e a ausência da participação democrática que impediram a pluralidade na formação da tese jurídica

Após a intimação das "partes" na imprensa oficial, dois advogados de partes aurroras em ação individual ajuizada contra a Samarco Mineração S/A, suscitando questão de ordem, pugnando-se pela nulidade da decisão que admitiu o incidente, uma vez que a redação do artigo 981 do CPC dispõe de forma expressa que a competência para admitir ou não o processamento do incidente é do órgão colegiado competente para julgar o mérito. E jamais do Relator em decisão monocrática.

Foi suscitado também que o disposto no artigo 43, inciso I, da Resolução nº 23/2016[46] não poderia ser aplicada de forma retroativa, pois ela fora editada posteriormente à decisão de admissão do incidente. Por se tratar a referida resolução de ato administrativo não poderia se sobrepor ao

---

[46] Neste ponto, parênteses: ao tempo do pedido de instauração de ofício do IRDR, como já alinhavado, vigia a Resolução de nº 54/2010 do TJES, que instituiu a Turma de Uniformização de Jurisprudência no âmbito dos Juizados Especiais do Estado do Espírito Santo e a Resolução nº 33/2013, também do TJES, que dispõe sobre o Regimento Interno do Colegiado Recursal (substituindo a Resolução 015/2009) e da Turma de Uniformização de Interpretação de Lei dos Juizados Especiais do Estado do Espírito Santo. Sobreveio em de 10 de novembro de 2016 – e portanto, após as decisões de "admissibilidade", foi editada pelo então Presidente do Tribunal de Justiça do Espírito Santo, Dr. Annibal de Rezende Lima, possuindo como intuitos principais (i) a inclusão no microssistema dos Juizados Especiais a competência para o processamento e julgamento do Incidente de Resolução de Demandas Repetitivas (IRDR), do Incidente de Assunção de Competência (IAC) e da Reclamação e (ii) a implementação das sessões virtuais de julgamento no âmbito das Turmas Recursais, Plenário do Colegiado Recursal e Turma de Uniformização de Interpretação de Lei.

Código de Processo Civil, sob pena de ofensa ao princípio da legalidade: se o CPC determina que a análise da admissibilidade seja feita pelo órgão colegiado, não existe possibilidade do juiz monocraticamente proceder a tal admissão. Além disso, sustentaram ser incabível a instauração do incidente, uma vez que a questão discutida não seria exclusivamente de direito, demandando dilação probatória, o que impossível na via eleita, devendo não ser admitido.

A questão foi objeto de decisão pelo Relator, que monocraticamente rejeitou a preliminar de nulidade da decisão de admissibilidade monocrática, fundamentando que foram obedecidas às disposições regimentais, em especial, o artigo 44, V da Resolução nº 23/2016, que atribui competência ao Presidente da Turma de Uniformização para decidir sobre a admissibilidade de "incidente de uniformização".

Outrossim, também mais uma vez se valeu do contido no texto legal para "fundamentar" o cabimento do incidente, aduzindo que estavam presentes os pressupostos de admissibilidade: (i) a efetiva repetição de processos que coloquem em risco a isonomia e a segurança jurídica, uma vez que "nos presentes autos, resta massivamente comprovada a ocorrência de enúmeras [sic] demandas, as quais resultaram julgamentos conflitantes"; (ii) a restrição do objeto do incidente a questão unicamente de direito, uma vez que esta nunca se desliga de um pressuposto fático, sendo fim colimado pelo próprio incidente a melhor forma de aplicação da norma ao caso concretoe (iii) a pendência de julgamento de causas repetitivas no tribunal competente.

Foram indeferidas todas as questões suscitadas na questão de ordem.

A Ordem dos Advogados do Brasil, Seccional do Estado do Espírito Santo, requereu a sua admissão no IRDR como *amicus curiae*, sustentando que de acordo com o disposto no artigo 138 do CPC, o que autoriza a intervenção como amigo da corte é a relevância da matéria tratada no processo judicial, a especificidade do tema ou a repercussão social da controvérsia e que todos os requisitos estavam presentes: (i) a relevante questão de direito que envolve a responsabilidade civil decorrente do rompimento de barragem da Samarco, (ii) a especificidade da ausência do conhecimento do real impacto dos danos ambientais e (iii) a inegável repercussão social do desastre.

O pedido da OAB/ES foi indeferido, entendendo o Relator que a matéria discutida no incidente não era de repercussão geral, não se

CASEBOOK DE PROCESSO COLETIVO

referindo a danos provocados ao meio ambiente, à agricultura, à pecuária ou a danos sociais, mas tão somente aos danos provocados pela falta de abastecimento de água nas cidades banhadas pelo Rio Doce durante "5 (cinco) ou 7 (sete) dias no mês de novembro de 2015".

A Associação de Moradores do Bairro Ayrton Senna e a Associação de Moradores do Bairro Colatina Velha também requereram sua intervenção como *amicus curiae*, nos termos do art. 983 c/c art. 138, ambos do CPC, já que o interesse na controvérsia e a representatividade adequadas estavam intimamente entrelaçados no IRDR; em outras palavras, que as associações eram a voz de cada morador do bairro afetado, em especial, daquele que ajuizou a demanda individual, que teve seu trâmite suspenso.

Ao final postularam (i) que fosse oficiada a Defensoria Pública e a Ordem dos Advogados do Brasil para que pudessem participar como amigo da corte; (ii) que fosse a deferida realização de sustentação oral na sessão de julgamento do feito e (iii) que fosse publicada em veículos de grande circulação da existência do IRDR, a fim de que a população de Colatina tomasse conhecimento de ação que afetava seus direitos fundamentais.

O pedido de intervenção feito pelas associações restou indeferido, conforme se vê da decisão encartada às fls. 418/420, sustentando o relator não estar pautada nos autos sua aptidão em contribuir à decisão, sendo desnecessária a intervenção pretendida, uma vez que a matéria em debate teria repercussão geral, não se referindo a danos ambientais ou a danos sociais, mas sim exclusivamente a danos provocados pela falta de abastecimento de água por conta do rompimento das barragens.

Em face da referida decisão, as Associações opuseram embargos de declaração, invocando que houve omissão por não terem sido enfrentados todos os fundamentos expostos no pedido de *amici curiae*, sendo clara a natureza coletiva do incidente, que formaria uma tese vinculante a ser aplicada a milhares de ações que estavam suspensas. Os embargos foram conhecidos, mas a eles negado provimento, fundamentando o Relator que não houve omissão, contradição ou obscuridade que autorizassem a concessão de efeitos modificativos ao julgado.

Também a Defensoria Pública do Estado do Espírito Santo requereu sua intervenção no feito como *amicus curiae*; todavia, não obteve sucesso, na forma como já decidido para os demais pretendentes. Opôs ela também embargos de declaração, com efeitos infringentes, sustentando ter a decisão que negou seu pedido de intervenção no feito incorrido em omissão, em especial por ter ignorado que a atuação da Defensoria foi além da esfera judicial, passando também a participar ativamente de forma extrajudicial, promovendo a articulação direta com a sociedade civil, educação social nas reuniões constantes ocorridas com a Samarco e a Fundação Renova, algumas comprovadas nos autos e o acesso público às informações, inclusive com a realização de audiências públicas.

Ainda nos embargos, sustentou que a decisão incorreu em contradição, pois ora dizia que sobre a questão discutida no incidente havia grande repercussão social, ora que não; e obscuridade, pois ao entender que não havia repercussão geral e que a origem do dano era ambiental, podendo atingir tanto o patrimônio individual quanto o coletivo. Decisão do relator às fls. 491/496, conhecendo dos embargos, mas a eles negando provimento.

Após a manifestação das "partes interessadas", lembrando que eram aquelas figuravam em um dos processos originários representativos da controvérsia (Joel Pinheiro dos Santos, olvidando-se das demais partes autoras que constavam das sentenças "representativas da controvérsia" e Samarco Mineração S/A), o relator determinou a inclusão do feito para julgamento, designando-se a data de 25 de novembro de 2016.

Aberta a sessão, o patrono das Associações de Moradores requereu o uso da palavra e pugnou para que fosse analisada a admissibilidade do IRDR pelo Colegiado, o que restou deferido, levando-se a matéria à votação, declarando o Relator que o intuito era o de se evitar qualquer "tipo de recurso arguindo possível nulidade", considerando o advento do Regimento de nº 23/2016.

O relator, em seu voto, considerou admissível o incidente, colocando que a questão debatida nos autos se referia tão somente à falta de abastecimento de água potável, ocorrida pelo rompimento das barragens, nos municípios banhados pelo Rio Doce, compreendendo não estar açambarcada matéria relativa a "danos ambientais, mortandade de animais e peixes, bem como danos à agricultura" e que houve demonstração de contradição de julgados, pois "julgadores monocráticos entendiam pela improcedência dos pedidos e outros pela procedência, porém com valores destoantes onde arbitrados danos morais (...) para fatos da mesma natureza ou seja, indenização individual do consumidor pela falta d'água". Outros 08 (oito) juízes que compunham o Colegiado Recursal acompanharam o voto do Relator e outros 02 (dois), divergiram quanto à admissibilidade do incidente. No entanto, por maioria, admitiu-se à

CASEBOOK DE PROCESSO COLETIVO

unanimidade o processamento do incidente, ratificando-se a admissibilidade e retificando-se a decisão monocrática outrora proferida.

Após ser ultrapassado o juízo preliminar, o relator pediu o adiamento do julgamento de mérito, considerando que o fato teve enorme repercussão, ficando adiado o julgamento para a próxima sessão.

Em verdade, esta sessão não seria a próxima e só viria a ocorrer meses depois, em 10 de março de 2017. A decisão de mérito foi a seguinte: por maioria de votos, restou reconhecida a responsabilidade civil da Samarco Mineração S/A., devendo responder de forma objetiva pelos danos causados pela falta de abastecimento de água potável; a responsabilidade é objetiva, podendo as ações serem ajuizadas individualmente, por efeito ricochete e considerando que a responsabilidade por danos morais é objetiva, restou fixado o valor de R$ 1.000,00 (um mil reais) a este título.

O acórdão foi objeto de embargos de declaração, por meio do qual um dos advogados que havia suscitado questão de ordem, pugnou pela nulidade do julgado, uma vez que não restou apreciado o pedido de intervenção como interessado de que trata o artigo 983 do CPC. Além de não ter sido apreciado, a nulidade não foi suprida, pelo menos com a adoção de atos materiais que permitissem o pleno conhecimento e atuação do embargante: ele não foi intimado de qualquer decisão sobre o pedido; não foi intimado para a sessão de julgamento que ocorreu em 10/03/2017, tomando conhecimento da decisão via matéria jornalística. Por conta dessa omissão, ficou o embargante excluído do feito, não podendo ter comparecido à sessão nem feito sustentação oral, em violação do contraditório e da ampla defesa.

A parte interessada Joel Pinheiro dos Santos também opôs embargos de declaração, suscitando que a questão da incompetência absoluta do Colegiado Recursal não foi levada ao conhecimento e julgamento do órgão colegiado; a ocorrência de vícios no julgado, como a omissão do relator em informar quais foram os meios que obteve, qual a fonte de informação, instruindo os autos com documento comprobatório, acerca da quantidade de dias em que o serviço de abastecimento de água foi interrompido; a omissão na fundamentação de identificar e demonstrar em concreto nos precedentes citados no julgado como determinantes para a formação de seu convencimento que o caso a ele se ajustam; a obscuridade acerca da tese jurídica fixada no tocante ao valor da indenização, se foi fixado dano moral apenas pelo corte de água ou também se o valor englobou todos os infortúnios, problemas e sofrimentos decorrentes do desabastecimento, como filas, rixas, falta de água potável, medo, insegurança etc e ainda a obscuridade em não deixar claro se a Sanear (companhia de abastecimento de água) é responsável solidária junto com a Samarco Mineração S/A.

Os autos foram conclusos para o relator; todavia, no interregno da conclusão, o juízo foi oficiado acerca de decisão proferida em sede de pedido de providências instaurado junto ao CNJ.

O processo ficou suspenso por anos e o julgamento só foi retomado em Em 23 de março de 2017, portanto, posteriormente ao julgamento do incidente pelo Colegiado Recursal, umas das partes que havia ajuizado ação individual, qual seja Hypolita Hellen Rodrigues de Souza, processo tombado sob o nº 0018051-96.2015.8.08.0014, junto ao 2º Juizado Especial Cível de Colatina, ingressou com pedido de providências junto ao Conselho Nacional de Justiça – CNJ.

O pedido de providências foi tombado sob o n 0002624-56.2017.02.00.0000 e distribuído ao Conselheiro Henrique Ávila, por substituição regimental, que em 19 de abril de 2017, deferiu liminar, determinando a suspensão da eficácia da Resolução nº 23/2016 do Tribunal de Justiça do Espírito Santo, tão somente no que se refere ao regramento de IRDR, IAC e Reclamação, até julgamento definitivo do mérito do PP. Na mesma decisão, determinou a suspensão de todos os procedimentos de IRDR, IAC e Reclamações ainda não julgados até julgamento final do pedido de providências, ressalvando que a liminar em nada afetaria os incidentes já julgados, assim como as ações individuais que cuidam ou cuidaram do tema, pois não competiria ao CNJ a ingerência sobre atos jurisdicionais, senão apenas sobre atos administrativos.

O IRDR nº 040/2016 voltou a tramitar normalmente após ter sido revogada a liminar no pedido de providências do CNJ.

A primeira providência do relator foi incluir o feito em pauta, a fim de que o órgão colegiado se manifestasse sobre os embargos de declaração opostos.

Em 25 de novembro de 2018, foi realizada sessão de julgamento, sendo que à unanimidade, foram conhecidos os embargos de declaração, mas a ele negado provimento. Registre-se que foi julgado apenas os embargos de declaração de Joel Pinheiro dos Santos. A intimação acerca do acórdão foi publicada no DJe.

CASEBOOK DE PROCESSO COLETIVO

O acórdão foi novamente embargado de declaração, suscitando a outra parte que havia opostos embargos de declaração em face do acórdão primitivo, que seu recurso foi ignorado, pugnando pelo julgamento de seus embargos.

Em 17 de maio de 2019, foram julgados os embargos de declaração e à unanimidade, foram conhecidos, mas a eles negado provimento, mantendo-se incólume o acórdão proferido em sessão de 10 de março de 2017.

O acórdão que julgou os embargos de declaração foi publicado no DJe de 21 de maio de 2019 e não houve contra ele interposição de recurso, *transitado em julgado em 12/06/2019,* sendo arquivados os autos do incidente em 17 de junho de 2019.

Conclusões

Ao se fazer o confronto da teoria com a prática, é inegável que o IRDR nº 040/2016 pecou.

Não houve ambiente público para debate. Não houve a publicidade necessária para que a sociedade e todos os interessados pudessem comparecer e contribuir para a formação da decisão. Sequer houve divulgação da existência do incidente, nos termos do art. 979 do CPC e muito menos os debates públicos, sendo todos os pedidos de ingresso de amigos da Corte indeferidos, cingindo-se a questão apenas às partes dos processos-modelos.

Ora, figurando o IRDR um mecanismo de coletivização da decisão de questão de direito e de que pelo modo que está insculpido no código, feriu o IRDR nº 40/2016 o devido processo legal.

A simples exclusão desses terceiros do procedimento tende a maculá--lo de evidente inconstitucionalidade, por violação flagrante ao devido processo legal e ao contraditório, uma vez que a decisão ali firmada sobre a questão de direito será aplicável imediatamente aos seus processos.

Assim, a situação que dá legitimidade daquele que exercerá o contraditório em juízo não coincide integralmente com a situação deduzida, uma vez que a legitimação ordinária atinge apenas e tão somente a situação jurídica de que ele é titular. É indubitável que se trata de hipótese de legitimação extraordinária, em relação aos direitos dos terceiros afetados, e de legitimação ordinária em relação ao seu próprio direito.

A solução inicial para o caso parece ser aquela dada no direito norte--americano ao processo coletivo. Lembre-se que lá a coisa julgada se opera *erga omnes*, de modo que só é possível a extensão de sua indiscutibilidade aos terceiros em razão da adequada representação de seus interesses em juízo.

Nesse sentido, a clássica ideia de que a parte deve ter seu dia na corte foi substituída pela noção de que seu interesse é que deve ser representado. Como é evidente, não é uma representação qualquer que satisfaz as exigências do devido processo legal, mas somente uma representação adequada. É preciso que o representante seja capaz de defender os interesses do grupo de forma completa e imparcial, demonstrando vigor na condução do feito. O representante adequado deve ser um membro da classe, o que no IRDR sempre ocorrerá, na medida em que será pinçado um processo sobre a questão para nele se instaurar o incidente que detenha condições técnicas, econômicas e jurídicas para levar adiante a defesa dos interesses de toda a classe.

Assim, alguns aspectos devem ser observados na seleção do caso piloto que pautará o julgamento do incidente. Essa escolha é absolutamente importante para o respeito ao devido processo legal. E para tanto, seria necessária a participação efetiva de todos os interessados.

A discussão travada nos autos escolhidos dentre os demais deve ser ampla, no sentido de que os argumentos relevantes devem ter sido deduzidos. Não parece adequado selecionar caso nos quais argumentos importantes foram deixados de lado ou já estão superados pela preclusão.

Além disso, não basta olhar objetivamente para o processo selecionado, mas também é necessário analisar a qualidade das partes. O representante coletivo deve ser um membro que não tenha interesse manifestamente conflitante com os demais. A esse respeito, é importante considerar a existência de litígios coletivos de difusão irradiada nos quais a lesão debatida também atinge diversas pessoas ou segmentos sociais, as quais não compõem uma comunidade homogênea. Em casos tais, é preciso ter cuidado para não privilegiar determinado interesse de certos membros que não são compartilhados pela integralidade, ou ao menos pela maioria, dos terceiros afetados.

Além de atenção para o demandante, é preciso também que seu advogado tenha capacidade técnica para levar a representação de toda classe adiante.

A princípio, satisfeitos esses requisitos, haverá uma representação adequada dos interesses da classe, de modo que se justifica a extensão

CASEBOOK DE PROCESSO COLETIVO

da imutabilidade da decisão àqueles que postulam demandas idênticas perante o Poder Judiciário.

Ao lado do representante adequado, não há dúvidas de que o MP e a Defensoria devem tomar postura ativa no exercício do contraditório, sempre de modo a proteger os interesses que lhes são constitucionalmente confiados, quais sejam, a defesa da ordem jurídica, do regime democrático e dos interesses sociais e individuais indisponíveis, no caso do MP e a proteção dos necessitados, no caso da DF.

Há possibilidade de intervenção de *amici curiae*: a idoneidade exigida para a sua intervenção no incidente está relacionada a sua expertise sobre o tema debatido. Com efeito, a participação de *amici curiae* pode ser um mecanismo apto a ampliar o contraditório, melhorando qualitativamente a decisão a ser tomada.

Nada disso foi observado, o que macula o IRDR nº 40/2016 de evidente inconstitucionalidade por violar o devido processo legal.

Referências

ACIDENTE em Mariana é o maior da História com barragem de rejeitos de mineração. *O Globo*, 2015. Disponível em: <https://oglobo.globo.com/brasil/acidente-em--mariana-o-maior-da-historia-com-barragens-de-rejeitos-18067899>. Acesso em: 20 abr.2020.

DESASTRE ambiental de Mariana. *G1*, 2019. Disponível em: <http://g1.globo.com/minas-gerais/desastre-ambiental-em-mariana/>. Acesso em: 16 abr.2020.

DIDIER JR., Fredie. *Curso de direito processual civil*. v. 1, 17. ed., Salvador: Juspodivm, 2015.

DIDIER JR., Fredie e CUNHA, Leonardo Carneiro da. *Curso de direito processual civil: meios de impugnação às decisões judiciais e processo nos tribunais*, v. 3, 15. ed. reform., Salvador: JusPodivm, 2018.

DIDIER JR; TEMER A decisão de organização do incidente de resolução de demandas repetitivas. In: DIDIER JR.; CUNHA, *Julgamento de casos repetitivos*, 2017.

DIDIER JR., Fredie e ZANETI JR., Hermes. *Curso de direito processual civil: processo coletivo*, v. 4, 12. ed., Salvador: JusPodivm, 2018.

BARBOSA MOREIRA, José Carlos. Questões prejudiciais e questões preliminares. *Direito processual civil – ensaios e pareceres*. Rio de Janeiro: Borsoi, 1971, p. 74-75.

BRASIL. Agência Nacional de Águas (ANA). *Encarte especial sobre a Bacia do Rio Doce. Rompimento da barragem em Mariana/MG*. Disponível em: <http://arquivos.ana.gov.br/RioDoce/EncarteRioDoce_22_03_2016v2.pdf>. Acesso em: 20 abr.2020.

BRASIL, Ministério da Ciência e da Tecnologia. Instituto de Pesquisas Espaciais (INPE). *Desastres Naturais: conceitos básicos.* Disponível em: <http://www3.inpe.br/crs/crectealc/pdf/silvia_saito.pdf>. Acesso em 20 abr.2020.

BRASIL. Ministério da Justiça. *Diagnóstico do Poder Judiciário.* Disponível em: <https://www.migalhas.com.br/arquivo_artigo/diagnostico_web.pdf>. Acesso em: 26 abr.2020.

BRASIL. Superior Tribunal de Justiça. AREsp nº 1.470.017/SP, Julgado em 15/10/2019, Disponibilizado no DJe de 18/10/2019. Disponível em: <https://ww2.stj.jus.br/processo/pesquisa/?tipoPesquisa=tipoPesquisaNumeroRegistro&termo=201900760156&totalRegistrosPorPagina=40&aplicacao=processos.ea>. Acesso em: 20 abr.2020.

BRASIL. Superior Tribunal de Justiça. QO no REsp nº 1.063.343/RS, Julgado em 17/12/2008, Publicado no DJe de 04/06/2009. Disponível em: < https://ww2.stj.jus.br/processo/revista/documento/mediado/?componente=ITA&sequencial=845190&num_registro=200801289049&data=20090604&formato=PDF>. Acesso em 25 abr.20.

CARVALHO, Delton Winter de. *Desastres ambientais e sua regulação jurídica.* Deveres de prevenção, resposta e compensação ambiental. São Paulo: RT, 2015, parte I.

DESASTRE ambiental de Mariana. *G1,* 2019. Disponível em: <http://g1.globo.com/minas-gerais/desastre-ambiental-em-mariana/>. Acesso em: 16 abr.2020.

ESPÍRITO SANTO. Turma de Uniformização de Interpretação de Lei dos Juizados Especiais. Incidente de Resolução de Demandas Repetitivas nº 040/2016. Processo com autos físicos.

MACHADO, Daniel Carneiro. *A (in)compatibilidade do incidente de resolução de demandas repetitivas com o modelo constitucional de processo.* Rio de Janeiro: Lumen Juris, 2017.

MARINONI, Luiz Guilherme. *Incidente de resolução de demandas repetitivas: decisão de questão idêntica vs precedente,* 1 ed. ebook baseada em 1 ed. impressa. Revista dos Tribunais, 2016. Disponível em: <https://proview.thomsonreuters.com/title.html?redirect=true&titleKey=rt%2Fmonografias%2F115238527%2Fv1.3&titleStage=F&titleAcct=ia744a597000001716092ef7103166baf#sl=0&eid=2c86ca4252f8a7fb1c809a1dae5310d9&eat=a-115721382&pg=&psl=e&nvgS=false>. Acesso em 21 abr.2020.

MEIRELES, Edilton. Do incidente de resolução de demandas repetitivas no processo civil brasileiro. In: DIDIER JR., Fredie; CUNHA, Leonardo Carneiro da (Coords). *Julgamento de casos repetitivos.* Salvador: Editora Juspodivm, 2017, p. 67.

MENDES, Aluisio Gonçalves de Castro e TEMER, Sofia. O incidente de resolução de demandas repetitivas no novo cpc, *Revista de Processo,* vol. 243/2015, p. 283-331, Mai/2015

NERY JR., Nelson; NERY, Rosa Maria de Andrade. *Comentários ao código de processo civil.* São Paulo: RT, 2015, p. 1968.

PEREIRA, Carlos Frederico Bastos. Fundamentação das decisões judiciais, consequências práticas e o art. 20 da LINDB. *Revista dos Tribunais*, vol. 1009/2019, p. 99– 20, Nov /2019, DTR\2019\41127

RICHTER, Bianca Mendes Pereira. Incidente de resolução de demandas repetitivas e o papel dos Juizados Especiais Cíveis no caso do acidente Mariana-Samarco. In: YARSHELL, Flávio Luiz. *Revista Brasileira da Advocacia*. São Paulo: Revista dos Tribunais, Ano 2, vol. 6, jul-set. 2017, p. 143-167.

TEMER, Sofia. *Incidente de resolução de demandas repetitivas*, 2. ed., rev., atual. e ampl., Salvador:JusPodivm, 2017

VITORELLI, Edilson. De quem é o meio ambiente? Parâmetros para um modelo de tutela jurisdicional adequada à luz da teoria dos litígios coletivos. *Revista de Processo Comparado*, vol. 8/2018, p.251-297, Jul-Dez/2018, DTR\2018\22730

__. *O Devido Processo Legal Coletivo*. Dos Direitos aos Litígios Coletivos. São Paulo: RT, 2016.

ZANETI JR. *et al.* Ações individuais no caso Rio Doce: interrupção da prescrição, suspensão da prescrição e comportamento contraditório dos litigantes no processo de autocomposição. *Revista de Processo*, v. 298/2019, p. 193- 217, Dez/2019, DTR\2019\42323.

ZANETI JR., Hermes. *O ministério público e o novo processo civil*. Salvador: JusPodivm, 2018.

__. *O valor vinculante dos precedentes: teoria dos precedentes normativos formalmente vinculantes*, 3.ed. revista ampliada e atualizada, Salvador: JusPodivm, 2017.

III

O PROCESSO COLETIVO
NA TUTELA DO PATRIMÔNIO PÚBLICO

9. O *Grand Prix* de Fórmula Indy: técnicas judiciais e extrajudiciais de tutela coletiva do patrimônio público em caráter preventivo

Cláudio João Medeiros Miyagawa Freire[1]

Introdução

A atuação extraprocessual do Ministério Público tem sido objeto de questionamento em tempo nos quais se indaga acerca da efetividade da tutela jurisdicional dos direitos transindividuais. Nesse cenário, a abordagem da tutela coletiva a partir da perspectiva de um caso concreto pode lançar luzes acerca da preferência ou não da tutela preventiva dos interesses mais caros para a sociedade.

Deveras, pretende-se responder se a tutela preventiva do patrimônio público promovida pelo Ministério Público deve ser a via prioritária e mais eficiente. Para tanto, escolhemos um caso concreto no qual houve tanto a atuação preventiva como a repressiva por parte do *Parquet*.

A questão em análise diz respeito se a prevenção, consubstancia na ideia de se evitar acontecimentos futuros e indesejados, mostra-se mais adequada na perspectiva de tutela de direitos por parte do Ministério Público, tendo em vista seu perfil constitucional de defensor da ordem jurídica, do regime democrático e dos interesses sociais e individuais indisponíveis, principalmente o patrimônio público e social.

---

[1] Promotor de Justiça do Ministério Público do Distrito Federal e Territórios, lotado no Grupo de Atuação Especial de Combate ao Crime Organizado – GAECO. Mestrando em Direito pela Universidade Católica de Brasília – UCB. Pós-graduado pela Fundação Escola Superior do Ministério Público do Distrito Federal e Territórios.

CASEBOOK DE PROCESSO COLETIVO

Nesse diapasão, elegemos como caso paradigmático o evento Fórmula Indy no Distrito Federal no ano de 2015, quando o Ministério Público atuou por diversas frentes para tutelar o patrimônio público enquanto esse ente federado enfrentava grave crise financeira, uma vez que se detectou que os gestores pretendiam despender grande quantidade de recursos públicos em procedimentos maculados por diversas irregularidades.

Pretende-se, assim, refletir a partir dos contornos desse caso concreto se a proteção preventiva do patrimônio público, ao invés de simplesmente atuar coercitivamente, é mais resolutivo e eficiente para remediar as consequências danosas do que tão somente buscar a punição dos responsáveis.

1. Os direitos coletivos e a importância do estudo de caso

Tradicionalmente, os pesquisadores do saber jurídico brasileiro se valem de conhecimentos teóricos abstratos para analisar, refletir e criticar determinados institutos. Isso se deve principalmente à nossa matriz *civil law*, ao contrário do sistema da *common law*[2], que se utiliza dos casos concretos para compreender seu programa normativo.

Dentro dessa proposta, o estudo de caso se mostra profícuo, notadamente porque o processo coletivo é dito como fruto da tradição do

---

[2] Nas lições de Maciel e Aguiar, o *"common law* é um direito jurisprudência, elaborado pelos juízes reais e mantido graças à autoridade reconhecida aos precedentes judiciários. Com exceção do período de sua formação, a lei não desempenha qualquer papel na evolução desse sistema jurídico. É, portanto, muito diferente do sentido da expressão *ius commune* (direito comum), utilizada nos outros principais países da Europa, localizados no continente, para designar, especialmente a partir do século XVI, o direito erudito, elaborado com base no direito romano e servindo de subsídio às leis e costumes de cada país. *Common law*, portanto, é o nome que se dá ao sistema jurídico elaborado na Inglaterra a partir do século XII, embasado nas decisões das jurisdições reais. Inicialmente chamado de *comune ley* pelos normandos, que na época dominavam aquele país, passou a ser utilizado no século XIII para designar o direito comum da Inglaterra, o direito que valia para todo o Reino, em oposição aos costumes locais, próprios de cada região do país. Por ser um direito judiciário, sofreu pouca influência do direito romano, já que era adotado como direito supletivo, preenchendo as lacunas legislativas dos sistemas europeus da época. Como o *common law* não era baseado em leis, ficou praticamente impossível a utilização do direito romano na sua complementação".(MACIEL, José Fabio Rodrigues; AGUIAR, Renan. *História do Direito*. 4. ed. São Paulo: Editora Saraiva, 2010, p. 124.).

commom law[3], e, mais especificamente, por intermédio da denominada ação de classe (*class action*). No Brasil, o estudo do processo coletivo se deu a partir da difusão da obra teórica "Acesso à Justiça", de autoria de Bryant Garth e Mauro Cappelletti[4], quando se passou a tratar das 3 (três) ondas renovatórias de acesso à Justiça.

Nessa obra, sustentou-se que a única maneira de o processo realmente ser tornar um instrumento a serviço da Justiça seria passar por três grandes transformações, sob pena de continuar sendo uma fórmula vazia. Sobre as ondas renovatórios, tem-se que o processo deveria prover tutela aos necessitados (assistência judiciária); o processo deveria ser capaz de tutelar os interesses supraindividuais (metaindividuais ou transindividuais), sobretudo em virtude da indeterminabilidade dos seus titulares (processo coletivo); o processo deveria ser eficaz, porquanto dever ser idôneo para alcançar resultados efetivos e satisfatórios (princípio efetividade).

Tecidas essas considerações iniciais, afigura-se relevante a análise do estudo de caso sob a perspectiva da tutela preventiva dos direitos coletivos[5]. Primeiramente, porque o processo coletivo é concebido como um dos

---

[3] "A doutrina aponta a origem das ações coletivas na Inglaterra medieval do século XII, onde é possível identificar alguns grupos sociais litigando em conjunto por meio da representação de seus líderes. As ações coletivas medievais tinham como características a defesa em juízo do direito de membros de uma comunidade, que compartilhavam entre si tal direito, o que pode ser apontado como a origem das ações coletivas modernas que têm como base a tutela de direitos difusos e coletivos. Já no século XVII os tribunais de equidade (*courts of equity ou courts of chancery*), ao perceberem os inconvenientes de exigir a presença de todos os interessados no processo – até mesmo os de fato – para que a decisão pudesse atingir a todos (*compulsory joinder* rule *ou necessary parties rule*), criaram o *bill of peace*, de forma a permitirem ações representativas (*representative actions*), que podem ser consideradas a origem remota da *class action* norte-americana, ação coletiva voltada à tutela de direitos individuais homogêneos". (NEVES, Daniel Amorim Assumpção. *Manual de Processo Coletivo*. São Paulo: Editora Método, 2013, p. 36.).

[4] CAPPELLETTI, Mauro; GARTH, Bryant. *Acesso à Justiça*. Trad. Ellen Gracie Nortfleet. Porto Alegre: Sérgio Antônio Fabris, 1988.

[5] Especificamente sobre a tutela coletiva, cumpre trazer à baila síntese histórica desse instrumento moderno da jurisdição feita por Teori Albino Zavaski: "Aponta-se a experiência inglesa, no sistema da *common law*, como origem dos instrumentos do processo coletivo e, mais especificamente, da tutela coletiva. Desde o século XVII, os tribunais de eqüidade (*Courts of Chancery*) admitiam, no direito inglês, o *bill of peace*, um modelo de demanda que rompia com o princípio segundo o qual todos os sujeitos interessados devem, necessariamente, participar do processo, com o que se passou a permitir, já então, que representantes

CASEBOOK DE PROCESSO COLETIVO

instrumentos fundamentais para a efetivação do direito fundamental de acesso à Justiça. Em segundo, porque o prisma da efetividade estabelece que os direitos tutelados devem ser adequadamente protegidos, sendo a tutela preventiva prioritária, pois objetiva que o próprio direito/interesse não seja lesionado, deixando-se a tutela ressarcitória ou reparatória em segundo plano.

Assim, o estudo do caso adiante apresentado pretende analisar os institutos afetos à tutela preventiva, no caso, a proteção do patrimônio público e social, quando serão abordados os institutos jurídicos aplicáveis à hipótese dentro do contexto do caso concreto. A importância do estudo da tutela preventiva do patrimônio público é salutar, notadamente porque a corrupção e a gestão ímproba do erário trazem graves consequências para a sociedade, seja sob a perspectiva de violação dos direitos fundamentais que dependem de recursos público, seja o desenvolvimento sustentável

de determinados grupos de indivíduos atuassem, em nome próprio, demandando por interesses dos representados ou, também, sendo demandados por conta dos mesmos interesses. Assim nasceu, segundo a maioria dos doutrinadores, a ação de classe (*class action*). [...] da antiga experiência das cortes inglesas se originou a moderna ação de classe (*class action*), aperfeiçoada e difundida no sistema norte-americano, especialmente a partir de 1938, com a *Rule 23* das *Federal Rules of Civil Procedure*, e da sua reforma, em 1966, que transformaram esse importante método de tutela coletiva em "algo único e absolutamente novo" (Vigoriti Vincenzo. *Interessi collettivi*, p. 264) em relação aos seus antecedentes históricos. Assim, segundo a referida norma, admite-se que um ou mais membros de uma classe promovam ação em defesa dos interesses de todos os seus membros, desde que (a) seja inviável, na prática, os litisconsórcio ativo dos interessados, (b) estejamem debate questões de fato ou de direito comuns a todo classe, (c) as pretensões e as defesas sejam tipicamente de classe e (d) os demandantes estejam em condições de defender eficazmente os interesses comuns. [...] Nos países da *civil law*, a preocupação de aperfeiçoar os sistemas processuais tradicionais, no intuito de dotá-los de mecanismos adequados a promover a tutela de direitos coletivos, bem como a tutela de direitos individuais atingidos ou ameaçados por atos lesivos de grande escala, se fez notar, de modo bem acentuado, a partir dos anos 70 do século XX. O fenômeno se deveu especialmente à tomada de consciência, pelos meios sociais mais esclarecidos, de ser inadiável a operacionalização de medidas destinadas (a) a preservar o meio ambiente, fortemente agredido pelo aumento cada vez maior do número de agentes poluidores, e (b) a proteger os indivíduos na sua condição de consumidores atingidos, com acentuada intensidade, pelas consequências negativas de uma economia de mercado cegamente voltada para o lucro, num ambiente caracterizado por renitentes crises inflacionárias. (ZAVASCKI, Teori Albino. *Processo coletivo*: tutela de direitos coletivos e tutela coletiva de direitos. 3. ed. São Paulo: Revista dos Tribunais, 2008, p. 25-30).

da economia, que agrava a problema e aumenta os custos dos negócios, conforme as lições de Stephen Holmes e Cass R. Sustein na obra "O Custo dos Direitos: porque a liberdade depende dos impostos"[6].

2. Resumo do Caso

O presente estudo é fruto da análise das providências extrajudiciais e judiciais adotados pelo Ministério Público do Distrito Federal e Territórios – MPDFT, no ano de 2015, envolvendo diversos procedimentos administrativos instaurados no âmbito da Administração Público do Distrito Federal para realizar o evento Fórmula Indy na capital da República, no período em que este ente federado encontrava em acentuada crise financeira[7].

---

[6] O pensamento dos autores mencionados pode ser extraído desse trecho: "O direito dos norte-americanos não são nem dons de Deus nem frutos da natureza; não se garantem por si mesmos e não podem ser protegidos de modo confiável por um Estado insolvente ou incapaz; não constituem necessariamente um estímulo ao egoísmo irresponsável; não implicam que os indivíduos sejam capazes de assegurar sua liberdade pessoal sem a cooperação da sociedade; e não são pretensões inegociáveis. Uma abordagem mais adequada dos direitos parte de uma premissa surpreendentemente simples: toda liberdade privada tem um custo público". (HOLMES, Stephen; SUNSTEIN, Cass R. *O Custo dos Direitos*: porque liberdade depende dos impostos. Trad. Marcelo Brandão Cipolla. São Paulo: Editora WMF Martins Fontes Ltda., 2019, p. 187.).

[7] Em relação ao caos orçamentário causado pelos antigos gestores públicos do Distrito Federal, trazemos notícia veiculada no site do MPDFT: "No encerramento do exercício de 2013, a disponibilidade financeira nas fontes de recursos não vinculados indicava déficit de R$ 346,2 milhões. O resultado primário do exercício atingiu R$ 1,2 bilhão negativo. "Tais fatos, por si só, já exigiriam do então governador e das secretarias uma rigorosa ação de planejamento, monitoramento e controle prévio e concomitante da execução orçamentária e financeira dos recursos do DF no exercício de 2014, de forma a compatibilizar as obrigações assumidas aos recursos efetivamente disponíveis e a evitar a repetição dos resultados negativos registrados. No entanto, o que se constatou foi que a situação, já ruim, restou agravada", afirmam os promotores de Justiça. A partir de outubro de 2014, foram editados vários decretos com regras para o controle da execução orçamentária e financeira dos órgãos e entidades do DF no encerramento daquele exercício. As normas estabeleceram procedimentos, prazos e regras voltadas à vedação para emissão de notas de empenho; restrições para abertura de créditos orçamentários; contingenciamento de saldos de disponibilidades orçamentárias e financeiras; limitações para empenhos de despesas com pessoal; autorização para remanejamento de saldos de disponibilidades financeiras entre fontes de recursos, inclusive de contrapartida de recursos vinculados; cancelamentos de saldos de empenho e restrições para inscrições de saldos de empenho em restos a pagar. Para o Ministério Público, as tentativas tardias de conferir equilíbrio às contas públicas do DF nos últimos meses

CASEBOOK DE PROCESSO COLETIVO

Assim, cumpre trazer um resumo do caso concreto em análise para, em seguida, contextualizá-lo com os institutos jurídicos de tutela coletiva, uma vez que os tais instrumentos de proteção dos interesses em apreço serão discutidos no item 4, principalmente porque o objetivo desse tópico é apenas compreender o perfil do caso.

2.1. O início das tratativas para a realização do evento Fórmula Indy

No mês de junho de 2013, a empresa pública TERRACAP (Companha Imobiliária de Brasília[8]) assinou contrato com a empresa Apex Circuit Design Ltda., no valor de € 305.000,00 (trezentos e cinco mil euros) – aproximadamente de R$ 1.200.000,00 (um milhão e duzentos mil reais à época) – para a elaboração de estudos técnicos e de viabilidade para

---

do exercício de 2014, especialmente por meio dos inúmeros normativos publicados, não surtiram todos os efeitos desejados. O final do mandato de Agnelo Queiroz foi marcado de expressivo volume de despesas que deixaram de ser inscritas em restos a pagar. "Esses atos camuflaram a real situação financeira do Distrito Federal, deixando de inscrever despesas que restaram fraudulentamente canceladas ou suspensas nos restos a pagar. ". Relatório do Tribunal de Contas do Distrito Federal (TCDF), de 27 de julho de 2015, identificou o montante de R$ 21,2 bilhões, correspondente ao total de despesas empenhadas no exercício de 2014 – que não foram inscritas em restos a pagar. "Os montantes detectados sugerem inobservância de normas legais e deliberações do TCDF; realização de despesas sem prévio empenho; oneração do orçamento público do exercício subsequente, com possível prejuízo ao equilíbrio fiscal; distorção nos registros e demonstrações contábeis e fiscais; impacto no cumprimento de limites legais de despesas com pessoal, educação e saúde; endividamento – e comprometimento da transparência dos gastos públicos", sustentam os promotores de Justiça.Na ação de improbidade, o Ministério Público pede a perda da função pública de cada um deles, suspensão dos direitos políticos por cinco anos, pagamento de multa civil, no mínimo, de 50 vezes ao valor da remuneração percebida e, ainda, a proibição de contratar com o poder público ou receber benefícios fiscais e creditícios por três, além dos pagamento das custas judiciais". (Disponível em: http://www.mpdft.mp.br/portal/ index. php/comunicacao-menu/sala-de- imprensa/noticias/noticias-2019/10961-pedalada- fiscal- -ex-governador-vira-reu-por-crimes-contra- as-financas-publicas. Acesso em: 23.11.2019).
[8] Sobre a referida empresa pública, segue explicação extraída do site oficial: "A Companhia Imobiliária de Brasília (Terracap), criada pela Lei nº. 5.861, de 12 de dezembro de 1972, empresa pública do Governo do Distrito Federal que tem por objetivo a execução, mediante remuneração, das atividades imobiliárias de interesse do Distrito Federal, compreendendo a utilização, aquisição, administração, disposição, incorporação, oneração ou alienação de bens." (Disponível em: https://www.terracap.df.gov.br/ index.php/conheca-a-terracaphttps:/ /www.terracap.df.gov.br/index.php/ conheca-a-terracap. Acesso: 14.11/2019).

a reforma e a adequação do Autódromo Internacional Nelson Piquet às normas internacionais de segurança para eventos automobilísticos.

Na sequência, no mês de março de 2014, o então Governador do Distrito Federal assinou **"Termo de Compromisso"** com a empresa televisão para Brasília sediar o evento de Fórmula Indy, a ser realizado em março de 2015. No termo assinado consta que o Distrito Federal se compromete a **"envidar esforços"** administrativos e legais no sentido de viabilizar a retribuição da emissora televisão, pela quantia de **U$ 15.898.369,00 (quinze milhões, oitocentos e noventa e oito mil, trezentos e sessenta e nove euros)**, correspondente, à época, ao valor de R$ 37.233.980,20 (trinta e sete milhões, duzentos e trinta e três mil, duzentos e oitenta reais e vinte centavos), sendo que tal quantia se refere à edição do ano de **2015** do evento em testilha e deveria ser paga em seis parcelas. Cumpre registrar que, no que tange aos anos de 2016, 2017, 2018 e 2019, a emissora teria direito a outras contribuições, salvo se acordado pelas "partes", de forma diversa e por escrito.

Dando cumprimento aos termos do referido "termo de compromisso" firmado pelo então Governador do Distrito Federal, no mês de setembro de 2014, firmou-se o Contrato nº 63/2014, no valor histórico de R$ 37.233.980,20 (trinta e sete milhões e duzentos e trinta e três mil, novecentos e oitenta reais e vinte centavos), equivalente à época a U$ 15.898.369,00 (quinze milhões, oitocentos e noventa e oito mil e trezentos e sessenta e nove dólares), entre a TERRACAP e uma emissora de televisão, reproduzindo-se as cláusulas do "termo de compromisso". No mesmo mês, foi celebrado convênio para a alocação de recursos da empresa TERRACAP à estatal NOVACAP (Companhia Urbanizadora da Nova Capital do Brasil[9]) e para execução da obra de reforma e adequação

---

[9] A título de explicação para compreender a função da empresa pública em questão, cumpre trazer à baila a missão institucional da referida estatal veiculada em seu sítio eletrônico: "A Novacap executa, através de gerenciamento, as obras planejadas pelo Governo do Distrito Federal, por meio da Secretaria de Obras. Nesta tarefa, a Companhia coordena os trabalhos de vários técnicos em diversas áreas da Arquitetura, Engenharia Civil e Agronomia, e acompanha os trabalhos desde a elaboração do projeto à execução total das obras ou serviços. Seus mais de 100 técnicos participam e coordenam trabalhos de construção de prédios, execução de galerias de águas pluviais, execução de pavimentação asfáltica, calçadas, meios--fios, plantio e poda de grama e árvores, bem como jardins ornamentais." (Disponível em: http://www.novacap.df.gov.br/objetivo/ Acesso em: 14.11.2019.

do autódromo no valor estimado de **R$ 312.000.000,00 (trezentos e doze milhões de reais).**

Em razão disso, em outubro de 2014, a NOVACAP (empresa pública do DF) lançou edital de concorrência para a execução da reforma do autódromo.

2.2. Das constatações feitas pelos órgãos de controle

Paralelamente aos atos praticados pelos gestores públicos do Distrito Federal, os órgãos de fiscalização começaram a tomar conhecimento das tratativas envolvendo as contratações acima referidas e se realizou a análise técnica dos procedimentos administrativos relacionados.

Assim, no início dos atos de fiscalização, o Tribunal de Contas do Distrito Federal – TCDF apontou um sobrepreço de mais de R$ 30.000.000,00 (trinta milhões de reais) e suspendeu o certame (Decisão nº 5528/2014 – Processo TCDF nº 28628/2014). No referido edital de licitação, lançado no final da gestão de um ex-governador, o objeto seria a realização de reformas e construções no autódromo na ordem de R$ 252.000.000,00 (duzentos e cinquenta e dois milhões de reais), quando o Distrito Federal enfrentava sua maior crise financeira. Nas apurações iniciais, o Tribunal de Contas do Distrito Federal – TCDF determinou a suspensão da licitação, por causa do referido sobrepreço e da ausência de justificativa para que o Distrito Federal gastasse esse valor em meio a uma crise financeira.

Ainda acerca das apurações sobre o superfaturamento, inicialmente estavam orçadas em torno de R$ 98.000.000,00 (noventa e oito milhões de reais), para a reforma do Autódromo Internacional Nelson Piquet foram aumentadas para o valor de R$ 252.000.000,00 (duzentos e cinquenta e dois milhões de reais).

Nos levantamentos iniciais feitos pelos órgãos técnicos do TCDF, verificou-se que a licitação ostentava ilegalidades graves, bem como sobrepreço e, além disso, a ausência de prioridade na aplicação dos recursos públicos, uma vez que no período os servidores públicos estavam com salários atrasados, o sistema público de saúde sofria de ausência acentuada falta de abastecimento de remédios e dívidas vencidas com diversos fornecedores, etc. Assim, os órgãos de controle entenderam não ser possível gastar mais de R$ 200.000.000,00 (duzentos milhões de reais) em um autódromo. Diante disso, ocorreu a suspensão a licitação.

Após isso, gestores públicos, com o objetivo de burlar a suspensão da licitação, utilizaram ilegalmente de um contrato administrativo firmado para manutenção de vias públicas ("tapa-buraco") para executar obras na pista do Autódromo Internacional Nelson Piquet.

Na época, os promotores de Justiça do MPDFT entenderam que os gestores agiram de forma a burlar a decisão do TCDF, pois o contrato de recapeamento de vias públicas foi estendido irregularmente para reformar o autódromo. Além disso, houve nova tentativa de descumprir a decisão do TCDF, ao dividir o objeto da concorrência por meio de pregão, que também foi suspenso.

2.3. A instauração de inquérito civil público pelo MPDFT
Ao tomar conhecimento dos fatos a partir de comunicação do Ministério Público de Contas junto ao Tribunal de Contas do Distrito Federal, o MPDFT instaurou o Inquérito Civil Público nº 08190.063947/14-32, com fundamento no artigo 8º, § 1º, da Lei nº 7.347/85 (Lei da Ação Civil Pública), quando passou a reunir os documentos necessários para a apuração do caso e adoção das providências, que serão abordados mais adiante.

Nesse procedimento investigativo, o *Parquet* passou a instruí-lo com os laudos técnicos elaborados pelo Tribunal de Contas do Distrito Federal, requisitou aos procedimentos administrativos instaurados no âmbito da Administração Pública para realizar o evento esportivo, bem como realizou consultas e levantamentos para embasar as medidas voltadas para a tutela do patrimônio público.

O resultado das providências extrajudiciais e judiciais adotadas em razão dos resultados obtidos no inquérito civil público serão abordados durante esse ensaio.

2.4. Da Recomendação expedida para a cessação de prática lesiva ao patrimônio público
No curso das investigações, houve a constatação do início de obras no autódromo no mês de dezembro de 2014, razão pela qual o MPDFT expediu a Recomendação nº 01/2015 –PRODEP/MPDFT, com base nos artigos 127 e 129, inciso III, da Constituição Federal e, especialmente, o artigo 6º, inciso XX, da Lei Complementar nº 75/95, na qual se recomendou à NOVACAP e à TERRACAP que: "[...] abstenham-se de licitar, autorizar, empenhar, liquidar, reconhecer ou pagar quaisquer despesas

relacionadas com a reforma do Autódromo Internacional Nelson Piquet, utilizando-se do termo de compromisso assinado pelo ex-governador do Distrito Federal, uma vez que desprovido de força normativa capaz de implicar o erário distrital, e do Contrato n.º 63/2014, porquanto está maculado de diversas irregularidades, além de lesivo aos cofres públicos, principalmente ao da Terracap."[10].

Após o recebimento da recomendação, a NOVACAP encaminhou ofício à empresa de recapeamento de vias pública para comunicar que as obras de reforma e adequação do Autódromo Internacional Nelson Piquet deveriam ser suspensas.

No entanto, a execução irregular das obras no referido autódromo gerou despesas de R$ 6.830.405,35 (seis milhões, oitocentos e trinta mil e quatrocentos e cinco reais e trinta e cinco centavos), tendo a NOVACAP efetivamente pago, à época dos fatos, a quantia de R$ 1.006.294,57 (um milhão, seis mil, duzentos e noventa e quatro reais e cinquenta e sete centavos) .

2.5. Das providências judiciais promovidas pelo MPDFT na tutela do patrimônio público

Após a atuação extrajudicial na proteção do patrimônio público, iniciou-se a fase judicial, na qual foram ajuizadas diversas ações civis públicas de improbidade administrativa e de ressarcimento ao erário, bem como uma ação penal.

Assim, o Ministério Público do Distrito Federal e Territórios apresentou ação civil pública, com o objetivo invalidar o termo de compromisso firmado pelo então governador do Distrito Federal e a empresa rádio e televisão, para a realização do evento da Fórmula Indy no autódromo Nelson Piquet[11].

Sobre as ações de improbidade ajuizadas, destaca-se aquela promovida contra o ex-governador do Distrito Federal em razão de ter firmado um "termo de compromisso"[12], com cláusulas que visavam, na realidade, criar obrigações financeiras a serem suportadas ora pelo Distrito Federal, ora

---

[10] Disponível em: https://www.mpdft.mp.br/portal/ pdf/noticias/janeiro%202015/ RecomendacaoAutodromo.PDF. Acesso e: 16.01.2020

[11] Processo TJDFT nº 2015.01.008813-6.

[12] Processo TJDFT nº 2015.01.1.009505-7.

pela TERRACAP, notadamente porque assinou sem competência ou atribuição para criar obrigação para o Distrito Federal e paraTERRACAP, sem observar a Lei Geral de Licitações, bem como que o referido "termo de compromisso" se tratou de ato antieconômico e lesivo aos cofres públicos, sem demonstrar qualquer estudo e benefício para a prática do ato, ferindo os artigos 37 e 70 da CF e, ainda, artigo 19 da Lei Orgânica do Distrito Federal. Imputou-se, ainda, que não foi dada publicidade ao "termo de compromisso assinado e que, com tal ato, facilitou, concorreu e permitiu que empresa privada pleiteasse o direito de usar bem reformado, bem como o recebimento de valores milionários relativos a publicidade, sem a cumprimento das formalidades legais e, assim, incorporando/recebendo quantias indevidamente.

Outra ação de improbidade administrativa foi ajuizada contra o ex-governador, os então presidentes da TERRACAP e da NOVACAP e outros agentes públicos que concorreram para a contratação irregular da empresa de televisão, que causou prejuízo de R$ 17.000.000,00 aos cofres públicos para arcar com as despesas geradas pelo Contrato nº 63/2014, a título de pagamento de serviços de publicidade pela realização do evento etapa brasileiro do Campeonato Mundial de Fórmula Indy no ano de 2015, que daria direito ao Distrito Federal e a TERRACAP de utilizarem espaços publicitários vinculados ao evento em questão[13].

Ainda se promoveu procedimento de medida incidental destinada a assegurar o resultado útil da ação civil pública por ato de improbidade administrativa, ajuizada contra os agentes públicos acima referidos, na qual foi obtido o bloqueio imediato dos bens dos requeridos.

Além disso, o Ministério Público ofereceu ação penal contra os ex-presidentes da TERRACAP e da NOVACAP, como incursos nas penas do artigo 92 da Lei n.º 8.666/93, que desvirtuaram o objeto do contrato de recapeamento de vias públicas ("tapa-buraco"), a fim de englobar o objeto da frustrada Concorrência nº 026/2014.

Tecidas as considerações sobre o caso em apreço, passamos a analisar os institutos jurídicos utilizados na apuração dos fatos e na tutela preventiva do patrimônio público. Em seguida, cotejaremos os conhecimentos teóricos com o caso concreto apresentado.

---

[13] Processo TJDFT nº 2015.01.1.015282-3.

CASEBOOK DE PROCESSO COLETIVO

3. Os instrumentos de investigação e os veículos de canalização de informação para a tutela preventiva do patrimônio público

3.1. A importância do Ministério Público na tutela coletiva

De acordo com o texto constitucional, o Ministério Público é uma instituição permanente. Isso não significa apenas a regra da vedação de qualquer forma de deformação da conformação constitucional, levada a efeito pela competência do poder constituinte derivado; a cláusula da instituição permanente alberga a destinação permanente de defender a ordem jurídica, o regime democrático e os interesses sociais e individuais indisponíveis[14].

A defesa permanente dos interesses constitucionalmente consagrados, de acordo com Paulo de Afonso Garrido de Paula[15], revela a função maior da instituição ministerial:

> A defesa da ordem jurídica, do regime democrático e dos interesses sociais e individuais indisponíveis caracteriza a Instituição como (sic) verdadeiro guardião das liberdades públicas e do Estado Democrático de Direito, na medida em que o exercício de suas atribuições, judiciais e extrajudiciais, visa, em essência, ao respeito aos fundamentos de modelo social pretendido (soberania, cidadania, dignidade da pessoa humana, valores sociais do trabalho e da livre iniciativa, pluralismo político – Constituição, art. 1º) e à promoção dos objetivos fundamentais do País (construção e uma sociedade livre (sic) justa e solidária, garantia do desenvolvimento nacional, erradicação da pobreza e da marginalização e redução das desigualdades sociais regionais,

---

[14] "Do MP fazem parte o Ministério Público de União (MPU) e os MPs estaduais. Aquele inclui o Ministério Público Federal (MPF), o Ministério Público Militar (MPM), o Ministério Público do Trabalho (MPT) e o Ministério Público do Distrito Federal e Territórios (MPDFT) (art. 24 da Lei Complementar nº 75/1993). A peculiaridade de cada um dos Ministérios Públicos pertencentes ao MPU está relacionada ao respectivo Poder Judiciário perante o qual o MP atua. Os MPs estaduais são regidos pela LONMP (Lei nº 8.625/1993). O MPU foi disciplinado pela Lei Complementar nº 75/1993. [...] Finalmente, ressaltou que a Emenda Constitucional nº 45, de 31/12/2004, entre outras importantes reformas, criou [...] o Conselho Nacional do MP". (AMARAL, Bruno. Ministério Público: Organização, representações e trajetórias. Curitiba: Juruá Editora, 2007, p. 136-140.).

[15] GARRIDO DE PAULA, Paulo Afonso. O Ministério Público e os direitos das crianças e adolescentes. In: ALVES, Airton Buzzo; RUFINO, Almir Gasquez; SILVA, José Antonio Franco da (Org.). Funções institucionais do Ministério Público. São Paulo: Saraiva, 2001, p. 313.

9. O GRAND PRIX DE FÓRMULA INDY

promoção do bem de todos, sem preconceitos de origem, raça, sexo, idade e quaisquer outras formas de discriminação – Constituição, art. 3º).

Logo, o Ministério Público – com base nas lições acima e na destinação constitucional prevista no caput do art. 127 – pode ser concebido como uma instituição essencial do Estado Democrático de Direito. Esse modelo democrático de Estado, segundo Carlos Roberto de C. Jatahy[16], instaura perspectivas de realização social profundas, pela promoção dos direitos sociais que ele mesmo se comprometeu a realizar e oferece instrumentos à cidadania para concretizar as exigências de um Estado de justiça social, fundado na dignidade da pessoa humana.

Nessa linha de raciocínio e com base no desenho institucional do Ministério Público delineado constitucionalmente, pode-se afirmar que essa Instituição é um instrumento posto à disposição dos cidadãos para garantir a efetivação dos princípios fundamentais (art. 1º da Constituição da República) e alcance dos objetivos fundamentais (art. 3º da Constituição da República). Assim, concebe-se o Ministério Público é uma verdadeira garantia fundamental do cidadão – ou melhor, instituição-garantia, pois é uma forma de organização do Estado – consubstanciada em seu desenho institucional – que visa à proteção dos interesses sociais –, sendo, portanto, uma cláusula pétrea, a qual não pode ser revogada ou alterada para reduzir seu âmbito de atuação.

Na defesa dos interesses essenciais do Estado Democrático de Direito, o processo coletivo pode ser um importante instrumento de atuação do Ministério Público na concretização desses valores. Isso porque estará tutelando interesses de inúmeros cidadãos, bem como tornando efetivo um dos desdobramentos do princípio democrático, qual seja, a garantia do acesso à Justiça.

Dessa feita, a Instituição do Ministério Público tem função central na mediação dos conflitos de interesses sociais. As grandes pretensões coletivas de massa necessitam serem perseguidas por um ente fortalecido, com segurança suficiente para garantir a eficácia da tutela dos direitos cidadãos contra qualquer investida dos detentores do poder econômico ou político.

---

[16] JATAHY, Carlos Roberto de C. *O Ministério Público e o Estado Democrático de Direito*: perspectivas constitucionais de atuação institucional. Rio de Janeiro: Lumen Júris, 2007. p. 27.

Portanto, a atuação do Ministério Público na defesa dos interesses sociais pode ser concebida como concretização da democracia no âmbito jurisdicional, ou seja, concretização do próprio Estado Democrático de Direito, visto que o Ministério Público é uma instituição do Estado Democrático de Direito, garantidora dos direitos sociais do regime democrático de Direito – art. 1º e art. 127 da Constituição da República.

Assim, com escopo de assegurar o substancial acesso à Justiça e para tutelar devidamente os direitos materialmente conferidos aos cidadãos – estando aí inclusos os direitos coletivos em sentido amplo –, o Estado está obrigado a criar instrumentos processuais adequados a assegurar o acesso à Justiça por parte dos cidadãos[17]. Desse modo, além de criar técnicas processuais de tutela de direitos, o Estado deve se organizar de maneira que possa dar a devida proteção aos direitos dos cidadãos, não apenas criando órgãos da Jurisdição – juízos, Ministério Público, Defensoria Pública, etc. –, como concedendo condições materiais para que tais órgãos possam exercer eficazmente seus misteres.

Tratando das funções da jurisdição no Estado contemporâneo (Estado Constitucional), Luiz Guilherme Marinoni[18] faz estas colocações:

> O Estado possui o dever de tutelar determinados direitos, mediante normas e atividades fático-administrativas, em razão da sua relevância social e jurídica. Trata-se do dever de tutelar os direitos fundamentais. Mas não é só. O Estado também tem o dever de tutelar jurisdicionalmente os direitos fundamentais, inclusive suprindo eventuais omissões de tutela normativa, além de ter o dever de dar tutela jurisdicional a toda e qualquer espécie de direito – em razão do direito fundamental à tutela jurisdicional efetiva (art. 5º, XXXV, CF).

---

[17] Discorrendo sobre os direitos originários a prestações, José Joaquim Gomes Canotilho afirma o seguinte: "[...] a partir da garantia constitucional de certos direitos se reconhece, simultaneamente, o dever do Estado de criação dos pressupostos materiais indispensáveis ao exercício efetivo desses, e a faculdade de o cidadão exigir, de forma imediata, as prestações constitutivas desses direitos". (CANOTILHO, José Joaquim Gomes. Direito constitucional e teoria da constituição. Coimbra: Almedina, 2002, p. 543).

[18] MARINONI, Luiz Guilherme. *Teoria geral do processo*. São Paulo: Revista dos Tribunais, 2006, p. 135.

[...]

O Estado tem o dever de prestar a tutela jurisdicional prometida pelos direitos – transindividuais ou individuais.

Em razão disso, a tutela coletiva é de suma importância para a efetividade da proteção dos direitos em nossa sociedade contemporânea, pois há danos, como os que envolvem o meio ambiente e as relações de consumo, que por vezes são individualmente insignificantes, mas ponderáveis na soma de todas as lesões cometidas em face de todos os cidadãos. Ademais, por meio das ações coletivas, possibilita-se a participação dos cidadãos e dos grupos de categorias organizadas no poder, democratizando o acesso à Justiça

Com efeito, o Ministério Público possui um papel de destaque na defesa dos direitos coletivos, inclusive o patrimônio público e social, notadamente porque a maioria dos procedimentos envolvendo a atuação extrajudicial e judicial na defesa desses direitos tem início no âmbito do Parquet.

Diante dessa constatação, o estudo dos instrumentos postos à disposição do Ministério Público pela Constituição Federal, (art. 129 da Lei Fundamental) e pela legislação infraconstitucionais, principalmente microssistema de tutela coletiva do patrimônio público[19] merece reflexão, levando-se em consideração o atual modelo de sociedade, complexa, líquida[20] e multifacetada. Assim, a atuação efetiva e resolutiva do Ministério Público passa pelo enfrentamento de questões dotadas de complexidade, na maioria dos casos, motivo pelo qual os instrumentos de atuação devem ser reinterpretados de forma estratégica.

Tendo isso em mente, a atuação do Ministério Público deve prioritariamente se focar na prevenção da lesão, evitando-se judicializar o problema, de modo a viabilizar a solução mais célere e eficaz, sempre visando proteger os interesses dos direitos tutelados. Deveras, a questão da efetividade na tutela dos direitos afigura-se adequada quando se atua

---

[19] Acerca do reconhecimento do microssistema de tutela do patrimônio público, conferir MOTTA, Reuder Cavalcante. Tutela do Patrimônio Público e da Moralidade Administrativa: interpretação e aplicação. Belo Horizonte: Editora Fórum, 2012.

[20] Conferir: BAUMAN, Zygmunt. *Modernidade Líquida*. Trad. Plínio Dentzien. Rio de Janeiro: Jorge Zahar, 2001.

CASEBOOK DE PROCESSO COLETIVO

para evitar a própria lesão ao direito, uma vez que, apesar da possibilidade de compensação pecuniária em caso de lesão, em algumas situações nos depararemos combens jurídicos irrecuperáveis após a lesão, motivo pelo qual o ressarcimento em dinheiro acaba por consubstanciar em mera consolação aos vitimados. Diante dessa constatação, afigura-se necessário priorizar as atividades preventivas para a manutenção da integridade do bem jurídico em questão em contraposição a perspectiva unicamente repressiva, isso porque aquela se exerce aprioristicamente, enquanto nessa última se age após a prática do ilícito.

3.2. A instrumentalidade do inquérito civil público na tutela do patrimônio público

Inicialmente, o Ministério Público do Distrito Federal e Territórios instaurou um inquérito civil público para canalizar todos os documentos que serviram de base para sua atuação, bem como permitir que pudesse exercer sua missão constitucional de defesa dos interesses sociais, conforme preceitua o artigo 127 da Constituição Federal.

Assim, a apreciação do principal instrumento utilizado pelo Ministério Público no seu exercício da tutela preventiva dos interesses transindividuais merece destaque e se mostra de grande utilidade para compreender a forma como pode ser concretizar sua atuação resolutiva.

Dessa forma, cumpre salientar que uma das mais eficazes formas de garantir a eficácia dos direitos coletivos consiste na adequada instrumentalização do Ministério Público. Deveras, os veículos realizadores dos direitos fundamentais coletivos[21] e do acesso à Justiça podem ser

---

[21] Vislumbrados sob o viés do regramento constitucional, alguns direitos coletivos possuem carga normativa de direitos fundamentais, uma vez que neles encontram seu fundamento de validade, como a tutela dos direitos dos consumidores e o direito ao meio ambiente hígido. Este entendimento é confirmado pela disposição do Capítulo I, do Título II da Constituição da República – "Dos Direitos e Deveres Individuais e Coletivos". Assim, a divisão categórica de direito foi proposta por Gregório Assagra de Almeida (ALMEIDA, Gregorio Assagra de. *Direito material coletivo*: Superação da *summa divisio* direito público e direito privado por uma nova *summa divisio* constitucionalizada. Belo Horizonte: Del Rey, 2008), que sustenta que a Constituição de 1988 abandonou a clássica *summa divisio* de direito público e direito privado e sustenta que a nova ordem constitucional inaugurou uma nova *summa divisio*, qual seja, a de direitos individuais e de direitos coletivos. Ademais, no rol dos direitos fundamentais encontramos alguns direitos coletivos, como a proteção do consumidor (inciso XXXII do art. 5º da CF) e o direito à informação de interesse coletivo (inciso XXXIII do art. 5º da CF).

288

concebidos sob dois enfoques: primeiramente, de ordem material, em seguida, de ordem normativa.

Os instrumentos de atuação de ordem material nada mais são do que órgãos, instalações e serviços auxiliares que a Instituição ministerial dispõe para o cumprimento de sua missão constitucional – artigos 128 e 130-A da Constituição da República; Lei Complementar nº 75/1993 e Lei nº 8.635/1993.

Por outro lado, os instrumentos normativos são aqueles que o ordenamento jurídico defere em favor da Instituição para desempenharem suas funções. Esses veículos do Ministério Público, promovedores do acesso à Justiça, devem ser vistos sob dois aspectos. O primeiro de ordem objetiva, que consiste nos instrumentos procedimentais previsto na ordem jurídica, como a ação civil pública, e o inquérito civil. Já os instrumentos normativos subjetivos são as garantias da Instituição conferidas pelo texto constitucional para bem cumprir sua missão constitucional com independência.

Os principais instrumentos infraconstitucionais de atuação do Ministério Público na promoção do acesso à Justiça estão contidos na Lei nº 7.347/1985. Nesse diploma legal está regulada a ação civil pública – conceituada por Hugo Nigro Mazzilli[22] como a ação civil que se destina à "defesa de interesses transindividuais, proposta por diversos co-legitimados ativos" – e o inquérito civil – o qual, segundo o mesmo autor, consiste em "uma investigação administrativa a cargo do Ministério Público, destinada basicamente a colher elementos para eventual propositura de ação civil pública"[23]. Além desses, há o termo de ajustamento

---

Nessa esteira, colhemos diversos direitos fundamentais coletivos não previstos no rol do art. 5º da Constituição da República, vejamos alguns exemplos: a) direito à saúde (art. 196 da CF); b) direito à educação (art. 205 da CF); c) direito ao meio ambiente ecologicamente equilibrado (art. 225 da CF); d) direito à proteção integral para as crianças e adolescentes (art. 227 da CF). Os direitos coletivos trazidos à baila trazem extenso conteúdo social, a qual vincula a atuação no Estado no sentido de sua realização (art. 3º da CF).

[22] MAZZILLI, Hugo Nigro. *A defesa dos interesses difusos em juízo*: meio ambiente, consumidor, patrimônio cultura, patrimônio público e outros interesses. 21. ed. São Paulo: Saraiva, 2008. p. 73-74.

[23] MAZZILLI, Hugo Nigro. *A defesa dos interesses difusos em juízo*: meio ambiente, consumidor, patrimônio cultura, patrimônio público e outros interesses. 21. ed. São Paulo: Editora Saraiva, 2008, p. 443.

CASEBOOK DE PROCESSO COLETIVO

de conduta ("TAC") firmado pelo Ministério Público, que se revela um excelente instrumento de atuação da Instituição, pois possui qualidade de título executivo extrajudicial[24], razão pela qual não precisa de um processo judicial de conhecimento para ser executado.

Quanto aos instrumentos processuais, vale mencionar a ação civil pública e a ação de responsabilidade por atos de improbidade administrativa, sendo que ambas podem se utilizar das técnicas processuais de tutela de direitos, conforme as lições do processualista Luiz Guilherme Marinoni.[25]

No que tange aos instrumentos extrajudiciais que podem ser utilizados pelo Ministério Público na tutela coletiva, tanto na perspectiva preventiva, quanto repressiva, destacam-se o inquérito civil público e o procedimento administrativo[26].

[24] "São estas as principais características do compromisso de ajustamento de conduta: a) é tomado por termo por um dos órgãos públicos legitimados à ação civil pública; b) nele não há concessões de direito material por parte do órgão público legitimado, mas sim o causador do dano assume uma obrigação de fazer ou não fazer (ajustamento de conduta às obrigações legais); c) dispensam-se testemunhas instrumentárias; d) dispensa-se a participação de advogados; e) não é colhido nem homologado em juízo; f) o órgão público legitimado pode tomar o compromisso de qualquer causador do dano, mesmo que este seja outro ente público (só não pode tomar compromisso de si mesmo); g) é preciso prever no próprio título as cominações cabíveis, embora não necessariamente a imposição de multa; h) o título deve conter obrigacional certa, quanto à sua existência, e determinada, quanto ao seu objeto, e ainda deve conter obrigação exigível. O compromisso assim obtido constitui título executivo extrajudicial" (MAZZILLI, Hugo Nigro. *A defesa dos interesses difusos em juízo*: meio ambiente, consumidor, patrimônio cultura, patrimônio público e outros interesses. 21. ed. São Paulo: Saraiva, 2008, p. 406.). O compromisso de ajustamento de conduta está previsto parágrafo 6º, do art. 5º da Lei nº 7.347/1985. Ademais, o Estatuto Processual Civil confere a natureza jurídica de título executivo ao instrumento de transação referendado pelo Ministério Público no inciso II, do seu art. 585.

[25] Conferir: MARINONI, Luiz Guilherme. *Técnica Processual e Tutela dos Direitos*. 2. Ed. São Paulo; Editora Revista dos Tribunais, 2008.

[26] Sobre o regramento do inquérito civil público, cumpre ressaltar a Resolução nº 23/2017 do Conselho Nacional do Ministério Público – CNMP, que o conceitua nos seguintes termos: "Art. 1º O inquérito civil, de natureza unilateral e facultativa, será instaurado para apurar fato que possa autorizar a tutela dos interesses ou direitos a cargo do Ministério Público nos termos da legislação aplicável, servindo como preparação para o exercício das atribuições inerentes às suas funções institucionais. " (BRASIL. CONSELHO NACIONAL DO MINISTÉRIO PÚBLICO. Resolução 23, de 17 de setembro de 2007. Diário da Justiça, Brasília, DF, 7 nov. 2007.).

9. O GRAND PRIX DE FÓRMULA INDY

Em relação ao inquérito civil público, cumpre realçar que comumente é concebido sob seu aspecto instrumental, voltado para auferir elementos probatórios destinados ao ajuizamento de uma ação civil pública[27].

O inquérito civil foi instituído pela Lei de Ação Civil Pública (art. 8º, § 1º, da Lei nº 7.347) desde sua edição, em 24.7.1985, tendo sido originalmente proposto no anteprojeto da lei elaborado pelos à época promotores de Justiça do Ministério Público do Estado de São Paulo Antônio Augusto Mello de Camargo Ferraz, Édis Milaré e Nelson Nery Júnior, que, valendo-se da valiosa experiência de que dispunham, sabiam da importância de instrumentalizar o Ministério Público para obter informações necessárias à propositura da ação civil pública. As considerações que o anteprojeto mereceu do então assessor da Presidência Celso de Mello Filho, hoje Ministro do Supremo Tribunal Federal, contribuíram para bem compreender a natureza e o conteúdo do instituto.

Em que pese essa visão tradicional do inquérito civil público, Bruno Cavaco preleciona que deve ser mudado o paradigma, notadamente porque no Brasil sempre se desenvolveu a ideia equivocada de que a senda adequada para a resolução de todos os conflitos de interesses deveria ser o Poder Judiciário, o que reflete uma perspectiva reducionista. Assim, reduzir o inquérito civil público somente a sua função investigativa anularia suas evidentes potencialidades dele se transformar em um instrumento verdadeiramente efetivo e resolutivo na tutela dos interesses transindividuais[28].

---

[27] No escólio do Ministro Celso de Mello: "trata-se de procedimento meramente administrativo, de caráter pré-processual, que se se realiza extrajudicialmente. O inquérito civil, de instauração facultativa, desempenha relevante função instrumental. Constitui meio destinado a coligir provas e quaisquer outros elementos de convicção, que possam fundamentar a atuação processual do Ministério Público. O inquérito civil, em suma, configura, um procedimento preparatório, destinado a viabilizar o exercício responsável da ação civil pública". (*Apud* DIDIER JÚNIOR, Fredie; ZANETI JÚNIOR, Hermes. *Curso de direito processual civil: processo coletivo.* 6. ed. Salvador: JusPodivm, 2011, p. 225).

[28] CAVACO, Bruno de Sá Barcelos. *O inquérito civil como instrumento efetivo e resolutivo na tutela dos interesses transindividuais:* desjudicialização, contraditório e participação. Revisto de Processo. Vol. 247/2015, 2015, p. 321-351. Ao tratar de releitura das funções do inquérito civil, Bruno Cavaco ainda se das lições de Fredie Didier Jr e Hermes Zeneti Jr, os quais assinalam que "em verdade o que importa observar no curso do procedimento são as garantias constitucionais atinentes ao Estado Democrático de Direito, se existe risco de malferir essas garantias e existe interesse público em preservá-las, o Ministério Público deverá zelar

Nessa toada, a visão mais atualizada do inquérito civil vislumbra que esse instrumento tem duas funções principais: (a) instrumentalizar o Ministério Público para a propositura de uma ação coletiva robusta, de modo a se evitar demandas infundas ou temerárias; e (b) funcionar como instrumento de tutela preventiva e de composição extrajudicial dos conflitos, principalmente litígios coletivos[29], o que evitará os custos e desgastes já sabidos de uma demanda judicial[30].

Conforme a interpretação do Ministério Público acima tratada, o inquérito civil público, previsto constitucionalmente no artigo 129, inciso III, da Constituição Federal, afigura-se como veículo idôneo para possibilitar o acesso à Justiça, sob a perspectiva da tutela adequada dos direitos, principalmente a proteção preventiva dos interesses coletivos.

Por sua clareza e precisão, vale conferir o excerto da concepção de inquérito civil público apregoada por Bruno Cavaco[31]:

> Preordenado constitucionalmente à tutela dos direitos e interesses transindividuais, o inquérito civil pode e deve assumir papel nuclear na verdadeira

por esse interesse também no inquérito civil". [...] "obviamente, a função investigatória do inquérito civil atenua a garantia do contraditório, mas não a elimina. É possível afirmar que, atualmente, vivemos uma fase de 'processualização' dos procedimentos: os procedimentos, na medida em que são métodos de exercício do poder, vêm sendo modulados com a previsão de respeito ao princípio do contraditório, e isso pode ser visto com a difusão da ideia de eficácia horizontal dos direitos fundamentais (aplicáveis no âmbito das relações jurídicas privadas), na consolidação da garantia do contraditório no âmbito administrativo com a Constituição Federal *Curso de direito processual civil: processo coletivo* de 1988" (DIDIER JÚNIOR, Fredie; ZANETI JÚNIOR, Hermes.. 6. ed. Salvador: JusPodivm, 2011, p. 231).

[29] Nas lições de Edilson Vitorelli, em sua obra Devido Processo Legal Coletivo, o "Litígio Coletivo é o conflito de interesses que se instala envolvendo um grupo de pessoas, mais ou menos amplo, sendo que essas pessoas são tratadas pela parte contrária como um conjunto, sem que haja relevância significativa em qualquer de suas características estritamente pessoais. O litígio coletivo se instala quando um grupo de pessoas é lesada enquanto sociedade, sem que haja, por parte do adversário, atuação direcionada contra alguma dessas pessoas em particular, mas contra o todo." (VITORELLI, Edilson. *O Devido Processo Legal Coletivo*: dos direitos aos litígios coletivos. São Paulo: Editora Revista dos Tribunais, 2019, p. 76.).

[30] NEVES, Daniel Amorim de Assumpção. *Manual de Processo Coletivo*. São Paulo: Editora Método, 2013, p.485.

[31] CAVACO, Bruno de Sá Barcelos. *O inquérito civil como instrumento efetivo e resolutivo na tutela dos interesses transindividuais*: desjudicialização, contraditório e participação. Revisto de Processo. Vol. 247/2015, 2015, p. 321-351.

transposição de uma cultura eminentemente adversarial para um acesso à Justiça direcionado à busca da paz social, permeado pelo incremento da intervenção dos cidadãos na busca de soluções a serem obtidas mediante o diálogo humano e o consenso.

Nessa mirada, importante notar que o conceito de acesso à Justiça há muito não é encarado apenas sob o aspecto formal, de modo que a normatividade do vetor constitucional do devido processo legal (art. 5.º, LIV e LV, da CF/1988) confere valorosa substância ao princípio sob comento, dando origem ao que hodiernamente se denomina acesso à ordem jurídica justa – ideia que traz a reboque a salutar desjudicialização dos conflitos.

Em outras palavras, exsurge como inarredável a conclusão de que a solução adjudicada por muitas das vezes não se afigura como a mais adequada para a justacomposição do litígio, máxime em se tratando de conflitos de natureza coletiva.

A valorização do inquérito civil se vocaciona, pois, a concretizar um acesso à Justiça verdadeiramente democrático (acesso à ordem jurídica justa), inspirado pela tessitura constitucional.

A releitura do inquérito civil público nos permite concluir que a tutela dos transindindividuais, como o patrimônio público, meio ambiente etc., por tal instrumento pode ser realizada por duas abordagens. Na primeira, o Ministério Público utiliza o arcabouço probatório colhido durante a instrução do inquérito civil público e ajuíza uma ação perante o Poder Judiciário, transferindo a resolução do conflito, o que pode, em alguns casos, não ser a melhor alternativa, uma vez que o Judiciário pode não responder de forma adequada aos litígios coletivos[32]. Por outro lado, o

---

[32] Sobre a efetividade do Poder Judiciário na tutela coletiva do meio ambiente, cumpre trazer à baila conclusões de pesquisa empírica realizada no ano de 2005 na Promotoria de Justiça do Meio Ambiente da Comarca de São Carlos/SP por Geisa Paganini De Mio, na sua tese de doutorado em Hidráulica e Engenharia. Vejamos: "De todos os Inquéritos Civis relativos a conflitos ambientais instaurados no período de 2001 a 2004, a maioria vem sendo resolvida por meio de assinatura de Termos de Ajustamento de Conduta (63%), em detrimento das Ações Civis Públicas (3%) ajuizadas perante o Poder Judiciário, resultando em apenas (34%) ainda em negociação; [...] As Ações Civis Públicas pendentes representam 60% daquelas iniciadas no ano de 1997, 80% das iniciadas em 1998, e a partir de 1999, nenhuma das ACPs iniciadas foram solucionadas;" (DE MIO, Geisa Paganini. *O inquérito civil e o termo de ajustamento de conduta como instrumentos efetivos para a resolução de conflitos*

CASEBOOK DE PROCESSO COLETIVO

inquérito civil público, quando o Ministério Público atua como agente de resolutivo, pode ser instrumento de intermediação e de pacificação da conflitualidade social, contribuindo-se para a prevalência de uma cultura de proteção preventiva e solução consensual[33].

Tecidas essas considerações, passamos a abordar o patrimônio público e social, um dos mais importantes interesses difusos da sociedade tutelados pelo Ministério Público.

3.3. A tutela preventiva do patrimônio público no caso concreto

Conforme acima registrado, no caso em estudo, a atuação do Ministério Público teve como objetivo principal a tutela preventiva do patrimônio público, seja pelo ajuizamento de uma ação civil público com o objetivo de impedir que os administradores públicos à época dos fatos levassem seu intento adiante, mesmo que isso causasse sérias lesões milionárias ao patrimônio público no momento em que o Distrito Federal enfrentava uma grave crise financeira causada pelo descontrole orçamentário[34].

---

ambientais: a experiência da Promotoria de Justiça do Meio Ambiente da Comarca de São Carlos – SP, Tese apresentada à Escola de Engenharia de São Carlos da Universidade de São Paulo, como parte dos requisitos para a obtenção do Título de Doutor em Hidráulica e Saneamento, 2006, p. 165).

[33] ALMEIDA, Gregório Assagra de; COSTA, Rafael de Oliveira; ALVERENGA, Samuel. *Ministério Público como função essencial à justiça na tutela dos direitos ou interesses coletivos. In:* VITORELLI, Edilson (Org.). *Manual de Direitos Difusos.* 2. Ed. Salvador: Editora JusPodvim, 2019, p. 189-190.

[34] Sobre o descontrole orçamentário que acometeu o Distrito Federal nos anos de 2014 e 2015, cumpre registrar que o Ministério Público ajuizou uma ação civil pública e uma ação penal contra os gestores em razão da gestão improba dos recursos públicos: Processo TJDFT nº 2015.01.1.051064-2e Processo PJe TJDFT nº 0715292-48.2019.8.07.0001 – 3ª Vara Criminal de Brasília. Acerca desse caso, cumpre trazer nota do site do MPDFT: O Ministério Público do Distrito Federal e Territórios (MPDFT) ajuizou ação civil pública, dia 06 de maio, por ato de improbidade administrativa e reparação de danos morais coletivos contra o ex-governador Agnelo Queiroz, o ex-vice-governador Tadeu Filipelli, o ex-secretário de Estado Wilmar Lacerda e os ordenadores de despesa Washington Luis Sousa Sales e Luiz Alberto Cândido da Silva. Os antigos gestores seriam responsáveis por proposições legislativas com afirmações falsas sobre a disponibilidade orçamentária e financeira do Distrito Federal para a concessão de aumentos e melhorias salariais a diversas categorias do serviço público. Eles teriam descumprido normas constitucionais e legais que impõe pronunciamentos prévios de secretarias do GDF e da Procuradoria-Geral do DF (PGDF) e a apresentação

Outra medida adotada pelo Ministério Público extrajudicialmente foi a expedição de uma recomendação para os presidentes das empresas públicas NOVACAP e TERRACAP para que se abstivessem de realizar obras no autódromo internacional, utilizando-se de contrato firmando para fins diversos, isso porque o intento era realizar o evento mesmo após a decisão do Tribunal de Contas do Distrito Federal que determinou a suspensão da licitação deflagrada para tal finalidade.

Antes de analisarmos a tutela preventiva do patrimônio público no caso em comento, vale tecer algumas considerações sobre o que se entende por tal interesse difuso, a fim de balizar a concepção da tutela preventiva desse bem.

3.4. O patrimônio público concebido como interesse difuso

O patrimônio público, em seu sentido *lato*, traduz o conjunto de bens e interesses de ordem natural, moral, econômica, estética, histórica, ambiental e turística, cuja titularidade pertente aos cidadãos. Em sua perspectiva restrita, consiste nos bens e direitos dotados de valores econômico-financeiro, pertencente à União, aos Estados e o Distrito Federal, Municípios, entidades da Administração Indireta e demais pessoas arroladas no artigo 1º da Lei nº 8.429/92[35].

Nesse diapasão, José dos Santos Carvalho Filho conceitua bens públicos (patrimônio público em sentido estrito) como: "[...] todos aqueles que, de qualquer natureza e a qualquer título, pertençam às pessoas jurídicas de direito público, sejam elas federativas, como a União, os Estados, o Distrito Federal e os Municípios, sejam da Administração descentralizada, como as autarquias, nestas incluindo-se as fundações de direito público e as associações públicas"[36].

Em arremate sobre a conceituação de patrimônio público, estamos de acordo com o entendimento de Fernando Rodrigues Martins, que

---

de premissas e metodologia de cálculo do impacto orçamentário-financeiro." (Disponível em: http://www.mpdft.mp.br/portal/index.php/aumento-de-servidores. Acesso em: 23.11. 2019).

[35] MAGALHÂES JÚNIOR, Alexandre Alberto de Azevedo. *A Tutela do Patrimônio Público. In:* VITORELLI, Edilson (Org.). *Manual de Direitos Difusos.* 2. Ed. Salvador: Editora JusPodvim, 2019, p. 554.

[36] CARVALHO FILHO, José dos Santos. *Manual de Direito Administrativo.* 27. Ed. São Paulo: Editora Atlas, 2014, p. 1.157.

CASEBOOK DE PROCESSO COLETIVO

se vale a destinação do patrimônio afetado para caracterizá-lo como de natureza pública. Vejamos suas lições:

> Dessa forma, pode-se conceituar, nesta breve introdução, que o patrimônio público é o conjunto de bens, dinheiros, valores, direitos (inclusive sociais e morais) e créditos pertencentes aos entes públicos (União, Estados, Distrito Federal e Municípios), através da administração direta ou indireta e fundacional, cuja conservação seja de interesse público e difuso, estando não só administradores, como também administrados, vinculados a sua proteção e defesa. Tais elementos, mesmo sob a posse de particular, nunca perderão a qualidade de domínio público, dada a sua origem: o ente público. Sempre lembrando que os bens públicos podem ter a natureza artística, histórica, estética e turística.[37]

Assim, a higidez do patrimônio público é essencial para a consecução da prestação adequada e eficiente dos serviços públicos, conforme mandamento constitucional inserto no artigo 3º da Constituição Federal, motivo pelo qual sua tutela traduz mandamento constitucional, nos termos do artigo 23, inciso I, da Lei Maior[38]. Isso revela que a conservação e proteção do patrimônio público é uma dever de todos as entidades que compõe o Estado, porquanto o constituinte estabeleceu diversos instrumentos para sua adequada proteção, como a ação popular (artigo 5º, inciso LXXIII, da CF/88), o controle externo pelo Poder Legislativo com auxílio dos Tribunais de Contas (artigos 70 e 71 da CF/88), o inquérito

---

[37] MARTINS, Fernando Rodrigues. *Controle do Patrimônio Público:* comentários à lei de improbidade administrativa. 3. ed.São Paulo: Editora Revista dos Tribunais, 2009, p. 44. Na mesma linha de raciocínio, o Ministro Carlos Ayres Britto assentou, no julgamento do RE nº 576.155-DF, que está "[...] expresso na Constituição, artigo 129, inciso III, sendo que o conceito de patrimônio público me parece que é dado pela própria Constituição, embora haja uma lei ordinária falando sobre isso, mas a Constituição no artigo 71, II deixa claro o que é patrimônio público. É o conjunto de bens, valores e dinheiro da administração pública [...] Enquanto o patrimônio social, diz respeito a bens imateriais, como bens ambientais, culturais, artístico, o patrimônio público é constituído por bens e valores (RE 576.155 – DF, Pleno. Rel. Min. Ricardo Lewandowski, Julg. 18.08.2010. DJE, p. 17, 24 nov. 2010.).

[38] Note-se o teor do texto constitucional: "Art. 23. É competência comum da União, dos Estados, do Distrito Federal e dos Municípios:I – zelar pela guarda da Constituição, das leis e das instituições democráticas e conservar o patrimônio público; [...]".

civil e a ação civil pública, para a proteção do patrimônio público e social, do meio ambiente e de outros interesses difusos e coletivos (artigo 129, inciso III, da CF/88), etc.

No que toca ao tradicional do processo coletivo, a maioria da doutrina e jurisprudência entende que a tutela do patrimônio público figura como um interesse difuso[39]. Nesse diapasão, o Ministro Hermann Benjamin, ao julgar do RESP nº 1.108.010, assinalou que o "[...] o patrimônio público púbico é bem difuso por excelência. Sua proteção é simultaneamente dever e direto de todos e, por isso mesmo, apresenta-se como um dos pilares da ordem republicada instituída pela Constituição de 1988".[40]

Não obstante, na novel classificação proposta por Edilson Vitorelli, os litígios envolvendo o patrimônio público, em regra, podem ser concebidos como sendo litígios transindividuais de difusão global. Vejamos os ensinamentos do referido autor:

> Nos litígios transindividuais de difusão global, o grau de conflituosidade da sociedade titular do direito é muito baixo, pois as pessoas que a compõe são atingidas pela lesão de modo uniforme e pouco perceptível individualmente, fazendo com que praticamente não haja interesse pessoal no conflito. Todos se beneficiam igualmente quando o meio ambiente do alto-mar é tutelado e todos são lesados igualmente caso se permita que o poluidor não repare o dano e, assim, incorpore ao seu patrimônio os custos nos quais teria que incorrer para evitar essa violação. A complexidade, embora possa variar, tende a ser baixa. É possível que esses litígios sejam simples, por exemplo,

---

[39] Considerando que a tutela do patrimônio público e social se adequada entre os direitos ditos como coletivos lato sensu. Na mesma toada, entende-se que a atuação de agentes públicos que flagrantemente agem em desconformidade com o interesse público e causa graves prejuízos ao erário incorrem em atos de improbidade administrativa. Com efeito, a probidade administrativa, em síntese, significa o atuar do gestor público na forma legal, moral e ética, consoante imposição da Constituição Federal. Assim, a violação ao princípio da probidade, em qualquer das modalidades previstas nos artigos 9.º, 10 e 11 da Lei da Improbidade Administrativa, ofende diretamente o interesse difuso da coletividade, consistente na exigência de que a Administração e seus agentes atuem em conformidade com a ordem constitucional. Levando-se em consideração os fundamentos em questão, os gestores públicos envolvidos no caso em estudo também foram responsabilizados pela prática de atos ímprobos, de acordo com a relação de ações judiciais elencadas na súmula do caso.

[40] RESP nº 1.108.010, Segunda Turma. Rel, Min. Hermann Benjamin. Julg. 21.05.2009. DJE, 21 ago. 2009.

CASEBOOK DE PROCESSO COLETIVO

quando a reparação ambiente consistir em uma providência facilmente definível. Por outro lado, pode haver casos de divergência científica legítima acerca da melhor forma de se tutelar o bem jurídico lesado, o que ensejará maior complexidade.

Os litígios globais também revelam que, em um problema coletivo, a soma das partes pode não corresponder ao todo. Nenhum dos indivíduos que compõe a sociedade se importa suficientemente com o litígio para agir, de modo que a soma dos interesses individuais é zero. Mas o interesse coletivo, da sociedade, em evitar ou reparar a lesão, é significativo e, dependendo do caso, pode ser elevado. Embora o aquecimento global interesse muito pouco da perspectiva individual, ele pode ser a diferença entre a vida e a morte do ser humano no planeta.[41]

3.5. Das mazelas inerentes à duração do processo judicial e a importância da técnica processual da tutela inibitória

Considerado a relevância constitucional do patrimônio público, a primeira linha de proteção deve se a tutela preventiva, uma vez que nem sempre os danos podem ser ressarcidos em pecúnia, bem como a execução de eventual condenação por ressarcimento dificilmente consegue recuperar o bem público em sua inteireza, seja em razão da impossibilidade de mensuração exata, seja pela ausência de bens passíveis de penhora dos executados.

Ademais, ainda cabe mencionar as diversas mazelas inerentes ao tempo de tramitação de processos judiciais, porquanto, conforme dados do Conselho Nacional de Justiça, no relatório Justiça em Números 2019 (ano base 2018), o tempo médio de tramitação de processos de conhecimento é de 2 (dois) anos e 04 (quatro) meses na Justiça Estadual e 1 (um) ano e 10 (dez) meses na Justiça Federal, Enquanto a fase de execução na Justiça Federal é de 8 (oito) anos e 1 (um) mês e na Justiça Estadual é 6 (seis) anos e 2 (dois) meses.[42].

---

[41] VITORELLI, Edilson. *O Devido Processo Legal Coletivo*: dos direitos aos litígios coletivos. São Paulo: Editora Revista dos Tribunais, 2019, p. 82-83.).

[42] Disponível em: https://www.cnj.jus.br/pesquisas-judiciarias/justica-em-numeros/. Acesso em: 24.11.2019. Para um estudo mais aprofundado sobre a mazelas na Justiça brasileira, cumpre conferir o estudo empírico de Erik Navarro Wolkart sobre a análise econômica do processo civil, uma vez que o autor interprete os dados da Justiça em Números 2016 e também faz uma comparação dos dados a Justiça brasileiro com a de outros países (WOLKART, Erik

Levando-se em consideração esse cenário, a adequada proteção do patrimônio público impõe a utilização das técnicas adequadas para a tutela preventiva desse interesse tido como difuso.

Para tanto, as preleções do Luiz Guilherme Marinoni sobre as "Técnicas Processuais e Tutela dos Direitos"[43] afigura-se salutar, ao sustentar que o processo deve ser estruturado conforme as necessidades de proteção do direito material. Em que pese o referido processualista voltar sua doutrina principalmente para o processo judicial e o papel do juiz, não vislumbramos óbice na aplicação das lições do referido autor na atuação extrajudicial do Ministério Público, notadamente na tutela preventiva dos interesses sociais e individuais indisponíveis, inclusive o patrimônio público.

Portanto, a análise da técnica de tutela de direitos denominada tutela inibitória mostra-se útil para adequada compreensão da importância da prioridade da utilização da tutela preventiva.

Podemos denominar a referida técnica de tutela de direitos como "tutela inibitória", na esteira do processualista Luiz Guilherme Marinoni[44]. Segundo o doutrinador em referência:

> A tutela jurisdicional pode ter por objetivo a proteção contra o ilícito ou contra o dano. Ato ilícito é ato contrário ao direito. Fato danoso é prejuízo

---

Navarro. *Análise econômica do processo civil*: como a economia, o direito e a psicologia podem vencer a tragédia da justiça. São Paulo: Editora Revista dos Tribunais, 2019, p. 39-95.).

[43] Conferir: MARINONI, Luiz Guilherme. *Técnica Processual e Tutela dos Direitos*. 2. Ed. São Paulo; Editora Revista dos Tribunais, 2008.

[44] MARINONI, Luiz Guilherme. Tutela Inibitória: individual e coletiva. 10 ed. São Paulo: Editora Revista dos Tribunais, 2008. Ainda sobre o referido autor, em que pese tratar da tutela jurisdicional, suas preleções também servem para balizar o exercício da função do Ministério Público na tutela de direitos extrajudicial. Nesse tocante, trazemos à baila relevante trecho de seus ensinamentos acerca da teoria geral do processo e da tutela dos direitos: "Não há dúvidas de que a jurisdição, atualmente, tem a função de tutelar (proteger) os direitos, especialmente os direitos fundamentais. [...] O que se deseja evidenciar é que a função jurisdicional é consequência natural do dever estatal de proteger os direitos, o qual constitui a essência do Estado contemporâneo. Sem ela seria impossível ao Estado não apenas dar tutela aos direitos fundamentais e permitir a participação do povo na reivindicação dos direitos transindividuais e na correção dos desvios na gestão da coisa pública, mas sobretudo garantir a razão de ser do ordenamento jurídico, dos direitos e das suas próprias formas de tutela ou proteção". (MARINONI, Luiz Guilherme. Curso de Processo Civil: teoria geral do processo. 3. ed. São Paulo: Editora Revista dos Tribunais, 2008, p. 137-138).

CASEBOOK DE PROCESSO COLETIVO

juridicamente relevante. São conceitos que não se confundem.30 Nada obsta, inclusive, a que o mesmo processo viabilize tutela contra o ilícito e tutela contra o dano. A tutela contra o ilícito pode ser prestada de forma preventiva (tutela inibitória) ou de forma repressiva (tutela de remoção do ilícito, também conhecida como tutela reintegratória). A primeira visa a impedir a prática, a reiteração ou a continuação de um ilícito. É uma tutela voltada para o futuro. A segunda, a remover a causa de um ilícito ou os seus efeitos. É uma tutela voltada ao passado. A tutela contra o dano é sempre repressiva. Ela pressupõe a ocorrência do fato danoso. Ela pode visar à reparação do dano (tutela reparatória) ou ao seu ressarcimento em pecúnia (tutela ressarcitória).[45]

Assim, a tutela preventiva, a partir da perspectiva do processualista Luiz Guilherme Marinoni, pode ser dar essencialmente sob três modalidade: a) para impedir a ocorrência do dano; b) para impedir a repetição de uma lesão já ocorrida, ou; c) para impedir a continuidade do dano.

Tecidas essas considerações sobre essa perspectiva acerca da proteção preventiva do patrimônio público, passamos a examinar sumariamente como a tutela inibitória foi instrumentalizada no caso concreto por intermédio de uma recomendação.

3.6. A Recomendação expedida no caso Fórmula Indy e a concretização da tutela preventiva

No caso em concreto acima resumido, o Ministério Público inicialmente instaurou um inquérito civil público após tomar conhecimentos das irregularidades verificadas pelo Tribunal de Contas do Distrito Federal. A partir da deflagração desse instrumento de atuação do Ministério Público do Distrito Federal e Territórios, passou-se a acompanhar a situação envolvendo a intenção dos agentes públicos que pretendiam realizar o evento esportivo da Fórmula Indy no Distrito Federal, apesar das irregularidades detectadas.

Depois dessa medida, a atuação preventiva por parte do Ministério Público se dividiu em duas providências. A primeira consistiu no

---

[45] MARINONI, Luiz Guilherme; ARENHART, Sérgio Cruz; MITIDIERO, Daniel. *Curso de Processo Civil – Vol. 01*: Teoria Geral do Processo. 3. ed. São Paulo: Editora Revista dos Tribunais, 2017, p. 201.

ajuizamento de uma ação civil pública, com pedido liminar, para invalidar o termo de compromisso firmado pelo então governador do Distrito Federal e uma empresa rádio e televisão, para a realização do evento da Fórmula Indy no autódromo Nelson Piquet[46], ou seja, pleiteou-se uma tutela inibitória para que o evento não fosse realizado em razão das irregularidades detectadas nos atos praticados pelo então governador do Distrito. Na sequência, no bojo do inquérito civil público, expediu-se uma recomendação para que o autódromo do Distrito Federal não fosse reformado com a utilização de contrato administrativo firmado para outra finalidade, no caso, recapeamento de vias públicas.

A recomendação foi utilizada no caso concreto considerando que se trata de um eficaz instrumento para o fim pretendido de tutelar preventivamente os interesses difusos ou coletivos a cargo do Ministério Público.

No caso em estudo, a recomendação teve por objeto impedir que a reforma do Autódromo Internacional Nelson Piquet, utilizando-se do termo de compromisso assinado pelo ex-governador do Distrito Federal, notadamente ante a notícia da utilização de contrato administrativo firmado para finalidade diversa, isto é, com desvio de finalidade.

A referida conclusão acerca da potencialidade de lesão ao patrimônio público e do desvio de finalidade na utilização de contrato com objeto diverso foi devidamente sintetizada nas considerações da recomendação, conforme abaixo colacionado, oportunidade em que se cotejou os graves problemas orçamentários que o Distrito Federal enfrentava e a série de irregularidades e valores exorbitantes relativos aos contratos questionado, que comprometiam o atendimento do interesse público:

1. **Considerando** o caos orçamentário e financeiro pelo qual passa o Distrito Federal, fato notório que levou o atual Governador do Distrito Federal, por meio do Decreto 36.279/2015, a decretar situação de emergência no âmbito da Saúde Pública do Distrito Federal;

2. **Considerando** que há notícia de empregados terceirizados e servidores estão sem receberem salários/remunerações, adicionais e outros verbas de caráter alimentar em razão de falta de recursos;

---

[46] Processo TJDFT nº 2015.01.008813-6.

CASEBOOK DE PROCESSO COLETIVO

3. **Considerando** que as notícias de que fornecedores não estão recebendo pagamentos pelos bens e serviços prestados à Administração Pública, bem como que as concessionárias de serviço público não estão recebendo a contraprestação do Poder Público, o que acarretou interrupção e/ou prestação irregular de serviços públicos essenciais;

4. **Considerando** que, nessas condições, o gestor público deve privilegiar ações essenciais que visam a proteção e realização de direitos fundamentais, como saúde e educação, consoante o que determina os arts. 1º, inciso III, 3º, 5º, 37 e 70, da Constituição Federal, e art. 19 da Lei Orgânica do Distrito Federal;

5. **Considerando** que a realização do evento Fórmula Indy, desde o começo, revelou-se contrário aos interesses coletivos, além de violar, flagrantemente, o interesse da sociedade do Distrito Federal pela inversão de prioridade nas despesas públicas;

6. **Considerando** que o ex-Governador do DF e empresa [...] resolveram firmar um Termo de Compromisso, em dia desconhecido do mês de março de 2014, visto não constar a data completa, bem como a ausência de assinaturas de testemunhas e a imperativa publicação oficial do ato no DODF[47];

[...]

Nas considerações iniciais, o Ministério Público do Distrito Federal e Territórios procurou demonstrar que a grave situação financeira do Distrito Federal não permitia despender mais de trezentos milhões de reais para a realização de um evento esportivo, principalmente porque a saúde pública estava passando por graves dificuldades, como falta de medicamente e não pagamento de fornecedores, bem como que os servidores públicos tiveram atrasos no recebimento de suas remunerações.

Dessa forma, evidenciou-se que os gestores públicos implicados não estavam agindo no interesse da sociedade, mas sim buscando objetivos estranhos ao interesse público primário.

Após as considerações sobre a desconsideração da realização dos direitos fundamentais que envolvem necessariamente gastos públicos,

---

[47] Disponível em: https://www.mpdft.mp.br/portal/pdf/noticias/janeiro%202015/RecomendacaoAutodromo.PDF. Acesso em: 24.01.2020.

teceu-se diversos apontamentos sobre as irregularidades que implicavam no gasto indevido de recursos públicos, principalmente questões atinentes aos vícios detectados nos procedimentos administrativos deflagrados para cumprir o intento do então governador do Distrito Federal com a empresa de televisão. Vejamos os termos das considerações feitas no caso em estudo:

[...]

16. **Considerando** que o projeto previsto para as obras no Autódromo Internacional Nélson Piquet continha um valor estimado inicialmente em torno de R$ 98 milhões, mas que, ao ser "redimensionado", aumentou para R$ 312.292.030,82;

17. **Considerando** que o Edital de Concorrência 26/2014, editado para realização das obras, previa a abertura do certame para o dia 12/11/2014, ou seja, menos de 04 meses da realização do evento;

18. **Considerando** que se constatou diversas falhas e impropriedades no certame, razão pela qual o Tribunal de Contas do Distrito Federal proferiu a Decisão no 5528/2014, determinando a suspensão da concorrência vertente;

19. **Considerando**, todavia, que na mesma data, a Terracap e a Novacap passaram a viabilizar as obras, mediante a prestação de serviços, não se sabe a que título, sob que valor, certame, projeto, etc, sendo certo que se admitiu que as obras de fresagem, bem como de recapeamento e de toda a área de escape fossem realizadas por meio de um contrato que já existia, desde 2009, com objeto diverso, celebrado com uma empresa de nome Basevi, sendo flagrante a ofensa à Lei de Licitações;

20. **Considerando** que a despeito de tudo isso, é provável que a empresa acima referida tenha sido agraciada com valores que superam os R$ 18 milhões de reais, repita-se, sem licitação e sem contrato específicos;

21. **Considerando** que, enquanto uma empresa recebe pelos serviços executados, ao arrepio da legislação, outras reclamam que a Novacap não cumpre a ordem cronológica de pagamentos, violando o artigo 5º da Lei de Licitações, o que se constitui em crime, nos termos do artigo 92 da mesma lei;

22. **Considerando**, do mesmo modo, que, enquanto a Novacap esforçava-se, a todo o custo, para realizar evento não essencial para cidade, seus empregados ficaram sem receber, ao ponto de paralisarem;

CASEBOOK DE PROCESSO COLETIVO

23. **Considerando**, todavia, que as obras seguem, tendo sido lançados dois PE, um, 75/14, no valor de R$ 4.612.905,29, e outro, 77/14, no valor de R$ 12.379,142,16, ambos suspensos pelo TCDF;[48]

Apreciando-se os termos dos considerandos acima transcritos, verificou-se que a tutela preventiva instrumentalizada por intermédio da recomendação visou impedir a prática e a continuação do ilícito potencialmente lesivo ao patrimônio público[49]. Isso porque a recomendação apresentou a seguinte conclusão para os gestores públicos responsáveis pela prática dos atos sindicados:

[...] o Ministério Público do Distrito Federal e Territórios – MPDFT vem **recomendar** a Vossas Exas., presidentes da Terracap e da Novacap que **abstenham-se de licitar, realizar, autorizar, empenhar, liquidar, reconhecer ou pagar quaisquer despesas relacionadas com a reforma do Autódromo Internacional Nélson Piquet, utilizando-se do termo de compromisso assinado pelo ex-governador do Distrito Federal, uma vez que desprovido de força normativa capaz de implicar o erário**

---

[48] Disponível em: https://www.mpdft.mp.br/portal/pdf/noticias/janeiro%202015/ RecomendacaoAutodromo.PDF. Acesso em: 24.01.2020.

[49] No que tange à natureza jurídica e importância da recomendação, urge destacar a síntese realizada por Geisa Rodrigues sobre esse instrumento de atuação do Ministério Público: "A recomendação é um instrumento previsto na Lei complementar 75/93 e na Lei Orgânica Nacional do Ministério Público dos Estados. Consiste, como sugere seu nome, na recomendação de medidas para favorecer a adequada prestação de serviços públicos ou respeito aos interesses e bens transindividuais. É uma tarefa típica de ombudsman" (RODRIGUES, Geisa de Assis. *Reflexões sobre a atuação extrajudicial do Ministério Público*: inquérito civil público, compromisso de ajustamento de conduta e recomendação legal. *In:* FARIAS, Cristiano Chaves de Farias; ALVES, Leonardo Barreto Moreira Alves; ROSENVALDO, Nelson. *Temas Atuais do Ministério Público*. 3. ed. Salvador; Editora JusPodivm, 2012, p. 253). Sobre o regramento da recomendação, o Conselho Nacional do Ministério Público publicou a Resolução nº 164/2017, que a conceituou nos seguintes termos: "Art. 1º A recomendação é instrumento de atuação extrajudicial do Ministério Público por intermédio do qual este expõe, em ato formal, razões fáticas e jurídicas sobre determinada questão, com o objetivo de persuadir o destinatário a praticar ou deixar de praticar determinados atos em benefício da melhoria dos serviços públicos e de relevância pública ou do respeito aos interesses, direitos e bens defendidos pela instituição, atuando, assim, como instrumento de prevenção de responsabilidades ou correção de condutas. Parágrafo único. Por depender do convencimento decorrente de sua fundamentação para ser atendida e, assim, alcançar sua plena eficácia, a recomendação não tem caráter coercitivo."

distrital, e do Contrato nº 63/2014, porquanto está maculado de diversas irregularidades, além de lesivo aos cofres públicos, principalmente ao da Terracap.

Urge assinalar que o não atendimento da presente RECOMENDAÇÃO poderá sujeitar os notificados às medidas judiciais e extrajudiciais, inclusive aplicação de multas administrativas previstas na legislação pertinente e a responsabilização criminal, civil e por improbidade administrativa dos gestores públicos que lhe deram causa.[50]

Com efeito, ao ser optar pela utilização da recomendação, a tutela preventiva extrajudicial foi privilegiada ao invés do ajuizamento de uma ação civil pública com pedido de obrigação de não fazer (tutela judicial inibitória).

Deveras, deixou-se as demandas perante o Poder Judiciário para um segundo momento, no caso a tutela ressarcitória (reparação dos prejuízos financeira) e a tutela repressiva, que incluiu tanto a ação de responsabilidade por ato de improbidade administrativa quanto ação penal pública contra os ex-presidentes da NOVACAP e da TEERACAP, conforme acima registrado.

Tomando como ponto de partida a primazia da tutela preventiva extrajudicial, em contraposição ao paradigma do Ministério Público demandista, cumpre analisar esse novo guia do exercício no múnus do *Parquet*, que guarda estreita relação com perspectiva do Ministério Público resolutivo.

4. A perspectiva resolutiva do Ministério Público e a primazia da tutela preventiva
4.1. O Ministério Público resolutivo na tutela dos direitos coletivos
Já foi abordado que no controle preventivo, por meio de providências extrajudiciais ou até mesmo por meio de ações judiciais, busca-se impedir ou, ao menos, minorar o surgimento dos danos patrimoniais. Em relação à tutela repressiva, após a configuração do dano ou presente a ilicitude civil, criminal ou administrativa, visa-se a recomposição integral do patrimônio público lesado e responsabilizar os respectivos causadores.

---

[50] Disponível em: https://www.mpdft.mp.br/portal/pdf/noticias/janeiro%202015/RecomendacaoAutodromo.PDF. Acesso em: 24.01.2020.

A referida distinção merece ser destacada porque na formação jurídica tradicional brasileira tem se enraizados mais os aspectos repressivos e demandista, normalmente tidos como as únicas vias adequadas para a tutela de direitos.

Levando-se em consideração esse cenário e novo perfil constitucional do Ministério Público, que foi incumbindo a missão de promover os valores democráticos e concretizar os direitos fundamentais previstos na Constituição Federal, inclusive protege-los de forma adequada e efetiva, deve o Ministério Público adotar uma mudança de postura necessária à simplificação dos procedimentos, com a desburocratização e a informalização,valorizando-se a atuação extrajudicial e o uso dos meios autocompositivos de solução de conflitos.[51]

Ao se interpretar o disposto nos artigos 127 e 129 da Constituição Federal, principalmente sob o prisma da máxima efetividade dos direitos fundamentais, entende-se que o Ministério Público tem o dever de tutelar os direitos sociais e individuais indisponíveis. Partindo dessa premissa, evidencia-se que o Ministério Público tem o dever de assegurar a proteção adequada desses direitos consagrados pela Constituição.

O Ministério Público, consoante o desenho institucional conferido pela Lei Maior, é uma instituição fundamental para a conformação e efetivação do Estado Democrático de Direito. Da mesma forma, as missões constitucionais da Instituição representam a dimensão prática do Estado Democrático de Direito, ou seja, no momento em que os membros do MP promovem a tutela coletiva da sociedade estão, na verdade, efetivando os

---

[51] DAHER, Lenna Luciana Nunes. *Ministério Público Resolutivo e o Tratamento Adequado dos Litígios Estruturais*. Dissertação apresentada ao curso de pós-graduação stricto sensu em Direito da Universidade Católica de Brasília, como requisito parcial para obtenção do título de mestre em Direito. Orientador: Prof. Dr. José Eduardo Sabo Paes. Brasília, 2018, p. 21. Ainda sobre essa promissora linha de atuação do *Parquet*, Lenna Daher consigna que: "No paradigma resolutivo, em síntese, o órgão do Ministério Público atua para prevenir ou solucionar, de modo efetivo, o conflito, o problema ou a controvérsia envolvendo a concretização de direitos ou interesses para cuja defesa e proteção é legitimado, por meio do uso regular dos instrumentos jurídicos, para a resolução extrajurisdicional ou jurisdicional dessas situações. No que concerne ao uso dos instrumentos jurídicos à disposição do Ministério Público para o cumprimento de sua missão constitucional, cabe reconhecer que a atuação resolutiva requer o emprego de todos os meios legítimos, previstos não taxativamente na legislação, para assegurar a efetividade dos direitos." – p. 23.

compromissos do Estado Democrático de Direito, constantes no artigo 3º da Constituição da República.

Nessa senda, as atribuições e garantias do Ministério Público conferem a própria dimensão constitucional o Ministério Público, pois revelam seu verdadeiro e legítimo papel social.

As funções institucionais do Ministério Público, previstas no texto constitucional, destinam-se a cumprir o estabelecido no caput do artigo 127 da Lei Fundamental, bem como promover, por sua atuação, os direitos fundamentais dos cidadãos. Logo, em todas suas atividades, o Ministério Público deverá sempre atuar na defesa dos interesses sociais (interesse público primário), buscando os relevantes valores democráticos, em especial o acesso dos cidadãos à devida prestação jurisdicional e à Justiça

O acesso à Justiça, em toda sua amplitude, é um direito fundamental do cidadão – art. 5º, inciso XXXV, da Constituição da República e art. 8.1 da Convenção Americana sobre Direitos Humanos (Decreto no 678/1992 combinado com o parágrafo 2º, do art. 5º da Lei Maior) – e encontra fértil possibilidade de efetivação por intermédio do processo coletivo.

Assim, a atuação extrajudicial do Ministério Público deve levar em consideração moderno perfil institucional, deixando-se de ser uma instituição basicamente reativa, que apenas atua demandando e sendo provocado pelo Poder Judiciário, para assumir uma posição proativa e empreendedora ao poder atuar na resolução de conflitos e na tutela de direitos fora da esfera judicial[52].

Sobre esse recorte na forma de atuação do Ministério Público, impende registrar as precisas considerações de Marcelo Pedroso Goulart[53]:

> No paradigma demandista, a atuação do Ministério Público é limitada, reativa e apresenta baixo grau de efetividade. As atividades práticas

---

[52] RODRIGUES, Geisa de Assis. *Reflexões sobre a atuação extrajudicial do Ministério Público*: inquérito civil público, compromisso de ajustamento de conduta e recomendação legal. *In:* FARIAS, Cristiano Chaves de Farias; ALVES, Leonardo Barreto Moreira Alves; ROSENVALDO, Nelson. *Temas Atuais do Ministério Público*. 3. ed. Salvador; Editora JusPodivm, 2012, p. 210.

[53] GOULART, Marcelo Pedroso. *Corregedorias e Ministério Público Resolutivo*. Revista Jurídica da Corregedoria Nacional do Ministério Público: o papel constitucional das Corregedorias do Ministério Público, v. 1. Brasília: CNMP, 2016. p. 219.

CASEBOOK DE PROCESSO COLETIVO

desenvolvem-se nos limites espaciais da comarca e funcionais do processo, sob a regência de agentes que atuam de forma individualizada e isolada e que têm como horizonte a solução judicial dos problemas que lhes são postos. No paradigma resolutivo, a atuação é proativa, integrada, desenvolvida em escalas múltiplas de organização espacial e marcada pela busca da eficácia. Nesse novo modelo, as atividades práticas são orientadas pelo conhecimento da realidade produzido na interlocução da Instituição com os movimentos sociais e a comunidade científica, bem como pela pesquisa exaustiva dos fatos em sede procedimental. Potencializa-se, nas atividades extrajudiciais, o papel do agente político como construtor de consensos emancipadores e, nas atividades judiciais, o papel do agente processual como fomentador de decisões justas.

Segundo Lenna Daher, a "[...] atuação resolutiva, sem excluir a porta de entrada do Poder Judiciário, quando essa se mostrar a mais adequada para a tutela dos direitos, é proativa, reflexiva e fundada na análise qualificada da realidade social, em sede procedimental, com o objetivo de encontrar a solução efetiva para o conflito, potencializando-se na utilização dos instrumentos extrajurisdicionais."[54], como a recomendação[55] e o termo de ajustamento de conduta[56].

Assim, a atuação resolutiva do Ministério Público na esfera extrajudicial se afigura como aquela compromissada com a efetiva resolução da ameaça ou lesão aos direitos coletivos tutelados, a fim de que sejam

---

[54] DAHER, Lenna Luciana Nunes. *Ministério Público Resolutivo e o Tratamento Adequado dos Litígios Estruturais*.2018. f. 157. Dissertação (Mestrado em Direito). Universidade Católica de Brasília, p. 22.

[55]

[56] Nas lições de Geisa Rodrigues, o "compromisso de ajustamento de conduta é uma solução extrajudicial de conflito muito utilizada na defesa dos direitos transindividuais, especialmente na proteção do meio ambiente. [...] O ajuste de conduta tem (sic) enseja tutela preventiva da lesão ao direito transindividual. Como é cediço, a reparação de danos a estes direitos, de nítido viés repressivo é, em muitos casos, inviável. A possibilidade do ajuste de conduta *"antecipar-se à sentença de cognição"*, e até mesmo, quando possível, evitar a ocorrência do dano, existe justamente para ampliar esse seu atributo". (RODRIGUES, Geisa de Assis. *Reflexões sobre a atuação extrajudicial do Ministério Público*: inquérito civil público, compromisso de ajustamento de conduta e recomendação legal. *In:* FARIAS, Cristiano Chaves de Farias; ALVES, Leonardo Barreto Moreira Alves; ROSENVALDO, Nelson. *Temas Atuais do Ministério Público*. 3. ed. Salvador; Editora JusPodivm, 2012, p. 232).

9. O GRAND PRIX DE FÓRMULA INDY

adequadamente protegidos de forma específica, seja sob o viés inibitório (impede, inibe ou cessar a lesão) ou mesmo na perspectiva compensatória.

De acordo com essas premissas, na tutela coletiva, que incluiu o patrimônio público, o Ministério Público deverá priorizar a atuação preventiva, a fim de impedir a violação dos direitos mais caros para a sociedade, além de combater de modo articulado e eficiente as condutas danosas aos direitos transindividuais[57].

Ainda sobre a importância da atuação resolutiva do Ministério Públicos, vale conferir elucidativa conclusão de Lenna Daher[58]:

> Pode-se dizer, portanto, que, diante da configuração constitucional dos direitos e das garantias fundamentais e do perfil traçado para o Ministério Público, a instituição deve empregar todos os meios legítimos, mesmo que não previstos expressamente em lei ou na Constituição, para prevenir ou solucionar, de modo efetivo, nos planos jurisdicional ou extrajurisdicional, o conflito, o problema ou a controvérsia envolvendo a concretização de direitos ou interesses para cuja defesa e proteção é legitimado.

> Nessa perspectiva, a atuação resolutiva se coaduna com o cumprimento do novo papel constitucional do Ministério Público, de agente de transformação social e de Instituição garantia de acesso à Justiça, posto que, nesse paradigma, os métodos de solução dos conflitos, problemas e controvérsias extrapolam a via do Poder Judiciário para abranger todos os instrumentos legítimos para a concretização dos direitos, espírito da terceira onda de enfoque global de acesso à Justiça.

> Sobre esse modo de atuação do Ministério Público, o relatório Ministério Público – Um Retrato (ano-base 2017), elaborado pelo Conselho Nacional do Ministério Público registrou que a instauração de procedimentos pelo Ministérios Públicos Estaduais e pelo Ministério Público do Distrito Federal e Territórios relativos ao patrimônio público corresponde a

---

[57] ALMEIDA, Gregório Assagra de. *O Ministério Público no neoconstitucionalismo*: perfil constitucional e alguns fatores de ampliação de sua legitimidade social. *In:* FARIAS, Cristiano Chaves de Farias; ALVES, Leonardo Barreto Moreira Alves; ROSENVALDO, Nelson. *Temas Atuais do Ministério Público*. 3. ed. Salvador; Editora JusPodivm, 2012, p. 65.

[58] DAHER, Lenna Luciana Nunes. *Ministério Público Resolutivo e o Tratamento Adequado dos Litígios Estruturais*.2018. f. 157. Dissertação (Mestrado em Direito). Universidade Católica de Brasília, p. 24

CASEBOOK DE PROCESSO COLETIVO

10,3% (dez vírgula três por cento), enquanto o percentual relativos ao tema improbidade administrativa corresponde a 16,5% (dezesseis vírgula cinco por cento). Em comparação ao Ministério Público Federal, verifica-se que o percentual se altera, uma vez que o percentual de procedimentos instaurados para tratar do patrimônio público corresponde a 7,5 (sete vírgula cinco por cento) enquanto o percentual concernente à improbidade administrativa é de 23.6% (vinte e três vírgula seis por cento).[59]

Assim, note-se que ainda há uma tênue relação de proporcionalidade entre a tutela repressiva e a tutela preventiva, uma vez que quando há a instauração de inquéritos civis para apurar atos de improbidade normalmente já se passou da fase preventiva para a responsabilização dos causadores de lesão ao interesse público.

4.2. Tutela preventiva e o Ministério Público como *ombudsman*

A tutela preventiva é a mais genuína forma de proteção jurídica no contexto do Estado Democrático de Direito, porquanto mais consectária com o paradigma do Ministério Público resolutivo e da diretriz da prevenção geral.Por intermédio da tutela preventiva, o Ministério Público ataca diretamente ilícito prioritariamente na origem, de modo a se evitar a prática ou a continuidade. Desse modo, procura-se evitar a ocorrência do dano, que seria objeto da tutela repressiva, ou seja, ressarcimento e/ou responsabilização[60].

Essa metodologia de atuação, somada ao perfil constitucional do Ministério Público, conforma a Instituição a exercer a função de *ombudsman* brasileiro e instrumento de canalização das demandas sociais.

Antes de tratarmos da função de *ombudsman* do Ministério Público, cumpre trazer notícia histórica acerca dessa figura estatal, consoante as lições de Antônio Cláudio da Costa Machado[61]:

---

[59] Disponível em: https://www.cnmp.mp.br/portal/images/ Publicacoes/documentos/2019/ Anu%C3% A1rio_um_retrato_ 2018_ERRATA_1.pdf .Acesso em: 2.11.2019.

[60] ALMEIDA, Gregório Assagra de. *O Ministério Público no neoconstitucionalismo*: perfil constitucional e alguns fatores de ampliação de sua legitimidade social. *In:* FARIAS, Cristiano Chaves de Farias; ALVES, Leonardo Barreto Moreira Alves; ROSENVALDO, Nelson. *Temas Atuais do Ministério Público*. 3. ed. Salvador; Editora JusPodivm, 2012, p. 65.

[61] *Apud* MAZZILLI, Hugo Nigro. *O acesso à justiça e o Ministério Público*. 5. ed. São Paulo: Saraiva, 2007, p.134.

9. O GRAND PRIX DE FÓRMULA INDY

[...] nos países escandinavos, existe a figura do *ombudsman*, que desempenha funções semelhantes às do Ministério Público. Na Suécia, o *ombudsman* foi criado em 1809 como forma de permitir ao Parlamento controlar a observância das leis e disposições por todos os magistrados e funcionários públicos civis e militares. A superveniência do *ombudsman* cobre todos os entes estatais, bem como seu pessoal; todos que exercem autoridade, na verdade. Trata-se de órgão investigatório que depende, fundamentalmente, para atuar, das queixas do público em geral e de sua própria iniciativa.

Assim, nos países em que esse órgão estatal é consagrado, o *ombudsman*[62] é encarregado de exercer o controle sobre as atividades da administração e de defender os interesses da coletividade. No Brasil, merece referência o disposto no inciso II do artigo 129 da Constituição da República, que deu o seguinte mister ao Ministério Público: "zelar pelo efetivo respeito dos Poderes Públicos e dos serviços de relevância pública aos direitos assegurados nesta Constituição, promovendo as medidas necessárias a sua garantia".

Antes desse regramento constitucional, o cidadão não tinha muitos instrumentos de controle, de influência ou de acesso à administração. O Ministério Público, em razão de sua evolução institucional, acabou por condensar o atendimento ao público; assim, na esteira de Hugo Nigro Mazzilli[63], começou a açambarcar, de direito e de fato, as funções correspondentes ao *ombudsman*. No que concerne a esse mister, Emerson Garcia sintetiza sua essência nesses termos:

---

[62] De acordo com José Fernando da Silva Lopes, são estas as características fundamentais do *ombudsman* escandinavo: "*a*) é um agente político do parlamento, sem vinculação político--partidária, e designado, por tempo certo, através de consenso parlamentar; *b*) possui independência política e não está sujeito, depois de designado, ao controle parlamentar; *c*) destina-se a investigar, com ou sem provocação popular, violações da ética de governo, em todos os níveis, as injustiças e os erros da administração; *d*) detém amplo poder de investigar e de concluir as suas investigações, e todo aparato do Estado está sujeito às suas atividades investigatórias; *e*) não interfere na atuação específica do poder estatal e nem tem poder de punir ou reparar qualquer injustiça; apenas investiga, conclui e leva a sua conclusão ao conhecimento da opinião pública". (*Apud* MAZZILLI, Hugo Nigro. *O acesso à justiça e o Ministério Público*. 5. ed. São Paulo: Saraiva, 2007, p.135).

[63] MAZZILLI, Hugo Nigro. *O acesso à justiça e o Ministério Público*. 5. ed. São Paulo: Saraiva, 2007, p. 135.

CASEBOOK DE PROCESSO COLETIVO

O *ombudsman* tem a relevante missão de zelar pelo constante aperfeiçoamento da atividade estatal e, *ipso iure*, controlar a probidade administrativa dos agentes públicos. A depender da independência que seja assegurada ao órgão e da seriedade com que seja exercida a função, ter-se-á um eficaz mecanismo de prevenção dos atos de improbidade. Os ímprobos terão a certeza de que, além dos tradicionais meios de controle interno, dispõe o Poder Público de um mecanismo aglutinador de todas as informações de que dispõem os administrados, o que permitirá uma visão de sistema e uma fiscalização dotada de máxima efetividade, erigindo-se como importante mecanismo inibidor da ilicitude.[64]

Nos trabalhos da Assembleia Nacional Constituinte, verificou-se que o Ministério Público já estava estruturado em carreira e existia em todo o território nacional; assim, foi-lhe conferida tal função de controle dos diversos controles (parlamentar ou político, administrativo e judiciário)[65].Nesse sentido, Hugo Nigro Mazzilli faz a seguinte afirmação[66]:

---

[64] GARCIA, Emerson; ALVES, Rogério Pacheco Alves. *Improbidade Administrativa*. 8. ed. São Paulo: Editora Saraiva, 2014, p. 197.

[65] Nesse tocante, Carlos Roberto de C. Jatahy faz as seguintes ponderações: "[...] as funções executiva, legislativa e judiciária, atribuídas aos três Poderes Constituídos, realizam controles específicos (controle administrativo, controle político e controle judiciário), mas apresentam entre si separação excessivamente rígida e insuficiente. O controle parlamente, por sua natureza política, deixa de penetrar em várias zonas cinzentas e em situações concretas de omissividade ou negligência dos agentes públicos. O controle jurisdicional é também insuficiente, por sua natureza casual e individualista, porquanto depende de provocação da parte interessada. O controle administrativo interno, por sua vez, exatamente por remanescer ao alvedrio de autoridades públicas da Administração ativa, é freqüentemente menosprezado, quando não solapado. Em função exatamente da insuficiência dos diversos controles, fez-se necessário o surgimento de um órgão que se encarregasse do controle residual, buscando associar as vantagens das diversas espécies de controle. Assim, coube ao Ministério Público exercer tais funções, velando pela atuação da Administração Pública dentro dos primados constitucionais determinados, podendo aduzir medidas judiciais e extrajudiciais para concretizar tal atividade [...]". (JATAHY, Carlos Roberto de C. *O Ministério Público e o Estado Democrático de Direito*: perspectivas constitucionais de atuação institucional. Rio de Janeiro: Lumen Júris, 2007, p. 30).

[66] MAZZILLI, Hugo Nigro. *O acesso à justiça e o Ministério Público*. 5. ed. São Paulo: Saraiva, 2007, p. 136.

9. O GRAND PRIX DE FÓRMULA INDY

[...] o constituinte de 1988 abandonou a idéia de um *ombudsman* à parte, e optou por conferir ao Ministério Público: *a*) maiores garantias e autonomias, ampliando seu campo de fiscalização e atuação; *b*) privatividade na promoção da ação penal pública; *c*) legitimação concorrente para promover ações púbicas na defesa do patrimônio público e social, do meio ambiente e de outros interesses difusos e coletivos; *d*) controle externo sobre a atividade da polícia; *e*) zelo pelo efetivo respeito dos Poderes Públicos e dos serviços de relevância pública aos direitos assegurados na Constituição, conferindo-lhe a promoção das medidas necessárias a sua garantia.

Com base nessas considerações, a Lei Fundamental brasileira elegeu a instituição do Ministério Público como o guardião dos direitos constitucionais do cidadão. O Ministério Público, conforme visto anteriormente, já estava organizado em carreira em todo território nacional, assim, o constituinte entende de bom alvitre conferir aos membros da Instituição instrumentos aptos a cumprir esse desiderato constitucional.

Assim, a tutela dos direitos do cidadão tornou-se a função primordial do Ministério Público, conquanto este não tenha a exclusividade dessa tarefa – com exceção da ação penal pública –, tendo a Constituição de 1988 erigido o Ministério Público como o defensor do povo, ainda que não tenha mencionado esse mister expressamente[67].

Por intermédio da tutela dos direitos coletivo, seja extrajudicialmente, seja perante o Poder Judiciário, a Instituição ministerial pode defender os direitos fundamentais do cidadão em larga escala, possibilitando a democratização do acesso à Justiça (efetiva tutela dos direitos).

Portanto, o papel do Ministério Público resolutivo na tutela preventiva dos direitos coletivos deve ser exercido de forma efetiva, razão pela qual se afigura imprescindível a sua inserção no seio social, para que venha a se inteirar das possíveis condutas causadores de lesão, por exemplo, ao patrimônio público. Ademais disso, pode-se exigir dos órgãos públicos a adoção de providências voltadas para a preservação do erário ou, por derradeiro, exigir isso perante o Poder Judiciário, priorizando-se tutela jurisdicional inibitória ao invés da repressiva, que deve ser a *ultima ratio*.

---

[67] MAZZILLI, Hugo Nigro. *O acesso à justiça e o Ministério Público*. 5. ed. São Paulo: Saraiva, 2007, p.137.

CASEBOOK DE PROCESSO COLETIVO

Na área coletiva, o Ministério Público deverá priorizar a atuação preventiva para evitar a violação dos direitos sociais, além de combater de modo articulado e eficiente as condutas danosas aos direitos transindividuais.

Conclusões

Percebeu-se, a partir da análise do caso concreto e do recorte sobre a atuação extraprocessual do Ministério Público, que é preferível que a tutela dos direitos coletivos seja realizada de forma preventiva, notadamente em razão da celeridade dos meios de atuação extrajudicial, se comparada com o tempo de tramitação dos processos no Poder Judiciário, notadamente se considerada a soma do tempo de tramitação da fase do conhecimento e execução/cumprimento.

Verificou-se nas considerações acima tecidas que a postura resolutiva do Ministério Público na tutela preventiva do patrimônio público é ainda mais salutar, haja vista as dificuldades inerentes ao ressarcimento integral da lesão pela via judicial ou mesmo a impossibilidade de retorno ao *status quo*.

Por isso, mostrou-se bastante útil o estudo de um caso concreto para se possibilitar uma análise comparativa das vantagens e desvantagens de preferência pela tutela preventiva extrajudicial. As vantagens foram devidamente ressaltadas durante este breve ensaio. No que concerne a alguns aspectos negativos, podemos destacar que o efetivo cumprimento coercitivo somente se perfaz pela via processual, inclusive no cumprimento forçado de um termo de ajustamento de conduta – TAC.

Não obstante, a tutela preventiva ainda se mostra preferível, sendo que a solução pode ser obtida pelo consenso ou convencimento dos agentes públicos ou privados, seja por intermédio de recomendações ou reuniões, seja por meio de termo de ajustamento de conduta pactuado com os implicados, notadamente pela maior possibilidade de detalhamento das obrigações assumidas no TAC em comparação com eventual obrigação imposta em uma decisão judicial.

Conforme acima registrado, no caso em estudo, o Ministério Público do Distrito Federal e Territórios protegeu o patrimônio público por meio de uma recomendação dirigida aos agentes públicos responsáveis pelos atos causadores de lesão ao erário, a qual foi prontamente atendido sem a necessidade de intervenção do Poder Judiciário. Assim, conseguiu-se uma solução rápida e sem transferência da resolução do problema para o Poder Judiciário, que, não raras vezes, encontra-se em dificuldade advindas da sobrecarga de processos em curso, o que poderia prejudicar a análise adequada do caso e ainda atrasar a resolução definitiva.

Assim, a opção estratégica de inicialmente não promover uma ação civil pública com pedido de obrigação de não-fazer no caso concreto se mostrou mais adequada para fim almejado. Nesse sentido, priorizou-se uma postura proativa e voltada para entregar à sociedade resultados que sejam socialmente efetivos e mais econômicos, considerando os custos do processo e os prejuízos advindos de eventual demora na prestação jurisdicional.

Considerando que as vantagens da atuação preventiva, inclusive com a possibilidade de se chegar a solução do problema mediante um consenso, o ajuizamento de ações por parte do Ministério Público deveria ser deixado para as hipóteses de frustração da atuação sob a postura resolutiva, principalmente porque os demais agentes públicos ou privados devem saber que serão demandados caso não se conformem ao Direito e/ou continuem atuando de modo a causar danos aos interesses sociais, inclusive o patrimônio público e social.

Com efeito, deve se dar primazia na atuação resolutiva do Ministério Público na tutela preventiva do patrimônio, uma vez que, no caso em estudo, mostrou-se mais a efetiva em razão da célere cessação dos atos lesivos ao erário.

Referências

ALMEIDA, Gregório Assagra de. *Direito material coletivo*: Superação da *summa divisio* direito público e direito privado por uma nova *summa divisio* constitucionalizada. Belo Horizonte: Del Rey, 2008. ALVES, Airton Buzzo; RUFINO, Almir Gasquez; SILVA, José Antonio Franco da (Org.). *Funções institucionais do Ministério Público*. São Paulo: Saraiva, 2001, p. 313.

ALMEIDA, Gregório Assagra de; COSTA, Rafael de Oliveira; ALVERENGA, Samuel. *Ministério Público como função essencial à justiça na tutela dos direitos ou interesses coletivos. In:* VITORELLI, Edilson (Org.). *Manual de Direitos Difusos*. 2. Ed. Salvador: Editora JusPodvim, 2019.

ALMEIDA, Gregório Assagra de. *O Ministério Público no neoconstitucionalismo*: perfil constitucional e alguns fatores de ampliação de sua legitimidade social. *In:* FARIAS, Cristiano Chaves de Farias; ALVES, Leonardo Barreto Moreira Alves;

CASEBOOK DE PROCESSO COLETIVO

ROSENVALDO, Nelson. *Temas Atuais do Ministério Público*. 3. ed. Salvador; Editora JusPodivm, 2012

AMARAL, Bruno. Ministério Público: Organização, representações e trajetórias. Curitiba: Juruá Editora, 2007, p. 136-140.).

BAUMAN, Zygmunt. *Modernidade Líquida*. Trad Plínio Dentzien. Rio de Janeiro: Jorge Zahar, 2001.

BRASIL. CONSELHO NACIONAL DO MINISTÉRIO PÚBLICO. Resolução 23, de 17 set. 2007. Diário da Justiça, Brasília, DF, 7 nov. 2007.

__. CONSELHO NACIONAL DO MINISTÉRIO PÚBLICO. Resolução 164, de 28 de março de 2017. Diário Eletrônico do CNMP. Brasília, DF, 19 abril. 2017.

CANOTILHO, José Joaquim Gomes. Direito constitucional e teoria da constituição. Coimbra: Almedina, 2002.

CAPPELLETTI, Mauro; GARTH, Bryant. *Acesso à Justiça*. Trad. Ellen Gracie Nortfleet. Porto Alegre: Sérgio Antônio Fabris, 1988.

CARVALHO FILHO, José dos Santos. *Manual de Direito Administrativo*. 27. Ed. São Paulo: Editora Atlas, 2014

CAVACO, Bruno de Sá Barcelos. *O inquérito civil como instrumento efetivo e resolutivo na tutela dos interesses transindividuais:* desjudicialização, contraditório e participação. Revisto de Processo. Vol. 247/2015, 2015, p. 321-351.

DAHER, Lenna Luciana Nunes. Ministério Público Resolutivo e o Tratamento Adequado dos Litígios Estruturais.2018. f. 157. Dissertação (Mestrado em Direito). Universidade Católica de Brasília.

DE MIO, Geisa Paganini. *O inquérito civil e o termo de ajustamento de conduta como instrumentos efetivos para a resolução de conflitos ambientais:* a experiência da Promotoria de Justiça do Meio Ambiente da Comarca de São Carlos – SP, Tese apresentada à Escola de Engenharia de São Carlos da Universidade de São Paulo, como parte dos requisitos para a obtenção do Título de Doutor em Hidráulica e Saneamento, 2006.

DIDIER JÚNIOR, Fredie; ZANETI JÚNIOR, Hermes. *Curso de direito processual civil: processo coletivo*. 6. ed. Salvador: JusPodivm, 2011.

GARCIA, Emerson; ALVES, Rogério Pacheco Alves. Improbidade Administrativa. 8. ed. São Paulo: Editora Saraiva, 2014.

GARRIDO DE PAULA, Paulo Afonso. *O Ministério Público e os direitos das crianças e adolescentes*. In: ALVES, Airton Buzzo; RUFINO, Almir Gasquez; SILVA, José Antonio Franco da (Org.). *Funções institucionais do Ministério Público*. São Paulo: Saraiva, 2001.

FARIAS, Cristiano Chaves de Farias; ALVES, Leonardo Barreto Moreira Alves; ROSENVALDO, Nelson. *Temas Atuais do Ministério Público*. 3. ed. Salvador; Editora JusPodivm, 2012.

GOULART, Marcelo Pedroso. *Corregedorias e Ministério Público Resolutivo*. Revista Jurídica da Corregedoria Nacional do Ministério Público: o papel constitucional das Corregedorias do Ministério Público, v. 1. Brasília: CNMP, 2016.

9. O GRAND PRIX DE FÓRMULA INDY

HOLMES, Stephen; SUNSTEIN, Cass R. *O Custo dos Direitos*: porque liberdade depende dos impostos. Trad. Marcelo Brandão Cipolla. São Paulo: Editora WMF Martins Fontes Ltda., 2019.

JATAHY, Carlos Roberto de C. *O Ministério Público e o Estado Democrático de Direito*: perspectivas constitucionais de atuação institucional. Rio de Janeiro: Lumen Júris, 2007

MACIEL, José Fabio Rodrigues; AGUIAR, Renan. *História do Direito*. 4. ed. São Paulo: Editora Saraiva, 2010.

MAGALHÃES JÚNIOR, Alexandre Alberto de Azevedo. *A Tutela do Patrimônio Público*. *In:* VITORELLI, Edilson (Org.). *Manual de Direitos Difusos*. 2. Ed. Salvador: Editora JusPodvim, 2019.

MARINONI, Luiz Guilherme. *Teoria geral do processo*. São Paulo: Revista dos Tribunais, 2006.

MARINONI, Luiz Guilherme. *Técnica Processual e Tutela dos Direitos*. 2. Ed. São Paulo; Editora Revista dos Tribunais, 2008.

MARINONI, Luiz Guilherme; ARENHART, Sérgio Cruz; MITIDIERO, Daniel. *Curso de Processo Civil – Vol. 01*: Teoria Geral do Processo. 3. ed. São Paulo: Editora Revista dos Tribunais, 2017.

MARTINS, Fernando Rodrigues. *Controle do Patrimônio Público*: comentários à lei de improbidade administrativa. 3. ed.São Paulo: Editora Revista dos Tribunais, 2009

MAZZILLI, Hugo Nigro. *A defesa dos interesses difusos em juízo*: meio ambiente, consumidor, patrimônio cultura, patrimônio público e outros interesses. 21. ed. São Paulo: Saraiva, 2008.

MAZZILLI, Hugo Nigro. *O acesso à justiça e o Ministério Público*. 5. ed. São Paulo: Saraiva, 2007.

NEVES, Daniel Amorim Assumpção. *Manual de Processo Coletivo*. São Paulo: Editora Método, 2013

RODRIGUES, Geisa de Assis. *Reflexões sobre a atuação extrajudicial do Ministério Público*: inquérito civil público, compromisso de ajustamento de conduta e recomendação legal. *In:* FARIAS, Cristiano Chaves de Farias; ALVES, Leonardo Barreto Moreira Alves; ROSENVALDO, Nelson. *Temas Atuais do Ministério Público*. 3. ed. Salvador; Editora JusPodivm, 2012.

VITORELLI, Edilson (Org.). *Manual de Direitos Difusos*. 2. Ed. Salvador: Editora JusPodvim, 2019.

VITORELLI, Edilson. *O Devido Processo Legal Coletivo*: dos direitos aos litígios coletivos. São Paulo: Editora Revista dos Tribunais, 2019.

WOLKART, Erik Navarro. *Análise econômica do processo civil*: como a economia, o direito e a psicologia podem vencer a tragédia da justiça. São Paulo: Editora Revista dos Tribunais, 2019

ZAVASCKI, Teori Albino. *Processo coletivo*: tutela de direitos coletivos e tutela coletiva de direitos. 3. ed. São Paulo: Revista dos Tribunais, 2008.

CASEBOOK DE PROCESSO COLETIVO

Sites acessados

https://www.cnj.jus.br/pesquisas-judiciarias/justica-em-numeros/. Acesso em: 24.11.2019.

https://www.cnmp.mp.br/portal/images/Publicacoes/documentos/2019/Anu%C3%A1rio_um_retrato_2018_ERRATA_1.pdf .Acesso em: 2.11.2019.

http://www.mpdft.mp.br/portal/index.php/comunicacao-menu/sala-de-imprensa/noticias/noticias-2019/10961-pedalada-fiscal-ex-governador-vira-reu-por-crimes--contra-as-financas-publicas. Acesso em: 23.11.2019.

http://www.novacap.df.gov.br/objetivo/ Acesso em: 14.11.2019.

https://www.terracap.df.gov.br/index.php/conheca-a-terracaphttps://www.terracap.df.gov.br/index.php/conheca-a-terracap. Acesso: 14.11/2019.

10. Análise de Dados e a Tutela do Patrimônio Público pelo Ministério Público: uma construção à luz das constatações na coleta de provas por meio do uso da Tecnologia da Informação e as reflexões do caso Operação *Research*

Luiz Felipe Carvalho Silva[1]

Introdução

Os ilícitos contra a administração pública, tais como fraudes em licitação, fraudes em folhas de pagamento, dentre outras modalidades de dilapidações, representam considerável prejuízo para o erário.

O Ministério Público – MP, em missão encartada pela Constituição Federal de 1988 sintetizada no seu art. 127 e descrita no art. 129, se ocupa da investigação e da promoção de ações que visam reprimir os ilícitos aludidos.

No entanto, a grande questão que surge na tutela do patrimônio público e que precisa ser respondida é se as ações no intuito de coibir as práticas fraudulentas têm sido produzidas e planejadas com a máxima eficiência dentro do escopo de tão importante linha de atuação, que visa minimizar os impactos causados pela corrupção, bem como aumentar a responsabilidade no desenvolvimento de instrumentos eficazes de combate e controle de tais práticas.

Diversas técnicas de análise de grande volume de dados podem ser utilizadas para embasar, diretamente, a atuação dos órgãos de controle,

---

[1] Procurador do Ministério Público Militar. Mestrando em Direito pela Universidade Católica de Brasília.

CASEBOOK DE PROCESSO COLETIVO

fiscalização e persecução, em especial na tutela contra a utilização fraudulenta ou ineficiente de recursos públicos.

Isto se dá, pois, em grande parte, observamos que o mundo passou por uma revolução digital nas últimas décadas. Gradualmente, serviços e atividades cotidianas foram informatizadas, o que gerou, consequentemente, uma revolução, na coleta de provas.

É pensando nisso que o avanço na temática de análises técnicas e pesquisas em bases de dados e sistemas, e a modelagem no desenvolvimento de ferramentas tecnológicas de apoio à tutela do patrimônio público precisam ser a nova pauta de um Ministério Público focado no combate à criminalidade avançada.

Automatizar e utilizar inteligência técnica na análise de dados, bem como elaborar relatórios que servem de subsídio para o combate à corrupção e à improbidade administrativa são plenamente justificáveis na era dos dados e da revolução tecnológica.

Os modelos de análise de dados permitem, por exemplo, que o processo de seleção das empresas que serão objeto de investigações pelos órgãos de controle deixe de ser majoritariamente baseado em denúncias e evidências anedóticas – como ocorre hoje – para ser baseado em robustas evidências empíricas obtidas em modelos de análise de risco, ou seja, indícios com ares de provas.

No entanto, atualmente a maioria dos órgãos públicos, responsáveis pelo controle e fiscalização do patrimônio público, ainda não possui estes e outros modelos de análise de grande volume de dados, o que limita sobremaneira a sua capacidade de tutela do patrimônio público.

Ademais, cumpre notar que a utilização de tecnologia pelo governo se insere dentro de uma perspectiva mais ampla de interação com dimensões legais e institucionais[2]. Logo é indispensável a compreensão dos obstáculos legais e institucionais – bem como os obstáculos técnicos –que atrasam a difusão do uso de *data analytics*[3] por instituições públicas no Brasil.

---

[2] NAM Taewoo; PARDO Theresa A. ***Conceptualizing Smart City with Dimensions of Technology, People, and Institutions***. The Proceedings of the 12th Annual International Conference on Digital Government Research 2011.

[3] MONNAPPA Avantyka. *Data Science vs. Big Data vs. Data Analytics*. Disponível em < https://www.simplilearn.com/data-science-vs-big-data-vs-data-analytics-article>. Acesso em 31/12/2019.

10. ANÁLISE DE DADOS E A TUTELA DO PATRIMÔNIO PÚBLICO PELO MINISTÉRIO PÚBLICO

Porém, somente por meio da compreensão profunda de como se dá a operacionalização técnica de soluções de análise e processamento de bases de dados governamentais é que é possível conduzir de forma embasada a discussão a respeito dos obstáculos legais e institucionais, bem como suas possíveis soluções.

Analisando o caso que será comentado e refletido no presente excerto, nota-se que a pauta é prioritária e está em atraso, o que denota que inúmeros casos de dilapidação do patrimônio público poderiam ser melhor tutelados, caso estivéssemos diante de um uso massivo de tecnologia como forma de alavancagem resolutiva na geração, coleta, circularização e utilização de provas no combate à corrupção e improbidade administrativa.

Sob a perspectiva da tutela adequada dos direitos coletivos é importante estabelecer que se cumpriria o prisma da efetividade no sentido da justa proteção dos direitos albergados, um patrimônio público saudável, em um viés de que não haja lesão, ou de que haja uma justa e rápida reparação do dano ao erário.

1. O caso: Operação *Research*[4]

Emblemática e de profundas lições e reflexões, a operação deflagrada pelos órgãos de controle e persecução, com ampla participação social, batizada de Operação *Research*, apresenta profusos ensinamentos acerca dos modelos de provas e investigações ainda utilizados na cultura de combate à improbidade e monitoramento do governo, e que poderiam

---

[4] Inúmeras reportagens foram noticiadas acerca da Operação, sobre o assunto, vide: Disponível em: https://istoe.com.br/tag/operacao-research/. ISTO É, 15/02/2017. Acesso em 31/12/2019.
https://istoe.com.br/falsos-bolsistas-da-ufpr-eram-laranjas-conscientes-sustenta-pf/. ISTO É, 03/03/2017. Acesso em 31/12/2019.
https://istoe.com.br/pf-deflagra-segunda-fase-da-operacao-research/ ISTO É, 03/03/2017. Acesso em 31/12/2019.
https://istoe.com.br/procuradoria-denuncia-36-por-fraudes-de-r-73-milhoes-em-bolsas-na-ufpr/ ISTO É, 21/03/2017. Acesso em 31/12/2019.
https://istoe.com.br/tcu-bloqueia-bens-de-gestores-da-ufpr-suspeitos-de-autorizar-bolsas-fraudulentas/ ISTO É, 22/02/2017. Acesso em 31/12/2019.
https://tudo-sobre.estadao.com.br/operacao-research. BLOG ESTADÃO, 14/02/2019. Acesso em 31/12/2019.
https://www.uol/noticias/especiais/cidade-pequena-corrupcao-grande---sul.htm#nem-verbas-para-bolsas-de-estudos-escapam. UOL Notícias. Acesso em 31/12/2019.

CASEBOOK DE PROCESSO COLETIVO

ser redirecionados e recanalizados para uma nova sistemática focada em modelagens de tecnologia da informação, resultantes em maior resolutividade e eficiência ao Poder Público.

Em parceria com o Tribunal de Contas da União e Ministério da Transparência, Fiscalização e Controle, a Polícia Federal deflagrou a citada Operação *Research* com o objetivo de apurar a prática de desvio de recursos públicos destinados à Universidade Federal do Paraná. O nome da operação é uma referência ao objetivo central das bolsas concedidas pela unidade, destinada a estudos e pesquisas pelos alunos contemplados.

O alvo da investigação eram repasses, entre os anos de 2013 e 2016, irregulares de recursos mediante pagamentos sistemáticos, fraudulentos e milionários de bolsas a inúmeras pessoas sem vínculos com a instituição pagadora – a Universidade Federal do Paraná – UFPR.

De modo inusitado, as descobertas de indícios de fraudes nos aludidos repasses, tiveram início com uma estudante de jornalismo da UFPR, que descobriu sozinha um esquema que desviava dinheiro destinado a bolsas universitárias. A estudante iniciou sua pesquisa no final de 2014, utilizando os dados disponibilizados no portal de transparência do governo federal e as redes sociais de pessoas beneficiadas.

Na sistemática de coleta de provas, elucidou que levou certo tempo para compreender como o esquema de pagamentos era feito, mas conseguiu detectar a sistemática, baseando-se na própria experiência – já que também era bolsista e recebia pagamentos regulares da instituição, e notou que os depósitos eram sempre feitos ao mesmo tempo. Ou seja, uma bolsa-auxílio para estudantes de 400 (quatrocentos) reais, por exemplo, era sempre dada para mil a duas mil pessoas de uma só vez.

Para se certificar de que os nomes constados não eram simples erros do portal, mas recebiam, sim, os benefícios da Coordenação de Aperfeiçoamento de Pessoal de Nível Superior (CAPES), a estudante solicitou à universidade uma relação dos nomes dos bolsistas entre os anos de 2011 e 2015. A UFPR, de imediato, negou o pedido, afirmando que a informação era de cunho privado.

A estudante então fez um recurso no portal e-SIC, o Sistema Eletrônico do Serviço de Informação ao Cidadão, onde qualquer pessoa pode solicitar dados sobre o poder público. O pedido foi encaminhado à CAPES, que aceitou a requisição, sob o argumento de que a informação era pública. Deste modo, lhe foi repassada a relação de todos os bolsistas e um batimento manual no portal com a relação de nomes foi realizada pela cidadã pesquisadora.

Posteriormente, a estudante confirmou quem não eram os pesquisadores recebendo o auxílio e tentou traçar como a verba podia ter chegado em tais pessoas, por meio do auxílio de cruzamento de fontes abertas e redes sociais.

A partir deste momento, a aluna descobriu que havia envolvimento da Pró-Reitoria de Pós-Graduação da universidade, mais especificamente, da chefe da unidade de controle e execução orçamentária, já que alguns dos nomes marcados como beneficiados pelas bolsas-auxílios eram amigos dela na rede social do Facebook, alguns inclusive comentavam em suas fotos.

De maneira assombrosa a situação mostrou que pessoas que sequer possuíam curso superior, a maioria exercia profissões como cabeleireiro, motorista de caminhão, cozinheiro e outras atividades que não exigiam qualificação em campos de estudos científico, eram beneficiadas regular e sistematicamente com o pagamento das bolsas.

O caso demonstra de maneira clara que as principais instituições responsáveis pela fiscalização do cumprimento à lei aproveitam em nível baixo o potencial oferecido por técnicas de *data analytics* para ampliar a capacidade de monitoramento e fiscalização sobre gastos públicos e repasses de verbas, e na coleta de provas com o fito de enfrentamento eficaz da corrupção e da improbidade administrativa.

De modo simples, como se verá, e com técnicas não muito rebuscadas de cruzamentos de grandes volumes de dados, casos como este poderiam ser evitados de maneira preventiva, na tutela do patrimônio público.

Neste sentido, o presente estudo busca apresentar a possibilidade do processo de aprimoramento de gestão pela qual o Ministério Público deve passar para ampliar consideravelmente a aplicação de tecnologia no enfrentamento da corrupção e na tutela adequada do patrimônio público, mormente na coleta de provas que resultem em maior eficácia e eficiência na defesa da probidade.

Importante registrar que o caso também clareia a busca pela inovação aberta com apoio da sociedade civil na criação de soluções inovadoras, já que os problemas públicos e estratégicos enfrentados pelos órgãos de controle que os cegaram para enfrentar de maneira adequada os presentes desvios foram solucionados por uma cidadã preocupada, envolvida e interessada.

2. Panorama das informações e da tutela coletiva do patrimônio público pelo Ministério Público

2.1. Missão Constitucional do Ministério Público

O Ministério Público é a instituição responsável pela garantia fundamental de acesso à Justiça da sociedade, pela defesa da ordem jurídica, do regime democrático e pela proteção e a efetivação dos direitos ou interesses coletivos amplamente considerados e dos direitos individuais indisponíveis, dentre estes direitos coletivos, encontra-se a proteção salutar ao patrimônio público.

Nesta linha, a maioria da doutrina e jurisprudência entende que a tutela do patrimônio público figura como um interesse difuso, portanto afeta ao processo coletivo. O Ministro Hermann Benjamin, ao julgar o RESP nº 1.108.010, assinalou que:

> (...) o patrimônio público púbico é bem difuso por excelência. Sua proteção é simultaneamente dever e direto de todos e, por isso mesmo, apresenta-se como um dos pilares da ordem republicada instituída pela Constituição de 1988.

Não obstante, na novel classificação proposta por Edilson Vitorelli, os litígios envolvendo o patrimônio público, em regra, podem ser concebidos como sendo litígios transindividuais de difusão global, nos quais, "o interesse coletivo, da sociedade, em evitar ou reparar a lesão, é significativo e, dependendo do caso, pode ser elevado"[5] e arremata:

> (...) o grau de conflituosidade da sociedade titular do direito é muito baixo, pois as pessoas que a compõe são atingidas pela lesão de modo uniforme e pouco perceptível individualmente, fazendo com que praticamente não haja interesse pessoal no conflito.[6]

Dentro desta missão constitucional[7] outorgada ao *Parquet*, questionamentos que surgem seriam sobre as maneiras ótimas de atuação para

---

[5] VITORELLI, Edilson. *O Devido Processo Legal Coletivo: dos direitos aos litígios coletivos*. São Paulo: Editora Revista dos Tribunais, 2019, p. 82-83.

[6] Idem.

[7] Cf a Carta Magna de 1988: "Art. 127. O Ministério Público é instituição permanente, essencial à função jurisdicional do Estado, incumbindo-lhe a defesa da ordem jurídica, do regime democrático e dos interesses sociais e individuais indisponíveis.

10. ANÁLISE DE DADOS E A TUTELA DO PATRIMÔNIO PÚBLICO PELO MINISTÉRIO PÚBLICO

fins de viabilização do aludido mister, na tutela do patrimônio público, direito trasindividual indisponível.

O artigo 129 da Constituição Federal possibilita ao Ministério Público promover ação civil pública para a proteção do patrimônio público, mas a coleta de informações que abastecerão a presente ação coletiva, ou até mesmo uma atuação preventiva eficaz, são problemáticas que precisam ser solucionadas.

Isto se dá pois é inegável que o Ministério Público possui um papel de destaque na defesa dos direitos coletivos, dentre eles o de objeto em estudo, o patrimônio público e social, notadamente porque a maioria dos procedimentos envolvendo a atuação extrajudicial e judicial na defesa desses direitos tem início no âmbito do *Parquet*.

Nesta linha, o MP pode estabelecer sua linha de atuação por meio da tutela preventiva, que seria aquela que visa proteger o direito de um risco de lesão, focada primordialmente ao futuro e não ao passado e cujo objetivo principal seja no combate à prática dos ilícitos, evitando-se que resultem em danos, fundando-se na distinção entre ilícitos e danos e principalmente na boa governança e no seu papel enquanto mediador e negociador social.[8]

Caberia ainda, trabalhar-se em linha repressiva, com o aspecto ressarcitório, que, por sua vez, apresenta-se como o último objetivo, só cabendo falar em indenização quando a função preventiva tenha sido ineficaz e o dano, a lesão venha a ser considerado irreparável.

Assim, verifica-se que o aspecto preventivo possui notoriamente uma dimensão social mais significativa, sendo o aspecto repressivo, meramente subsidiário, haja vista que a reparação do dano apenas surgirá como objetivo da lei quando o aparato preventivo se mostrar insuficiente.

Art. 129. São funções institucionais do Ministério Público:
(...) III – promover o inquérito civil e a ação civil pública, para a proteção do patrimônio público e social, do meio ambiente e de outros interesses difusos e coletivos;
(...) VIII – requisitar diligências investigatórias e a instauração de inquérito policial, indicados os fundamentos jurídicos de suas manifestações processuais; "
[8] FILHO. Salomão Ismail. *A importância da atuação preventiva do Ministério Público Ombudsman em prol da boa administração, no combate à improbidade administrativa.* Revista do Conselho Nacional do Ministério Público. Imprenta: Brasília, Conselho Nacional do Ministério Público, Subsecretaria de Edições Técnicas, 2011. Referência: n. 5, p. 105–128, 2015.

CASEBOOK DE PROCESSO COLETIVO

Independente do enfoque que se dê no âmbito dos aspectos abordados – preventivo ou repressivo, trabalhar com *data analytics* e o levantamento de trilhas específicas de tutela do patrimônio público em prol da sociedade desembocaria em cartilha eficaz de atuação, e consolidar-se-ia em controles reativos e proativos de combate à corrupção e à improbidade administrativa.[9]

Tendo isso em mente, a atuação do Ministério Público deve prioritariamente se focar na viabilização de solução cada vez mais céleres e eficazes, sempre visando proteger os interesses dos direitos tutelados, como forma adequada de proteção.

2.2. Coleta de provas e a problemática da atuação estatal

As provas são parte fundamental na busca eficaz pela tutela do patrimônio público. Sem uma coleta adequada e a devida circularização das provas, o Ministério Público se vê inábil[10] para realizar sua importante função constitucional de dar guarida à *res* pública.

No entanto, na lógica da coleta de provas e da atuação resolutiva do Ministério Público no campo processual, e até mesmo se concebendo uma tutela preventiva nesta área, não se pode ignorar a verdadeira transformação digital pela qual o mundo passou nos últimos anos.[11]

Instituições de controle (MP, Polícias Federal e Civil, Controladorias do Poder Executivo) não possuem ferramentas para analisar dados de milhares de empresas fornecedoras, prestadoras de serviço, dentre outros, de forma automatizada a fim de identificar aquelas que apresentam padrões de alto risco de afetar a columidade da administração pública.

Por vezes, isto se dá devido à falta de acesso a bases de dados estratégicas, ou seja à falta de transparência (como se viu no caso acima, em primeiro momento a UFPR negou informações de cunho público); ao baixo índice de investimento na área de desenvolvimento de soluções

---

[9] BRASIL. Tribunal de Contas da União. *Referencial de combate à fraude e corrupção: aplicável a órgãos e entidades da Administração Pública*. Tribunal de Contas da União. Brasília: TCU, Coordenação-Geral de Controle Externo dos Serviços Essenciais ao Estado e das Regiões Sul e Centro-Oeste, Secretaria de Métodos e Suporte ao Controle Externo, 2ª Edição, 2018. 148 p.

[10] SOARES, Gustavo Torres. **Investigação Criminal e inovações técnicas e tecnológicas: perspectivas e limites.** Dezembro de 2014. 307 páginas. Tese de Doutorado. Faculdade de Direito, Universidade de São Paulo, São Paulo, 2014.

[11] Idem.

10. ANÁLISE DE DADOS E A TUTELA DO PATRIMÔNIO PÚBLICO PELO MINISTÉRIO PÚBLICO

de *analytics* no campo da tecnologia da informação por órgãos públicos, em especial pelo Ministério Público; à fraca atuação integrada com Controladorias, Polícias e outros órgãos de controle, dado às altas rupturas de comunicações; frágeis resultados em fiscalização e aplicação de Termo de Ajustamento de Gestão[12], importante instrumento, pouco utilizado no campo da tutela do patrimônio público; ausência de regulamentação de trilhas automatizadas de controle; ausência de monitoramento dos gastos públicos mediante ferramentas de tecnologia da informação; pouco ou nenhum fomento de controle social e participação societária, na tutela do patrimônio público mediante a inovação.

Denota-se que o quadro de causas acima esposada demonstra o entrave da atuação do Ministério Público na tutela adequada do patrimônio público. A maioria dos problemas está ligada ao baixo uso da tecnologia da informação de maneira efetiva, o que, no caso em estudo deste breve excerto – Operação *Research* – teria facilitado o controle, a fiscalização e evitado o desvio, de modo preventivo e, de maneira relativamente simples, de milhares de reais.

Percebe-se, assim, que a capacidade de inteligência do Estado fica comprometida: milhares de casos de improbidade administrativa no país permanecem ocultos e impunes em prefeituras, governos estaduais, programas de Governo Federal; alta inefetividade em investigações que desperdiça horas de trabalho em atividades e rotina automatizáveis por meio do aprendizado de máquina; um cenário atual de atuação do Ministério Público na defesa do Patrimônio Público altamente reativo, agindo sob demanda, e repressiva, atuando após a ocorrência da lesão/dano.

Nesta linha, cita-se a Recomendação nº 42 de 2016 do Conselho Nacional do Ministério Público[13] (CNMP) que inclusive destaca a necessidade de que os órgãos do MP adquiram tecnologias que permitam a análise de grande volume de dados para prevenir e combater a corrupção e reforça a premissa de necessidade de ampliação do uso de *data analytics* na tutela do patrimônio público.

---

[12] COSTA, Antônio França da. *Termo de ajustamento de gestão: busca consensual de acerto na gestão pública.* Revista do Tribunal de Contas do Estado de Minas Gerais. Belo Horizonte: TCE/MG, 2014 v. 32, n.3, p. 19-33, ISSN eletrônico: 2447-2697.

[13] Disponível em: <https://www.cnmp.mp.br/portal/images/ Normas/Recomendacoes/ RECOMENDAO_42.pdf>. Acesso em 04/01/2020.

CASEBOOK DE PROCESSO COLETIVO

Iniciado o Procedimento 1.00416.2016-93, que teve por objetivo recomendar a criação de estruturas especializadas no Ministério Público para a otimização do enfrentamento à corrupção, com atribuição cível e criminal, um dos motes que se entendeu por adequado à presente máxima de efetividade está contida no artigo 6º da Recomendação, *verbis*:

> Art. 6º. Os ramos dos Ministérios Públicos elaborem e implementem, com a brevidade possível, um plano de aparelhamento técnico e humano capaz de dar suporte às atividades necessárias à realização das atividades tratadas nesta recomendação, notadamente para desenvolver trabalhos periciais e multidisciplinares, **análises e cruzamentos de informações – inclusive bancárias e fiscais –, adotar ferramentas de big data e para acessar banco de dados para a realização de levantamentos e subsidiar medidas de bloqueio patrimonial** que garantam o ressarcimento dos danos causados ao patrimônio público. (grifamos)

Nota-se que a Recomendação trazia importantes termos à época, como análise e cruzamentos de informações, *big data*[14] e acessos a bancos de dados, já se antevendo à necessidade de que estruturas ótimas e que tenha um máximo potencial e aproveitamento no combate à corrupção e à improbidade administrativa, saibam fazer o uso adequado dos dados e do cruzamento destas informações, ou seja, *data analytics*, no intuito da prestatividade adequada de uma tutela na área objeto de pesquisa.

Teve por objeto estabelecer que os ramos do Ministério Público da União e dos Estados construíssem grupos de atuação especial para o enfrentamento à corrupção, com atuação preventiva e repressiva, e com atribuição extrajudicial e judicial, cível e criminal, no combate, principalmente: a) atos de improbidade administrativa (Lei nº 8.429, de junho de 1992), especialmente os previstos nos artigos 9° e 10 da referida Lei; b) ações civis públicas com fundamento na proteção do patrimônio

---

[14] Neste aspecto ressalta-se iniciativa pioneira do Ministério Público da Paraíba idealizador do sistema Pandora que por intermédio da coleta e análise de dados criou os seguintes indicadores de risco para alavancar a estrutura de investigação no combate à corrupção e à improbidade administrativa: a) Indicadores de Risco do Ente Público (IREP); b Indicadores de Risco do Fornecedor (IRF); c) Indicadores de Conexão Política (ICP); d) Indicadores de Risco em Regras do Edital (IRRE).

público e social (art.l3, VII, da Lei nº 7.347, de 24 julho de 1985); c) ações populares para a proteção do patrimônio público (art. 5°, LXXIII, da Constituição Federal).

Ademais, a recomendação cita, ainda, o estabelecimento de critérios objetivos e transparentes que permitam a priorização de atuação em casos de maior relevância e com maior potencial de obtenção de retorno para o erário e para a sociedade.[15]

O emanado pelo Conselho Nacional do Ministério Público, justifica a presente problematização, por intermédio do levantamento de *red flags*, que facilitarão o planejamento eficiente, cujo retorno seja melhor e maior aproveitado no sentido do preconizado pela recomendação. Sua ausência, implica em trabalhar sem efetividade, conforme a presente pesquisa demonstrará a seguir.

Deste modo as mais graves lesões ou riscos de lesão ao patrimônio público não ficam de maneira resoluta sob a tutela do Ministério Público na obtenção da reparação integral do dano e na aplicação das sanções, mitigando sua atuação para a remoção dos ilícitos e para uma tutela adequada do direito coletivo ao patrimônio público.

Assim, utilizar a inteligência analítica está diretamente ligado com a possibilidade de melhorar o desempenho com relação aos domínios fundamentais de uma determinada atribuição ou competência, basicamente, por meio da análise de dados.[16]

2.3. Possibilidades de transformação estruturante e panorâmica

Do que foi até aqui explanado, uma das possibilidades decorrentes de transformação estruturante e panorâmica e que amplia as possibilidades de atuação estatal no campo da coleta de provas, seria a criação de mecanismos de colaboração interinstitucional, composta pela parceria de várias representatividades do Ministério Público Brasileiro, focada na gestão do conhecimento, cujos alicerces se baseiam no aprimoramento do uso de

---

[15] Conforme art. 7º da Recomendação 42/2016 do CNMP. Disponível em: <https://www.cnmp.mp.br/portal/images/ Normas/Recomendacoes/RECOMENDAO_42.pdf>. Acesso em 04/01/2020.

[16] BRETERNITZ. Vivaldo. *O uso de Big Data em Computacional Social Science*. Reverte, Indaiatuba, v.11, n.11, p. 29-37, 2013. Disponível em: <http://www.fatecid.com.br/reverte/index.php/revista/article/view/78>. Acesso em 25/01/2020.

técnicas da tecnologia da informação para a detecção e enfrentamento da improbidade administrativa. Tal objeto tem o escopo de endereçar problemas tecnológicos, gerenciais e institucionais que hoje mitigam a plena efetividade no combate à improbidade no Brasil.[17]

A presente transformação se solidifica por meio da construção de algoritmos e modelos estatísticos, no consumo de grande volume de dados, cuja quantificação de tipologias de risco de fraude e improbidade em gastos públicos[18] pudessem ser detectadas por meio de "rastros e pegadas digitais" identificados com soluções *analytics*.

A título de exemplo desta transformação podemos citar o Ministério Público da Paraíba que avançou consideravelmente na área de análise de grande volume de dados para combate à corrupção e à improbidade administrativa, juntamente com interações ligadas à inovação aberta e representatividade da sociedade, e tem colhido diversos frutos em operações específicas, nas quais o uso da tecnologia foi indispensável para os resultados e alcances atingidos.[19]

Especificamente, fica cada vez mais claro que diversos objetivos organizacionais de qualquer MP na área de combate à improbidade administrativa, como a atuação resolutiva na tutela do patrimônio público, só podem ser apropriadamente alcançados por sistemas de análise de grande volume de dados. Tal transformação é observada a nível mundial, como se denota, inclusive em trabalhos aos quais remetemos os leitores, a título de complementaridade, na Hungria.[20]

---

[17] Disponível em: <https://www.cnmp.mp.br/portal/images/ Normas/Recomendacoes/RECOMENDAO_42.pdf>. Acesso em 04/01/2020.

[18] OECD, *Fighting Corruption and Promoting Integrity in Public Procurement*, p. 153; Transparency International, Handbook for Curbing Corruption in Public Procurement: (2006), p.20.

[19] Um bom exemplo colhido da realidade do MPPB seria o *HackFest*, evento promovido já em diversas edições, com o apoio da Sociedade Civil Organizada, e com a iniciativa de gerar o controle social, por meio dos dados abertos, e alavancar o combate à corrupção na tutela preventiva do MP: "Um jeito lúdico, de vigiar o bem público, com as lentes da informática, Explorar dados abertos, com os algoritmos certos, da teoria para a prática, Decifrar senhas e códigos, criando sistemas lógicos, de analisar a gestão, Suspense, aventura e drama, Quando alguém cria um programa que flagre a corrupção! (Bráulio Tavares – Cordelista) ". Disponível em: < http://hackfest.com.br/>. Acesso em 05/01/2020.

[20] FAZEKAS, Mihaly; TÓTH, István János; KING, Lawrence P. *Anatomy of Grand Corruption: A Composite Corruption Risk Index Based on Objective Data* (Rochester, NY: Social Science Research Network, 1 November 2013), pp. 14-21.

10. ANÁLISE DE DADOS E A TUTELA DO PATRIMÔNIO PÚBLICO PELO MINISTÉRIO PÚBLICO

De modo a conferir maior concretude um exemplo específico se faz necessário. Suponha que um promotor que atue em uma comarca do interior buscasse saber quais são as empresas fornecedoras dos governos locais que apresentam maior risco de crime de corrupção com contratos na área sob sua atribuição.

Considerando o cenário anterior à criação das tecnologias de combate à corrupção objeto deste estudo de caso, a única forma de se saber se uma empresa teria risco de estar envolvida em crimes contra a administração pública era por meio de denúncias específicas ou análises manuais em documentos físicos. No entanto, por meio de sistemas de informação para detecção de possíveis fraudes contra a administração pública, nos quais se automatizem a análise de dados de milhares de empresas licitantes no estado, é possível o início de um trabalho investigativo, cumprindo o mister esposado na Carta Constitucional de 1988, sem a necessidade de se aguardar uma denúncia, muitas vezes apócrifa.

Alguns trabalhos com o uso de dados revelam ainda diferentes possibilidades de análise, inclusive a níveis de ligações e influências políticas a título de transações financeiras internacionais[21]. Sem o uso da tecnologia e a criação de tipologias e rastros específicos tais construções seriam inviáveis.

Há ainda interessante projeto no qual podemos nos espelhar que reflete a criação de "red flags", ou seja, alertas de riscos em contratos do Banco Mundial na área sanitária e que bem refletem realidade a ser assimilada pelo Ministério Público Brasileiro com o uso da tecnologia na tutela do patrimônio público.[22]

Existem, ainda, trabalhos que criam cerca de 28 (vinte e oito) tipologias de risco e análises de dados para fins de alavancar os ciclos de análise preventiva no combate à corrupção, por meio de avançadas técnicas de econometria e que também servem de modelo inspirativo.[23]

---

[21] DÁVID-BARRET, Elizabeth; FAZEKAS, Mihály. *Corrupt Contracting: Partisan Favouritism in Public Procurement–Hungary and the United Kingdom Compared* (Working paper series GTI-WP/2016: 02. Government Transparency Institute, Budapest, Hungary, 2016), p. 26.

[22] KENNY, Charles; MUSATOVA, Maria. *'Red Flags of Corruption' In World Bank Projects: An Analysis of Infrastructure Contracts* (Rochester, NY: Social Science Research Network, 1 March 2010), p. 504

[23] FERWERDA, Joras; DELEANU, Ioana; UNGER, Brigitte. *Corruption in Public Procurement: Finding the Right Indicators*, European Journal on Criminal Policy and Research, 23.2 (2017), p. 248.

A figura ilustrativa abaixo, desenvolvida pelo pesquisador Rafael Velasco, nos serve de elucidativa lição para o desenvolvimento de trilhas que podem ser automatizadas por meio das técnicas avançadas de cruzamento de dados e servem de mote preventivo à tutela do patrimônio público.[24]

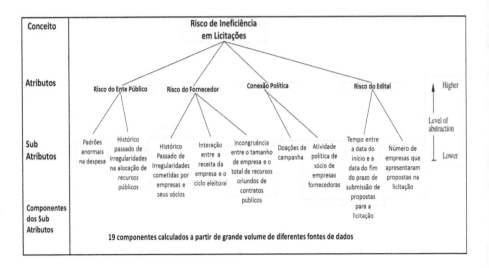

Estes componentes são adequados para avaliar os riscos de fraudes em contratações públicas, e gerar a criação de rotinas específicas de *Datasets* (tipologias de ilícitos e *modus operandi* fraudulento). A análise também pode ser útil para demonstrar tendências gerais de ineficiência em compras públicas, que podem ser causadas por alta burocracia ou falta de incentivos para economizar recursos.[25]

Da figura acima surge a possibilidade de automatização do *Dataset*, por intermédio de determinadas fontes de dados, para mensuração de padrões anormais no gasto público[26], segundo Rafael Velasco, e que pode ser visualizada na tabela abaixo:

---

[24] VELASCO, Rafael Braem (2019). *Identifying Corruption Risk in Brazil: New Measures for Effective Oversight.* In: Rotberg R. (eds) Corruption in Latin America. Springer, Cham.

[25] BANDIERA, Oriana; PRAT, Andrea; VALLETTI, Tommaso Valletti. (2009). **Active and Passive Waste in Government Spending: Evidence from a Policy Experiment.** American Economic Review 99 (4): 1278–1308.

[26] VELASCO, Rafael Braem (2019). *Identifying Corruption Risk in Brazil: New Measures for Effective Oversight.* In: Rotberg R. (eds) Corruption in Latin America. Springer, Cham.

10. ANÁLISE DE DADOS E A TUTELA DO PATRIMÔNIO PÚBLICO PELO MINISTÉRIO PÚBLICO

Componente	Principais Variáveis e Fonte de Dados	Datasets Adicionais	Cálculo
Análise de padrões anormais de gastos público em *cluster* de municípios comparáveis	(i) ano de despesas (ii) valores gastos com cada subelemento de despesa por Município (iii) lista de fornecedores de um município (com número CNPJ); (iv) valores recebidos por cada fornecedor por exercício financeiro Fonte dos Dados[27]: *Execução Orçamentária* – Secretaria do Tesouro Nacional e Tribunais de Contas Estaduais	(i) Dados demográficos dos Municípios (e.g. População, IDH) Fonte de dados: IBGE (ii) Segmento econômico de Fornecedores (CNAE) Fonte: Receita Federal	Os *thresholds* para o que constitui um padrão de gasto anormal devem ser definidos para cada subelemento de despesa.

Tem-se que nos casos em que o respectivo Tribunal de Contas fornece dados relativos ao objeto das notas fiscais e/ou notas de empenho, será possível codificar cada descrição das notas dentro de categorias equivalentes aos subelementos de despesas

Dados neste nível de desagregação, com detalhes sobre cada aquisição de materiais ou serviços existem para todos os gastos realizados em municípios pernambucanos e permitem a análise de padrões anormais no gasto público. Similarmente, o mesmo nível de desagregação de dados de despesas públicas também pode ser encontrado nos portais de dados abertos dos Tribunais de Contas de Santa Catarina, Rio Grande do Sul e Mato Grosso.

Outro *Dataset* interessante é aquele que demonstra e mensura a incongruência entre o tamanho de uma empresa e o total de valores recebidos oriundos de contratos públicos:[28]

---

[27] Disponível em <https://www.tesouro.fazenda.gov.br/prefeituras>. Acesso em 04/01/2020.

[28] VELASCO, Rafael Braem (2019). *Identifying Corruption Risk in Brazil: New Measures for Effective Oversight*. In: Rotberg R. (eds) Corruption in Latin America. Springer, Cham.

Componente	Principais Variáveis e Fonte de Dados	Datasets Adicionais	Cálculo
Incongruência entre o tamanho de uma empresa e o total de valores oriundos de contratos públicos	(i) lista de fornecedores de um município (com número CNPJ) (ii) valores recebidos por cada fornecedor por exercício financeiro *Fonte dos Dados[29]: Execução Orçamentária – Secretaria do Tesouro Nacional e Tribunais de Contas Estaduais* (iii) Número de funcionários de cada empresa *Fonte dos Dados:* RAIS / Ministério do Trabalho	CNAE da empresa, a fim de avaliar diferenças proporcionais médias em diferentes segmentos econômicos Fonte dos Dados: Receita Federal	(i) Divisão do valor total recebido em contratos públicos pelo número de funcionários da empresa (ii) clusterizar por diferentes setores econômicos

Empresas contumazes em contratações com o poder público, mas cujo porte não acompanha o volume das transações financeiras, levantam verdadeiras possibilidades de deflagrações de investigações preventivas na área de tutela do patrimônio público e possibilidades de sustação contratual, não contratação futura e, até mesmo, monitoramento das contratações em andamento.

Por fim, aufere-se ainda a possibilidade, dentre inúmeras outras, de mensuração de tempo (em dias) entre a data de início e a data do fim do prazo de submissão de propostas para a licitação:[30]

---

[29] Disponível em: <https://www.tesouro.fazenda.gov.br/prefeituras>. Acesso em 04/01/2020.

[30] VELASCO Rafael Braem (2019). *Identifying Corruption Risk in Brazil: New Measures for Effective Oversight.* In: Rotberg R. (eds) Corruption in Latin America. Springer, Cham.

Componente	Principais Variáveis e Fonte de Dados	Datasets Adicionais
Tempo entre a data de início e a data do fim do prazo de submissão de propostas para a licitação	(i) lista de todas as licitações abertas pelo município (ii) data de início do prazo para submissão de propostas (iii) data do fim do prazo para submissão de propostas	Lista de empresas que forneceram bens ou serviços para o governo local Fonte dos Dados:[31]: (i) *Execução Orçamentária* – Secretaria do Tesouro Nacional e Tribunal de Contas (ii) variações médias de tempo entre a data de início e fim de prazo de submissão de propostas para aquisições de diferentes tipos de bens ou serviços Fonte dos Dados: CNAE[32]

Denota-se como uma fraude comum que datas de início e de fim de submissão de propostas de licitação por vezes demonstram direcionamento nas contratações de determinadas empresas. Trilhas automatizadas de leituras de editais, somadas às outras trilhas esposadas nas tabelas acima, facilmente preveniriam uma contratação fraudulenta e tutelariam de maneira eficaz e adequada o patrimônio público.

3. Novos modelos de prevenção e repressão a partir de uma visão analítica das provas

Conforme exposto até aqui, algumas técnicas de análise de grande volume de dados podem ser utilizadas para embasar, diretamente, a atuação repressiva e preventiva do *parquet* contra a utilização fraudulenta ou ineficiente de recursos públicos.

Porém, qual é o conjunto básico de técnicas que deve ser implementado por todos os órgãos do MP para que exista um nivelamento inicial nas capacidades de análise de dados do *Parquet*? A resposta a esta pergunta requer a correta compreensão a respeito do potencial que várias técnicas de análise de dados oferecem para o aprimoramento da tutela

---

[31] Disponível em: <https://www.tesouro.fazenda.gov.br/prefeituras>. Acesso em 04/01/2020.
[32] Disponível em: <https://www.receita.fazenda.gov.br/pessoajuridica/ cnpj/cnpjreva/ cnpjreva_solicitacao2.asp>. Acesso em 04/01/2020.

do patrimônio público[33] e da probidade administrativa no país, conforme exposto até aqui no breve artigo.

Fica claro, o benefício para a tutela do patrimônio público que todos os Ministérios Públicos sejam capazes de identificar de forma automatizada *cases* como: (i)fraudes em folha de pagamento (ou repasse de verbas como a das bolsas da UFPR – na Operação *Research*); (ii) indícios significativos de conluio em licitações; (iii) contratação de empresas de alto risco por órgãos públicos, tais como empresas de fachada, com sócio laranja, ou declaradas inidôneas; e (iv) fraude na execução de diferentes tipos de contratos.[34] Adicionalmente, também é relevante que cada MP consiga quantificar a intensidade da presença destas modalidades de fraude em sua atribuição e o respectivo prejuízo para o erário.

Neste sentido, o desafio talvez seja implementar, por meio de plataformas compartilhadas entre os próprios ministérios públicos, ferramentas que consolidem de maneira automatizada as experiências passadas no âmbito de cada MP e estudos desenvolvidos por especialistas, que fornecerão considerável impacto positivo na tutela da improbidade administrativa e do patrimônio público.

Estas análises estão detalhadas nos gráficos abaixo e consistem em mandalas[35] que mapeiam as bases e fontes de dados, cujas trilhas e rotinas de fraudes se consubstanciam nas ilustrações que geram as tipologias e alertas para a construção dos sistemas.

---

[33] FAZEKAS, Mihály; TÓTH, István János; KING, Lawrence Peter. *An Objective Corruption Risk Index Using Public Procurement Data*, European Journal on Criminal Policy and Research, 22.3 (2016), p. 369.

[34] CINGALONI, Luciana; FAZEKAS, Mihaly;; TÓTH, Bence. *A Comprehensive Review of Objective Corruption Proxies in Public Procurement: Risky Actors, Transactions, and Vehicles of Rent Extraction* (Rochester, NY: Social Science Research Network, 1 August 2016), p. 5.

[35] As presentes construções foram fruto de um trabalho metodológico, empírico, com o auxílio do pesquisador da Universidade Federal Fluminense Rafael Braem Velasco; do Ministério Público da Paraíba (Núcleo de Gestão do Conhecimento/Gaeco/MPPB) e do Ministério Público Militar (Centro de Apoio à Investigação – CPADSI/MPM).

10. ANÁLISE DE DADOS E A TUTELA DO PATRIMÔNIO PÚBLICO PELO MINISTÉRIO PÚBLICO

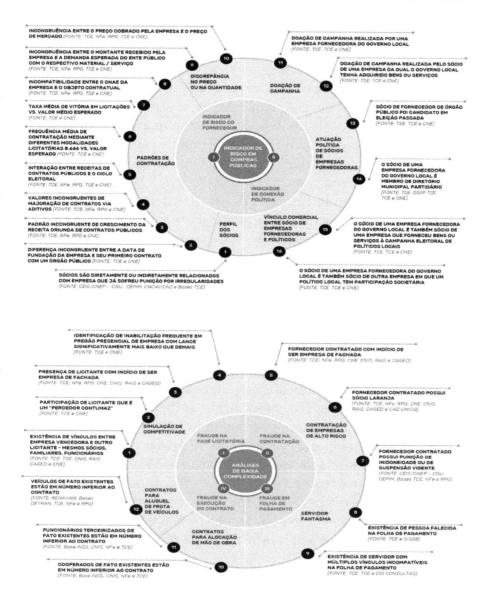

Vale ressaltar que estas análises podem resultar na detecção de considerável número de casos de potenciais ilícitos contra a administração pública nas jurisdições de todos os Ministérios Públicos (com possibilidade de extensão para demais órgãos de controle) e representam apenas o início de um processo de aprimoramento institucional com larga escalabilidade.

CASEBOOK DE PROCESSO COLETIVO

Percebe-se que com relação às análises brevemente descritas nos gráficos acima é necessária a utilização de técnicas dotadas de maior sofisticação como *machine learning* (aprendizado de máquina), modelagem econométrica avançada e processamento de linguagem natural (PLN).[36]

A quantificação de um grande número de *features* (variáveis padroniza- das) representativas de trilhas de auditoria para cada empresa fornecedora de um órgão público, de modo a identificar aquelas que possuem uma pro- babilidade alta de cometimento de fraude, representará, no médio prazo, um profundo aprimoramento na capacidade investigativa do Ministério Público[37]. Afinal, permitirá que o processo de seleção das empresas que serão objeto de investigações deixe de ser majoritariamente baseado em denúncias e evidências anedóticas – como ocorre hoje – para ser baseado em robustas evidências empíricas obtidas em modelos de análise de risco.

Ressalta-se que em que pese a relevância das denúncias para a atua- ção do *parquet*, a análise profunda de dezenas de *features* relativas a cada empresa fornecedora de órgãos públicos, dentro de uma jurisdição, representa uma opção administrativa muito mais eficiente.[38] Deste modo, tal opção permite a detecção de maior número de casos de potencial cor- rupção que demandam a apresentação de denúncia, bem como a maior assertividade na atuação do MP, concentrando esforços nos indivíduos com maior probabilidade de cometimento de ilícitos.

A título de exemplo, cita-se a possibilidade da automatização da identificação das empresas de fachadas utilizadas por operadores de propinas. Uma empresa fornecedora de órgão público envolvida em cor- rupção frequentemente precisa pagar subornos a funcionários públicos. Esses pagamentos não podem ser diretamente transferidos para a conta bancária de um funcionário público, pois seriam facilmente rastreáveis e obviamente ilegais. A empresa fornecedora de órgão público também

---

[36] OLIVEIRA, Juliana Garcia de. *Inteligência artificial aplicada no combate à corrupção – Como Bourdieu, aprendizado de máquina e políticas públicas se relacionam na democracia moderna*. Disponível em: <https://medium.com/data-hackers/intelig%C3%AAncia-artificial- aplicada-no- -combate-%C3%A0-corrup% C3%A7%C3%A3o-fdc6df4299c5>. Acesso em 05/01/2010.

[37] ROTBERG, Robert I. *The Corruption Cure: How Citizens and Leaders Can Combat Graft* (Princeton: Princeton University Press, 2017) p. 53.

[38] FAZEKAS, Mihály; TÓTH, István János; KING, Lawrence Peter. *An Objective Corruption Risk Index Using Public Procurement Data*, European Journal on Criminal Policy and Research, 22.3 (2016), p. 369.

10. ANÁLISE DE DADOS E A TUTELA DO PATRIMÔNIO PÚBLICO PELO MINISTÉRIO PÚBLICO

não pode retirar grandes quantias de dinheiro diretamente do banco para fazer um pagamento em espécie, afinal, quaisquer retiradas financeiras vultosas são comunicadas automaticamente para o UIF – Unidade de Inteligência Financeira, antigo Conselho de Controle de Atividades Financeiras (COAF)

De modo a obter-se êxito na conduta criminosa é necessária a obtenção de dinheiro em espécie que serão posteriormente utilizados para pagamento de subornos. De modo a alcançar tal objetivo uma empresa fornecedora de órgão público envolvida em esquema criminoso transfere recursos para uma empresa que não está sob investigação e que é uma empresa de fachada controlada por um operador de propina. A empresa de fachada, por sua vez, através de diferentes operacionalizações, como pagamentos falsos e emissão de notas frias, viabiliza a obtenção dos recursos em espécie.

Depois que uma empresa está formalmente sob investigação e tem seu sigilo bancário quebrado pelo Poder Judiciário, o Ministério Público passa a ter acesso aos dados dos extratos de suas contas bancárias, os quais contêm os detalhes de todas as empresas que receberam qualquer transferência de fundos de uma empresa sob investigação.

Em um caso convencional, a grande maioria das empresas que aparecem nos extratos bancários de uma determinada empresa investigada são legítimas (*e.g.* fornecedores de matérias-primas e outros insumos). Logo, a pergunta relevante que deve ser respondida é: como o Ministério Público pode usar técnicas de análise de dados, contidos nos inúmeros bancos de dados mapeados nas mandalas gráficas acima, para identificar – dentre todas as empresas para as quais a empresa sob investigação transferiu fundos – aquelas que são usadas pelos operadores de propina para pagar subornos?

A resposta para tal pergunta requer a constatação da premissa de que é possível identificar empresas de fachada usando os atributos dos gráficos expostos, pois essas empresas possuem padrões específicos passíveis de detecção em bases de dados existentes. Segundo casos recentes de investigações do Ministério Público, as empresas de fachada tipicamente, exibem o seguinte padrão quando estão envolvidas em contratações fraudulentas: (a) Número incongruentemente baixo de funcionários; (b) Alta probabilidade de ter um sócio que é laranja, definido como indivíduo beneficiário de Programa Social como Bolsa Família ou Benefício

CASEBOOK DE PROCESSO COLETIVO

de Prestação Continuada; (c) Estar sediada em endereço situado em local humilde e não residencial; e (d) Data de constituição recente.[39]

Atualmente, a maioria dos Ministérios Públicos analisa os padrões mencionados acima, um por um, por meio de consultas manuais. Em outras palavras, eles analisam cada empresa individual que aparece nos registros bancários confidenciais de empreiteiros públicos sob investigação e verificam se estas possuem características de empresas de fachada.

As limitações e a ineficiência desta abordagem manual são cristalinas. Por vezes, o número médio de empresas listadas nos extratos bancários de uma empresa fornecedora de órgão público sob investigação varia de 200 – duzentos (quando é uma empresa de médio porte) a 500 (quando é uma empresa de grande porte) e até 10.000 no caso de um conglomerado industrial como algumas das grandes empreiteiras investigadas pela Operação Lava Jato.[40]

Ainda, é importante registrar o caso da corrupção na Prefeitura de Canapi, um dos municípios com piores indicadores sociais do Estado de Alagoas. Conforme consta de denúncia do Ministério Público de Alagoas, os sócios da empresa vencedora de licitação envolvendo montantes de R$ 3.500.000,00 (três milhões e quinhentos mil reais) eram beneficiários do Bolsa Família. Portanto, era bastante nítido de que estes indivíduos atuavam como "laranjas" dos verdadeiros beneficiários da empresa.[41]

No futuro, casos como o de Canapi, que envolvem indícios tão latentes de violação às regras de probidade administrativa, poderão ser detectados por órgãos de controle em tempo real, desde que existam sistemas de informação que automatizem a análise e cruzamento de dados.

Portanto, resta absolutamente claro que um sistema de informação tal como o proposto no objeto deste estudo, que automatiza rotinas de investigação, fornecendo, para qualquer conjunto de empresas relacionadas a uma empresa sob investigação, aquelas com alta probabilidade de serem uma empresa de fachada, poderia representar um enorme ganho

---

[39] As presentes premissas foram constatadas por intermédio de investigações pretéritas nas quais os presentes critérios foram levantados por intermédio do Centro de Apoio à Investigação do Ministério Público Militar – CPADSI/MPM.

[40] Tais números foram constatados com base nos casos que tramitam atualmente no Centro de Apoio à Investigação do Ministério Público Militar – CPADSI/MPM.

[41] Disponível em: <http://gazetaweb.globo.com/gazetadealagoas/noticia.php?c=304868>. Acesso em 05/01/2020.

Conclusões

de eficiência para o Ministério Público, e, em casos como o da Operação *Research*, evitar inúmeros danos ao erário.

O presente excerto apresentou as possibilidades de gestão de inovação e tecnologia para combate aos ilícitos contra o patrimônio público administrativa, como formas eficientes de se dar vazão ao importante dever constitucional auferido ao Ministério Público de tutor do patrimônio público social.

É inegável que o dever do Ministério Público – e de outras organizações que atuam pautadas pela defesa dos interesses sociais – implica na necessidade de buscar continuamente a inovação. Para cumprir este mister, em uma sociedade na qual novas tecnologias são desenvolvidas, órgãos públicos como o Ministério Público precisam se dedicar à criação constante de tecnologias de ponta que permitam o exercício do controle social, o combate à improbidade administrativa e a conscientização de gestores sobre as melhores práticas em transparência e controle social.

Nessa perspectiva, não é frutífero esperar que todo o trabalho de tutela do patrimônio público continue pautado em atuação repressiva arvorada em denúncias anônimas, sem o envolvimento do controle social e sem o escoramento da inovação necessária para o real desenvolvimento de políticas tecnológicas que de fato apoiem a atuação preventiva do Ministério Público.

Neste sentido, é preciso dialogar e estimular que a sociedade civil organizada ou não, que o mercado – em particular as empresas inovadoras como *startups* – e a academia participem do processo de criação de ferramentas e soluções que contribuam na missão ampla do MP de realizar controle e de permitir que a sociedade também o faça.

O futuro do uso de dados para a promoção de compras públicas mais eficientes e aprimoramento da fiscalização caminha na direção da formulação de sistemas que permitam a identificação, em tempo real, pelos órgãos de controle, de padrões indicativos de risco de irregularidades. Tome como exemplo o caso estudado, da Operação *Research*, divulgado amplamente pela mídia e cujo o início de toda a deflagração impeditiva de maior dilapidação do patrimônio público deveu-se a uma aluna e estudante, também bolsista daquela Universidade Federal.

Rotinas simplificadas de monitoramento dos gastos públicos por meio do cruzamento amplo e maciço de bases de dados teria evitado com que danos maiores tivessem ocorrido no caso da UFPR e uma sanção mais rápida, além de coleta mais eficiente de provas, teriam sido mais efetivas.

Assim, a intensificação do uso de tecnologia e ciência de dados para detectar a corrupção e a improbidade administrativa é absolutamente inevitável, na medida em que as rotinas administrativas do governo produzem volume crescente de dados e que o custo de processamento e análise desses tende a cair progressivamente. Deste modo, com uma coleta eficiente de informações e dados, estar-se-ia diante de possibilidades crescentes e massivas de uma tutela adequada do direito coletivo ao patrimônio público.

Referências

BANDIERA, Oriana; PRAT, Andrea; VALLETTI, Tommaso Valletti. (2009). *Active and Passive Waste in Government Spending: Evidence from a Policy Experiment.* American Economic Review 99 (4): 1278–1308.

BRASIL. Tribunal de Contas da União. *Referencial de combate à fraude e corrupção: aplicável a órgãos e entidades da Administração Pública.* Tribunal de Contas da União. Brasília: TCU, Coordenação-Geral de Controle Externo dos Serviços Essenciais ao Estado e das Regiões Sul e Centro-Oeste, Secretaria de Métodos e Suporte ao Controle Externo, 2ª Edição, 2018. 148 p.

BRETERNITZ. Vivaldo. *O uso de Big Data em Computacional Social Science.* Reverte, Indaiatuba, v.11, n.11, p. 29-37, 2013. Disponível em: <http://www.fatecid.com.br/reverte/index.php/revista/article/view/78>. Acesso em 25/01/2020.

CINGALONI, Luciana; FAZEKAS, Mihaly;; TÓTH, Bence. *A Comprehensive Review of Objective Corruption Proxies in Public Procurement: Risky Actors, Transactions, and Vehicles of Rent Extraction* (Rochester, NY: Social Science Research Network, 1 August 2016), p. 5.

COSTA, Antônio França da. *Termo de ajustamento de gestão: busca consensual de acerto na gestão pública.* Revista do Tribunal de Contas do Estado de Minas Gerais. Belo Horizonte: TCE/MG, 2014 v. 32, n.3, p. 19-33, ISSN eletrônico: 2447-2697.

DÁVID-BARRET, Elizabeth; FAZEKAS, Mihály. *Corrupt Contracting: Partisan Favouritism in Public Procurement–Hungary and the United Kingdom Compared* (Working paper series GTI-WP/2016: 02. Government Transparency Institute, Budapest, Hungary, 2016), p. 26.

10. ANÁLISE DE DADOS E A TUTELA DO PATRIMÔNIO PÚBLICO PELO MINISTÉRIO PÚBLICO

FAZEKAS, Mihaly; TÓTH, István János; KING, Lawrence P. *Anatomy of Grand Corruption: A Composite Corruption Risk Index Based on Objective Data* (Rochester, NY: Social Science Research Network, 1 November 2013), pp. 14-21.

FAZEKAS, Mihály; TÓTH, István János; KING, Lawrence Peter. *An Objective Corruption Risk Index Using Public Procurement Data*, European Journal on Criminal Policy and Research, 22.3 (2016), p. 369-397.

FERWERDA, Joras; DELEANU, Ioana; UNGER, Brigitte. *Corruption in Public Procurement: Finding the Right Indicators*, European Journal on Criminal Policy and Research, 23.2 (2017), p. 248.

FILHO. Salomão Ismail. *A importância da atuação preventiva do Ministério Público Ombudsman em prol da boa administração, no combate à improbidade administrativa.* Revista do Conselho Nacional do Ministério Público. Imprenta: Brasília, Conselho Nacional do Ministério Público, Subsecretaria de Edições Técnicas, 2011. Referência: n. 5, p. 105–128, 2015.

KENNY, Charles; MUSATOVA, Maria. *'Red Flags of Corruption' In World Bank Projects: An Analysis of Infrastructure Contracts* (Rochester, NY: Social Science Research Network, 1 March 2010), p. 504

MONNAPPA Avantyka. *Data Science vs. Big Data vs. Data Analytics.* Disponível em < https://www.simplilearn.com/data-science-vs-big-data-vs-data-analytics-article>. Acesso em 31/12/2019.

NAM Taewoo; PARDO Theresa A. *Conceptualizing Smart City with Dimensions of Technology, People, and Institutions.* The Proceedings of the 12th Annual International Conference on Digital Government Research 2011.

OECD, *Fighting Corruption and Promoting Integrity in Public Procurement;* Transparency International, Handbook for Curbing Corruption in Public Procurement: (2006).

OLIVEIRA, Juliana Garcia de. *Inteligência artificial aplicada no combate à corrupção – Como Bourdieu, aprendizado de máquina e políticas públicas se relacionam na democracia moderna.* Disponível em: <https://medium.com/data-hackers/intelig%C3%AAncia-artificial-aplicada-no-combate-%C3%A0-corrup%C3%A7%C3%A3o-fdc6df4299c5>. Acesso em 05/01/2010.

ROTBERG, Robert I. *The Corruption Cure: How Citizens and Leaders Can Combat Graft* (Princeton: Princeton University Press, 2017).

SOARES, Gustavo Torres. *Investigação Criminal e inovações técnicas e tecnológicas: perspectivas e limites.* Dezembro de 2014. 307 páginas. Tese de Doutorado. Faculdade de Direito, Universidade de São Paulo, São Paulo, 2014.

VELASCO, Rafael Braem (2019). *Identifying Corruption Risk in Brazil: New Measures for Effective Oversight.* In: Rotberg R. (eds) Corruption in Latin America. Springer, Cham.

VITORELLI, Edilson. *O Devido Processo Legal Coletivo: dos direitos aos litígios coletivos.* São Paulo: Editora Revista dos Tribunais, 2019, p. 82-83.

11. O processo coletivo como mecanismo de modificação de comportamentos: o caso da gestão financeira do Distrito Federal

FABIANO MENDES ROCHA PELLOSO

Introdução

O Direito não se projeta numa visão isolada, sem comunicação ou inter--relação com outras disciplinas e, por isso, os parâmetros da Economia constituem suportes teóricos importantes para auxiliar os operadores do direito na tomada de decisões.

A perspectiva formalista/juspositivista levou o Direito a um "sistema lógico, fechado e coerente de regras"[1] e, por consequência, o operador do direito passou a encontrar a solução a partir de uma análise positiva (com o que efetivamente é), lógica e autônoma do direito posto, descartando qualquer análise normativa consistente com o que o direito deve ser.

A exemplo de uma análise positiva, no dia 31/12/2019, o ministro Dias Toffoli, presidente do Supremo Tribunal Federal (STF), suspendeu resolução do Conselho Nacional de Seguros Privados (CNSP) que previa redução dos valores do DPVAT no ano de 2020.

A decisão foi muito criticada por estudiosos da análise econômica do direito, especialmente porque o STF, em sede liminar, tomou a decisão dentro de uma perspectiva nitidamente formalista sem dialogar com

---

[1] GICO Jr., Ivo. Introdução ao Direito e Economia. In: TIMM, Luciano Benetti (org.). Direito e Economia no Brasil. São Paulo: Editora Atlas, 2012, p. 5.

CASEBOOK DE PROCESSO COLETIVO

outras disciplinas e, como resultado, possíveis prejuízos aos consumidores, como "tweetou" o Luciano Timm[2]:

> "Tweeter – Luciano Timm @LucianoTimm 1/1/2020
> Mais
> Luciano Timm retweetou Estadão
> A regulação afastada pelo STF diminuía preços. A decisão do STF prejudica os consumidores, que, na prática, acabarão pagando mais pelo DPVAT. É o que tenho dito com alguma frequência: juristas precisam urgentemente aprender a fazer conta e pensar nas consequências decisórias."

A interpretação do jurista deve passar pelos prognósticos da economia, sociologia, ciências políticas, psicologia, antropologia, linguística, estatística etc. A análise deve ser positiva (o que é) e normativa (o que deve ser), conectada com a realidade material, social, política e econômica[3]. Precisas as lições de Ivo GICO JR. (2012, p. 7), in verbis:

> "(...) o jusrealismo combate o formalismo langdelliano (doutrinalismo) para demonstrar que: (a) o direito é indeterminado, no sentido de não fornecer uma única resposta; (b) as decisões judiciais não são mera aplicação mecânica da lei e que o resultado é influenciado pela identidade, ideologia e política daqueles que o administram (juízes); e, portanto, (c) o jurista deveria empregar uma abordagem mais pragmática perante o direito, fundada no conhecimento de outras ciências para promover de forma balanceada os interesses sociais (instrumentalismo jurídico)."

O estudo da lei é realizado como ela de fato funciona e não conforme prevista em código e livro[4]. Esse é o enfoque central do realismo jurídico norte-americano, no que o direito estabelece conexão constante com outras disciplinas, a fim de se aproximar a solução jurídica da realidade. Por isso, as leis e as regras de direito são racionalmente indeterminadas,

---

[2] https://www.oantagonista.com/brasil/secretario-do-mj-critica-toffoli-sobre-dpvat-precisa-aprender-a-fazer-conta-e-pensar-nas-consequencias/

[3] GICO JR., 2012, p. 6.

[4] SALAMA, Bruno Meyerhof, O que é pesquisa em Direito e Economia?. In: Caderno Direito GV, volume 22, março de 2008, p. 10.

motivo pelo qual a análise do processo de decisão deve ir além da lei em si[5].

A Análise Econômica do Direito (AED) – Law and Economics – é bem destacada pelos vetores do realismo jurídico norte-americano[6] e ela consiste numa ferramenta ao jurista para auxiliar a tomada de decisões eficientes a partir do conhecimento das consequências práticas das soluções jurídicas por meio das metodologias da ciência econômica.

O Ministro Luiz Fux externou sua opinião sobre a análise econômica do direito como "uma grande travessia no pensamento jurídico", e avaliou ainda como a eficiência e a justiça estão inseridas nesse contexto. "Hoje, vivemos a realidade da análise econômica do direito, que visa a que o direito seja mais eficiente. E o direito mais eficiente é um direito conducente a um resultado mais justo. Eficiência e justiça são binômios que compreender um tema maior da análise econômica do direito", argumentou[7].

A conjugação entre Direito e Economia ainda está em plena evolução, pois não é nenhuma audácia afirmar que ainda estamos num campo a ser semeado, onde há muito o que evoluir nessa inter-relação, especialmente porque são disciplinas com metodologias diferentes.

A análise econômica vem auxiliando o Direito na compreensão do fenômeno, tanto na esfera substantiva, como no âmbito da processualística. Daí a possibilidade de falarmos numa "teoria econômica do acesso à justiça", agregada a uma "teoria jurídica do acesso à justiça"[8].

No presente trabalho, procura-se demonstrar o aprimoramento da efetividade do processo coletivo a partir dos segmentos da análise econômica do direito para auxiliar nas soluções jurídicas que estabeleçam o fortalecimento das normas de finanças públicas voltadas para a responsabilidade

---

[5] ZANATTA, Rafael Augusto Ferreira. O novo direito e desenvolvimento: rumo a uma abordagem crítica? Disponível em: https://www.academia.edu/1250658/O_Novo_Direito_e_ Desenvolvimento_rumo_ a_u ma_abordagem_cr%C3%ADtica. Acesso em 4 de agosto de 2016. Texto elaborado em 2011, p. 32.

[6] POSNER, Richard (2007 e 2009) defende que AED parte do pragmatismo e não do realismo.

[7] Justiça&Cidadania. Análise econômica do direito em debate no STJ. Disponível: https://www.editorajc.com.br/analise-economica-do-direito-em-debate-no-stj/. Acesso em 2 de janeiro de 2020. Matéria de 8 de setembro de 2019.

[8] BENJAMIN, Antônio Herman Vasconcellos. A Insurreição da Aldeia Global contra o Processo Civil Clássico: apontamentos sobre a opressão e a libertação judiciais do meio ambiente e do consumidor, p. 16, BDJur.

CASEBOOK DE PROCESSO COLETIVO

na gestão fiscal, com o propósito de assegurar a consecução das metas fiscais e a transparência dos gastos públicos, pressuposto para maximizar o bem-estar social.

1. Análise Econômica do Direito (AED)
1.1. Apontamentos históricos

A partir dos trabalhos de Ronald Coase e Guido Calabresi, iniciados na década de 60 do século passado, várias correntes de pensamentos de análise econômica do direito começaram a surgir nos Estados Unidos, como ocorreu na Escola de Virgínia ou Funcionalista, na Escola da Nova Economia Institucional e na Escola da Escolha Pública[9].

O movimento[10] da Análise Econômica do Direito[11] teve significativo espaço na Universidade de Chicago em razão de Ronald Coase, assim como em Yale pela influência de Guido Calabresi[12].

---

[9] SZTAJN, Rachel. Law and Economics. *In*: ZYLBERSZTAJN, Décio; SZTAJN, Rachel (Orgs.). Direito & Economia: análise econômica do direito e das organizações. Rio de Janeiro: Elsevier, 2005.

[10] É considerada por parte dos estudiosos como uma teoria e não um simples movimento (SZTAJN, Rachel e ZYLBERSTAJN, Decio, Direito & Economia: análise econômica do direito e das organizações. Rio de Janeiro: Elsevier, 2005, p. 4).

[11] OLIVEIRA, Carlos Eduardo Elias de. PARÂMETROS ANALÍTICOS DO DIREITO CIVIL CONSTITUCIONAL: por um ponto de equilíbrio entre os discursos de Direito, Estado, Economia e Sociedade. Tese de mestrado apresentado no Curso de Mestrado da Faculdade de Direito da UnB, 2016, p. 40: Em termos de nomenclatura, o movimento (para alguns, teoria) da AED surgiu sob o nome Law and Economics, que, no Brasil, foi traduzido como "Direito e Economia", alcunha que alguns autores preferem utilizar, como SALAMA (2008). Sob a influência de Posner e de Williamson, o movimento também foi designado de Economic Analysis of Law, cognome que se popularizou no Brasil como Análise Econômica do Direito, cujo acrônimo é AED (SZTAJN e ZYLBERSTAJN, 2005, p. 4). Embora entendamos que a primeira expressão "Direito e Economia" seja mais precisa, por não insinuar haver uma colonização do Direito pela Economia, cedemos ao emprego da AED por se tratar de uma expressão mais conhecida. Rejeitamos, porém, a interpretação de que essa nomenclatura anunciaria um desnível hierárquico entre o Direito e a Economia. Como destaca POSNER (2009, p. 21), a AED não pretende "substituir o estado de direito pelo império dos economistas ou de quaisquer outros especialistas". Há, todavia, quem distinga a Law and Economics da AED, associando esta última mais aos pensamentos de Richard Posner, como anota o Ministro do Superior Tribunal de Justiça Antonio Carlos FERREIRA (2016, p. XXXII), mas, no presente trabalho, preferimos a sinonímia das expressões.

[12] SALAMA, 2008, p. 12.

11. O PROCESSO COLETIVO COMO MECANISMO DE MODIFICAÇÃO DE COMPORTAMENTOS

Ronald Coase[13] contribuiu inicialmente com o movimento ao publicar o seu texto The Nature of the Firm, de 1937, e, posteriormente, com The problem of Social Cost, de 1960. Após, o movimento ganhou mais força com o lançamento dos textos Some Thoughs on risk distribution and the Law of torts, de 1961, e The Cost of Accidents, de 1971, ambos de Guido Calabresi, e o texto Property Rules, Liability Rules, and Inalienability, também de Calabresi em conjunto com Douglas Melamed, assim como a obra The Logic of the Law, de 1971, publicado por Gordon Tullock.

A partir desse momento, os juristas passaram a aceitar a conjugação do direito com os segmentos da economia, sobretudo no campo da responsabilidade civil, onde a publicação Tragic Choices de Guido Calabresi e Philip Bobitt ganhou amplo debate entre os operadores jurídicos.

Em 1972, Richard A. Posner, juiz e professor da Universidade de Chicago, publica o livro Economic Analysis of Law, o que significou uma pulverização do movimento, onde os debates ficaram centrados nos fundamentos da AED e, na sequência, o movimento bateu às portas dos Tribunais, que passaram a analisar a repercussão econômica do direito.

---

[13] COASE, Ronald Herry. A firma, o mercado e o direito. In: COASE, Ronald Herry. A firma, o mercado e o direito (coleção Paulo Bonavides). Tradução Heloisa Gonçalves Barbosa; revisão técnica, Alexandre Veronese, Lucia Helena Salgado e Antonio José Maristrello Porto; revisão final Otavio Luiz Rodrigues Junior; estudo introdutório Antonio Carlos Ferreira e Patrícia Cândido Alves Ferreira. Rio de Janeiro: Forense Universitária, 2016-A, pp. 1-32.
___. A Natureza da Firma. In: COASE, Ronald Herry. A firma, o mercado e o direito (coleção Paulo Bonavides). Tradução Heloisa Gonçalves Barbosa; revisão técnica, Alexandre Veronese, Lucia Helena Salgado e Antonio José Maristrello Porto; revisão final Otavio Luiz Rodrigues Junior; estudo introdutório Antonio Carlos Ferreira e Patrícia Cândido Alves Ferreira. Rio de Janeiro: Forense Universitária, 2016-B, pp. 33-56.
___. The Problem of Social Cost. The Journal of Law and Economics. Vol. 3. Charlottesville: University Of Virginia School of Law, 1960.
COASE, Ronald H. "The Nature of the Firm". Economics, new series, v. 4, n. 16, P. 386-405.
___. O Farol na Economia. In: COASE, Ronald Herry. A firma, o mercado e o direito (coleção Paulo Bonavides). Tradução Heloisa Gonçalves Barbosa; revisão técnica, Alexandre Veronese, Lucia Helena Salgado e Antonio José Maristrello Porto; revisão final Otavio Luiz Rodrigues Junior; estudo introdutório Antonio Carlos Ferreira e Patrícia Cândido Alves Ferreira. Rio de Janeiro: Forense Universitária, 2016-D, pp. 95-156.
___. The New Institutional Economics. In: The American Economic Review, vol. 88, n. 2, May, 1998, pp. 72-74.

CASEBOOK DE PROCESSO COLETIVO

Cabe registrar outros autores que contribuíram para a evolução e consolidação da AED[14]: Henry Manne, Gary Becker, Harold Demsetz, Tobert Cooter, William Landes, Richard Epstein, George Priest, Gordon Tullock, James Buchanan, Douglass North, Oliver Williamson, Robert D. Cooter e Thomas S. Ullen.

1.2. Análise Econômica do Direito, um conceito levado a sério

Inicialmente, importante registrar que a análise econômica do direito não é uma teoria de justiça, de direito ou de democracia. Os equívocos conceituais sobre AED fomentaram e acirram críticas de variadas ordens ao movimento Law and Economist, especialmente quando o tema foi qualificado como teoria de justiça.

A AED "é um método que toma emprestado conceitos econômicos para facilitar a compreensão do Direito", mas "não substitui os métodos tradicionais dos juristas conquanto os complete"[15].

Com efeito, a AED é de natureza instrumental e auxilia ao operador jurídico que descortine as consequências reais de suas soluções jurídicas. Abrange qualquer reflexão envolvendo o comportamento humano diante de recursos escassos.

A AED busca identificar toda forma do comportamento humano para subsidiar a tomada de decisão e não se trata de equiparar o justo com o eficiente financeiramente, como aborda em sua obra IVO GICO JR (2012, pp. 12-13):

> "Quando falamos em economia nossa pré-compreensão nos leva automaticamente a pensar em dinheiro, mercados, emprego, inflação, juros etc. Assim, por exemplo, são consideradas questões econômicas perguntas do tipo: qual é o efeito da taxa de juros sobre o nível de emprego? Por que empresas

---

[14] SALAMA, 2008, p. 12: (...) Associação Americana de Direito e Economia, reconheceu-se a existência de quatro "pais" (founding fathers) da disciplina: Ronald Coase, Richard Posner, Guido Calabresi e Henry Manne. Repare que, dentre esses quatro notáveis, um deles, Posner, não possui formação como economista (estudou Letras e depois Direito); um deles, Coase, não tem formação jurídica (só econômica); somente os dois últimos (Calabresi e Manne) possuem treinamento formal tanto em Economia quanto em Direito.

[15] MACKAAY, Ejan; ROUSSEAU, Stéphane. Análise Econômica do Direito. Tradução: Rachel Sztajn. São Paulo: Editora Atlas, 2015, p. xix.

nacionais pregam a criação de barreiras tarifárias para seus produtos? Essas barreiras são boas para os consumidores? Quanto custa construir uma ponte ligando o Brasil à Argentina sobre o rio Uruguai? Por que nossa taxa de juros é uma das maiores do mundo?

Por outro lado, não são tradicionalmente consideradas econômicas perguntas do tipo: por que estupradores costumam atacar entre 5h e 8h30min da manhã ou da noite? Por que os quintais de locais comerciais são geralmente sujos, enquanto as fachadas normalmente são limpas? Por que está cada vez mais difícil convencer os Tribunais Superiores de que uma dada questão foi efetivamente prequestionada? Por que em Brasília os motoristas param para que um pedestre atravesse a faixa, mas em outros locais do Brasil isso não ocorre? Por que os advogados passaram a juntar cópia integral dos autos para instruir um agravo de instrumento quando a lei pede apenas algumas peças específicas? Por que o governo costuma liberar medidas tributárias ou fiscais impopulares durante recessos e feriados, como o Natal? Por que o número de divórcios aumentou substancialmente nas últimas décadas? Por que existem várias línguas?

Para a surpresa de alguns, essas perguntas são tão econômicas quanto as primeiras e muitas delas têm sido objeto de estudos por economistas ou cientistas sociais empregando o método econômico. Se pararmos para pensar, de uma forma ou de outra, cada uma das perguntas do parágrafo anterior impõe decisões aos agentes. Se envolvem escolhas, então, são condutas passíveis de análise pelo método econômico, pois o objeto da moderna ciência econômica abrange toda forma de comportamento humano que requer tomada de decisão."

Guido Calabresi, ao alinhar a AED com discussões de justiça, é enfático em destacar que nem tudo que é eficiente será também justo[16].

Para levar a sério o conceito de AED é preciso compreender que as concepções de justiça não são analisadas inicialmente e diante de um determinado fato o jurista valer-se-á das ferramentas da economia como instrumento para obter o conhecimento das consequências reais de cada uma das opções possíveis, de forma, frise-se, pouco importando o justo ou o injusto, sem prejuízo da AED poder contribuir para a formulação de uma teoria de justiça.

[16] SALAMA, 2008, p. 35.

CASEBOOK DE PROCESSO COLETIVO

Logo, a AED não qualifica o que é justo, ela "é incapaz de dizer o que é justo, o que é certo ou errado. Essas categorias encontram-se no mundo dos valores e são, portanto, questões subjetivas"[17].

Com isso, cabe compreender diante do caso concreto as consequências reais de cada opção sem que sua implementação gere desperdícios, pois isso implicaria que outras necessidades permaneceriam desatendidas quando poderiam ser satisfeitas com os recursos disponíveis, mas não têm porque os recursos estão sendo desperdiçados. "Não importa que política pública uma dada comunidade deseje implementar, ela deve ser eficiente...em um mundo onde os recursos são escassos e as necessidades humanas potencialmente ilimitadas, não existe nada mais injusto do que o desperdício"[18].

A AED não condiciona a definição do justo e do democrático ao que é eficiente financeiramente, mas apenas ilumina o desenvolvedor de uma teoria da justiça e de uma teoria democrática com a ciência da consequência prática de suas decisões.

Nesta contextualização, é inapropriada a crítica consistente na assertiva de submissão do Direito a avaliações exclusivamente econômicas, por conta de seu individualismo, materialismo, conservadorismo e inaptidão para tratar de questões existenciais.

E, ainda, é equivocado ignorar que a AED é flexível para se adaptar a diferentes realidades fáticas e para absorver ideias de outras disciplinas além da Economia[19]; afinal de contas, a AED não reduz as discussões à busca do que é eficiente financeiramente.

O jurista deve conjugar o Direito ao "uso mais eficiente dos recursos escassos da sociedade; ele pode criar incentivos para que as pessoas se comportem de maneira mais produtiva, ou mesmo mais justa"[20].

Enfim, a AED é "um método de análise do Direito" e "se vale de ferramentas da Ciência Econômica – fundamentalmente da Microeconomia – para explicar o Direito e resolver problemas jurídicos"[21].

---

[17] GICO JR., 2012, p. 27.
[18] GICO JR., 2012, p. 27.
[19] GICO JR., 2012, p. 11.
[20] COOTER, Robert; ULEN, Thomas. Direito & Economia. Porto Alegre: Bookman, 2010, P. ix.
[21] SALAMA, 2010-A, p. 9.

11. O PROCESSO COLETIVO COMO MECANISMO DE MODIFICAÇÃO DE COMPORTAMENTOS

A AED pode ser positiva (ocupa com o que é) e normativa (ocupa com o que deve ser).

A AED positiva "nos auxiliará a compreender o que é a norma jurídica, qual a sua racionalidade e as diferentes consequências prováveis decorrentes da adoção dessa ou daquela regra"[22] e, assim, "verificar a pertinência entre meios e fins normativos"[23].

A AED positiva diagnostica a estrutura normativa e suas consequências reais com verificação dos meios empregados para atingir o objetivo da norma e, com isso, torna-se capaz de concluir se os fins pretendidos pela norma foram realmente atingidos com as decisões judiciais[24].

A AED normativa consiste em utilizar a ciência econômica e outras áreas do conhecimento para diagnosticar as possíveis consequências reais da nova estrutura da regra que se pretende implementar com o mínimo de desperdício[25], realizando julgamentos prescritivos sobre a adequação ou não da norma cogitada.

A AED normativa "nos auxiliará a escolher, entre as alternativas possíveis, a mais eficiente, isto é, escolher o melhor arranjo institucional de um valor (vetor normativo) previamente definido" [26].

A metodologia da AED é algo ainda novo, em fase de construção e debate. Sem prejuízo, costuma-se empregar no processo de AED uma formulação científica a partir de estudos da: a) escassez e custo de oportunidade; b) racionalidade limitada; c) interdisciplinaridade; d) equilíbrio e eficiência; e) individualismo metodológico; f) aproximação da realidade.

Ainda que de forma sucinta, vamos tecer alguns comentários sobre tais componentes da AED.

O operador jurídico ao utilizar a AED não realiza inicialmente uma interpretação da norma, pois primeiro ele esquadrinha minuciosamente

---

[22] GICO JR., 2012, p. 18.

[23] SALAMA, 2008, p. 26.

[24] MENEGUIN, Fernando B.. As indenizações por danos morais nas relações de consume sob a ótica da análise econômica do direito. In: Revista da Faculdade de Direito UFMG, n. 61, jul./dez. 2012, pp. 260-261, (...) o impacto das normas e das decisões judiciais, verificando-se se o efeito pretendido foi atingido e se o foi com o menor custo possível para a sociedade.

[25] GICO JR., 2012, p. 17, (...) se o objetivo é reduzir a quantidade de sequestros-relâmpagos, a AED normativa pode nos auxiliar a identificar a melhor política de punição, a melhor estrutura processual para este tipo de delito etc.

[26] GICO JR., 2012, p. 18.

CASEBOOK DE PROCESSO COLETIVO

a realidade fática através de um juízo de compreensão (diagnóstico) e previsão (prognóstico). Em um segundo momento, o jurista que usa AED adentra na atividade hermenêutica, para que seu resultado possa se alinhar à realidade fática.

A ciência econômica perscruta o comportamento humano e suas reações diante de incentivos derivados da norma e de sua aplicação, em que a escassez força o indivíduo a realizar escolhas e toda escolha significa um custo de oportunidade (trade-off)[27] de natureza financeira, social, política, moral ou de qualquer outra natureza.

O custo de oportunidade traduz a ideia que tudo tem um preço – não necessariamente financeiro – e as escolhas feitas implicam em renúncias a outras oportunidades. Ao se implementar, exemplificativamente, uma escolha de combate à corrupção, com alocação dos recursos e serviços, significa, diante da escassez, a falta de recursos para serem alocados na tutela da proteção do patrimônio cultural.

Como observam Stephen HOLMES e Cass R. SUSTEIN que, ao escolher a alternativa "x", está-se a desistir de uma alternativa "y", que, se for a mais valiosa, representa o custo da escolha feita[28].

O jurista (rectius, o gestor público), diante da escassez de recursos (rectius, limites orçamentários), tem de fazer escolhas que podem ser trágicas ao sacrificar outros direitos[29].

Quanto à racionalidade limitada, os indivíduos buscam maximizar suas utilidades e "farão escolhas que atendam seus interesses pessoais, sejam eles quais forem"[30].

Nesse processo de escolhas – comportamento maximizador – os indivíduos respondem a incentivos, ou seja, eles se pautarão pelos incentivos decorrentes da norma jurídica e de sua aplicação, que, nesse quadro, exerce papel central em criar incentivos ou não[31].

---

[27] SALAMA, 2008, p. 16, os trades-offs são, na verdade, 'sacrifícios': para se ter qualquer coisa é preciso abrir mão de alguma outra coisa – nem que seja somente o tempo.

[28] HOLMES, Sthephen; SUSTEIN, Cass R.. The cost of rights: why liberty depends on taxes. New York: W. W. Norton & Co., 1999, pp. 255.

[29] CALABRESI, Guido; BOBBITT, Philip. Tragic Choices. New York: W. W. Norton & Company, 1978, pp. 50.

[30] SALAMA, 2008, p. 16.

[31] GICO JR, 2012, p. 20, (...) criminosos cometerão mais ou menos crimes se as penas forem mais ou menos brandas, se as chances de condenação forem maiores ou menores, se houver

Na análise dos incentivos, como já alertado por Ronald Coase, outras disciplinas como a sociologia, psicologia, ciência política, economia etc. devem interagir com o direito, estimulando a interdisciplinaridade.

O comportamento maximizador dos indivíduos também é pautado pelo equilíbrio e eficiência.

O equilíbrio é o padrão comportamental interativo que se atinge quando todos os atores estão maximizando seus próprios interesses simultaneamente[32].

A eficiência maximiza a riqueza e o bem-estar e minimiza os custos sociais. Isso não se relaciona com justo ou injusto, certo ou errado, que são circunstâncias a serem analisadas com fundamento nas teorias de justiça.

A outra visão sobre a eficiência é sob a perspectiva de Pareto. O Pareto-eficiente diz respeito à situação em que nenhuma outra alocação de recurso poderia melhorar a condição de alguém sem piorar a de outra. Trata-se da situação em que não é mais possível realizar novas "melhoras de Pareto", assim entendida a melhor da situação de um indivíduo sem prejudicar outros. Diz-se que, nesse estágio, alcançou o "ótimo de Pareto". Nesse estágio de Pareto-eficiente, não há desperdício[33].

---

mais ou menos oportunidades em outras atividades mais atrativas. As pessoas tomarão mais ou menos cuidados se forem ou não responsabilizadas pelos danos que causarem a terceiros. Juízes serão mais ou menos cautelosos em seus julgamentos, se tiverem de motivar mais ou menos suas decisões. Agentes públicos trabalharão mais ou se corromperão menos se seus atos forem públicos. Fornecedores farão contratos mais ou menos adequados se as cláusulas abusivas forem ou não anuladas pelo Judiciário. Os exemplos são incontáveis.

SALAMA, 2008, p. 22, (...) as condutas humanas, inseridas em determinado contexto institucional, podem seguir uma dinâmica parecida. Por exemplo: de acordo com o Código Nacional de Trânsito, exceder o limite de velocidade em uma rodovia enseja o pagamento de multa. Portanto, ao dirigir um automóvel em alta velocidade, cada motorista irá sopesar, de um lado, (a) o benefício auferido com o aumento da velocidade (devido, por exemplo, ao prazer de dirigir em alta velocidade ou ao menor tempo do percurso) e, de outro, (b) o custo da multa por excesso de velocidade ponderado pela probabilidade de que haja autuação e imposição de multa. Nesse caso específico, os incentivos legais resultam do limite de velocidade estabelecido em lei, do valor da multa e da eficácia da fiscalização.

[32] SALAMA, 2008, p. 20.

[33] OLIVEIRA, Carlos Eduardo Elias de. PARÂMETROS ANALÍTICOS DO DIREITO CIVIL CONSTITUCIONAL: por um ponto de equilíbrio entre os discursos de Direito, Estado, Economia e Sociedade. Tese de mestrado apresentado no Curso de Mestrado da Faculdade de Direito da UnB, 2016, p. 89.

CASEBOOK DE PROCESSO COLETIVO

Uma terceira noção de eficiência, que complementa as anteriores, é a conhecida eficiência de Kaldor-Hicks, também conhecida como critério ou compensação de Kaldor-Hicks. Para esse critério, o fato de um grupo (perdedores) ser prejudicado pela melhora da situação de outro (ganhadores) não seria ineficiente, se os benefícios auferidos pelos ganhadores permitirem-lhe compensar os perdedores, "mesmo que efetivamente não o façam" (SALAMA, 2008, p. 24). O benefício total excede o custo total, o que implica uma "maximização do bem-estar da sociedade" (TABAK, 2014, p. 8). Assim, o critério Kaldor-Hicks autoriza mudanças, ainda que haja perdedores, reconhecendo-lhe a eficiência se, ao cabo, os perdedores puderem ser compensados pelos ganhadores. Em outras palavras, se o ganho de um grupo superar as perdas do outro, a mudança será eficiente sob o critério Kaldor-Hicks, pois os perdedores poderiam (ainda que não sejam efetivamente) ser compensados pelos vitoriosos[34].

De outro lado, o individualismo metodológico passa pela análise de comportamento de cada indivíduo, escalonando suas preferências e afastando as opções com maior custo, e dele para a compreensão do grupo/coletivo, sabendo que os indivíduos maximizarão suas utilidades e suas escolhas não necessariamente isoladas do grupo/coletivo.

Outro vetor importante na AED é tentar compreender a realidade e dela se aproximar. É consenso que se aproximar da realidade é uma tarefa muito difícil, sobretudo diante da complexidade e particularidade das circunstâncias fáticas.

Por isso, para tentar simplificar o modelo de aproximação à realidade, a ciência econômica utiliza de um critério de reducionismo, onde se reduz a complexidade para estudá-la e, assim, torna possível identificar as variáveis mais relevante, ou seja, se elabora modelo teórico do problema que se deseja investigar, nos quais são consideradas apenas as variáveis tidas como mais relevantes.

Diversos modelos de aproximação à realidade são usados pela AED, especialmente o neoinstitucionalista, o comportamental e o sociológico.

[34] OLIVEIRA, Carlos Eduardo Elias de, p. 89/90.

2. A Lei de Introdução às Normas do Direito Brasileiro e a Análise Econômica do Direito

A Lei 13.655 de 25 de abril de 2018 entrou em vigor e incluiu mudanças no Decreto-Lei nº 4.657/1942, conhecido como Lei de Introdução às Normas de Direito Brasileiro, com especial atenção aos artigos 20 e 21, que assim dispõem:

> "Art. 20. Nas esferas administrativa, controladora e judicial, não se decidirá com base em valores jurídicos abstratos sem que sejam consideradas as consequências práticas da decisão.
>
> Parágrafo único. A motivação demonstrará a necessidade e a adequação da medida imposta ou da invalidação de ato, contrato, ajuste, processo ou norma administrativa, inclusive em face das possíveis alternativas.
>
> Art. 21. A decisão que, nas esferas administrativa, controladora ou judicial, decretar a invalidação de ato, contrato, ajuste, processo ou norma administrativa deverá indicar de modo expresso suas consequências jurídicas e administrativas.
>
> Parágrafo único. A decisão a que se refere o caput deste artigo deverá, quando for o caso, indicar as condições para que a regularização ocorra de modo proporcional e equânime e sem prejuízo aos interesses gerais, não se podendo impor aos sujeitos atingidos ônus ou perdas que, em função das peculiaridades do caso, sejam anormais ou excessivos."

Muito se debate em campo doutrinário se a partir da inclusão de tais dispositivos o Direito passou a incorporar a Economia, isto é, a Análise Econômica do Direito passou a ser positivada em nosso ordenamento.

Ao positivar através da Lei de Introdução às Normas de Direito Brasileiro que a decisão judicial "deverá indicar de modo expresso suas consequências jurídicas e administrativas, tem-se dito que o jurista deve formular as soluções a partir de estudos da escassez e custo de oportunidade, da racionalidade limitada, do equilíbrio e eficiência, da aproximação da realidade, das heurísticas e vises, "behavioral law and economics", dentre outras circunstâncias da economia.

Do ponto de vista pragmático e da eficiência, a nosso juízo, é de menor relevância a discussão teórica hoje existente de se conceber a partir da Lei 13.655/2018 que o nosso ordenamento pátrio positivou a AED. E nem se trata de submissão do Direito à Economia e vice-versa. Tais debates

CASEBOOK DE PROCESSO COLETIVO

não contribuem para o aprimoramento da AED como instrumento para o Direito em busca de soluções mais efetivas. Dentro do enfoque de justo ou não, devemos nos valer das teorias de justiça e não de economia.

Assim, importante admitir uma correlação e inter-relação entre Direito e Economia, sabendo que essa última não trata de questões de certo ou errado, de justo ou injusto, mas da construção de diagnóstico e prognóstico entre as opções a serem eleitas pelo jurista, que precisa conhecer previamente as consequências reais de cada opção.

Logo, num primeiro momento diante de um contexto fático compreendem-se as consequências reais de cada cenário possível e os efeitos práticos resultantes de cada opção a ser feita (prognóstico e diagnóstico), para, posteriormente, se valer de teorias de justiça, de direito e democracia para construir a solução jurídica (aqui se preocupa com justo ou injusto, certo ou errado).

A Lei de Introdução às Normas de Direito Brasileiro, sem necessidade de adentrar a discussão teórica citada, é de muita clareza que no mínimo passou a incentivar a inter-relação entre Direito e Economia, fortalecendo assim o movimento conhecido como Law and Economist.

3. Contextualização jurídica: a gestão fiscal no exercício de 2014 do Governo do Distrito Federal[35]

O ex-governador do Distrito Federal Agnelo Queiroz e outros integrantes do governo à época foram denunciados por crimes contra as finanças públicas, pois, segundo o Ministério Público do Distrito Federal e Territórios, entre 1º de maio e 31 de dezembro de 2014, o ex-governador autorizou que fossem assumidas obrigações de despesas que não poderiam ser pagas no mesmo exercício financeiro, manobra conhecida por pedalada fiscal.

Os mesmos atos, além da ação penal, também motivaram o ajuizamento de ação de improbidade administrativa contra eles.

O Ministério Público sustenta que houve violação da Lei de Responsabilidade Fiscal (LRF). De acordo com a legislação, é vedado ao titular de Poder ou órgão contrair obrigação de despesa nos dois últimos quadrimestres do seu mandato, que não possa ser cumprida integralmente

---

[35] https://www.mpdft.mp.br/portal/index.php/comunicacao-menu/sala-de-imprensa/noticias/noticias-2019/10961-pedalada-fiscal-ex-governador-vira-reu-por-crimes-contra-as-financas-publicas

11. O PROCESSO COLETIVO COMO MECANISMO DE MODIFICAÇÃO DE COMPORTAMENTOS

dentro dele, ou que tenha parcelas a serem pagas no exercício seguinte sem que haja suficiente disponibilidade de caixa.

No encerramento do exercício de 2013, a disponibilidade financeira nas fontes de recursos não vinculados indicava déficit de R$ 346,2 milhões. O resultado primário do exercício atingiu R$ 1,2 bilhão negativo. Tais fatos, por si só, já exigiriam do então governador e das secretarias uma rigorosa ação de planejamento, monitoramento e controle prévio e concomitante da execução orçamentária e financeira dos recursos do Distrito Federal no exercício de 2014, de forma a compatibilizar as obrigações assumidas aos recursos efetivamente disponíveis e a evitar a repetição dos resultados negativos registrados. No entanto, o que se constatou foi que a situação, já ruim, restou agravada.

A partir de outubro de 2014, foram editados vários decretos com regras para o controle da execução orçamentária e financeira dos órgãos e entidades do Distrito Federal no encerramento daquele exercício. As normas estabeleceram procedimentos, prazos e regras voltadas à vedação para emissão de notas de empenho; restrições para abertura de créditos orçamentários; contingenciamento de saldos de disponibilidades orçamentárias e financeiras; limitações para empenhos de despesas com pessoal; autorização para remanejamento de saldos de disponibilidades financeiras entre fontes de recursos, inclusive de contrapartida de recursos vinculados; cancelamentos de saldos de empenho e restrições para inscrições de saldos de empenho em restos a pagar.

Para o Ministério Público, as tentativas tardias de conferir equilíbrio às contas públicas do DF nos últimos meses do exercício de 2014, especialmente por meio dos inúmeros normativos publicados, não surtiram todos os efeitos desejados. O final do mandato de Agnelo Queiroz foi marcado de expressivo volume de despesas que deixaram de ser inscritas em restos a pagar. Esses atos, segundo a denúncia, camuflaram a real situação financeira do Distrito Federal, deixando de inscrever despesas que restaram fraudulentamente canceladas ou suspensas nos restos a pagar.

O relatório do Tribunal de Contas do Distrito Federal (TCDF), de 27 de julho de 2015, identificou o montante de R$ 21,2 bilhões, correspondente ao total de despesas empenhadas no exercício de 2014 – que não foram inscritas em restos a pagar. De acordo com a denúncia, os montantes detectados sugerem inobservância de normas legais e deliberações do TCDF; realização de despesas sem prévio empenho; oneração

CASEBOOK DE PROCESSO COLETIVO

do orçamento público do exercício subsequente, com possível prejuízo ao equilíbrio fiscal; distorção nos registros e demonstrações contábeis e fiscais; impacto no cumprimento de limites legais de despesas com pessoal, educação e saúde; endividamento – e comprometimento da transparência dos gastos públicos.

4. A solução a partir da Análise Econômica do Direito

O objetivo da Análise Econômica do Direito consiste na redução dos custos sociais. Após revelar as incongruências entre as diferentes visões, o presente trabalho aponta sugestão para garantir um mínimo de eficiência à norma de responsabilidade fiscal.

O processo de fortalecimento da gestão fiscal do Estado é um pressuposto ao desenvolvimento econômico e, por isso, a hermenêutica deve se alinhar a esse fim, especialmente para que o aumento dos gastos públicos ocorra nos limites da capacidade financeira do ente público.

A norma fiscal assenta-se em quatro pilares: o planejamento, a transparência, o controle e a responsabilidade. Por meio desses instrumentos, haverá condições objetivas de programar a execução orçamentária e atuar no sentido do alcance de objetivos e metas prioritárias, maximizando o bem-estar da coletividade.

O aumento de gastos públicos pode gerar um custo de oportunidade às outras prioridades públicas que deixam de ser atendidas quanto à natureza de escolha do gasto, em destaque quando se sabe, conforme dados do relatório de 31/01/2017 do Banco Central brasileiro, que o déficit fiscal do Setor Público alcançou em 2016 a cifra de R$155.791 bilhões.

O uso da AED na questão em referência permite exatamente compreender o diagnóstico e prognóstico da lei de responsabilidade fiscal citada, a sua racionalidade e as consequências prováveis decorrentes ou não da sua aplicação, além de permitir conscientizar os meios empregados para atingir os seus objetivos e, dessa forma, será possível concluir se os fins fiscais pretendidos foram realmente atingidos com as decisões judiciais.

A estrutura normativa da regra fiscal em referência mantém o equilíbrio fiscal, mas, sobretudo, permitirá ao novo governante que não suporte o custo fiscal decorrente dos desmandos fiscais cometidos pelo governante anterior, que pode, em última circunstância, inviabilizar a proposta do novo governo.

11. O PROCESSO COLETIVO COMO MECANISMO DE MODIFICAÇÃO DE COMPORTAMENTOS

As normas fiscais buscam prevenir e corrigir toda situação que venha a prejudicar o equilíbrio entre as receitas e as despesas públicas, pois isso causa ao final danos para se proporcionar o bem-estar social.

Além disso, a norma fiscal tem o vetor pedagógico de incentivar os governantes a manter o equilíbrio das contas públicas, que, por consequência, limita as opções fiscais irresponsáveis tanto que se a conduta reprovável fiscal gerar a imposição de responsabilidade civil e pessoal ao agente público – improbidade administrativa –, vamos notar que essa será uma medida racional e útil, a qual produzirá um comportamento maximizador e de incentivo para a escolha de cumprimento da norma.

Inegável a consequência real decorrente dessa opção que reduz significativamente a possiblidade de se adotar opções de política fiscal irresponsável, podendo, inclusive, coibir eficientemente esse comportamento, de maneira que os contornos dessa opção acabam atingindo os fins pretendidos pela normal fiscal.

A rigidez da norma fiscal é evidente, assim como os imperativos dos fins pretendidos.

Agora, ao revés de impor responsabilidade ao gestor, se o cenário escolhido é aquele que avalize a irresponsabilidade fiscal cometida, devemos admitir que isso, além de desvirtuar o sentido da norma e os seus fins, leva ao caos fiscal e minimiza a implementação de se produzir bens públicos para a sociedade.

Ademais, o novo governante teria que arcar com as consequências da irresponsabilidade fiscal, comprometendo sua capacidade de produzir o bem-estar à população, assim como essa opção proporcionaria um incentivo para quem está no governo em fase de reeleição em praticar tais abusos fiscais, para garantir, ao final, o seu ganho político/reeleição, mesmo produzindo efeitos negativos para a população.

O comportamento humano e suas reações são objeto de estudo da AED, no que as escolhas atendem à racionalidade limitada e o indivíduo busca maximizar suas utilidades com escolhas que satisfaçam sobremaneira os seus interesses.

Daí a irresponsabilidade fiscal tende a ser a opção escolhida pelo então governante se isso lhe atender e ser a melhor alternativa para os seus interesses pessoais e políticos, de maneira especial quando evidenciar uma ferramenta importante para angariar votos e garantir a reeleição.

CASEBOOK DE PROCESSO COLETIVO

Cabe recordar que a escassez força o indivíduo a realizar escolhas e toda escolha significa um custo de oportunidade (trade-off), no que as escolhas feitas implicam em renúncias a outras oportunidades.

O quadro acima delineado indica os trade-offs para o governante[36]:

(i) quanto maior for o prejuízo para ele, se reeleito, com a irresponsabilidade fiscal, maior o incentivo a se comportar responsavelmente;

(ii) quanto maior for a queda na popularidade de seu oponente, caso vença as eleições e tenha que enfrentar o problema fiscal herdado, maior o incentivo a se comportar irresponsavelmente; e

(iii) quanto mais importância o governante atual atribuir ao futuro e quanto maior for o valor presente da utilidade se for eleito no futuro, maior o incentivo ao comportamento irresponsável visando prejudicar seu oponente, se perder.

Logo, segundo Ferreira, Meneguin e Bugarin, se a probabilidade de reeleição for suficientemente elevada, então o governante escolherá uma política fiscal responsável, focando em seu benefício, como gestor, no próximo período. Por outro lado, se a probabilidade de reeleição for baixa, então o governante escolherá uma política fiscal irresponsável, focando no custo que impingirá no futuro ao opositor, se eleito.

A conclusão, de acordo com esses autores, desta primeira análise é que governantes populares não têm incentivos a manipularem a política fiscal para prejudicar seu oponente, uma vez que é baixa a expectativa desse oponente vencer o pleito eleitoral.

Nesse caso, o governante prefere garantir uma melhor situação fiscal para seu próximo mandato (ou aquele de seu correligionário), que ocorrerá com elevada probabilidade. Já governantes impopulares manipularão a política fiscal a ser entregue ao oponente, de forma a dificultar a gestão desse opositor e, assim, aumentar suas próprias chances de voltar ao poder no futuro.

---

[36] FERREIRA, Débora Costa Ferreira. MENEGUIN, Fernando B. BUGARIN, Maurício Soares.Responsabilidade Fiscal, a atuação do Poder Judiciário e o comportamento estratégico dos governantes. Texto para Discussão 241, Núcleo de Estudos e Pesquisas da Constituição Legislativa, Senado Federal.

11. O PROCESSO COLETIVO COMO MECANISMO DE MODIFICAÇÃO DE COMPORTAMENTOS

Esse evento é compatível com aquele obtido em Meneguin e Bugarin (2001), em que se desenvolve modelo no qual o titular toma suas decisões de política fiscal baseado na probabilidade exógena de ser reeleito. O resultado sugere que um governante, com elevada probabilidade de reeleição, escolherá uma política fiscal mais restritiva, que a de um governante com baixa probabilidade de ser reeleito. A explicação para esse fenômeno baseia-se no fato de que uma política fiscal muito frouxa implicará elevado custo fiscal e político após as eleições, o que preocupa mais um governante com verdadeiras chances de ser reeleito.

A irresponsabilidade fiscal reduz a capacidade de se produzir bens públicos para a população em geral e é uma opção catastrófica e, por isso, punir o governante que optou por uma irresponsabilidade fiscal melhor se ajusta aos fins do bem estar social e reforça o papel disciplinador da LRF para evitar opções governamentais estratégicas de irresponsabilidade fiscal.

Importante compreender que neste cenário de condenar a política de irresponsabilidade fiscal, inclusive com punições criminais e por improbidade administrativa do governante, a racionalidade da norma estará sendo mantida e com incentivos aos governantes que optem por uma política fiscal responsável.

Avalizar as condutas tidas como pedalada fiscal, conforme acima contextualizado, pode gerar incentivos distorcidos aos agentes governamentais, em destaque àqueles que estão no poder, que podem se ver incentivados a continuar a praticar tais condutas para se manterem no poder mesmo que isso ocasione evidente prejuízo aos fins da norma fiscal e, por consequência, ao próprio bem-estar da sociedade.

O modelo comportamental a ser garantido não deve incentivar a prática de pedalada fiscal em clara conduta oportunista do agente público que, além de prejudicar o seu sucessor, causa danos à sociedade à medida que o bem comum não será alcançável.

No estudo de caso do Distrito Federal, o ex-governador, além dos fatos acima contextualizados sobre contrair despesas nos últimos dois quadrimestres que não poderiam ser cumpridas integralmente dentro dele, durante o seu mandato, ainda desrespeitou norma constitucional e infraconstitucional com leis que concederam aumentos a trinta e duas categorias de servidores públicos distritais, com impacto nas contas públicas de R$2.119.719.142,74, comprometendo o mandato seguinte do

CASEBOOK DE PROCESSO COLETIVO

sucessor, e ele tomou essa opção para tentar melhorar o baixo índice de popularidade do seu governo[37].

A Constituição Federal (art. 169) e a Lei de Responsabilidade Fiscal (LC 101/2000) buscaram construir uma modelagem econômica para afastar uma triste realidade política de que um partido que se encontra no poder se valha da sua condição para conseguir se reeleger e/ou antevê sua derrota eleitoral e passe nos dias finais do seu mandato a aumentar a dívida pública, gerando déficit e limitando a atuação do sucessor[38].

O sucesso desse modelo depende certamente de instituições fortes e responsáveis no controle orçamentário, em que o agente público saiba que seus desmandos serão punidos eficientemente, fortalecendo a imperatividade normativa e o regime fiscal responsável, assim como reforça o papel das instituições de controle na garantia do bem-estar social.

O uso da AED ajuda na escolha das alternativas possíveis e aquela considerada mais eficiente, isto é, auxilia no diagnóstico das possíveis consequências reais da nova estrutura da regra que se pretende implementar com o mínimo de desperdício.

Na análise do jogo em questão, dois cenários foram desenhados entre reprovar ou não a conduta fiscal descrita, no que o cenário de reprovar atende à maximização do bem-estar social.

O ex-governador autorizou contrair obrigações de despesas nos dois últimos quadrimestres do seu mandato, mesmo sabendo que elas não poderiam ser pagas no mesmo exercício financeiro.

O diagnóstico da conduta foi claro: inobservância da norma fiscal; realização de despesas sem prévio empenho; prejuízo ao equilíbrio fiscal; distorção nos registros e demonstrações contábeis e fiscais; impacto no cumprimento de limites legais de despesas com pessoal, educação e

---

[37] Fonte: http://g1.globo.com/distrito-federal/noticia/2013/12/governo-agnelo-tem-segunda-pior-avaliaca o-entre-estados-aponta-ibope.html

[38] "LRF, Art. 21. É nulo de pleno direito o ato que provoque aumento da despesa com pessoal e não atenda:

I – as exigências dos arts. 16 e 17 desta Lei Complementar, e o disposto no inciso XIII do art. 37 e no § 1o do art. 169 da Constituição;

II – o limite legal de comprometimento aplicado às despesas com pessoal inativo.

Parágrafo único. Também é nulo de pleno direito o ato de que resulte aumento da despesa com pessoal expedido nos cento e oitenta dias anteriores ao final do mandato do titular do respectivo Poder ou órgão referido no art. 20".

saúde; endividamento; comprometimento da transparência dos gastos a públicos.

A opção de impor responsabilidade civil e penal ao então governante é a que fortalece a lei de responsabilidade fiscal, exalta o caráter educativo na observância do equilíbrio fiscal e desincentiva o uso estratégico da irresponsabilidade fiscal.

Nesse cenário, caracterizar a responsabilidade civil e penal do agente público é traduzir a partir de então no comportamento maximizador e eficiente dos indivíduos, com suas escolhas racionais, para fins de manter o respeito às normas fiscais.

Esse caminho é o que faz maximizar o bem-estar social e de não permitir a perpetuação da ineficiência estatal.

Optar por não reprovar o contexto acima desenhado de irresponsabilidade fiscal impede de se maximizar o bem-estar social e garantir a lisura da gestão pública. Acrescente-se que essa opção – de irresponsabilidade fiscal – constitui mola de incentivo e passa a moldar o comportamento dos governantes a partir de escolhas racionais destinadas ao não cumprimento das leis.

5. O Processo Coletivo como mecanismo de transformação comportamental da gestão fiscal

O processo coletivo é um instrumento eficiente para implementar mudança comportamental na sociedade, podendo conduzir a uma verdadeira reforma estrutural do comportamento social.

Essa ideia interdisciplinar com os vetores da análise econômica do direito permite verdadeiramente interferir de maneira favorável ao desenvolvimento social em razão do amplo impacto e alcance das decisões tomadas em sede de tutela coletiva fiscal, de forma a reconhecer a modulação eficaz do comportamento social[39].

No caso mencionado do Distrito Federal, o Ministério Público utilizou do processo coletivo como forma de implementar a tutela coletiva na gestão fiscal, em que a questão ainda "sub judice", onde o processo encontra-se em fase final para sentença, já constituiu um mecanismo

---

[39] Assim, GILLES e FRIEDMAN, "Exploding the Class Action Agency Costs Myth: The Social Utility of Entrepeneurial Lawyers", University of Pennsylvania Law Review, 2006, v.155, p. 139

instrumental importante a fim de se observar o rigor fiscal derivado da Lei Complementar nº 101/2001.

O processo coletivo na hipótese gerou situações de quebra de continuidade de comportamento fiscal irresponsável, uma prática recorrente até então. Daí o seu uso ser visto como uma solução adequada ao ajuste fiscal e compatível com a melhor proteção da sociedade.

É possível afirmar a partir desse uso eficiente do processo coletivo, que a demanda refletiu e impactou diretamente à comunidade e em especial os gestores para mudança de comportamento, ou seja, uma ruptura de costumes de irresponsabilidade fiscal.

Dessa forma, pode-se ver que a tutela coletiva da gestão fiscal é ao mesmo tempo uma oportunidade e um risco para o Poder Judiciário, sendo imprescindível à sua funcionalidade que existam instrumentais adequados para seu exercício e uma mentalidade preparada para desempenhá-lo[40].

A parceria utilizada entre o Processo Coletivo e a Análise Econômica para o caso do Distrito Federal permite aferir comportamentos fiscais responsáveis para os futuros governos, com planejamento da gestão fiscal, antevendo os impactos e a forma de se atingir o bem social.

Conclusões

Considerando uma visão formalista/juspositivista, o jurista tradicional, ao enfrentar a questão da existência de norma limitativa ao titular de Poder que o impede de contrair obrigação de despesa nos dois últimos quadrimestres do seu mandato, que não possa ser cumprida integralmente dentro dele, ou que tenha parcelas a serem pagas no exercício seguinte sem que haja suficiente disponibilidade de caixa, buscará verificar a norma existente, enquadrando imediatamente o problema no âmbito da norma, com total falta de preocupação com as consequências reais.

Já, o jurista que se vale da AED, vai usar inicialmente as ferramentas da ciência econômica para fazer um juízo de diagnóstico e prognóstico, para somente depois passar as discussões de interpretação normativa.

Assim, a AED conduziria o jurista a, num primeiro átimo, desvendar: (1) como os agentes têm se comportado perante a regra atual (diagnóstico);

---

[40] POZZO, Emerson Luiz Dal, OSNA, Gustavo, Revista Internacional de Estudios de Derecho Procesal y Arbitraje, Nº 2, 2012.

11. O PROCESSO COLETIVO COMO MECANISMO DE MODIFICAÇÃO DE COMPORTAMENTOS

e (2) como uma mudança da regra – seja por via legislativa, seja por meio de interpretações extensivas – modificaria a estrutura de incentivos "na tentativa de prever como eles passariam a se comportar (prognose). Afinal de contas, a AED auxilia a compreensão (diagnóstico) e a previsão (prognose) das consequências sociais de cada escolha[41]. Somente depois dessa atividade, iniciariam-se os debates hermenêuticos, para que o seu resultado possa se alinhar à realidade das coisas.

No estudo de caso, o diagnóstico da conduta de irresponsabilidade fiscal foi claro, com consequências reais para minimizar a produção de bem público para a sociedade.

Com isso, ao punir o agente público nesse desenho de irresponsabilidade fiscal vai permitir maximizar o bem-estar social e fortalecer a norma de gestão pública, gerando incentivos e moldando comportamentos dos governantes a partir de escolhas racionais destinadas ao cumprimento das leis fiscais.

Enfim, os indivíduos maximizam suas utilidades e fazem escolhas que atendam aos seus interesses pessoais e no comportamento maximizador é sabido que os indivíduos respondem a incentivos. Logo, ao punir a irresponsabilidade fiscal estaremos criando incentivos para observância do equilíbrio da gestão fiscal e, nesse quadro, os bens públicos poderão ser criados para a coletividade.

A questão relatada neste trabalho está em fase de julgamento, o processo coletivo foi utilizado como importante instrumento social para, na conjugação da análise econômica, evidenciar mudanças estruturais do comportamento dos gestores frente ao rigor do equilíbrio fiscal.

Referências
Imprensa e outras notícias na Internet
G1-A. Toffoli suspende norma que reduziu seguro DPVAT para carros. Disponível em: https://g1.globo.com/politica/noticia/2019/12/31/stf-suspende-norma-que--reduziu-em-68percent-seguro-dpvat-para-carros.ghtml. Acesso em 2 de janeiro de 2020. Matéria de 31 de dezembro de 2019.

https://www.oantagonista.com/brasil/secretario-do-mj-critica-toffoli-sobre-dpvat--precisa-aprender-a-fazer-conta-e-pensar-nas-consequencias/

---

[41] GICO JR., 2012, p. 29.

CASEBOOK DE PROCESSO COLETIVO

Fonte: http://g1.globo.com/distrito-federal/noticia/2013/12/governo-agnelo-tem-
-segunda-pior-avaliaca o-entre-estados-aponta-ibope.html

Livros e artigos

ASSIM, GILLES e FRIEDMAN, *"Exploding the Class Action Agency Costs Myth: The
Social Utility of Entrepeneurial Lawyers"*, University of Pennsylvania Law Review,
2006, v.155, p. 139

BENJAMIN, Antônio Herman Vasconcellos. A Insurreição da Aldeia Global contra
o Processo Civil Clássico: apontamentos sobre a opressão e a libertação judiciais
do meio ambiente e do consumidor, p. 16, BDJur.

CABRAL, Flávio Garcia, REICHEL, Dafne, *Breves Considerações sobre a Fórmula de Hand
e sua Aplicação à Responsabilidade dos Agentes Públicos*, Revista PGBC – Brasília, V. 11,
n, 1, jun. 2017, p. 44)

CALABRESI, Guido; BOBBITT, Philip. *Tragic Choices.* New York: W. W. Norton &
Company, 1978.

CALABRESI, Guido; MELAMED, A. Douglas. Reglas de propriedad, reglas re res-
ponsabilidad y de inalienabilidad: una vista de la Catedral. In: Estudios Públicos,
n. 63, 1996, pp. 347-391.

__. Direitos Sociais, Econômicos e Culturais: Uma Abordagem Pós- Neo-Clássica.
In.: Revista Jurídica da Presidência da República, Brasília, ago set 2005, v. 7, n. 74,
2005-B. Disponível em: http://www.planalto.gov.br/ccivil_03/revista/Rev_74/
artigos/Marcus_rev74.htm. Acesso em 30 de julho de 2015.

__. Análise Jurídica da Política Econômica. In: Revista da Procuradoria-Geral do Banco
Central, vol. 1, n. 1, dez. 2007. Brasília: BCB, 2009, pp. 17-70.

__. Direito, Tributação e Economia no Brasil: aportes da Análise Jurídica da Política
Econômica. In: Revista da PGFN, vol. 1, n. 2, jul./dez. 2011. Brasília: PGFN, 2011,
pp. 23-52.

__. Formas jurídicas e mudança social: interações entre o direito, a filosofia e a eco-
nomia. São Paulo: Saraiva, 2012.

__. Novas Perspectivas Jurídicas sobre a Reforma da Política Pública. In: Revista de
Direito da Universidade de Brasília, vol. 1, n. 1, jan./jun., 2013. Disponível em:
http://revistadireito.unb.br/index.php/revistadireito/article/view/18/29. Acesso
em 5 de agosto de 2016.

__. Limites da Análise Econômica do Direito. Disponível em: https://economialegal.
wordpress.com/2007/03/23/limites-da-analise-economica-do- direito/. Acesso em
07 de marco de 2014. Sem indicação da data de elaboração do texto.

COASE, Ronald Herry. A firma, o mercado e o direito. In: COASE, Ronald Herry. A
firma, o mercado e o direito (coleção Paulo Bonavides). Tradução Heloisa Gonçalves
Barbosa; revisão técnica, Alexandre Veronese, Lucia Helena Salgado e Antonio José
Maristrello Porto; revisão final Otavio Luiz Rodrigues Junior; estudo introdutório

11. O PROCESSO COLETIVO COMO MECANISMO DE MODIFICAÇÃO DE COMPORTAMENTOS

Antonio Carlos Ferreira e Patrícia Cândido Alves Ferreira. Rio de Janeiro: Forense Universitária, 2016-A, pp. 1-32.

__. A Natureza da Firma. In: COASE, Ronald Herry. A firma, o mercado e o direito (coleção Paulo Bonavides). Tradução Heloisa Gonçalves Barbosa; revisão técnica, Alexandre Veronese, Lucia Helena Salgado e Antonio José Maristrello Porto; revisão final Otavio Luiz Rodrigues Junior; estudo introdutório Antonio Carlos Ferreira e Patrícia Cândido Alves Ferreira. Rio de Janeiro: Forense Universitária, 2016-B, pp. 33-56.

__. The Problem of Social Cost. The Journal of Law and Economics. Vol. 3. Charlottesville: University Of Virginia School of Law, 1960.

COASE, Ronald H. "The Nature of the Firm". Economics, new series, v. 4, n. 16, P. 386-405.

__. O Farol na Economia. In: COASE, Ronald Herry. A firma, o mercado e o direito (coleção Paulo Bonavides). Tradução Heloisa Gonçalves Barbosa; revisão técnica, Alexandre Veronese, Lucia Helena Salgado e Antonio José Maristrello Porto; revisão final Otavio Luiz Rodrigues Junior; estudo introdutório Antonio Carlos Ferreira e Patrícia Cândido Alves Ferreira. Rio de Janeiro: Forense Universitária, 2016-D, pp. 95-156.

__. The New Institutional Economics. In: The American Economic Review, vol. 88, n. 2, May, 1998, pp. 72-74.

COOTER, Robert; ULEN, Thomas. Direito & Economia. Porto Alegre: Bookman, 2010.

COOTER, R.; Edlin, A.. Law and Growth Economics: A Framework for Research. Berkeley Program in Law and Economics, Working Paper Series. Disponível em: http://escholarship.org/uc/item/50t4d0kt. Acesso em 12 de julho de 2016. Texto elaborado em 13 de janeiro de 2011.

COOTER, Robert D.; SCHÄFER, Hans-Bernd. Solomon's knot: how law can end the poverty of nations. New Jersey: Princeton University Press, 2012.

FERREIRA, Débora Costa Ferreira. MENEGUIN, Fernando B. BUGARIN, Maurício Soares.Responsabilidade Fiscal, a atuação do Poder Judiciário e o comportamento estratégico dos governantes. Texto para Discussão 241, Núcleo de Estudos e Pesquisas da Constituição Legislativa, Senado Federal.

GICO Jr., Ivo. Introdução ao Direito e Economia. In: TIMM, Luciano Benetti (org.). Direito e Economia no Brasil. São Paulo: Editora Atlas, 2012, pp. 1/33.

HOLMES, Sthephen; SUSTEIN, Cass R.. The cost of rights: why liberty depends on taxes. New York: W. W. Norton & Co., 1999.

MACKAAY, Ejan; ROUSSEAU, Stéphane. Análise Econômica do Direito. Tradução: Rachel Sztajn. São Paulo: Editora Atlas, 2015.

MENEGUIN, Fernando B.; BUGARIN, Tomás. T. S. O Dilema entre a Eficiência de Curto e de Longo Prazo no Ordenamento Jurídico e o Impacto no Crescimento

Econômico. Brasília: Núcleo de Estudos e Pesquisas/CONLEG/Senado, Julho/2016 (Texto para Discussão no 200). Disponível em: www.senado.leg.br/estudos. Acesso em 13 de julho de 2016. Texto elaborado em julho de 2016.

MENEGUIN, Fernando B.. As indenizações por danos morais nas relações de consume sob a ótica da análise econômica do direito. In: Revista da Faculdade de Direito UFMG, n. 61, jul./dez. 2012, pp. 255-285.

OLIVEIRA, Carlos Eduardo Elias de. PARÂMETROS ANALÍTICOS DO DIREITO CIVIL CONSTITUCIONAL: por um ponto de equilíbrio entre os discursos de Direito, Estado, Economia e Sociedade. Tese de mestrado apresentado no Curso de Mestrado da Faculdade de Direito da UnB, 2016.

SALAMA, Bruno Meyerhof. Introdução. In: SALAMA, Bruno Meyerhof (org.). Análise Econômica do Direito Contratual: sucesso ou fracasso? São Paulo: Saraiva, 2010-A, pp. 9-12.

__. O que é pesquisa em Direito e Economia?. In: Caderno Direito GV, volume 22, março de 2008.

POZZO, Emerson Luiz Dal, OSNA, Gustavo, Revista Internacional de Estudios de Derecho Procesal y Arbitraje, Nº 2, 2012.

SZTAJN, Rachel. Law and Economics. In: ZYLBERSZTAJN, Décio; SZTAJN, Rachel (Orgs.). Direito & Economia: análise econômica do direito e das organizações. Rio de Janeiro: Elsevier, 2005.

ZANATTA, Rafael Augusto Ferreira. Desmistificando a Law & Economics: a receptividade da disciplina Direito e Economia no Brasil. In: Revista dos Estudantes de Direito da Universidade de Brasília – REDUnB, vol. 10, 2012, pp. 25-53.

__. O novo direito e desenvolvimento: rumo a uma abordagem crítica?. Disponível em: https://www.academia.edu/1250658/O_Novo_Direito_e_Desenvolvimento_rumo_a_u ma_abordagem_cr%C3%ADtica. Acesso em 4 de agosto de 2016. Texto elaborado em 2011.

IV

PROCESSO COLETIVO NO CONTEXTO INTERNACIONAL

12. O processo estrutural no âmbito do sistema interamericano
Reflexões a partir do caso Cuscul Pivaral e outros vs. Guatemala

CESAR HENRIQUE KLUGE
EDILSON VITORELLI

Introdução

Em virtude da complexidade dos conflitos e da necessidade de concretização de valores relevantes para a sociedade, surgiu uma categoria de processo coletivo voltada para o enfrentamento de graves problemas sociais, oriundos do mau funcionamento de estruturas, usualmente públicas, que impactam significativamente na vida e sobre os direitos dos cidadãos. Trata-se do denominado processo estrutural, que pretende, de modo progressivo, reorganizar o funcionamento da instituição e, com isso, eliminar a causa do litígio.

O presente artigo tem como finalidade analisar a receptividade do Sistema Interamericano de Proteção dos Direitos Humanos, em sua esfera jurisdicional, ao processo estrutural. Buscar-se-á demonstrar que as características de referida modalidade processual, extraídas do conceito apresentado pela doutrina, podem estar presentes no processo interamericano e na decisão proferida pela Corte Interamericana.

Para alcançar esse objetivo, inicialmente, serão realizadas considerações sobre o Sistema Interamericano, notadamente sobre o processo interamericano, tanto na etapa perante a Comissão Interamericana de Direitos Humanos, como na etapa perante a Corte Interamericana. Verificar-se-á que o processo interamericano, assim como o processo coletivo nacional, é formado por um microssistema normativo.

CASEBOOK DE PROCESSO COLETIVO

Pela relevância do tema, tratar-se-á, em tópico específico, das decisões proferidas pela Corte. Serão destacados alguns elementos como natureza jurídica, obrigatoriedade de sua observância pelos Estados-parte da Convenção que tenham reconhecido a competência contenciosa da Corte, modalidades de reparação, acompanhamento de sua implementação e consequências de seu não cumprimento.

Na sequência, considerando a metodologia utilizada para elaboração do presente trabalho, será analisado o caso Cuscul Pivaral e outros vs. Guatemala, destacando-se aspectos relativos à sua tramitação, bem como algumas questões jurídicas abordadas no julgado, com o registro das reparações fixadas. Trata-se de um caso que envolve a violação de direitos humanos de pessoas diagnosticadas com o vírus HIV, sendo a primeira oportunidade que a Corte Interamericana reconheceu a violação ao princípio da vedação ao retrocesso social, consagrado no art. 26 da Convenção Americana.

No tópico seguinte, abordar-se-á o processo estrutural, iniciando por considerações a respeito de sua origem no sistema norte-americano, passando pela apresentação do seu conceito por alguns estudiosos do direito, extraindo-se, por fim, características para comparação com o processo interamericano.

Nossa pretensão é contribuir para a reflexão sobre um tema tão relevante em nível interno, buscando, cada vez mais, à luz das normas internacionais, demonstrar a necessidade de diálogo e interação entre as instâncias interna e internacional.

1. Sistema interamericano de proteção dos Direitos Humanos: um panorama

O Direito Internacional dos Direitos Humanos, compreendido como ramo do Direito Internacional que visa promover e proteger a dignidade humana em todo o mundo, sem qualquer distinção, tem sua origem atrelada à percepção de que a proteção do ser humano, seja contra o arbítrio estatal, seja para afirmação de sua dignidade, deveria ultrapassar o âmbito interno dos Estados e ser uma preocupação da comunidade internacional[1].

---

[1] MAZZUOLI, Valerio de Oliveira. *Curso de direitos humanos*. Rio de janeiro: Forense; São Paulo: MÉTODO, 2014, p. 53: "O Direito Internacional dos Direitos Humanos é aquele que visa proteger todos os indivíduos, qualquer que seja sua nacionalidade e independentemente

A consolidação dos Sistemas Internacionais de Proteção dos Direitos Humanos ocorreu após as atrocidades vivenciadas nos dois conflitos mundiais da primeira metade do século XX, especialmente a segunda grande guerra, momento a partir do qual a gramática dos direitos humanos entrou efetivamente na pauta da agenda internacional[2].

Ao lado do Sistema Global ou Universal de proteção dos direitos humanos, coordenado pela Organização das Nações Unidas, cujos documentos básicos são a Declaração Universal dos Direitos Humanos de 1948 e os Pactos Internacionais de 1966[3], apareceram sistemas regionais de proteção, quais sejam: sistema europeu, sistema africano e sistema interamericano. Tais sistemas não são excludentes entre si, devendo funcionar de forma coordenada e complementar, cabendo ao titular do direito violado ou seu representante a escolha do melhor cenário para postular o que entende devido[4].

---

do lugar onde se encontrem. Trata-se da "disciplina encarregada de estudar o conjunto de normas internacionais, convencionais ou consuetudinárias, onde são estipulados o comportamento e os benefícios que as pessoas ou grupos de pessoas podem esperar ou exigir dos governos", tendo por objeto de estudo "o conjunto de normas previstas pelas declarações, tratados ou convenções sobre direitos humanos adotados pela Comunidade Internacional em nível universal ou regional, aquelas normas internacionais que consagram os direitos humanos, que criam e regulam os sistemas supranacionais de promoção e proteção dos direitos humanos, assim como as que regulam os procedimentos possíveis de serem levados ante ditos organismos para o conhecimento e consideração das petições, denúncias e queixas pela violação dos direitos humanos".

[2] Ibid., p. 53-56.

[3] O Pacto Internacional dos Direitos Civis e Políticos e o Pacto Internacional dos Direitos Econômicos Sociais e Culturais, ambos de 1966, foram firmados com o objetivo de dar juridicidade à Declaração Universal dos Direitos Humanos, que foi adotada por meio de Resolução e não por Tratado Internacional.

[4] Sempre é bom recordar que os sistemas internacionais de proteção dos direitos humanos não são excludentes ou incompatíveis com os sistemas nacionais. A respeito disso, valiosas as lições de Antônio Augusto Cançado Trindade: "Al contrario de lo que muchos todavia suponen en tantos países, las jurisdicciones nacional e internacional no son concorrentes o conflictivas, pero sí complementarias, em constante interacción en la protección de los derechos de la persona humana. En el caso Tribunal Constitucional, lá jurisdicción internacional efetivamente intervino en defesa de la nacional, contribuyendo decisivamente a la restauración del Estado de Derecho, además de salvaguardar los derechos de los victimados. En la historia de las relaciones entre las jurisdicciones nacional e internacional, es este um precedente que continuará certamente a ser estudiado por las geraciones presentes

CASEBOOK DE PROCESSO COLETIVO

Um dos princípios basilares dos Sistemas Internacionais de Proteção dos Direitos Humanos é o da subsidiariedade, segundo o qual a responsabilidade primária de promoção e tutela dos direitos humanos é dos próprios Estados partes, sendo que, apenas na ausência ou atuação inadequada, poderá o sistema internacional atuar para a devida tutela[5].

Em relação ao sistema interamericano, que é o objeto do nosso estudo, ao qual se submete a República Federativa do Brasil[6], sua consolidação está atrelada a criação da Organização dos Estados Americanos (OEA), em 1948[7]. Sua estrutura normativa básica é composta pela Carta da OEA (1948); Declaração Americana dos Direitos e Deveres do Homem (1948); Convenção Americana de Direitos Humanos, conhecida com Pacto de San José da Costa Rica (1969) e seu Protocolo Adicional sobre matéria de Direitos Econômicos, Sociais e Culturais, conhecido como Protocolo de San Salvador (1988).

---

y futuras de jusinternacionalistas y constitucionalistsa, tanto latino-americanos como de otras regiones del mundo". CANÇADO TRINDADE, Antônio Augusto. *El ejercicio de la función judicial internacional: memorias de la Corte Interamericana de Derechos Humanos.* 5 ed. Belo Horizonte: Del Rey, 2018, p. 45.

[5] LÉPORE, Paulo; PRETI, Bruno Del. *Manual de Direitos Humanos.* Salvador: Editora JusPodivm, 2020, p. 227.

[6] O Brasil assinou, em 1969, a CADH, porém, apenas mais de 20 anos depois, o instrumento foi ratificado em 25 de setembro de 1992 (depósito da carta de adesão), promulgando-o por meio do Decreto nº 678, de 6 de novembro de 1992. Em 10 de dezembro de 1998, depositou a declaração de aceitação da competência obrigatória da Corte Interamericana, promulgando-a por meio do Decreto nº 4.463, de 8 de novembro de 2002, com a seguinte ressalva constante no art. 2º do Decreto 678/92: Ao depositar a Carta de Adesão a esse ato internacional, em 25 de setembro de 1992, o Governo brasileiro fez a seguinte declaração interpretativa: "O Governo do Brasil entende que os Arts. 43 e 48, alínea "d", não incluem o direito automático de visitas e inspeções in loco da Comissão Interamericana de Direitos Humanos, as quais dependerão da anuência expressa do Estado.

[7] A OEA é um exemplo de organização regional, que foi precedida pela fundação, em 1890, da União Internacional das Repúblicas Americanas, sucedida, por sua vez, em 1910, pela União Panamericana (UPA). Quando firmada a Carta das Organização dos Estados Americanos em Bogotá, em 1948, adotou a atual denominação (OEA). Sediada em Washington, possui diversos objetivos, como o fortalecimento da democracia, promoção dos direitos humanos e cooperação entre os Estados americanos. PORTELA, Paulo Henrique Gonçalves. *Direito internacional público e privado: incluindo noções de direitos humanos e direito comunitário.* 11 ed. Salvador: Juspodivm, 2019, p. 295.

12. O PROCESSO ESTRUTURAL NO ÂMBITO DO SISTEMA INTERAMERICANO

Dentre os diversos diplomas legais, a Convenção Americana é o principal, não apenas pela abrangência geográfica e previsão de um catálogo de direitos, mas principalmente pela estruturação de um sistema de supervisão e controle dos direitos humanos a ser efetivada por dois órgãos expressamente previstos no referido tratado internacional: Comissão Interamericana e Corte Interamericana (art. 33 da Convenção).

A Comissão Interamericana foi criada em 1959, por meio da Resolução VIII da Reunião de Consulta dos Ministros de Relações Exteriores, com o objetivo de ser um órgão de consulta para questões urgentes. Gradativamente, a Comissão foi ganhando espaço, sendo que, em 1965, a Resolução XXII ampliou suas atribuições para receber petições ou comunicações sobre violações de direitos humanos. Na sequência, o Protocolo de Buenos Aires, de 1967 emendou o Tratado Constitutivo da Organização dos Estados Americanos, alçando a Comissão à categoria de órgão principal da Organização[8]. Porém, foi com o advento da Convenção Americana, em 1969, que a Comissão alcançou status convencional, passando a ter novas atribuições, agora, também, perante a recém-criada Corte Interamericana.

A Comissão está sediada na capital dos Estados Unidos da América, Washington/DC, sendo composta por 7 membros (comissários) eleitos, a título pessoal, para um mandato de 04 anos, permitida uma reeleição (arts. 34 a 37 Convenção Americana).

Observa-se de seu histórico e das normas em vigor, que a Comissão tem uma natureza dúplice, isto é, funciona tanto como um órgão da OEA, atuando em várias áreas, que incluem atividades promocionais e consultivas, visando a proteção de direitos humanos (art. 18 do estatuto da Comissão), como age como um órgão da Convenção Americana, analisando petições, formulando consultas e litigando perante a Corte Interamericana[9].

A Corte Interamericana, criada com a aprovação da Convenção Americana dos Direitos Humanos, é o órgão jurisdicional do Sistema Interamericano, responsável pela resolução dos casos de violação de

---

[8] LEGALE, Siddharta. *A Corte Interamericana de Direitos Humanos como Tribunal Constitucional Transnacional*. Rio de Janeiro: Lumen Juris 2019, p. 85-86.

[9] BELTRAMELLI NETO, Silvio. *Direitos Humanos*. 5 ed. Salvador: Editora Juspodivm, 2018, p. 408.

CASEBOOK DE PROCESSO COLETIVO

direitos humanos praticadas pelos Estados membros da Organização dos Estados Americanos (OEA) e que tenham ratificado o Pacto de San Jose da Costa Rica. Trata-se de tribunal internacional de direitos humanos, que, frise-se, não integra os órgãos da OEA, mas sim a Convenção Americana[10].

A Corte está sediada em San José da Costa Rica e é composta por 7 membros (juízes), nacionais dos Estados membros da OEA (art. 52 da Convenção), eleitos, a título pessoal, para um mandato de 06 anos, permitida uma reeleição (art. 54.1 Convenção).

A Corte Interamericana tem competência consultiva e judicial. Em relação a primeira, concretizada por meio da emissão de pareceres, sua finalidade é, em suma, realizar a interpretação da convenção ou de outros tratados concernentes à proteção de direitos humanos, bem como analisar a compatibilidade, a pedido de um Estado membro, entre qualquer de suas leis internas e os mencionados instrumentos internacionais (art. 64 Convenção).

A legitimidade ativa para realizar consulta perante a Corte vai além dos Estados partes da Convenção, incluindo todos os Estados integrantes da OEA. Da mesma forma, a competência material vai além da interpretação da Convenção Americana, para alcançar todos os tratados de direitos humanos aplicáveis a Estados Americanos, ainda que não firmados no âmbito do Sistema Interamericano, consoante entendimento fixado na Opinião consultiva 01/82[11]. Ademais, na Opinião Consultiva nº 12/91, a Corte registrou que sua jurisdição para consultas não pode ser desvirtuada, no sentido de tratar, de forma mascarada, de situações concretas passíveis de serem analisadas pela via contenciosa.

Ao ratificarem a Convenção Americana, os Estados partes já aceitam automaticamente a competência consultiva da Corte, mas a competência contenciosa, que é facultativa, deve ser expressa e pode ser aceita posteriormente.

A jurisdição contenciosa, por sua vez, prevista no art. 62 da Convenção, limita-se a analisar casos de violação dos direitos humanos. A competência

---

[10] MAZZUOLI, Valério de Oliveira. *Os sistemas regionais de proteção dos direitos humanos: uma análise comparativa dos sistemas interamericano, europeu e africano*. São Paulo: Editora Revista dos Tribunais, 2011, p. 31.

[11] LEGALE, Siddharta. *A Corte Interamericana de Direitos Humanos como Tribunal Constitucional Transnacional*. p. 29.

12. O PROCESSO ESTRUTURAL NO ÂMBITO DO SISTEMA INTERAMERICANO

da Corte pode ser analisada sob os seguintes prismas: em razão da matéria, em razão do território, em razão da pessoa e em razão do tempo.

A competência material traduz o reconhecimento de que a Corte julgará os litígios envolvendo violações à Convenção Americana e outros tratados internacionais do sistema interamericano, não alcançando documentos produzidos fora do Sistema Interamericano, como, por exemplo, tratados do sistema universal (ONU) ou de outros sistemas regionais. Isso não obsta, contudo, que tais instrumentos sejam utilizados como elementos de interpretação sobre o sentido e alcance da Convenção[12].

A competência em razão do território delimita espacialmente a atuação do Tribunal às violações ocorridas no território dos Estados-membros. Já a competência em razão da pessoa indica que apenas os Estados poderão ser responsabilizados, excluindo-se da esfera de responsabilização, por exemplo, os indivíduos ou organizações internacionais. A competência temporal, por sua vez, assegura que o Tribunal somente poderá julgar os casos apresentados após a entrada em vigor da Convenção e reconhecimento expresso de sua competência pelo Estado. Porém, excepcionalmente, conforme já consagrado pela jurisprudência da Corte Interamericana, nas hipóteses de violações consideradas permanentes, como, por exemplo, desaparecimento forçado, é possível a análise do caso, ainda que o fato seja anterior[13].

A submissão de um caso à Corte é uma faculdade atribuída à Comissão Interamericana (sistema de petições e casos) e aos Estados que aceitaram a jurisdição contenciosa (comunicações interestatais). Em consulta ao site da Corte IDH, no *link* dos casos contenciosos, observa-se, entretanto, que até o momento (abril de 2020), todos os casos contenciosos foram apresentados pela Comissão[14].

Embora os indivíduos ainda não detenham legitimidade processual ativa, a partir de 2001, com uma alteração promovida no Regulamento

---

[12] MACHADO, Isabel Penido de Campos. Sistema Interamericano de Proteção dos Direitos Humanos: Comissão e Corte Interamericana de Direitos Humanos. In: OLIVEIRA, Bárbara da Costa Pinto; SILVA, Roberto Luiz (Org.). *Manual de direito processual internacional.* São Paulo: Saraiva, 2012, 417.

[13] CORTE IDH. Caso Gomes Lund e outros (Guerrilha do Araguaia) vs. Brasil. Sentença de 24 de novembro de 2010 (exceções preliminares, mérito, reparações e custas).

[14] Disponível em: http://www.corteidh.or.cr/cf/Jurisprudencia2/busqueda_casos_contenciosos.cfm?lang=es. Acesso: 30 de abril de 2020.

CASEBOOK DE PROCESSO COLETIVO

da Corte, foi permitido aos indivíduos a participação no processo, por meio da apresentação de petições, argumentos e provas, mesmo não sendo partes no sentido formal (art. 25 do regulamento da Corte).

2. O processo interamericano

O Direito Internacional dos Direitos Humanos é integrado por duas faces da mesma moeda: de um lado, o rol de direitos e, do outro lado, os processos que interpretam o conteúdo desses direitos e zelam para que os Estados cumpram com suas obrigações[15]. Oportunos, no aspecto, os ensinamentos de André de Carvalho Ramos, ao conceituar o processo internacional nos seguintes termos:

> O processo internacional de direitos humanos consiste no conjunto de mecanismos internacionais que analisa a situação de direitos humanos em um determinado Estado e, eventualmente, detecta a violação de direitos humanos, bem como fixa reparações cabíveis ou impões sanções. Esse conjunto pode ser classificado de acordo com a origem (unilateral ou coletivo); natureza (político ou judiciário); finalidades (emitindo recomendações ou deliberações vinculantes); sujeição passiva (Estado ou indivíduo) e, finalmente, âmbito geográfico de atuação (global ou regional)[16]

Convém sublinhar que a importância do processo internacional não está apenas no fato de que não seria razoável a previsão nos tratados internacionais de um extenso rol de direitos, sem que fossem estabelecidos instrumentos para sua respectiva tutela e promoção, com a possibilidade de fixação de medidas de reparação ou sanções. Reside, também, no fato de que é o ambiente onde se produz a interpretação autêntica dos direitos humanos[17]. No âmbito do Sistema Interamericano, os instrumentos processuais que visam monitorar e tutelar os direitos humanos podem ser enquadrados em dois grupos: subsistema da OEA e subsistema da convenção[18].

---

[15] RAMOS, André de Carvalho. *Processo internacional de direitos humanos.* 6ª ed. São Paulo: Saraiva Educação, 2019, p. 33.

[16] RAMOS, André de Carvalho. op cit, p. 34.

[17] Ibid., p. 33-34.

[18] BELTRAMELLI NETO, Silvio. op cit. p. 408.

De um lado, o subsistema da OEA é aplicável a todos os Estados membros da OEA e tem como fundamento a Carta da OEA e a Declaração Americana de Direitos Humanos. Por outro lado, o subsistema da Convenção refere-se apenas aos países signatários da Convenção Americana e tem como fundamento o Pacto de San José da Costa Rica e o Protocolo de San Salvador. Nesse subsistema temos dois caminhos. Para os países que ratificaram a Convenção e não aceitaram a competência da Corte, o processo interamericano tramitará apenas no âmbito da Comissão, podendo, se for o caso, na hipótese de constatada a violação a direitos humanos, seu relatório final ser encaminhado à Assembleia Geral da OEA, para adoção das medidas cabíveis. Já para os países que, além de terem ratificado a Convenção Americana, aceitaram, por declaração expressa, a competência contenciosa da Corte Interamericana, haverá, caso constatada a violação de direitos humanos, além do processo no âmbito da Comissão, a litigância perante a Corte.

Duas observações processuais, sendo uma de natureza normativa e outra de natureza procedimental, são importantes para conhecer melhor esse contexto: a primeira, de natureza normativa, é de que o processo interamericano é disciplinado por um microssistema normativo, composto basicamente pela Convenção Americana e pelos estatutos e regulamentos da Comissão e Corte.

Adicionalmente, a Comissão Interamericana editou algumas resoluções que podem ter impactos em questões procedimentais, destacando-se: Res. 01/2016 (adoção de medidas para reduzir o atraso processual do sistema de petições e casos); Res. 03/18 (tratamento adequado as solicitações de medidas cautelares); Res. 01/19 (revisão inicial de petições); Res. 02/20 (fortalecimento do acompanhamento das medidas cautelares vigentes); Res. 03/2020 (ações diferenciadas para atender ao atraso processual em procedimentos de solução amistosa)[19].

Da mesma forma, a Corte Interamericana, por sua vez, possui três documentos de natureza processual, denominados "acordos", que tratam dos seguintes temas: novo formato das sentenças (acordo 01/07, de 22 de janeiro de 2007); precisões sobre o cômputo dos prazos (acordo 01/2014, de 21 de agosto de 2014) e considerações sobre a publicação de

---

[19] As resoluções da Comissão podem ser consultadas em: http://www.oas.org/es/cidh/decisiones/resoluciones.asp. Acesso em 15 de maio de 2020.

informação constante dos expedientes dos casos em etapa de supervisão de cumprimento de sentença (Acordo 1/19, de 11 de março de 2019)[20].

A segunda observação, de natureza procedimental, é que o processo interamericano, para os países que reconheceram a competência jurisdicional da Corte, é obrigatoriamente bifásico, contando com uma etapa indispensável perante a Comissão, consoante precedente estabelecido no caso Caso Viviana Gallardo e outras vs. Costa Rica[21].

2.1. O processo perante a Comissão Interamericana

À luz da Convenção Americana (arts. 44 a 51), do estatuto e regulamento da Comissão, podemos resumir o processo de análise de petições que contenham denúncias ou queixas de violação à Convenção por um Estado-parte, perante a Comissão, da seguinte forma: etapa de admissibilidade; etapa de conciliação ou solução amistosa; etapa de fundo ou mérito.

A primeira etapa começa com a verificação da legitimidade ativa dos peticionários, atribuída, nos termos do art. 44 da Convenção e 23 do regulamento da Comissão, a qualquer pessoa ou grupo de pessoas, bem como entidade não governamental legalmente reconhecida em um ou mais Estados membros da OEA. Quanto a legitimidade passiva, o Sistema Interamericano analisa apenas a responsabilidade internacional dos entes estatais pela violação dos direitos humanos, não alisando responsabilidade de pessoas físicas ou jurídicas. Logo, apenas os Estados podem ser sujeitos passivos no processo interamericano[22].

Em seguida, são analisados os requisitos previstos no art. 46 da Convenção e arts. 28 a 36 do regulamento, quais sejam:a) qualificação

---

[20] Os mencionados acordos podem ser consultados no site da Corte IDH em: http://www. corteidh.or.cr/cf/ jurisprudencia2/ver_acuerdos_de_corte.cfm? lang=es. Acesso em: 16 de dezembro de 2019.

[21] Esse caso não é encontrado no site da Corte IDH, no campo dos casos contenciosos. Curiosamente, encontra-se cadastrado como opinião consultiva "zero". Disponível em: http://www.corteidh.or.cr/cf/jurisprudencia2/ver_acuerdos_de_corte.cfm?lang=es. Acesso em 16 de dezembro de 2019.

[22] De acordo com os arts. 26.1 e 29.1 de seu Regulamento, a Comissão delega à Secretaria Executiva a responsabilidade do estudo e tramitação inicial das petições individuais, cuja decisão de não abertura do processo pode ser objeto de recurso, em casos específicos, conforme Res. 01/19 da Comissão.

12. O PROCESSO ESTRUTURAL NO ÂMBITO DO SISTEMA INTERAMERICANO

do denunciante, com indicação do correio eletrônico e eventual pedido de sigilo de seus dados; b) relato dos fatos, com especificação do lugar e data das violações alegadas, bem como, se possível, do nome das vítimas e das autoridades que tenham tomado conhecimento do fato ou da situação denunciada e do Estado que considera responsável pela violação dos direitos humanos; c) indicação das medidas adotadas para esgotamento dos recursos internos; d) observância do prazo de 6 meses contados a partir da data em que a presumida vítima tenha sido notificada da decisão que esgota os recursos internos; e) demonstração de que a demanda não foi submetida a outro procedimento internacional (litispendência internacional).

De acordo com o art. 34 do regulamento da Comissão, a petição será declarada inadmissível quando: a) os fatos narrados não caracterizarem violação aos direitos humanos consagrados nos tratados internacionais do Sistema Interamericano; b) os fatos narrados forem manifestamente infundados ou improcedentes, conforme a exposição do próprio peticionário ou do Estado; c) a inadmissibilidade ou improcedência resultem de uma informação ou prova superveniente apresentada à Comissão. Consideradas as posições das partes, que podem ser apresentadas por escrito ou em audiência, a Comissão emitirá o relatório de admissibilidade ou inadmissibilidade, que será público e, caso admitida a petição, não constitui prejulgamento da causa (art. 36 do regulamento)[23].

A etapa de solução amistosa pode ocorrer em qualquer momento do exame de uma petição ou caso, por iniciativa própria ou a pedido das partes, fundado no consentimento das partes. Apesar dessa ampla possibilidade, nos termos do art. 37, item 4 do regulamento, a Comissão, antes de se manifestar sobre o mérito, fixará um prazo para que as partes digam se tem interesse em iniciar o procedimento de solução amistosa.

Alcançada a regular conciliação, a Comissão aprovará um relatório contendo uma breve exposição dos fatos e a solução alcançada[24]. Não

---

[23] Nos termos do art. 27 do Regulamento, a Comissão apenas passará para as demais etapas processuais quanto às petições que observarem os requisitos previstos na Convenção Americana, seu estatuto e seu Regulamento, cuja análise, nesta etapa inicial, é feita *prima facie*.

[24] A título informativo, o Caso José Pereira vs. Brasil é um exemplo de solução amistosa envolvendo o Estado brasileiro, ocorrida perante a Comissão Interamericana. Trata-se do primeiro acordo de solução amistosa no Sistema Interamericano concretizado pelo Brasil.

CASEBOOK DE PROCESSO COLETIVO

alcançada a conciliação, a Comissão procede a instrução do processo que, além da análise de documentos pode demandar a convocação das partes para audiência (art. 37, item 5, do regulamento).

Finda a instrução e não havendo conciliação, a Comissão emitirá um relatório de mérito, denominado primeiro informe ou relatório preliminar, no qual analisa as alegações das partes, provas produzidas, informações obtidas em audiências ou investigação *in loco* ou mesmo informações de conhecimento público (Art. 43, item 1, do regulamento).

Caso delibere pela inexistência de violação de direitos humanos, a Comissão arquivará o caso, em decisão definitiva, não existindo recurso cabível dessa decisão (art. 42, item 3, do regulamento). Reconhecendo a existência de violação de direitos humanos, a Comissão, em seu informe preliminar, expede proposições e recomendações, fixando um prazo para que o Estado informe sobre as medidas adotadas. Na sequência, a Comissão, se considerar que o Estado não atendeu às recomendações contidas, elaborará seu relatório de mérito e submeterá o caso à apreciação da Corte (art. 45 do regulamento). Em qualquer momento do processo, a Comissão pode deliberar sobre o arquivamento do feito quando verificar que não mais subsistem os motivos da petição ou, ainda, se verificar que a injustificada inatividade processual do peticionário constitui indício de sério desinteresse na tramitação da petição (art. 42 do regulamento).

Por fim, há que se observar que é possível a Comissão, de ofício ou a pedido da parte, adotar medidas cautelares, na hipótese de situações graves e urgentes, que apresentem risco de dano irreparável às pessoas ou ao objeto de uma petição ou caso pendente, nos termos do art. 25 do Regulamento.

2.2. O processo perante a Corte Interamericana

O processo perante a Corte Interamericana, à luz da Convenção e de seu regulamento, pode ser resumido nas seguintes etapas: procedimento escrito; procedimento oral; procedimento final escrito; sentença e, por derradeiro, o respectivo acompanhamento.

A primeira etapa inicia-se com a apresentação do Informe pela Comissão e outros documentos que devem acompanhá-lo nos termos dos

De acordo com o relatório da Comissão nº 95/03, de 24 de outubro de 2003, a conciliação ocorreu após o relatório de mérito emitido pela Comissão.

arts. 34 e 35 do regulamento da Corte. À luz do art. 37 do regulamento da Corte Interamericana e do Acordo de Entendimento firmado entre a Corte e a Associação Interamericana de Defensorias Públicas, naqueles casos em que as possíveis vítimas carecem de recurso ou de representação legal devidamente credenciada, o Tribunal poderá designar um defensor interamericano de ofício que as represente durante a tramitação do caso[25].

A Presidência, juízes da Corte e as partes são notificadas a respeito da submissão do caso para análise do Tribunal interamericano (art. 39 do regulamento da Corte). A partir desse momento, a suposta vítima e seus representantes disporão de um prazo para apresentar, autonomamente, à Corte, seu escrito de petições, argumentos e provas (art. 40 do regulamento da Corte)[26]. O Estado disporá do mesmo prazo para apresentar sua contestação, devendo impugnar especificamente os fatos e pretensões, sob pena de serem considerados aceitos (art. 41, item 3, do regulamento da Corte).

Posteriormente, antes de abrir a etapa oral, a Comissão, as supostas vítimas, seus representantes ou o Estado, poderão solicitar a realização de outros atos do procedimento escrito, fixando a Presidência, se assim entender pertinente, prazos para apresentação dos documentos (art. 43 do regulamento). No âmbito do processo perante a Corte, é admitida a figura do *amicus curiae,* cuja definição é trazida no art. 2, item 3, do regulamento da Corte[27].

---

[25] A figura do defensor público interamericano surgiu em 2009, com a modificação do regulamento da Corte IDH, visando garantir a possível vítima a assistência de um advogado que faça valer seus interesses perante a Corte, evitando, por razões econômicas, impedir que as vítimas deixem de contar com representação legal. Além disso, com a referida modificação, a Comissão deixou de ter um papel dúplice de representante das vítimas e órgão do sistema, ficando apenas com o exercício desta última função. Para formalizar a prestação do serviço da assistência jurídica gratuita para vítimas junto aos casos perante a Corte IDH foi celebrado um Acordo de Entendimento entre o Tribunal e a AIDEF em 25.09.2009.

[26] Apenas com a modificação do regulamento da Corte em 2009 foi oportunizado às vítimas essa atuação autônoma. Antes disso, era a própria Comissão que elaborava a petição, cabendo às vítimas atuar como meros assistentes.

[27] Art. 2, item 3: A expressão "amicus curiae" significa a pessoa ou instituição alheia ao litígio e ao processo que apresenta à Corte fundamentos acerca dos fatos contidos no escrito de submissão do caso ou formula considerações jurídicas sobre a matéria do processo, por meio de um documento de de uma alegação em audiência.

CASEBOOK DE PROCESSO COLETIVO

Encerrado o procedimento escrito, a Presidência determinará a abertura do procedimento oral, disciplinado nos artigos 45 a 55 do regulamento da Corte IDH, com a determinação de audiências necessárias para a colega do depoimento das testemunhas, peritos (se houver) e das vítimas. Finalizados o procedimento escrito e oral, que cristalizam a instrução probatória, abre-se a terceira etapa, denominada de procedimento final escrito ou alegações finais, com a fixação de prazo pela Presidência para as partes e Comissão (art. 56 do regulamento da Corte).

Convém registrar que, assim como a Comissão, a Corte pode deferir, inclusive de ofício, medidas de urgência, denominadas medidas provisórias, nos termos do art. 63.2 da Convenção e art. 27 do regulamento da Corte, nas hipóteses de extrema gravidade e urgência, para evitar danos irreparáveis às pessoas, nos assuntos que estiver conhecendo. Nos casos que não estejam submetidos ao seu conhecimento poderá atuar a pedido da Comissão.

As próximas etapas são a prolação da sentença e o seu respectivo acompanhamento, que serão objeto de considerações em tópicos específicos.

2.2.1. As sentenças da Corte Interamericana

Após encerradas as etapas probatórias (procedimento escrito, oral e alegações finais), a Corte Interamericana emite sentença de mérito, podendo decidir pela existência ou inexistência de responsabilidade internacional do Estado pela violação de direitos humanos.

A sentença da Corte Interamericana deve ser fundamentada, conter a qualificação dos participantes do processo e relação de todos os fatos e fundamentos jurídicos. Caso a decisão não expresse no todo ou em parte a opinião unânime dos juízes, qualquer deles poderá agregar à sentença o seu voto dissidente ou individual (art. 66 Convenção e art. 65 do Regulamento da Corte).

Em relação às preliminares, cumpre salientar que o processo interamericano passa por um duplo juízo de admissibilidade, uma vez que, ainda que a Comissão considere que a petição preencha os requisitos mínimos, a Corte também realiza um exame da admissibilidade em sede de julgamento das exceções preliminares[28]. No mérito, caso constatada a violação a direitos humanos, a Corte determinará que se assegure ao

---

[28] MACHADO, Isabel Penido de Campos, op. cit., p. 409.

prejudicado o gozo de seu direito ou liberdade violados, bem como que sejam reparadas as consequências da medida ou situação e determinado o pagamento de uma justa indenização à parte lesada (Art. 63, item 1, da Convenção).

2.2.1.1. Medidas de reparação

A Convenção Americana confere à Corte o poder de decidir quais as formas de reparação mais adequadas para remediar uma violação aos direitos humanos, visando a reparação integral. Segundo a jurisprudência do Tribunal Interamericano, na fixação das medidas, são analisados alguns aspectos, tais como nexo causal com os fatos do caso e com as violações declaradas, os danos sofridos, medidas solicitadas para reparação dos danos[29].

Nesse contexto, adotando-se a terminologia prevista no documento preparado por Theo van Bonen, Relator Especial da ONU, a pedido da Comissão de Direitos Humanos, que foi aprovado pela Assembleia Geral das Nações Unidas em 2005, intitulado "Princípios e Diretrizes Básicos sobre o Direito a Recurso e Reparação para Vítimas de Graves Violações do Direito Internacional dos Direitos Humanos e do Direito Internacional Humanitário", as formas de reparação podem ser divididas em cinco espécies: restituição do direito, compensação econômica (indenização), reabilitação, medidas de satisfação e medidas de não repetição[30].

A restituição visa reestabelecer a exata situação existente antes da ocorrência da violação de direitos. Não sendo possível a restituição ao estado anterior ou se for insuficiente, adotar-se-ão outras formas de reparação, dentre as quais se insere a indenização, que visa compensar financeiramente o prejuízo suportado pela vítima (danos materiais e imateriais).

A reabilitação, por sua vez, consiste nas condenações relativas, por exemplo, aos tratamentos médicos e psicológicos, incluindo o fornecimento de medicamentos. Já a medida de satisfação é uma modalidade de

---

[29] CORTE IDH. Caso Ticona Estrada e outros vs. Bolivia. Sentença de 27 de novembro de 2008 (mérito, reparações e custas), parágrafo 110; Caso Amrhein e outros vs. Costa Rica. Sentença de 25 de abril de 2018 (exceções Preliminares, mérito, reparações e custas, parágrafo 468.

[30] ALEIXO, Letícia Soares Peixoto. *Implementação das sentenças interamericanas no Brasil: desafios e perspectivas.* Belo Horizonte: Arraes Editores, 2019, p. 10.

CASEBOOK DE PROCESSO COLETIVO

reparação não-pecuniária que busca a revelação da verdade e da garantia de memória e justiça para às vítimas. Por fim, as medidas de não repetição são aquelas que visam modificar a situação estrutural que serve de contexto para as violações, nas quais se inserem, ilustrativamente: reformas legislativas, adoção de políticas públicas e capacitação de agentes estatais[31].

Frise-se que todas essas modalidades de reparação podem ser aplicadas cumulativamente, com o objetivo de garantir que a reparação pelo dano causado seja a mais completa possível[32]. Embora a Corte ordene as medidas que devem ser cumpridas pelos Estados, cabe ao país condenado a escolha dos órgãos ou autoridades internas que tomarão as ações necessárias para tanto[33].

2.2.1.2. Obrigatoriedade

A obrigatoriedade do cumprimento das decisões da Corte Interamericana encontra previsão expressa no art. 68.1 da Convenção Americana, segundo o qual *os Estados-parte da Convenção comprometem-se a cumprir a decisão em todo o caso em que forem partes.* Ademais, considerando que o ente estatal aderiu voluntariamente ao pacto internacional, não há como se escusar de seu cumprimento com amparo em sua soberania. Some-se, ainda, que nos termos do art. 27 da Convenção de Viena sobre Direito dos Tratados, não é possível invocar disposições de seu direito interno para justificar o inadimplemento de um tratado.

Na Resolução de cumprimento de sentença do caso Baena Ricardo e outros (270 trabalhadores), a Corte IDH, além de ter registrado que o cumprimento de suas sentenças está fundado no princípio *pacta sunt servanda,* assentou que também está fortemente ligado ao direito de acesso à justiça, consagrado nos artigos 8 e 25 da Convenção Americana[34].

As sentenças de Corte Interamericana vinculam não apenas o Estado-parte envolvido na demanda internacional, mas também os demais

---

[31] ALEIXO, Letícia Soares Peixoto, op. cit., p. 11.

[32] Ibid., p. 14.

[33] ANDRADE, Isabela Piacentini de. A execução das sentenças da Corte Interamericana de Direitos Humanos. *Revista Brasileira de Direito Internacional,* Curitiba, v. 3, n.3, jan/jun. 2006, p. 152.

[34] CORTE IDH. Caso Baena Ricardo y otros (270 trabajadores) Vs. Panamá. Supervisión de Cumplimientos de Sentencia. Resolución de la Corte Interamericana de Derechos Humanos. 6 de junho de 2003, parágrafo 61 e 74.

Estados-membros, que, a partir do julgamento, devem seguir a orientação fixada[35]. Nesse sentido, é pertinente recordar o efeito da "coisa julgada interpretada", segundo o qual os órgãos internos devem efetivar a interpretação da Corte, sob pena de acarretar a responsabilidade internacional do Estado que representam[36].

2.2.1.3. Irrecorribilidade das decisões

A sentença da Corte é definitiva e inapelável, cabendo apenas, na hipótese de divergência de sentido ou alcance, pedido de interpretação, a pedido de qualquer das partes, no prazo de 90 dias a contar da notificação da sentença, conforme art. 67 da Convenção Americana. Além disso, a Corte poderá, de ofício ou a pedido de uma das partes, apresentado dentro do mês seguinte à notificação do julgado, retificar erros notórios, de edição ou de cálculo, dando ciência à Comissão, vítimas ou representantes e Estado demandado (art. 76 de seu regulamento).

2.2.1.4. Supervisão de cumprimento da sentença

Enquanto os sistemas europeu e africano contam com um órgão específico, de natureza política, distinto do órgão jurisdicional, para a supervisão do cumprimento de suas sentenças, no âmbito do sistema interamericano é a própria Corte que se encarrega de exercer essa função[37].

No caso Baena Ricardo e outros vs. Panamá, o Estado questionou a competência da Corte Interamericana para realizar a supervisão do cumprimento de suas decisões. Porém, o Tribunal posicionou-se, de forma clara e precisa, afirmando sua competência para supervisionar suas decisões, registrando que sua jurisdição compreende a faculdade de administrar a justiça, englobando não apenas a declaração do direito, mas também a supervisão de cumprimento de seu julgado[38].

---

[35] KIBRIT, Orly. *Atuação contenciosa da corte interamericana de direitos humanos no contexto brasileiro*. Rio de janeiro: Lumen Juris, 2018, p. 140.

[36] RAMOS, André de Carvalho. op. cit., p. 266.

[37] SANTANA, Lorena Barrera. Supervisión de cumplimiento de sentencias de la Corte Interamericana de Derechos Humanos. *Anuário de derecho constitucional latinoamericano*, ano XXIV, Bogotá, 2018, p. 373.

[38] CORTE IDH. Caso Baena Ricardo e outros vs. Panamá. Sentença de 28 de novembro de 2003 (competência), parágrafo 72.

CASEBOOK DE PROCESSO COLETIVO

Ademais, os argumentos contrários a possibilidade de supervisão do cumprimento de sentença pela própria Corte, fundados na ausência de previsão normativa, caíram por terra a partir da modificação do regulamento do Tribunal e inserção de um dispositivo que, ainda que genericamente, prevê essa função. De acordo com o artigo 69 do atual regulamento da Corte, a etapa de supervisão inicia-se com a apresentação de relatórios estatais, relatando as medidas adotadas para cumprimento das determinações constantes na sentença condenatória. Nesta etapa, além da solicitação de dados de outras fontes de informações (art. 69, item 2, do regulamento), é possível a realização de audiências com o Estado, os representantes das vítimas e Comissão (art. 69, item 3, do regulamento), bem como a intervenção de *amicus curiae* (art. 44, item 4, do regulamento da Corte).

Em relação aos mecanismos de supervisão, Lucas Sánchez de Miquel os divide em três categorias: resoluções de supervisão, mecanismos participativos e mecanismos de inadimplemento persistente. Para referido autor, tais mecanismos se aplicam de forma ascendente, ou seja, em primeiro lugar se emitem as resoluções; na sequência, se o caso ou uma reparação específica apresenta problemas importantes, se utilizam os mecanismos participativos; por último, em casos extremos, para casos extremos, se aplicam os mecanismos de inadimplemento persistente[39].

As resoluções são adotadas para demonstrar o progresso da execução ou, em algumas situações, expressar preocupação ou mesmo fazer recomendações sobre o cumprimento da sentença[40]. Os mecanismos participativos, por sua vez, são adotados quando a sentença apresenta dificuldades concretas para sua execução ou quando revele graves problemas estruturais. Nesse caso, podem ser realizadas audiências de supervisão perante a Corte, públicas ou privadas, com a participação de representantes do Estado, da vítima e da Comissão, nas quais é possível a realização de acordo entre os envolvidos para facilitar a execução da sentença. Além disso, é possível a realização de visita *in situ* para a supervisão[41].

---

[39] MIQUEL, Lucas Sánchez. Supervisión de la ejecución de sentencias. Un análisis comparado de los sistemas europeo e interamericano de derechos humanos. *Anuário de derecho constitucional latinoamericano*, ano XXIV, Bogotá, 2018, p. 296.

[40] MIQUEL, Lucas Sánches. op. cit., 296.

[41] MIQUEL, Lucas Sánches. op. cit, p. 297/298.

12. O PROCESSO ESTRUTURAL NO ÂMBITO DO SISTEMA INTERAMERICANO

O mecanismo de inadimplemento persistente se concretiza com o encaminhamento de um relatório à Assembleia Geral da OEA, relatando o não cumprimento da sentença pelo Estado, nos termos do art. 65 da Convenção Americana[42]. A Assembleia Geral pode, se assim entender necessário, adotar providencias no campo político e econômico, com a expedição, por exemplo, de resolução aos demais Estados sugerindo a aplicação de sanções econômicas até que haja o efetivo cumprimento da sentença[43]. Ainda que o caso seja encaminhado para a Assembleia Geral da OEA, a Corte continuará realizando o acompanhamento de sua execução.

Edward Jesús Pérez, ao tratar da etapa de supervisão do cumprimento da sentença, destaca a presença de certa flexibilidade procedimental, que permite à Corte a adoção de diversas medidas dirigidas a obter informações das partes sobre o cumprimento das medidas de reparações ordenadas, resolver obstáculos à efetivação da sentença e valorar o cumprimento ou inadimplemento das medidas de reparação por dada Estado[44].

Verifica-se que, por meio de resoluções, a Corte IDH analisa o cumprimento da sentença por parte do Estado, podendo adotar todas as medidas necessárias para a efetivação do comando judicial, declarando o cumprimento apenas quando, no seu entender, a decisão for integralmente atendida.

Uma das possíveis medidas que podem ser adotadas, de caráter mais extremo, em razão do descumprimento das obrigações constantes na sentença da Corte, é suspensão ou expulsão de um Estado da OEA. Porém, tal opção não traria mais eficácia ao sistema de proteção dos direitos humanos. Ao contrário, o enfraqueceria, contando com um Estado a menos para promover e tutelar os direitos humanos na região. Apesar da timidez da Corte Interamericana nos relatos de inadimplemento à Assembleia Geral da OEA, há insistência no acompanhamento de suas decisões, o que tem se revelado muito importante e produzido mudanças.

---

[42] Ibid, p. 300.

[43] KIBRIT, Orly. op. cit., 2018, p. 95.

[44] PÉREZ, Edward Jesús. La supervisión del cumplimiento de sentencias por parte de la Corte Interamericana de Derechos Humanos y algunos aportes para jurisdicciones nacionales. *Anuário de derecho constitucional latinoamericano*, ano XXIV, Bogotá, 2018, p. 343.

3. Caso Cuscul Pivaral e outros vs. Guatemala

O caso Cuscul Pivaral e outros vs. Guatemala[45] trata da responsabilidade internacional do Estado pela violação de diversos direitos humanos previstos na Convenção Americana de Direitos Humanos, em prejuízo de 49 pessoasdiagnosticadas com o vírus HIV (15 das quais falecerem) e seus familiares, em virtude da falta de atenção médica a referido grupo nos anos anteriores a 2006/2007, prestação deficiente de serviços de saúde posteriormente a esse período e falta de proteção judicial.

Em 26 de agosto de 2003, a Comissão Interamericana de Direitos Humanos recebeu uma petição apresentada pelas seguintes entidades: Centro pela Justiça e o Direito Internacional (CEJIL); Rede Nacional de Pessoas que vivem com HIV; Associação Gente Unidade e Prevenção da vida e Fundação Preventiva de HIV Fernando Iturbide e a Associação de Saúde Integral (ASI).

Após aprovação, em 07 de março de 2005, do Informe de Admissibilidade do caso, a Comissão aprovou, em 13 de abril de 2016, o Informe de Fundo (relatório preliminar), nos termos do art. 50 da Convenção Americana de Direitos Humanos, pelo qual concluiu que o Estado da Guatemala era responsável pela violação do direito à vida (art. 4.1), direito à integridade pessoal (art. 5.1) e proteção judicial (art. 25.1) , em relação a obrigação geral de respeito consagrada no art. 1.1, todos da Convenção Americana, em prejuízo das vítimas, emitindo algumas recomendações. Considerando que o Estado não atendeu as recomendações expedidas, a Comissão, em 02 de dezembro de 2016, submeteu o caso à apreciação da Corte IDH.

No procedimento perante a Corte Interamericana, após manifestação das partes e contestação do Estado, a Corte Interamericana recebeu três petições de *amici curiae*, apresentadas por: a) alunos da Clínica do Sistema Interamericano de Proteção dos Direitos Humanos da Universidade Carlos III de Madrid; b) Clínica de Direitos Humanos da Escola de Direito e Medicina Dell da Universidade de Texas em Austin; c) Centro de Estudos de Direitos Humanos da Universidade Autônoma de Yucatán.

---

[45] CORTE IDH. Caso Cuscul Pivaral y otros vs. Guatemala. Sentença de 23 de agosto de 2018 (exceção preliminar, mérito, reparação e custas).

Além do recebimento de declarações prestadas perante autoridade local (*affidavit*), de quatro vítimas, de testemunhas propostas pelos representantes, de duas peritas indicadas pelos representantes e um perito indicado pela Comissão, o Presidente da Corte convocou uma audiência pública, realizada na sede do Tribunal, durante o 122º Período Ordinário de Sessões, na qual foram colhidos depoimentos das vítimas, de um perito indicado pelos representantes, bem como observações e alegações finais da Comissão, representantes e do Estado.

Encerrada a etapa oral e apresentadas alegações finais pelos representantes e Estado, a Corte Interamericana, em 23 de agosto de 2018, prolatou sentença, pela qual rejeitou a exceção de não esgotamento dos recursos internos e, no mérito, reconheceu a responsabilidade internacional do Estado da Guatemala pela violação ao direito a saúde (art. 26 em relação com art. 1.1); violação a proibição de discriminação em relação a obrigação de garantir o direito a saúde (art. 26 em relação com art. 1.1), em prejuízo de duas pessoas listadas no anexo (mulheres grávidas); violação ao princípio da progressividade (art. 26 e 1.1); violação ao direito a vida (art. 4 e 26 em relação com art. 1.1) em relação a 12 pessoas listadas no anexo; violação ao direito a integridade pessoal (art. 5, 26 em relação com art. 1.1), em prejuízo de 46 pessoas listadas como vítimas no anexo; violação aos direitos de garantias judiciais e proteção judicial (art. 8.1 e 25.1 em relação com art. 1.1), em prejuízo de 12 pessoas listadas como vítimas; violação da garantia do prazo razoável (art. 8 em relação com art. 1.1), em prejuízo de 13 pessoas listadas como vítimas; violação a integridade pessoal (art. 5.1) em prejuízo dos familiares das vítimas listados como familiares.

Quanto aos fundamentos adotados na decisão para a responsabilização internacional do Estado é relevante destacar alguns aspectos jurídicos (processuais e substantivos) abordados pela Corte, para melhor compreensão do caso.

Primeiro, a Corte, ao interpretar os termos do artigo 26 da Convenção Americana, à luz dos arts. 31 e 32 da Convenção de Viena sobre o Direito dos Tratados e do art. 29 da Convenção Americana,reconheceu a justiciabilidade direta dos direitos econômicos, sociais e culturais, corroborando o entendimento no sentido de que o art. 26 da Convenção Americana de Direitos Humanos protege aqueles direitos que derivam das normas econômicas, sociais e de educação, ciência e cultura contidas na Carta da Organização dos Estados Americanos (tratado constitutivo da OEA), dentre os quais se insere o direito à saúde, como já havia se manifestado no Caso Poblete Vilches e outros vs. Chile[46].

O segundo aspecto que merece destaque refere-se ao conteúdo do direito à saúde das pessoas com HIV. A Corte, utilizando-se das normas existentes em instrumentos relevantes do *corpus juris* internacional (Carta da OEA, art. 11 da Declaração Americana; art. 10 do Protocolo de San Salvador; art. 12 Pacto Internacional dos Direitos Econômicos, Sociais e Culturais; Observação geral nº 14 do Comitê de Direitos Econômicos, Sociais e Culturais da ONU) registrou que no conteúdo do direito à saúde deve ser incluído o acesso a bens de qualidade, serviços e informação para prevenção, tratamento, atenção e apoio, incluída terapia antirretroviral e outros medicamentos, exames diagnósticos e tecnologias seguras e eficazes para os cuidados preventivos, curativos e paliativos do HIV e das enfermidades oportunistas, assim como apoio social e psicológico, cuidados familiares e comunitários e acesso a tecnologias de prevenção (preservativos, injeções esterilizadas, etc.).

O terceiro aspecto trata do reconhecimento de uma forma de discriminação baseada em gênero. Isso porque, considerando que 25 das vítimas eram mulheres, das quais 5 estavam grávidas no momento de ser diagnosticada com HIV ou ficaram gravidas após o diagnóstico, a Corte afirmou que, em relação a duas delas, restou demonstrada a falta de tratamento de saúde adequado.

O quarto e último ponto a ser destacado é que a decisão proferida no presente caso foi a primeira sentença da Corte que reconheceu violação ao princípio da progressividade (não retrocesso), consagrado no art. 26 da Convenção Americana, em razão de medias regressivas adotadas pelo Estado da Guatemala em detrimento da plena realização do direito a saúde das pessoas com HIV.

No mais, o Tribunal condenou o Estado ao cumprimento de medidas de satisfação, reabilitação, não repetição e indenizações, dentre as quais, considerando o objeto do presente estudo, destacam-se garantias de não

---

[46] CORTE IDH. Caso Poblete Vilches e outros vs. Chile. Sentença de 8 de março de 2018 (mérito, reparações e custas). Trata-se do primeiro caso em que a Corte se pronunciou sobre o direito à saúde de maneira autônoma e não de forma indireta mediante a conexão com algum direito civil, como, por exemplo, o direito à vida.

repetição, tais como: implementar mecanismos de fiscalização e supervisão periódica dos serviços de saúde, com a instauração de um sistema de informação sobre o alcance da epidemia de HIV e que permita fazer um diagnóstico dos serviços prestados; desenhar um mecanismo para garantir a acessibilidade, disponibilidade e qualidade dos antirretrovirais, exames, e serviço de saúde para a população com HIV; implementar programa de capacitação para funcionários do sistema de saúde a respeito dos patamares internacionais e legislação nacional em matéria de tratamento integral das pessoas com HIV; garantir tratamento médico adequado às mulheres grávidas que vivem com HIV; realizar campanha nacional de conscientização e sensibilização, dirigida as pessoas que vivem com HIV, funcionários públicos e população em geral sobre os direitos das pessoas que vivem com HIV.

Em 23 de janeiro de 2019, os representantes apresentaram uma solicitação de interpretação da sentença, conforme art. 67 da Convenção. A Corte proferiu sentença de interpretação em 14 de maio de 2019, julgando improcedente a solicitação de interpretação. Até o momento, não houve emissão de resolução de acompanhamento da sentença[47].

4. Processo estrutural

Em virtude de grave desrespeito ou fruição ineficiente dos direitos humanos e fundamentais, a doutrina reconhece uma nova modalidade de processo, denominada "processo estrutural", que tem como principal finalidade a transformação social, por meio da modificação do funcionamento das estruturas públicas, ou até mesmo privadas, que comprometem o efetivo gozo dos direitos mínimos do ser humano.

Nos próximos tópicos, considerando a finalidade do presente trabalho, a abordagem limitar-se-á a indicar como a doutrina especializada descreve a origem e conceitua o instituto, bem como quais características podem ser identificadas desse instrumento, que o diferenciam do processo tradicional.

---

[47] CORTE IDH. Casos em etapa de supervisão. Disponível em: http://www.corteidh.or.cr/cf/ jurisprudencia2/casos_en_etapa_de_ supervision.cfm. Acesso em: 19.12.2019.

4.1. Origem

A origem do processo estrutural é associada ao direito norte americano, mais especificamente, ao julgamento do caso *Brown vs. Board of Education of Topeka*, momento a partir do qual, segundo Owen Fiss, surgiu uma nova forma de adjudicação que levaria o nome de *structural reform*[48].

Em 1954, a Suprema Corte dos EUA se deparou com o caso Brown, no qual houve um amplo debate a respeito do sistema de segregação racial nas escolas americanas.

Como bem resumiram Marco Félix Jobim e Marcelo Hugo da Rocha, Linda Brown era uma criança negra, que precisava atravessar a pé toda a sua cidade (Topeka), situada no Estado de Kansas, para chegar à sua escola pública, mesmo existindo muitas unidades de ensino próximas à sua residência. Porém, estas escolas mais próximas, diante da segregação racial existente à época, não aceitavam crianças negras. Em virtude da constante negativa das autoridades escolares locais para a realocação da vaga, Brown ajuizou ação contra o Conselho de Educação Estadual (Board of Education of Topeka) para exigir que a criança pudesse frequentar a escola em local mais perto de sua residência[49].

Na decisão proferida, foi reconhecido que a segregação racial nas escolas públicas era inconstitucional, por violar o princípio da igualdade consagrado na 14ª Emenda da Constituição americana. A Suprema Corta, por conseguinte, invalidou todas as leis estatais e locais que permitiam ou impunham a existência de escolas públicas separadas para crianças brancas e negras[50].

De acordo com as lições de Edilson Vitorelli, o processo estrutural, nasceu, na verdade, quando, o *Chief Justice* Warren, responsável pela decisão, em seu voto, limitou-se a reconhecer a inconstitucionalidade da segregação, deixando de especificar como o problema seria efetivamente

---

[48] FISS, Owen. As formas de justiça. In: GRINOVER, Ada Pellegrini; WATANABE, Kazuo; COSTA, Susana Henriques da. *O processo para solução de conflitos de interesse público*. Salvador: JusPODIVM, 2017, p. 120.

[49] JOBIM, Marco Félix; ROCHA, Marcelo Hugo da. Medidas estruturantes: origem em Brown v. Board of Education. In: ARENHART, SÉRGIO CRUZ. JOBIN, Marco Félix (orgs). *Processos Estruturais*. 2 ed. Salvador: Juspodivm, 2019, p. 663.

[50] PUGA, Mariela. La litis estructural en el caso Brown v. Board of Education. In: ARENHART, SÉRGIO CRUZ. JOBIN, Marco Félix (orgs). *Processos Estruturais*. 2 ed. Salvador: Juspodivm, 2019, p. 93.

resolvido. Num segundo momento, conhecido como Brown II, a Suprema Corte devolveu os casos pendentes aos juízos de origem para adoção das medidas necessárias para cumprimento da decisão, com a concretização da frequência das partes às escolas públicas não segregadas, sem, contudo, fixar qualquer parâmetro. Diante de tal cenário, cada juízo começou a criar, por conta própria, os caminhos para implementação da decisão, voltando-se para o uso de ordens judiciais que estabeleciam obrigações de fazer ou não fazer, denominadas *injunctions*[51].

4.2. Conceito

Segundo Owen Fiss,

> A reforma estrutural é baseada na noção de que a qualidade de nossa vida social é afetada de forma significativa pela operação de organizações de grande porte e não somente por indivíduos, agindo dentro ou fora dessas organizações. É também baseada na crença de que os valores constitucionais norte-americanos não podem ser totalmente assegurados, sem que mudanças básicas sejam efetuadas nas estruturas dessas organizações. O processo judicial de caráter estrutural é aquele no qual um juiz, enfrentando uma burocracia estatal no que tange aos valores de âmbito constitucional, incumbe-se de reestruturar a organização para eliminar a ameaça imposta a tais valores pelos arranjos institucionais existentes. Essa *injunction* é o meio pelo qual essas diretivas de reconstrução são transmitidas[52].

Sérgio Cruz Arenhart, ensina que a discussão de questões relevantes e complexas, como a implementação de políticas públicas, exige uma maior amplitude do que a lógica bipolar dos processos utilizados no Brasil, como, por exemplo, a possibilidade de participação da sociedade para formação do convencimento do magistrado. Nesse caminho, afirma:

> Impõe-se, por isso, pensar em um processo diferenciado, normalmente tratado sob o nome de processo estrutural. Nesses processos, objetiva-se

---

[51] VITORELLI, Edilson. Litígios estruturais: decisão e implementação de mudanças socialmente relevantes pela via processual. In: ARENHART, SÉRGIO CRUZ. JOBIN, Marco Félix (orgs). *Processos Estruturais.* 2 ed. Salvador: Juspodivm, 2019, p. 275-276

[52] FISS, Owen. op. cit., p. 120.

decisões que almejam a alteração substancial, para o futuro, de determinada prática ou instituição. As questões típicas de litígios estruturais envolvem valores amplos da sociedade, no sentido não apenas de que há vários interesses concorrentes em jogo, mas também de que a esfera jurídica de vários terceiros pode ser afetada pela decisão judicial [53].

Edilson Vitorelli, abandonando a classificação dos processos coletivos vinculados aos conceitos de direitos difusos, coletivos e individuais homogêneos, apresenta uma nova classificação, centrada na complexidade e conflituosidade presentes na demanda. Assim, enquadra os litígios coletivos em três categorias distintas: litígios globais, locais e irradiados. O litígio global alcança a sociedade como um todo, mas repercute muito pouco sobre os indivíduos que a compõe, sendo dotados de baixa conflituosidade; o litígio local, atinge pessoas determinadas, unidas por solidariedade social, emocional e territorial (comunidades indígenas, trabalhadores de determinada empresa, etc), com conflituosidade moderada; litígio irradiado, em que a lesão é relevante para a sociedade envolvida, afetando de modo desigual e variável, em intensidade e natureza, diferentes subgrupos, sendo de alta complexidade e conflituosidade[54].

Partindo dessa novel classificação, o mencionado autor enquadra o processo coletivo estrutural na categoria dos litígios coletivos irradiados, apresentando a seguinte definição:

> Em síntese, um processo estrutural é aquele que busca resolver, por intermédio da atuação da jurisdição, um litígio estrutural, pela reformulação de uma estrutura burocrática que é a causadora ou, de alguma forma, a responsável pela existência da violação que origina o litígio. Essa reestruturação se dará por intermédio da elaboração de um plano aprovado pelo juiz e sua posterior implementação, geralmente ao longo de um considerável período de tempo. Ela implicará a avaliação e reavaliação dos

---

[53] ARENHART, Sérgio Cruz. Processo estruturais no direito brasileiro: reflexões a partir do caso da ACP do carvão. In: GRINOVER, Ada Pellegrini; WATANABE, Kazuo; COSTA, Susana Henriques da. *O processo para solução de conflitos de interesse público*. Salvador: JusPODIVM, 2017, p. 480.

[54] VITORELLI, Edilson. Levando os conceitos a sério: processo estrutural, processo coletivo, processo estratégico e suas diferenças. *Revista de Processo*. vol. 284/2018. p. 335.

impacts diretos e indiretos do comportamento institucional, os recursos necessários e suas fontes, os efeitos colaterais da mudança promovida pelo processo sobre os demais atores sociais que interagem com a instituição, dentre outras providências[55].

Importante destacar que, conforme ressalta Edilson Vitorelli, a existência de um litígio estrutural pode não acarretar a propositura de um processo estrutural, sendo possível que um litígio estrutural seja tratado por meio de um processo coletivo não estrutural, visando, por exemplo, apenas resolver as consequências e não as causas do problema. O equívoco nessa forma de solução não estrutural de um litígio estrutural estaria no fato de que ele não produz resultados sociais significativos, apresentando uma ilusão de solução, já que as causas do problema permanecem[56].

Como se vê, os processos estruturais são aqueles que buscam corrigir problemas estruturais, enfrentando os graves problemas sociais que não foram atendidos adequadamente pelos demais poderes estatais, envolvendo, seja pela natureza ou complexidade, a adoção de técnicas que demandam um releitura de questões como o princípio da separação dos poderes e limites da atuação do poder jurisdicional.

4.3. Características

A partir dos conceitos apresentados anteriormente, observa-se que os processos estruturais possuem (ou deveriam possuir) características próprias, que demandam um olhar diferenciado sobre as técnicas utilizadas na tutela processual.

Conforme ensina Arenhart, um processo apto a lidar com questões estruturais não pode se pautar pelo regime tradicional do processo civil brasileiro. Além da necessidade de revisão conceitual do contraditório, para que se permita ampla participação da sociedade por meio de institutos como audiência pública e *amicus curiae*, mister se faz realizar uma releitura de institutos como adstrição da decisão ao pedido, limitação do debate aos contornos da causa de pedir, a dimensão da prova, a amplitude do direito ao recurso e os limites da coisa julgada[57].

---

[55] VITORELLI, Edilson. op cit. p. 341-342.
[56] Ibid., p. 340-341.
[57] ARENHART, Sérgio Cruz.op. cit., p. 481-482.

CASEBOOK DE PROCESSO COLETIVO

Nesse contexto, Edilson Vitorelli destaca as seguintes características do processo coletivo nos litígios irradiados, nos quais se insere o processo coletivo estrutural: a) a insuficiência dos modelos tradicionais; b) policentrismo, democracia deliberativa e modelo processual do tipo "town meeting"; c) a mutabilidade e o moto-perpétuo entre conhecimento e execução; d) a insuficiência da legislação projetada brasileira em relação aos litígios irradiados; e) participação da sociedade[58].

Diante de tal cenário, a título meramente exemplificativo, elencamos algumas características do processo estrutural.

A primeira traduz a ideia de "subsidiariedade" do processo estrutural, pela qual devendo ser considerado como a última medida a ser adotada frente a outras mais simples existentes que possam efetivamente solucionar o problema pela raiz. Deve ser fomentado nos casos estritamente necessários, em que a atuação dos demais poderes se demonstrou inexistente ou insuficiente para garantir a promoção ou tutela dos direitos humanos ou fundamentais.

Por obvio, que não se está defendendo necessariamente a resolução de problemas estruturais por mecanismos não estruturais. Defende-se apenas que a provocação jurisdicional, via processo estrutural, seja realizada como *ultima ratio*, tomando-se em conta a existência de outras possibilidades, como por exemplo, a atuação extrajudicial de instituições como o Ministério Público.

A segunda consiste na postura proativa e criativa dos juízes que deve estar presente nesta modalidade processual, a partir da releitura do princípio da separação dos poderes, concretizada pela adoção de todas as medidas necessárias, de forma fundamentada e responsável, para a promoção e tutela dos direitos humanos e fundamentais em jogo. A acentuada intervenção judicial na atividade dos sujeitos envolvidos no processo é a principal característica dos litígios complexos para efetivação de reformas estruturantes[59].

---

[58] VITORELLI, Edilson. *O devido processo legal coletivo: dos direitos aos litígios coletivos*. 2 ed. rev., atual. e ampl. São Paulo: Thomson Reuters Brasil, 2019, p. 579-603.

[59] DIDIER, Fredie; ZANETI, Hermes; OLIVEIRA, Rafael Alexandria de. Notas sobre as decisões estruturantes. In: ARENHART, SÉRGIO CRUZ. JOBIN, Marco Félix (orgs). *Processos Estruturais*. 2 ed. Salvador: Juspodivm, 2019, p. 342.

12. O PROCESSO ESTRUTURAL NO ÂMBITO DO SISTEMA INTERAMERICANO

A respeito da postura diferenciada do magistrado no processo estrutural, oportunas as ponderações de Susana Henriques da Costa:

No desempenho dessa atividade político-jurídica, fica evidenciada a necessidade de incorporação de algumas novas características à função judicial. Não é possível julgar conflitos sobre alocação de recursos públicos ou mesmo sobre reforma estrutural do Estado da mesma forma que se julgam conflitos subjetivos privados. A função judicial politizada deve ser consequencialista, estratégica e mediadora[60].

A terceira cuida da dinâmica multipolar e multifocal que deve revestir essa categoria processual. Esta peculiaridade traduz a necessidade de ampla participação da sociedade envolvida no problema, por meio de instrumentos como audiências públicas e *amicus curiae*, o que demanda levar em consideração as diversas visões e interesses em jogo na solução da lide. Aqui, busca-se ultrapassar a visão bipolarizada do processo tradicional.

Em suma, o ideal é que o processo estrutural seja conduzido por meio de um método dialógico, com ampla participação de todos os interessados e possíveis afetados, o que demanda, consequentemente, ampla publicidade[61]. Disso decorrem várias implicações, como participação de diversos atores, publicização do debate e transparência dos atos praticados, além da motivação e fundamentação das decisões[62].

A quarta característica seria a maior participação de especialistas (peritos), agregando experiência técnica, contribuindo no dimensionamento adequado do problema e possíveis soluções, à luz da interdisciplinaridade[63].

A quinta consiste na flexibilização da vinculação do comando condenatório ao pedido. Não se pode exigir uma vinculação rígida entre

---

[60] COSTA, Susana Heriques da. A imediata judicialização dos direitos fundamentais sociais e o mínimo existencial: relação direito e processo. In: GRINOVER, Ada Pellegrini; WATANABE, Kazuo; COSTA, Susana Henriques da (Coords). *O processo para solução de conflitos de interesse público*. Salvador: JusPODIVM, 2017, p. 403.

[61] PORFIRO, Camila Almeida. Litígios estruturais: legitimidade democrática, procedimento e efetividade. Rio de Janeiro: Lumen Juris, 2018, p. 85.

[62] FERRARO, Marcela Pereira. Litígios estruturais: algumas implicações da publicidade do processo. In: ARENHART, SÉRGIO CRUZ. JOBIN, Marco Félix (orgs). *Processos Estruturais*. 2 ed. Salvador: Juspodivm, 2019, p. 584.

[63] ARENHART, Sergio Cruz. op. cit., p. 481.

a postulação e a decisão, uma vez que, em virtude da complexidade do litígio, é possível existir grande dificuldade na identificação pelo autor das pretensões adequadas, o que pode ser melhor visualizado apenas no decorrer do processo e com a participação de todos os atores[64].

A sexta consiste na finalidade prospectiva, isto é, ao invés de focar no passado para resolver o presente, o processo estrutura buscar olhar o passado para solucionar preponderantemente as questões do futuro. Dessa forma, o provimento jurisdicional se volta para o futuro, inclusive porque a principal finalidade do processo estrutural é modificar uma prática danosa institucionalizada[65].

A última característica consiste nos provimentos continuados e diferidos no tempo, ou seja, a sentença não esgota, por si só, o ofício jurisdicional, apenas inaugurando uma nova etapa, pois a implementação do comando decisório demanda outras decisões no decorrer do tempo, justificando o constante acompanhamento e participação de todos os atores envolvidos[66].

Ao tratar das características existentes no caso *Brown v. Board of Education* que poderiam diferenciá-lo de outros processos, sobretudo outros processos coletivos, Francisco de Barros Silva e Neto destaca a necessidade de se deslocar parte do processo decisório para etapas posteriores, o que, segundo ele, foi denominado pela doutrina de decisões "em cascata"[67].

Vistas algumas características do processo estrutural, no próximo tópico, ver-se-á se no caso estudado é possível identificá-las no processo interamericano.

---

[64] Ibid., p. 482.

[65] NUNES, Leonardo Silva; COTA, Samuel Paiva; FARIA, Ana Maria Damasceno de Carvalho. Dos litígios aos processos estruturais: pressupostos e fundamentos. *RJLB*, ano 5 (2019), p. 1060-1061.

[66] VIOLIN, João. Holt v. Sarver e a reforma do sistema prisional no Arkansas. In: ARENHART, SÉRGIO CRUZ. JOBIN, Marco Félix (orgs). *Processos Estruturais*. 2 ed. Salvador: Juspodivm, 2019, p. 545.

[67] NETO, Francisco de Barros e Silva. Breves considerações sobre os processos estruturais. In: ARENHART, SÉRGIO CRUZ. JOBIN, Marco Félix (orgs). *Processos Estruturais*. 2 ed. Salvador: Juspodivm, 2019, p. 326.

5. O caso Cuscul Pivaral e o processo estrutural: a teoria na prática

Podemos iniciar o presente tópico com as seguintes indagações, que serão respondidas ao final: a) a decisão proferida no caso Cuscul Pivaral vs. Guatemala pode ser considerada uma decisão estrutural? b) da análise das regras do processo interamericano e do caso estudado é possível afirmar que o Sistema Interamericano de Proteção dos Direitos Humanos é receptivo ao processo estrutural?

Para responder a essas perguntas, vamos analisar se as características dos processos estruturais identificadas no tópico precedente podem ser encontradas no processo interamericano e na decisão proferida no caso analisado.

Em relação a subsidiariedade, se por um lado a implementação de políticas públicas e reformas estruturais pelo Judiciário deve ser vista como última medida a ser adotada, por outro lado, não é demais lembrar que essa é a principal característica dos Sistemas Internacionais de Proteção de Direitos Humanos, já que compete primariamente aos Estados a promoção e proteção dos direitos mínimos dos seres humanos. E, como desdobramento desse princípio, um dos pressupostos de admissibilidade do processo interamericano é justamente o esgotamento dos recursos internos, que foi observado no caso Cuscul Pivaral.

Quanto a postura proativa e criativa dos juízes, além da previsão normativa expressa da necessidade de reparação integral do dano e da possibilidade de fixação de diversas modalidades de reparações, entre as quais se insere as medidas de não repetição, que possuem características estruturais, observa-se, no caso estudado, o nítido caráter estrutural das medidas de não repetição a que foi condenado o Estado da Guatemala (criação de programas, capacitação de agentes, etc).

No início da atuação contenciosa da Corte Interamericana, a expressão "indenização justa" foi interpretada como sinônimo de indenização compensatória pelos danos. No decorrer dos anos, a jurisprudência evoluiu, adotando-se uma postura mais ativa e interventiva, o que resultou em obrigações que fossem além do dever de indenizar, incluindo, por exemplo, determinações estruturantes, como a implementação de políticas públicas[68].

---

[68] LEGALE, Siddharta, op. cit., p. 81 e 158.

CASEBOOK DE PROCESSO COLETIVO

Ademais, a argumentação criativa utilizada em suas decisões, decorre do fato da Corte Interamericana adotar uma interpretação evolutiva dos direitos humanos, ao conceber a Convenção Americana como um instrumento vivo, que permite sua expansão e construção gradativa pelo diálogo com outros instrumentos internacionais e com as jurisdições nacionais[69].

Um ponto importante é: se, por um lado, para a adequada intervenção judicial nos processos estruturais é necessária a releitura do princípio da separação dos poderes, de tal forma a permitir uma atuação dos juízes em searas que não lhe são, primordialmente, afetas (políticas públicas e reformas estruturais), por outro lado, o Direito Internacional dos Direitos Humanos parte da premissa de uma revisitação do conceito de soberania, sem a qual, mantida a rigidez do conceito de soberania absoluta dos Estados Westfalianos, não seria admitida sequer a existência dos sistemas internacionais de proteção dos direitos humanos, que demandam essa flexibilização, voluntária, do poder soberano.

A característica da dinâmica multipolar e multifocal também é encontrada no processo interamericano. Além do fomento a participação de todos os interessados por meio de apresentação de escritos ou participação em audiências, há previsão expressa de instrumentos de participação social, como o *amicus curiae* (art. 44 do regulamento da Corte), que, inclusive, foi utilizado no caso Cuscul Pivaral, no qual três diferentes entidades apresentaram manifestações para auxiliar na solução do conflito.

Some-se, ainda, que o artigo 58, item "c", do regulamento da Corte, ao estabelecer uma postura proativa da Corte nas diligências probatórias, prevê a possibilidade de solicitação, de qualquer entidade, escritório, órgão ou autoridade de sua escolha, a apresentação de sua opinião, relatório ou parecer sobre um determinado aspecto, o que demonstra a abertura do processo interamericano à ampla participação social. Da mesma forma, a participação de especialistas, além de contar com previsão nas normas vigentes, é incentivada por meio da apresentação de pareceres por experts, o que foi utilizado no caso analisado.

A flexibilização da vinculação do comando condenatório ao pedido não poderia deixar de existir, sob pena de enfraquecer a tutela pretendida, notadamente em situações que ensejem reparações estruturais. Embora a Corte Interamericana solicite a manifestação dos peticionários

---

[69] Ibid., p. 154 e 160.

e da Comissão quanto as suas pretensões, essas postulações, juntamente com o conjunto fático e a gravidade e extensão do dano, servem como parâmetros para o Tribunal, o que é bastante razoável, sem que isso signifique uma vinculação rígida ao pedido, nem tampouco uma completa ausência de limites.

A título ilustrativo, no caso Bulacio vs. Argentina (2003), a Corte condenou o Estado em obrigação diversa daquelas postuladas pela Comissão e pelos peticionários, ao condenar o Estado, por exemplo, ao pagamento de uma quantia de U$ 21.000,00, por dano patrimonial familiar[70].

A característica prospectiva encontra-se presente na própria natureza das reparações estruturais. No caso estudado destacam-se as medidas de não repetição fixadas pela Corte Interamericana, tais como, exemplificativamente: implementar mecanismos de fiscalização e supervisão periódica dos serviços de saúde, com a instauração de um sistema de informação sobre o alcance da epidemia de HIV e que permita fazer um diagnóstico dos serviços prestados; desenhar um mecanismo para garantir a acessibilidade, disponibilidade e qualidade dos antirretrovirais, exames, e serviço de saúde para a população com HIV; implementar programa de capacitação para funcionários do sistema de saúde a respeito dos patamares internacionais e legislação nacional em matéria de tratamento integral das pessoas com HIV; realizar campanha nacional de conscientização e sensibilização, dirigida as pessoas que vivem com HIV, funcionários públicos e população em geral sobre os direitos das pessoas que vivem com HIV.

Por fim, em virtude do caráter definitivo e inapelável das sentenças da Corte, segundo o estabelecido no artigo 67 da Convenção Americana, estas devem ser prontamente cumpridas pelo Estado de forma integral, o que não impede seu cumprimento no decorrer do tempo a depender das obrigações estabelecidas.

Como vimos em tópico anterior, a Corte avalia o cumprimento de seus julgados a partir de informações apresentadas pelo próprio Estado ou outras fontes de informação que entender pertinentes, adotando diversas medidas, que podem se prolongar no decorrer do tempo, por meio da expedição de resoluções, mecanismos participativos e mecanismos de

---

[70] CORTE IDH. Caso Bulacio vs. Argentina. Sentença de 18 de setembro de 2003 (mérito, reparações e custas).

inadimplemento persistente. Até o momento, de acordo com informações constantes no site da Corte[71], o caso Cuscul Pivaral ainda não foi submetido à supervisão.

Ademais, como vimos no tópico 4.4, a Corte tem flexibilidade para, na etapa de supervisão, determinar todas as medidas necessárias para a efetiva execução da sentença prolatada, expedindo resoluções, seja para orientação ou esclarecimento do alcance da decisão, seja pela adoção de audiências, públicas ou privadas, com as partes envolvidas ou mesmo visitas *in loco*, com possível realização de acordo, para superação dos obstáculos fáticos ou jurídicos que possam emergir na execução do julgado.

Dessa forma, pode-se dizer que as diversas resoluções eventualmente expedidas na etapa de supervisão, notadamente aquelas que visam resolver e esclarecer o alcance das medidas de reparação ou solucionar impasses e obstáculos fáticos ou jurídicos na execução, equiparam-se às decisões "em cascata" do processo estrutural.

Diante de tal quadro, não há como deixar de responder afirmativamente as duas indagações feitas no início deste tópico. A decisão proferida no caso Cuscul Pivaral vs. Guatemala pode ser considerada estrutural, em virtude da fixação de medidas que buscam reestruturar a organização do Estado em relação à política pública de saúde para as pessoas diagnosticadas com HIV.

Embora a metodologia utilizada tenha sido o estudo de um único caso, a existência de um microssistema normativo receptivo a decisões estruturais, nos permite adotar a conclusão de que o Sistema Interamericano é bastante receptivo ao processo coletivo estrutural.

Conclusões

O processo estrutural é um dos instrumentos existentes no ordenamento jurídico nacional e, como vimos, conta com a receptividade do Sistema Interamericano, cuja finalidade é promover a tutela dos direitos humanos e fundamentais por meio da reforma estrutural de instituições públicas ou privadas, quando identificado que a organização e funcionamento das entidades é um entrave à efetiva usufruição de tais direitos.

---

[71] CORTE IDH. Disponível em: http://www.corteidh.or.cr/cf/Jurisprudencia2/busqueda_supervision_cumplimiento.cfm?lang=es. Acesso em: 22 de maio de 2020.

Não se pretendeu defender que o Judiciário, tampouco o processo coletivo estrutural, são os super-heróis responsáveis por salvar a humanidade das mazelas sociais. A intenção foi demonstrar que os processos estruturais constituem um dos caminhos para a promoção e tutela dos direitos mínimos dos seres humanos.

Buscou-se também, diante de tais características apresentadas, mostrar que o processo estrutural não está restrito às ordens jurídicas nacionais, sendo uma realidade no âmbito do Sistema Interamericano de Proteção dos Direitos Humanos.

Observa-se, assim, que o diálogo entre Cortes nacionais e estrangeiras e a aproximação dos respectivos ordenamentos jurídicos mostra-se um importante caminho para a consolidação e aperfeiçoamento dessa modalidade de processo coletivo denominada de estrutural.

Referências

ALEIXO, Letícia Soares Peixoto. *Implementação das sentenças interamericanas no Brasil: desafios e perspectivas.* Belo Horizonte: Arraes Editores, 2019.

ANDRADE, Isabela Piacentini de. A execução das sentenças da Corte Interamericana de Direitos Humanos. *Revista Brasileira de Direito Internacional*, Curitiba, v. 3, n.3, p. 147-161, jan/jun., 2006.

ARENHART, Sérgio Cruz. Processos estruturais no direito brasileiro: reflexões a partir do caso da ACP do carvão. In: GRINOVER, Ada Pellegrini; WATANABE, Kazuo; COSTA, Susana Henriques da. *O processo para solução de conflitos de interesse público.* Salvador: JusPODIVM, 2017, p. 475-492.

BELTRAMELLI NETO, Silvio. *Direitos Humanos.* 5 ed. Salvador: Editora JusPodivm, 2018.

CANÇADO TRINDADE, Antônio Augusto. *El ejercicio de la función judicial internacional: memorias de la Corte Interamericana de Derechos Humanos.* 5 ed. Belo horizonte: Del Rey, 2018.

COSTA, Susana Heriques da. A imediata judicialização dos direitos fundamentais sociais e o mínimo existencial: relação direito e processo. In: GRINOVER, Ada Pellegrini; WATANABE, Kazuo; COSTA, Susana Henriques da (Coords). *O processo para solução de conflitos de interesse público.* Salvador: Juspodivm, 2017, p. 397--421.

DIDIER, Fredie; ZANETI, Hermes; OLIVEIRA, Rafael Alexandria de. Notas sobre as decisões estruturantes. In: ARENHART, SÉRGIO CRUZ. JOBIN, Marco Félix (orgs). *Processos Estruturais.* 2 ed. Salvador: Juspodivm, 2019, p. 342.

CASEBOOK DE PROCESSO COLETIVO

FERRARO, Marcela Pereira. Litígios estruturais: algumas implicações da publicidade do processo. In: ARENHART, SÉRGIO CRUZ. JOBIN, Marco Félix (orgs). Processos Estruturais. 2 ed. Salvador: Juspodivm, 2019, p. 579-600.

FISS, Owen. As formas de justiça. In: GRINOVER, Ada Pellegrini; WATANABE, Kazuo; COSTA, Susana Henriques da. *O processo para solução de conflitos de interesse público.* Salvador: JusPODIVM, 2017, p. 119-173.

JOBIM, Marco Félix; ROCHA, Marcelo Hugo da. Medidas estruturantes: origem em Brown v. Board of Education. In: ARENHART, SÉRGIO CRUZ. JOBIN, Marco Félix (orgs). *Processos Estruturais.* 2 ed. Salvador: Juspodivm, 2019, p. 655-674.

KIBRIT, Orly. *Atuação contenciosa da corte interamericana de direitos humanos no contexto brasileiro.* Rio de janeiro: Lumen Juris, 2018.

LEGALE, Siddharta. *A Corte Interamericana de Direitos humanos como Tribunal Constitucional Transnacional.* Rio de Janeiro: Lumen Juris, 2019.

LÉPORE, Paulo; PRETI, Bruno Del. *Manual de Direitos Humanos.* Salvador: Editora JusPodivm, 2020.

MACHADO, Isabel Penido de Campos. Sistema Interamericano de Proteção dos Direitos Humanos: Comissão e Corte Interamericana de Direitos Humanos. In: OLIVEIRA, Bárbara da Costa Pinto; SILVA, Roberto Luiz (Org.). *Manual de direito processual internacional.* São Paulo: Saraiva, 2012, p. 401-431.

MAZZUOLI, Valerio de Oliveira. *Os sistemas regionais de proteção dos direitos humanos: uma análise comparativa dos sistemas interamericano, europeu e africano.* São Paulo: Editora Revista dos Tribunais, 2011.

__. *Curso de direitos humanos.* Rio de janeiro: Forense; São Paulo: MÉTODO, 2014.

MIQUEL, Lucas Sánchez. Supervisión de la ejecución de sentencias. Un análisis comparado de los sistemas europeo e interamericano de derechos humanos. *Anuário de derecho constitucional latinoamericano,* ano XXIV, Bogotá, 2018, p. 275-309.

NETO, Francisco de Barros e Silva. Breves considerações sobre os processos estruturais. In: ARENHART, SÉRGIO CRUZ. JOBIN, Marco Félix (orgs). Processos Estruturais. 2 ed. Salvador: Juspodivm, 2019, p. 326.

NETO, Laercio Dias Franco; BASTOS, Dafne Fernandez de Bastos. O Processo e o Direito Coletivo no Sistema Interamericano de Direitos Humanos: uma análise com base na jurisprudência internacional. Revista de Direito Internacional. UniCEUB. V. 10, n. 2, 2013, International Protections of Human Person. P. 250-261.

NUNES, Raquel Portugal. Reparações no Sistema Interamericano de Proteção dos Direitos Humanos. In: OLIVEIRA, Márcio Luis de (Coord.). *O Sistema Interamericano de proteção dos direitos humanos: interface com o direito constitucional contemporâneo.* Belo Horizonte: Del Rey, 2007, p. 159-178.

NUNES, Leonardo Silva; COTA, Samuel Paiva; FARIA, Ana Maria Damasceno de Carvalho. Dos litígios aos processos estruturais: pressupostos e fundamentos. *RJLB,* p. 1051-1076, ano 5 (2019).

PAIVA, Caio; Heemann, Thimothie Aragon. Jurisprudência internacional de direitos humanos. 3ª ed. Belo Horizonte: CEI, 2020.

PÉREZ, Edward Jesús. La supervisión del cumplimiento de sentencias por parte de la Corte Interamericana de Derechos Humanos y algunos aportes para jurisdicciones nacionales. *Anuário de derecho constitucional latinoamericano*, ano XXIV, Bogotá, 2018, p. 337-362.

PORFIRO, Camila Almeida. *Litígios estruturais: legitimidade democrática, procedimento e efetividade*. Rio de Janeiro: Luen Juris, 2018.

PORTELA, Paulo Henrique Gonçalves. *Direito internacional público e privado:incluindo noções de direitos humanos e direito comunitário*. 11 ed. Salvador: Juspodivm, 2019.

PUGA, Mariela. La litis estructural en el caso Brown v. Board of Education. In: ARENHART, SÉRGIO CRUZ. JOBIN, Marco Félix (orgs). *Processos Estruturais*. 2 ed. Salvador: Juspodivm, 2019, p. 91-145.

RAMOS, André de Carvalho. *Processo internacional de direitos humanos*. 6 ed. São Paulo: Saraiva Educação, 2019.

SANTANA, Lorena Barrera. Supervisión de cumplimiento de sentencias de la Corte Interamericana de Derechos Humanos. *Anuário de derecho constitucional latinoamericano*, ano XXIV, Bogotá, 2018, p. 363-387

VIOLIN, João. Holt v. Sarver e a reforma do sistema prisional no Arkankas. In: In: ARENHART, SÉRGIO CRUZ. JOBIN, Marco Félix (orgs). *Processos Estruturais*. 2 ed. Salvador: Juspodivm, 2019, p. 501-550.

VITORELLI, Edilson. Levando os conceitos a sério: processo estrutural, processo coletivo, processo estratégico e suas diferenças. *Revista de Processo*. vol. 284/2018. p. 333-369.

__. Litígios estruturais: decisão e implementação de mudanças socialmente relevantes pela via processual. In: ARENHART, SÉRGIO CRUZ. JOBIN, Marco Félix (orgs). *Processos Estruturais*. 2 ed. Salvador: Juspodivm, 2019. p. 269-323

__. *O devido processo legal coletivo: dos direitos aos litígios coletivos*. 2 ed. rev., atual. e ampl. São Paulo: Thomson Reuters Brasil, 2019.

13. A implementação de reformas estruturais em "procesos de seguimiento": notas à luz da *Sentencia* T-025 de 2004 da Corte Constitucional Colombiana

Thaís Costa Teixeira Viana

1. Antecedentes: sobre a prolação de *sentencias estructurales* pela corte constitucional colombiana

Omissões inconstitucionais. Duas simples palavras que, acopladas uma à outra, traduzem mazelas as mais profundas enfrentadas historicamente por sociedades, ainda que em Estados Democráticos de Direito[1]. A noção de inconstitucionalidade por omissão, tradicionalmente atrelada às normas constitucionais de eficácia limitada e, alternadamente, ora à inércia legislativa, ora à inércia administrativa do Poder Público, vem recebendo nova significação pela doutrina e pela jurisprudência, ante a constatação de que "o dia a dia dos direitos fundamentais revela que a proteção deficiente desses, a encerrar omissão estatal inconstitucional, pode originar-se da falta de *coordenação* entre lei e ação administrativa, culminando na deficiência de políticas públicas"[2]. Ultrapassa-se, portanto, a noção legiscêntrica da omissão inconstitucional, para se compreender que "[...] as normas são produtos de interações complexas entre os

---

[1] "[...] em modelos que operam com constituições analíticas e sobretudo em democracias jovens e marcadas por acentuada desigualdade, as violações à Constituição apresentam-se, com frequência, de forma multidimensional e sistêmica, o que impõe importantes dificuldades para sua correção por meio das fórmulas ortodoxas de controle de constitucionalidade" (PEREIRA; GONÇALVES, *Inconstitucionalidade Sistêmica e Multidimensional...*, p. 131-132).

[2] CAMPOS, *Estado de Coisas Inconstitucional*, p.54 (sem destaque no original).

CASEBOOK DE PROCESSO COLETIVO

enunciados textuais e a realidade que visam a regular"[3], de tal forma que se passam a identificar inconstitucionalidades por omissão não apenas na insuficiência de textos legislativos que visem à concretização de normas constitucionais, como também na ineficácia ou alcance concreto insuficiente destes textos.

A redação da Constituição da República Federativa do Brasil (CRFB), de 1988, insinua a atenção do constituinte a esta compreensão, ao se referir à inconstitucionalidade por omissão não apenas face à ausência de texto legislativo ou à inércia administrativa, mas, genericamente, ante a constatação de "omissão de *medida* para tornar efetiva norma constitucional" (artigo 103, 2º). Entretanto, como alerta a doutrina[4], nem mesmo assim se mostra adequada a interpretação de que o aludido dispositivo se encontraria apto a exaurir as hipóteses de omissão inconstitucional. De fato, a contemporânea concepção de *omissão* transcende a ausência de efetividade de específica norma constitucional, para encontrar ocorrências ainda mais graves na sistêmica proteção ineficiente a direitos fundamentais[5], nuance que, de forma vanguardista no contexto da América Latina, foi diagnosticada pela Corte Constitucional Colombiana, ainda em meados da década de 1990.

Com a prolação da *Sentencia de Unificación SU-559*, em 1997, a Corte Constitucional Colombiana pela primeira vez cunhou a noção de um *estado de coisas inconstitucional (ECI)*, ao diagnosticar um descumprimento generalizado, pelos municípios, de sua obrigação de afiliar seus educadores ao *Fondo Nacional de Prestaciones Sociales del Magisterio*[6]. Assumindo

---

[3] PEREIRA; GONÇALVES, *Inconstitucionalidade Sistêmica e Multidimensional...*, p. 145.

[4] PEREIRA; GONÇALVES, *Inconstitucionalidade Sistêmica e Multidimensional...*, p. 134.

[5] "[...] a questão é de atuação da *norma* constitucional, não de estrutura dos *enunciados* normativos; o problema é de *efetividade* de direitos fundamentais, não de *eficácia jurídico-formal* dos dispositivos constitucionais; o escopo deve ser a concretização da Constituição como um todo, não de preceitos constitucionais particulares; devem-se evitar consequências político-institucionais dramáticas; há necessidade de um novo olhar sobre o tema: a omissão inconstitucional como tutela deficiente de direitos fundamentais" (CAMPOS, *Estado de Coisas Inconstitucional*, p. 58-59).

[6] Na ocasião, identificou a Corte Constitucional as seguintes irregularidades generalizadas e avessas à norma constitucional: "(1) ampliación de las plantas de personal municipal, sin contar con la capacidad presupuestal necesaria para pagar y garantizar la remuneración 'completa' (prestaciones) a los docentes; (2) inadecuada forma de cálculo y distribución del situado fiscal que, en lugar de otorgarle peso decisivo a las necesidades reales de educación

13. A IMPLEMENTAÇÃO DE REFORMAS ESTRUTURAIS EM "PROCESOS DE SEGUIMIENTO"

papel interventivo nas searas social e de políticas públicas, como lhe é característico[7], "a Corte reconheceu não estarem os 45 docentes gozando dos direitos de que eram titulares, mas não se limitou a avaliar os direitos subjetivos dos professores demandantes, voltando-se a investigar as falhas estatais por trás das violações dos direitos fundamentais"[8]. Na paradigmática decisão, a Corte Constitucional Colombiana fincou seus alicerces no artigo 113 da Constituição Política da Colômbia[9], não apenas para reconhecer seu dever de notificação às autoridades competentes, ante a constatação de *estado de coisas* contrário à norma constitucional, como também para, em hipóteses de violação específica a direitos fundamentais, declarar sua prerrogativa de formular a estas autoridades requerimento específico ou genérico no sentido da adoção ou abstenção de determinada medida, não se limitando a se direcionar, portanto, às partes processuais:

> Ahora bien, si el *estado de cosas* que como tal no se compadece con la Constitución Política, tiene relación directa con la violación de derechos fundamentales, verificada en un proceso de tutela por parte de la Corte Constitucional, a la notificación de la regularidad existente podrá acompañarse un requerimiento específico o genérico dirigido a las autoridades en el sentido de realizar una acción o de abstenerse de hacerlo. En este evento, cabe entender que la notificación y el requerimiento conforman el repertorio de órdenes que puede librar la Corte, en sede de revisión, con el objeto de restablecer el orden fundamental quebrantado.La circunstancia

de la población escolar, toma en consideración la distribución geográfica de los docentes; (3) concentración irracional e inequitativa de los educadores públicos en los grandes centros urbanos, lo que deja sin atender las necesidades de muchas poblaciones que, para llenar el vacío, se ven forzadas a sobrecargar sus finanzas públicas a causa del incremento de sus plantas de educadores y de la demanda insatisfecha por este servicio esencial" (CORTE CONSTITUCIONAL COLOMBIANA, *Sentencia de Unificación SU-559*).

[7] "[...] a Corte Constitucional da Colômbia é considerada paradigma do ativismo judicial na América Latina e uma das mais ativistas do mundo" (CAMPOS, *Estado de Coisas Inconstitucional*, p. 99).

[8] CAMPOS, *Estado de Coisas Inconstitucional*, p. 121.

[9] "Artículo 113. Son Ramas del Poder Público, la legislativa, la ejecutiva, y la judicial. Además de los órganos que las integran existen otros, autónomos e independientes, para el cumplimiento de las demás funciones del Estado. Los diferentes órganos del Estado tienen funciones separadas pero colaboran armónicamente para la realización de sus fines." (COLÔMBIA, *Constitución Política de Colômbia*)

de que el estado de cosas no solamente sirva de soporte causal de la lesión iusfundamental examinada, sino que, además, lo sea en relación con situaciones semejantes, no puede restringir el alcance del requerimiento que se formule[10].

Trazendo a destaque a leitura constitucional da teoria da separação de Poderes a partir da colaboração harmônica entre eles, aponta a Corte Constitucional seu legítimo papel de guardiã da Constituição, por intermédio do qual assume dever cooperativo à Administração Pública, se antevir medidas administrativas que possam reduzir a judicialização individual em torno de único contexto generalizado de violação de direitos fundamentais[11]. Esta atuação da Corte Constitucional, contudo, não se limita à prolação de decisão voltada ao diagnóstico e resolução deste litígio coletivo – aqui denominada *decisão* ou *sentença estrutural* –, mas avança ao principal desafio de implementar os valores consubstanciados em referidas decisões e, assim, promover profundas transformações estruturais.

Neste trabalho, será analisada a fase de implementação de *reformas estruturais*, a partir da atuação da Corte Constitucional Colombiana no intuito de superação de *estado de coisas inconstitucional* referente ao contexto de deslocamentos populacionais forçados em decorrência de conflitos armados internos, por intermédio da conservação de sua competência após a prolação da Sentencia T-025 de 2004, e da condução de *proceso de seguimiento* perante *Sala Especial de Seguimiento* instituída para este fim.

---

[10] CORTE CONSTITUCIONAL COLOMBIANA, *Sentencia de Unificación SU-559*.

[11] "[...] la Corte ha mencionado los siguientes parámetros como determinantes de la procedencia de un estado de cosas inconstitucional: 1) La vulneración masiva y generalizada de varios derechos constitucionales que afecta a un número significativo de personas. 2) La prolongada omisión de las autoridades en el cumplimiento de sus obligaciones para garantizar estos derechos. 3) La adopción de prácticas inconstitucionales, como la exigencia de incorporar la acción de tutela como parte del procedimiento para garantizar el derecho conculcado. 4) La no expedición de medidas legislativas, administrativas o presupuestales necesarias para evitar la vulneración de los derechos. 5) La existencia de un problema social cuya solución compromete la intervención de varias entidades, para la adopción mancomunada de un conjunto de medidas multisectoriales que [...] exige un nivel de recursos que demanda un esfuerzo presupuestal adicional importante. 6) Si todas las personas afectadas por el mismo problema acudieran a la acción de tutela para obtener la protección de sus derechos, se produciría una mayor congestión judicial" (OSUNA, *Las Sentencias Estructurales...*, p. 112-113).

2. A identificação de um estado de coisas inconstitucional: o deslocamento populacional forçado na Colômbia

Nas últimas décadas, a população colombiana tem se vitimado em virtude de constantes conflitos armados internos, que compelem pessoas e famílias a deixar seus lares e forçosamente migrar, em busca de abrigo e alocação econômica, circunstâncias estas que aprofundam a gravidade de mazelas sociais como o desemprego, a fome, e a falta de moradia. Anualmente, centenas de milhares de pessoas se deslocavam forçosamente e, apesar da existência de lei específica (Ley 387, de 1997) e políticas públicas (CONPES 2804 de 1995 e CONPES 2924 de 1997[12]), estas se mostravam insuficientes a resolver o problema na prática: o Conselho Nacional de Atenção Integral à População Deslocada permanecia em inatividade, da mesma forma que as entidades do Sistema Nacional de Atenção Integral à População Deslocada conservavam-se desarticuladas.

Já em seu artigo 1º, a Ley 387/1997 traçava uma definição legal ao *deslocado* – ou *desplazado* –, considerando-o aquele que se tenha visto compelido a migrar internamente no território, distanciando-se de sua residência ou trabalho, uma vez que, nestas localidades originais teve sua vida, integridade física, segurança ou liberdade em risco, como decorrência de conflitos armados internos, violência generalizada ou violações massivas a direitos humanos[13]. E seguia enumerando, nos artigos seguintes, os direitos que deveriam ser assegurados a *desplazados* – tais como o recebimento de ajuda internacional humanitária, o pleno gozo de direitos civis, a não discriminação, o regresso à localidade de origem, dentre outros –, em meio à política integrada por quatro etapas

---

[12] "El documento CONPES 2804 de 1995 constituye la primera respuesta estatal a la necesidad de formular una política coherente e integral para la atención de la población desplazada, así como para asignar responsabilidades institucionales específicas para atender esta problemática. Este documento fue sustituido por el Documento CONPES 2924 de 1997 y en él se detectaron varias dificultades y carencias para responder al desplazamiento, en particular en relación con la estructura institucional existente. Este documento propuso la creación del Sistema Nacional dirigido a la Atención Integral a la Población Desplazada" (CORTE CONSTITUCIONAL COLOMBIANA, *Expediente T-653010 y acumulados – Anexo 5*, p. 227).

[13] COLOMBIA, *Ley 387, de 1997*.

essenciais: "la Prevención, la Atención Humanitaria de Emergencia, la Estabilización socioeconómica y el Retorno"[14].

A despeito da regulamentação de inúmeros instrumentos de proteção à população forçosamente deslocada, em 1997, sua implementação marcadamente ineficaz recebeu críticas alguns anos mais tarde, em 1999, quando foi aprovado o Documento CONPES 3057, que propôs novo plano de ação, cujos aspectos, contudo, só viriam a ser regulamentados ao fim de 2000. Novas críticas à parca implementação das medidas propostas e à sua ineficácia conduziram à elaboração de novas políticas públicas e à expedição de Diretivas Presidenciais – todas no intuito de articular estrutura institucional, burocrática, estatal, ao tratamento da questão pertinente aos deslocamentos populacionais forçados na Colômbia.

A persistência e o agravamento da violação a direitos fundamentais fizeram com que, em 2003, fosse aprovado Plano Nacional de Desenvolvimento (2003-2006), com foco no fortalecimento do controle interno exercido pelas forças militares (em prevenção a conflitos armados), de forma a buscar combater as principais fontes causadoras dos deslocamentos forçados internos. Todo esse conjunto de medidas direcionadas à superação do grave contexto socioeconômico, contudo, se mostrou insuficiente, resultado este que, na análise da Corte Constitucional Colombiana, se poderia atribuir a doze fatores, fundamentalmente:

(i) La insuficiencia en la apropiación de recursos para la implementación de políticas de atención a la población desplazada. (ii) La escasa cobertura de los programas de atención a la población desplazada. (iii) La falta de coordinación en la formulación e implementación de las políticas y la dispersión de funciones y responsabilidades. (iv) La ausencia de participación de la población desplazada en el diseño y la ejecución de la respuesta institucional. (v) El excesivo énfasis en la orientación hacia soluciones de corto plazo y de carácter temporal en la atención que se presta al desplazado. (vi) La falta de preparación de funcionarios. (vii) La ausencia de planeación de las políticas y los proyectos y programas. (viii) La inexistencia de mecanismos efectivos de seguimiento de la gestión. (ix) El bajo nivel de compromiso de la sociedad civil no desplazada. (x) La falta de flexibilidad de la reacción

---

[14] CORTE CONSTITUCIONAL COLOMBIANA, *Expediente T-653010 y acumulados – Anexo 5*, p. 230.

13. A IMPLEMENTAÇÃO DE REFORMAS ESTRUTURAIS EM "PROCESOS DE SEGUIMIENTO"

estatal al fenómeno del desplazamiento. (xi) El bajo grado de compromiso de las entidades territoriales. Y, por último, (xii) la ausencia de políticas favorables a los grupos de desplazados en debilidad extrema[15].

Como consequência da persistência generalizada deste contexto, e à luz da garantia instrumental contemplada no artigo 86 da Constituição Política da Colômbia de 1991, começaram a proliferar *acciones de tutela*, reclamando-se a imediata proteção a direitos constitucionais fundamentais, ceifados pela imposição migratória do contexto de conflitos internos armados, somada à omissão das autoridades públicas. Em conformidade com a regulamentação constitucional, após apreciação pelo juízo competente, teve-se seu encaminhamento à Corte Constitucional para revisão.

Após receber 108 *acciones de tutela* interpostas por 1105 famílias[16] vitimadas pela imposição de migração interna decorrente de conflitos armados, a *Sala Tercera de Revisión* da Corte Constitucional Colombiana detectou a generalidade da violação a direitos fundamentais e declarou, na Sentencia T-025/2004, a existência de *ECI*, com base nos seguintes fundamentos:

(i) la gravedad de la vulneración de los derechos de la población desplazada; (ii) el elevado número de acciones de tutela presentadas por las víctimas para acceder a las diferentes medidas de asistencia y atención; (iii) la afectación de una buena parte de la población desplazada en múltiples lugares del territorio nacional; (iv) la omisión de las autoridades para adoptar los correctivos requeridos; y (v) el carácter estructural de dicha problemática[17].

Em razão da declaração do *ECI* e em respeito à pretérita jurisprudência da respectiva Corte, passou a *Sala Tercera de Revisión* a exarar determinações direcionadas *(i)* a superar o *ECI*, em garantia dos direitos de toda a população deslocada, e *(ii)* a remediar particularmente as violações de direitos apresentadas nas 108 *acciones de tutela* respectivas.

---

[15] CORTE CONSTITUCIONAL COLOMBIANA, *Expediente T-653010 y acumulados – Anexo 5*, p. 245-246.

[16] CORTE CONSTITUCIONAL COLOMBIANA, *Auto 211 de 2019*.

[17] CORTE CONSTITUCIONAL COLOMBIANA, *Auto 211 de 2019*, p. 2.

3. A *sentencia estructural* T-025 DE 2004

Por intermédio da Sentencia Estrutural T-025, a Corte Constitucional Colombiana identificou, a partir das *acciones de tutela* que lhe foram submetidas à revisão, grave litígio estrutural consistente na reiterada violação a direitos "a una vida digna, a la integridad personal, a la igualdad, de petición, al trabajo, a la salud, a la seguridad social, a la educación, al mínimo vital y a la protección especial debida a las personas de la tercera edad, a la mujer cabeza de familia y a los niños"[18], em decorrência do agravamento da problemática de deslocamentos forçosos populacionais internos, não atribuível a autoridade única, mas a todos os atores da respectiva política pública traçada pelo Estado, seja no que concerne à alocação de recursos, seja em razão da inabilidade institucional à sua implementação[19]. E, de fato, a *sentença estrutural* identificou, ao analisar o litígio, falhas na formulação, na implementação e na avaliação da política pública destinada ao tratamento da problemática referente aos deslocamentos forçados[20]:

> [...] a Corte identificou que a violação massiva dos direitos fundamentais das pessoas deslocadas decorreu de problemas em todas as fases da política pública, a começar pelas deficiências das próprias medidas legislativas por meio das quais essas políticas foram formuladas – o que configurava omissão legislativa inconstitucional [...] – e seguindo com os erros de implementação e supervisão. Esse quadro corresponde à ideia de *falhas estruturais*. Significa dizer: o ECI teve causa inicial na omissão legislativa inconstitucional, revelada pela formulação deficiente ou insuficiente de políticas públicas, e consolidou-se com a configuração das falhas estruturais – falhas de um conjunto de atores e envolvidas as distintas etapas das políticas públicas –, o que legitimou a "colaboração harmônica" da Corte[21].

---

[18] CORTE CONSTITUCIONAL COLOMBIANA, *Sentencia T-025 de 2004*.

[19] "Com efeito, a omissão estatal, caracterizada como proteção deficiente dos direitos fundamentais das pessoas deslocadas, decorreu, segundo a Corte, principalmente da precária capacidade institucional para desenvolvimento, implementação e coordenação das políticas públicas necessárias e da insuficiência de recursos orçamentários disponibilizados para o cumprimento dessas políticas já deficientes" (CAMPOS, *Estado de Coisas Inconstitucional*, p. 145).

[20] *Cf.* CAMPOS, *Estado de Coisas Inconstitucional*, p. 146-147.

[21] CAMPOS, *Estado de Coisas Inconstitucional*, p. 148.

13. A IMPLEMENTAÇÃO DE REFORMAS ESTRUTURAIS EM "PROCESOS DE SEGUIMIENTO"

Como explica Carlos Alexandre de Azevedo Campos, "ante tal quadro, a Corte flexibilizou a legitimidade ativa para os pedidos de tutela, dispensando a atuação de advogados e admitindo a interposição dos recursos diretamente por associações de defesa dos direitos das pessoas deslocadas e pelas próprias pessoas"[22].

Após a declaração do *ECI*, portanto, passou a exigir das autoridades públicas que readequassem suas políticas e práticas, de forma a se alinharem ao escopo constitucional de concretização de direitos fundamentais. E neste aspecto, garantiu-lhes a autonomia de definir, cada ramo do Legislativo e do Executivo, seus próprios compromissos – à exceção das hipóteses de desarticulação entre eles, impossibilidade de seu cumprimento, falta de transparência ou clareza, quando incumbiu ao Conselho Nacional para a Proteção Integral à População Deslocada a responsabilidade de redefinir tais compromissos. Dedicou-se, também a apresentar diretrizes voltadas a garantir o apoio à estabilização socioeconômica das pessoas vitimadas pelo deslocamento forçado, além de regular a política de *retorno à localidade de origem*, para impedir que seja a população compelida a permanecer ou a retornar, e proporcionar-lhe informação suficiente acerca da segurança e dos riscos apresentados pelo eventual retorno ao local de origem, de forma a garantir-lhe autodeterminação.

Ao fim, foram expedidas uma série de determinações à concretização adequada da política pública de tratamento à problemática do deslocamento populacional forçado, direcionadas estas determinações a autoridades e atores institucionais presentes ou não nas relações processuais que deram origem à sentença estrutural, com o intuito de se promover reforma estrutural[23]. Ademais, considerando-se que, como já

---

[22] CAMPOS, *Estado de Coisas Inconstitucional*, p. 143.

[23] Exemplificativamente, tem-se como algumas das dezenas de resoluções alcançadas pela Corte Constitucional Colombiana, no bojo da Sentencia T-025/2004: "COMUNICAR, por medio de la Secretaría General, dicho estado de cosas inconstitucional al Consejo Nacional para la Atención Integral a la Población Desplazada por la Violencia, para que dentro de la órbita de su competencia y en cumplimiento de sus deberes constitucionales y legales verifique la magnitud de esta discordancia y diseñe e implemente un plan de acción para superarla dando especial prioridad a la ayuda humanitaria dentro de los plazos que a continuación se indican:
a.A más tardar el 31 de marzo de 2004, el Consejo Nacional para la Atención Integral a la Población Desplazada por la Violencia habrá de (i) precisar la situación actual de la población

apontado, um dos mais elementares fatores a dar causa ao *ECI* diagnosticado consistiu precisamente na inabilidade da estrutura burocrática estatal para, ao longo dos anos, formular, implementar e avaliar adequadamente uma referida política pública com idênticos propósitos, adotou a Corte Constitucional Colombiana percurso que lhe era inóspito até então, consistente no prolongamento de sua competência para além da prolação da *decisão estrutural*, com o fim de se acompanhar a fase de implementação em todas as suas fases e resultados.

4. O desafio da implementação de reformas estruturais a partir de *salas de seguimento*

A doutrina norte-americana, já ao longo da segunda metade do século XX, diagnosticou uma progressiva mudança no papel constitucional desempenhado pelo Poder Judiciário, à medida que as Cortes

---

desplazada inscrita en el Sistema Único de Registro, determinando su número, ubicación, necesidades y derechos según la etapa de la política correspondiente; (ii) fijar la dimensión del esfuerzo presupuestal que es necesario para cumplir con la política pública encaminada a proteger los derechos fundamentales de los desplazados; (iii) definir el porcentaje de participación en la apropiación de recursos que corresponde a la Nación, a las entidades territoriales y a la cooperación internacional; (iv) indicar el mecanismo de consecución de tales recursos, y (v) prever un plan de contingencia para el evento en que los recursos provenientes de las entidades territoriales y de la cooperación internacional no lleguen en la oportunidad y en la cuantía presupuestadas, a fin de que tales faltantes sean compensados con otros medios de financiación.

b.Dentro del año siguiente a la comunicación de la presente sentencia, el Director de la Red de Solidaridad Social, los Ministros de Hacienda y Crédito Público y del Interior y de Justicia, así como el Director del Departamento Nacional de Planeación y los demás miembros del Consejo Nacional para la Atención Integral a la Población Desplazada por la Violencia, realizarán todos los esfuerzos necesarios para asegurar que la meta presupuestal por ellos fijada se logre. Si dentro del lapso de ese año, o antes, resulta evidente que no es posible asignar el volumen de recursos establecido, deberán (i) redefinir las prioridades de esa política y (ii) diseñar las modificaciones que será necesario introducir a la política estatal de atención a la población desplazada. En todo caso, para la adopción de estas decisiones, deberá asegurarse el goce efectivo de los mínimos de los cuales depende el ejercicio del derecho a la vida en condiciones de dignidad,señalado en la sección 9 de esta sentencia.

c.Ofrecer a las organizaciones que representan a la población desplazada oportunidades para participar de manera efectiva en la adopción de las decisiones que se tomen con el fin de superar el estado de cosas inconstitucional e informarles mensualmente de los avances alcanzados" (CORTE CONSTITUCIONAL COLOMBIANA, *Sentencia T-025/2004*).

13. A IMPLEMENTAÇÃO DE REFORMAS ESTRUTURAIS EM "PROCESOS DE SEGUIMIENTO"

passavam a ser progressivamente acionadas não apenas para solucionar litígios privados, classicamente bipolares, mas também insatisfações e apelos sociais relacionados à insuficiente implementação de políticas públicas ou à generalizada inobservância de direitos fundamentais por atores institucionais públicos ou privados. Owen Fiss[24], nesse contexto, conferiu nova significação à *adjudicação*, para visualizar nesta "o processo social por meio do qual os juízes dão significado aos valores públicos", de tal forma que, conforme seja constitucional a natureza desses valores, e possa ser atribuída às burocracias estatais sua violação, estar-se-á diante de hipótese de *reforma estrutural.*

Tal leitura do instituto da *adjudicação*, em circunstâncias de crise da democracia representativa, verificáveis em diversos Estados latino-americanos, ganha especial relevância. A limitação da atividade jurisdicional aos contornos estreitos da prerrogativa de se aplicar o direito a casos concretos passa a ser interpretada como princípio que "puede entrar en colisión con otros, tales como la efectividad de los derechos humanos o la supremacía constitucional, y que en esas colisiones no siempre tiene preeminencia ni carácter absoluto"[25]. Neste contexto, ganha protagonismo a jurisprudência constitucional, e o papel da atividade jurisdicional recebe resignificação ante a constatação de sistêmicas e generalizadas violações a garantias constitucionais fundamentais – aqui já referidas por "estados de coisas inconstitucionais" –, que encontrem sua causalidade em práticas institucionalizadas em estruturas burocráticas. À adequada resolução destes *litígios estruturais* pela via jurisdicional, deve corresponder instrumento procedimental específico, que se desvincule dos clássicos moldes de litigância bipolar, confrontacional, retrospectiva, *inter partes* e sob a condução de juiz primordialmente neutro, a fim de admitir composições subjetivas amorfas, viés prospectivo e maior ativismo no papel judicial: a este instrumento passou-se a denominar *processo estrutural.*

Sumariamente, atribuiu a doutrina significado ao aludido processo, passando a considerá-lo aquele pelo "qual se pretende, pela atuação jurisdicional, a reorganização de uma estrutura burocrática, pública ou privada, que causa, fomenta ou viabiliza a ocorrência de uma violação

---

[24] FISS, *As Formas de Justiça...*, p. 25.
[25] OSUNA, *Las Sentencias Estructurales...*, p. 91.

CASEBOOK DE PROCESSO COLETIVO

pelo modo como funciona, originando um litígio estrutural"[26]. Mariela Puga[27], ao sistematizar os elementos que considera mais característicos aos processos estruturais, lista, dentre outros, a violação em escala a direitos de coletividade, por intermédio de norma, política ou prática instituída por organização estatal ou burocrática, para cuja resolução exige-se *conjunto de ordens de implementação contínua e prolongada.*

A experiência do Poder Judiciário norte-americano com a implementação da decisão proferida em *Brown vs. Board of Education of Topeka*, classicamente referenciada como um dos mais paradigmáticos casos ilustrativos de processos estruturais, evidencia com muita clareza os desafios que envolvem a reorganização de instituições burocráticas por intermédio da atuação jurisdicional. O referido caso, cuja narrativa remonta aos Estados Unidos da década de 1950, culminou com a declaração de inconstitucionalidade, pela Suprema Corte norte-americana, da teoria "separados mas iguais", que institucionalizava, no âmbito das escolas, medidas de segregação racial. A decisão, ainda que alcançada por unanimidade, direcionava-se à implantação, com prontidão, pelas escolas norte-americanas, de práticas não discriminatórias que as convertessem em espaços de convivência harmônica e inter-racial, em evidente dicotomia aos valores que predominavam na sociedade à época. Não houve surpresa, portanto, na constatação, cerca de um ano após a prolação da decisão, quanto à escassa efetividade de sua implementação, face às dificuldades enfrentadas pelas escolas (e, porventura, à própria resistência dessas) na aplicação de medidas não discriminatórias. A realidade social evidenciou a complexidade do processo de reestruturação das instituições sobre as quais se erigia a sociedade, e a necessidade de aceitação de uma metodologia gradativa de transformação estrutural, como via mais eficaz ao alcance dos resultados pretendidos, contexto este que culminou com o reexame da questão pela Suprema Corte norte-americana e a prolação de decisão que se passou a conhecer por *Brown vs. Board of Education II*. A respectiva decisão centralizou-se no reconhecimento de que a superação

---

[26] VITORELLI, *Processo Estrutural...*, p. 7. Não se adentrará, para os fins que se pretende alcançar neste trabalho, ao debate doutrinário acerca da natureza exclusivamente coletiva, ou porventura também individual, de processos estruturais. Esclarece-se, contudo, que na leitura que ora se realiza, serão analisados os processos estruturais sob seu viés coletivo.

[27] PUGA, *El Litigio Estructural*, p. 45-46.

13. A IMPLEMENTAÇÃO DE REFORMAS ESTRUTURAIS EM "PROCESOS DE SEGUIMIENTO"

de práticas segregacionistas, nas escolas, dependeria da implementação de medidas progressivas – cujas características e periodicidade estariam diretamente relacionadas às particularidades e configurações sociais de cada região, razão pela qual passariam a depender de uma ativa participação e estreito acompanhamento das Cortes locais. Na narrativa de Sérgio Cruz Arenhart, "a ordem da Suprema Corte [...] autorizou a criação de planos (cuja execução seria acompanhada pelo Poder Judiciário) que tendessem à eliminação de toda forma de discriminação nas escolas"[28], o que, como reconhece o próprio doutrinador, demandaria tempo para se tornar factível[29].

Valendo-se da expressão cunhada por William Fletcher[30], identifica-se, nos processos coletivos estruturais, um "policentrismo" – consistente na existência concomitante de plúrimos centros de interesses, que ora se justapõem ou sobrepõem, ora se contrapõem – que confere complexidade à resolução do litígio e torna dificultoso que, antecipadamente, partes, terceiro ou julgador possam visualizar o conjunto de medidas que, articuladamente, possa vir a ser o mais eficaz à profunda, definitiva e saudável reorganização de determinada(s) instituição(ões) burocrática(s), com vistas à efetivação de direitos fundamentais. Como consequência, passa-se a atrelar às características e traços que essencialmente compõem o modelo de processualística estrutural (vocacionada, portanto, à resolução de litígios estruturais[31]), um viés predominantemente gradual e, em certa medida, experimental e criativo da etapa de implementação das decisões estruturais.

Como diagnostica Edilson Vitorelli, podem ser apontados, entre os desafios eminentes em processos estruturais, "a elaboração de um plano de alteração do funcionamento da instituição, [...] a implementação desse plano, de modo compulsório ou negociado e, [...] a fiscalização dos resultados da implementação, de forma a garantir o resultado social pretendido"[32]. Sérgio Cruz Arenhart apura equivalentes peculiaridades aos processos estruturais, ao constatar que, da mesma forma que ao

---

[28] ARENHART, *Decisões Estruturais no Direito...*, p. 4.

[29] ARENHART, *Decisões Estruturais no Direito...*, p. 4.

[30] FLETCHER, *The Discretionary Constitution...*

[31] VITORELLI, *Processo Estrutural...*

[32] VITORELLI, *Processo Estrutural...*, p. 7.

autor seria custoso dimensionar os contornos exatos de sua pretensão – sobretudo no que concerne ao percurso para a obtenção da almejada transformação estrutural –, também à própria decisão judicial seria improvável tamanha precisão, face à complexidade do equacionamento do litígio, o que exigiria a adoção de sucessivas tentativas à solução do problema, em técnica que ele denomina "tentativa-erro-acerto"[33].

Ocorre que, processos estruturais, assim como a litigância de interesse público de uma forma geral, como leciona Abram Chayes[34], diferenciam-se da clássica litigância bipolar, não apenas por seu viés policêntrico, como também por seu dimensionamento prospectivo, ou seja, voltado ao futuro das relações sociais. Ora, tradicionalmente, sobretudo em contextos de litigância individual e bipolar, o olhar das partes e do próprio julgador, essencialmente em retrospecção, volta-se ao passado, à construção do litígio, buscando identificar responsáveis pela eventual violação de direitos, de tal forma a, coincidindo este(s) com o(s) réu(s), penalizá-lo(s) ou dimensionar sua responsabilidade de reparação do dano[35]. Por outro lado, não se vislumbra semelhante lógica aos processos estruturais, enquanto via jurisdicional[36] à resolução de litígios estruturais: na medida em que referidos litígios compreendem a sistemática violação a direitos fundamentais, a partir do funcionamento ou estruturação de instituições burocráticas (predominantemente públicas, mas porventura também privadas), é natural que, para sua adequada resolução, direcionem os sujeitos do processo seu olhar ao futuro, no intuito de traçar uma reorganização a

---

[33] ARENHART, *Decisões Estruturais no Direito...*, p. 5-6.

[34] CHAYES, *The Role of the Judiciary...*

[35] *Cf.* PUGA, *El Litigio Estructural*, p. 49: "Las desavenencias bipolares remiten, por lo general, a hechos del pasado que son judicialmente reconocidos. Esos hechos son presentados en la *litis* como eventos discretos (en el sentido temporal, espacial y personal), y respecto a ellos, las partes reclaman diferentes títulos o posiciones jurídicas. Las diferencia entre esos reclamos asumen el carácter de una controversia juridica".

[36] *Cf.* VITORELLI, *Processo Estrutural...*, p.6: "Em resumo, o litígio estrutural é um litígio irradiado no qual a violação surge em decorrência do funcionamento de uma estrutura burocrática, pública ou privada e, em virtude das características contextuais em que ocorre, sua solução exige a reestruturação do funcionamento da estrutura. Embora essa reestruturação possa ser feita de diversos modos e, mais frequentemente, não dependerá da atuação do Poder Judiciário, ocorrendo pela atuação privada ou com a condução do poder Executivo, se a alteração for buscada pela via do processo judicial, esse processo poderá ser caracterizado como processo estrutural."

13. A IMPLEMENTAÇÃO DE REFORMAS ESTRUTURAIS EM "PROCESOS DE SEGUIMIENTO"

tais instituições, que impeça a perpetuação da violação de direitos – viés prospectivo, portanto. Como conclui Edilson Vitorelli, "se a violação for apenas removida, o problema poderá ser resolvido de modo aparente, sem resultados empiricamente significativos, ou momentaneamente, voltando a se repetir no futuro"[37].

Referido viés prospectivo, neste sentido, se manifesta no âmbito do processo a partir do juízo de causalidade estrutural, como expõe Mariela Puga[38], o qual privilegia a apuração da origem complexa e multifatorial da violação de direitos, relegando ao segundo plano as considerações acerca de condutas humanas em particular e respectivas metas sancionatórias. Vale dizer, portanto, que a apuração da causalidade estrutural se concentra primordialmente nas circunstâncias que definem o agravamento do dano (com o objetivo, assim, de, a partir de sua identificação, neutralizá--lo e reestruturá-las, a fim de se impedir o prolongamento da violação de direitos e se corrigir injustiças), as quais terão maior importância, no contexto do processo estrutural, do que informações pertinentes a eventual ilicitude ou antieticidade de condutas específicas de indivíduos, no contexto de causação do dano[39].

Como consequência dessa secundariedade dos propósitos sancionatórios nos processos estruturais – os quais, diferentemente, costumam se apresentar como protagonistas nos processos pautados pela lógica clássica de causalidade bipolar – passa-se a exigir dos sujeitos processuais especial atenção à identificação das origens causais multifatoriais da violação de direitos e, consectariamente a esta apuração, sensibilidade, precisão e abrangência no apontamento das medidas de reformas estruturais correspondentes para a correção prospectiva do contexto institucional-burocrático.

No direito norte-americano, como apresenta Desirê Bauermann, o desempenho de referido múnus, em particular pelo órgão julgador, deve se pautar pelos princípios *"balancing the equities"* e *"tailoring the remedy"*[40], ao lado dos quais deve se encontrar o escopo maior de atendimento do interesse público (ao qual não se devem impregnar concepções pessoais

---

[37] VITORELLI, *Processo Estrutural...*, p. 5.
[38] PUGA, *El Litigio Estructural*, p. 59-60.
[39] PUGA, *El Litigio Estructural*, p. 59-60.
[40] BAUERMANN, *Structural Injunctions...*, p. 254.

CASEBOOK DE PROCESSO COLETIVO

do julgador). Como recomenda a doutrinadora, a estes deve-se combinar a desejosa nomeação de *expert*, o traçado de plano de ação preciso, "sinalizando a via de saída do Judiciário do papel de interventor"[41], além da disponibilidade de recursos financeiros e aceitação popular acerca das políticas públicas a serem aplicadas.

Ainda assim, muito embora a combinação dos respectivos elementos proporcione ao fim resultados estruturais mais eficazes, inafastável é a constatação de que em fase de conhecimento, ou ao menos nas primeiras etapas dessa, torna-se extremamente improvável a completa visualização do percurso resolutivo do litígio estrutural complexo, como já mencionado, razão pela qual a prática forense, e, em seu acompanhamento, a doutrina, passaram a admitir espécie de "escalonamento decisório" em sede de implementação de reformas estruturais.

O fenômeno, já perceptível no contexto dos processos judiciais estruturais anti-segregacionistas norte-americanos (principalmente por intermédio de *Brown vs. Board of Education II* e da prerrogativa decisional e fiscalizatória concedida por esta às Cortes locais), foi diagnosticado por Sérgio Cruz Arenhart sob a alcunha de "provimentos em cascata"[42], e se caracteriza comumente por uma primeira decisão, dedicada a "fixar em linhas gerais as diretrizes para a proteção do direito a ser tutelado"[43], seguida por decisões supervenientes, vocacionadas à solução de problemas que decorram da implementação dos preceitos da primeira decisão (principal). Exatamente neste ponto, visualiza-se a já mencionada nuance criativa e experimental dos provimentos estruturais:

> O provimento estrutural, de fato, muitas vezes, deverá assumir a forma de uma "nova instituição", criada para acompanhar, implementar e pensar sobre a realização do escopo da tutela judicial oferecida. [...] Essa característica importa normalmente a constante fiscalização e o acompanhamento do cumprimento das linhas gerais estabelecidas pelo Poder Judiciário. Embora isso possa ser feito pelo próprio magistrado, às vezes esse controle imediato será difícil. Por isso, é preciso certa dose de imaginação para criar

[41] BAUERMANN, *Structural Injunctions...*, p. 258.
[42] ARENHART, *Decisões Estruturais no Direito...*, p. 6.
[43] ARENHART, *Decisões Estruturais no Direito...*, p. 6.

13. A IMPLEMENTAÇÃO DE REFORMAS ESTRUTURAIS EM "PROCESOS DE SEGUIMIENTO"

instrumentos constantes de fiscalização e de acompanhamento do cumprimento da(s) decisão(ões) estrutural(is)[44].

Em consonância com tal entendimento, inclusive, a doutrina vem se posicionando no sentido de deixar claro que referida dinamicidade na prolação de decisões em resolução de litígios estruturais pode se fazer saudável mesmo na fase de conhecimento, na medida em que a "reavaliação dos resultados das etapas cumpridas permite o planejamento mais adequado das subsequentes, evitando custos desnecessários e efeitos colaterais indesejáveis"[45]. Fredie Didier Jr. e Hermes Zaneti Jr.[46], ao analisarem a questão, aproximam-na dos moldes propostos pela lei brasileira ao processo falimentar, pelo que compreendem nos processos estruturais duas fases consecutivas, considerando-se a primeira aquela em que se constata e declara o estado de desconformidade estrutural e violação a direitos fundamentais (a qual se encerraria com a prolação de *decisão estrutural*), e a segunda, aquela em que, por intermédio de decisões em cascata, se busca a implementação dos escopos prospectivos delineados na decisão estrutural.

Semelhante modelo foi o aplicado pela Corte Constitucional Colombiana[47], na resolução do litígio estrutural que originou um de seus mais paradigmáticos julgamentos (em razão, deve-se reconhecer, da relevância da questão de fato respectiva e da profunda gravidade do ECI detectado): a Sentencia T-025, de 2004. Após a prolação da decisão estrutural, a Corte deliberou por conservar sua competência para a apreciação

---

[44] ARENHART, *Decisões Estruturais no Direito...*, p. 6.

[45] VITORELLI, *Processo Estrutural...*, p. 9.

[46] DIDIER JR, ZANETI JR, *Curso de Direito Processual Civil...*

[47] *Cf.* OSUNA, *Las Sentencias Estructurales...*, p. 113: "[...] la Corte Constitucional ha ideado dos mecanismos para vigilar el cumplimiento efectivo de las órdenes impartidas en las sentencias estructurales: las salas y los autos de seguimiento. Las salas de seguimiento están constituidas por agentes de la sociedad civil, expertos, interesados en la situación que fue objeto de la sentencia y algunos miembros del Gobierno. En estas salas de seguimiento se analizan los informes presentados por las autoridades concernidas para verificar los avances alcanzados en el cumplimiento de la sentencia y se discuten temas relacionados con ese cumplimiento. Los autos de seguimiento, por su parte, son decisiones que profiere la Corte, a partir de la información que recibe de las salas, con el fin de visibilizar alguna particularidad en el proceso de ejecución de la sentencia, o en los que hace observaciones al Ejecutivo por la implementación parcial o defectuosa de los elementos constitutivos de la sentencia".

do caso, e observaram-se inúmeros outros provimentos em cascata (*autos de seguimiento*), voltados à concretização dos valores assegurados naquela. Perante "*salas de seguimiento*" (órgão especializado da *Sala Plena*), a Corte Constitucional instituiu, em 2009, formato para o prosseguimento de sua atividade jurisdicional, com o recebimento de informes periódicos de autoridades administrativas acerca da implantação das medidas que lhes cabem; a emissão de ordens e autuações acerca das nuances e providências a serem adotadas com o escopo de implementação da decisão estrutural; e a realização de audiências públicas periódicas, com o intuito de revisitar as medidas já adotadas, averiguar sua efetividade e promover, se pertinente, sua readequação[48]. Na percepção de Néstor Osuna, a metodologia adotada na referida *sala de seguimiento* tornou o processo estrutural em questão um espaço mais participativo, ampliando-se as possibilidades de atuação e a visibilidade do grupo social vitimado pelo respectivo ECI declarado[49].

À luz da leitura expressa que a Constituição Política da Colômbia propõe ao princípio da separação de Poderes – determinando-lhes, ao lado de suas funções típicas e atípicas, uma atuação colaborativa mútua, destinada ao alcance harmônico de seus fins constitucionais –, o mencionado doutrinador identifica no processo de construção de políticas públicas a atuação integrada de múltiplas instituições estatais, podendo-se, claramente, portanto, confiar ao juiz constitucional a delimitação geral dessas políticas e ao Executivo, sua concretização: "es obvia dicha colaboración cuando se establecen las llamadas *salas de seguimiento*, integradas por expertos en el tema, miembros del Gobierno y del alto tribunal, para supervisar el cumplimiento de las órdenes contenidas en la decisión judicial"[50]. E, de fato, a análise dos resultados obtidos com o transcurso do tempo, a partir da assertividade da prolação da decisão estrutural (Sentencia T-025, de 2004) e de sua gradual implementação mediante *sala de seguimiento*, demonstra a relevância da dita atuação colaborativa.

Como já se expôs, a despeito da existência de políticas públicas e instrumentos legislativos voltados ao tratamento e tutela do grave contexto de crescente deslocamento interno forçado populacional, na Colômbia

[48] OSUNA, *Las Sentencias Estructurales...*, p. 103.
[49] OSUNA, *Las Sentencias Estructurales...*, p. 103.
[50] OSUNA, *Las Sentencias Estructurales...*, p. 114.

13. A IMPLEMENTAÇÃO DE REFORMAS ESTRUTURAIS EM "PROCESOS DE SEGUIMIENTO"

(sobretudo na década de 1990 e nos primeiros anos da década que se seguiu), graves falhas institucionais de ordem estrutural impediam que estas medidas alcançassem sua plena efetividade e a vulnerabilidade destes grupos sociais se intensificava. A prolação da Sentencia T-025/2004, e sua progressiva implementação, contudo, proporcionou (e continua proporcionando) transformação estrutural, retirando da inatividade estratégicos atores institucionais – como o Conselho Nacional de Atenção Integral à População Deslocada (CNAIPD) – e proporcionando-se a articulação de todas as entidades sociais e autoridades envolvidas, mediante a criação de grupos de trabalho com distribuição de responsabilidades. A necessidade de apresentação de informes periódicos à *sala de seguimiento* passou a exigir das autoridades acompanhamento estreito da realidade vivenciada por estes grupos populacionais e, consequentemente, tornou-lhes mais sensíveis às suas demandas. A realidade vivida pelas inúmeras famílias forçosamente deslocadas na Colômbia deixou de ser vista majoritariamente como mera mazela do contexto de conflito armado interno, mas como problemática social autônoma, com demandas urgentes e imperativas de resolução.

O plano de implementação da decisão estrutural trouxe a exigência de apuração periódica precisa do montante de recursos públicos necessários à concretização da respectiva política pública, indicando-se o percentual de participação da Nação, de entidades territoriais e da comunidade internacional, e como consequência proporcionou o aumento da alocação de recursos em prol das populações forçosamente deslocadas. Conforme decisão (*auto n.º* 008 de 2009) exarada pela *Sala Segunda de Revisión* da Corte Constitucional Colombiana, em fase de *seguimiento* à sentença estrutural T-025/2004 (na qual, ressalta-se, cinco anos após a prolação da decisão estrutural, ainda se reconheceu a persistência de ECI), o esforço orçamentário em favor das populações deslocadas teria evoluído de $498,885 milhões, entre 1999 e 2002, para estimados $4,6 bilhões de pesos entre 2007 e 2010.

Por fim, a aplicação da metodologia de *provimentos em cascata* permitiu, também, que ao longo do processo de *seguimiento*, viesse a Corte Constitucional Colombiana a expedir *autos* em atenção à diversidade interna dos agrupamentos sociais que comporiam a população forçosamente deslocada e, portanto, em proteção àquelas coletividades que, neste meio, se encontrariam em especial situação de vulnerabilidade,

CASEBOOK DE PROCESSO COLETIVO

como indígenas, mulheres, crianças e adolescentes, além da população afrodescendente e de pessoas com deficiência[51].

5. Notas conclusivas: um modelo para os processos estruturais no Brasil?

A experiência da Corte Constitucional Colombiana, na colaborativa concretização de política pública voltada à eliminação de *ECI* de alta gravidade e relevância social, reveste-se de grande potencial ilustrativo à realidade social e jurídica latino-americana. As limitações orçamentárias enfrentadas, somadas ao contexto de precariedade social e econômica que permeia grande parte da população, contribuem à persistência da situação de vulnerabilidade de direitos, o que exige *resiliência* e *flexibilidade* para a periódica revisitação e readequação de conteúdos decisórios "em cascata" implementados sem êxito, e paralelamente (em contraste), *rigor* na fiscalização do cumprimento das medidas impostas, inclusive no que concerne ao cronograma estabelecido.

No caso da Sentencia T-025/2004, sua *sala de seguimiento* permanece ainda hoje instituída, já se tendo verificado, até o fim de 2019, a prolação de algumas centenas de *autos de seguimiento*. Como se denota do relatório constante do *Auto de Seguimiento 211 de 2019*, é possível observar que, ainda assim, não se encontra completamente superado o *ECI* declarado em 2004: ainda em 2016, foi declarada sua superação apenas em relação aos aspectos de participação e registro (à exceção do registro de povos e comunidades étnicas), que passaram a corresponder aos parâmetros constitucionais, após alto grau de comprometimento das autoridades com o cumprimento das ordens exaradas. O intenso acompanhamento da concretização da política pública, ao longo de mais de quinze anos, proporcionou relevantes avanços na tutela dos interesses da população forçosamente deslocada, mas há ainda um longo caminho a ser percorrido[52].

---

[51] *Cf.* CORTE CONSTITUCIONAL COLOMBIANA, *Auto 092/08, Auto 251/08, e Autos 004, 005 e 006/09.*

[52] "En relación con aquellos componentes en los que en 2009 se ordenó la reformulación total de la política, los resultados alcanzados fueron los siguientes: (i) la política de tierras presentaba un nivel de cumplimiento dispar, en la medida en que el Gobierno Nacional demostró un nivel de cumplimiento alto en materia de restitución de tierras, pero en lo concernente a su protección se evidenció un evidente nivel de incumplimiento; (ii) en materia de vivienda urbana y rural las autoridades demostraron un nivel de cumplimiento medio

Nas palavras de Owen Fiss, "a reforma estrutural terá suas falhas no sentido de que a ameaça aos valores constitucionais pode persistir – muito é exigido no que tange à eliminação da ameaça e pouco é conhecido sobre o comportamento organizacional"[53]. E neste ponto ganha relevância a participação interventiva de várias instituições do Estado, ainda que sob a condução da Corte Constitucional, no modelo adotado pela *sala de seguimiento* da Sentencia T-025/2004: como ressoam as já citadas palavras de Néstor Osuna, permite-se a construção colaborativa da política pública, reduzindo-se, assim, as implicações negativas que a responsabilidade pela aplicação de sistema "tentativa-erro-acerto"[54] podem vir a impor ao órgão julgador.

A adoção de modelo análogo encontra espaço de aplicabilidade no sistema brasileiro[55], com a ampliação do viés dialógico do processo, somada à organização do *processo estrutural* em duas fases consecutivas, dedicada a primeira à detecção do contexto de violação de direitos, em suas nuances, e ao traçado da reforma estrutural específica que se almeja implementar, e focalizada a segunda na implementação de tal reforma. Em exemplificação a tal possibilidade, destaca-se a ação civil pública n.º 93.8000533-4, que tramitou perante a Justiça Federal de Criciúma, a partir de 1993, e se tornou conhecida por "ACP do Carvão".A

---

y bajo, respectivamente; y (iii) en generación de ingresos, se registró un incumplimiento a la orden de reformular completamente esta política. Por su parte, los componentes en los que se ordenó la complementación para así articularse y superar los vacíos protuberantes que los afectaban, a saber: prevención y protección, y los derechos a la verdad, la justicia, la reparación y las garantías de no repetición, arrojaron un nivel de cumplimiento bajo. En lo atinente a los demás componentes que requerían importantes avances para lograr el goce efectivo de los derechos de las personas desplazadas, los resultados fueron los siguientes: (i) en ayuda humanitaria las autoridades acreditaron un cumplimiento medio; (ii) en retornos y reubicaciones el cumplimiento fue de nivel bajo; y (iii) en educación el cumplimiento fue de nivel médio" (CORTE CONSTITUCIONAL COLOMBIANA, *Autos de Seguimiento 211 de 2019*, p. 7-8).

[53] FISS, *As Formas de Justiça*, p. 74.

[54] ARENHART, *Decisões Estruturais no Direito...*, p. 5-6.

[55] "No Direito processual brasileiro, a base normativa para a execução das decisões estruturais, necessariamente atípica, decorre da combinação do art.139, IV, com o art.536, §1º, ambos do CPC. Os dispositivos são cláusulas gerais executivas, das quais decorre para o órgão julgador o poder de promover a execução de suas decisões por medidas atípicas" (DIDIER JR., ZANETI JR., OLIVEIRA, *Notas sobre as Decisões...*, p. 349).

CASEBOOK DE PROCESSO COLETIVO

complexidade da questão exigiu o escalonamento do cumprimento de sentença em sucessivas fases, podendo se encontrar na terceira, forte similitude à proposta das *salas de seguimiento colombianas*, à exceção da condução pela Corte Suprema: "o Grupo de Assessoramento Técnico do Juízo [...] formado por representantes técnicos de todas as partes e por sujeitos externos ao processo ligados à questão ambiental, tinha por principais funções propor estratégias, métodos e técnicas para a recuperação ambiental"[56].

Encontrando-se o direito processual civil brasileiro intrinsecamente conectado aos valores de instrumentalidade e efetividade, e sendo as Cortes nacionais progressivamente acionadas ao enfrentamento de matérias atinentes à implementação de políticas públicas, não se deve ceder ao formalismo de se impor inflexíveis limitações ao exercício da atividade jurisdicional, sob pena de se cultuar a forma em detrimento da substância, e de se criar obstáculos à busca pela superação de contextos de generalizada violação institucional a direitos fundamentais – ou, caso se prefira dizer, *estados de coisas inconstitucionais*.

Referências

ARENHART, Sérgio Cruz. Decisões Estruturais no Direito Processual Civil Brasileiro. *In*: *Revista de Processo*, v.225/2013. Nov.2013, p.389-410.

ARENHART, Sérgio Cruz. Processos Estruturais no Direito Brasileiro: Reflexões a partir da ACP do Carvão. *In*: *Revista de Processo Comparado*, v.2/2015, jul-dez.2015, p.211-229.

BAUERMANN, Desirê. Structural Injunctions no Direito Norte-Americano. *In*: ARENHART, Sérgio Cruz; JOBIM, Marco Félix [Orgs.]. *Processos Estruturais*. 2. ed.rev.atual.e ampl. Salvador: JusPodivm, 2019, p.245-267.

BRASIL. *Constituição da República Federativa do Brasil*, de 05 de outubro de 1988. Disponível em: http://www.planalto.gov.br/ccivil_03/constituicao/constituicao-compilado.htm – Acesso em 19 abr.2020.

CAMPOS, Carlos Alexandre de Azevedo. *Estado de Coisas Inconstitucional*. Salvador: JusPodivm, 2016.

CHAYES, Abram. The Role of the Judiciary in a Public Law System. *In*: *Harvard Law Review*, v. 89, p. 1281, 1976.

---

[56] ARENHART, *Processos Estruturais no Direito...*, p. 7.

13. A IMPLEMENTAÇÃO DE REFORMAS ESTRUTURAIS EM "PROCESOS DE SEGUIMIENTO"

COLOMBIA. *Ley 387*, 1997. Disponível em: https://www.unidadvictimas.gov.co/sites/default/files/documentosbiblioteca/ley-387-de-1997.pdf – Acesso em 23 abr.2020.

COLÔMBIA. *Constitución Política de Colômbia*, 1991. Disponível em: https://www.corteconstitucional.gov.co/inicio/Constitucion%20politica%20de%20Colombia.pdf – Acesso em 20 abr.2020.

CORTE CONSTITUCIONAL COLOMBIANA. Sala Especial de Seguimiento Sentencia T-025 de 2004. *Auto 211 de 2019*.

CORTE CONSTITUCIONAL COLOMBIANA. Sala Segunda de Revisión. *Auto 006 de 2009*.

CORTE CONSTITUCIONAL COLOMBIANA. Sala Segunda de Revisión. *Auto 005 de 2009*.

CORTE CONSTITUCIONAL COLOMBIANA. Sala Segunda de Revisión. *Auto 004 de 2009*.

CORTE CONSTITUCIONAL COLOMBIANA. *Auto 092 de 2008*.

CORTE CONSTITUCIONAL COLOMBIANA. Sala Segunda de Revisión. *Auto 251 de 2008*.

CORTE CONSTITUCIONAL COLOMBIANA. *Sentencia T-025*, 2004. Disponível em: https://www.corteconstitucional.gov.co/relatoria/2004/t-025-04.htm – Acesso em 23 abr.2020.

CORTE CONSTITUCIONAL COLOMBIANA. *Expediente T-653010 y acumulados*. Anexo 5. La Política Pública de Atención a la Población Desplazada. Descripción y Observaciones Relevantes para la Decisión Adoptada por la Corte, p.227-305.

CORTE CONSTITUCIONAL COLOMBIANA. *Proceso de Seguimiento 10 anos*. Disponível em: https://www.corteconstitucional.gov.co/T-025-04/Proceso%20de%20Seguimiento%2010%20a%C3%B1os.pdf – Acesso em 23 abr.2020.

CORTE CONSTITUCIONAL COLOMBIANA. *Sentencia de Unificación SU-559*, 1997. Disponível em: https://www.corteconstitucional.gov.co/relatoria/1997/SU559-97.htm – Acesso em 20 abr.2020.

DIDIER JR., Fredie; ZANETI JR., Hermes. *Curso de Direito Processual Civil*, v.4. 14.ed. rev.atual.e ampl. Salvador: Editora JusPodivm, 2020.

DIDIER JR., Fredie; ZANETI JR., Hermes; OLIVEIRA, Rafael Alexandria de. Notas sobre as Decisões Estruturantes. *In*: ARENHART, Sérgio Cruz; JOBIM, Marco Félix [Orgs.]. *Processos Estruturais*. 2.ed.rev.atual.e ampl. Salvador: JusPodivm, 2019, p.339-354.

FISS, Owen M. As Formas de Justiça. *In*: FISS, Owen. *Direito como Razão Pública*: Processo, Jurisdição e Sociedade. Coordenação da Tradução: Carlos Alberto de Salles. 2.ed.rev.e atual. Curitiba: Juruá, 2017.

FLETCHER, William A. The Discretionary Constitution Institutional Remedies and Judicial Legitimacy. *In: The Yale Law Journal*. v.91, n.4, mar.1982,

CASEBOOK DE PROCESSO COLETIVO

p.635-697. Disponível em: <https://scholarship.law.berkeley.edu/cgi/viewcontent.cgi?referer=https://scholar.google.com.
br/&httpsredir=1&article=2698&context=facpubs>. Acesso em 31 mar.2019.

OSUNA, Néstor. Las Sentencias Estructurales: Tres Ejemplos de Colombia. *In*: BAZÁN, Victor [Ed.]. *Justicia Constitucional e Derechos Fundamentales*: La protección de los Derechos Sociales. Las sentencias estructurales. Bogotá: Konrad-Adenauer, 2016, p. 91-116.

PEREIRA, Jane Reis Gonçalves; GONÇALVES, Gabriel Accioly. Inconstitucionalidade Sistêmica e Multidimensional: Transformações no Diagnóstico das Violações à Constituição. *In*: *Revista Juris Poiesis*, ano 18, n.18, jan-dez.2015, p.130-159.

PUGA, Mariela. El Litigio Estructural. *In*: *Revista de Teoría del Derecho de la Universidad de Palermo*, ano I, n.º 2, nov.2014, p.41-82.

VITORELLI, Edilson. Processo Estrutural e Processo de Interesse Público: Esclarecimentos Conceituais. *In*: *Revista Iberoamericana de Derecho Procesal*, v.7/2018. Jan-jun.2018, p.147-177.

V

PROCESSO COLETIVO ESTRUTURAL

14. Direitos territoriais indígenas, estado de coisas inconstitucional e processo estrutural

Jorge Maurício Porto Klanovicz

1. Introdução, objeto e metodologia

No início de novembro de 2019, durante um feriado prolongado, foi noticiado ao mundo o assassinato de mais uma liderança indígena brasileira. Uma das principais hipóteses aponta que Paulo Paulino Guajajara, enquanto caçava no interior da Terra Indígena Araríboia, na Amazônia maranhense, foi vítima de uma emboscada e morto a tiros por madeireiros.

Infelizmente, não se trata de um caso isolado. Ainda que o quadro de violência contra povos indígenas tenha chegado a um novo patamar a partir da eleição de um presidente cuja retórica incentiva abertamente hostilidades contra grupos vulneráveis em geral, as violações a direitos indígenas – notadamente ao *direito à terra* – ocorrem há séculos.

Este estudo de caso tem como objeto, em síntese, as reiteradas violações aos direitos territoriais dos povos que vivem nas terras indígenas Araríboia e Governador, localizadas na Amazônia maranhense.

Inicialmente, são expostos dados sobre as terras, suas populações e as violações. Os dados foram colhidos, basicamente, junto ao Ministério Público Federal, que, para instruir três ações civis públicas propostas desde 2014, sistematizou números de inquéritos policiais e procedimentos autuados sobre o tema, bem como reuniu informações oriundas da Fundação Nacional do Índio (Funai) e de órgãos como o Centro Gestor e Operacional do Sistema de Proteção da Amazônia (Censipam), vinculado ao Ministério da Defesa. Além disso, foram extraídas informações de relatórios produzidos em 2019 pelo Instituto Socioambiental e pela

Human Rights Watch. Em seguida, são feitas algumas considerações teóricas sobre *direito à terra, dever de proteção* e *estado de coisas inconstitucional,* assim como é analisada a pertinência desse último conceito ao caso concreto das violações nas terras Arariboia e Governador. Por fim, com base na noção de *processo estrutural,* avalia-se a tutela processual mais adequada à situação.

2. Quadro fático

A Terra Indígena Arariboia teve sua demarcação homologada em 1990, pelo decreto presidencial 98.852/1990, situa-se nos municípios de Amarante do Maranhão, Arame, Bom Jesus das Selvas, Buriticupu, Grajaú e Santa Luzia e tem cerca de 413.288 hectares de área. Sua população oficial é de 5.317 habitantes. A maioria absoluta é de indígenas da etnia Guajajara, mas também há registros de algumas dezenas de indígenas Awá-Guajá, isolados.

A Terra Indígena Governador, por sua vez, foi homologada em 1982, pelo decreto presidencial 88.001/1982, situa-se no município de Amarante do Maranhão e tem cerca de 41.643 mil hectares de área. Sua população oficial é de 769 habitantes. A ampla maioria é de indígenas Gavião Pyjopjê.

Essas terras e povos indígenas, há anos, vêm sendo alvos de diversos tipos de ilícitos, como extração ilegal de madeira, furto, roubo, receptação, ameaças e, em casos extremos, homicídios. Esse quadro, público e notório, acaba sendo potencializado pela omissão do Estado e pelas características socioeconômicas locais. Notadamente no município de Amarante do Maranhão, é sabido que diversas madeireiras, serrarias e movelarias funcionam irregularmente a partir de madeira extraída ilegalmente das terras indígenas. A extração de madeira, por seu turno, somente é possível a partir da utilização, por seus perpetradores, de estrutura material sofisticada, que envolve caminhões, escolta e armamento pesado, além da colaboração eventual de alguns membros das próprias comunidades. Diante da omissão do Estado em fiscalizar e prevenir de modo efetivo tais práticas, os próprios povos indígenas organizaram grupos voltados ao desempenho de atividades de proteção territorial, conhecidos como *Guardiões,* os quais se tornaram especialmente vulneráveis a ameaças e ataques de invasores.[1]

---

[1] BRASIL. Ministério Público Federal. Procuradoria da República no Município de Imperatriz. Ação Civil Pública 1000496-69.2018.4.01.3701. Procuradores da República

Dados fornecidos pelo Censipam ao Ministério Público Federal apontam que, entre 2007 e 2017, 24.238,12 hectares foram desmatados na terra Arariboia, o que corresponde aproximadamente a 5,86 porcento da dimensão total do território. Na terra Governador, o cenário é ainda mais grave. No mesmo intervalo, 4.621,13 hectares foram desmatados, o que corresponde a cerca de 11,09 porcento da área.[2]

Análise do Instituto Socioambiental, com base em imagens de satélites, revela que a terra Arariboia tinha, em outubro de 2019, um total de 1.248,5 quilômetros de ramais abertos ilegalmente por madeireiros. Em setembro de 2018, quando o estudo começou, os ramais perfaziam 981,3 quilômetros. Os alertas de desmatamento detectados saltaram de 340 para 4.863 no mesmo período.[3]

De sua parte, levantamento realizado pelo Ministério Público Federal indica que, entre 2014 e 2018, relacionados diretamente a violações contra povos indígenas na região, foram autuados, pelo menos, seis inquéritos policiais, duas ações penais, três ações civis públicas e onze procedimentos extrajudiciais.[4]

Por fim, relatório produzido pela *Human Rights Watch* aponta uma redução do aparato estatal incumbido de proteger terras indígenas. Em 2009, o Ibama empregava cerca de 1.600 agentes em todo o Brasil; em 2019, empregava 780. O número de funcionários da Funai, por sua vez,

---

Catarina Sales Mendes de Carvalho, Jorge Mauricio Porto Klanovicz e José Mário do Carmo Pinto. Imperatriz, 23/08/2018.

[2] Segundo o Censipam, para o levantamento, foram utilizados os dados digitais vetoriais de limites de terras indígenas da Funai e os dados de desmatamento do Sistema de Monitoramento do Desmatamento na Amazônia Legal (Prodes/Inpe). Os produtos cartográficos foram elaborados no ambiente do *software* ArcGIS 10.5.

[3] INSTITUTO SOCIOAMBIENTAL. *Arariboia sofre com violência, invasões e desmatamento.* Publicado em 06/11/2019. Disponível em: https://www.socioambiental.org/ pt-br/ noticias-socioambientais/arariboia-sofre- com-violencia-invasoes-e-desmatamento

[4] Os dados foram levantados pelo Setor Jurídico da Procuradoria da República no Município de Imperatriz, mas são imprecisos, seguramente muito menores do que as violações efetivamente praticadas. Primeiro porque o levantamento ocorreu com base em termos limitados ("Arariboia", "Indígena Governador", "Guajajara", "Gavião" e "guardiões"), incapazes de captar todos os registros sobre o assunto. Ressalte-se que, até recentemente, as autuações de procedimentos e processos no âmbito dessa Procuradoria não observavam um padrão determinado. Segundo porque, infelizmente, nem todo atentado a direito indígena nas terras Arariboia e Governador é reportado ao Ministério Público Federal.

foi reduzido de 3.111, em 2012, para 2.224, em 2019. Segundo a organização, "a redução da capacidade de fiscalização das agências ambientais do país gera maior pressão sobre os povos indígenas para que assumam um papel mais ativo na defesa de suas florestas — e, ao fazê-lo, colocam-se sob risco de represálias por madeireiros".[5]

3. O Processo

Em agosto de 2018, o quadro de violações detectado nas terras Arariboia e Governador levou o Ministério Público Federal ao ajuizamento de uma ação civil pública pedindo a condenação da Funai, do Ibama, da União e do Estado do Maranhão à elaboração e à execução de um plano de proteção continuada dos territórios, observado o dever de consulta prévia aos povos indígenas. A ação apontou que o plano deveria prever, no mínimo, as seguintes medidas: atividades mensais de fiscalização e proteção contra práticas ilegais como invasões, extração ilegal de madeira, furto, roubo e receptação, com pelo menos dez dias de duração, por no mínimo quinze servidores; instalação de base de vigilância fixa entre as terras indígenas com número mínimo de cinco servidores; estruturação material das equipes de fiscalização e proteção, de forma a permitir o desempenho adequado e seguro de suas ações.[6]

Desde 2014, outras duas ações civis públicas já tramitavam sobre o tema[7]. Tais ações, no entanto, tinham escopo mais restrito ao aspecto ambiental e tratavam em separado da situação de cada uma das terras indígenas. Daí porque o Ministério Público Federal optou pelo ajuizamento de uma nova ação, mais ampla, apta a contemplar de modo unificado toda a problemática. As ações propostas em 2014 tiveram seus pedidos julgados improcedentes. Em sentenças proferidas em janeiro de 2019, o juízo reconheceu ser "necessário concordar, de saída, com o Ministério Público Federal no que se refere à efetividade e à qualidade geral da atuação

---

[5] HUMAN RIGHTS WATCH. *Máfias do Ipê: como a violência e a impunidade impulsionam o desmatamento na Amazônia brasileira*. Publicado em 17/09/2019. Disponível em: https://www.hrw.org/pt/report/2019/09/17/333886

[6] BRASIL. Ministério Público Federal. Procuradoria da República no Município de Imperatriz. Ação Civil Pública 1000496-69.2018.4.01.3701. Procuradores da República Catarina Sales Mendes de Carvalho, Jorge Mauricio Porto Klanovicz e José Mário do Carmo Pinto. Imperatriz, 23/08/2018.

[7] Ações civis públicas 0010452-68.2014.4.01.3701 e 0002920-09.2015.4.01.3701.

das autarquias rés. Funai e Ibama, em Imperatriz/MA, tem atuação, pelo menos nos casos que chegam ao conhecimento deste juízo, muito aquém do aceitável". No entanto, concluiu: "no caso dos autos, contudo, a fiscalização do corte de madeira em reservas indígenas, conquanto seja um problema recorrente na região, não difere em 'gravidade' de muitas outras omissões, e nesta medida, não há base legal ou constitucional para que o Judiciário determine ao gestor público a alocação de recursos como pretende o MPF". O Ministério Público Federal interpôs apelações, a serem julgadas no Tribunal Regional Federal da 1ª Região.

A ação proposta em 2018, por seu turno, teve pedido de tutela de urgência negado pelo juízo em dezembro de 2019. Contra essa decisão foi interposto agravo de instrumento, também a ser apreciado pelo Tribunal Regional Federal da 1ª Região.

4. Algumas noções teóricas importantes
4.1. Direito à terra
O primeiro conceito para a devida compreensão das violações a direitos indígenas no caso consiste no *direito à terra*.

Em matéria de povos indígenas, o *direito à terra* assume uma importância singular. Não se trata de uma ortodoxa figura de Direito Civil, mas de um heterodoxo instituto de Direito Constitucional, como bem anotou Carlos Ayres Britto[8]. Cuida-se de direito que configura um pressuposto da sobrevivência física e cultural dos povos indígenas, sendo indissociável, portanto, do próprio direito à vida.

No ordenamento jurídico nacional, o *direito à terra* foi consagrado no art. 231 da Constituição Federal: "São reconhecidos aos índios sua organização social, costumes, línguas, crenças e tradições, e os direitos originários sobre as terras que tradicionalmente ocupam, competindo à União demarcá-las, proteger e fazer respeitar todos os seus bens".

No plano internacional, por sua vez, a Convenção 169 da Organização Internacional do Trabalho – internalizada pelo decreto 5.051/2004 e dotada de status supralegal – estabelece: "13.1 Os governos deverão respeitar a importância especial que para as culturas e valores espirituais dos povos interessados possui a sua relação com as terras ou territórios,

---

[8] BRASIL. Supremo Tribunal Federal. Petição 3388. Autor: Augusto Affonse Botelho Neto e outros. Relator: Ministro Carlos Ayres Britto. Brasília, 24/09/2009.

CASEBOOK DE PROCESSO COLETIVO

ou com ambos, segundo os casos, que eles ocupam ou utilizam de alguma maneira e, particularmente os aspectos coletivos dessa relação". Em seguida, a mesma Convenção dispõe: "14.2 Os governos deverão adotar as medidas que sejam necessárias para determinar as terras que os povos interessados ocupam tradicionalmente e garantir a proteção efetiva dos seus direitos de propriedade e posse".

Esse arcabouço normativo, enfim, não permite dúvidas quanto à fundamentalidade do *direito à terra*. Como assinala Araújo Junior, trata-se de direito formal e materialmente fundamental. A fundamentalidade formal deriva de sua previsão expressa no texto constitucional. A fundamentalidade material, por seu turno, decorre de sua associação à dignidade da pessoa humana; o *direito à terra*, afinal, é pressuposto da própria existência do grupo enquanto indígena.[9]

4.2. Dever de proteção

A atribuição de fundamentalidade a um direito tem sérias consequências, subordinando-o a toda a uma dogmática e a uma metodologia específicas. Uma consequência importante consiste em que, ao assumir a condição de fundamental, um direito – como o direito indígena à terra – impõe ao Estado um especial *dever de proteção*.

Num modelo (neo) contratualista, a ampla renúncia ao direito à autoproteção exercida pelo próprio indivíduo somente pode ser fundamentada se ele receber, com essa renúncia, um direito à proteção estatal.[10] Os direitos a proteção, assim, encontram sua origem no próprio marco contratualista, que supõe que os particulares abdiquem, em regra, do exercício da autodefesa. O desempenho dessa defesa passa a ser atribuição monopolizada pelo Estado.

Além disso, os direitos a proteção estão associados a certa evolução dogmática experimentada pelos direitos fundamentais, que passam a ser vistos de forma multifuncional, e não mais apenas numa perspectiva negativa, ligada a um paradigma liberal-individualista de aplicação do Direito. Essa multifuncionalidade impõe ao Estado não somente respeitar

---

[9] ARAUJO JUNIOR, J. J.. *Direitos territoriais indígenas – uma interpretação intercultural*. Rio de Janeiro: Editora Processo, 2018. p. 199.

[10] ALEXY, Robert. *Teoria dos direitos fundamentais*. Tradução de Virgílio Afonso da Silva. São Paulo: Malheiros, 2008. p. 450-455.

os direitos fundamentais (perspectiva negativa), mas também protegê--los (perspectiva positiva) contra ataques de terceiros. Passa-se a atribuir aos direitos fundamentais a função de *imperativos de tutela*, os quais se manifestam por meio de *deveres de proteção*.[11]

O ordenamento jurídico estabelece expressamente *deveres de proteção* sobre as terras indígenas. O art. 231 da Constituição, como visto, dispõe que compete à União demarcar as terras, "proteger e fazer respeitar todos os seus bens". Por sua vez, o art. 14.2 da Convenção 169 da Organização Internacional do Trabalho atribui aos Estados o dever de "garantir a proteção efetiva" dos "direitos de propriedade e posse" dos povos indígenas sobre suas terras.

A Corte Interamericana de Direitos Humanos, em fevereiro de 2018, no *Caso do Povo Indígena Xucuru e seus membros vs. Brasil*, condenou o país, mencionando expressamente o *dever de proteção*. Consta na decisão: "A jurisprudência desta Corte reconheceu reiteradamente o direito de propriedade dos povos indígenas sobre seus territórios tradicionais e o dever de proteção que emana do artigo 21 da Convenção Americana, à luz das normas da Convenção 169 da OIT e da Declaração das Nações Unidas sobre os Direitos dos Povos Indígenas". Adiante, concluiu o Tribunal: "o Estado deve garantir a propriedade efetiva dos povos indígenas e abster--se de realizar atos que possam levar a que os agentes do próprio Estado, ou terceiros que ajam com sua aquiescência ou sua tolerância, afetem a existência, o valor, o uso ou o gozo de seu território".[12]

Tal precedente merece atenção pelo Estado brasileiro. Do contrário, serão inevitáveis novas condenações e a escalada da tragédia humanitária que já se encontra em curso em matéria de povos indígenas.

4.3. Estado de coisas inconstitucional

A teoria tradicional costuma tratar omissões inconstitucionais com foco exclusivo sobre omissões dos tipos legislativo e administrativo. Tais posições ignoram que a falta de atuação das normas constitucionais pode decorrer de falhas de coordenação entre órgãos e entidades estatais. Dito

---

[11] FELDENS, Luciano. *Direitos Fundamentais e Direito Penal*. Porto Alegre: Livraria do Advogado, 2008. p. 58-63.

[12] CORTE INTERAMERICANA DE DIREITOS HUMANOS. *Caso do Povo Indígena Xucuru e seus membros vs. Brasil*. San Jose, 05/02/2018

CASEBOOK DE PROCESSO COLETIVO

de outro modo, segundo Azevedo Campos, em certas situações, embora existam leis e ações administrativas voltadas a aplicá-las, "há um quadro de deficiência de políticas públicas, de distanciamento entre previsão e concretização normativa, de modo a implicar a realização incompleta do que previsto na Constituição". Prossegue o autor: "aqui surge a noção de 'falhas estruturais' como causadoras de violações de direitos: não obstante a evidente ausência de coordenação de medidas, tanto legislador quanto administrador assistem passivamente o quadro de transgressões a direitos, revelando-se incapazes ou impedidos de transformar a situação".[13]

Nessa medida, irrompe a noção de *estado de coisas inconstitucional*, uma audaciosa técnica decisória voltada ao enfrentamento efetivo de situações de violação generalizada de direitos fundamentais, decorrentes de falhas estruturais, cuja superação exige medidas variadas de diversas autoridades e poderes.

Para reconhecimento desse estado de coisas, segundo síntese de Azevedo Campos, é preciso que estejam presentes as seguintes condições: (i) vulneração massiva e generalizada de direitos fundamentais de um número significativo de pessoas; (ii) prolongada omissão das autoridades no cumprimento de suas obrigações para garantia e promoção dos direitos; (iii) a superação das violações de direitos pressupõe a adoção de medidas complexas por uma pluralidade de órgãos, envolvendo mudanças estruturais, que podem depender da alocação de recursos públicos, correção das políticas públicas existentes ou formulação de novas políticas, dentre outras medidas; e (iv) potencialidade de congestionamento da justiça, se todos os que tiverem os seus direitos violados acorrerem individualmente ao Poder Judiciário.[14]

Reconhecido esse quadro, reservado a situações realmente excepcionais, o Poder Judiciário assume um papel atípico, sob a perspectiva tradicional da separação de poderes, impondo a implementação de

---

[13] AZEVEDO CAMPOS, Carlos Alexandre de. *Da Inconstitucionalidade por Omissão ao Estado de Coisas Inconstitucional*. Tese (Doutorado em Direito), Universidade Estadual do Rio de Janeiro, Rio de Janeiro, 2015. p. 13.

[14] AZEVEDO CAMPOS, Carlos Alexandre de. *Da Inconstitucionalidade por Omissão ao Estado de Coisas Inconstitucional*. Tese (Doutorado em Direito), Universidade Estadual do Rio de Janeiro, Rio de Janeiro, 2015. p. 134-138.

políticas públicas e, em seguida, supervisionando sua execução efetiva.[15]

Na Colômbia, a técnica decisória, invocada pela primeira vez em 1997, já foi empregada pelo menos uma dezena de vezes pela Suprema Corte. Em dois casos recentes, foi reconhecido *estado de coisas inconstitucional* por violações generalizadas a direitos titularizados por povos indígenas, como acesso a água, alimentação, saúde e direito à vida. Em 2017, por exemplo, a Corte apontou *"la existencia de un estado de cosas inconstitucional en relación con el goce efectivo de los derechos fundamentales a la alimentación, a la salud, al agua potable y a la participación de los niños y niñas del pueblo Wayúu, antes el incumplimiento de los parámetros mínimos constitucionales aplicables a las políticas públicas (...)"*. Em seguida, determinou *"que se tomen las medidas adecuadas y necesarias para constituir un Mecanismo Especial de Seguimiento y Evaluación de las Políticas Públicas para la superación del estado de cosas inconstitucional constatado"*.[16] O entendimento foi ratificado por nova decisão da Corte, que, em 2018, estendeu o reconhecimento do *estado de coisas inconstitucional* a outras comunidades indígenas.[17]

No Brasil, em 2015, o Supremo Tribunal Federal foi provocado a se manifestar sobre o tema do *estado de coisas inconstitucional* em uma arguição de descumprimento de preceito fundamental – subscrita, entre outros, por Daniel Sarmento – questionando a situação do sistema penitenciário. Os pedidos formulados foram parcialmente acolhidos. Consta na ementa do julgado: "Presente quadro de violação massiva e persistente de direitos fundamentais, decorrente de falhas estruturais e falência de políticas públicas e cuja modificação depende de medidas abrangentes de natureza normativa, administrativa e orçamentária, deve o sistema penitenciário nacional ser caraterizado como 'estado de coisas inconstitucional'".[18]

Ainda que o Supremo Tribunal Federal não tenha instituído mecanismos efetivos para acompanhar o cumprimento dessa decisão, trata-se de

---

[15] SARMENTO, Daniel. *Direitos, Democracia e República: escritos de Direito Constitucional*. Belo Horizonte: Forum, 2018. p. 523-524.

[16] COLOMBIA. Corte Constitucional. Sentencia T-302 de 2017. Disponível em: https://www.corteconstitucional. gov.co/relatoria/2017/t-302-17.htm

[17] COLOMBIA. Corte Constitucional. Sentencia T-415 de 2018. Disponível em: https://www.corteconstitucional. gov.co/relatoria/2018/t-415-18.htm

[18] BRASIL. Supremo Tribunal Federal. ADPF 347. Autor: Partido Socialismo e Liberdade. Relator: Ministro Marco Aurélio. Brasília, 19/02/2016.

CASEBOOK DE PROCESSO COLETIVO

precedente importante, na medida em que inaugurou no Direito nacional uma nova técnica decisória. Se bem utilizada, essa técnica pode contribuir no enfrentamento a macroproblemas jurídicos – como os que acometem as terras indígenas brasileiras.

5. O caso concreto: insuficiência de medidas reativas e processo estrutural

Os diversos dados sobre ilícitos praticados contra as terras indígenas Arariboia e Governador e suas populações revelam um quadro de violação massiva de direitos fundamentais. Especialmente os dados sobre o avanço do desmatamento, colhidos por meios chancelados cientificamente, não deixam espaço para dúvidas: as terras estão sob ataque. Deve-se observar que o desmatamento ilegal não é um processo que ocorre sem outros danos correlatos. Geralmente é acompanhado de uma série de ilegalidades – como ameaças, violência e, em casos extremos, homicídios. É exatamente o que vem ocorrendo, numa escalada perigosa, nas terras Arariboia e Governador.

Esse quadro evoca o *estado de coisas inconstitucional*. Os dados colhidos permitem concluir que todas as condições exigidas para o reconhecimento desse estado de coisas encontram-se presentes. (i) A violação massiva a direitos fundamentais – notadamente ao *direito à terra*, associado ao próprio direito à vida das comunidades indígenas – é patente. (ii) Por sua vez, a prolongada omissão das autoridades e as falhas estruturais para a promoção dos direitos violados, igualmente, são claras. Sobretudo Funai e Ibama padecem de absoluta escassez de recursos humanos e materiais básicos para seu funcionamento adequado. Essa situação implica descumprimento do *dever de proteção* do Estado. (iii) Por fim, resta claro que a superação dos problemas nas terras Arariboia e Governador não demanda apenas uma medida pontual, mas um conjunto de medidas complexas, por uma pluralidade de órgãos e instituições (Funai, Ibama, União e Estado do Maranhão).

Num cenário como esse, medidas apenas reativas – como a instauração de inquéritos policiais e o oferecimento de denúncias criminais contra agentes envolvidos nas ilegalidades – revelam-se insuficientes, mesmo porque a própria lógica socioeconômica local depende dos ilícitos praticados. Paralelamente à atuação reativa pontual, é preciso pensar em medidas estruturantes aptas a resolver a problemática de forma global.

É nesse sentido que irrompe a noção de *processo estrutural*. Segundo Vitorelli, *processo estrutural* "é um processo coletivo no qual se pretende, pela atuação jurisdicional, a reorganização de uma estrutura burocrática, pública ou privada, que causa, fomenta ou viabiliza a ocorrência de uma violação pelo modo como funciona, originando um litígio estrutural". Entre os desafios do *processo estrutural*, o autor aponta "a elaboração de um plano de alteração do funcionamento da instituição, cujo objetivo é fazer com que ela deixe de se comportar da maneira reputada indesejável".[19]

Nessa direção, Arenhart aponta as chamadas *structural injuctions*, concebidas pela doutrina norte-americana para questões coletivas que "exigem soluções que vão além de decisões simples a respeito de relações lineares entre as partes". Trata-se de situações que "exigem respostas difusas, com várias imposições ou medidas que se imponham gradativamente. São decisões que se orientam para uma perspectiva futura, tendo em conta a mais perfeita resolução da controvérsia como um todo, evitando que a decisão judicial se converta em problema maior do que o litígio que foi examinado".[20]

O conceito de processo estrutural, como se vê, amolda-se bem a um contexto de *estado de coisas inconstitucional*, como aquele detectado nas terras indígenas Arariboia e Governador, em que já não bastam medidas pontuais e reativas. A superação do quadro de violação sistemática de direitos fundamentais na região requer uma atuação permanente e planejada de diversas instituições. Somente um processo estrutural – que obrigue essas instituições a elaborar um plano de proteção territorial continuada e, em seguida, acompanhe sua efetiva execução – é capaz de dar uma resposta satisfatória à situação. A construção e implementação do plano, desnecessário dizer, supõe a participação dos povos indígenas, de acordo com o mandamento do art. 6º da Convenção 169 da Organização Internacional do Trabalho, que dispõe sobre o dever de consulta prévia.

Já que, na conjuntura atual, se multiplicam pelo país os relatos de violações a direitos territoriais – e à vida – dos povos indígenas, o ideal seria que o próprio Supremo Tribunal Federal fosse provocado a se

---

[19] VITORELLI, Edilson. *Levando os conceitos a sério*. Revista de Processo, vol. 284/2018, p. 15.

[20] ARENHART, Sérgio Cruz. *Decisões estruturais no direito processual civil brasileiro*. Revista de Processo, São Paulo, v. 225, 2013. p. 06.

CASEBOOK DE PROCESSO COLETIVO

manifestar sobre o tema. Isso possibilitaria criar salvaguardas concretas gerais para proteção de territórios indígenas; obrigar a União a alocar recursos na Funai, no Ibama e em polícias ambientais, evitando seu esvaziamento; compelir essas instituições a elaborar planos regionais de proteção territorial em todo o país e, por fim, delegar o acompanhamento dessas medidas a diversos juízos. Enquanto isso não ocorre, é dever dos legitimados coletivos previstos no ordenamento jurídico – em especial das unidades do Ministério Público Federal espalhadas pelo território nacional – buscar, por meio de processos estruturais de alcance regional, uma proteção mínima às terras indígenas que se encontram sob ataque.

Exemplo parcialmente bem-sucedido de ação desse tipo foi proposto pelo Ministério Público Federal em Rondônia. Em caráter de tutela de urgência, a Justiça acolheu os pedidos formulados e determinou que a União, a Funai e o Estado de Rondônia apresentassem, em trinta dias, "plano de ação continuada de proteção territorial da Terra Indígena Karipuna prevendo a ação compartilhada das Forças Armadas, Polícia Militar Ambiental, Polícia Militar, bem como fiscais da Secretaria de Estado de Desenvolvimento Ambiental e agentes da Funai, em número não inferior a 15 (quinze) pessoas, com periodicidade mínima de 10 (dez) dias por mês". A decisão estabeleceu que "o plano de ação deve prever todas as atividades de prevenção e repressão a crimes ambientais ocorridos no interior e entorno da Terra Indígena Karipuna, provendo os agentes públicos de estrutura e equipamentos para realizar a prisão de envolvidos e apreensão de veículos, maquinários e produtos florestais". Ordenou, ainda, que os réus "promovam os aportes orçamentários necessários à execução do plano de ação continuada de proteção territorial da terra indígena Karipuna".[21]

No entanto, o cumprimento da decisão – em função da sua natureza estrutural e, também, da falta de disposição política dos demandados – não é simples. Passado um ano e meio, o Ministério Público Federal apontou que "o comando da decisão judicial desse juízo não tem sido implementado pelos réus". Acrescentou que "a administração central da FUNAI tem obstado as ações de fiscalização necessárias a coibir as

---

[21] BRASIL. Justiça Federal. 5ª Vara Federal da Seção Judiciária de Rondônia. Ação Civil Pública 1000723-26.2018.4.01.4100. Porto Velho, 12/06/2018.

invasões e explorações ilegais no interior da Terra Indígena Karipuna. O óbice se consubstancia por meio do indeferimento dos pedidos de concessão de diárias destinadas ao custeio da participação de Policiais que devem integrar as equipes de fiscalização". Esse quadro exige ação firme do Poder Judiciário, cujas decisões não podem ter seu cumprimento condicionado à boa vontade dos réus. Trata-se de uma premissa básica de um Estado de Direito. A situação desafia também o Ministério Público a uma atuação criativa. Cabe ao Ministério Público, por exemplo, requerer o bloqueio de recursos para cumprimento da decisão, bem como, eventualmente, atuar como um coordenador do diálogo a ser estabelecido entre as diversas instituições responsáveis pela elaboração e execução do plano de proteção.

A ação proposta pelo Ministério Público Federal em Imperatriz com vistas à implementação de plano de proteção nas terras indígenas Arariboia e Governador tomou como exemplo o caso de Rondônia. A diferença é que, no caso de Imperatriz, foi agregada explicitamente aos fundamentos da ação a noção de *estado de coisas inconstitucional*. No mais, as ações em tudo se assemelham, ambas veiculando pedidos que conformam o que deve ser um *processo estrutural* de alcance regional na matéria: plano de proteção continuada dos territórios indígenas, a ser elaborado e executado, conjuntamente, pelos diversos réus, com a participação das comunidades; aporte de recursos orçamentários; estabelecimento de pontos básicos do plano e implementação imediata de medidas de caráter urgente, como a instalação de bases de vigilância e ações periódicas de fiscalização. É especialmente desafiador, como se viu no caso de Rondônia, o acompanhamento de eventual decisão de procedência. Nessa fase, é fundamental o estabelecimento de um cronograma rigoroso e de diálogo constante entre o autor da ação e os demandados.

Conclusões

1. A situação nas Terras Indígenas Arariboia e Governador, localizadas na Amazônia maranhense, é caótica e de omissão do Estado diante de reiterada e sistemática prática de ilícitos como extração ilegal de madeira, furto, roubo, receptação, ameaças e, em casos extremos, homicídios.
2. Esse quadro vulnera de modo massivo diversos direitos fundamentais, em especial o *direito à terra*, o qual configura um pressuposto

da sobrevivência física e cultural dos povos indígenas, sendo indissociável, portanto, do próprio direito à vida. A situação representa, além disso, grave descumprimento do *dever de proteção* imposto ao Estado pelo modelo neocontratualista. O cenário evoca, assim, o chamado *estado de coisas inconstitucional*, técnica decisória desenvolvida pela Corte Constitucional da Colômbia – e já adotada também pelo Supremo Tribunal Federal – para o enfrentamento de casos de violação generalizada de direitos fundamentais decorrentes de falhas estruturais cuja superação exige medidas variadas de diversas autoridades e poderes estatais.

3. Num contexto como esse, medidas apenas reativas revelam-se insuficientes, mesmo porque a própria lógica sócio-econômica local depende dos ilícitos praticados. Paralelamente à atuação reativa pontual, é preciso pensar em medidas estruturantes aptas a resolver a problemática de forma global. É nesse sentido que irrompe a noção de *processo estrutural*. A superação do quadro de violação sistemática de direitos fundamentais nas terras indígenas requer uma atuação permanente e planejada de diversas instituições, o que somente um *processo estrutural* pode propiciar.

4. Um *processo estrutural* na matéria deve contemplar os seguintes pedidos: plano de proteção continuada dos territórios indígenas, a ser elaborado e executado, conjuntamente, por diversos órgãos e entidades estatais, com a participação das comunidades; aporte de recursos orçamentários; estabelecimento de pontos básicos do plano e implementação imediata de medidas de caráter urgente, como a instalação de bases de vigilância e ações periódicas de fiscalização. É especialmente desafiador o acompanhamento de eventual decisão de procedência. Nessa fase, é fundamental o estabelecimento de um cronograma rigoroso e de diálogo constante entre o autor da ação e os demandados.

Referências

ALEXY, Robert. *Teoria dos direitos fundamentais*. Tradução: Virgílio Afonso da Silva. São Paulo: Malheiros, 2008.

ARAUJO JUNIOR, J. J.. *Direitos territoriais indígenas – uma interpretação intercultural*. Rio de Janeiro: Editora Processo, 2018.

ARENHART, Sérgio Cruz. *Decisões estruturais no direito processual civil brasileiro.* Revista de Processo, São Paulo, v. 225, 2013.

AZEVEDO CAMPOS, Carlos Alexandre de. *Da Inconstitucionalidade por Omissão ao Estado de Coisas Inconstitucional.* Tese (Doutorado em Direito), Universidade Estadual do Rio de Janeiro, Rio de Janeiro, 2015.

BRASIL. Ministério Público Federal. Procuradoria da República no Município de Imperatriz. Ação Civil Pública 1000496-69.2018.4.01.3701. Procuradores da República Catarina Sales Mendes de Carvalho, Jorge Mauricio Porto Klanovicz e José Mário do Carmo Pinto. Imperatriz, 23/08/2018.

BRASIL. Justiça Federal. 5ª Vara Federal da Seção Judiciária de Rondônia. Ação Civil Pública 1000723-26.2018.4.01.4100. Porto Velho, 12/06/2018.

BRASIL. Supremo Tribunal Federal. ADPF 347. Autor: Partido Socialismo e Liberdade. Relator: Ministro Marco Aurélio. Brasília, 19/02/2016.

BRASIL. Supremo Tribunal Federal. Petição 3388. Autor: Augusto Affonse Botelho Neto e outros. Relator: Ministro Carlos Ayres Britto. Brasília, 24/09/2009.

COLOMBIA. Corte Constitucional. Sentencia T-302 de 2017. Disponível em: https://www.corteconstitucional.gov.co/relatoria/2017/t-302-17.htm

COLOMBIA. Corte Constitucional. Sentencia T-415 de 2018. Disponível em: https://www.corteconstitucional.gov.co/relatoria/2018/t-415-18.htm

CORTE INTERAMERICANA DE DIREITOS HUMANOS. *Caso do Povo Indígena Xucuru e seus membros vs. Brasil.* San Jose, 05/02/2018.

FELDENS, Luciano. *Direitos Fundamentais e Direito Penal.* Porto Alegre: Livraria do Advogado, 2008.

HUMAN RIGHTS WATCH. *Máfias do Ipê: como a violência e a impunidade impulsionam o desmatamento na Amazônia brasileira.* Publicado em 17/09/2019. Disponível em: https://www.hrw.org/pt/report/2019/09/17/333886

INSTITUTO SOCIOAMBIENTAL. *Arariboia sofre com violência, invasões e desmatamento.* Publicado em 06/11/2019. Disponível em: https://www.socioambiental.org/pt-br/noticias-socioambientais/arariboia-sofre-com-violencia-invasoes-e-desmatamento

SARMENTO, Daniel. *Direitos, Democracia e República: escritos de Direito Constitucional.* Belo Horizonte: Forum, 2018.

VITORELLI, Edilson. *Levando os conceitos a sério.* Revista de Processo, vol. 284/2018, p. 333-369.

15. Litígios estruturais: uma análise sobre o litígio das creches e pré-escolas do Município de São Paulo

LUANA STEFFENS

Introdução

O direito processual civil brasileiro foi concebido com o objetivo central de julgamento de litígios bipolares entre sujeitos específicos (ou grupo de sujeitos) e de resolução de interesses predominantemente patrimoniais. Esse processo civil clássico, com foco na resolução de disputas entre "A" e "B", funciona relativamente bem na maioria dos conflitos privados de lógica binária: ou se acolhe ou se rejeita o pedido.

O processo civil dos oitocentos, de raiz eminentemente liberal[1], preocupava-se com a resolução jurídica de uma controvérsia pontual, em que a função do juiz era a mera declaração do direito e não havia a preocupação com a tutela efetiva do direito material.

Esse processo individual refletia a realidade de sua época, ou seja, era uma resposta mais ou menos adequada aos tipos de conflitos mais comuns no tempo de sua criação[2]. Nesse particular, o processo civil é,

---

[1] Os valores do Estado liberal estavam comprometidos com a: (i) igualdade formal; (ii) liberdade individual mediante a não-interferência do Estado nas relações privadas; e do (iii)princípio da separação de poderes com a subordinação do Executivo e do Judiciário à lei. MARINONI, Luiz Guilherme; ARENHART, Sérgio Cruz; MITIDIERO, Daniel. *Novo curso de processo civil*. 3ª ed., São Paulo: Revista dos Tribunais, V. 1, p. 39, 2017.

[2] VIOLIN, Jordão. Processos estruturais em perspectiva comparada: a experiência norte--americana na resolução de litígios policêntricos. Tese (Doutorado em Direito das Relações Sociais), Universidade Federal do Paraná, Curitiba, p. 2, 2019.

CASEBOOK DE PROCESSO COLETIVO

também, uma expressão cultural. Isto é, o modo de resolução de disputas instituído em determinado local refletirá a própria cultura do seu tempo[3].

Entretanto, esse modelo processual tradicional mostra-se insuficiente e inadequado para a proteção de direitos coletivos sociais complexos da contemporaneidade. Se antes, no contexto do Estado Liberal, o juiz era considerado a "boca da lei" e bastava a mera declaração do direito para a realização da jurisdição, hoje, a resolução de litígios tem como fim único e exclusivo a tutela efetiva do direito material[4]. Mais que isso, essa tutela deve se dar em conformidade com os valores constitucionais[5].

Dinamarco[6], ao abordar os escopos do processo, afirma que o processo deve ser apto a cumprir integralmente toda a sua função sócio-política-jurídica, atingida em toda a plenitude todos os seus escopos institucionais. O escopo jurídico constituiria na aplicação do direito objetivo; os objetivos político e social revelariam o reforço de confiança nas instituições.

Hodiernamente, o Poder Judiciário depara-se com litígios estruturais complexos, que demandam modelo processual de julgamento diferente do processual bipolarizado, para que seja alcançada a almejada tutela do direito material perseguido[7]. Esses litígios, que podem ser chamados de complexos, policêntricos, ou de interesse público, veiculam valores sociais e envolvem vários centros de interesses concorrentes. Sua complexidade exige soluções que vão além da simples determinação de um fazer ou

---

[3] OSNA, Gustavo. *Processo Civil. Cultura e Proporcionalidade*: Análise crítica da Teoria Processual. 1ª ed., São Paulo: Editora Revista dos Tribunais, p. 43, 2017.

[4] Nesse sentido, Remo Caponi: "a jurisdição atualmente deixou de ser apenas uma função passiva e desinteressada do Estado, tornando-se um serviço capaz de trazer prestações e proteções de caráter (pretensamente) universal. O Estado é convocado a prestar um serviço de "justiça" a todos aqueles que tiverem algo a reclamar perante a jurisdição". CAPONI, Remo. Il principio di proporzionalità nella giustizia civile: prime note sitema-tiche. *Rivista trimestrale di diritto e procedura civile*, Padova, v. 65, n. 2, 2011, passim

[5] ARENHART, Sérgio Cruz; OSNA, Gustavo. *Curso de processo coletivo*. São Paulo: Thomson Reuters Brasil, p. 29-30, 2019.

[6] DINAMARCO, Cândido Rangel. *A instrumentalidade do processo*. 10ª ed., São Paulo: Malheiros, p. 330, 2002.

[7] Como afirma Chayes, nos processos que demandam medidas estruturantes, há características bem peculiares, que os diferenciam do clássico formato individual-privatista. CHAYES, Abram. The role of the judge in public law litigation. In: *Harvard Law Review*, Cambridge, v. 89, p. 1281-1316, maio 1976, p. 1302.

15. LITÍGIOS ESTRUTURAIS: UMA ANÁLISE SOBRE O LITÍGIO DAS CRECHES...

não fazer, entregar coisa ou pagar quantia[8]. Eles "exigem decisões que se orientem para uma perspectiva futura, tendo em conta a mais perfeita resolução da controvérsia como um todo, evitando que a decisão judicial se converta em problema maior do que o litígio que foi examinado"[9].

Nesse cenário, tem despertado cada vez mais interesse, no âmbito do Direito Processual Civil brasileiro, a chamada tutela coletiva de direitos, principalmente quando pensamos no âmbito de concretização de direitos fundamentais. Uma das vertentes desse estudo são os litígios estruturais, cuja teoria normativa foi concebida, na segunda metade do século XX, nos Estados Unidos, pelo professor Owen Fiss.

No direito brasileiro, a utilização de medidas estruturantes vem ganhando destaque em casos de políticas públicas e de litígios de interesse público e, também, em litígios de caráter preponderantemente privado[10].

Uma dessas decisões com caráter estrutural foi a proferida pelo Tribunal de Justiça de São Paulo, em um processo judicial sobre o acumulado (e crescente) déficit do número de vagas para crianças em creches e pré-escolas. Naquele julgamento, ocorrido em 16 de dezembro de 2013[11],

---

[8] VIOLIN, Jordão. *Processos estruturais em perspectiva comparada*: a experiência norte-americana na resolução de litígios policêntricos. Tese (Doutorado em Direito das Relações Sociais), Universidade Federal do Paraná, Curitiba, p. 3, 2019.

[9] ARENHART, Sérgio Cruz. *Decisões estruturais no processo civil brasileiro*. 2013. Disponível em: www.academia.edu. Acesso em 22 ago 2019.

[10] Nesse sentido Gustavo Osna afirma, no tocante às decisões estruturais: "Na verdade, elas não apenas não se limitam à esfera pública ou à esfera privada, mas também surgem como efeito da própria fluidez hoje existente entre essas duas áreas; é exatamente pela dispersão de valores comunitários que os provimentos estruturantes se tornam essenciais". (OSNA, Gustavo. *Processo Civil. Cultura e Proporcionalidade*: Análise crítica da Teoria Processual. 1ª ed., São Paulo: Editora Revista dos Tribunais, p. 189, 2017). No mesmo sentido, Edilson Vitorelli: "É um equívoco associar a reforma estrutural apenas a instituições públicas. Apesar de elas serem os réus mais comuns nesses casos, instituições privadas podem perfeitamente demandar alterações estruturais para que resultados sejam produzidos. No mundo contemporâneo, os particulares representam ameaça tão grande ou maior que o Estado para as liberdades públicas". (VITORELLI, Edilson. Litígios estruturais: decisão e implementação de mudanças socialmente relevantes pela via processual. In: JOBIM, Marco Félix; ARENHART, Sérgio Cruz (org.). *Processos Estruturais*. Salvador, Juspodivm, p. 371, 2017).

[11] Tribunal de Justiça de São Paulo, Apelação nº 0150735-64.2008.8.26.0002, julgado em 16-12-2013.

CASEBOOK DE PROCESSO COLETIVO

em uma decisão no modelo estrutural, o Tribunal de Justiça condenou o Município de São Paulo a criar 150.000 (cento e cinquenta mil) novas vagas em creches e pré-escolas, no prazo de três anos (2013-2016).

Os processos e decisões estruturais constituem uma forma de repensar o processo civil contemporâneo no tocante à efetividade do processo nos litígios complexos. Litígios complexos demandam decisões complexas[12], por meio de um novo modelo de processo e, por essa razão, urge o estudo dos litígios estruturais.

Em razão desse contexto, este artigo tem a finalidade de responder à indagação: a decisão proferida pelo Tribunal de Justiça de São Paulo na ação civil pública nº 0150735-64.2008.8.26.0002,concretizou o direito fundamental à efetividade do processo (dar tutela ao direito material violado), por meio de implementação pelo Poder Judiciário de técnicas estruturais?

O primeiro passo a ser dado com vista ao atendimento de tal escopo é, pois, buscar uma compreensão do que são técnicas estruturais e analisar a sua aplicação pelas Cortes de justiça brasileiras. Feito isso, será examinada a decisão estrutural proferida pelo Tribunal de Justiça de São Paulo, na ação civil pública nº 0150735-64.2008.8.26.0002, e será verificado se a utilização de técnicas estruturais pelo Poder Judiciário conferiu maior efetividade ao processo (dar tutela adequada, efetiva e tempestiva ao direito material).

Assim, buscar-se-á revisitar, criticamente, algumas contribuições da doutrina a respeito, com o propósito de compreender qual o estado da arte da investigação do tema no Brasil cotejando com a decisão paradigmática da Corte paulista e despertar reflexões sobre a teoria dos processos estruturais.

1. O litígio estrutural: um novo modelo de processo

A decisão estrutural é uma concepção surgida nos Estados Unidos, a partir da postura mais ativa dos juízes, que marcou a atuação da Suprema Corte norte-americana entre 1950 e 1970[13]. Naquele país percebeu-se que

---

[12] *For every complex problem there is an answer that is clear, simple, and wrong.* H. L. Mencken.

[13] "Um litígio estruturante inicial ocorreu em 1954, com o caso *Brown vs. Board of Education of Topeka*, no qual a Suprema Corte norte-americana entendeu que era inconstitucional a admissão de estudantes em escolas públicas americanas com base num sistema de segregação

15. LITÍGIOS ESTRUTURAIS: UMA ANÁLISE SOBRE O LITÍGIO DAS CRECHES...

algumas questões, notadamente de ordem pública (mas não somente de ordem pública[14]), exigiam soluções que iam além de decisões simples a respeito de relações lineares entre as partes. Eram decisões que exigiam respostas difusas, que se orientavam para uma perspectiva futura e que não se esgotavam com uma simples decisão final, mas se protraiam no tempo[15].

Essas decisões são chamadas estruturais porque os Tribunais, para dar-lhes o efetivo cumprimento e garantir a observância do direito das partes, exercem necessária supervisão nas práticas e políticas adotadas pelas instituições[16].

Segundo Owen Fiss[17], os valores constitucionais não podem ser plenamente assegurados sem que se realizem mudanças básicas na própria estrutura das organizações. Assim, os processos estruturais são aqueles em que um juiz, confrontando a burocracia do Estado com os valores constitucionais, determina a reestruturação da organização no sentido de eliminar a ameaça a esses valores decorrentes das atitudes das instituições,

---

racial. Ao determinar a aceitação da matrícula de estudantes negros numa escola pública, até então dedicada à educação de pessoas brancas, a Suprema Corte deu início a um processo amplo de mudança do sistema público de educação naquele país, fazendo surgir o que se chamou de *structural reform*" (Fiss, Owen. *"Two models of adjudication"*). JOBIM, Marco Félix. *Medidas Estruturantes da Suprema Corte Estadunidense ao Supremo Tribunal Federal*. 1ª ed. Porto Alegre: Livraria do Advogado Ed., p. 93, 2013.

[14] "É mais comum que os litígios estruturais envolvam estruturas públicas, porque estas afetam a vida de um número considerável de pessoas e seu funcionamento não pode ser simplesmente eliminado, como ocorre com uma estrutura privada, submetida à lógica do mercado. Todavia, litígios estruturais podem visar a mudança de comportamento de estruturas privadas de interesse público, como aquelas que operam uma função complementar ou associada à função estatal. É o caso dos prestadores de serviços públicos ou de utilidade pública. Em terceiro lugar, é possível que esse litígio seja verificado em relação a estruturas integralmente privadas, mas que são essenciais para o mercado e a sociedade que a circundam, não podendo ser apenas eliminadas ou substituídas por outras, segundo as regras do livre mercado". VITORELLI, Edilson. Processo estrutural e processo de interesse público: esclarecimentos conceituais. *Revista Iberoamericana de Derecho Procesal*, v. 7, p. 141-177, 2018.

[15] ARENHART, Sérgio Cruz. *Decisões estruturais no processo civil brasileiro*. 2013. Disponível em: www.academia.edu. Acesso em 22 ago 2019.

[16] BAUERMANN, Desirê. Structural Injunctions no direito norte-americano. In: Sérgio Cruz Arenhart e Marco Félix Jobim (org.), *Processos Estruturais*, Salvador: Juspodivm, p. 280, 2017.

[17] FISS, Owen. *The Forms of Justice*. In: *Harvard Law Review nº 93*, New Haven: Harvard University Press, 1979.

CASEBOOK DE PROCESSO COLETIVO

sendo a *injunction* o meio pelo qual essas diretivas de reconstrução são transmitidas.

Nesse contexto, os litígios estruturais objetivam mudar o funcionamento de instituições complexas, como o sistema de saúde, ou o funcionamento de escolas e creches. No particular, esclarece Edilson Vitorelli:

> Há, portanto, três conceitos distintos. Processos de interesse público (*public law litigation*) são demandas nas quais se pretende efetivar um direito que está sendo negado pelo Estado, não apenas para a parte que está no processo, mas para toda a sociedade de potenciais destinatários daquela prestação. Pretende-se uma ruptura com o comportamento até então adotado, por intermédio de um reforço de legalidade, oriundo da autoridade jurisdicional. Litígios estruturais são litígios coletivos decorrentes do modo como uma estrutura burocrática, usualmente, de natureza pública, opera. O funcionamento da estrutura é que causa, permite ou perpetua a violação que dá origem ao litígio coletivo. Processos estruturais são processos coletivos que pretendem reorganizar essa estrutura, para fazer cessar a violação.[18]

As *structural injunction* rompem com o padrão tradicional dos comandos judiciais, que normalmente têm por foco uma situação ocorrida no passado. O processo civil clássico, como é cediço, tem sua origem na resolução de conflitos individuais (litígios bipolares). Ocorre que esse tipo de processo, tradicional, não mais atende às necessidades do processo civil contemporâneo, que passou a tratar de litígios que abrangem interesses coletivos, outros tipos de relações, caracterizadas pela repetitividade, bem como um outro tipo de litígio, que não se encaixa de forma satisfatória nos modelos criados para os processos individuais– os chamados litígios estruturais[19].

Para uma melhor compreensão, será abordado o modo como a doutrina, usualmente, caracteriza o processo civil tradicional clássico para,

---

[18] VITORELLI, Edilson. *O devido processo legal coletivo:* dos direitos aos litígios coletivos. São Paulo: Revista dos Tribunais, 2ª ed. rev. atual. e ampl., p. 540, 2019.

[19] MARÇAL, Felipe Barreto. Processos estruturantes (multipolares, policêntricos ou multifocais): gerenciamento processual e modificação da estrutura judiciária. *Repro*, vol. 289, p. 424, mar. 2019.

posteriormente, relacionar com as características dos processos estruturais contemporâneos.

Esse modelo clássico tradicional de processo civil possui as seguintes características: (1) o processo é bipolar, ou seja, sua estrutura é organizada em torno de dois centros de interesse diametralmente opostos; (2) o litígio é retrospectivo; (3) a tutela é, usualmente, ressarcitória (a parte obterá uma *compensação* medida com base no dano causado); (4) o processo é um episódio autossuficiente (o impacto da sentença está restrita às partes e, em qualquer caso, o estabelecido pela sentença, conclui a atividade judicial); (5) o processo é iniciado e controlado pelas partes (são elas que organizam o caso, definem as questões e gerenciam a prova; o juiz decidirá apenas as questões que lhe forem submetidas a pedido de uma das partes)[20].

Como se vê, o processo tradicional clássico funciona com a estrutura direito-obrigação-violação-reparação. Não há uma preocupação substancial com a tutela específica e com medidas pró-futuro, preocupa-se com a reparação do dano por meio de indenização daqueles que sofreram com o ilícito no passado, por meio de medidas retrospectivas.

De outra banda, os litígios estruturais possuem características peculiares e natureza complexa, de modo que o processo civil tradicional se mostra insuficiente para resolver, tendo em vista a natureza policêntrica e difusa das questões[21].

Nesses casos, há necessidade de tomar a violação como ponto de partida, mas não para indenizar o lesado, e sim encontrar formas de cessar o comportamento que a origina ou o contexto estrutural que a favorece. Além disso, em alguns casos, torna-se necessário a reorganização de toda uma instituição, pública ou, mais incomumente, privada, com a alteração de seus processos internos, de sua estrutura burocrática e da mentalidade de seus agentes, para que ela passe a cumprir sua função de acordo com o valor afirmado pela decisão[22].

---

[20] CHAYES, Abram. The Role of the Judge in Public Law litigation, *Harvard Law Review*, v. 89, n. 7, p. 1.281-1.316, mai. 1976.

[21] MARÇAL, Felipe Barreto. Processos estruturantes (multipolares, policêntricos ou multifocais): gerenciamento processual e modificação da estrutura judiciária. *Repro*, vol. 289, p. 424, mar. 2019.

[22] VITORELLI, Edilson. *O devido processo legal coletivo*: dos direitos aos litígios coletivos. São Paulo: Revista dos Tribunais, 2ª ed. rev. atual. e ampl., p. 539, 2019.

CASEBOOK DE PROCESSO COLETIVO

Logo, litígios estruturais são demandas que buscam julgar: (1) direitos fundamentais com ampla dificuldade de efetivação, relacionados a questões de amplo espectro como, por exemplo, o meio ambiente, a saúde, a educação, o sistema carcerário, o trabalho, entre outras; (2) questões de grande complexidade; (3) litígios marcados pela policentria[23], com uma clara imbricação de interesses, relacionados e dependentes entre si e muitas vezes antagônicos; (4) litígios marcados pela existência de violações sistemáticas de direitos, causadas pelo conjunto de práticas e dinâmicas institucionalizadas, com uma causalidade complexa[24].

No processo estrutural as partes não são claramente delimitadas e envolvem tanto os litigantes quanto o juiz no seu cumprimento futuro (litígio multipolar). Tais ordens fogem do padrão, visto que: (a) procuram ajustar comportamentos futuros ao invés de compensar erros passados; (b) exigem um processo contínuo de cumprimento ao invés de se esgotar num único ato; (c) prolongam e aprofundam, ao invés de terminar, o envolvimento do Tribunal com o direito em causa[25].

As decisões proferidas em ações estruturais tendem a transformar a realidade social e envolver todo o funcionamento de uma instituição, a fim de adequá-la ao comando sentencial, não sendo limitadas a incidentes ou transações particulares. Temos, portanto, que as ações estruturais visam a afastar práticas reiteradas contrárias à Constituição, buscando alterá-las para adequá-las aos valores constitucionais[26].

---

[23] William Fletcher conceitua policentrismo como "característica de problemas complexos, com inúmeros 'centros' problemáticos subsidiários, cada um dos quais se relacionando com os demais, de modo que a solução de cada um depende da solução de todos os outros... Os problemas policêntricos perpassam toda a sociedade e são, em regra, pouco passíveis de resolução exclusivamente governamental." FLETCHER, William. The discretionary Constitution: institutional remedies and judicial legitimacy. *The Yale Law Journal*, vol. 91, n. 4, p. 645.

[24] NUNES, Leonardo Silva. A certificação de processos estruturais. In: Luis Alberto Reichelt e Marco Félix Jobim (org.), *Coletivização e Unidade do Direito*, Londrina: Thoth, p. 326, 2019.

[25] ARENHART, Sérgio Cruz; OSNA, Gustavo. *Curso de processo coletivo*. São Paulo: Thomson Reuters Brasil, p. 138, 2019.

[26] FISS, Owen. *The Forms of Justice*. In: *Harvard Law Review nº 93*, New Haven: Harvard University Press, 1979.

Em razão da profusão dessas situações no cotidiano presente, o Judiciário vem sendo instado a atuar em situações complexas, em que a metodologia tradicional não se mostra suficiente.

Casos com características semelhantes são identificados, além dos Estados Unidos, em países como Colômbia[27], Argentina[28], Canadá[29], Índia[30], África do Sul[31], entre outros[32].

Sob essa perspectiva, a utilização de processos de modelo estruturais tem sido defendida pela doutrina para o julgamento de litígios complexos de valores constitucionais na busca por uma tutela adequada, efetiva e tempestiva do direito material postulado.

Destarte, processos judiciais buscando o fim da segregação racial em escolas públicas primárias[33], reformas de sistemas prisionais que atentam contra a dignidade da pessoa humana[34], recuperação de áreas ambientais degradadas[35], efetivação da educação infantil por meio de acesso à vaga

---

[27] Corte Constitucional da República da Colômbia, Sentencia T-025/04, MP: Manuel José Cepeda Espinosa.

[28] Corte Suprema de Justicia de la Nación. Mendoza, Beatriz Silvia y otros c/ Estado Nacional y otros s/ daño y perjuicios, 2008.

[29] Dourcet-Boudreau v. Nova Scotia (Minister of Education) (2003) 3 S.C.R. 3, 2003 SCC 62.

[30] People's Union for Civil Liberties v. Union of India & Ors, In the Supreme Court of India, Civil Original Jurisdiction, Writ Petition (Civil) No. 196 of 2001.

[31] Government of the Republic of South Africa and Others v. Grootboom and Others (2000) 11 BCLR 1169.

[32] Marco Félix Jobim indica casos tramitados no STF e que poderiam ter sido alvos de medidas estruturantes (ADI 3.510/DF, ADI 4.277, ADPF 132, ADPF 54). (JOBIM, Marco Félix. *Medidas Estruturantes da Suprema Corte Estadunidense ao Supremo Tribunal Federal*. 1ª ed. Porto Alegre: Livraria do Advogado Ed., p. 157-165, 2013.)

[33] FISS, Owen. Two models of adjudication. In: DIDIER JR, Fredie; JORDÃO, Eduardo Ferreira (org.). *Teoria do Processo*: panorama doutrinário mundial. Salvador: Juspodivm, 2008, p. 762-764.

[34] VIOLIN, Jordão. Holt v. Sarver e a Reforma do Sistema Prisional no Arkansas. In: JOBIM, Marco Félix; ARENHART, Sérgio Cruz (org.). *Processos Estruturais*. Salvador, Juspodivm, p. 303-352, 2017.

[35] ARENHART, Sérgio Cruz. Processos estruturais no direito brasileiro: reflexões a partir da ACP do carvão. In: GRINOVER, Ada Pellegrini; WATANABE, Kazuo; COSTA, Susana Henriques da. O processo para solução de *Conflitos de Interesse Público*. Salvador: Juspodivm, p. 475-492, 2017.

CASEBOOK DE PROCESSO COLETIVO

em creches[36], modificação na atuação de grandes empresas que cometem ilícitos[37], recuperação judicial de empresas[38], melhoria da saúde pública[39] têm sido lembrados como processos que tiveram uma tutela adequada, porquanto processados por meio de técnica estrutural.

2. Decisões estruturais no Brasil

Presentemente, os processos estruturais no Direito brasileiro vêm ganhando destaque[40]. Aqui, verifica-se a presença de medidas estruturantes não só em caso de políticas públicas e de litígios de interesse público, mas também em litígios de caráter privado[41].

Ora, se há a necessidade de que o Judiciário atue em casos complexos e com elevado impacto social, é imprescindível construir mecanismos capazes de absorver essa demanda de uma forma adequada[42]. Entram em cena, no direito pátrio, por conseguinte, as decisões estruturais.

A percepção de que certos conflitos, por serem extremamente complexos, polimorfos, difusos, multipolares, não se compatibilizam com o processo civil clássico, tem sido o mote para a configuração de outro modelo processual. Um modelo que viabilize a consideração dos múltiplos

---

[36] COSTA, Susana Henriques da. Acesso à Justiça: promessa ou realidade? Uma análise do litígio sobre creche e pré-escola no Município de São Paulo. In: GRINOVER, Ada Pellegrini; WATANABE, Kazuo; COSTA, Susana Henriques da. *O processo para solução de conflitos de Interesse Público*. Salvador: Juspodivm, p. 449-473, 2017.

[37] OSNA, Gustavo. Nem "tudo", nem "nada" – decisões estruturais e efeitos jurisdicionais complexos. In: JOBIM, Marco Félix; ARENHART, Sérgio Cruz (org.). *Processos Estruturais*. Salvador: Juspodivm, p. 177-202, 2017.

[38] BATISTA, Felipe Vieira. *A recuperação judicial como processo coletivo*. 2017. Dissertação (Mestrado em Direito), Faculdade de Direito, Universidade Federal da Bahia, Salvador, 2017.

[39] ARENHART, Sérgio Cruz. Decisões estruturais no Direito Processual Civil brasileiro. 2013. Disponível em: www.academia.edu. Acesso em 22 ago 2019.

[40] Para um esforço em identificar e catalogar casos de processos estruturais no direito brasileiro, cf [www.politicaeprocesso.ufpr.br].

[41] MARÇAL, Felipe Barreto. Processos estruturantes (multipolares, policêntricos ou multifocais): gerenciamento processual e modificação da estrutura judiciária. *Repro vol. 289*, p. 424, mar. 2019.

[42] ARENHART, Sérgio Cruz; OSNA, Gustavo. *Curso de processo coletivo*. São Paulo: Thomson Reuters Brasil, p. 120, 2019.

interesses envolvidos, estimule o consenso e potencialize o contraditório, rumo à construção de soluções mais abrangentes e adequadas[43].

Portanto, a certificação dos processos estruturais no direito brasileiro passa pela identificação dos conflitos que encontrarão, nessa espécie de processo, tratamento adequado[44].

São inúmeros os casos em que o conflito revela direitos de grupos (desastres ambientais ocorridos em Mariana (2015) e Brumadinho/MG (2019); o conflito acerca da exploração do carvão, em Criciúma/SC, ou, ainda, situações que levariam a implementação de políticas públicas, o que levaria à conclusão de se tratarem os processos estruturais de uma espécie do gênero processos coletivos[45]. Todavia, é preciso ressalvar a possibilidade de demandas que, embora sejam individuais na origem, veiculam interesses coletivos[46].

Como referido, no Brasil, é cediço a possibilidade da aplicação das decisões estruturais tanto para litígios de interesse público quanto para litígios de direito privado. Entretanto, é fácil perceber que é no âmbito das causas de interesse público que se encontra a maior parte das medidas de natureza estrutural. Isso se deve ao fato de que é aqui que soluções

---

[43] NUNES, Leonardo Silva. A certificação de processos estruturais. In: Luis Alberto Reichelt e Marco Félix Jobim (org.), Coletivização e Unidade do Direito, Londrina: Thoth, p. 323, 2019.

[44] Ibidem, p. 324.

[45] Nem todo processo coletivo será estrutural, nem todo processo estrutural será coletivo. A questão não é pacífica na doutrina. Entendendo que apenas as ações coletivas devem ser consideradas estruturantes GRINOVER, Ada Pellegrini. Seoul Conference 2014 – Constitution anda proceedings – The Judiciary as na Organ of Political Control. *Revista de Processo*. São Paulo: RT, 2015, v. 249, pp. 26-27, no mesmo sentido o Projeto de Lei n. 8.058/2014, prevê que o controle jurisdicional de políticas públicas deverá ocorrer "por meio de ação coletiva" (art. 3º). No sentido contrário, aceitando a possibilidade de ações individuais DIDIER JR., ZANETI JR., *Curso de Direito Processual Civil. Processo Coletivo*, "muito embora entendamos que o processo coletivo ofereça melhores condições para as tutelas estruturantes isto não veda que a pretensão estruturante seja requerida em uma ação individual, a partir de uma situação individual merecedora de tutela que possa ser aplicável para além das partes envolvidas". ZANETI JR, Hermes. Processo coletivo no Brasil: sucesso ou decepção? In *Coletivização e Unidade do Direito*, Org. Luis Alberto Reichelt, Marco Félix Jobim, Londrina, PR: Thoth, p. 267, 2019.

[46] NUNES, Leonardo Silva. A certificação de processos estruturais. In: Luis Alberto Reichelt e Marco Félix Jobim (org.), *Coletivização e Unidade do Direito*, Londrina: Thoth, p. 327, 2019.

CASEBOOK DE PROCESSO COLETIVO

que não se compadecem com o sistema binário – procedência/improcedência – são necessárias[47].

Assim, mesmo à revelia de normas autorizativas expressas[48], há vários exemplos de processos de caráter estrutural no âmbito do interesse público. A área da saúde, por exemplo, tem sido fecunda na outorga de medidas estruturais[49], bem como as causas de direito ambiental[50]. Ademais, processos que envolvem questões no tocante a políticas públicas são propícios para a aplicação de técnicas estruturais com o escopo de alcançar maior efetividade ao processo.

Nesse quadro, o processo (ação civil pública nº 0150735-64.2008.8.2002) envolvendo a política pública de acesso às creches e pré-escolas no Município de São Paulo foi o ambiente propício para a Corte paulista aplicar técnicas estruturais.

Essa nova tipologia acaba por impactar um novo papel do Poder Judiciário: de caráter gerencial e de consolidação dos valores públicos, como se verá a seguir na análise do caso concreto das creches e pré-escolas do Município de São Paulo.

3. Direito fundamental à educação infantil: litigância sobre vagas em creche e pré-escola no Município de São Paulo
3.1. O contexto cultural da falta de vagas em creche e pré-escola no Município de São Paulo

O caso das creches e pré-escolas do Município de São Paulo é um litígio complexo que pode ser considerado a prova desse novo modelo de processo civil coletivo e a confirmação de sua maior efetividade.

---

[47] ARENHART, Sérgio Cruz; OSNA, Gustavo. *Curso de processo coletivo*. São Paulo: Thomson Reuters Brasil, p. 149, 2019.

[48] Nesse sentido, importa destacar o Projeto de Lei 8.058/2014, que tramita na Câmara dos Deputados, e pretende instituir um processo especial para controle e intervenção em políticas públicas pelo Poder Judiciário.

[49] É o caso de decisões que, ao outorgarem certo medicamento a um doente necessitado, fixam, fora dos limites do pedido, condições para o fornecimento desse produto. Outro caso é a decisão tomada pelo Poder Judiciário no Estado do Rio Grande do Norte, em relação ao Hospital Estadual de Referência e Atenção à Mulher de Mossoró (Autos 0800817-45.2013.8.20.0001, 5ª Vara da Fazenda Pública de Natal).

[50] A questão da mineração do carvão na área de Criciúma (Autos nº 93.8000533-4).

O direito à educação infantil (creche e pré-escola) trata-se de direito fundamental social previsto na Constituição Federal de 1988[51]. A competência para a disponibilização de creches e pré-escolas é atribuição prioritária dos Municípios com a cooperação técnica da União e dos Estados, nos termos dos artigos 30, inciso VI e 211, parágrafo 2º da Carta Magna[52].

O Plano Nacional de Educação do Governo Federal (Lei n. 13.005/ 2014), regulamentando a Constituição, estabeleceu como meta número 1 "universalizar, até 2016, a educação infantil na pré-escola para as crianças de 4 (quatro) a 5 (cinco) anos de idade e ampliar a oferta de educação infantil em creches de forma a atender, no mínimo, 50% (cinquenta por cento) das crianças de até 3 (três) anos até o final de 2016".

O direito à educação infantil, juntamente com o direito à saúde, constitui dentre as espécies de direitos sociais um dos maiores índices de justiciabilidade no Judiciário[53].

De acordo com o levantamento realizado pela Ação Educativa sobre as ações coletivas em defesa da educação pública no Município de São Paulo, até 2006 não havia uma jurisprudência consolidada no Tribunal de Justiça de São Paulo. Na época, a grande maioria das decisões atendiam as

---

[51] Art. 6º São direitos sociais a educação, a saúde, a alimentação, o trabalho, a moradia, o transporte, o lazer, a segurança, a previdência social, a proteção à maternidade e à infância, a assistência aos desamparados, na forma desta Constituição. Art. 7º São direitos dos trabalhadores urbanos e rurais, além de outros que visem à melhoria de sua condição social: [...]XXV – assistência gratuita aos filhos e dependentes desde o nascimento até 5 (cinco) anos de idade em creches e pré-escolas; XXV – assistência gratuita aos filhos e dependentes desde o nascimento até 5 (cinco) anos de idade em creches e pré-escolas; [...] Art. 208O dever do Estado com a educação será efetivado mediante a garantia de: I – educação básica obrigatória e gratuita dos 4 (quatro) aos 17 (dezessete) anos de idade, assegurada inclusive sua oferta gratuita para todos os que a ela não tiveram acesso na idade própria;

[52] Art. 30. Compete aos Municípios: [...] VII – prestar, com a cooperação técnica e financeira da União e do Estado, serviços de atendimento à saúde da população; [...] Art. 211. A União, os Estados, o Distrito Federal e os Municípios organizarão em regime de colaboração seus sistemas de ensino. [...] § 2º Os Municípios atuarão prioritariamente no ensino fundamental e na educação infantil.

[53] COSTA, Susana Henriques da. Acesso à Justiça: promessa ou realidade? Uma análise do litígio sobre creche e pré-escola no Município de São Paulo. In: GRINOVER, Ada Pellegrini; WATANABE, Kazuo; COSTA, Susana Henriques da. *O processo para solução de conflitos de Interesse Público*. Salvador: Juspodivm, p. 454, 2017.

CASEBOOK DE PROCESSO COLETIVO

pretensões de caráter individual (ou individual homogêneo) e rejeitavam as pretensões coletivas[54].

Desse modo, é possível identificar duas formas de encaminhamento judiciais do conflito envolvendo o déficit de vagas em creches e pré-escolas do Município de São Paulo: a individual e a coletiva. De um lado, há a propositura de milhares de ações postulando o direito individual de seus autores à vaga em creche. Por outro lado, há a litigância coletiva, discutindo os graves problemas da política pública municipal de educação infantil[55].

A litigância coletiva sobre o direito à educação infantil, inicia-se em São Paulo ainda na década de 1990, com a propositura de ações civis públicas pelo Ministério Público[56]. Conforme a pesquisa empírica realizada por Carolina Martins Marinho[57], demonstrou-se um padrão decisório do Judiciário paulista muito mais propício ao acolhimento

---

[54] Carolina Marinho, em pesquisa empírica, confirma essa tendência no período anterior a 2006. A autora analisou decisões de primeira e segunda instâncias de 75 ações que questionaram a efetividade do direito à educação. Ela identificou 36 ações civis públicas sobre educação infantil propostas pela Promotoria de Justiça de Direitos Coletivos da Criança e do Adolescente de São Paulo que tiveram decisões com trânsito em julgado entre os anos de 1996 e 2005. Das 15 ações estudadas pela autora, que tinham objetivo difuso e coletivo [postulavam que a Municipalidade fosse condenada a matricular todas as crianças de uma determinada jurisdição cujos pais assim desejassem], apenas 2 ao final foram julgadas procedentes. De outra banda, das 21 ações propostas na defesa de direitos individuais homogêneos [com uma lista pré-determinada de crianças], 20 obtiveram liminar favorável à matrícula imediata e 14 foram julgadas procedentes. A maioria dessas ações, que postulavam direito individual homogêneo, foram extintas por perda do objeto [o Município comprovou a matrícula das crianças especificadas, ou estas atingiram a idade de ingresso obrigatório no ensino fundamental]. A autora verificou, diante dos fatos, uma mudança de estratégia do Ministério Público, porquanto as ações voltadas à defesa de direitos individuais homogêneos foram ajuizadas após o insucesso das ações de caráter coletivo.(MARINHO, Carolina Martins. *Justiciabilidade dos direitos sociais*: análise de julgados do direito à educação sob o enfoque da capacidade institucional. Dissertação (Mestrado). São Paulo: Universidade de São Paulo, 2009.)

[55] COSTA, Susana Henriques da. Acesso à Justiça: promessa ou realidade? Uma análise do litígio sobre creche e pré-escola no Município de São Paulo. In: GRINOVER, Ada Pellegrini; WATANABE, Kazuo; COSTA, Susana Henriques da. *O processo para solução de conflitos de Interesse Público*. Salvador: Juspodivm, p. 456, 2017.

[56] MARINHO, Carolina Martins. *Justiciabilidade dos direitos sociais*: análise de julgados do direito à educação sob o enfoque da capacidade institucional. Dissertação (Mestrado). São Paulo: Universidade de São Paulo, p. 59-67, 2009.

[57] Ibidem, p. 59.

de demandas individuais (por exemplo, pedido de vaga em creche) ou demandas coletivas voltadas à concessão de tutelas jurisdicionais clássicas (por exemplo, vedação à cobrança de taxas ou proibição de extinção de classes). Nos casos em que o Judiciário foi instado a apreciar conflitos efetivamente plurilaterais, com pedidos de provimentos futuros, buscando a alteração da realidade social, constatou-se a presença de entraves jurídicos-processuais, institucionais e culturais que culminaram com a extinção dos processos, sob o argumento da impossibilidade jurídica do pedido por discricionariedade administrativa[58].

Tendo em vista o não-acolhimento das demandas e tutelas de direito difuso (pedidos de condenação a que o Município fosse obrigado a matricular *todas* as criança inscritas em suas listas), o Ministério Público passa a ajuizar ações buscando a proteção de direitos individuais homogêneos fracionados e previamente identificados (matrícula de crianças constantes de rol anexados à inicial). Embora essa estratégia tenha recebido boa acolhida do Judiciário, já que mais próxima ao modelo processual bilateral clássico, sua efetividade nem sempre ocorria (quando do cumprimento da decisão, muitas crianças já haviam ultrapassado a idade de matrícula em creche ou pré-escola). Em decorrência da constatação da ineficácia da nova estratégia, o Ministério Público buscou como alternativa para a solução do impasse a assinatura de termos de ajustamento de conduta com o Município. Em 2005, foi assinado termo de ajustamento de conduta no qual o Município se comprometia a criar 15.000 novas vagas em creches por ano. Esse TAC teve vigência até 2009, quando, por negativa da Prefeitura em discutir os critérios de qualidade na educação, não foi renovado[59].

Esse cenário começa a mudar a partir de 2005, quando o Supremo Tribunal Federal, em decisões paradigmáticas[60], reconhece expressamente

---

[58] COSTA, Susana Henriques da. Acesso à Justiça: promessa ou realidade? Uma análise do litígio sobre creche e pré-escola no Município de São Paulo. In: GRINOVER, Ada Pellegrini; WATANABE, Kazuo; COSTA, Susana Henriques da. *O processo para solução de conflitos de Interesse Público*. Salvador: Juspodivm, p. 456-457, 2017.

[59] Ibidem, p. 457.

[60] Agravos Regimentais em Recurso Extraordinário n. 410715-5 e n. 436.996, do Município de Santo André, relatado pelo Min. Celso de Mello, nos quais a Segunda Turma confirmou decisão monocrática desse ministro em favor do recurso do Ministério Público. No mesmo sentido: RE 463.210 – AgR/SP, Rel. Min. Carlos Velloso, Segunda Turma, j. em 06-12-05,

CASEBOOK DE PROCESSO COLETIVO

que cabe ao Judiciário atuar subsidiariamente na garantia dos direitos fundamentais sociais, determinando que sejam assegurados sempre que comprovada a omissão dos demais Poderes.

A partir de 2006, constata-se uma crescente uniformização nas decisões do Tribunal de Justiça de São Paulo no tocante às demandas por matrícula de crianças específicas na educação infantil. O Tribunal, então, passa a reconhecer, nos termos das decisões da Corte Suprema, todos os pedidos individuais de vagas para creches e pré-escolas, sejam em mandado de segurança, ações ordinárias ou ações civis públicas com listas delimitadas de crianças[61]. Contudo, persistem as divergências quanto às ações coletivas e uma forte rejeição às ações de caráter difuso (com pedido de determinação de matrícula de futuros demandantes) ou que abordem tutelas específicas de políticas públicas, como a ampliação de rede, planejamento e previsão orçamentária[62].

DJ EM 03-02-06. RE 431.916-AgR/SP, Rel. Min. Sepúlveda Pertence, Primeira Turma, j. em 25-04-06, DJ em 19-05-06. RE 469.819 AgR/SP, Rel. Min. Cezar Peluso, Segunda Turma, j. e 12-09-06, DJ em 06-10-06. RE 465.066 AgR/SP, Rel. Min. Ricardo Lewandowski, Primeira Turma, j. em 13-12-06, DJ em 16-02-07. RE 384.201 AgR/SP, Rel. Min. Marco Aurélio Mello, Primeira Turma, j. em 26-04-07, DJ em 03-08-07. RE 595595 AgR/SC, Rel. Min. Eros Grau, Segunda Turma, j. em 28-04-09, DJ em 28-05-09. RE 592.937 AgR/SC, Rel. Min. Cezar Peluso, Segunda Turma, j. em 12-05-09, DJ em 04-06-09. AI 592.075 AgR/SP, Rel. Min. Ricardo Lewandowski, Primeira Turma, j. 19-05-09, DJ em 04-06-09. RE 554.075 AgR/SC, Rel. Min. Carmen Lúcia, Primeira Turma, j. e 30-06-09, DJ em 20-08-09.

[61] Nesse sentido podemos destacar as seguintes decisões: Apelação Civil n. 124.741-0/6-00, j. em 30-01-06; Apelação Civil n. 131.511-0/3-00, j. em 30-05-06; Apelação Civil nº 134.918-0/2-00, j. em 31-07-06; Apelação Civil n. 134.506-0/2-00, j. e 31-07-06; Agravo de Instrumento n. 131.514.0/7-00, j. em 31-07-06.

[62] Gotti e Ximenes, com base em estudos acadêmicos sobre o tema, afirmam: "Com base nos estudos anteriormente referidos e nas experiências de litígio que passamos a relatar, é possível identificar o seguinte padrão decisório: a) os pedidos judiciais englobando direito individual à matrícula em instituições de educação infantil normalmente são deferidos, sendo que após 2006 o estudo constata que 100% dessas ações tiveram resultado favorável aos autores; b) as ações judiciais coletivas que requerem um número precisode vagas (direitos individuais homogêneos) também são normalmente deferidas; c) não há posição pacíficaquanto às ações judiciais coletivas e difusas, que veiculam interesses relacionados não a uma lista específica e limitada de crianças, mas a matrícula de todas as demandantesatuais em determinada região ou todas as potenciais e futuras demandantes; d) as ações coletivas que buscam tutelas específicas em políticas públicas, requerendo plano de expansão e previsão de destinação orçamentária, sofrem grande resistênciano Judiciário, mesmo que

15. LITÍGIOS ESTRUTURAIS: UMA ANÁLISE SOBRE O LITÍGIO DAS CRECHES...

Nessa conjuntura, os movimentos sociais mais articulados e fortalecidos começam a ver no Judiciário a possibilidade de concretizar a tutela do direito ao acesso infantil a creches e pré-escolas. A partir de 2008, as organizações que compõem o Movimento Creche para todos[63] passaram a propor algumas demandas judiciais coletivas visando a impulsionar a proteção desse direito.

O Município de São Paulo passava por uma das maiores crises de acesso à educação infantil vivenciada por parcela significativa da comunidade paulistana, manifestada pela falta de mais de 100.000 vagas em creches e pré-escolas do Município.

Segundo dados do acórdão da ação civil pública nº 0150735-64.2008.8.2.002, quando a ação civil pública foi proposta, em 2008, a lista de espera oficial registrava 181.701 crianças não atendidas, sendo 134.497 esperando vagas em creches e 47.204 em pré-escolas. De acordo com os dados oficiais, em setembro de 2013, a lista de espera totalizava 171.555 crianças, sendo 156.982 aguardando vaga em creches e 14.573 em pré-escolas.

Essa situação revelava que o Município de São Paulo atendia em educação infantil a apenas 27,2% da população com idade entre zero e 3 (três) anos, longe do patamar estipulado pela Lei Federal 10.172/2001de um mínimo de 50% da população desse recorte etário (Censo Escolar, MEC/INEP, 2012 e Projeção Populacional, SEADE/IBGE, 2012).

Esse era o contexto jurídico e social quando o recurso de apelação chegou para julgamento ao Tribunal de Justiça.

---

o TJSP reconheça a possibilidade jurídica de tais pedidos.(GOTTI, Alessandra; XIMENES, Salomão Barros. Proposta de litígio estrutural para solucionar o déficit de vagas em educação infantil. In: Nina Beatriz Stocco Ranieri, Ângela Limongi Alvarenga Alvares (Orgs.). *Direito à educação e direitos na educação em perspectiva interdisciplinar.* 1ª ed. São Paulo: Cátedra UNESCO de direito à educação. Universidade de São Paulo/USP, v. 1, p. 372-373, 2018.)

[63] O Movimento Creche para Todos é uma articulação de entidades que têm como objetivo lutar pela inclusão educacional de qualidade de todas as crianças em unidades de educação infantil. Nesse sentido, desde o final de 2007, o Movimento organiza mobilizações e iniciativas de incidência política com comunidades e organizações locais no município de São Paulo e na Região Metropolitana, buscando consolidar o reconhecimento deste direito e a articulação social para a sua garantia, fortalecendo sua exigibilidade. A partir de 2009, as organizações que compõem o Movimento Creche para Todos passaram a promover ações judiciais e de exigibilidade jurídica, contando para isso com a assessoria técnica e jurídica da ONG Ação Educativa.

CASEBOOK DE PROCESSO COLETIVO

3.2. O Processo: o modelo de decisão estrutural adotado pela Corte paulista

O enfrentamento do déficit de vagas nas creches e pré-escolas no Município de São Paulo requeria a adoção de uma estratégia criativa que, a partir do contexto real do problema, articulasse todos os atores envolvidos para a construção de uma solução definitiva a ser paulatinamente implementada.

No contexto cultural acima expendido, em dezembro de 2013, a Câmara Especial do Tribunal de Justiça de São Paulo, em uma decisão retumbante, julgou a Apelação Cível, nos autos da Ação Civil Pública nº 0150735-64.2008.8.26.0002 proposta em 2008 por diversas entidades do terceiro setor[64], em face do grande quantitativo de crianças não atendidas, cuja lista de espera oficial registrava 181.701 crianças.

Naquele acórdão, julgado em 16 de dezembro de 2013, o Tribunal de Justiça de São Paulo reformou a sentença que acolhia o argumento do Município de que o Judiciário não poderia se imiscuir no âmbito da discricionariedade administrativa das políticas públicas.

O processamento do recurso – que também contou com a participação próxima do Grupo de Trabalho Interinstitucional sobre a Educação Infantil do Município de São Paulo –GTIEI[65] e do Ministério Público e Defensoria Pública estaduais – levou à realização da primeira audiência pública da história do Tribunal de Justiça[66] e, após tentativa de conciliação infrutífera[67], culminou coma condenação do réu, entre os anos de 2014

---

[64] Ação Educativa Assessoria Pesquisa e Informação; Instituto de Cidadania Padre Josimo Tavares; Casa dos Meninos; Centro de Direitos Humanos e Educação Popular de Campo Limpo – Cdhep e Associação Internacional Interesses a Humanidade Jardim Emílio Carlos e Irene, todas integrantes do "Movimento Creche Para Todos".

[65] O GTIEI reúne os principais litigantes judiciais em favor desse direito – MP, Defensoria, ONGs e advocacia (especialistas) –, tendo como objetivo a construção de estratégias comuns.

[66] A audiência, ocorrida nos dia 29 e 30 de agosto de 2013, contou com a participação de 40 expositores, entre representantes do Município, do GTIEI, representantes da Defensoria Pública do Estado, do Ministério Público Estadual, professores e pesquisadores em educação infantil, políticas públicas educacionais e direitos, membros da comunidade escolar e o então secretário de educação do Município. (XIMENES, Salomão Barros; OLIVEIRA, Vanessa Elias de; SILVA, Mariana Pereira da. Judicialização da educação infantil: efeitos da interação entre o Sistema de Justiça e a Administração Pública. In: *Revista Brasileira de Ciência Política*, nº 29, Brasília, mai-ag de 2019, p. 171, 2019).

[67] COSTA, Susana Henriques da. Acesso à Justiça: promessa ou realidade? Uma análise do litígio sobre creche e pré-escola no Município de São Paulo. In: GRINOVER, Ada Pellegrini;

e 2016, a: (i) criar, no mínimo, 150 (cento e cinquenta) mil novas vagas em creches e pré-escolas para crianças de zero a cinco anos de idade; (ii) incluir na proposta orçamentária a ampliação da rede de ensino atinente à educação infantil de acordo com a ampliação determinada; (iii) apresentar ao juízo, no prazo máximo de 60 (sessenta) dias, plano de ampliação de vagas e de construção de unidades de educação infantil, de forma a atender toda a demanda oficialmente cadastrada, de acordo com o Plano Nacional de Educação. Por fim, a decisão determinou que fosse criado um Comitê de Assessoramento da implementação da decisão judicial, que passaria a funcionar junto à Coordenadoria da Infância e da Juventude do TJSP, com reuniões a cada semestre e a participação formal dos autores da ACP, do Município, do Ministério Público, da Defensoria Pública e outras organizações da sociedade civil.

O acórdão ainda não transitou em julgado, porquanto houve interposição de recursos especiais e extraordinários[68], pendentes de julgamento. Há, entretanto, execução provisória do julgado, já que o efeito suspensivo aos recursos pleiteado pela Municipalidade, foi negado[69].

Como se vê, conforme a condenação do Tribunal de Justiça de São Paulo, o Município restou condenado a criar, até 2016, 150 (cento e cinquenta) mil novas vagas. Entretanto, a principal inovação desse caso não está no fato da decisão do Tribunal interferir na política pública ou mesmo na contundência da "obrigação de fazer" imposta ao Executivo. Original foi a forma como esse litígio, liderado pela Ação Educativa, foi conduzido, bem como a maneira pela qual o Tribunal determinou que sua decisão deveria ser implementada[70].

WATANABE, Kazuo; COSTA, Susana Henriques da. *O processo para solução de conflitos de Interesse Público*. Salvador: Juspodivm, p. 460, 2017.

[68] O recurso especial foi sobrestado para aguardar o julgamento do AI 761.908/SC, que teve repercussão geral reconhecida, e foi substituído para julgamento de tema de repercussão geral pelo RE1008166 (irá decidir sobre a autoaplicabilidade do artigo 208, IV, da CF), ainda não julgado.

[69] Inicialmente, houve a concessão de efeito suspensivo a um dos recursos, mas esta decisão foi revista em 15-09-2015 (Medidas Cautelares Incidentais nº 0150735-64.2008.8.26.0002/50000 e nº 0018645-21.2010.8.26.0003/50001, Rel. Des. Eros Piceli).

[70] VIEIRA, Oscar Vilhena. Experimentalismo judicial. *In site "Os constitucionalistas"*. Disponível emhttp://www.osconstitucionalistas. com.br/experimentalismo-judicial. Acesso em: 18 jun. 2019.

Nesse sentido, esclarecedora a opinião de Ximenes, Oliveira e Silva[71]:

> A magnitude do atendimento determinado nesta determinação judicial não encontra precedentes. Deve-se a uma confluência de fatores, envolvendo o planejamento municipal para a educação, constante no Plano de Metas 2013-2016, apresentado pelo então prefeito Fernando Haddad (PT), que confirmava as promessas de campanha nesse campo; a primeira Audiência Pública realizada no âmbito do TJSP, que tomou como exemplo expresso as audiências rotineiramente realizadas no Supremo Tribunal Federal (STF); a percepção, por parte das instituições do sistema de justiça, especificamente do MP, da Defensoria e dos advogados atuando junto às ONGs, quanto ao esgotamento do modelo de atuação judicial nessa temática; a proposição, por parte dos atores da sociedade civil, de um novo modelo decisório no TJSP (Gotti e Ximenes, 2018; Corrêa, 2014; Rizzi e Ximenes, 2014); e a articulação, a partir de 2012, do Grupo de Trabalho Interinstitucional sobre Educação Infantil (GTIEI), com atuação no município de São Paulo, reunindo os principais litigantes judiciais em favor desse direito – MP, Defensoria, ONGs e advocacia (Silva, 2018; Rizzi e Ximenes, 2014).

No caso concreto, o Tribunal, ao invés de proferir uma decisão pretensamente "satisfativa", pondo "fim" ao processo, sem necessariamente resolver o problema, os Desembargadores decidiram convocar uma audiência pública, com participação de autoridades, especialistas e representantes da sociedade civil. Buscou-se, ainda, a conciliação entre as partes. Como isso não foi alcançado, decidiu-se que a Prefeitura, ao não assegurar vagas suficientes para todas as crianças em idade pré-escolar do município, estava afrontando direito fundamental previsto na Constituição Federal. E se o Executivo não cumpre sua obrigação na proteção ou promoção de um direito fundamental, cabe ao "Poder Judiciário, quando provocado, agir para resguardá-lo"[72].

---

[71] XIMENES, Salomão Barros; OLIVEIRA, Vanessa Elias de; SILVA, Mariana Pereira da. Judicialização da educação infantil: efeitos da interação entre o Sistema de Justiça e a Administração Pública. In: Revista Brasileira de Ciência Política, nº 29, Brasília, mai-ag de 2019, p. 155-188, 2019.

[72] VIEIRA, Oscar Vilhena. Experimentalismo judicial. *In site "Os constitucionalistas"*. Disponível emhttp://www.osconstitucionalistas. com.br/experimentalismo-judicial. Acesso em: 18 jun. 2019.

Na tomada de decisão o Tribunal de São Paulo adotou como referência o próprio Plano de Metas do Município, inovando unicamente na determinação de uma meta intermediária de criação das 150 mil novas vagas, a ser cumpridas em 18 meses. A Corte determinou, ainda, que o Município deveria apresentar, em até 60 dias, um plano detalhado de ampliação de vagas e construção de unidades de forma a cumprir o prometido, além de reservar recursos suficientes nos orçamentos futuros[73].

Fica evidente a mudança no padrão decisório da Corte paulista em relação a essa matéria. Trata-se da adoção de um novo modelo decisório dentro do Judiciário, ouvindo as partes interessadas no processo, considerando o planejamento público da administração e decidindo a partir desse processo dialógico.

Na decisão foi instituído um Comitê de Assessoramento[74] junto à Coordenadoria da Infância do TJSP, com o objetivo de acompanhar a implementação do plano executivo local. Desde então, destaca-se na atuação do Comitê a realização de audiências semestrais com participação do secretário de educação municipal, destinadas a discutir a implementação do plano de expansão da rede, além de visitas do grupo a algumas unidades da rede municipal, com o objetivo de acompanhar a qualidade do atendimento municipal. Durante o período do monitoramento, entre 2014 e 2016, aconteceram 6 audiências[75].

A decisão judicial do caso das creches qualifica-se como estrutural por diversas razões. Inicialmente, o foco principal a ser tratado não foi uma questão pontual isolada, relativamente a um litígio entre "A" e "B"

---

[73] XIMENES, Salomão Barros; OLIVEIRA, Vanessa Elias de; SILVA, Mariana Pereira da. Judicialização da educação infantil: efeitos da interação entre o Sistema de Justiça e a Administração Pública. In: Revista Brasileira de Ciência Política, nº 29, Brasília, mai-ag de 2019, p. 155-188, 2019.

[74] Organizações integrantes do Comitê: Ação Educativa; Associação Comunidade Ativa Vila Clara; Centro de Direitos Humanos e Educação Popular de Campo Limpo; Defensoria Pública do Estado de São Paulo; Fórum Municipal de Educação Infantil; Fórum Paulista de Educação Infantil; Grupo de Atuação Especial de Educação MPSP (GEDUC); Grupo de Trabalho de Educação da Rede Nossa São Paulo; Hesketh Advogados; Instituto de Cidadania Padre Josimo Tavares; NEGRI – Núcleo de Estudos de gênero, raça e idade e Rubens Naves Santos Junior – Advogados.

[75] SILVA, Mariana Pereira. *Defensoria Pública na Judicialização da Educação Infantil no Município de São Paulo*: efeitos institucionais e sobre as políticas públicas. Dissertação (Mestrado na Pós-Graduação em Políticas Públicas) Universidade Federal do ABC, 2018.

CASEBOOK DE PROCESSO COLETIVO

(bipolar), mas uma condição social que ameaça um importante valor público constitucional – o direito à educação infantil.

No processo estrutural o conflito não é visto como um problema, mas como um sintoma, o que deve ser remediado é a causa e não apenas o efeito. Assim, busca-se mudar as condições sociais causadas e perpetuadas por organizações de grande escala[76], o que, efetivamente, foi o escopo da decisão proferida pela Corte paulista, mirando em uma solução para o futuro[77], com a determinação de cumprimento de um plano de metas pela municipalidade. O foco a ser perseguido na referida decisão não foi somente a ocorrência do ato ilícito – falta de vagas nas creches – mas a condição social e toda a dinâmica burocrática que a provoca. Mostrava-se necessário operacionalizar uma mudança efetiva junto ao Poder Executivo para eliminar a ameaça ao valor constitucional em questão[78].

De outra banda, o problema é policêntrico[79] e, portanto, não se deve tratar a questão de forma individual. O processo individual para o julgamento da questão das creches e pré-escolas do município de São Paulo

[76] VIOLIN, Jordão. *Processos estruturais em perspectiva comparada*: a experiência norte-americana na resolução de litígios policêntricos. Tese (Doutorado em Direito das Relações Sociais), Universidade Federal do Paraná, Curitiba, 2019, p. 61.

[77] De acordo com Chayes, nos litígios estruturais: *Relief is not conceived as compensation for past wrong in a form logically derived from the substantive liability and confined in its impacts to the immediate parties, it is forward looking, fashioned ad hoc on flexible and broadly remedial lines, often having important consequences for many persons including absentees.* CHAYES, Abram. The Role of the Judge in Public Law litigation, *Harvard Law Review*, v. 89, n. 7, p. 1.302, mai. 1976.

[78] SANTOS, Heloisa Couto do. Educação Infantil – Tribunal de Justiça de São Paulo – Apelação nº 0150735-64-2008-8.26002 (caso creches) – julgamento em 16 de dezembro de 2013. In: GRINOVER, Ada Pellegrini. WATANABE, Kazuo. COSTA, Susana Henriques da. *O Processo Para Solução de Conflitos de Interesse Público*. Salvador: Juspodivm, 2017, p. 561.

[79] De acordo com Willian Fletcher, problemas policêntricos são "característica de problemas complexos, com inúmeros 'centros' problemáticos subsidiários, cada um dos quais se relacionando com os demais, de modo que a solução de cada um depende da solução de todos os outros". FLETCHER, William. The discretionary Constitution: institutional remedies and judicial legitimacy. *The Yale Law Journal*, v. 91, n. 4, 1982, p. 645. Lon Fuller, por sua vez, assevera que este tipo de problema não pode ser resolvido por técnicas tradicionais de julgamento, porquanto os interesses dos diversos subgrupos não podem ser enquadrados nas singelas categorias de autor e réu. FULLER, Lon L. The Forms and Limits of Adjudication. *Harvard Law Review*, v. 92, n. 2, 1978, p. 398.

é inadequado. Para além disso, o tratamento individual de demandas estruturantes acaba, muitas vezes, por agravar o problema ao invés de melhorá-lo[80]. O caso de deferimento de matrículas de crianças em creches em processos individuais, além de descumprir a fila administrativa existente, implica a superlotação de salas, prejudicando a saúde dos professores e a educação das próprias crianças[81]. O resultado, após o processo, acaba, comumente, sendo pior do que antes dele[82].

Violin corrobora esse entendimento no tocante ao julgamento de questões estruturais por meio do processo individual tradicional, afirmando que:

---

[80] GALDINO, Matheus Souza. *Elementos para uma compreensão tipológica dos processos estruturais*. Dissertação (Mestrado em Direito), Universidade Federal da Bahia, Salvador, p. 14, 2019.

[81] Edilson Vitorelli identificou o cerne do problema. Afirma o autor: "A Defensoria Pública de São Paulo, embora detenha legitimidade para o processo coletivo, propôs, de 2014 a maio de 2017, aproximadamente 61 mil ações individuais pleiteando vagas para crianças em creches (média de quase 20 mil por ano). O motivo dessa proliferação de ações individuais é simples e foi explicado por um defensor público: 'Nós sempre conseguimos. Nunca perdemos uma ação'. [...] Em determinadas situações, esse comportamento do legitimado coletivo e do Poder Judiciário aprofunda as desigualdades e a desorganização do serviço público que se pretendia melhorar.Com palavras simples, uma mãe de aluno, entrevistada em busca de vagas em creches, relatou a situação: [...] 'Tem dois anos que estou esperando uma vaga', relata [...] Seu filho estava em quinto lugar na fila de espera, mas ao acessar o endereço *on line* da Prefeitura, o garoto tinha caído para a 27ª posição. 'A diretora da creche falou para mim que eu tinha que estar vindo aqui (na Defensoria Pública), porque as mães que vêm aqui, os filhos vão para a frente da fila, então estou aqui, na luta.' Fica claro que as milhares de ações individuais estão servindo apenas para substituir as crianças que ingressariam nas creches pelo critério administrativo regular, por outras, que não obedeceram a critério algum. Quando problemas estruturais são tratados em processos individuais, quaisquer critérios de prioridade colapsam em um "quem chega primeiro". VITORELLI, Edilson. Processo estrutural e processo de interesse público: esclarecimentos conceituais. *Revista Iberoamericana de Derecho Procesal*, v. 7, p. 147-177, jan-jun. 2018, versão eletrônica, p. 7.

[82] Como bem explica o acórdão da AC 0150735-64.2008.8.26.0002, da Câmara Especial do Tribunal de Justiça de São Paulo: "Esse estado de coisas implicou a propositura de um sem número de ações, com pedidos liminares muitas vezes deferidos, visando à matrícula em creche que, acolhidas – e não podia ser diferente – desorganizaram por inteiro as filas de espera, fazendo exsurgir, situação mais danosa ainda: os beneficiados pelas decisões judiciais não só alteram a composição da fila e, muitas vezes, são incluídos em salas já saturadas de estudantes, com evidente prejuízo para o aprendizado."

CASEBOOK DE PROCESSO COLETIVO

Ao converter questões complexas em simples pretensões do autor contra o réu, o processo esconde do julgador elementos essenciais à resolução da causa. Autoriza decisões que prejudicam terceiros e interferem em políticas públicas, sob uma aparência de objetividade.

Frequentemente, o problema apresentado ao juiz situa-se num contexto social que a estrutura tradicional do processo esconde. Ao recortar o litígio de seu contexto social, o processo descomplica a resolução da causa, mas descarta elementos fundamentais para a decisão[83].

Por esse ângulo, Osna afirma que as decisões estruturais podem desempenhar um importante papel de mitigação dos impactos negativos dos efeitos das decisões, adequando a resolução de um caso aos seus efeitos de macrojustiça. A lógica contínua e prospectiva das decisões estruturais, permite uma solução mais aderente ao caso concreto, abrindo uma nova porta para a intervenção jurisdicional[84].

No caso concreto, a Corte Paulista, ao julgar a ação civil pública, acabou por *ampliar o pedido inicial*[85], determinando a criação de 150 mil novas vagas em creches e pré-escolas, e englobando todo o grupo social de crianças do Município de São Paulo que não tinham acesso às vagas em creches e pré-escolas. Desse modo, houve uma universalização da questão, buscando-se atender a política pública de acesso à creche de forma coletiva.

---

[83] VIOLIN, Jordão. Processos estruturais em perspectiva comparada: a experiência norte--americana na resolução de litígios policêntricos. Tese (Doutorado em Direito das Relações Sociais), Universidade Federal do Paraná, Curitiba, 2019, p. 2.

[84] OSNA, Gustavo. Nem "tudo", nem "nada" – decisões estruturais e efeitos jurisdicionais complexos. In: Sérgio Cruz Arenhart e Marco Félix Jobim (org), Processos estruturais, Salvador: Juspodivm, p. 199, 2017.

[85] Na inicial da ação civil pública o pedido era o seguinte: 1 – obrigação de fazer consistente na construção de creches para atender 736 crianças; 2 – obrigação de fazer consistente na apresentação de Plano de Ampliação de Vagas e de Construção; 3 – obrigação de fazer consistente na ampliação de vagas e construção de creches, de forma a atender toda a demanda oficialmente cadastrada, de acordo com o Plano Nacional de Educação; 4 – Multa diária não inferior a R$ 10.000,00; 5 – Indenização às crianças cujo direito à educação tem sido violado, por danos morais e materiais difusos. (TJSP, AC 0150735-64.2008.8.26.0002, p. 4)

A decisão paulistana, ainda, estabeleceu objetivos e metas a serem atingidos[86], ao invés de determinar uma solução imediata (justamente porque não seria factível, sobretudo do ponto de vista econômico e financeiro, a determinação do cumprimento imediato da obrigação). Os casos estruturais buscam alterar situações concretas e, desse modo, devem atentar-se para as próprias circunstâncias fáticas: a decisão buscará modificações reais e "a facticidade impõe justamente que se pense na factibilidade"[87]. Assim, sob esse prisma, também a decisão paulista pode ser entendida como uma decisão de caráter estrutural.

Por fim, outra característica do modelo estrutural de processo é ele ser comparticipativo, ou seja, abre-se espaço para que os diversos interessados ampliem sua participação e procurem dialogar ou negociar uma resposta possível. A negociação e o diálogo, nesse contexto, põem-se muitas vezes como necessário para superar eventual resistência que impediria a concretização de uma solução "maximizadora"[88].

No caso em liça, apesar da decisão ser inédita na Corte Paulista e refletir significativo avanço, não foi possível estabelecer uma verdadeira mediação entre as partes para definir conjuntamente a solução do conflito.

---

[86] "[...] 1. Obrigar o Município de São Paulo a criar, entre os anos de 2014 e 2016, no mínimo 150 (cento e cinquenta) mil novas vagas em creches e pré-escolas para crianças de zero a cinco anos de idade, disponibilizando 50% (cinquenta por cento) nos primeiros 18 (dezoito) meses, das quais 105 (cento e cinco mil) em tempo integral em creche para crianças de zero a 3 (três) anos de idade, de forma a eliminar a lista de espera, garantida a qualidade da educação ofertada, observando-se para tanto, quer quanto as unidades de ensino já existentes na rede escolar, quer referentemente àquelas que vierem a ser criada, as normas básicas editadas pelo Conselho Nacional de Educação e, suplementarmente, aquelas expedidas pelo Conselho Municipal de Educação. 2. Obrigar o Município de São Paulo a incluir na proposta orçamentária a ampliação da rede de ensino atinente à educação infantil de acordo com a ampliação determinada. 3. Obrigar o Município de São Paulo a apresentar a este Juízo, no prazo máximo de 60 (sessenta) dias, plano de ampliação de vagas e de construção de unidades de educação infantil para atendimento do estipulado no item 1. 4. Obrigar o Município de São Paulo a apresentar, semestralmente, relatórios completos sobre as medidas tomadas para efeito do cumprimento da obrigação fixada no item 1." (TJSP, AC 0150735-64.2008.8.26.0002, p. 43)

[87] FERRARO, Marcela Pereira. Do processo bipolar a um processo coletivo estrutural. Dissertação (Mestrado em Direito das Relações Sociais), Universidade Federal do Paraná, Curitiba, 2015, p. 30.

[88] Ibidem, p. 30.

CASEBOOK DE PROCESSO COLETIVO

O Administrador foi ouvido pela Corte, mas não participou da definição da solução[89], que acabou não sendo consensual[90].

A execução do julgado estendeu-se até 2016, com a supervisão do cumprimento da obrigação pelo Judiciário[91].

Em 31 de dezembro de 2016, encerrada a primeira etapa do processo, constatou-se um significativo avanço na política pública de acesso a creches e pré-escolas. O resultado foi a criação de 106.743, das 150.000 previstas no período de 2013-2016[92] e, diante do parcial cumprimento da decisão, em 2017 realizou-se uma nova audiência pública e foi firmado termo de

---

[89] SANTOS, Heloisa Couto do. Educação Infantil – Tribunal de Justiça de São Paulo – Apelação nº 0150735-64-2008-8.26002 (caso creches) – julgamento em 16 de dezembro de 2013. In: GRINOVER, Ada Pellegrini. WATANABE, Kazuo. COSTA, Susana Henriques da. *O Processo Para Solução de Conflitos de Interesse Público*. Salvador: Juspodivm, 2017, p. 561.

[90] Conforme relatado por Ximenes, Oliveira e Silva: "[...] Após a audiência pública realizaram-se novas audiências de conciliação entre a administração, os proponentes das ACPs e o GTIEI, que terminaram sem acordo. Um dos principais fatores para o desacordo entre os atores dizia respeito ao número de vagas que a primeira deveria se comprometer judicialmente a criar. Como citado, o prefeito havia colocado em seu plano de governo a promessa de construção de 150 mil novas vagas, meta reafirmada durante a Audiência Pública; entretanto, na audiência de conciliação a Prefeitura estava disposta a assumir somente a construção de aproximadamente 43 mil novas vagas, o equivalente às vagas que seriam ampliadas pela rede direta municipal, excluídos os atendimentos em parceria com a iniciativa privada. Sem acordo nas audiências de conciliação, a decisão sobre o caso foi tomada pela Câmara Especial do TJSP, abrindo-se o caminho para a produção do efeito institucional seguinte. Na tomada de decisão, o TJSP teve como referência o próprio Plano de Metas". XIMENES, Salomão Barros; OLIVEIRA, Vanessa Elias de; SILVA, Mariana Pereira da. Judicialização da educação infantil: efeitos da interação entre o Sistema de Justiça e a Administração Pública. In: *Revista Brasileira de Ciência Política*, nº 29, Brasília, mai-ago de 2019, p. 172, 2019.

[91] Foi determinado ao Município apresentar, semestralmente, relatórios completos sobre as medidas. "[...] A esses relatórios terão acesso, no exercício do monitoramento, a Coordenadoria da Infância e da Juventude, a quem caberá fornecer ao Juízo, bimestralmente, informações sobre o cumprimento do julgado e articular com a sociedade civil e com outros órgãos do Tribunal, com a Defensoria Pública e com o Ministério Público, se necessário, a forma de acompanhamento da execução da decisão, seja no tocante à criação de novas vagas, seja no referente ao oferecimento de educação com qualidade, nos termos do que está sendo determinado. Fica claro que esse monitoramento não retira do Juiz do processo o poder de determinar, de ofício ou a requerimento das partes, outras medidas que se fizerem necessárias, para que a decisão tenha efetividade." (TJSP, AC 0150735-64.2008.8.26.0002, p. 44)

[92] Conforme notícia divulgada no sítio do Tribunal de Justiça de São Paulo https://www.tjsp.jus.br/Noticias/ Noticia?codigoNoticia=40501> acesso em: 25-01-2020

acordo judicial com o compromisso de criação de 85.500 novas vagas até 31 de dezembro de 2020[93].

3.3. A decisão estrutural e a efetividade do processo

O processo deve levar em conta o tipo de problema com que está lidando, sob pena de ser totalmente inefetivo ou, pior, causar distorções gerando *efeitos colaterais* indesejáveis[94]. Como se percebe, processos complexos de interesse público demandam soluções complexas e, para tanto, exige-se um novo modelo de processo civil para alcançar a tutela adequada, efetiva e tempestiva do direito material perseguido.

A decisão judicial da Corte paulista, proferida no modelo de processo estrutural, produziu um avanço relativamente significativo na política pública, já que quando findou o prazo determinado pelo Tribunal, foi constatada a criação de 106.743, das 150.000 previstas para o período de 2013-2016. Em 31 de dezembro de 2016, em nova audiência pública, foi firmado termo de acordo judicial com o compromisso de criação de 85.500 novas vagas até 31 de dezembro de 2020. O acordo ainda está em andamento.

Entretanto, conforme notícia publicada no sítio da Prefeitura Municipal de São Paulo, em 21 de novembro de 2019, atualmente, a cidade de São Paulo possui a menor demanda por vagas em creches e pré-escolas de sua história:

> Menor Fila da História
>
> Atualmente, a cidade de São Paulo possui a menor demanda para toda a série histórica, contabilizada desde 2007. O número de vagas oferecidas também é o maior já registrado, com 338,8 mil crianças atendidas. Nos últimos 5 anos foram criadas 112 mil vagas. Além disso, a Secretaria Municipal de Educação universalizou o atendimento na pré-escola em 2017, atendendo mais de meio milhão de crianças na educação infantil[95].

---

[93] Inteiro teor do acordo homologado disponível no site do Tribunal de Justiça de São Paulo http://www.tjsp.jus.br/Noticias/ Noticia?codigoNoticia=48767&pagina=24 acesso em 25-01-2020

[94] FERRARO, Marcela Pereira. *Do processo bipolar a um processo coletivo estrutural*. Dissertação (Mestrado em Direito das Relações Sociais), Universidade Federal do Paraná, Curitiba, 2015, p. 9.

[95] [http://www.capital.sp.gov.br/noticia/prefeitura-moderniza-processo-de-criacao-de--vagas-em-creches]

CASEBOOK DE PROCESSO COLETIVO

Tendo em vista que o prazo do termo de ajustamento de conduta ainda está em curso, não há dados concretos para verificar se efetivamente o acordo restou cumprido e o problema de políticas públicas de acesso às vagas da educação infantil foi solucionado ou mitigado. A notícia da Prefeitura Municipal de São Paulo denota que houve uma ampliação das vagas tendo, hoje, a menor fila da história.

A decisão, no modelo estrutural, proferida pela Corte paulista, evidencia ter algum impacto na realidade social existente. É cediço que a questão de políticas públicas relativamente ao acesso à educação infantil é uma questão complexa, que demanda um julgamento por meio do modelo do processo estrutural. A efetividade do processo, quando findou o prazo estabelecido pelo acórdão do Tribunal de Justiça, em 31 de dezembro de 2016, não havia sido satisfatória. Para tanto, realizou-se um termo de ajustamento de conduta para alcançar a almejada tutela do direito material.

Recentemente, as notícias da Prefeitura Municipal demonstram que uma parte do problema está mitigado ("menor fila da história"). O tempo dirá se o resultado do processo estrutural das creches e pré-escolas do município de São Paulo mostrou-se efetivo. Ao que tudo indica, esta decisão, no modelo estrutural, está impactando positivamente o problema das políticas pública envolvendo a educação infantil. Ainda que o modelo de processo estrutural não seja um caminho perfeito[96], o fato é que o modelo binário de resolução de disputas mostrou-se ineficaz para solucionar os problemas complexos de políticas públicas, resolvendo os casos a *conta-gotas*, sem analisar o problema em uma perspectiva macro.

Portanto, o sucesso desse caso[97] poderá determinar um novo padrão de atuação do Poder Judiciário no controle de políticas públicas no Brasil[98].

---

[96] Não se desconhece a existência de críticas no tocante ao ativismo judicial e violação ao princípio da separação de poderes, etc.

[97] Que poderá ser verificado concretamente ao fim do prazo do termo de ajustamento de conduta firmado em 31 de dezembro de 2020.

[98] VIEIRA, Oscar Vilhena. Experimentalismo judicial. *In site "Os constitucionalistas".* Disponível emhttp://www.osconstitucionalistas. com.br/experimentalismo-judicial. Acesso em: 18 jun. 2019.

Conclusões

Em vista do que foi exposto acima, conclui-se que, na contemporaneidade, o processo civil passou a se deparar com litígios complexos na busca pela concretização de valores públicos e constitucionais que demandam uma nova leitura das técnicas e instrumentos processuais para alcançar a efetividade das decisões nessa espécie de litígio.

Constata-se que os litígios estruturais rompem com o padrão tradicional dos comandos judiciais, que normalmente tem por foco uma situação ocorrida no passado. O processo civil clássico tem sua origem na resolução de conflitos individuais (litígios bipolares). Ocorre que esse tipo de processo, tradicional, não mais atende as necessidades do processo civil contemporâneo, porquanto não se encaixa nos modelos criados para os processos estruturais.

Os processos estruturais demandam estabelecimento de um processo comparticipativo, marcadamente policêntrico, que seja capaz de abarcar diversos interesses existentes, mediante uma relação dialógica e contínua para a concretização de direitos fundamentais e quebrar a lógica processual individual bipolar.

Portanto, esse cenário impacta a formação de um novo modelo processual com foco na busca de soluções prospectivas, que são muitas vezes alcançadas pelo consenso de seus participantes e, quando isso não for possível, dará ensejo a múltiplas decisões, "em cascata"[99].

Assim, essa nova tipologia de processo – que trata de litígios complexos e que busca a concretização de valores constitucionais – demanda uma nova leitura das técnicas processuais para alcançar a tutela adequada, efetiva e tempestiva do direito material perseguido.

A decisão proferida pela Corte paulista, no modelo de processo estrutural, mostrou-se mais efetiva para tratar a questão do litígio público envolvendo políticas públicas no tocante ao acesso à educação infantil. Conforme demonstrado pela realidade social, denota-se uma melhora significativa na política pública de acesso à educação infantil no Município de São Paulo a partir da decisão, no modelo estrutural, proferida pela Corte paulista em 2013. Ainda que o modelo de processo estrutural não seja um caminho perfeito, o fato é que o modelo binário de resolução de

---

[99] Expressão utilizada por Sérgio Cruz Arenhart in *Decisões estruturais no processo civil brasileiro*. 2013. Disponível em: www.academia.edu. Acesso em 22 ago 2019.

disputas mostrou-se ineficaz para solucionar os problemas complexos de políticas públicas, resolvendo os casos a *conta-gotas*, sem analisar o problema em uma perspectiva macro.

A missão atribuída ao Poder Judiciário de guardião da Constituição exige a possibilidade de repensar o exercício da atividade jurisdicional. Desse modo, sem desconsiderar o papel e os limites do Poder Judiciário na seara da efetivação dos direitos fundamentais, especialmente onde tal atuação entra em tensão com as ações e omissões dos demais poderes estatais, entende-se que as técnicas estruturais podem ser um caminho para uma maior efetividade do processo e realização da tutela do direito material. O futuro mostrará se essa técnica de decisão revelar-se-á eficaz.

Como afirmado por Vitorelli, "a reforma estrutural não precisa ser sempre bem-sucedida para legitimar a tentativa"[100].

Referências

ALVARO DE OLIVEIRA, Carlos Alberto. *Do formalismo no processo civil:*Proposta de um formalismo valorativo. 3ª ed., São Paulo: Revista dos Tribunais, 2009.

ARENHART, Sérgio Cruz; OSNA, Gustavo. *Curso de processo coletivo*. São Paulo: Thomson Reuters Brasil, 2019.

ARENHART, Sérgio Cruz. Processo Multipolar, Participação e Representação de Interesses Concorrentes. In: Sérgio Cruz Arenhart e Marco Félix Jobim (org.), *Processos Estruturais*, Salvador: Juspodivm, 2017.

ARENHART, Sérgio Cruz. *Decisões estruturais no processo civil brasileiro*. 2013. Disponível em: www.academia.edu. Acesso em 22 ago 2019.

ARENHART, Sérgio Cruz. Processos estruturais no direito brasileiro: reflexões a partir do caso da ACP do Carvão. In: *Revista de Processo Comparado*, v. 2, n. 2, 2015.

ARENHART, Sérgio Cruz. Desafios do litígio multipolar. In: Luis Alberto Reichelt e Marco Félix Jobim (org.), *Coletivização e Unidade do Direito*, Londrina: Thoth, p. 473-495, 2019.

BATISTA, Felipe Vieira. *A recuperação judicial como processo coletivo*. 2017. Dissertação (Mestrado em Direito), Faculdade de Direito, Universidade Federal da Bahia, Salvador, 2017.

---

[100] VITORELLI, Edilson. Litígios estruturais: decisão e implementação de mudanças socialmente relevantes pela via processual. In: JOBIM, Marco Félix; ARENHART, Sérgio Cruz (org.). *Processos Estruturais*. Salvador, Juspodivm, p. 422, 2017.

BAUERMANN, Desirê. *Structural Injunctions* no direito norte-americano. In: Sérgio Cruz Arenhart e Marco Félix Jobim (org.), *Processos Estruturais*, Salvador: Juspodivm, p. 279-301,2017.

BOTELHO, Guilherme. *Direito ao Processo Qualificado: o processo civil na perspectiva do Estado Constitucional.* Porto Alegre: Livraria do Advogado, 2010.

CAMBI, Eduardo; WRUBEL, Virgínia Telles Schiavo. Litígios complexos e processo estrutural. In: *Repro*, vol. 295/2019,p. 55-84, 2019.

CAPPELLETTI, Mauro. *Processo, ideologias e sociedade:* volume II. Tradução, revisão e notas de Hermes Zaneti Júnior, Porto Alegre: Sérgio Antonio Fabris Ed., 2010.

CHAYES, Abram. *The Role of the Judge in Public Law litigation, Harvard Law Review,* v. 89, n. 7, p. 1.281-1.316, mai. 1976.

CHASE, Oscar G. *Direito, Cultura e Ritual.* Trad. Sérgio Cruz Arenhart e Gustavo Osna, São Paulo: Ed. Marcial Pons, 2014.

COSTA, Susana Henriques da. Acesso à Justiça: promessa ou realidade? Uma análise do litígio sobre creche e pré-escola no Município de São Paulo. In: GRINOVER, Ada Pellegrini; WATANABE, Kazuo; COSTA, Susana Henriques da. *O processo para solução de conflitos de Interesse Público.* Salvador: Juspodivm, p. 449-473, 2017.

DIDIER JR., Fredie; ZANETI JR., Hermes. *Curso de direito processual civil: processo coletivo,* v. 4, 13ª ed., Salvador: Ed. JusPodivm, 2019.

DIDIER JR., Fredie; ZANETI JR., Hermes; OLIVEIRA, Rafael Alexandria de. Notas sobre as decisões estruturantes, In: Sergio Cruz Arenhart e Marco Félix Jobim (org.), *Processo Estruturais,* Salvador; Juspodivm, 2017.

DINAMARCO, Cândido Rangel. *A instrumentalidade do processo.* 10ª ed., São Paulo: Malheiros, 2002.

FERRARO, Marcela Pereira. *Do processo bipolar a um processo coletivo estrutural.* Dissertação (Mestrado em Direito das Relações Sociais), Universidade Federal do Paraná, Curitiba, 2015.

FERRAZ, Taís Schilling. A atividade do juiz frente aos litígios estruturais: mais conexões; menos protagonismo. In: Luis Alberto Reichelt e Marco Félix Jobim (org.), In: *Coletivização e Unidade do Direito,* Londrina: Thoth, p. 513-525, 2019.

FISS, Owen. *The Forms of Justice.* In: *Harvard Law Review nº 93,* New Haven: Harvard University Press, 1979.

FISS, Owen. *The law as it could be.* New York: New York University Press, 2003.

FISS, Owen. *Two models of adjudication.* In: DIDIER JR, Fredie; JORDÃO, Eduardo Ferreira (org.). *Teoria do Processo*: panorama doutrinário mundial. Salvador: Juspodivm, p. 762-764, 2008.

FLETCHER, William. *The discretionary Constitution: institutional remedies and judicial legitimacy. The Yale Law Journal,* v. 91, n. 4, p. 635-697, 1982.

FULLER, Lon L. *The Forms and Limits of Adjudication. Harvard Law Review,* v. 92, n. 2, p. 353-409, 1978.

GALDINO, Matheus Souza. *Elementos para uma compreensão tipológica dos processos estruturais.* Dissertação (Mestrado em Direito), Universidade Federal da Bahia, Salvador, 2019.

GOTTI, Alessandra; XIMENES, Salomão Barros. Proposta de litígio estrutural para solucionar o déficit de vagas em educação infantil. In: Nina Beatriz Stocco Ranieri, Ângela Limongi Alvarenga Alvares (Orgs.). *Direito à educação e direitos na educação em perspectiva interdisciplinar.* 1ª ed. São Paulo: Cátedra UNESCO de direito à educação. Universidade de São Paulo/USP, v. 1, p. 365-399, 2018.

GRACIANO M.; MARINHO C.; FERNANDES F. As demandas judiciais por educação na cidade de São Paulo. In: HADDAD, S.; GRACIANO, M. (org.). *A educação entre os direitos humanos.* Campinas: Autores Associados; São Paulo: Ação Educativa, 2006.

JOBIM, Marco Félix. *Medidas Estruturantes da Suprema Corte Estadunidense ao Supremo Tribunal Federal.* 1ª ed. Porto Alegre: Livraria do Advogado Ed., 2013.

JOBIM, Marco Félix.A previsão das medidas estruturantes no artigo 139, IV, do Novo Código de Processo Civil Brasileiro. In: *Processo Coletivo,* Hermes Zaneti Jr. (Coord.). Salvador: Juspodivm, Vol. 08, 2016.

JOBIM, Marco Félix. *Brown v. Board of Education*: A origem das medidas estruturantes. In: Janaína Machado Sturza; Nina Tricia Disconzi Rodrigues. (Org.). *Processo e Constituição*: interfaces possíveis. 1ª ed. Santa Cruz: Essere nel Mundo, v. 1, 2014.

JOBIM, Marco Félix. A *structural reform* no direito brasileiro e a atuação democrática do Supremo Tribunal Federal na sua implementação. *Revista de Processo Comparado.* São Paulo: Revista dos Tribunais, v. 1, 2015.

JOBIM, Marco Félix. Reflexões sobre a necessidade de uma teoria dos litígios estruturais: bases de uma possível construção. In: Sérgio Cruz Arenhart e Marco Félix Jobim (org.), *Processos Estruturais,* Salvador: Juspodivm, 2017.

JOBIM, Marco Félix; ROCHA, Marcelo Hugo da. Medidas Estruturantes: origem em *Brown v. Board of Education.* In: Sérgio Cruz Arenhart e Marco Félix Jobim (org.), *Processos Estruturais,* Salvador: Juspodivm, 2017.

MARÇAL, Felipe Barreto. Processos estruturantes (multipolares, policêntricos ou multifocais): gerenciamento processual e modificação da estrutura judiciária. *Repro,* v. 289, p. 423-448, 2019.

MARINHO, Carolina Martins. *Justiciabilidade dos direitos sociais: análise de julgados do direito à educação sob o enfoque da capacidade institucional.* Dissertação (Mestrado). São Paulo: Universidade de São Paulo, 2009.

MARINONI, Luiz Guilherme. *Técnica processual e tutela dos direitos.* 4ª ed., São Paulo: Revista dos Tribunais, 2013.

MARINONI, Luiz Guilherme; ARENHART, Sérgio Cruz; MITIDIERO, Daniel. *Novo curso de processo civil.* 3ª ed., São Paulo: Revista dos Tribunais, 2017. v. 1 e 2.

MITIDIERO, Daniel. *Colaboração no Processo Civil*: pressupostos sociais, lógicos, éticos. 3ª ed., São Paulo: Revista dos Tribunais, 2015.

NUNES, Leonardo Silva. A certificação de processos estruturais. In: Luis Alberto Reichelt e Marco Félix Jobim (org.), *Coletivização e Unidade do Direito*, Londrina: Thoth, p. 324-343, 2019.

OSNA, Gustavo. *Processo Civil. Cultura e Proporcionalidade*: Análise crítica da Teoria Processual. 1ª ed., São Paulo: Ed. Revista dos Tribunais, 2017.

OSNA, Gustavo. *Direitos individuais homogêneos: pressupostos, fundamentos e aplicação no processo civil*. São Paulo: Ed. Revista dos Tribunais, 2018.

OSNA, Gustavo. Nem "tudo", nem "nada" – decisões estruturais e efeitos jurisdicionais complexos. In: Sérgio Cruz Arenhart e Marco Félix Jobim (org), *Processos estruturais*, Salvador: Juspodivm, p. 177-202, 2017.

SANTOS, Heloisa Couto do. EducaçãoInfantil – Tribunal de Justiça de São Paulo – Apelação nº 0150735-64-2008-8.26002 (caso creches) – julgamento em 16 de dezembro de 2013. In: GRINOVER, Ada Pellegrini. WATANABE, Kazuo. COSTA, Susana Henriques da. *O Processo Para Solução de Conflitos de Interesse Público*. Salvador: Juspodivm, p. 557-562, 2017.

SARLET, Ingo Wolfgang. *Curso de direito constitucional*. 2ª ed. São Paulo: Ed. Revista dos Tribunais, 2019.

SILVA, Mariana Pereira. *Defensoria Pública na Judicialização da Educação Infantil no Município de São Paulo: efeitos institucionais e sobre as políticas públicas*. Dissertação (Mestrado na Pós-Graduação em Políticas Públicas) Universidade Federal do ABC, 2018.

VIEIRA, Oscar Vilhena. Experimentalismo judicial. *In site "Os constitucionalistas"*. Disponível emhttp://www.osconstitucionalistas.com.br/experimentalismo-judi-cial. Acesso em: 18 jun. 2019.

VIOLIN, Jordão. Holt v. Sarver e a Reforma do Sistema Prisional no Arkansas. In: JOBIM, Marco Félix; ARENHART, Sérgio Cruz (org.). *Processos Estruturais*. Salvador, Juspodivm, p. 303-352, 2017.

VIOLIN, Jordão. *Protagonismo judiciário e processo coletivo estrutural*. Salvador: Juspodivm, 2013.

VIOLIN, Jordão. *Processos estruturais em perspectiva comparada: a experiência norte-americana na resolução de litígios policêntricos*. Tese (Doutorado em Direito das Relações Sociais), Universidade Federal do Paraná, Curitiba, 2019.

VITORELLI, Edilson. *O devido processo legal coletivo*: dos direitos aos litígios coletivos. São Paulo: Revista dos Tribunais, 2ª ed. rev. atual. e ampl., 2019.

VITORELLI, Edilson. Processo estrutural e processo de interesse público: esclarecimentos conceituais. *Revista Iberoamericana de Derecho Procesal*, v. 7, p. 141-177, 2018.

VITORELLI, Edilson. Levando os conceitos a sério: processo estrutural, processo coletivo, processo estratégico e suas diferenças. *Revista de Processo*, v. 284, p. 333--369, 2018.

CASEBOOK DE PROCESSO COLETIVO

VITORELLI, Edilson. Litígios estruturais: decisão e implementação de mudanças socialmente relevantes pela via processual. In: JOBIM, Marco Félix; ARENHART, Sérgio Cruz (org.). *Processos Estruturais*. Salvador, Juspodivm, p. 369-422, 2017.

XIMENES, Salomão Barros; OLIVEIRA, Vanessa Elias de; SILVA, Mariana Pereira da. Judicialização da educação infantil: efeitos da interação entre o Sistema de Justiça e a Administração Pública. In: *Revista Brasileira de Ciência Política*, nº 29, Brasília, mai-ago de 2019, p. 155-188, 2019.

ZANETI JR., Hermes. Processo coletivo no Brasil: sucesso ou decepção? In: Luis Alberto Reichelt e Marco Félix Jobim (org.), *Coletivização e Unidade do Direito*, Londrina: Thoth, p. 247-264, 2019.

ZARING, David. *National rulemaking trough Trial courts: the big case and institutional reform*. University of California, UCLA, In: *Law Review.n. 1015*, Apr: 2004.

16. Inquéritos civis, termos de ajustamento de conduta e recomendações estruturais: o caso do atraso na análise de benefícios previdenciários

Edilson Vitorelli

1. O caso

O Instituto Nacional do Seguro Social foi previsto pela Constituição de 1988 e implementado em 1990, pelo Decreto 99.350, em decorrência da fusão do Instituto de Administração Financeira da Previdência e Assistência Social (IAPAS), com o Instituto Nacional de Previdência Social (INPS), com a difícil tarefa de gerir todo o regime geral de Previdência Social, além de outras funções associadas, como é o caso dos benefícios assistenciais de prestação continuada.

De modo similar ao de outras autarquias federais, o INSS sempre sofreu com falta de estrutura e de pessoal, que desemboca, recorrentemente, em greves e atrasos significativos na análise dos benefícios previdenciários requeridos pelos segurados.

Em 2019, uma conjunção de fatores – integralização de tempo por parte de diversos servidores oriundos do mesmo concurso, reforma da previdência, cortes de verbas do governo federal – levou à redução de pessoal da autarquia, ao mesmo tempo em que ocorria um aumento do número de pedidos de benefícios. Isso criou uma espécie de "tempestade perfeita", que redundou em um atraso generalizado nas análises.

Como consequência, os segurados passaram a propor mandados de segurança individuais, requerendo liminares para determinar a apreciação imediata dos benefícios em atraso. Como o art. 41-A, §5º, da Lei 8.213/90,

CASEBOOK DE PROCESSO COLETIVO

acrescentado pela Lei 11.665/2008 determina que o prazo máximo para pagamento da primeira parcela do benefício, após o requerimento, é de 45 dias, as liminares passaram a ser invariavelmente deferidas pelos juízes. Como um movimento de defesa, o INSS passou, então, a não mais apresentar informações em cada MS, mas sim a analisar os requerimentos dos impetrantes, para acarretar perda de objeto do pleito.

Não é difícil prever o que ocorreria. Na era da comunicação, espalhou-se a notícia de que bastava ingressar com mandado de segurança para resolver o problema de pedidos parados no INSS há vários meses. O número de demandas multiplicou-se muitas vezes, em poucos meses.

2. Proposta analítica

Este texto pretende explorar o melhor dos cenários para uma mudança estrutural promovida pelo sistema de justiça, qual seja, aquela promovida pela via do consenso. O processo coletivo brasileiro tem uma característica que o diferencia significativamente tanto do modelo norte-americano, quanto do europeu: a existência do inquérito civil e de uma série de técnicas extrajudiciais que permitem que a tutela do direito material coletivo não dependa, necessariamente, do processo. Esses instrumentos, colocado à disposição dos legitimados coletivos pela Lei 7.347, de 1985, permitiram que se desenvolvessem uma série de importantes trabalhos de alteração estrutural, sem a necessidade de intervenção judicial. O protagonismo dessa atuação cabe ao Ministério Público, seja pela exclusividade na condução do inquérito civil, seja pelo desenho institucional que lhe foi atribuído pela Constituição de 1988.

É claro que essas mudanças só são possíveis pela via do consenso. O inquérito civil é, originalmente, uma ferramenta de instrução processual, de obtenção de informações para o ajuizamento de futura ação. Ocorre que, no contexto da obtenção dessa informação, é frequente que se apresentem gestores, pessoas responsáveis pelas instituições rés, com verdadeiro interesse em produzir mudanças que, apesar de necessárias, não foram possíveis até aquele momento. O Ministério Público acaba funcionando, nesse contexto, como o agente de quebra da inércia, para permitir que as transformações sejam feitas. Surgem, assim, inquéritos civis estruturais, algo inédito em qualquer outro sistema jurídico, e que aqui se pretende analisar.

3. O perfil constitucional do Ministério Público

A Constituição de 1988, ao estender o papel do Ministério Público, tradicionalmente ligado ao processo penal, para a defesa dos direitos sociais, os quais o Código de Defesa do Consumidor depois viria a classificar como difusos, coletivos e individuais homogêneos, criou as condições perfeitas para que a instituição funcionasse como um agente de mudança social. Essa construção não foi acidental, mas fruto da visão de diversas pessoas que ocupavam papéis relevantes nesse momento de transição, como José Paulo Sepúlveda Pertence, Aristides Junqueira Alvarenga, Celso de Mello, Antônio Herman Benjamim e tantos outros.

A genialidade e elegância da solução está na sua simplicidade. O Ministério Público é uma instituição pública, financiada com recursos provenientes do ente federado ao qual pertence, que tem autonomia administrativa, financeira, orçamentária e organizacional. Subjetivamente, seus integrantes têm a mesma autonomia que os juízes, não havendo hierarquia que permita aos níveis superiores determinar a conduta dos inferiores.

A rigor, a autonomia dos membros do Ministério Público é até maior que a dos juízes, quando considerada do ponto de vista interno. É que as decisões judiciais estão sempre sujeitas a recurso. No Brasil, ao contrário do que ocorre em outros países, não há uma única situação em que a decisão de 1º grau seja soberana. A possibilidade de correção, pelas instâncias superiores, é ampla. No Ministério Público, pelo contrário, a única decisão de um membro do 1º grau que está sujeita a correção interna é o arquivamento do inquérito civil. Em todos os demais casos, sua autonomia é total. Ele pode continuar conduzindo a investigação pelo tempo que achar necessário para formar o seu convencimento, pode expedir recomendações e fazer os acordos que julgar cabíveis e pode propor as ações judiciais que considerar pertinentes, sem que haja possibilidade de controle interno. Proposta a ação, é o Poder Judiciário que definirá o seu mérito, de modo que o controle será externo.

Em síntese, enquanto instituição, o Ministério Público tem recursos para se auto organizar e para conduzir as investigações necessárias para a adequada instrução dos seus inquéritos. Com isso, ele não está vinculado a outros poderes públicos nem a organismos privados, que poderiam captura-lo e pressioná-lo para que agisse sem a necessária isenção ou sem o necessário rigor. A independência financeira assegura a independência na atuação. Do ponto de vista subjetivo os membros que ocupam as

CASEBOOK DE PROCESSO COLETIVO

funções de direção não têm autoridade para comandar a atuação dos que estão em 1º grau e raramente são capazes sequer de corrigir a atuação destes. Isso favorece a criatividade no desenvolvimento de novas teses e na forma de encarar os problemas, fatores que são inibidos em uma instituição hierarquizada.

É evidente que esses fatores organizacionais criam condições, mas não garantem resultados. Também é evidente que as pessoas que ingressam no Ministério Público não são santas. Elas podem se deixar levar pela vaidade, pela preguiça, pelo rancor, enfim, por todas as fraquezas humanas que afetam quaisquer pessoas. Bons arranjos institucionais são um bom começo, mas não são tudo. A qualidade dos resultados depende das pessoas.

4. Estímulos econômicos para o consenso no processo coletivo brasileiro

O arranjo institucional promovido pela Constituição foi somado a outro fator significativo pela Lei e pela jurisprudência do Superior Tribunal de Justiça: a dispensa de que o Ministério Público, assim como todos os demais legitimados coletivos, adiante despesas processuais dos atos que requer, bem como que restitua ao réu aquelas que ele adiantou, em caso de derrota, salvo se tiver havido má-fé. As despesas processuais deverão ser custeadas pela fazenda pública à qual se vincula o órgão do Poder Judiciário perante o qual tramita a ação[1].

---

[1] O STJ definiu essa questão em recursos repetitive, Tema 510: "Não é possível se exigir do Ministério Público o adiantamento de honorários periciais em ações civis públicas. Ocorre que a referida isenção conferida ao Ministério Público em relação ao adiantamento dos honorários periciais não pode obrigar que o perito exerça seu ofício gratuitamente, tampouco transferir ao réu o encargo de financiar ações contra ele movidas. Dessa forma, considera-se aplicável, por analogia, a Súmula n. 232 desta Corte Superior ("A Fazenda Pública, quando parte no processo, fica sujeita à exigência do depósito prévio dos honorários do perito"), a determinar que a Fazenda Pública ao qual se acha vinculado o Parquet arque com tais despesas. Precedentes: EREsp 981949/RS, Rel. Ministro HERMAN BENJAMIN, PRIMEIRA SEÇÃO, julgado em 24/02/2010, DJe 15/08/2011; REsp 1188803/RN, Rel. Ministra ELIANA CALMON, SEGUNDA TURMA, julgado em 11/05/2010, DJe 21/05/2010; AgRg no REsp 1083170/MA, Rel. Ministro MAURO CAMPBELL MARQUES, SEGUNDA TURMA, julgado em 13/04/2010, DJe 29/04/2010; REsp 928397/SP, Rel. Ministro CASTRO MEIRA, SEGUNDA TURMA, julgado em 11/09/2007, DJ 25/09/2007 p. 225; REsp 846.529/MS, Rel. Ministro TEORI ALBINO ZAVASCKI, PRIMEIRA TURMA, julgado em 19/04/2007,

A lógica, aqui, é cristalina. Propor ações judiciais e conduzir inquéritos civis complexos é uma atividade pela qual o membro do Ministério Público não é diretamente remunerado. É claro que todo membro da carreira que tem essa atribuição é remunerado para isso. Mas ele não é especialmente remunerado pelo número de inquéritos em que atua, pela importância, complexidade ou qualidade dos resultados que obtém. De outro lado, quanto mais complexo o inquérito ou a ação, mais trabalhosos eles serão. Em segundo lugar, a instituição ministerial não é premiada pela vitória no processo. Os valores recuperados, as obrigações cumpridas não se revertem em favor do MP, mas integralmente em favor da sociedade lesada[2].

Isso significa que nem o membro do Ministério Público, subjetivamente, nem a instituição, têm estímulos racionais para litigar excessivamente, já que nada têm a ganhar com isso[3]. Nem o membro, nem a instituição, arcam com custos ou assumem riscos, mas também não ganham prêmios em caso de vitória. Logo, os estímulos racionais estão devidamente equilibrados, permitindo um nível ótimo de litigância coletiva. Se não há premiação pela vitória, não pode haver, em situações normais, punição pela derrota. Também não se pode esperar que a instituição financie o custo do processo, se ela não irá recuperá-lo nem em caso de vitória. São

DJ 07/05/2007, p. 288. 4. Recurso especial parcialmente provido. Acórdão submetido ao regime do art. 543-C do CPC e da Resolução STJ n. 8/08.
(REsp 1253844/SC, Rel. Ministro MAURO CAMPBELL MARQUES, PRIMEIRA SEÇÃO, julgado em 13/03/2013, DJe 17/10/2013)

[2] Tratando de ação proposta por associação, o STJ decidiu: "A indenização imposta ao réu transgressor da natura, mesmo que fração dela, não pode ser direcionada para a parte autora da respectiva ação civil pública, devendo, ao invés, ser integralmente carreada para os Fundos de que trata o art. 13 da Lei n. 7.347/85" (REsp 1779097/SC, Rel. Ministro SÉRGIO KUKINA, PRIMEIRA TURMA, julgado em 12/03/2019, DJe 24/04/2019). São conhecidos acordos, firmados pelas defensorias públicas, em que parte da indenização paga pelo réu é revertida ao fundo de estruturação da defensoria pública, a título de honorários. Cláusulas desse tipo são ilegais e promovem conflitos de interesse entre o legitimado coletivo e a sociedade, titular do direito, que não participa do processo e não tem meios efetivos para intervir na celebração do acordo.

[3] Esse problema também foi tratado em VITORELLI, Edilson. O devido processo legal coletivo: dos direitos aos litígios coletivos. 2. ed. São Paulo: RT, 2019. Essa obra venceu o Mauro Cappelletti Book Prize, atribuído quadrienalmente, pela International Association of Procedural Law, ao melhor livro de processo do mundo.

CASEBOOK DE PROCESSO COLETIVO

equivocados, portanto, entendimentos no sentido de que haveria necessidade de impor barreiras, tais como o pagamento de custas, ao Ministério Público, para o ajuizamento de ações civis públicas. Se essas barreiras existissem, elas implicariam o desestímulo excessivo ao ajuizamento de ações potencialmente meritórias[4].

A solução brasileira, descrita acima, afasta uma série de inconvenientes do modelo norte-americano das *class actions*, no qual o advogado que propõe a ação assume todos os custos do processo, com a promessa de que, caso seja vitorioso, será premiado pelo resultado. Os estímulos econômicos racionais, nas *class actions*, também estão em equilíbrio, mas de outra forma: o advogado assume custos e riscos, sob a promessa de um prêmio, em caso de sucesso, capaz de compensá-lo com lucro. As *class actions* são, portanto, um empreendimento de risco, relativamente ao qual o advogado poderá se envolver ou não. Se considerar que tem mais a ganhar, assumirá a causa. Quanto maior for o investimento e quanto maior for o risco, maior deverá ser a promessa de recompensa.

O problema é que isso fomenta conflitos de interesse entre o grupo e o seu advogado, na perspectiva do resultado ótimo do litígio. Deborah Hensler *et al.* os explicam em detalhes, a partir de pesquisa empírica. Os advogados que atuam em favor dos autores, em ações coletivas, assumem os riscos financeiros do litígio, sendo remunerados pelo êxito.[5] Contudo, como a maioria absoluta das ações termina em acordo, o advogado pode ter interesse em fazer um acordo pior para a classe, mas que reduza o custo do processo, potencializando, assim, sua margem de lucro. A redução de

---

[4] No sentido criticado no texto, decisão monocrática do Ministro Ricardo Lewandowski, ACO 1560/MS, afirmando: "Destaco que o fortalecimento do processo coletivo brasileiro passa, necessariamente, pela maior equiparação do poder das partes, pela melhor calibração dos incentivos para o agir responsável e pelo fortalecimento da atuação dos agentes privados, como forma de estimular a advocacia a envolver-se e a comprometer-se com este ramo da ciência processual, que é mais condizente com as necessidades atuais da burocratizada e complexa sociedade brasileira".

[5] Para um estudo empírico sobre os valores atribuídos aos advogados nos acordos, ver EISENBERG, Theodore e MILLER, Geoffrey P. Attorney Fees and Expenses in Class Action Settlements: 1993-2008 *Journal of Empirical Legal Studies*, vol. 7, n. 2, 2010, p. 248-281 e também FITZPATRICK, Brian T. An Empirical Study of Class Action Settlements and Their Fee Awards. *Journal of Empirical Legal Studies*, vol. 7, n. 4, p. 811-846, 2010. O autor examinou 688 acordos firmados em cortes federais, nos anos de 2006 e 2007, totalizando US$ 33 bilhões, dos quais US$ 5 bilhões foram pagos aos advogados.

custo pode decorrer da redução do tempo de tramitação, celebrando-se um acordo precoce, que diminui o número de horas dedicadas ao processo, ou da restrição à produção de provas, que são dispendiosas e também custeadas pelo advogado.[6]

Em uma *class action* é o mais provável é que o advogado ganhe mais que cada um dos membros da classe e, possivelmente, mais que todos eles juntos. Basta recordar o caso *Greenberg v. Procter & Gamble Co.*,[7] em que o acordo firmado, embora não homologado judicialmente, previa US$ 1.000,00 para cada representante por filho machucado pelas fraudas defeituosas, produzidas pelo réu, nenhuma compensação financeira para as pessoas que, conquanto lesadas, não atuavam como representantes no processo (os membrosausentes da classe), as quais seriam beneficiados apenas por mudanças na conduta da empresa, e US$ 2,73 milhões para os advogados.

Nesse contexto, a doutrina estadunidense tem imputado ao juiz o papel de fiscal da regularidade dos acordos. Já que a maioria dos indivíduos está ausente do processo e o representante não tem razões para exercer essa atuação com rigor, deverá o juízo avaliar, precipuamente, se o acordo traz benefícios suficientes para a classe. Concretamente, contudo, o juiz tem poucas ferramentas para fazer essa avaliação, afinal, estará jungido, em grande medida, aos elementos apresentados nos autos pelas partes, ambas interessadas na homologação do acordo. Portanto, não será fácil descobrir qual é, como dizem Hensler *et al.*, o valor "real" dos direitos, para que seja confrontado com o valor do acordo e se descubra se ele é ou não vantajoso.[8]

Assim, embora a solução brasileira de legitimação coletiva tenha os seus inconvenientes, ao confiar em legitimados coletivos públicos, ela contorna um sério problema do modelo norte-americano, em termos de conflitos de interesses e de potenciais riscos aos direitos materiais das pessoas que não participam do processo. Ao atribuir a defesa da sociedade a alguém que não tem, pessoalmente, nada a ganhar com a vitória ou a

---

[6] HENSLER, Deborah *et al. Class Action Dilemmas*: Pursuing Public Goals for Private Gain. Santa Monica: RAND, 2000. p. 79 e ss.

[7] *Greenberg v. Procter & Gamble Co.*, n. 11-4156 (6th Cir. Aug. 2, 2013).

[8] HENSLER, Deborah *et al. Class Action Dilemmas*: Pursuing Public Goals for Private Gain. Santa Monica: RAND, 2000. p. 79 e ss.

perder com a derrota, o sistema processual coletivo brasileiro evita que a solução do conflito seja pautada pelas contingências processuais, em vez de pelo verdadeiro interesse dos titulares do direito material.

Esse alerta é importante para que se perceba que qualquer comparação entre os dois países e entre o papel dos legitimados coletivos, aqui e nos Estados Unidos, deve considerar essa diferença de perfil. O Ministério Público é um legitimado financeiramente desinteressado, que atua em defesa do interesse público. É normal que ele não arque com despesas ou riscos, se ele não se beneficia do resultado. Nos Estados Unidos, se um advogado não tivesse que custear o processo coletivo, haveria, aí sim, estímulo excessivo à litigância, dado que ele teria alguma chance de obter um prêmio sem arcar com quaisquer custos.

É precisamente essa diferença de perfil que explica o modo como o consenso opera na tutela de direitos coletivos, no Brasil. Enquanto, nos Estados Unidos, a busca do consenso envolve a satisfação dos direitos do grupo, uma prestação aceitável por parte do causador do dano e, necessariamente, uma compensação financeira apropriada para o advogado que conduziu a *class action*, esse terceiro elemento está ausente do processo coletivo brasileiro. Assim, do ponto de vista econômico, o processo brasileiro proporciona condições para a obtenção de um acordo mais vantajoso para as vítimas e menos oneroso para o réu, mantidas constantes as demais condições, justamente porque a motivação do autor não deriva da expectativa de arrecadar ganhos com a vitória, nem de uma prestação a ser extraída do réu, adicionalmente ao que ele deve ao grupo.

Nesse cenário, é possível concluir que o modelo brasileiro cria condições racionais para a obtenção de tutela coletiva dos direitos materiais, independentemente da necessidade de ajuizamento de ação judicial.

5. A tutela extrajudicial de litígios estruturais

A atuação extrajudicial do Ministério Público foi prevista na LACP a partir da introdução, em 1990, do inquérito civil. O inquérito civil é um procedimento extrajudicial, previsto pelos arts. 8º, 9º e 10 da LACP, como um método de colheita de informações para a futura propositura de uma ação. A LACP previu o inquérito civil apenas para o Ministério Público e estabeleceu um crime para a negativa de informações a ele necessárias. Os demais legitimados, embora possam fazer compromissos de ajustamento de conduta, não podem conduzir o inquérito.

O inquérito civil (IC) foi regulamentado pela Resolução 23/2007, do Conselho Nacional do Ministério Público. Ela minudenciou as questões relacionadas à instauração, publicidade, andamento e controle do inquérito civil. Em seu art. 1º, a Resolução informa que o objetivo do inquérito civil é "apurar fato". Se o fato for ilícito, gerará a propositura de ação. Ao mesmo tempo, se as informações indicarem que não há ato ilícito praticado, o inquérito é arquivado e submetido a controle interno, no âmbito do próprio Ministério Público.

Como se percebe, em sua ideia básica, o inquérito civil trabalha com a lógica binária do lícito = arquivamento / ilícito = ajuizamento de ação. No entanto, o perfil de diversos litígios coletivos com os quais o Ministério Público passou a lidar, sobretudo a partir de 1988, não se enquadra na simplicidade desse binômio. Com isso, o inquérito civil e o seu papel foram expandidos e repensados. A solução dos conflitos pode não estar nem no arquivamento, nem na propositura da ação, mas em uma recomendação, um compromisso de ajustamento de conduta ou um compromisso parcial ou provisório. É preciso incrementar o rol de ferramentas disponíveis, bem como a concepção acerca dos resultados que se pretende obter.

6. O perfil do litígio estrutural: a quebra da lógica lícito-ilícito

Um litígio estrutural não se resolve na lógica lícito-ilícito. Ele decorre do modo como determinada estrutura ou instituição, usualmente pública, mas também, privada, opera na sociedade, gerando determinadas consequências que se pretende modificar. Embora essas consequências sejam usualmente descritas como violação a direitos, é preciso que o termo violação seja entendido em um contexto significativamente mais amplo[9].

Por exemplo, litígios estruturais relacionados à falta de oferta adequada e suficiente de tratamentos de saúde violam o direito à saúde. Mas nem a lei, nem a Constituição, definem o que seria uma oferta adequada e suficiente. Para o paciente que aguarda uma cirurgia ortopédica, com um braço quebrado, por exemplo, provavelmente uma hora de espera, sujeita a dores e incertezas, já representa um atendimento insuficiente. Porém do ponto de vista da técnica médica, pode ser que aquela pessoa

---

[9] A questão relativa ao perfil do litígio coletivo foi minuciosamente tratada em VITORELLI, Edilson. Levando os conceitos a sério: processo estrutural, processo coletivo, processo estratégico e suas diferenças. Revista de Processo, vol. 284, 2018, p. 333 – 369.

CASEBOOK DE PROCESSO COLETIVO

possa esperar dias, sem que isso implique agravo significativo à sua saúde. Então, em que momento se pode dizer que a oferta de serviços de saúde viola o direito previsto no art. 196 da Constituição? O critério de suficiência será o do paciente, titular do direito, ou o do serviço médico tecnicamente adequado? Quando se considera que cada serviço de saúde terá que ter critérios diferentes e que cada critério levará em conta aspectos diferentes do atendimento (por exemplo, relação de custo-benefício, facilidade de administração, conforto etc.), fica claro que a legalidade/ ilegalidade não oferecerá critérios para respostas sólidas. Não é simples determinar a partir de qual momento ocorre uma "violação". A BBC News reportou, recentemente, que os pacientes ingleses esperaram, no final de 2019, em média, quatro horas em macas, até serem alocados em quartos ou enfermarias dos hospitais[10]. Isso significa uma violação dos direitos dessas pessoas? E se fossem duas horas? E se fosse no Brasil, onde as condições sistêmicas são muito piores? Quatro horas seriam razoáveis?

O mesmo se pode dizer quando se abordam aspectos qualitativos da prestação de um serviço, ou seja, quando não se analisa apenas a oferta de um serviço, mas também as condições em que ele é oferecido. Políticas de humanização do atendimento, de melhoria do conforto do paciente, de prevenção à violência obstétrica, dentre outras, constituem um grande desafio para o tratamento na via do processo coletivo. Por exemplo, no caso da violência obstétrica, sempre será um desafio definir até que ponto ela é atribuível ao profissional que a prática, individualmente, e até que ponto ela decorre de uma cultura institucional, que desafia mudança estrutural[11]. Do mesmo modo, na educação, é comum que se investigue, por exemplo, a qualidade da prestação do serviço, bem como a efetividade de providências determinadas em lei, como o exercício do controle social desempenhado pelos conselhos municipais de alimentação escolar. Nesses casos, o parâmetro de verificação não é dado por uma lógica binária, mas pela gradação qualitativa. Não há política de educação lícita ou ilícita, mas sim uma política melhor ou pior, de acordo com o contexto de um

---

[10] Ver https://www.bbc.com/news/health-42572116.

[11] O Ministério Público Federal em São Paulo vem conduzindo diversos inquéritos civis, com propósitos estruturais e não estruturais, relativos ao combate à violência obstétrica. Ver por exemplo, http://www.mpf.mp.br/sp/sala-de-imprensa/noticias-sp/apos-recomendacao-do- -mpf-sp-ministerio- da-saude-reconhece-liberdade-do-uso- do-termo-violencia-obstetrica.

16. INQUÉRITOS CIVIS, TERMOS DE AJUSTAMENTO DE CONDUTA...

determinado local, região ou até mesmo do país. Não se podem comparar os resultados de escolas periféricas, em municípios pobres, com os de escolas contrais, em municípios ricos. Políticas públicas dependem, inerentemente, de contexto em que estão inseridas e este não está apenas na esfera da legalidade.

Logo, pensar em um inquérito civil, que como diz o art. 1º da Resolução 23/2007, do CNMP, "será instaurado para apurar fato que possa autorizar a tutela dos interesses ou direitos a cargo do Ministério Público" é inviável. O litígio estrutural não depende, em muitos casos, da apuração de um fato. Ele depende da compreensão das interfaces desse fato com o contexto da sua ocorrência e do desenvolvimento de uma estratégia de resolução do problema. É aí que está a dificuldade, sobretudo em decorrência do caráter policêntrico desses problemas. Quando se altera um eixo da política, outros setores são impactados. Quando se aumentam recursos para a educação, vão faltar para assistência social ou lazer. Não há soluções simples para problemas complexos.

Se o problema coletivo não é puramente de legalidade ou ilegalidade, então o inquérito civil passa a ser não apenas uma investigação de fato para ser declarado lícito ou ilícito, mas uma investigação de contexto. E, em diversos casos, isso significa soluções intermediárias, distintas do ajuizamento ou do arquivamento. Essas soluções são o acordo, consubstanciado no compromisso (ou termo) de ajustamento de conduta, a recomendação e o acompanhamento da política pública, com a intervenção no seu desenvolvimento. São essas soluções que precisam ser investigadas com mais cuidado.

7. Os procedimentos administrativos estruturais

Em 2017, o CNMP, por intermédio da Resolução 174, regulamentou o denominado procedimento administrativo (PA). Ele se apresenta como um instrumento mais flexível, capaz de dar conta de situações menos definidas e de prazo mais longo que uma investigação de fato definido, como é o inquérito civil. O PA pode ser utilizado, dentre outras finalidades, para acompanhar e fiscalizar, de forma continuada, políticas públicas ou instituições, bem como para embasar outras atividades não sujeitas a inquérito civil. Como se percebe, trata-se de um instrumento de caráter bastante amplo, cuja proposta não é investigar um fato definido, mas fazer um acompanhamento contínuo de uma instituição ou de uma política

CASEBOOK DE PROCESSO COLETIVO

em relação à qual o Ministério Público pretende agir. Como diz o art. 8º, parágrafo único, da resolução, "o procedimento administrativo não tem caráter de investigação cível ou criminal de determinada pessoa, em função de um ilícito específico". Nada impede que, caso surjam fatos específicos, que demandem a atuação do MP, seja instaurado inquérito civil em paralelo ao PA, ou que, das informações colhidas no PA se instaure um inquérito civil. Esses instrumentos podem ser conduzidos de modo apartado, concomitante ou sucessivo.

O reconhecimento de que o PA não se insere na dualidade lícito--ilícito é claro no art. 12 da Resolução, que prevê que o seu arquivamento, nos casos de acompanhamento de política pública, não está sujeito a controle interno. Ele é promovido pelo próprio membro que conduz o caso. Não faria sentido imaginar que o órgão superior revisasse os critérios utilizados pelo membro do MP no acompanhamento da política, se eles não são dados pela lei. Há, aqui, algum grau de liberdade de apreciação para se estabelecer um critério próprio de conclusão do acompanhamento.

Metodologicamente, o PA se desenvolve pela colheita de informações sobre a situação acompanhada, por intermédio de documentos, oitivas e, sobretudo, reuniões técnicas. Esses importantes eventos permitem perceber em que medida a atuação do Ministério Público pode contribuir para remover cargas de inércia burocrática ou de inércia política, abrindo espaços para que as transformações e a melhoria da instituição acompanhada ocorram. Muitas vezes, essas reuniões geram microacordos que, registrados em ata, constituem título executivo (art. 784, IV, do CPC) e servem para avançar a melhoria do comportamento institucional. Acordos parciais e provisórios são excelentes instrumentos para produzir melhoria institucional progressiva e contínua.

Outra vantagem do procedimento administrativo é que, como ele não investiga um ilícito específico, evita-se o ambiente adversarial do inquérito civil, em que o Ministério Público quer provar quem está errado e o investigado quer provar que está certo. Ao se buscar promover a melhoria institucional, é mais fácil promover a negociação por interesses, não por posições[12]. O que se espera é somar os esforços dos agentes

---

[12] FISHER, Roger; URY, William; PATTON, Bruce. Getting to Yes: Negotiating Agreement Without Giving in. New York: Penguin Books, 2011.

públicos envolvidos para encontrar caminhos para que a instituição possa desenvolver melhor o seu papel. Não se quer punir culpados. Não há autor nem réu, nem investigador ou investigado. Com isso, é mais fácil separar as pessoas dos problemas, criar um ambiente favorável ao diálogo e produzir ideias que sejam consensuais e passíveis de implementação acordada. Fomenta-se a criação de uma comunidade de comunicação em que todos os interesses convergem para um objetivo comum, que é a melhoria institucional.

8. Recomendação estrutural

A recomendação é um ato unilateral, por intermédio do qual o Ministério Público informa a alguém qual é a sua visão acerca da legalidade ou ilegalidade de uma conduta e recomenda que ela seja modificada. O ato tem previsão no art. 6º, XX, da Lei Complementar 75/93: "Compete ao Ministério Público da União: (...) expedir recomendações, visando à melhoria dos serviços públicos e de relevância pública, bem como ao respeito, aos interesses, direitos e bens cuja defesa lhe cabe promover, fixando prazo razoável para a adoção das providências cabíveis". Como se percebe, a recomendação é um instrumento eminentemente promocional. Ela pretende a mudança de um comportamento para o futuro, melhorando a atividade pública existente. Não se parte, necessariamente, da premissa de um ilícito, mas da necessidade de melhora contínua.

O Conselho Nacional do Ministério Público regulamentou a recomendação por intermédio de sua resolução 164/2017, ressaltando o seu caráter persuasivo, não coercitivo. Trata-se, no entanto, de uma declaração simbólica e solene de que o Ministério Público considera que determinada realidade deve ser alterada. Coloca-se, com isso, uma espada de Dâmocles sobre o gestor: ou cumpre a recomendação, ou convence o Ministério Público de que seu teor está equivocado, ou se arrisca a ser processado e responsabilizado, inclusive pessoalmente, pelo seu comportamento. Uma das vantagens da recomendação é exatamente evitar a alegação de ignorância quanto ao fato em uma ação futura. Assim, a recomendação não se aproxima de um conselho, como pode parecer, à primeira vista. Na verdade, ela está mais para um "quem avisa, amigo é".

No entanto, no contexto de uma mudança estrutural, complexa e policêntrica, dificilmente uma recomendação lavrada unilateralmente será

CASEBOOK DE PROCESSO COLETIVO

eficaz. Problemas complexos não existem porque alguém não fez o que deveria fazer, mas pela confluência de uma série de fatores, intencionais e acidentais, que desembocam no comportamento institucional indesejado. Adotar a lógica do "só faltava alguém mandar" é reflexo de ingenuidade. Ninguém poderá, em um documento unilateral, desenhar a solução para os problemas das políticas de saúde, assistência social, educação etc. Quem assim atua só dá razão à conhecida frase de H. L. Mencken: "For every complex problem there is an answer that is clear, simple, and wrong."

As recomendações, porém, podem cumprir muito bem o papel de remover as já mencionadas cargas de inércia política e burocrática que, muitas vezes, travam o desenvolvimento da melhoria institucional. No contexto de um inquérito civil, ou um procedimento administrativo sobre um problema estrutural, é comum que se percebam problemas que, se resolvidos poderão ajudar a encaminhar a situação para melhor. Muitas vezes, as pessoas que lidam diretamente com o problema querem essa solução, mas são incapazes de promovê-la, porque as estruturas burocráticas são amarradas demais, ou porque há objeções políticas à realização daquela providência.

Nesse ponto, uma recomendação focada no cerne do problema, expedida após o estabelecimento de um diálogo frutífero com os próprios gestores, pode ser o propulsor da transformação. Por exemplo, uma recomendação que para a alocação de verbas em determinada política, na lei orçamentária do ano seguinte, pode influenciar o legislativo a priorizar aquela atividade. Ou uma recomendação para que seja feita a licitação para implementar um determinado serviço ou avanço em um serviço. Não se pode imaginar que a recomendação será a causa eficiente da solução do problema. Ela poderá auxiliar no rompimento de amarras que impediam a transformação, somando forças aos demais atores políticos e sociais que já a impeliam.

Um interessante exemplo concreto pode ser apresentado a partir de uma atuação do Ministério Público Federal, relacionada à reforma estrutural dos serviços públicos de saúde. A prestação de serviços de saúde pública e a sua respectiva qualidade é um dos problemas mais sérios do Estado brasileiro, para o qual não existe uma solução simples. No entanto, por volta do ano de 2012, o MPF constatou que uma das dificuldades da saúde pública (dentre várias) decorria do fato de que os profissionais médicos, que são, usualmente, os mais bem-remunerados do serviço público municipal, não cumpriam a carga horária para a qual foram contratados. Como esses profissionais ainda são escassos no mercado, os municípios que tentavam implementar medidas eficientes de controle de horário corriam o risco de que o médico migrasse para o município vizinho. Esse problema é profundamente relacionado às condições de mercado da profissão médica. Não se encontra o mesmo descumprimento reiterado de horário de trabalho entre os enfermeiros, embora também sejam profissionais de nível superior, que militam na mesma área. Médicos são mais raros e socialmente valorizados e isso contribui para que tenham mais ofertas de emprego para dividir seu tempo, bem como, possivelmente, para um senso de *entitlement* que os induza a considerar que essas regras não se aplicam a eles[13].

Aqui não se pode cair na falácia, muito comum, de se jogar outros problemas sobre a mesa, para obscurecer aquele que está em foco. É certo que a saúde pública tem diversos outros problemas, dos quais os médicos, enfermeiros e demais profissionais da saúde são vítimas. Mas é igualmente certo que o não cumprimento da jornada pelos profissionais médicos também é um problema real para o cidadão, que se dirige à unidade de saúde e fica sem atendimento ou precisa esperar muitas horas para recebe-lo. Então, fazer com que os médicos cumpram o horário com o qual se comprometeram é uma reforma estrutural, que tem possibilidade de melhorar o funcionamento dos serviços de saúde. Não é uma solução mágica para todos os problemas. Mas é um avanço.

Nesse contexto, o Ministério Público Federal realizou uma ação coordenada, recomendando a todos os municípios e estados do país, que implementassem controle de horário dos médicos, adquirindo pontos biométricos e divulgando, para a população, os horários que os profissionais deveriam permanecer nos seus locais de trabalho. A maior parte dos municípios acatou a recomendação sem pestanejar. Em realidade, eles

---

[13] Dacher Keltner e outros psicólogos vêm conduzindo interessantes estudos que mostram que as pessoas que exercem maiores parcelas de poder, prestígio social ou estão nos extratos mais elevados da sociedade tendem a considerar que as regras não se aplicam a elas. Ver KELTNER, Dacher; GRUENFELD, Deborah H; ANDERSON, Cameron. Power, Approach and Inhibition. *Psychological Review*, vol. 110, n. 2, 2003, p. 265–284.

CASEBOOK DE PROCESSO COLETIVO

já pretendiam que os médicos cumprissem seus horários, mas temiam a possibilidade de ficarem sem profissionais. Fazendo parte de um movimento maior, esse risco diminuía.

Claro que alguns médicos e entidades resistiram. Houve quem até ameaçasse um movimento de demissão coletiva. Mas a resistência encontrou pouco respaldo social. Afinal de contas, é difícil convencer qualquer pessoa de que você tem direito de não cumprir o horário que você tem que cumprir. No longo prazo, a iniciativa serviu para que os médicos reivindicassem, aí com razão, salários e cargas horárias compatíveis com o mercado. Não há nenhum mal em um município contratar um médico para trabalhar 4 horas por semana. O mal é ele ser contratado para trabalhar 40 horas, por um valor incompatível com esse tempo de dedicação e o acordo implícito de que, em vez de 40, trabalhará 4 horas e todos farão vistas grossas.

A recomendação permitiu o reequacionamento de muitas dessas questões e a obtenção de algum avanço estrutural, ainda que muitos problemas permaneçam.

> **Referência prática**: a Recomendação mencionada no texto, expedida em 2014, teve o seguinte teor: Recomendava-se aos gestores que:
>
> a) providenciem, no prazo de 60 (sessenta) dias, a instalação e o regular funcionamento de registro eletrônico de frequência dos servidores vinculados ao Sistema Único de Saúde;
>
> b) determinem, no mesmo prazo, a instalação, em local visível das salas de recepção de todas as unidades públicas de saúde, inclusive hospitais públicos, unidades de pronto atendimento, postos de saúde, postos do programa "Saúde da Família" e outras eventualmente existentes, de quadros que informem ao usuário, de forma clara e objetiva, o nome de todos os médicos e odontólogos em exercício na unidade naquele dia, sua especialidade e o horário de início e de término da jornada de trabalho de cada um deles. O quadro deverá informar também que o registro de frequência dos profissionais estará disponível para consulta de qualquer cidadão, bem como o contato para eventuais reclamações;
>
> c) Determinem, no mesmo prazo, às unidades públicas de saúde que seja disponibilizado, para consulta de qualquer cidadão, o registro de frequência dos médicos e odontólogos que ocupem cargos públicos vinculados ao Sistema Único de Saúde;

16. INQUÉRITOS CIVIS, TERMOS DE AJUSTAMENTO DE CONDUTA...

d) Providenciem, no mesmo prazo, a disponibilização, em sítios oficiais da rede mundial de computadores (internet) do Município, do local e horário de atendimento dos médicos que ocupem cargos públicos vinculados ao Sistema Único de Saúde;

e) Elaborem um plano para estruturar ou reestruturas rotinas destinadas a fiscalizar o cumprimento de horário pelos profissionais mencionados, assim como por outros prestadores de serviços de saúde, bem como para efetuar os devidos descontos financeiros, de modo a sanar, no médio prazo, as ocorrências de atrasos.

Referência prática 2: em 2019, o Ministério Público Federal dirigiu ao INSS uma recomendação estrutural, com o propósito de solucionar o problema do atraso na análise de pedidos de benefícios previdenciários. Constou do documento a recomendação das seguintes providências[14]:

1) Adote providências no sentido de organizar uma fila virtual de julgamento de requerimentos apresentados ao INSS, a qual seja orientada por critérios públicos, transparentes e objetivos, que permitam ao segurado verificar qual é a posição de cada requerimento pendente de julgamento perante a autarquia previdenciária;

2) publicize os critérios de ordenação adotados para os requerimentos, permitindo o controle social da obediência à ordem, atribuindo a cada segurado um número que lhe permita verificar a sua posição em fila;

3) abstenha-se de, espontaneamente, priorizar segurados que ingressam em juízo, em detrimento daqueles que aguardam na fila de julgamento sem buscar a mesma providência, tendo em vista que tal comportamento fere os princípios da isonomia e da impessoalidade;

4) promova um diagnóstico do problema estrutural, relativo ao atraso no julgamento de requerimentos e recursos administrativos no âmbito do INSS, apresentando um plano de atuação para sanar a situação verificada; e

5) promova a implementação do plano mencionado no item anterior, de modo a permitir que a situação de atraso seja progressivamente sanada.

---

[14] Recomendação expedida nos autos do Procedimento Preparatório n. 1.34.004. 000791/2019-12.

CASEBOOK DE PROCESSO COLETIVO

Como se percebe, a primeira recomendação, embora tenha caráter estrutural, foi elaborada sem levar em conta os aportes teóricos inerentes ao debate, o que ocorreu no segundo caso, em que o documento pretende, explicitamente, mudanças estruturais. Esse é um fenômeno bastante comum. Embora o debate doutrinário sobre o processo estrutural seja relativamente recente no país, muitos membros do Ministério Público já trabalhavam em procedimentos extrajudiciais de caráter e propósitos estruturais, sem ter conhecimento específico da literatura.

9. O compromisso (termo) de ajustamento de conduta: dificuldades

O compromisso de ajustamento de conduta, mais comumente conhecido por termo de ajustamento de conduta (TAC) é um acordo entre algum dos legitimados coletivos públicos, elencados no art. 5º, da Lei 7.347/85 e o agente que praticou a conduta que se considera ilícita. O art. 5º §6º, da LACP, ao fazer essa previsão, limitou-se a afirmar que o acordo teria força de título executivo, sem entrar em maiores detalhes sobre os seus limites.

Primeiramente, é preciso fazer uma análise contextual sobre os acordos no Brasil. Nos Estados Unidos, aproximadamente 97% dos processos termina em acordo. No Brasil, de acordo com o CNJ, esse índice não chega a 20%. Diversos autores, juízes e tribunais atribuem esse baixo número à falta de uma "cultura do acordo" ou "cultura da conciliação"[15]. Essa parece uma resposta bastante ingênua, quando examinada mais de perto. Primeiro, ela teria que explicar qual é a cultura que existe nos Estados Unidos e que não existe aqui. Seriam eles mais amigáveis, comunitaristas e pacifistas que nós? Parece certo que não. E haveria, no cidadão brasileiro médio, o desejo de processar alguém, mesmo quando há proposta de um acordo razoável. Também parece que não. Como lembrou o *chief justice* Warren Burger, os sentimentos que as partes mais experimentam ao participar de um processo, no mundo real, fora dos estudos controlados,[16]

---

[15] Em uma simples pesquisa no google é possível encontrar diversas notícias com os seguintes títulos: "Cultura da sentença precisa ser substituída pela cultura da pacificação"; "TRT-15 lança projeto para estimular cultura da conciliação"; "Vivemos a transição da cultura da litigiosidade para a de pacificação, diz advogado"; "Dias Toffoli defende superar cultura do litígio por meio da mediação".

[16] Os estudos psicológicos, de modo geral, são estruturados a partir da exposição dos participantes a situações hipotéticas, o que é essencial para o controle das variáveis. Por outro

16. INQUÉRITOS CIVIS, TERMOS DE AJUSTAMENTO DE CONDUTA...

são de ansiedade, stress, desperdício de tempo e de dinheiro. A maioria das pessoas comuns "tem horror a processos judiciais acima de qualquer outra coisa menos grave que a doença ou a morte".[17]

O verdadeiro problema da falta de acordos no Brasil, em comparação aos Estados Unidos, está nas condições em que o processo se desenvolve. O processo judicial, no Brasil, é barato (frequentemente gratuito), lento e pouco arriscado. Se alguém é processado, por mais errado que esteja, poderá delongar o pagamento do que deve por anos a fio, a uma taxa de juros relativamente baixa[18], sem o risco de que, ao final, seja condenado por não ter feito o acordo quando deveria. Finalmente, em um sistema em que ainda há resistência à aplicação de precedentes judiciais, a condenação, além de futura e baixa, costuma ser bastante incerta. Assim, há poucos estímulos para se chegar a um acordo. Vale à pena "pagar para ver". Nos Estados Unidos, pelo contrário, o processo judicial é caro, rápido e há diversas normas capazes de incrementar a condenação de quem está errado, a mais conhecida das quais é a previsão de danos punitivos[19]. A maturidade do sistema de precedentes torna relativamente fácil calcular se e quanto será perdido em um processo, facilitando o cálculo econômico acerca do valor do pedido apresentado pelo interessado. Por exemplo, se há 70% de chances de que o autor ganhe US$ 1 milhão, o valor desse

---

lado, isso abre margem para a objeção de que uma pessoa pode se preocupar mais com a justiça procedimental em laboratório, quando ela efetivamente não está perdendo direitos próprios, que considera legítimos, nem empregando seu tempo e dinheiro em uma situação naturalmente estressante, do que em um processo judicial real.

[17] BURGER, Warren E. Isn't There A Better Way? *American Bar Association*, vol. 68, p. 274--76, 1982. A frase transcrita é uma citação, feita pelo autor, de Learned Hand.

[18] Embora a taxa selic esteja, no início de 2020, em patamar inferior aos juros judiciais, isso só impede que seja lucrativo postergar o pagamento de uma condenação para deixar o dinheiro aplicado em poupança ou em fundos de renda fixa de baixo risco. Para empresas e investidores mais experientes, obter uma taxa de retorno superior a 12% ao ano continua não sendo difícil.

[19] Ver, por exemplo, HINES, Laura J.; HINES, N. William. Constitutional Constraints on Punitive Damages: Clarity, Consistency, and the Outlier Dilemma. University of Iowa Legal Studies Research Paper, n. 15-04, 2015; LITWILLER, Lisa. Has the Supreme Court Sounded the Death Knell for Jury Assessed Punitive Damages? A Critical Re-Examination of the American Jury. University of San Francisco Law Review, vol. 36, 2002, p. 411-471; POLINSKY, A. Mitchell; SHAVELL, Steven. Punitive Damages: an economic analysis. Harvard Law Review, vol. 111, n. 4, 1998, p. 869-962.

CASEBOOK DE PROCESSO COLETIVO

pedido é US$ 700 mil e essa é a quantia ótima para um acordo. O problema é que, para se determinar essa quantia, é preciso saber quanto é o percentual de chances de vitória e de quanto seria a condenação. Tudo isso é muito incerto no Brasil, o que dificulta a criação de parâmetros para a negociação de um acordo.

Logo, o que falta no Brasil não é cultura de acordo. É um contexto processual em que o acordo seja a melhor solução. Essa análise é válida para qualquer tipo de acordo, em qualquer tipo de processo. Mas ela é ainda mais válida quando se considera um acordo em um litígio estrutural. Usualmente, o gestor não tem nada a ganhar ou a perder com o acordo ou o prolongamento do litígio, uma vez que as instituições nele envolvidas são, em regra, públicas, ou, quando são particulares, organizam-se em grandes corporações, cujos métodos decisórios são tão ou mais complexos que os do serviço público. A Vale, por exemplo, depois dos dois grandes desastres ambientais que protagonizou ao longo de apenas três anos, apenas trocou o seu presidente, duas vezes. Assim como não há uma identificação imediata entre o gestor e o Estado, também não há entre as grandes empresas e seus CEOs. Logo, os gestores não são muito estimulados a celebrar acordos complexos, preferindo deixar para gestões futuras a solução dos problemas.

10. Os benefícios de um acordo estrutural

Em um cenário de tantas incertezas, pode parecer questionável a decisão de qualquer gestor institucional, público ou privado, de aceitar um acordo para promover reforma estrutural. Melhor será ser processado e aguardar a solução por uma decisão que seja fruto e responsabilidade de um terceiro.

No entanto, há alguns estímulos significativos para a celebração de TACs e, entre eles, de acordos de características estruturais. Primeiro, e mais importante, o acordo estrutural oferece a oportunidade de fazer uma mudança institucional difícil que é, muitas vezes, desejada pelo próprio compromissário. Nenhum prefeito quer gerir uma cidade em que a saúde é um caos, as pessoas reclamam cotidianamente pela falta de vagas em creches e o transporte público não funciona. Se ele pudesse, sozinho, resolver todos esses problemas, de modo fácil e simples, ele certamente o faria, seja por espírito público, seja para assegurar a eterna possibilidade de reeleição. Esses problemas parecem insolúveis porque sua solução é

16. INQUÉRITOS CIVIS, TERMOS DE AJUSTAMENTO DE CONDUTA...

inerentemente complexa, porque ao se modificar um aspecto da realidade, outros são desestruturados. O fato de que diversos grupos sociais são afetados de modos quantitativa e qualitativamente distintos pelo litígio estrutural, dada a sua característica irradiada, dificulta avanços.

Nesse quadro, o acordo é uma oportunidade. Ele agrega ao cenário do problema público um novo ator, que é o legitimado coletivo, com outra visão do problema e dotado de autoridade capaz de alterar os impasses de poder até então existentes. Ele permite convidar os diversos grupos impactados pela mudança para o diálogo, aumentando a gama de informações disponíveis para o gestor e permitindo que os interesses de cada um deles fiquem mais claros, em vez de apenas as suas posições iniciais. Em resumo, o acordo é uma oportunidade para promover uma mudança que o gestor já gostaria que acontecesse, mas que estava inviabilizada pelo contexto em que se insere o problema e pela sua complexidade.

Em segundo lugar, o acordo tem um impacto positivo em termos de *compliance*, cultura institucional, visibilidade externa e, quando é o caso, valor econômico. Em um mundo cada vez mais público e transparente, problemas gerenciais passaram a ser cada vez mais difíceis de ocultar, mesmo quando são pequenos. Postagens em redes sociais e jornais virtuais, sempre ávidos por notícias, criaram um verdadeiro panóptico sobre o gestor público. Isso é ainda mais severo quando o problema é grave, causando agravos ou até mortes, como ocorre na área de saúde ou quando envolve o sofrimentos de crianças que não conseguem se matricular em creches, ou ainda, a falência do sistema de fiscalização que leva a grandes desastres ambientais, como os de Brumadinho e do Rio Doce. A expressão "caos na saúde", por exemplo, retorna 12,7 milhões de resultados no google.

Com isso, torna-se impossível varrer problemas para debaixo do tapete. Então, talvez seja melhor procurar uma chance de resolvê-los. A visibilidade aumenta a pressão sobre as instituições para solucionar os problemas que estão sob sua responsabilidade e o público, interno e externo, assim como os acionistas, esperam ver essas soluções. O caso da Vale mostra bem esse cenário. Em 2 de fevereiro de 2016, 3 meses após o desastre do Rio Doce, o valor de mercado da empresa atingiu R$ 40 bilhões, metade do que era antes do evento. Em 28 de janeiro de 2018, a segunda-feira subsequente ao desastre de Brumadinho, a empresa perdeu R$ 70 bilhões em valor de mercado. O acordo de Mariana prevê reparações de até R$ 155 bilhões. Ainda não se sabe quanto custará

CASEBOOK DE PROCESSO COLETIVO

Brumadinho. É certo que a empresa será cobrada pelo seu público interno, externo e pelos acionistas pela solução desses problemas. A Vale, aliás, enfrenta processos fora do Brasil, em razão dos dois eventos. A adoção de acordos estruturais poderá constituir um cenário de solução para esses problemas.

Em terceiro lugar, um acordo implica a possibilidade de adiar providências que poderiam ser determinadas em sede de tutela provisória, em outros processos individuais ou coletivos, e desestruturar ainda mais a instituição. Os gestores da saúde, por exemplo, se ressentem das milhares de ordens judiciais determinando a realização de tratamentos e o fornecimento de medicamentos a determinadas pessoas. Porém, a verdade é que, na maioria das vezes, eles não são capazes de apresentar mais do que defesas genéricas de limitações orçamentárias e reserva do possível. Mesmo diante de centenas de condenações, não adotam providências para reestruturar os serviços. Assim, é muito difícil convencer o juiz a não conceder medidas individuais, quando não se demonstram avanços na via coletiva.

O município de São Paulo percebeu essa situação e celebrou um acordo judicial para implementar vagas em creches, progressivamente, até o final de 2020, totalizando 85.500 novas vagas[20]. Isso pode evitar que o município continue recebendo milhares de ordens judiciais liminares para matricular crianças para as quais, presentemente, não há vagas. Certamente, servirá como um argumento a favor do município, no futuro, se ele se mantiver em dia com as prestações acordadas coletivamente.

Finalmente, um acordo é a oportunidade para não ter uma solução judicial para a controvérsia. Por muito que se argumente que os juízes não deveriam decidir questões de políticas públicas, é fato que eles as decidem, no mundo todo, e esse é um caminho sem volta. Deixar uma questão estrutural complexa para um processo significa adiar um problema para um futuro distante, mas que, um dia, será o presente. E aí a

---

[20] Esse acordo foi celebrado nos autos da ACP 0150735-64.20088260002 e homologado pelo TJSP. Curiosamente, a ação foi proposta apenas por associações, o que atrai o mesmo debate do acordo coletivo dos plenos econômicos, tratado anteriormente. O acordo não esclarece, por exemplo, se a defensoria pública parará de demandar a matrícula de crianças específicas, como vem fazendo, nem se o MP deixará de propor outras ACPs. Outra curiosidade é que a ação foi proposta em 2008 e o acordo só foi obtido em 2016.

instituição poderá ter que lidar com uma ordem judicial mais impactante, menos maleável e mais custosa do que um acordo.

Considere-se o caso do REsp 1.294.451-GO, Rel. Min. Herman Benjamin, julgado pelo STJ em 1.9.2016. Tratava-se de um problema, provavelmente estrutural, de circulação de veículos pesados no município de Maurilândia, estado de Goiás, de menos de 20 mil habitantes. É preciso que os caminhões circulem, mas o seu trânsito no interior da cidade causa problemas para os moradores. Há um anel rodoviário, que permitiria o trânsito por fora dos limites urbanos, mas ele estava em condições intransitáveis. Claramente, esse é um problema propenso a um acordo estrutural. O Ministério Público e a administração municipal poderiam diagnosticar o problema e verificar, dentre as outras políticas públicas municipais, qual o montante orçamentário que pode ser reservado para a reestruturação do anel rodoviário, quais as possibilidades de financiamento mediante convênios ou repasses de outros entes públicos e quanto tempo será necessário para que o anel viário seja transitável. Nesse ínterim, um acordo poderia estabelecer horários limitados para a circulação dos veículos pesados no perímetro urbano, preservando os períodos noturnos e de circulação de crianças indo e vindo de escolas. Também se poderiam buscar um acordo paralelo com os proprietários das principais cargas transportadas, a fim de que eles, transitoriamente, aloquem seus produtos em veículos menores, que causem menos transtornos ao município. Finalmente, na medida em que o anel viário se tornasse trafegável, seria possível prever a transferência gradual e progressiva dos veículos para ele, retirando-os do perímetro municipal.

No lugar desse acordo, o que existiu foi uma ação judicial. O Ministério Público de Goiás propôs uma ação civil pública por volta do ano de 2006, narrando os intensos transtornos sofridos pelos moradores da localidade, como poeira, poluição sonora e acidentes fatais. Perdeu em 1º e 2º graus, com o argumento de que não caberia ao Poder Judiciário se imiscuir nessas questões, típicas do executivo. O recurso chegou ao STJ em 2011, que, em 2016, reformou o acórdão recorrido e determinou a continuidade do processo, para se analisar as questões de mérito. Houve recurso extraordinário ao STF, ainda pendente de julgamento ao final de 2019.

Isso significa que, 15 anos depois de percebido o problema pelo MP, ele permanece sem solução. E também significa que, a qualquer momento, dependendo do que ocorrer no processo, o município pode

CASEBOOK DE PROCESSO COLETIVO

se ver compelido a realizar uma obra pública de grandes dimensões, sem planejamento adequado, bem como os transportadores podem ser proibidos de trafegar no local. Em resumo, a decisão judicial, em um caso como esse, nunca criará vencedores nem vencidos. Todos serão prejudicados.

De modo especial, é preciso que se note que o Município-réu não é, concretamente, interessado em que não haja obras e que os caminhões continuem transitando no perímetro urbano. Ainda que ele se sagre vencedor dessa ação, sua vitória não fará o problema público desaparecer, nem reduzirá a insatisfação dos 15% da população municipal que firmaram o abaixo-assinado que instruiu a inicial. Em outras palavras, vencer não significa nada.

Em conclusão, apesar de haver muitos estímulos contrários a um acordo em um contexto estrutural, a verdade é que uma ligeira ampliação de foco, para além da noção simplificada de autor e réu, de pretensão e resistência, demonstra que, ponderados os interesses existentes por trás das posições de cada parte, o acordo será, em muitos casos, a saída que tem maior potencial para produzir bons resultados para ambas as partes.

Conclusões

Este texto pretendeu demonstrar as possibilidades de utilização de técnicas extrajudiciais de tutela coletiva para a adoção de providências de reforma estrutural. O pensamento sobre esse tema sempre esteve focado no processo porque se origina nos Estados Unidos, país onde não há instrumentos equivalentes aos previstos pelo ordenamento jurídico brasileiro.

Trazida para o contexto nacional, a pretensão de se promover mudanças sociais significativas pela utilização do sistema de justiça parece encontrar um foro mais propício na esfera judicial do que no âmbito do processo. A requalificação da compreensão do inquérito civil, os procedimentos administrativos, a recomendação e o compromisso de ajustamento de conduta constituem ferramentas mais flexíveis que o processo judicial, seja para o estabelecimento de um diálogo produtivo, que leve a um melhor diagnóstico do problema, seja para a implementação e fiscalização das medidas que implicarão a transformação que se pretende realizar. Essa flexibilidade, no contexto de problemas complexos, policêntricos e mutáveis eleva a propensão de se obterem resultados sociais significativos.

Do lado do causador da lesão, o fato de que o processo coletivo brasileiro é estruturado a partir da legitimação focada em instituições que não buscam resultados para si, notadamente o Ministério Público, permite que se negociem acordos potencialmente mais baratos que aqueles que seriam viáveis se o legitimado coletivo fosse remunerado por honorários. Nesses termos, o esquema de legitimação brasileiro, além de evitar conflitos de interesses entre o legitimado e o grupo, que ocorrem nos Estados Unidos, também é favorável ao causador do dano, que evita a necessidade de ter que desembolsar valores também em favor do legitimado. Deve ser descartado, portanto, o argumento de que a legitimação coletiva, tal como estabelecida no Brasil, é prejudicial aos réus ou estimula a litigiosidade. Pelo contrário, a ausência de interesse pessoal (*personal stake*) do legitimadoparece ser um importante fator para a redução da litigiosidade e dos custos de um eventual acordo.

O caso relativo ao atraso na análise de benefícios do INSS, que foi o pano de fundo do trabalho, permanecia sem solução até o momento em que este texto foi finalizado. Embora o INSS tenha adotado providências estruturais para encaminhar a situação litigiosa, as carências que ensejaram o litígio têm raízes profundas, as quais dificilmente serão sanadas sem aportes significativos de recursos públicos, não disponíveis em um momento de aperto fiscal. Problemas complexos, a bem da verdade, dificilmente encontram soluções simples.

Referências

BURGER, Warren E. Isn't There A Better Way? *American Bar Association*, vol. 68, p. 274-76, 1982.

EISENBERG, Theodore e MILLER, Geoffrey P. Attorney Fees and Expenses in Class Action Settlements: 1993-2008 *Journal of Empirical Legal Studies*, vol. 7, n. 2, 2010, p. 248-281.

FISHER, Roger; URY, William; PATTON, Bruce. Getting to Yes: Negotiating Agreement Without Giving in. New York: Penguin Books, 2011.

FITZPATRICK, Brian T. An Empirical Study of Class Action Settlements and Their Fee Awards. *Journal of Empirical Legal Studies*, vol. 7, n. 4, p. 811-846, 2010.

HENSLER, Deborah *et al. Class Action Dilemmas*: Pursuing Public Goals for Private Gain. Santa Monica: RAND, 2000.

CASEBOOK DE PROCESSO COLETIVO

HINES, Laura J.; HINES, N. William. Constitutional Constraints on Punitive Damages: Clarity, Consistency, and the Outlier Dilemma. University of Iowa Legal Studies Research Paper, n. 15-04, 2015.

KELTNER, Dacher; GRUENFELD, Deborah H; ANDERSON, Cameron. Power, Approach and Inhibition. *Psychological Review*, vol. 110, n. 2, 2003, p. 265-284.

LITWILLER, Lisa. Has the Supreme Court Sounded the Death Knell for Jury Assessed Punitive Damages? A Critical Re-Examination of the American Jury. University of San Francisco Law Review, vol. 36, 2002, p. 411-471.

POLINSKY, A. Mitchell; SHAVELL, Steven. Punitive Damages: an economic analysis. Harvard Law Review, vol. 111, n. 4, 1998, p. 869-962.

VITORELLI, Edilson. O devido processo legal coletivo: dos direitos aos litígios coletivos. 2. ed. São Paulo: RT, 2019.

VITORELLI, Edilson. Levando os conceitos a sério: processo estrutural, processo coletivo, processo estratégico e suas diferenças. Revista de Processo, vol. 284, 2018, p. 333-369.